Mafex

D1689572

Jochen Röpke
Ying Xia

Reisen in die Zukunft kapitalistischer Systeme

Grundzüge einer daoistischen Kinetik wirtschaftlicher Entwicklung

Publikationen
des Marburger Förderzentrums für Existenzgründer aus der Universität
Mafex
Band 10/2007

Die Deutsche Bibliothek –CIP-Einheitsaufnahme

Röpke, Jochen; Xia, Ying:
Reisen in die Zukunft kapitalistischer Systeme:
Grundzüge einer daoistischen Kinetik wirtschaftlicher Entwicklung
Marburg: Marburger Förderzentrum für Existenzgründer aus der Universität, 2007
(Mafex-Publikationen; 10/2007)
ISBN 978-3-8334-6680-9

Herausgeber:	Marburger Förderzentrum für Existenzgründer aus der Universität Universitätsstrasse 25 35037 Marburg
Herstellung und Verlag:	Books on Demand GmbH, Norderstedt
Coverbild	XU, Beihong (1895-1953)[i]

Printed in Germany
ISBN 978-3-8334-6680-9

---

[i] XU, Beihong ist ein der bekanntesten Maler in China. Mehr über ihn unter http://de.wikipedia.org/wiki/Xu_Beihong.

Inhaltsverzeichnis

Inhaltsverzeichnis	I
Abbildungsverzeichnis	III
Tabellenverzeichnis	V
Vorwort	VII

1. Daokapitalismus ... 1
   1.2 *Dao*-Wirtschaft ... 5
   1.3 Unternehmerische Funktionstiefe ... 8

2. Die Weltsicht des Daoismus ... 17
   2.1 Fragestellung ... 17
   2.2 Daoismus: Überblick ... 21
   2.3 Dao ... 29

3. Daoistische Grundkonzepte ... 41
   3.1 Energie: *qi/heqi* ... 42
   3.2 Spontaneität und Von-selbst-so-Sein: *ziran* ... 45
   3.3 Wirkkraft des *dao*: *de* ... 47
   3.4 Aktives Nicht-Tun: *wuwei* ... 49
   3.6 Evolutionsstufen: Spiraldynamik und Evolution ... 58
   3.7 Die Elemente des Selbst (4L) ... 68

4. Sein (*you*) und Nichtsein (*wu*): Wie das Neue entsteht ... 71
   4.1 Grundlegende Unterscheidungen ... 71
   4.2 Die Entstehung des Neuen aus dem Nichts/*wu* ... 75
   4.3 Nichtsein und Unternehmertum ... 89
   4.4 Unternehmerische Funktion als Nichtsein ... 96
   4.5 Innovationslogik: Das Sein entsteht aus dem Nichtsein ... 104

5. *yin & yang* ... 115
   5.1 Grundlagen des *yin & yang* ... 116
   5.2 Der *yin-yang*-Unternehmer ... 121
   5.3 *yin & yang* und Sein & Nichtsein ... 138
   5.4 *yin-yang*-Harmonie und daoistisches Unternehmertum ... 157
   5.5 *Yin*-Dominanz in der Wirtschaft ... 167
   5.6 *yang*-Dominanz in der Wirtschaft ... 174
   5.7 Disharmonien zwischen *yin* und *yang* im Entwicklungsprozeß ... 179
   5.8 Gesellschaftliche Evolution und *yin-yang*-Disharmonie ... 220
   5.9 Zur Zukunftsfähigkeit einer *wu*-orientierten Wirtschaft ... 226

6. Wissen und Tun: Knowing-doing-gap ... 237
   6.1 Disharmonie zwischen *yin* und *yang* im Nichtsein ... 237
   6.2 *Yin*-Dominanz: Ursachen und Folgen ... 243
   6.3 Wissenschaft und *yin*-Dominanz ... 250
   6.4 Biotechnologie in der Wissensfalle ... 255

7. Angebot und Nachfrage bei Routine und Innovation	**267**
7.1 Angebot, Nachfrage und Unternehmerfunktion in der *yin-yang*-Logik	267
7.2 Angebot und Nachfrage im zyklischen Sein und Nichtsein	272
7.3 Loslassen für das Neue	278
7.4 Hindernisse auf dem Weg zur Innovation	280
8. Innovationsdynamik im Daokapitalismus	**291**
8.1 Die Schaffung neuer Nachfrage im Innovationssystem	291
8.2 Von Nachfragerdominanz zu Anbieterinitiative: zur Evolution neuer Bedürfnisse	303
8.3 Die Evolution von Evolutionsgütern	310
8.4 Innovationsdynamik und die Entstehung neuer Märkte	323
8.5 Radikale und erhaltende Neuerungen im *yin-yang*-Raum	328
9. Der Herr des Nordmeeres	**351**
Literaturverzeichnis	**IX**

Abbildungsverzeichnis

Abbildung 2.2.1: Begriffe und Konzepte des Daoismus	22
Abbildung 2.3.1: Lange Wellen der Wirtschaft	37
Abbildung 3.3.1: daoistische Ethik	49
Abbildung 3.6.1: Entstehung von Ebenenkonflikten	66
Abbildung 4.2.1: Interaktion von Sein und Nichtsein	79
Abbildung 4.2.2: *wu*/Nichtsein & *you*/Sein	83
Abbildung 4.2.3: Materielles Sein und immaterielles Nichtsein	87
Abbildung 4.3.1: Wertschöpfung durch you-wu-Interaktion	90
Abbildung 4.4.1: Sein-Pyramide von Unternehmertum	103
Abbildung 4.4.2: Nichtsein-Pyramide von Unternehmertum	103
Abbildung 4.5.1: Produktzyklus nach Laozi	105
Abbildung 4.5.2: Eine *wu* & *you*-Wirtschaft? Wachstumsrate und BSP (1978-2003) in China	108
Abbildung 4.5.3: Sein und Nichtsein im wirtschaftlichen Raum	112
Abbildung 5.2.1: Das Filter Modell unternehmerischen Handelns	123
Abbildung 5.2.2: Innovationsindikatoren im internationalen Vergleich	126
Abbildung 5.2.3: Funktionstiefe und Energieniveau	129
Abbildung 5.2.4: Das Unternehmersystem als funktionales Holon	136
Abbildung 5.3.1: Beziehung zwischen *you-wu* und *yin-yang*	138
Abbildung 5.3.2: Sein als *yin* & Sein als *yang*	149
Abbildung 5.3.3: Nichtsein als *yin* & Nichtsein als *yang*	151
Abbildung 5.3.4: Sein als *yin* & Nichtsein als *yang*	152
Abbildung 5.3.5: Kondratieffwellen seit der industriellen Revolution	156
Abbildung 5.4.1: Intelligenzquotient und Pro-Kopf-Einkommen	164
Abbildung 5.5.1: *yin*- und *yang*-Dominanz	168
Abbildung 5.7.1: The First Law of Petropolitics	183
Abbildung 5.7.2: Nr. 1: Die Welt in 15 Jahren	185
Abbildung 5.7.3: Weglaufen oder sterben	189
Abbildung 5.7.4: *yin-yang*-Medizin und Evolutionsdynamik	192
Abbildung 5.7.5: Was zu reformieren ist?	211
Abbildung 5.9.1: Glück als Funktion materiellen Reichtums	228
Abbildung 5.9.2: Zeitüberschuß und Arbeitslücke	232
Abbildung 5.9.3: Die Zukunft einer *wu*-orientierten Ökonomie	233

Abbildung 5.9.4: Eine Wirtschaft mit Nichtsein-Orientierung 235
Abbildung 6.1.1: Zunahme des wissenschaftlichen Output 1700 – 2020, 1700 = 1 241
Abbildung 6.1.2: Wertschöpfung 1800-2000 241
Abbildung 6.2.1: Die Lücke zwischen Wissen und Tun 249
Abbildung 6.3.1: Basisinnovationen und ihre wichtigsten Anwendungsfelder 253
Abbildung 6.4.1: Die Lücke zwischen Wissen und Tun 256
Abbildung 6.4.2: Die unternehmerische Universität = f (Humboldt, Schumpeter) 265
Abbildung 7.4.1: *yin*-Dominanz 285
Abbildung 7.4.2: Geschäftsmodell von Haier 287
Abbildung 7.4.3: Entwicklung des Aktienkurses von Yahoo 287
Abbildung 7.4.4: Überleben bei *yin*-Dominanz 289
Abbildung 8.1.1: Innovationsintensität und unternehmerische Energie 292
Abbildung 8.1.2: Von der Idee zur Innovation 293
Abbildung 8.1.3: Erschließung neuer Märkte 299
Abbildung 8.2.1: Anteil von Bedürfniskategorien am Gesamtkonsum 308
Abbildung 8.3.1: Eine Gesellschaft von Konsumsklaven(haltern?) 319
Abbildung 8.5.1: Disruptive Innovation 330
Abbildung 8.5.2: Neuerungen in einem stagnierenden Markt 342
Abbildung 8.5.3: Biotech-Übernahmen in Deutschland 343
Abbildung 8.5.4: Absatz/Umsatz- und Gewinnzyklen 347

Tabellenverzeichnis

Tabelle 1.3.1: Unternehmerische Funktionstiefe:	14
Tabelle 3.5.1: Ebenen des Lernens	57
Tabelle 3.5.2: Stufen Psycho-Kultureller und ethischer Evolution	60
Tabelle 5.1.1: Eigenschaften von *yin und yang*	117
Tabelle 5.2.1: Bestimmungsgründe unternehmerischen Handelns	124
Tabelle 5.4.1: Unternehmerfunktion und *yin-yang*-Harmonie	166
Tabelle 5.5.1: *you/wu* und *yin/yang* im Routinesystem	173
Tabelle 5.7.1: Jugendarbeitslosigkeit in Frankreich	217
Tabelle 5.8.1: yin-yang-Eigenschaften gesellschaftlicher Teilsysteme	222
Tabelle 6.3.1: Wissenschaftler und Unternehmer als Idealtypen	254
Tabelle 6.4.1: F&E Ausgaben (in Millionen US $) und Marktkapitalisierung von Amgen und Genentech	258
Tabelle 7.1.1: Angebot und Nachfrage	270
Tabelle 7.4.1: Unternehmerfunktion und Energie	285
Tabelle 8.3.1: Ausgabeverhalten französischer Haushalte	312
Tabelle 8.3.2: Die zyklische Dynamik kapitalistischer Entwicklung	313
Tabelle 8.3.4: Langfristige Konsumtrends und die implizierten Einkommenselastizitäten	314
Tabelle 8.5.1: *yin-yang*-Interaktionen im Innovationsprozeß	338

Vorwort

> Was heißt es, entsprechend den Umständen einer Notlage zu handeln?
> Es bedeutet, entgegen den gewöhnlichen Konventionen von richtigem
> Verhalten zu handeln, um ein [größeres] Wohl zu sichern.
>
> Aus dem Gongyang
> Kommentar zu den Frühlings- und Herbstannalen von Konfuzius

Konfuzius erweist sich hier als Daoist und was er sagt, beschreibt ziemlich genau, um was es in unserem Buch geht. Daoisten sind nur noch eine Stufe radikaler. Rebellion und Widerstand ist für sie keine Angelegenheit, die sie einem Verfassungsgericht überlassen würden, es ist Sache jedes Einzelnen. Unser Text ist kein „neoliberales" Traktat. Angesichts der vielen theoretischen, ethischen und handlungspraktischen Gemeinsamkeiten von Daoismus und schottischer Aufklärung (deren Einfluß mittlerweile gegen Null geht), könnten wir unsere Sicht, in Grenzen, als „altliberal" beschreiben. Die Zeit daoistischer Aufklärung wird erst noch kommen. Wie können wir das wissen?

Wir versuchen, den theoretischen Hintergrund einer zukünftigen Geschichte der Welt zu entwerfen. Wir sind keine Propheten, wir begründen: Die kommende Gesellschaft ist immer weniger eine, die sich als interventionsbedürftig und -willig sowie evolutionsresistent erweist. Gesellschaften und Unternehmen, die ohne Eingriffe – ethische, religiöse, rechtliche, steuerliche – nicht leben können, wollen oder dürfen, laufen gegen die Wand der Evolution. Sie bremsen sich entwicklungsökonomisch und kompetenzevolutorisch gegenseitig aus. Der von uns vorgestellte Daoismus fordert, was die Klasse der Berater, Besserwisser, Eingreifer, Durchwinker und Managerkapitalisten in Wissenschaft, Wirtschaft und Politik erschaudern läßt: „Laß einfach alle Dinge sich von selbst entwickeln" (Zhuangzi). Und Laozi sagt ihnen: „Handeln sie ohne zu Handeln (*wei wuwei*), dann (*ze*) bleibt nichts unregiert/ungeordnet (*wu bu wei*)" (Dao De Jing, Kapitel 3).

Ist damit ein Ende der Sakralisierung von Entmündigung und Bevormundung (scheinbar zum Wohle der Opfer) gemeint? Wir erläutern dazu die theoretischen Grundlagen des Daoismus vor dem Hintergrund der modernen Entwicklungs- und Systemtheorie. Wir versuchen, Einsichten aus den vormodernen Quellen des Daoismus in neuere Erkenntnisse der Entwicklungsforschung zu integrieren, in Form einer systematischen und systemischen Umarmung zu verbinden. Und da wir mit Immanuel Kant der Ansicht sind, eine gute Theorie sei das Praktischste was es gibt, wird sich irgendwann jene Theorie durchsetzen, die den Menschen hilft, ihren WEG der Evolution zu gehen.

Die abendländische Tradition verlangt: „Niemals einen schlafenden Drachen kitzeln"(Draco dormiens nunquam titillandus). Wir kitzeln den Drachen, erwecken ihn theoretisch und handlungspraktisch und fliegen auf seinem Rücken in die zukünftige Welt.

Bei unseren Lesern entschuldigen wir uns für die lange, handwerklich bedingte, Ausreifungszeit. Das Buch war bereits für Ende 2006 angekündigt. Als Gegenleistung sind wir in der Lage, unser Buch zu einem substantiell niedrigeren Preis zu verkaufen. Das Zeitfenster erlaubte uns, den Text leserfreundlicher zu gestalten und von ärgerlichen Fehlern zu befreien.

Von den vielen Menschen, mit denen wir während der Arbeit an diesem Buch in Austausch standen, müssen wir Peter Rassidakis („Wege der Selbstevolution") ausdrücklich erwähnen.

Wenn der Leser besser versteht, was wir ausdrücken wollen, ist es sein Verdienst. Wenn der Leser nicht an unserer Formulierungs- und Grammatikfähigkeit verzweifelt, Peter Rassidakis sei Dank. Axel Freier („Multikondratieff-Zyklen in der chinesischen Wirtschaftsgeschichte") hat uns theoretisch weitergeholfen und bei der Korrektur des Textes Wertvolles bewirkt.

Damit unsere Leser das Buch streßfrei lesen können, sei bereits im Vorwort auf Laozi verwiesen:

> Man finde Geschmack an dem, was ohne Geschmack ist.
> Man (betrachte) das Kleine als groß, das Wenige als viel.
> Man erwidere Groll mit Güte.
> Dao De Jing, Kapitel 63

Marburg, im Sommer 2007,

Jochen Röpke und Ying Xia

1. Daokapitalismus

> ## 1. Daokapitalismus
>
> 1. 1 Wozu Daoismus?
>
> 1. 2 *Dao*-Wirtschaft
>
> 1. 3 Unternehmerische Funktionstiefe

1.1 Wozu Daoismus?

Wir wollen unseren Leser einladen, Probleme der Gesellschaft, wirtschaftliche Herausforderungen, auch seine eigenen, aus einer ihm zunächst fremden Sichtweise zu betrachten. Wissend, daß Analyse und Paralyse zwei Seiten einer Medaille sind, versuchen wir nicht, Probleme und Herausforderungen zu „analysieren" und dann großartige Konzepte zu entwerfen. Dieses Herangehen an Probleme ist der „Philosophie", die wir vorstellen wollen, eher fremd. Wir konzentrieren uns vielmehr darauf, demjenigen, der die aus seiner Sicht „richtigen Dinge tun" (Peter Drucker) möchte, Verfahren vorzustellen und Instrumente an die Hand zu geben, von denen wir sagen, sie könnten dem, was wir „Problemfelder" nennen, zwar keine „Lösung" zuführen, wohl aber eine kinetische Betrachtung.[1]

Gelegentlich wird es in unserem Text etwas abstrakter zugehen. Und auch wenn wir des öfteren bestimmte Positionen und Meinungen kritisch darstellen, folgen wir nicht der unter Ökonomen verbreiteten Praxis, sich je nach Schule, gegenseitig für überholt, unseriös und tot zu erklären.

---

[1] Kinetik ist in der Physik die Mechanik von Körpern, die unter der Wirkung von Kräften Beschleunigungen erfahren, in der Chemie die Lehre von der Geschwindigkeit chemischer Reaktionen, in der Kunst die Beschäftigung mit der Kinetischen Kunst, in der Wahrnehmungspsychologie die körpersprachliche Ausdrucksform, die sich aus Mimik, Gestik und Körperhaltung zusammensetzt (Wikipedia http://de.wikipedia.org/wiki/Kinetik). Alle diese vier Bedeutungen fließen in unsere Betrachtung von daoistischer Kinetik ein.

Das, was wir Daoismus nennen, akzeptiert nicht alles, kann jedoch, eine große theoretische Vielfalt in sein Denken integrieren. Der Leser wird auch gleich feststellen, daß wir relativ nahe an der Praxis argumentieren. Im Daoismus existiert zwar auch ein Unterschied zwischen Theorie und Praxis, aber die Lücke zwischen dem, was man erforscht und weiß und dem, was man tut, ist klein.

Im Daoismus gibt es keine „Gebrauchsanweisung" für irgendetwas, keine fertigen Rezepte. Jeder muß sein eigenes „learning by doing" machen. Für die alten Chinesen, vor allem die Daoisten, ist es wichtiger zu wissen, wie die Dinge sich weiter entwickeln als zu definieren, was genau die Dinge sind. Es ist bedeutsamer zu wissen, ob eine Sache schon passiert ist (in der Vergangenheit), oder jetzt geschieht (Gegenwart), oder passieren wird (in der Zukunft). Insbesondere legen Chinesen, inklusive Daoisten, mehr Wert auf Dinge, für die sie noch etwas tun können. Gestaltbare Zukunft ist wichtiger als die gelaufene Vergangenheit. Sie lernen von der Vergangenheit, von ihrer langen Geschichte, um es jetzt besser zu machen und in der Zukunft noch besser sein zu können.

Aldous Huxley hat geschrieben:
Daß Menschen aus der Geschichte nicht lernen,
ist die wichtigste Lektion, welche die Geschichte uns lehrt.

Die Geschichte hat China mehrfach bitter abgestraft. Als Laozi und Zhuangzi ihre Einsichten niederschreiben, hat China bereits 2000 Jahre Hochzivilisation hinter sich – ein Grund, warum auch zeitgenössische Chinesen mit einem inneren Lächeln zu reagieren pflegen, wenn westliche Weltverbesserer und Besserwissende auf Besuch in ihrer Heimat sind, um ihnen Lektionen zu erteilen – von WTO über Transrapid, über geistige Eigentumsrechte, über Menschenrechte, Zivilgesellschaft bis zu Demokratie – alles Dinge, die sie in der einen oder anderen Form schon ausprobiert haben (Hochtechnologie eingeschlossen).

Wie kann man von der Vergangenheit für die Zukunft lernen, wenn in der modernen Welt sich die Zukunft unvorhersehbar und rasch ändert? Gibt es Konstanten, Faktoren, Variablen, die dennoch in ihrer Wirkungsweise unverändert Vergangenheit, Gegenwart und Zukunft durchziehen? Der Daoismus sagt ja.

Obwohl es daher keine fest umrissenen Anweisungen gibt, lassen sich bedeutsame Punkte und grundlegende Erkenntnisse aus der daoistischen Literatur gewinnen. Wir versuchen damit gleichsam ein „Fischnetz" für die Leser zu bereiten. Daoismus will uns keine Fische geben, sondern ein Netz, damit wir selbst Fische fangen können.

Die Sichtweise, Verfahren und Instrumente, mit denen wir uns beschäftigen, stammen aus einer Lehre, deren Ursprünge mehr als 2000 Jahre zurückliegen und die Daoismus genannt wird. Daoismus entstand in China. Dennoch wird er, so behaupten wir, eher im „Westen" (was irgendwann auch China einschließen könnte, so wie heute bereits Japan) als in seinem Heimatland zur Anwendung kommen. Ein Paradox, welches keines ist. Was China schlapp machen könnte ist Westimport (Kultur, Politik, Werte); was den Westen evolutorisch weiterbringen, möglicherweise „retten" könnte, ist Chinaimport: Kultur, Politik, Werte (des Daoismus). Die sogenannte „Realität" ist eine andere: Der Westen als ethischer Lebensretter, Lehr- und Zuchtmeister, als Kopiermodell, Terminator des Übels und der ethischen Unzucht, Exporteur von Demokratie und Eigentumsrechten. Ein Auslaufmodell, eine Sackgasse, ein Problemmacher, ein unbelehrbarer Besserwisser?

Im Daoismus ist nichts ausgeblendet. Keine ideologischen Vorbehalte, keine heißen Eisen und heilige Kühe, Tabus existieren nicht. Alles ist offen für Reflexion. Die Sozial- und Wirtschaftswissenschaften, strukturgekoppelten Medien, Politik ohnehin, legen permanent Probleme auf Eis. Kriege laufen reflexionslos über die Bühne. Volkswirtschaften und Unternehmen fahren gegen die Wand. Freier Markt. Definiert ohne die Hauptakteure, ihre Motive und Funktionen.[2] Daoismus gilt als Weisheitslehre. Das ist er auch. Für uns ist er auch eine Theorie, ein theoretisches Konzept und eine Quelle für eine theoretisch fundierte Praxis im Sinne von Kant: Das Praktischste was es gibt, ist eine gute Theorie.[3] Es geht also nicht nur um „Weisheit", auch um Verstehen, Erklären, Gestalten, Vorhersagen auf der Grundlage daoistischer Erkenntnisse und Prinzipien.

Kant betont die Bedeutung „guter" Theorien. Was gute Theorien sind, weiß niemand so recht (viele glauben natürlich es zu wissen). Gut oder schlecht, Theorien bewirken, in allen Funktionssystemen der Gesellschaft (insbesondere Wirtschaft und Politik), eine Entkopplung des Handelns vom Glauben. Sie konstruieren die Welt, nicht alleine, aber sie helfen kräftig mit. Je nach aufgesetzter theoretischer Brille sehen wir die Welt anders und verfügen über andere Werkzeuge, um unsere eigene Welt und die anderer Menschen zu gestalten. Dies ist ein Grund, warum wir den Daoismus nicht als Glaubenssystem, schon gar nicht als Religion verstehen (2. Kapitel). Wir versuchen, den Daoismus theoretisch zu rekonstruieren, um die Welt anders zu sehen und zu gestalten. Mit dem Daoismus verfügen wir über neuartige Werkzeuge (Aktionsparameter), von denen wir behaupten, daß sie uns neue Welten erschließen oder evoluieren helfen (3. Kapitel).

Die beiden Autoren sind Ökonomen. Wir wenden daoistische Prinzipien auf wirtschaftliche Probleme und die Steuerung wirtschaftlicher Systeme an. Was wir tun, ist ein Versuch. Wir halten uns an Albert Einstein (schaffen es aber nicht immer): „Die Dinge sollten so einfach wie möglich beschrieben werden, aber nicht einfacher." Dies ist auch ein daoistisches Prinzip. Soweit wir sehen, gibt es noch keinen Versuch dieser Art. Die Anwendung fernöstlicher Prinzipien und Verfahren auf Wirtschaftsfragen ist zwar alles andere als neu - man denke an die Vielzahl der Bücher, welche die „Kunst des Krieges" (Sun Tse[4]) für die Eroberung von Märkten in Anwendung bringen. Uns interessieren aber weniger Managementfragen an sich, sondern die Ebenen, die über dem Management, der Organisation und strategischen Steuerung von Firmen liegen: dem System Wirtschaft und der mit ihm gekoppelten Systeme von Politik und Wissenschaft. Da es keine Wirtschaft ohne Menschen gibt, beschäftigen wir uns auch mit diesen. Den Menschen der Wirtschaft bezeichnen wir als „Unternehmer".

---

[2] Wir zitieren in unserem Buch mehrfach den US-amerikanischen Blogger Randall Parker (www.parapundit.com). An irgendeiner Uni ist er Professor. Das ist Nebensache. Wir führen ihn an, nicht nur weil er unkonventiell denkt; er reflektiert Taboos der westlichen Gesellschaft und schreibt was er denkt. „Die amerikanischen Sozialwissenschaften sind mehr oder wenig intellektuell bankrott", schreibt er in einer Nachbetrachtung zu einem dreiwöchigen Seminar der Stanford University. Was ihm auffiel, war das Ausklammern einiger der „größten und offenkundigsten Faktoren, die Erfolg und Mißerfolg von Demokratie bestimmen." Theoretisch und ideologisch einfach ausgeblendet (Parapundit, 13. August, 2006: „Democracy debate needs more realism").

[3] „Da lag es dann nicht an der Theorie, wenn sie zur Praxis noch wenig taugte, sondern daran, daß nicht genug Theorie da war, welche der Mann von der Erfahrung hätte lernen sollen (...). Es kann also niemand sich für praktisch bewandert in einer Wissenschaft ausgeben und doch die Theorie verachten, ohne sich bloß zu geben, daß er in seinem Fache ein Ignorant sei." (Kant, 1974, S. 119). Für noch problematischer hält Kant die Auffassung, „daß, was in der Theorie sich gut hören läßt, für die Praxis von keiner Gültigkeit sei." Die Aussage, „Es gibt nichts Praktischeres, als eine gute Theorie", wird oft und wie wir sehen, nicht ganz historisch korrekt, dem Motivationsforscher Kurt Lewin zugeschrieben.

[4] Sunzi (ca. 535 v. Chr. bis ca. 453 v. Chr.), wird als Sun Tsu, Sun Tzu, Sun Tse, usw. übersetzt. Er war ein General und Militärstratege und hat das Buch „die Kunst des Krieges" geschrieben.

Der Leser sieht während der Lektüre rasch: eine „Dao-Wirtschaft" funktioniert anders als eine „normale" Wirtschaft. Sie operiert nach wie vor nach wirtschaftlichen Prinzipien. Aber ihre Arbeitsweise ist eine andere. Es ist diese andere Arbeitsweise, die uns interessiert, und von der wir vermuten, sie habe nicht nur Zukunftspotential; eine Wirtschaft, jede Ökonomie, wird früher oder später nach daoistischen oder ähnlichen Prinzipien funktionieren (müssen), wenn sie die Entwicklung und Evolution der Menschen weiterführen will. Was ist anders? Die Qualität von Führung in Politik und Wirtschaft, der Umgang der Menschen mit sich selbst. Die ethischen Grundlagen. Die psycho-sozialen Fähigkeiten der Menschen. Die politische Steuerung der Wirtschaft, soweit sie überhaupt (noch) möglich ist.

Daoisten sind Interventionsskeptiker. Sie sehen „Systeme" ganz ähnlich wie die moderne Systemtheorie: geschlossen, von ihren eigenen Strukturen bestimmt, nur in Grenzen steuer- und lenkbar. Daoistische Berater sind daher rar, nahezu eine Unmöglichkeit. Gäbe es sie, sie wären Berater des Nichtberatens, des In-Frieden-Lassens, des Laufen- Lassens. Daoistische Systeme, sei es die Wirtschaft, sei es ein Unternehmen, sei es Politik und Wissenschaft, sind Innensysteme, die Steuerung von außen nicht zulassen. Dennoch, oder gerade deswegen, sind es Systeme, Gestalten, die sich entwickeln, die Evolution nicht nur zulassen, vielmehr lieben, einen (potentiellen) Wunsch nach Evolution haben - auch wenn dieser vielfach unterdrückt, und wenn manifestiert, als verboten abgestraft ist. Evolution ist aus daoistischer Sicht nicht intervenierbar. Alles Laufen lassen, ist ihre Devise (2. Kapitel).

> Das Leben aller Dinge eilt dahin wie ein galoppierendes Pferd - jede Bewegung
> bringt Verwandlung mit sich, sie ändern sich von Augenblick zu Augenblick.
> Was sollst du tun? Was sollst du lassen?
> Laß einfach alle Dinge sich von selbst entwickeln.
>
> Zhuangzi, 1998, S. 242

Wer zügelt dann den Wirtschaftsmenschen? Wer hindert ihn daran, über die Stränge des Erlaubten und ethisch Akzeptablen zu schlagen? Unsere abendländische Gesellschaft antwortet darauf: Man will, was man soll. Daoismus meint, ein Sollen, behindert den natürlichen Lauf der Dinge (*ziran*; Abschnitt 3.3), die spontane Freiheit, die Entwicklung und Evolution. Alles was geschieht, geschieht. Die schönste und vernünftigste Norm, das legitimste Motiv, die wohlfeilste Ordnung, was sind sie wert, was leisten sie, im Vergleich zum selbstbestimmten Laufen auf dem Weg (*dao*), welches zuläßt, alle Dinge, nicht zuletzt den Menschen selbst, sich selbst entwickeln und evoluieren zu lassen?

Die Pferde sind die Systeme, sind wir, sind die Organisationen, in denen wir unser Geld verdienen. Wir können allerdings etwas, was Pferde nicht können. Wir können uns „evoluieren", wir können uns entwickeln, uns, ähnlich Münchhausen, aus Schwierigkeiten befreien, indem wir in uns, als Innensysteme, an Evolution machen, oder mit anderen zusammen an Ko-Evolution. Systeme im Gleichgewicht sind solche, die mit dem Leben abgeschlossen haben.

Evolutionsdynamik und Innovationszyklen sind in daoistischen Systemen normal. Die Schwankungsintensität der Wirtschaft. Spekulation. Ein Wirtschaften nach daoistischen Prinzipien wirkt unmittelbar auf die Kernprozesse der Wirtschaft, vergleichbar einer Änderung der „Erbsubstanz" (DNA) in einem biologischen Körper. Man könnte sagen: Daokapitalismus ist eine entgiftete Mutation des Kapitalismus, eines Systems, so definiert es der „daoistische" Ökonom Joseph Schumpeter, das auf der Grundlage privater Verfügungsgewalt über Produktionsfaktoren basiert. Der gegenwärtig praktizierte Kapitalismus wird sterben. Verglichen mit dem der kommt, ist es ein Dinosaurierkapitalismus, ein Kaltblutsystem, das Menschen, Völker und Regionen einerseits materiell reich machen könnte, andererseits menschliche Evolution verlangsamt, retardiert, zurückwirft.

Daokapitalismus stellt Qualität vor Quantität. Nicht mehr als ein Schlagwort an dieser Stelle, gewiß. Betrachten wir das Ursprungsland des Daoismus. Wir können hier historisch beobachten, was uns bevorsteht oder bereits eingetreten ist. Der Amerikaner Mark Elvin, auf der Suche nach der Ursachen der chinesischen Stagnation ab dem 13./14. Jahrhundert, fast das Schicksal Chinas zusammen: „Quantitatives Wachstum, qualitativer Stillstand" (Elvin, 1973). Ersteres ist das, was alle haben wollen und was die politische Klasse und die sie beratende Wissenschaft hervorzubringen versucht. Wir bezeichnen es als „Inputlogik". Von allem mehr haben wollen, insbesondere mehr Ressourcen. Wie kann man mehr Output erzeugen, ohne mehr Input? Für die *herrschenden* – nicht-daoistische Paradigmen – ein Rätsel. Wir betonen herrschend, weil es auch andere gibt, die relativ *dao*-nahe argumentieren und die wir in unsere Überlegungen integrieren.

1.2 *Dao*-Wirtschaft

Dies ist eine verwegen verkürzte Darstellung eines vielschichtigen Entwicklungsprozesses.[5] Der Daoismus ist keine lebensfremde Philosophie; er reflektiert die chinesische historische Entwicklung über viele Jahrhunderte und ist eine theoretische „Antwort" auf die „Herausforderungen" der Moderne. Diese theoretische Antwort zielt auf Problemkonstellationen und gesellschaftspolitische Verwerfungen, die in den europäischen Wohlfahrtsstaaten *im Kern* ähnlich gelagert sind wie im kaiserlichen China.

Die von liberalen Autoren formulierte Kritik an Wohlfahrtsstaat, Eingriffen in die spontane Ordnung der Wirtschaft, Regulierung, Zentralisierung (Europäische Union) ist ganz ähnlich (nicht identisch!) gelagert. Auch die Folgen sind ähnlich. Die wichtigste: Innovationsarmut, zunehmend bewirkt von einer Abkopplung der Wirtschaft (der Schaffung neuer „Entwicklungswerte" - Schumpeter) von in der Wissenschaft erzeugtem Wissen. Dies geht einher - und auch hier ist China ein Lehrmeister – mit einem hohen Ansehen von Erfindern und Neuerern in der politischen, wirtschaftlichen und wissenschaftlichen Elite (zu China: Needham, 1977, S. 226). Nur: die Lücke zwischen Wissen und unternehmerischem Tun wird immer größer und der relative Rückstand zu anderen Volkswirtschaften weitet sich (in Europa) aus (zu dieser Lücke ausführlicher das 6. Kapitel). Trotz hoher Wertschätzung von Innovation entkoppelt sich China von der industriellen Revolution der westlichen Industrieländer. Was ist schiefgelaufen – und wie? Die daoistische Antwort ist Inhalt unseres Textes. Mit China beschäftigen wir uns nur am Rande. Wir behaupten: Die daoistischen Antworten auf die chinesische Malaise sind, zwei Jahrtausende nach ihrer Formulierung, auch für uns tragfähig. Es kann, wie in China, viele viele Jahre dauern (in China Jahrhunderte), bis eine Gesellschaft sich daoistischer Aktionsparameter bedient.[6]

Vom Osten (China) zu lernen ist nicht fremd für den Westen. Im 2. Jahrtausend waren Wissen, Philosophie und Staatskunst des Orients eine Grundlage des industriellen Aufstieges des A-

---

[5] Historische Ausrutscher wie die Song-Dynastie (960-1279) bleiben unerwähnt. Freier (2007) zeigt die Entwicklungsdynamik dieser aus europäischer Sicht „mittelalterlichen" Epoche, getragen von Basisinnovationen, wie sie Jahrhunderte später der russischen Ökonom Nikolai Kondratieff für westliche Industrienationen nachzuweisen versucht.

[6] Der Hinweis ist trivial, deswegen erscheint er in einer Anmerkung; auch andere philosophische Systeme und theoretische Entwürfe verweisen auf Erklärungs- und Steuerungsmöglichkeiten, wie sie der Daoismus kennt. Wir skizzieren auch diese. Wir überlassen es dem Leser, ob er in unserem Text Einsichten findet, die er nicht schon hatte, inklusive jener, warum er trotz dieser Einsichten keine schöpferische Veränderung der Situation herbeizuführen mochte oder in seiner Umwelt beobachten kann.

bendlands. Im 3. Jahrtausend kommt es zu einem noch fundamentaleren „Import" aus China/Indien: Die Übernahme einer nicht-dualistischen Weltsicht, Philosophie, vielleicht auch „Religion" – und praktischen Lebensführung. Könnte östliche Ganzheitlichkeit etwas „heilen", was westliche Beobachter die Doppelmisere eines dualistischen, cartesischen Umgangs mit der Welt bezeichnen: Ausbeutung der Natur, Ausbeutung des Selbst, Ausbeutung des Anderen, gespeist durch den imperialen Hochmut einer abendländischen Weltkonstruktion? Wir bezeichnen diesen Vorgang als die *Daoisierung* von Wirtschaft und Gesellschaft.

Wir untersuchen, ob Entwicklung den Gesetzen des „*dao*" folgt: spontan, aus sich selbst heraus *und* fluktuativ. Wachstum oder besser: Entwicklung, ist eine zyklische Erscheinung, auf allen Ebenen der Beobachtung: Unternehmen, Branche, Region, Volks- und Weltwirtschaft. Wachstum als Entwicklung, daoistisch-schumpeterisch verstanden, ist deswegen auch niemals etwas, was man ankurbeln könnte, was anspringen könnte, was sich durch vermehrten Ressourceninput anschieben ließe. Dies sind, im Sinne von Heinz von Foerster, Metaphern, gültig für Trivialmaschinen, nicht für komplexe, selbst- evolutionsfähige Systeme wie eine Wirtschaft, wie Unternehmer, wie Konsumenten (siehe das 7. und 8. Kapitel).

Das herrschende ökonomische Paradigma von Wachstum und Entwicklung (Evolution existiert nicht) läßt sich einfach zusammenfassen: Wer mehr Output (Wachstum) haben will, benötigt mehr Input (inklusive Wissen). Mit dem größeren Input lassen sich immer mehr (der gleichen) Güter herstellen.[7] Die Kritik ist genauso einfach herzuleiten: Ohne Einbindung des Ressourcenzuwachses in Neukombinationen läuft die Akkumulation langfristig ins Leere. Die Ertragszuwächse gehen zurück. Akkumulation von Inputs mündet in Stagnation. Diese Konstruktion von Wirtschaft scheint mit einer Sicht wie der daoistischen unvereinbar, nach der ein sterbendes System zum Gleichgewicht tendiert, ein System, das seine unternehmerische Energie verliert und seine Energiebahnen blockiert. Form und Medium des *dao* (2. Kapitel) sind die Welle, sich immer wieder neu hervorbringend, reproduzierend.

Eine daoistische Ökonomie ist durchaus eine Alternativökonomie, zudem eine, die sich bisher nur marginal bewußt entfalten konnte. Hier begegnen wir einem großen Paradox. Der Daoismus betont das natürliche, von sich Selbst-so-Entfaltende (2. Kapitel). Der bisher gelaufene kapitalistische Entwicklungsweg ist durchaus naturwüchsig in diesem Sinn. Trotz massiven Drucks von Politik, Religion und Wissenschaft auf die Wirtschaft, bleibt dieser nur wenig reflektiert, quasi ein Leben von der Hand in den Mund, beinahe Alchemie - Evolution ohne Kenntnis der Evolution erzeugenden Mechanismen. Daoismus hebt die Wirtschaft und die mit ihr gekoppelten Funktionssysteme der Gesellschaft (Politik usw.) auf ein höheres Reflexionsniveau, auf eine höhere gesellschaftliche Lernebene (3. Kapitel) und erlaubt, verlangt sogar Strategien der (Nicht-)Intervention, welche die energetische Naturkraft von Systemen, ihren „Lauf des Wassers", in spontaner Natürlichkeit sich zu vollziehen ermöglichen. Peter Fuchs (1999, S. 12, unsere Hervorhebung), ein Systemforscher in der Tradition von Niklas Luhmann, formuliert vortrefflich, wenn wir ihn nicht völlig falsch verstehen, die daoistische Sicht der Dinge:

---

[7] All dies läßt sich vielfältig variieren und qualifizieren. Wir schreiben nicht für den Fachökonomen. Ein Paradigma hat die angenehme Eigenschaft, denjenigen, die innerhalb seiner Grenzen arbeiten, gedankliche Unsicherheit abzunehmen und wissenschaftliche Seriosität zu dokumentieren. Sie entlasten zudem von Ungewißheit, was sie besonders attraktiv in Gesellschaften macht, die Kulturen mit Unsicherheitsvermeidung - die heutige deutsche gehört dazu - pflegen. Da sie universelle Wahrheiten zu verkünden scheinen, sind paradigmatische Aussagen an Funktionssysteme wie Politik und Medien gut anschließbar. Große Fortschritte in der Wissenschaft kommen durch ein neues Paradigma (Thomas Kuhn: „Paradigm shifts") zustande. Ökonomisch sind sie vergleichbar mit Basisinnovationen vom Typ Kondratieff.

Die Zukunft ist opak [undurchsichtig], die Gegenwart ist blind. *Die Dinge laufen, wie sie laufen*, telos-frei. ... Oder anders gesagt: Wenn Evolution konzediert wird, ist Intervention dezidiert imaginär.

Eine sich daokapitalistisch entfaltende Wirtschaft widerspricht zwar nicht im Prinzip – dies der Anspruch einer islamischen oder buddhistischen oder katholischen Ökonomie: Unterwerfung der Wirtschaft unter den Glauben[8] – den Aussagen der modernen Ökonomie; dennoch versucht eine daoistisch fundierte Theorie der Wirtschaft, Seinsbereiche theoretisch zu erschließen, für welche die herrschende Sichtweise das theoretische Handtuch wirft, in einem imperialem Gehabe eine Allzuständigkeit behauptend, welche gut für Nobelpreise sein mag, aber weniger für schöpferisches Gestalten komplexer Systeme und handlungspraktisches Bewältigen der Herausforderungen turbulenter Märkte.

Die Grundaussage des Daoismus spricht Lieh Tzu[9] aus - in weitgehendem Einklang mit der zeitgenössischen systemischen Theorie;[10] und diese Aussage macht unmittelbar klar, warum ein Ökonom und der von ihm beratene Entscheidungsträger in Politik und Wirtschaft verächtlich abwinkt: Theoriezirkus, bei guter Laune: VHS-Esoterik, und bei noch besserer Laune: Heyne Science Fiction & Fantasy.

Es gibt ein *Kreatives Prinzip* welches selbst ungeschaffen ist; es gibt ein *Prinzip des Wandels*, welches sich selbst nicht verändert. Das Ungeschaffene [Nichtsein] ist fähig Leben [Sein] zu schaffen; das Unveränderbare ist fähig Wandel zu bewirken. Das was geschaffen ist, kann nicht umhin als zu schaffen; das was evoluiert kann nicht umhin als fortfahren zu evoluieren. Folglich gibt es eine immerwährende Produktion und immerwährende Evolution. *Das Gesetz unaufhörlicher Produktion und unaufhörlicher Evolution* kann niemals aufhören zu operieren (Lieh Tzu, 1912).

Was sind das „Kreative Prinzip" und das „Prinzip des Wandels", der „Weg" (*dao*), der selbst geht? Immer-Unterwegssein durch fortgesetzte Wandlung, kein beharrendes Festhalten. Die moderne Systemtheorie bezeichnet, was hier einer der Urväter des Daoismus, Lieh Tzu, vor zweieinhalb Jahrtausenden formuliert, als „Autopoiesis" des Lebens.[11] Diese herzustellen und zu erhalten ist der Grundauftrag des Daoismus.

---

[8] Wobei kognitives Glauben jenseits von Religion weit verbreitet, um nicht zu sagen, die Regel ist oder immer mehr zur Regel wird, in hochkomplexen Systemen mit hochgradig verteiltem Wissen. Der Experte weiß (bei allem Status quo- und kognitivem Bias), der Amateur muß glauben. Wenn Ökonomen sagen, eine Senkung der Lohnnebenkosten verringere die Arbeitslosigkeit, muß der Politiker oder Journalist solches glauben. (Dullien, 2006: „Es gibt wohl keinen Glaubenssatz, der in Deutschland ähnlich viele Anhänger hat, wie der, dass sinkende Lohnnebenkosten automatisch zu neuen Arbeitsplätzen führen. Seit Jahren richtet sich die Politik an diesem Glauben aus.") Die Modell-Logik, die solche Aussagen möglich macht, bleibt ihm verschlossen. Ein weiteres Argument für daoistische (systemische) Nichtintervention. Glaube mag Berge versetzen, Arbeitsplätze schafft er nicht (außer, vielleicht - siehe die US-Megakirchen - im Glaubenssystem selbst). Die anreizdeterminierten „economic animals" (J. M. Keynes) entzaubern den Glauben im Markt.

[9] Über Lieh Tzu wissen wir wenig. Man weiß, daß er in der Zeit der Streitenden Reiche (475 v. Chr. – 221 v. Chr.) gelebt hat und *Laozi* (das *Dao De Jing*; die Hauptschrift des Daoismus) kannte.

[10] Unter systemische Theorie fassen wir drei Theoriestränge zusammen: die Systemtheorie von Niklas Luhmann, die autopoietische Logik von Humberto Maturana und Francisco Varela und die Kybernetik zweiter Ordnung nach Heinz von Foerster. Bei aller Verschiedenheit weisen sie so viele Gemeinsamkeiten auf, daß wir sie unter dem Dach des Hauses „systemische Theorie" einordnen können.

[11] Autopoiesis ist die Eigenschaft von Systemen, sich unaufhörlich selbst zu erneuern und sich dadurch zu erhalten. Autopoiesis ist der Prozeß, durch den sich ein System selbst herstellt und erhält. Wenn wir un-

Im *Laozi* (Kapitel 25, Übersetzung Gerstner, 2001, S. 144) klingt es ähnlich geheimnisvoll wie bei Lieh Tzu:

> Es gibt etwas, was durch ein Zusammenfließen entstanden ist.
> Es ist vor Himmel und Erde geboren.
> Lautlos und leer steht es alleine und ändert sich nicht.
> Es bewegt sich in Zyklen und ist nicht in Gefahr.
> Es kann gelten als die Mutter der Welt.
> Ich kenne seinen Namen nicht und bezeichne es als Dao.

Die modernen Gesellschaften scheinen in vielfacher Weise vom „autopoietischen" WEG, der „Mutter der Welt", vom Namenlosen/Nichtsein/Nichts, abgekommen, haben sich in evolutorische Sackgassen hinein entwickelt, Mutationskrisen eingefangen. Dieses Schicksal kann alle Gesellschaften auf allen Stufen der Evolution treffen. Es ist sogar historische Normalität. Wäre es nicht so, wozu bräuchte man die Weisheit des Laozi und Zhuangzi? Man erkennt dieses Verlassen des Wegs, wenn Menschen beginnen, ihren Weg, ihre Werte, ihr „System" als Modell, als Exportprodukt, als Erziehungsmodul anderen anzupreisen oder aufzudrücken. Dieser imperiale Modus zeigt uns den Höhepunkt des jeweiligen Laufs eines Systems, seinen Zenith, den Wendepunkt. Daraus zu lernen ist kaum möglich, solange bestimmte Evolutionsstufen nicht durchlaufen sind (Abschnitt 3.6).

Schlüsselprozesse in einer daoistischen Wirtschaft sind Neukombination (Innovation) und Evolution. Wir erläutern dies ausführlich. Innovationen sind auf zwei Wegen möglich: Unternehmen führen „technischen Fortschritt" in der Produktion ein. Mit der gleichen Menge an Produktivkräften lassen sich dann mehr (der gleichen) Güter produzieren. Oder die Unternehmen stellen neue Güter her (was mit neuen Produktionsverfahren geschehen kann, in der Praxis auch so geschieht). Die eigentliche Dynamisierung läuft über neue Güter. Produziert eine Wirtschaft immer mehr der gleichen Güter, treten die Nachfrager irgendwann in den Kaufstreik. Auch „Geiz-ist-geil"-Aktionen bringen keine zusätzliche Nachfrage mehr, wenn die Nachfrage „gesättigt" ist (fachökonomisch: die Grenznutzen der zusätzlichen nachgefragten Güter sind null). Dies ist im Prinzip alles. Der Leser mag fragen, warum eine solche Theorie, die von der Angebots- und Nachfrageseite nicht stimmig ist, so hohe Anerkennung in Teilsystemen der Gesellschaft (Wissenschaft, Medien, Politik) genießt. Statt eine Antwort zu geben (die Literatur kennt viele), ziehen wir es vor, eine alternative Sichtweise vorzustellen, die wir Daokapitalismus nennen, die Verbindung entwicklungs- und evolutionstheoretischer Überlegungen mit Erkenntnissen daoistischer Philosophie und Praxis.

1.3 Unternehmerische Funktionstiefe

Warum stellen wir Neuerungen und innovative Unternehmen in den Mittelpunkt unserer Überlegungen? Innovationen sind auf der Mikroebene operierende Multiplikatoren. Läuft eine Neuerung gut, bauen die Unternehmen Kapazitäten auf und aus, und fragen mehr Arbeitskräfte nach. Die Lohnhöhe ist Nebensache. Was kann eine Arbeitskraft aus Sierra Leone, welche amerikanische Unternehmen mit einem halben Dollar pro Stunde für Kochen, Putzen usw. *in den USA* beschäftigen, zur Entwicklung beitragen (nicht zu den Gewinnen der Firmen)?[12]

---

terstellen, unternehmerische Systeme seien in diesem Sinne sich selbst herstellend und erhaltend, wie ist dann eine Autopoiesis mit den daoistischen Variablen bzw. Einflußgrößen verknüpft?

[12] Randall Parker von Parapundit (23. Mai 2006) berichtet über derartige Lohnverträge (www.parapundit.com).

Die Nachfrage nach Arbeit ist (im Entwicklungsmodell) eine Funktion der Innovationsleistung eines Unternehmens und einer Volkswirtschaft. Diese Dimension bleibt in der vorherrschenden „neo-liberalen" Logik und den Makro-Kaufkraftargumenten ausgeblendet.[13] Beide operieren daher steinzeitökonomisch: Keine neuen Güter. Mammutfood plus Beerensalat als controller-optimiertes Produktsortiment.

Der junge Schumpeter (gerade 28 Jahre) stellt seine Entwicklungslogik

> einer anderen gegenüber, die sich dahin ausdrücken ließe, daß ein einmal hergestelltes wirtschaftliches Gleichgewicht sich erhält, solange nicht von außen eine Störung hereingetragen wird, woraus folgt, daß jede Veränderung des Zustandes der Volkswirtschaft auf anderen Momenten als jenen beruhen muß, die man technisch als rein wirtschaftlich bezeichnet. ... Die Ursachen und treibenden Kräfte auch der wirtschaftlichen Entwicklung (...) liegen in diesen [Rahmen-] Bedingungen und Voraussetzungen der Wirtschaft oder, anders ausgedrückt, es gibt keine wirtschaftliche Entwicklung, keine wirtschaftliche Entwicklung *aus sich selbst heraus*. ...Nach dieser Auffassung spielt das Reinwirtschaftliche in der Entwicklung eine passive Rolle. Die rein ökonomischen Gesetze beschreiben ein bestimmtes Verhalten der Wirtschaftssubjekte, dessen Ziel Herbeiführung eines (...) Gleichgewichts und Wiederherstellung eines solchen Zustandes nach jeder Störung ist (Schumpeter, 1911/2006, S. 470; unsere Hervorhebung).[14]

Die theoretische Analyse im Rahmen der Reinen („statischen") Ökonomie, so Schumpeters Argument, vermag keine rein ökonomischen Kräfte festzustellen, die einen qualitativen und diskontinuierlichen Wandel fördern, sie enthält keinen *ökonomischen* Mechanismus der Entwicklung. Noch anders gesagt: Die reine Theorie, der ökonomische Mainstream, kann Entwicklung nicht erklären, ist im Sinne von Kant keine gute Theorie, eine Theorie mit der sich praktisch arbeiten ließe, um Entwicklung zu fördern - was durchaus einschließen könnte, im daoistischen Sinne aktives Nicht-Tun (*wuwei*) zu betreiben (zu *wuwei* siehe 3. Kapitel). Noch anders gesagt: Wenn wir Entwicklung und Evolution ökonomisch („rein wirtschaftlich") verstehen wollen - was Voraussetzung ihrer bewußten Erzeugung wäre - müßten wir über eine Logik verfügen, welche Wirtschaft als ein „System" begreift, das aus sich selbst heraus Entwicklungsimpulse erzeugt, also „auto-genetisch" operiert. In systemtheoretischer Sprache: Die Entwicklung der Wirtschaft wäre „autopoietisch" zu verstehen, was hieße einen „Mechanismus" definieren und in seiner Funktionsweise erklären, welcher die Herstellung eines sich entwickelnden Systems durch sich selbst ermöglicht. Für Evolution gilt das gleiche.

---

[13] Wir sprechen in unserem Text des Öfteren von einer „Logik". Neoliberale Logik, daoistische Logik, Entwicklungslogik, usw. Wir verwenden den Begriff „Logik" dabei durchgehend in einer Weise, wie sie im folgenden Zitat von Luc Ciompi (1997, S. 77) zum Ausdruck kommt: „In dieser ... viel allgemeineren Bedeutung von Logik geht es also weniger um eine Vorschrift, wie korrekterweise gedacht werden *sollte*, als vielmehr um die Feststellung, wie in einem bestimmten Kontext gedacht *wird*. ... In diesem Sinne gibt es nicht nur eine einzige Logik, sondern deren viele... Zu einem ähnlichen Schluß führt ebenfalls der Konstruktivismus. ... Zu bedenken ist ferner, daß neben der okzidentalen Logik auch andere Hochkulturen wie die chinesische ... ganz andersartige ‚Logiken' hervorgebracht haben."

[14] Die entwicklungstheoretischen Überlegungen von Joseph A. Schumpeter (1883-1950) nehmen in unserem Text eine Schlüsselrolle ein (Zum Lebenslauf und einer knapp-informativen Darstellung des Werkes siehe Kurz, 2005). Wir betrachten Schumpeter als einen „daoistischen" Ökonomen. Wir begründen dies nicht ausführlich und systematisch (aus Zeitgründen), eher beiläufig. Man könnte auch andersherum argumentieren: der Daoismus, in unserer Interpretation, ist an die alt- und (eingeschränkter) an die neo-schumpetersche Tradition hochgradig anschlußfähig.

Dies klingt komplizierter als es in der Praxis der Entwicklung ist. Die Praxis, das Funktionieren eines sich entwickelnden Systems, läuft und läuft, seit Jahrhunderten, ohne das wir wissen, wie es funktioniert. Die Systeme sind so komplex, daß niemand weiß, wie sie im einzelnen funktionieren. Wir beginnen erst zu wissen, was wir nicht wissen.

> Wir sollten uns klarmachen,
> daß das Wissen der Menschen winzig ist
> im Vergleich zu dem,
> was er nicht weiß.
>
> Zhuangzi, 1998, S. 238
> (Das linke Bild zeigt Zhuangzi)

Daoisten wie klassische Liberale sind deswegen interventionspolitisch bescheiden, um nicht zu sagen, Nihilisten der Intervention. Im Daoismus gilt aktives Nichttun, Tun von Nichttun (*wuwei*) als der Schlüssel, um Systeme jeder Funktion (einschließlich Politik) sich entfalten zu lassen (Abschnitt 3.4). Wie man so etwas zu Wege, also auf den Weg (*dao*), bringt, *dao*-kompatibel macht, ist zentraler Inhalt daoistischer Politikempfehlungen, vor allem aber evolutorischer Praxis (Abschnitt 3.5ff).

Wir setzen in unserem Buch auf die Schumpetersche Logik, eingebettet in daoistisches Denken, weil dieses „Paradigma" einen Mechanismus enthält, der das Kriterium von Kant erfüllt und Entwicklung unter bestimmten Bedingungen „auto-genetisch" macht.

Nehmen wir als Beispiel Arbeitslosigkeit und die Schaffung neuer Arbeitsplätze. Im entwicklungslosen Modell, wie es in Deutschland zum praktischen Einsatz kommt, erzeugen wir Arbeitsplätze, in dem wir Arbeit „billiger" machen und/oder den Einsatz von Arbeit „flexibler" gestalten. Das ist überhaupt nicht falsch. Es funktioniert auch, manchmal besser, manchmal schlechter, gelegentlich auch gar nicht, weil die Schaffung von Arbeitsplätzen nicht nur eine Frage von Lohnsatz und flexiblem Arbeitsmarkt ist. In Deutschland wurde der Reformzweck, Arbeit billiger zu machen, erreicht. Der Zweck, durch billige Arbeit mehr Arbeitsplätze zu schaffen, wurde jedoch verfehlt (Stand Juni 2006).

Die theoretische Logik, über Lohnsenkung Arbeit zu schaffen, ist jedoch eine entwicklungslose. Sie ist sozusagen steinzeitökonomisch. Arbeit läßt sich auch anders erzeugen, wir sprechen bewußt von erzeugen: einmal durch Neukombinationen („Mikromultiplikatoren"). Zum anderen, weil Innovatoren neue Qualitäten von Arbeit nachfragen: der Nano-Innovator kann nicht mit „Humankapital" arbeiten, das auf die Erzeugung von Eisen oder die Förderung von Kohle spezialisiert ist. Innovation erzeugt Nachfrage nach neuer Kompetenz (nach „Evolution"). Kompetenzevolution ist gleichfalls ein auto-genetischer Prozeß, angetrieben, zumindest „irritiert" durch Innovationsdynamik, also ein ko-genetischer Ablauf.

Betrachten wir alte Industrien wie Automobil oder Elektrotechnik, wachsen diese auch noch, wenn auch bescheiden. Ihre Arbeitsplatzdynamik ist allerdings bei uns Geschichte, anders als in Indien oder China. Wenn wir in diesen Sektoren Arbeitsplätze erhalten oder gar schaffen wollen, läßt sich das über „billiger" und/oder „flexibler" machen. Letzten Endes ist das ein Weg in Armut und/oder Stagnation- angesichts der Konkurrenz aus den sich neu industrialisierenden Ländern, die in der Lage sind, moderne Technik mit bescheidenen Löhnen zu koppeln. Auch wenn diese Industrien innovieren - was sie auch massiv tun - bringt das wenig. Es gleicht dem Läufer auf dem Tretband in der Gymnastikhalle: er läuft und läuft und kommt nicht voran (wir schildern das ausführlich im 8. Kapitel). Die Autowelle ist gelaufen. Bei uns, in allen post-industrialisierten Gesellschaften. Dies ist die Diagnose von Schumpeter und Laozi. Entwicklung vollzieht sich in Wellen, ist fluktuativ (2. Kapitel). Wellen kommen und gehen. Wir können sie nicht erhalten oder neu erzeugen. Ein Bigbang kommt nur einmal. Vielleicht kommt ein neuer, er ist aber nicht der alte.

Die Alternative zu billig/flexibel ist somit die Erzeugung einer neuen Welle von Neukombinationen, einer neuen Basisinnovation.[15] Dies ist eine alte Einsicht von hoher aber kaum beachteter Aktualität. Daher zitieren wir zwei zeitgenössische Beobachter:

> Wir brauchen eine Politik, die eine Perspektive auf höhere Einkommen schafft. Natürlich geht es nicht darum, bei bestehender gesamtwirtschaftlicher Produktivität die Löhne und Gehälter zu erhöhen, das würde nur zu mehr Arbeitslosigkeit führen. ... Wir sollten versuchen, gut bezahlte Jobs in neuen Sektoren zu schaffen, anstatt krampfhaft zu versuchen, eine immer unprofitablere Autoproduktion in Orten wie Wolfsburg, Rüsselsheim oder Bochum aufrechtzuerhalten (Münchau, 2006d).

Wolfgang Münchau, Kolumnist der Financial Times, spricht beide Paradigmen an: das entwicklungslose - bloß keine Arbeit vernichten durch höhere Löhne; die Praxis der Dax-Unternehmen: höhere Gewinne durch niedrigere Lohnkosten/Steuern & Auslagerung - und die Wellenlogik: Arbeitsplätze „in neuen Sektoren". Wie gesagt: beide schließen sich nicht aus. Aber nur auf das Erste zu setzen, führt in eine Sackgasse - auf der Ebene von Volkswirtschaft wie von Unternehmen.

> Im produzierenden Gewerbe (wurden) seit 1995 rund 1,26 Millionen Stellen abgebaut. Gleichzeitig war das produzierende Gewerbe auch der höchste Investor in F&E (Forschung & Entwicklung). Daraus ergibt sich, daß die hohen Forschungsausgaben insofern in die falsche Richtung geflossen sind, als sie offensichtlich wenig zur Schaffung neuer Arbeitsplätze beigetragen haben. Die Abwesenheit in wachstumsstarken Bereichen kostet viele Arbeitsplätze. Die theoretischen Betätigungsbereiche [für neue Innovationsfelder] sind bekannt. Es fehlt nur noch die Aktion (Wildemann, 2006).

Horst Wildemann spricht das Laufbandphänomen an: viel Forschung und Entwicklung, wenig neue Arbeitsplätze und Innovationsdynamik. Daimler Benz gibt mehr für Forschung und Ent-

---

[15] Basisinnovationen (revolutionäre neue Technologien wie Dampfmaschine, Eisenbahn, Automobil, Computer, Bio- /Nanotechnologie) sind die Träger langfristiger, circa ein halbes Jahrhundert andauernder Entwicklungswellen. Schumpeter nannte sie Kondratieffzyklen, nach dem Russen Nikolai Kondratieff, der sie in den 20er Jahren des vorigen Jahrhunderts beschrieb. Im Mittelpunkt der Überlegungen Kondratieffs und später Schumpeters stehen die von Basisinnovationen erzeugten Produktivitäts- und Akkumulationswirkungen. Basisinnovationen sind in der Wirtschaft selbst erzeugt (2. Kapitel). Erik Händeler (2004) gibt einen exzellenten Einblick in das Phänomen. Schumpeter hat in „Konjunkturzyklen" (englisch 1939, deutsch 1961) eine theoretische und wirtschaftshistorische Darstellung der Kondratieffwellen gegeben, die als wegweisend gelten kann. „Moderne Ökonomen stehen dem Konzept der Kondratjew-Zyklen skeptisch gegenüber", bemerkt Braunberger (2006) in einer Einführung zu den Ursachen von Wirtschaftsschwankungen. Zu Recht, wäre zu ergänzen. Sie passen nicht in die herrschende Gleichgewichtstheorie.

wicklung aus, als private Investoren und öffentliche Geldgeber für Bio- und Nanotechnologie. Konzentration auf die „falschen" oder wenig entwicklungsdynamischen Sektoren (wir sagen: auf die neuen Wellen). Die fehlende Aktion heißt fehlendes Unternehmertum, insbesondere visionärer Qualität. Wie wir später sehen werden: es gibt große Unterschiede in dem, was Unternehmer tun, in ihren Funktionen und Entwicklungsbeiträgen. Auch die entwicklungslose Logik kennt den Unternehmer. Er bringt aber nichts für eine neue Entwicklungswelle. Was DB macht ist völlig in Ordnung. Ohne F& E wäre Daimler erledigt. Für eine nachhaltige Entwicklung ist es möglicherweise notwendig, in keinem Fall hinreichend.

Diese Formulierungen lassen noch offen, welchem gesellschaftlichen Funktionssystem wir Unternehmertum zuordnen. Auch wenn wir uns in unserem Buch auf wirtschaftliche Unternehmer konzentrieren, ist vieles von dem, was wir erläutern, auf Unternehmer in anderen Funktionssystemen der Gesellschaft übertragbar. Um ein auffälliges Beispiel zu geben: auch sogenannte Terroristen handeln unternehmerisch. Ihre Motivation mag eine andere als die der wirtschaftlichen Unternehmer sein. Ihre Aktionsweise weniger; und wenn der uns geläufige Typus durch „schöpferische Zerstörung" (Schumpeter) in die Wirtschaftsgeschichte eingeht, sehen Zerstörer von Menschenleben und Vermögenswerten solches nicht unähnlich. Beide haben eine religiöse Basis und finanzieren sich sogar vergleichbar. Die Attentäter der Londoner Selbstmordanschläge (7. Juli 2005) kamen mit einem Aufwand von 12 000 Euro ans Ziel, kaum mehr als eine innovative Ich-AG in die Umsetzung ihres Geschäftsplanes investiert.

Die „aus sich selbst heraus" sich vollziehende Entwicklung verlangt eine unternehmerische Funktionstiefe, die in der herkömmlichen Theorie und wirtschaftspolitischen Praxis nicht existiert. Diese reicht über Arbitrage[16] nicht hinaus. Innovation ist zwar ein ständiger Begleiter gutachterlicher und politischer Rhetorik. Sie ist aber inputlogisch eingebunden. Man muß dem System die Energie in Form von Ressourcen von außen zufügen, sonst verharrt es im Zustand der Stagnation oder der Nichtausschöpfung seines Potentials.

Die Schumpetersche Sicht von wirtschaftlicher Entwicklung, von uns eingebettet in daoistisches Denken, ist heute wie in der Zeit, als Schumpeter sein Hauptwerk veröffentlicht, 1911, für die Standardökonomie ein UFO. Wir begründen diese Aussage noch. Auch solche Autoren, Berater und politische Macher, die Schumpeter im Munde führen, sein Denken durch das rekonstruieren, was sie gelernt haben: eine formalisierte, gleichgewichtsorientierte - also „tote" – Wirtschaft.

---

[16] An dieser Stelle eine kleine Anmerkung zu Arbitrage (später ausführlich). Arbitrage ist eine einfach zu verstehende ökonomische Verhaltensweise. Jedermann praktiziert sie tagtäglich in seinem Leben: wenn er im Auto fährt, wenn er vor der Kasse im Supermarkt steht, wenn er Wertpapiere kauft - und wenn er Professor ist, sowieso. Es heißt das Erkennen und Ausnutzen von Unterschieden: sei es Zeit (Autobahn, Kasse), sei es Geld (Wertpapier, Professor). Wenn es Differenzen gibt, also noch kein Gleichgewicht besteht, schlägt die Stunde des Arbitrageurs. Zwei Geschwindigkeiten auf der Autobahn: rechts 90, links 130. Wer hinter dem LKW hängt, überholt links. Er nutzt die Unterschiede der Geschwindigkeit. Im Stau gibt es keine Arbitrage; wenn alle gleiches Tempo fahren, auch nicht. Wenn ein Prof. in Uni X eine bessere Stelle bekommt, wechselt er. Wenn Gold in London billiger ist als in Hongkong, kauft er in London und verkauft in Hongkong. Outsourcing nach Indien ist (auch) Arbitrage, genauso wie Übernahmen von Unternehmen. Arbitrage schlägt vom Umsatzvolumen alles, was in der Wirtschaft passiert. Eine Woche Devisenarbitrage schlägt das deutsche Bruttosozialprodukt. Was wir im Text mit Arbitrage ansprechen, läuft in der soziologischen Diskussion des Kapitalismus unter dem Begriff „Finanzmarkt- Kapitalismus" (siehe hierzu Deutschmann, 2006). Finanzmärkte sind nun in der Tat das exemplarische Spielfeld von Arbitrageuren. Aber nicht alles, was auf Finanzmärkten sich abspielt ist Arbitrage (etwa das Kreditgeschäft der Banken), und nicht jede Arbitragetransaktion hat einen Bezug zum Finanzmarkt (siehe obige Beispiele). Die Realsphäre der Wirtschaft ist durchdrungen von Bewertungsdiskrepanzen und ihrer Entdeckung und Nutzung. Ein großer Teil des Arbeitsmarktes funktioniert nach Arbitragelogik und Arbeitsmarktreformen sind dieser Logik verpflichtet.

Eine alte Geschichte aus China zum Schicksal der zeitgenössischen Innovationsinitiativen:

> Herr Ye [Name eines für Innovation Verantwortlichen] war ein Liebhaber von Drachen [ein Freund der Innovation]. Alle seine Kleider mußten mit Drachendesign gestickt sein. Er ließ alle Zimmer in seinem Haus mit Drachenbildern schmücken. In alle Säulen seines Hauses mußten Drachenmuster eingraviert sein. Es sah so aus, als ob er ohne Drachen nicht weiterleben könnte. Eines Tages hat der echte Drache [Schumpeter] im Himmel davon gehört und sich darüber sehr gefreut. Er flog zum Herrn Ye, um ihn zu besuchen. Aber als Herr Ye den echten Drachen sah, erstarrte er vor Schreck und ist sofort weggerannt.

Es ist schon bemerkenswert, wie angelsächsische Autoren mit Schumpeters Ideen umgehen, auf dem wissenschaftlichen Marktplatz Einsichten verkünden, die bereits der junge Schumpeter (1911/2006) ausführlicher und mit größerer theoretischer Tiefe ausbreitet. Und was der amerikanische Hegemon vorgibt, ist für den Rest der akademischen Welt ein theoretisches Muß. Die amerikanische Volkswirtschaft juckt das alles überhaupt nicht. Das Bush-Team macht eine Wirtschaftspolitik, die US-Ökonomen verzweifeln läßt. No problem. Die US-Wirtschaft läuft rund, auch wenn ihre Ökonomen den Unternehmer in ihren Modellen nicht unterbringen. Gut so. Würde Bush den Ökonomen folgen, was könnte schon herauskommen? Wenn wir das Kant-Kriterium zugrunde legten: das Unpraktischste was es gibt, ist eine schlechte Theorie. Lassen wir die Theorie im Hörsaal weilen und die Praxis dem unternehmerischen Lauf folgen. Die Amerikaner (und Chinesen) machen das, sie können es auch, weil sie, warum auch immer, für Unternehmertum eine attraktive Umwelt bieten und über reichlich Unternehmertum verfügen. Sie lassen ihre unternehmerischen „Pferde galoppieren" (Zhuangzi), anstelle ihnen so straffe Zügel anzulegen, daß sie ihrer Natur verlustig gehen, wie der „Chinese aus Königsberg", Immanuel Kant, in seinem Aufsatz „Was ist Aufklärung?" sagt: „Es ist so bequem, unmündig zu sein. Ich habe nicht nötig zu denken, wenn ich nur bezahlen kann; andere werden das Geschäft schon für mich übernehmen."

Die Tabelle 1.3.1 gibt einen Überblick über die in unserem Buch vorgestellten „Wirtschaftsmenschen". Die detaillierte Diskussion erfolgt in späteren Kapiteln. Unternehmertum können wir funktionshierarchisch verstehen. Unternehmer handeln auf unterschiedlichen Funktionsebenen. Wir nennen diese Funktionstiefe. Eine „tiefere" Funktion schließt eine höhere ein (Abschnitt 3.6). So schließt der evolutorische Unternehmer die Funktion von Routine, Arbitrage und Innovation ein, vermag diese Funktionen aber auch zu überwinden und/oder zu transzendieren. Er kann Dinge tun, welche die anderen nicht machen können: sich selbst zu evolutionieren. Für den Innovator gilt das gleiche. Er kann immer auf Arbitrage und Routine zurückfallen, auf seiner Funktionsebene aber sich nicht selbst evolutionieren. Wie die Tabelle 1.3.1 andeutet, ist Evolution das Kernthema im Daoismus.

Was tun wir in unserem Buch? Die theoretische Re-Konstruktion der Entwicklungslogik im Geist des Daoismus. Aber auch: ihre Weiterführung und Öffnung für evolutorische Kräfte und neue, auch ungewohnte Aktionsparameter (3. Kapitel).

Tabelle 1.3.1: Unternehmerische Funktionstiefe:

	„Der Unternehmer, das unbekannte Wesen"		
Funktionstiefe	Unternehmerfunktion	Paradigma
Flachland Quelle: Peter Rohde	**Routine** „Wirt" Homo oeconomicus Unternehmertum in Allokationssystemen	**Neoklassik** Theoretischer Mainstream Allokationslogik
	Arbitrage Erkennen und Umsetzen von Tauschchancen „Der findige Unternehmer"	**„Österreichische Schule"** (**Hayek** [Bild], Mises, Kirzner) Tauschlogik
	Innovation Unternehmer als Träger einer innovativen Funktion (Entwicklungslogik)	**Schumpeter** Neo-Schumpeterianer Entwicklungslogik
	Evolution Selbst- & Ko-Evolution ganzheitliche Entfaltung von Fähigkeits- und Reflexionspotential	**Evolutionsökonomie** Daoismus (**Laozi** [Bild]) Evolutionslogik
	„Die Wirtschafts*wissenschaften* ringen immer noch mit der Erklärung seiner Rolle und seines Antriebes."[17]		

---

[17] Die Zitate in der Tabelle haben wir von Karen Horn (2006) übernommen. Sie schildert in ihrem Beitrag den Stand der Unternehmertheorie, wie er sich ihr auf Beiträgen einer Tagung des Max-Planck-Instituts für Ökonomik im Mai 2006 offenbarte.

Die Sicht der Funktionstiefe wenden wir mehrfach auf empirische Sachlagen an, beispielsweise Immigration, oder Beschäftigung (Arbeitslosigkeit).

Beschäftigung ist dann eine Funktion der Funktionstiefe:

Beschäftigung = f (Funktionstiefe) = f (Lohn, Flexibilität, Innovation, Evolution)

Sofort ist erkennbar: der wissenschaftliche wie reformpolitische Diskurs ist funktionslogisch an der Standardökonomie und den Arbitragekonzepten festgemacht. Für Steuerpolitik gilt das gleiche. Für Wettbewerbspolitik dito, sogar Technologie und Innovation werden flachländisch abgehandelt. Neukombinationen (das Schumpeterparadigma) bleiben außen vor. Evolution im von uns vorgestellten Sinn der östlichen Weisheitslehren (hier: Daoismus) bleibt vollständig ausgeblendet.

Im *zweiten Kapitel* geben wir eine Einführung in den Daoismus. Wir erläutern Schlüsselbegriffe und grundlegende Aussagen daoistischen Denkens. Wir verknüpfen dabei bereits daoistisches Denken mit entwicklungstheoretischer Logik. Das dritte Kapitel erläutert weitere daoistische Bezüge in knapper Form, damit der Leser in späteren Kapiteln den Sinn dieser Begriffe und Zusammenhänge nachvollziehen kann. Wir sprechen über *ziran* (von selbst-so-verlaufend), *wuwei* (aktives Nichttun) und *de* (Tugend, Wirkkraft des *dao*), über *qi* (Lebensenergie) und *heqi* (Austausch von Energie zwischen Menschen).[18] Wir stellen im dritten Kapitel auch unsere Systematik des Lernens vor und erläutern die Grundzüge eines „hierarchischen" Evolutionskonzeptes, auf welches wir in späteren Kapiteln immer wieder zu sprechen kommen.

Im vierten und fünften Kapitel stellen wir theoretische Grundlagen des Daoismus vor und veranschaulichen diese an politökonomischen Zusammenhängen. In den abschließenden Kapiteln gehen wir detaillierter auf Grundfragen sich entwickelnder und evoluierender Wirtschaften ein. Grundlage hierfür sind die theoretischen Fundamente der Kapitel 3-5.

---

[18] Eine detaillierte Darstellung dieser Begriffe und Zusammenhänge bleibt dem zweiten Band des Daokapitalismus vorbehalten.

2. Die Weltsicht des Daoismus

---

2. Die Weltsicht des Daoismus

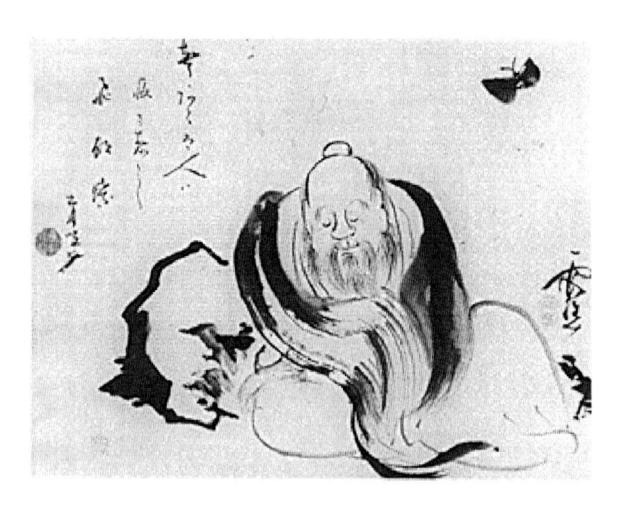

2. 1 Fragestellung

2. 2 Daoismus: Überblick

2. 3 *Dao*

2.1 Fragestellung

Unser Anliegen ist die Untersuchung wirtschaftlicher Entwicklungsprozesse und ihre Projektion in die Zukunft aus dem Geist des Daoismus. Die Überlegungen stehen unter einem Vorbehalt: Der Daoismus, wie andere östlichen Traditionen auch, stellt kein geschlossenes Gedankensystem dar, vielmehr ein dynamisches Feld konkurrierender Deutungen. Einen Daoismus-an-sich, einen wirklichen oder echten oder richtigen Daoismus gibt es nicht, wie wir einleitend erläutert haben. Selbstverständlich versuchen wir unsere Überlegungen mit daoistischen Quellen zu stützen. Der im Text vorgestellte Daoismus bleibt unsere Konstruktion.

1911 schreibt ein 28jähriger Ökonom:

**Das energetische Handeln
ist das Grundprinzip wirtschaftlicher Entwicklung**

Schumpeter, 1911/2006, S. 180

„Natürlich" kann kein normaler Ökonom und schon gar kein normaler Regierungs- und Unternehmensberater sich mit solchen Weisheiten anfreunden.[19] Das braucht er auch nicht, schließlich hat er Ökonomie studiert (wie auch die beiden Autoren), moderne Ökonomie, von

---

[19] Teile der zeitgenössischen Psychologie sehen es andererseits genau so wie Schumpeter und ähnlich dem Daoismus. Siehe Martens & Kuhl (2005).

welcher der zitierte Jungökonom allerdings behauptet, daß sie zu dem, was er „Entwicklung" nennt, nur ein „Nichts" beitragen könnte (siehe 4. Kapitel). Die Daoisten sprechen nun auch in Permanenz von einem Nichts/Nichtsein (*wu*). Auch Nicht(s)-tun (*wuwei*; Abschnitt 3.4) spielt eine Schlüsselrolle. Nicht-Eingreifen in den natürlichen Lauf der Dinge, die Pferde galoppieren lassen, auch die ökonomischen, die sogenannten Unternehmer. Wenn wir das Nichts mit dem Nicht-Tun kombinieren, dann kommt, darum geht es in unseren Überlegungen, etwas heraus, was der eine „Entwicklung" nennt, was man auch als *Entwicklung plus* (= Evolution) bezeichnen könnte, und was Daoisten den „WEG" (*dao*) bezeichnen, auf dem sich diejenigen bewegen und entfalten (lernen), die sich keine Zügel anlegen lassen, die den „Widerstand" überwinden lernen, ihren eigenen, inneren, und den ihnen von außen auferlegten, und die dennoch „nichts" tun, was die anderen daran hindern könnte, auch nicht das zu tun, was sie tun müßten, würden ihnen gleichfalls keine Zügel (wir nennen sie eine „explizite Ethik") angelegt. Diese Logik bezeichnen wir als „implizite Ethik". Sie ist als Wirkkraft *de* ethischer Kern des Daoismus (Abschnitt 3.3). Zu fragen ist zudem auch, ob die Schumpetersche Innovationslogik und die daoistische Lehre des Nicht-Tun und Eines-sich-spontan (ohne äußeren Zwang) - Entfaltenlassens zwei Seiten der gleichen Medaille sind (für die wir noch einen guten Namen suchen. Im Text bezeichnen wir es als die „*Dao*-Logik").

Unser Buch versucht, Einsichten der daoistischen Philosophie, Lebenspraxis und Selbtskultivierung, die *Dao*-Logik somit, in die Innovationslogik zu integrieren. Es geht uns primär um praktische Fragen. Wir müssen dazu auch den Daoismus entsinologisieren und entphilosophieren. Die Schlüsselkonzepte des Daoismus erschließen sich leider nicht durch einfaches Lesen und Nachdenken über die klassischen Texte. Das hat zwei Gründe. Einer ist die chinesische Sprache, der andere die notwendig subjektive Konstruktion der Welt des Daoismus.

Wir versuchen eine innovationslogische (Re-)Konstruktion des Daoismus, wir setzen die Brille eines Neuerers auf, wenn wir uns mit den Grundeinsichten des Daoismus beschäftigen. Der Zusammenhang zwischen Wirtschaft und Daoismus ist ein noch nicht erschlossener. Wirtschaftliche Innovation mit Daoismus zu verknüpfen, ist auch in der Heimat des Daoismus eine Novität. In der Praxis des Innovierens im chinesischen Kulturraum ist die daoistische Einbettung dagegen eine alltägliche, aber nicht reflektierte.[20] So wie niemand über seine Atemtechnik nachdenkt, so reflektiert (fast) niemand im chinesischen Kulturraum, über den Einfluß daoistischer „Meme"[21] auf sein Verhalten und Entscheiden. Die chinesische „Herausforderung" wird deswegen auch auf eine Weise interpretiert, welche bestenfalls einen Primitivkonfuzianismus reflektiert, und dabei die tief reichende daoistische Wurzel, welche einen dynamischen Konfuzianismus, wie er in Ostasien, beispielsweise Korea, alltäglich praktiziert wird, nicht erkennen läßt. Sie liegt unter einer Schicht von Esoterik, Kung Fu, kopfschüttelnden und philosophischen Deliberationen begraben.

Warum Innovation? Weil wir ohne diese, ohne Neukombinationen, weder theoretisch noch praktisch über eine Steinzeitgesellschaft hinauskommen. „Mammutjäger." Schumpeter hat dies

---

[20] Den Nachweis zu dieser Aussage geben wir in anderen Schriften.
[21] „Der Begriff des Mems (von Mimetik ‚Nachahmung' und engl. Memory ‚Gedächtnis') bezeichnet in der Theorie der Memetik eine Idee oder einen Gedanken, der sich durch evolutionäre Techniken weiterentwickelt und verbreitet. Ein Mem ist damit die Erweiterung der darwinistischen Theorie der natürlichen Selektion auf den Bereich der Kultur. Grob gesagt bedeutet ein Mem für die kulturelle Entwicklung das gleiche wie ein Gen für die biologische Entwicklung und stellt somit ein hypothetisches Analogon zum Gen dar. Er wurde erstmalig 1976 durch den Zoologen Richard Dawkins in seinem Buch ‚The Selfish Gene' (deutsch: Das egoistische Gen) in den geistes- und kulturwissenschaftlichen Diskurs eingeführt."
(http://de.wikipedia.org/wiki/Mem).

1911/2006 klar und überzeugend formuliert. Theoretisch sind wir in der Ökonomie als Wissenschaft, entwicklungslogisch kaum spürbar weiter gekommen. Was wir machen, ist also nichts anderes als eine theoretische und wirkungspraktische „Fusion" von Schumpeter und Laozi, von Entwicklungs-/Innovationslogik und *Dao*-Logik. Lassen wir mit Zhuangzi nun einfach die „Pferde galoppieren" und schauen uns an, wohin sie laufen.

Wir betonen immer wieder: Rezeption und Wirkkraft des Daoismus sind nicht unabhängig von seiner (Re-)Konstruktion. Es gibt keinen „wirklichen" oder „richtigen" oder „den" Daoismus, nur den „konstruierten". Je nach Konstruktion seiner Inhalte und Praktiken wird sich sein Störungspotential unterscheiden. Der Daoismus, das Wissen über ihn, sein Wissen, kann nicht übertragen, vielmehr nur wechselseitig konstruiert werden.

Notwendigerweise tragen wir als Ökonomen die Brille von Wirtschaftswissenschaftlern. Ob wir damit klarer sehen, sei dahingestellt. Uns interessiert daoistisches Leben in der Wirtschaft, das Lebendigmachen und -erhalten des Spontan-Wirtschaftlichen. Wie wir einleitend erläutert haben, gibt es eine Unmenge von „Der *Dao* von ..."-Literatur. Daoismusspezialisten, Philosophen und Sinologen, nehmen solches nicht allzu ernst. Ihre Texte sind aber auch nicht ohne. Teilweise bis zum Unverständlichen verstümmelter Daoismus. Philosophen und insbesondere Moralphilosophen glauben, sie hätten ihre Aufgabe verfehlt, wenn sie einen Satz schreiben, der einfach und klar zu verstehen ist. Folglich machen sie sich daran, einen Gedanken so tiefgründig zu erkunden und so verschachtelt zu formulieren, daß ihn niemand mehr versteht. Je unverständlicher, desto tiefer. Futter für die Kollegen, die Feuilletons und die armen Studierenden. Hauptbeschäftigung der akademischen Philosophie als ethischer Leit- und Leidwissenschaft besteht somit darin, das zu verstehen und zu interpretieren, was andere Denker, vor allem die größten unserer toten Denker, bereits gedacht haben. Die philosophische Reflexion des Daoismus scheint dieser akademischen Tradition zu folgen, damit die Tradition der Meister negierend, die sie so tiefgründig-unverständlich zu erfassen hoffen. Günter Wohlfart (2003, S. 31) hat es trefflich formuliert:

> Wenn wahrhaftes Philosophieren heißt: sich über die Borniertheit welt- und lebensfremder Schulphilosophen zu mokieren, dann war Zhuangzi ein Philosoph, ein ‚Weltweiser' und Lebenskünstler.

> Viele Chinesen mögen keine buddhistischen
> Mönche und Nonnen, keine Moslems
> und auch keine Christen, aber die Daoisten.
> Wenn man das verstehen kann,
> versteht man das Meiste von China.
> Chinas Wurzel ist die Dao-Religion,
> eine Erkenntnis, die sich mehr und mehr verbreitet.
> Studiert man unsere Geschichte unter diesem Aspekt,
> lösen sich viele Fragen von selbst.
> Lu Xun (1881-1936): einer der bedeutsamsten Schriftsteller in China

Um unseren Vorstellungen eines „welt- und lebensnahen" Daoismus gerecht zu werden, mußten wir versuchen, zu den sprachlichen und ethischen Wurzeln des Daoismus zurückzukehren. Das bedeutet vor allem, den Daoismus von seinen Urtexten her zu verstehen. Da niemand mehr Laozi und Zhuangzi, die philosophisch-ethischen Begründer des Daoismus, befragen kann, ist unser Versuch selbstverständlich eine „Konstruktion" und nicht die Herleitung des wahren oder wirklichen oder echten Daoismus.

Was in der akademischen Literatur nahezu ausgeblendet ist: die Praxis des Daoismus, unmittelbar hergeleitet aus den *Grundaussagen* der daoistischen Meister und den Kernaussagen des Daoismus. Wenn überhaupt, dann Berufung auf die Altmeister, insbesondere die Parabeln von Zhuangzi. Für wirtschaftliche Fragestellungen geben diese zunächst wenig her. Dies hindert jedoch nicht daran, siehe die beiden nachfolgenden Beispiele, die wir ohne Kommentar zitieren, aus dem jeweils subjektiv rekonstruierten Daoismus relativ eindeutige Aussagen über die (auch normative) Gestaltung wirtschaftlicher Problemlagen herzuleiten.

In der „Grundlagen der Wirtschaftsethik" von Hartmut Kreikebaum (1996, S. 100f.) lesen wir:

> Auch der Taoismus fordert [wie der Buddhismus] den Verzicht auf Selbstbestimmung, individuelle Ziele und eigenes Handeln. ... *Im Gegensatz* zum Taoismus fordert der Konfuzianismus weder einen Verzicht auf selbstbestimmtes Handeln noch wendet er sich gegen Wissenschaft und Kultur (unsere Hervorhebung).

Die Konstruktion des Daoismus durch einen ökologisch orientierten Ökonomen entdeckt einen anderen Aspekt:

> ... der Taoismus (unterscheidet sich) von der Marktwirtschaft durch die Ablehnung der Arbeitsteilung... Er befürwortet eine Wirtschaft, die vor allem auf Selbstversorgung beruht... Man könnte diese taoistische Schule auch als fundamental-ökologisch bezeichnen. Sie misst der natürlichen Ursprünglichkeit aller Dinge die größte Bedeutung zu. ... Das Menschenbild des Taoismus ist ... das des „homo oecologicus", der sich auf seinen natürlichen Ursprung besinnt und darum auch in seinem ökonomischen Tun möglichst wenig die Natur verändern will (Binswanger, 1997, S. 18f.).

Wir erkennen an diesen Beispielen eine (unvermeidlich) subjektive Herangehensweise. Der ökologisch Interessierte sucht und findet das, was auch in seinem Kopf bereits zirkuliert. Chinesen nennen es *heqi* (Harmonie des *qi*/der Lebensenergien; Abschnitt 3.1), normalerweise als kommunikative Harmonie zwischen zwei Menschen verstanden, hier als konstruierte Harmonie zwischen eigenem und fremdem Denken zu verstehen. Chinesen glauben, *heqi* könnte Reichtum erzeugen.[22] Wir machen hier keine Ausnahme. Auch wir versuchen uns in *heqi* - auch mit dem Leser. Wir konstruieren die chinesischen Meister, ihre Philosophie und Wirkungstheorie entwicklungs- und evolutionslogisch. Das mag genauso einseitig sein. Das ist einerseits das Schicksal alter Meister, andererseits gibt es ein über Jahrhunderte erarbeitetes Wissen und eine Interpretationstradition, die man nicht einfach ignorieren kann. Was wir nicht abstreiten können: Auch wir haben unsere blinden Flecke, jeder ist sein eigener „Brunnenfrosch" (Zhuangzi), wir müssen mit ihnen leben, wenn wir den Daoismus entwicklungs- und evolutionslogisch verstehen und für eine lebenspraktische Gestaltung wirtschaftlicher Zusammenhänge nutzen wollen.

Der praktische oder Nutzenaspekt geht dabei durchaus konform mit chinesischer Philosophie und Ethik, die immer auch strategiepraktische Aspekte mit denkt und sich mit den Bedingungen der *Wirksamkeit* von Handlungen intensiv beschäftigt.

Sie fragt weniger *was* (zu tun) ist, vielmehr *wie* man etwas am besten erreichen kann. Sie nimmt damit neuere Erkenntnisse der westlichen Systemforschung (Kybernetik 2. Ordnung, autopoietische Systemtheorie, Gestalttherapie) in denen gleichfalls Wie - Fragen (Fragen zweiter Ordnung) im Mittelpunkt des Erkennens und Gestaltens von Wirkungspotentialen und der Steuerung von komplexen Systemen stehen,[23] zwei Jahrtausende vorweg[24]. Ein autopoietisches Sys-

---

[22] *he qi sheng cai*: Die Harmonie des *qi* bringt Reichtum (Wohlstand).
[23] Vgl. hierzu Debus (2002).

tem trachtet nicht danach, einen Ausstoß (Output) hervorzubringen, sondern sich selbständig zu erhalten und zu erneuern. Es versucht, seine Funktionskreisläufe zu stabilisieren, es strebt deswegen nach Stabilität („Harmonie") in der Veränderung, nicht notwendigerweise Gleichgewicht. In der Wirtschaft haben wir Systeme mit Gleichgewichtscharakter (Routine, Arbitrage), mit sich reproduzierenden Fluktuationen (Innovation) und bei evolutorischen Organisationsmustern mit steigender Vielfalt (Komplexität).

2.2 Daoismus: Überblick

Daoismus ist keine metaphysische Lehre. Er ist kein Glaubenssystem. Er beschäftigt sich mit der „realen" Welt, mit dem Lauf der Welt und der Dinge in ihr, mit den Prinzipien und Möglichkeiten und Strategien ihrer Gestaltung, Verbesserung, Evolution, auch ihres Niedergangs und ihrer Zerstörung.

> Wörtlich bedeutet „Tao": der Weg, Sagen und Leiten. Das Wort Tao existierte in der alten Astronomie schon lange bevor das *Tao-Te-King* geschrieben wurde: es bezeichnet die Laufbahn der Himmelskörper. So bedeutet das Wort *Tao* ursprünglich: der bewegliche Weg. Da in der frühen Geschichte oft eine Entsprechung zwischen Himmelserscheinungen und den Geschehnissen in der menschlichen Welt angenommen wurde, bezeichnet Tao nicht nur den Weg des Himmels, sondern auch den Weg des Menschen. Im *Tao-Te-King* ist das Wort *Tao* vieldeutig, behält aber immer den ursprünglichen Sinn des beweglichen Weges. Das Denken des *Tao-Te-King* war vom Buch der Wandlungen *(I Ging)* stark beeinflusst, so dass man in seinem Denken viele Ähnlichkeiten mit dem *I Ging* finden kann. Laotse hat die Natur intensiv beobachtet und über die grundlegenden Prinzipien der Naturbewegungen nachgedacht. So hat er das Wort *Tao* aus der alten Astronomie aufgenommen und in einem tiefen philosophischen Denken erneuert. Er ist sich der Grenze des menschlichen Denkens und der Sprache bewußt, so dass er immer wieder versucht, das Tao durch Gleichnisse auszudrücken und nicht begrifflich festzulegen. So sagt er im ersten Satz des ersten Kapitels des Tao-Te-King: *„Tao, kann es ausgesprochen werden, ist nicht das ewige Tao."* (Lee, 2001, S. 32).

Daoismus gibt keine Moral vor, hält wenig von Regeln und macht keine Vorschriften. Niemand sitzt auf einem hohen moralischen Roß und bepredigt seine Gläubigen. Was soll man tun? Die Pferde frei galoppieren lassen. Gott ist im Daoismus Privatsache. Daoismus ist deswegen religionstolerant: ob Muslim, Christ, Jude, Atheist, alle können nach daoistischen Prinzipien ihr Leben gestalten. Es gibt Götter im Daoismus (Laozi soll einer sein; man hat ihn zu einem gemacht; Kohn, 1999), aber nur, weil Menschen das Bedürfnis, vielleicht auch ein biologisch-genetisch geprägtes, haben, andere Wesen, Menschen inklusive (virtuelle und echte) zu Göttern zu machen. Daoistische „Heilige" sind solche, die es geschafft haben, in ihrem Leben eine hohe Stufe der Evolution zu erklimmen. Sie helfen, heilen und lehren. Daoismus ist gegenüber sich selbst tolerant.

Es gibt keine Dogmen, wenn auch Schulen (um Praxis zu machen und von Lehrern zu lernen). Auch Klöster gibt es. Dort können diejenigen leben, die sich selbst verpflichten, auf bestimmte

---

[24] „Die antike chinesische Philosophie im Allgemeinen und die daoistische im Besonderen ist auf Erfolg ausgerichtet, sie ist *wirkungszentriert* und nicht *wahrheitszentriert*. Es ging in der Hauptsache um die Entwicklung von effektiven Strategien und Verhaltensweisen. Nicht die Frage, *was* etwas ist, stand letztlich im Vordergrund, sondern die Frage, *wie* etwas am besten zu erreichen ist" (Möller, 2001, S. 30). Grundlegend zu diesem Aspekt sind die Schriften des französischen Sinologen und Philosophen Francois Jullien, insbesondere Jullien (1999).

Lebensbereiche der Welt zu verzichten.[25] Es existiert kein Oberhaupt, kein „Papst", es gibt keinen Führer, weder spirituell noch weltlich (Beispiel Dalai Lama). Gurus sind auch nicht auszumachen. Irgendwie paßt der Daoismus also nicht in die Zeit, dennoch sagen wir, es ist Zeit für ihn. Was die Trimondis in Religionen entdecken, vor allem Schlimmes und in allen Religionen (vgl. Trimondi & Trimondi, 2006), ist im Daoismus schwerlich auszumachen. Was einen daoistischen Führer ausmacht, wie jeden anderen auch: Er bewirkt, daß andere auf höheren Ebenen von Anstrengung und Leistung tätig sind. Was sie von anderen unterscheidet ist das „wie" und „wodurch". Wie und wodurch erreicht ein Daoist, daß andere (Partner, Mitarbeiter, Freunde) mehr aus sich selbst machen, als ohne sie, daß sie sogar ko-evolutionieren? Führer geben anderen, was sie bedürfen, was sie nötig haben, nicht was sie wollen (ruhiges Leben, Geld, Spaß, das Auf und Ab in der Maslow-Pyramide). Sie tun das, auch wenn sie nicht wissen, wessen der andere bedarf.

Was ist Daoismus, definitorisch und inhaltlich, was leistet er transformatorisch?

Unsere Antwort orientiert sich primär an dem, was Daoisten *tun* und nicht dem, was Philosophen und Historiker glauben, was Daoismus *sei*. Spätere Kapitel sind ausschließlich dieser Tun-Komponente gewidmet. In diesem Abschnitt versuchen wir einen knappen Überblick über den Daoismus zu geben. Weitere Kapitel erläutern die Schlüsselkonzepte und ihre Anwendung auf wirtschaftliche Fragestellungen. Sie bilden die „theoretische" Grundlage für die Praxis.

Der Kasten (Abbildung 2.2.1) enthält die Begriffe und Konzepte, mit denen wir uns in den folgenden Kapiteln beschäftigen. Auch Verknüpfungen sind vorsichtig angedeutet.

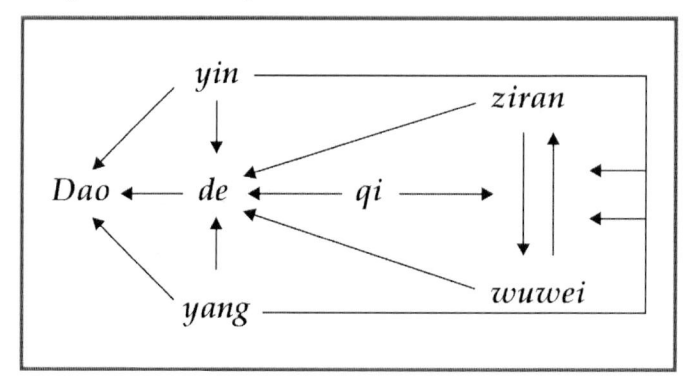

Abbildung 2.2.1: Begriffe und Konzepte des Daoismus

Der Daoismus ist eine chinesische Weltanschauung, Philosophie und für manche auch Religion. Konfuzianismus, Buddhismus und Daoismus werden die „drei Lehren" genannt, die Chinesen wesentlich beeinflussen und zusammen das „Chinesische Universum" bilden. Man kann die drei nicht absolut voneinander trennen. Der Daoismus beeinflusst die chinesische Kultur und Geschichte nicht nur in den Bereichen der Philosophie, sondern auch der Politik, Wirtschaft, Literatur, Kunst, Musik, Medizin, etc. Da der Daoismus sich im Zuge eines Entwicklungsprozesses formiert hat und sich zudem dadurch auszeichnet, daß er immerwährend äußere Einflüsse aufnimmt und sich wandelt, ist es schwierig, den Zeitpunkt des Entstehens oder auch nur

---

[25] Bei der Transformation der Theorie und Philosophie in eine Religion des Daoismus, in Glauben und religiöse Praxis, folgt auch der Daoismus den Funktionsprinzipien religiöser Systeme. In Klöstern halten Hierarchie und strenge Vorschriften Einzug, nicht anders als im Buddhismus oder anderen Religionen.

die Konturen des Daoismus exakt zu bestimmen. Der „Gelbe Kaiser" (der von 2696 bis ca. 2598 v. Chr. regiert hat.) gilt als ein Urvater des Daoismus, zumindest hat er in seinem Lebensalltag Dinge praktiziert, die später als Elemente des Daoismus Anerkennung finden. Als die ersten und berühmtesten daoistischen Texte gelten das Buch *Dao De Jing*[26] (wird auch als *Dao Te King, Dao Te Ching* etc. genannt; 4-3 Jahrhundert. v. Chr.), das von Laozi (auch als Lao Tze, Lao Tsu, Lao Tzu, Laotze etc. übersetzt) zugeschrieben wird, sowie das Buch *Nanhua Zhen Jing* von Zhuangzi (wird auch als Dschuang Dsi, Chuang-tzu übersetzt; 4. Jahrhundert. v. Chr.).

Als Daoisten bezeichnen wir jemanden, der dem Dao folgt oder lernt ihm zu folgen. Er ist bereit, sich auf den natürlichen Lauf der Dinge einzulassen. Zwei klassische Werke prägen daoistische Theorie und Praxis bis heute. Das *Dao De Jing* von Laozi und die Schriften von Zhuangzi, ersteres in zahlreichen Übersetzungen auch in deutscher Sprache, letzteres in vollständiger deutscher Übertragung seit 1998 (siehe Zhuangzi, 1998) verfügbar.

Das Bild zeigt Laozi als einen bärtigen, alten Mann, als Sinnbild der Langlebigkeit, auf einem Wasserbüffel reitend

Laozi bedeutet, wörtlich genommen „Alter Meister".[27] Es gibt viele Geschichten über Laozi. Hier möchten wir nicht darüber schreiben, welche richtig/falsch sind. Wir verwenden die Beschreibung eines der bekanntesten Historiker aus der Han-Dynastie, Sima Qian[28] (ca. 145-86 v. Chr.) aus seinem „Buch der Geschichte" (*Shiji*)[29] über Laozi. Danach soll Laozi Li Er oder Li Dan hei-

---

[26] *Dao De Jing*: Buch über das *Dao* und das *De*.
[27] In China ist der Alte ein Zeichen für die Weisheit. „Alter Meister" ist ein Ehrenname. Ob ein Mensch namens Lao-tse (Lao Zi) wirklich gelebt hat, ist Inhalt endloser Diskussionen. Umstritten ist auch die Herkunft und Autorenschaft des *Dao De Jing*. Der Sinologe und Philosoph Lutz Geldsetzer hat seiner „philosophischen Übersetzung" der „heiligen Schrift" der Daoisten und Chinas schlechthin Bemerkungen vorausgeschickt, aus denen wir zitieren möchten: „Der ganze Text wird [von mir, L.G.] als einheitliches philosophisches Gedankengebäude angesehen. Dafür spricht neben dem Wortmaterial die durchgehaltene Thematik. Diese ist ... keineswegs von der Art, daß sie sich in der Weise einer Zusammenstellung von Spruchweisheiten vieler anonymer Köpfe entstanden sein könnte. ... Die Erfahrung, die bei der Übersetzung gemacht wurde, deutet auf einen scharfsinnigen Denker hin. Zu betonen ist: *einen* Denker. Ob er Lao Zi hieß oder so genannt wurde, dürfte gleichgültig sein. Jedenfalls erscheint das Ganze des *Dao De Jing* in solchem Maß aus einem Guß, daß dies gegen die heute übliche Meinung spricht, es handele sich um ein Konglomerat disparater Gedankenfetzen aus verschiedenen Zeiten und aus dem Pinsel verschiedener Autoren, oder es bestehe gar aus anonymen Volksweisheiten. Daher wurde der Name Lao Zi auch im Titel beibehalten" (Geldsetzer, 2000). Huang setzt sich in seinem Buch „Lao Zi - The Book and the Man" kritisch mit Meinungen auseinander, welche das Leben von Laozi und die Autorenschaft des *Dao De Jing* in Zweifel ziehen (Huang, 1996).
[28] Sima Qian (ca. 145-86 v. Chr.) war Hofchronist zu Zeiten der Han-Dynastie (206 v. Chr. - 220) und erster Autor eines umfassenden Geschichtswerkes über China.
[29] Dieses Buch ist die erste zusammenfassende Darstellung der chinesischen Geschichte von der vorschriftlichen Zeit bis zu Kaiser Wu (156 v. Chr. - 87 v. Chr.) aus der Han-Dynastie (206 v. Chr. - 220). Über die Zeit vor der Zhou-Dynastie (ca. 1046 v. Chr. - 256 v. Chr.) hat der Autor Sagen in sein Buch aufgenommen und geschrieben, daß sie auch nur Sagen waren. Seine Beschreibung über die Zeit vor der Zhou-Dynastie und einige eher spekulative Geschichten waren für viele Leser schwierig zu glauben. Aber wie spätere Ausgra-

ßen, aus dem südlichen Staat Chu kommen (siehe die folgende Karte) und in der Zeit der streitenden Reiche (475 v. Chr. – 221 v. Chr.), am Ende der Zhou-Dynastie leben.[30] Er war Literat und gebildet. Deswegen hat er als Archivar der nationalen Bibliothek der Zhou-Dynastie gearbeitet. Als er am kaiserlichen Hof tätig ist, hat Konfuzius (551-479 v. Chr.) ihn besucht und ihm Fragen zu *Li* (Sittlichkeit) gestellt.[31] Nach dem Besuch betrachtete Konfuzius Laozi als einen ausgezeichneten Lehrer.[32] Der Untergang der Zhou-Dynastie wurde in diesem Zeitraum immer deutlicher. Unruhen und Kriege waren häufig. Laozi hat auf seine Arbeit am Hof verzichtet und ist nach Westen gewandert. An der Grenze hat ein Zöllner mit dem Namen Yin Xi ihn gebeten, etwas über das Dao zu schreiben.

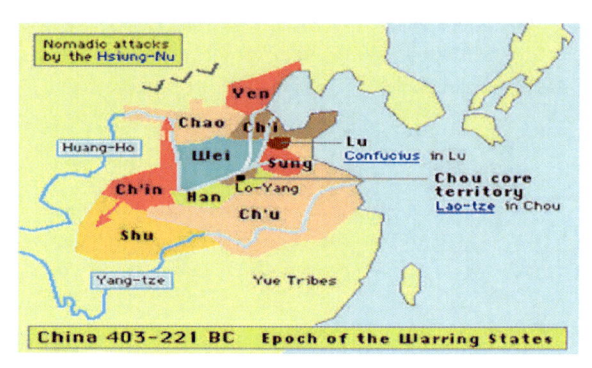

Laozi hat das Buch *Dao De Jing* geschrieben und setzte seine Reise nach Westen fort. Niemand weiß, wohin er gegangen ist. Es wird gesagt, er sei mit 80 Jahren gestorben. Es wird auch gesagt, daß er 160 oder 200 Jahre gelebt hat. In vielen Geschichten gilt er als ein Unsterblicher. Selbst wenn er nur 80 Jahre lebte, war es für die damalige Zeit ein beachtliches Alter. Die durchschnittliche Lebensdauer betrug in China ca. 29 Jahre.

Obwohl Person und Historizität Laozis umstritten sind, können wir aus den bisherigen Ausgrabungen als sicher davon ausgehen, daß das Buch *Dao De Jing* schon seit langer Zeit die Herrschaftspraxis und Regierungskunst in Altchina stark beeinflusst hat. Auch die Seidentexte im Grab Mawangdui, einer Fürstin vom Anfang der Han-Dynastie, belegen, daß diese in der Zeit um 200 v. Chr. sehr viel Wert auf das Buch gelegt haben muß, weil nach den traditionellen Gewohnheiten, Verstorbene nur ihre wichtigsten Schätze in ihre Gräber mitnahmen.[33]

In den neunziger Jahren des 20. Jahrhunderts wurde ein Manuskript auf Bambus in einem Grab in Guodian gefunden, das ca. hundert Jahre älter ist als die Mawangdui- Seidentexte.

---

bungen zeigen, kann seine Beschreibung als zuverlässig gelten. Der Autor hat über das geschrieben, was er als Tatsachen annehmen konnte. Während er die Leistungen des Kaisers Wu von der Han-Dynastie aufzeigte, zögerte er nicht, auch Fehler seines Kaisers zu kritisieren. Sein Buch wird später als Vorbild für die Abfassung von Büchern über die Geschichte Chinas betrachtet.

[30] Es gibt es zwei Meinungen für die Periode der streitenden Reiche: von 403-221 v. Chr., die andere ist von 475-221 v. Chr. (http://de.wikipedia.org/wiki/Zeit_der_Streitenden_Reiche).

[31] Die Zeit, in der Laozi und Konfuzius gelebt haben, war einerseits eine Zeit voller Unruhen und Kriege, aber auch die Blütezeit der chinesischen Philosophie, die auch die Zeit des Wetteifers der Hundert Schulen genannt wird. In diesem Wetteifer wurde diskutiert, wie China wieder stark wird und wie Frieden und Entwicklung zurückkehren könnten.

[32] Zhuangzi (1998) berichtet in seinem Buch über (erdachte) Gespräche zwischen Laozi und Konfuzius, die letzteren in einem eher ungünstigen Licht erscheinen lassen.

[33] Im Grab Manwangdui wurden Seidenstücke gefunden, auf die das *Dao De Jing* geschrieben war.

Was wir hier betonen möchten, ist die Wichtigkeit des *Dao De Jing* für die Menschen in Altchina, vor allem diejenigen der führenden Klasse: Ein wichtiges Buch für die Lebenspraxis, auch für das Leben nach dem Tod.

DAO DE JING
Vom Grab Mawangdui
aus der Han-Dynastie

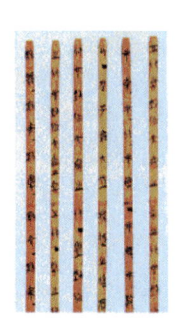

Manuskript auf
Bambus im Grab in
Guodian

Das Buch *Dao De Jing* wird auch mit dem Namen seines Autors „Laozi" genannt und besteht aus zwei Teilen mit 81 Kapiteln. Im ersten Teil geht es um das *dao* (siehe Abschnitt 3.3) und im zweiten um das *de* (Wirkkraft des *dao*; siehe Abschnitt 3.3). Im Seidentext finden wir eine andere Reihenfolge: zuerst *de*, dann *dao*. Welche Reihenfolge die richtige ist, können wir für unsere Überlegungen offen lassen. Wir arbeiten mit der weithin akzeptierten Fassung von Wang Bi (226-249), die in China und später in den westlichen Ländern als Standardversion betrachtet wird.[34]

Obwohl es bis jetzt immer noch nicht klar ist, wann das Buch *Dao De Jing* entstand, wie der Originaltext aussieht und ob Laozi das Buch tatsächlich geschrieben hat, muß man seinen gewaltigen Einfluß und sein „Störungspotential" für den Leser anerkennen.

Was ein Leser vom *Dao De Jing* lernen kann, ist unterschiedlich. Ein General lernt etwas über die Kriegskunst. Ein Politiker lernt Regierungskunst: je höher seine Position, desto mehr. Ein Arzt kann durch das Studium des Buches seine Fähigkeiten verbessern. Ein Wissenschaftler erkennt Grenzen und Relativität seines Wissens. Realität ist: Politiker inszenieren eher Kriege, ruinieren ökonomisch ihre Länder usw., als sich mit Laozi zu beschäftigen. Lesen ist eine Sache, Verstehen eine zweite, Umsetzen eine dritte. Alle guten Dinge sind drei. Eher geht aber, bis heute, wie Jesus sagt, ein Kamel durch ein Nadelöhr, als ein CEO in Wirtschaft oder Politik auf die Stufe drei.

Unser Verstehen des Laozi und Zhuangzi, an dem wir den Leser beteiligen, bezieht sich auf die Grundzüge dessen, was wir eine daoistische Kinetik kapitalistischer Systeme nennen. Im Mittelpunkt stehen daher „Unternehmer", das was sie tun, um Entwicklung zu erzeugen (das heißt: „Neukombinationen") und das was sie benötigen, um schöpferisch zu gestalten („Selbst-Evolution"). Da Unternehmer nicht im ethischen, sozialen und politischen Vakuum tätig sind, versuchen wir gleichfalls Erkenntnisse aus dem Laozi und von anderen daoistischen Autoren zu gewinnen, die es erlauben, sogenannte Datenänderungen (Gesetze, ethische Vorgaben) nach daoistischen Prinzipien so zu gestalten, daß sie „zum fördernden Anlaß für konkrete neue Kombinationen werden" (Schumpeter, 1911, S. 486). Gibt es daoistische Grundsätze für eine Innovationspolitik auf der Ebene der Gesellschaft, des Unternehmens, des einzelnen Menschen?

---

[34] Eine exzellente Darstellung und Kommentierung des Laozi findet sich bei Ansgar Gerstner (2001). Er stellt alle bisher aufgetauchten Fassungen des Laozi vor. Die Kapitelfolge ist die von Wang Bi.

Aus dieser Skizze folgt bereits, daß wir Laozi, Zhuangzi, den Daoismus zukunftsperspektivisch und nicht rückwärtsgewandt verstehen wollen.[35]

Der zweite große Autor im Daoismus ist Zhuangzi. Zhuangzi (ca.369-286 v.Chr.), auch Meister Zhuang oder auch Zhuangzhou genannt, ist der wichtigste Vertreter vom Daoismus nach Laozi. Sein Buch heißt Zhuangzi oder *Nanhua Zhen Jing* („Das wahre Buch aus *Nanhua*"). Der Kaiser Xuan (685-762) der Tang-Dynastie (618-907) hat Zhuangzi den Ehrentitel „der wahre Mensch aus *Nanhua*" gegeben. Sein Buch besteht aus 33 Kapiteln. Die sieben „inneren Kapitel", wahrscheinlich von Zhuangzi selbst geschrieben, sind der Kern des Buches. Außerdem gibt es noch fünfzehn „äußere Kapitel" und elf „vermischte Kapitel", die wahrscheinlich von den Schülern oder Anhängern des Zhuangzi geschrieben haben.

In den ersten vorchristlichen Jahrhunderten war der Taoismus unter dem Name ‚Die Lehre des Gelben Kaisers und des Laotse' bekannt. Später änderte sich das, Tschuangtses Volkstümlichkeit nahm ständig zu, sein Name wurde neben dem Laotses genannt und mit dem taoistischen Denken identifiziert. Unter den späteren Han und den Tschin (etwa die ersten vier Jahrhunderte n. Chr.) wurde der Taoismus nicht mehr als die Lehre des Gelben Kaisers und des Laotse bezeichnet, sondern als die Philosophie des ‚Lao und Tschuang'. Das braucht uns nicht zu wundern, denn die Schönheit der Prosa Tschuangtses war ja mit ein Grund für die Beliebtheit der taoistischen Literatur bei den Gelehrten. Nach allen Maßstäben der Stilschönheit und Gedankentiefe ist Tschuangtse der größte Prosameister des klassischen Zeitalters. Er besitzt alle Merkmale eines großen Schriftstellers: seine Sprache ist frisch und kräftig, dabei ist sein Stil flüssig und oft persönlich, seine Gedanke sind tief, aber seine Darstellung leicht und geistreich. Sogar seine Fehler sind die eines Humoristen und Schriftstellers, der zu viel zu sagen hat und dem die Bilder und Vergleiche manchmal zu leicht aus der Feder fließen. Als ich beim Zusammenstellen des vorliegenden Buches das Werk Tschuangtses mehrere Male durchging, fiel mir auf, dass mehr von Tschuangtse geprägte Wendungen in die Phraseologie unserer Literatur eingegangen sind als selbst Wendungen aus den *Gesprächen* des Konfuzius (Lin Yutang, 2000, S. 15-16).

Zhuangzi (ca.369-286 v.Chr.)

In der Zeit von Zhuangzi gab es in China noch mehr Unruhen und Kriege als zur Zeit von Laozi, in der die Herrschaft der Zhou-Dynastie nicht ideal war; in der Zeit, in der Zhuangzi lebte, verschlechterte sich die politische und wirtschaftliche Situation in China immer mehr. Die Herrschaft der Zhou-Dynastie existierte nur noch nominell. Die einzelnen Fürsten beherrschten ihre Länder selbständig. Um ihre Macht und Länder zu vergrößern, führten sie mehr Kriege als in der Zeit von Laozi. Die politische Zielsetzung im *Dao De Jing* findet sich bei Zhuangzi daher kaum mehr. Zhuangzi glaubte nicht mehr an die Politik. In seinem

---

[35] Beides ist selbstverständlich möglich. In der Literatur gibt es immer wieder Hinweise auf die, aus der Sicht von Laozi und Zhuangzi, im „Daoismus" allgemeine, ideale Gesellschaftsform, abgeleitet aus einer „in sich geschlossenen Weltanschauung" (Gerstner, 2001, S. 8) des Daoismus. Unseres Erachtens existiert diese nicht. Es könnte andererseits Prinzipien gesellschaftlicher Ordnung und persönlicher Lebensführung im Daoismus geben, die Möglichkeiten bieten, um höhere Stufen der Evolution (im Sinne der evolutorischen Spiraldynamik, aber auch der systemischen Theorie) zu erklimmen (siehe hierzu Abschnitt 3.6).

Buch hat er Teile der Theorien von Laozi verdeutlicht und weiterentwickelt sowie dem Daoismus vielfältige neue Impulse gegeben. Wir greifen in unserem Buch an verschiedenen Stellen auf die Geschichten und die Erkenntnisse von Zhuangzi zurück.

Häufig wird zwischen philosophischem[36] und religiösem[37] Daoismus unterschieden. Der philosophische Daoismus, dessen Anfang spätestens die Entstehung des Buches *Dao De Jing* ist, d.h. im sechsten Jahrhundert v. Chr., wurde schon am Anfang der Han - Dynastie als Theorie für politisches und wirtschaftliches Regieren angesehen. Der religiöse Daoismus tauchte erst am Ende der Han - Dynastie auf, d.h. im zweiten Jahrhundert n. Chr. Er wurde von Zhang Daoling (ca. 34-156) gegründet. Die theoretische Basis des religiösen Daoismus ist der philosophische Daoismus. Deswegen lassen sich der philosophische und religiöse Daoismus nicht wirklich voneinander trennen.

Wir folgen dieser Unterscheidung daher nur eingeschränkt. Dem religiösen Daoismus lassen sich Lehren und Praktiken zuschreiben, die auch im philosophischen angesprochen werden. Der „religiöse" Daoismus ist von Bedeutung, weil er transformatorische (selbst- und koevolutionäre) Praktiken erforscht und lehrt, die für eine integrale unternehmerische Praxis in Wirtschaft, Wissenschaft und Politik auf den höheren Stufen der Spiraldynamik wertvolle, wenn nicht unverzichtbare Elemente bereitstellen. Teile des religiösen Daoismus sehen wir als den „unternehmerischen" Zweig des Daoismus, der die Philosophie, Wissen und Erkenntnis *durchsetzende*. Wir kennen kein westliches Pendant des Daoismus, allerdings philosophische und therapeutische Schulen mit hoher Anschlußfähigkeit. Der Grieche Diogenes war ein „daoistischer" Typ. Der griechische Philosoph Epikur, 341 v. Chr. geboren, Zeitgenosse der frühen Daoisten also, hat eine lebenspraktische Theorie der notwendigen und natürlichen Wünsche vorgelegt, die mit daoistischen Aussagen harmonisiert (Lang, 2002). Die westliche Gestalttherapie weist zahlreiche Gemeinsamkeiten mit dem Daoismus auf: Körperorientierung, Vorstellung eines interaktiven Selbst, staatsskeptisch-anarchische Dimension, um nur einige Bereiche zu nennen. Ihr Mitbegründer, Paul Goodman und der Ökonom Murray Rothbard, sind gemeinsam Begründer der radikalliberalen Bewegung „libertarianism". Rothbard war mit dem Daoismus vertraut. In den 60er Jahren war der aus Deutschland stammende Psychiater und Psychoanalytiker Fritz Perls eine treibende Kraft (Walker: „Rebell und Erneuerer") der Gestalttherapie. [38]

Es gibt zahllose Veröffentlichungen zum Einfluß und der Diffusion ausländischer Religionen in China. Viel weniger wissen wir über die „Religion, die all diesen vorausging und sie alle über-

---

[36] *dao jia*

[37] *dao jiao*

[38] In seinem Denken hat er den Zen-Buddhismus integriert. Zur Gestalttherapie vergleiche Doubrawa & Blankertz (2000), Blankertz (2000); Höll (oJ) untersucht den philosophischen Anarchismus als Quelle der Gestalttheraphie; Walker (1996, S. 114ff.) widmet der theoretischen und praktischen Arbeit von Perls ein eigenes Kapitel (S. 137: Perls „bezweifelte zwar letztlich den Nutzen der Zen-Methode, doch läßt sich festhalten, daß die Lehre seiner letzten Jahre deutlich zen-buddhistische Einschläge aufwies.") Auch zwischen der Individualpsychologie Alfred Adlers und dem Daoismus ergeben sich, so Lang (2002, S. 67) „erstaunliche und faszinierende Übereinstimmungen." Adler werden auch deutliche Parallelen zum Buddhismus nachgesagt (Brunner, 2002), angesichts der vielen Gemeinsamkeiten zwischen Daoismus und Buddhismus allerdings keine überraschende Erkenntnis. In einem Bereich von Theorie und Praxis, in dem man vermuten könnte, daß daoistisches Gedankengut zumindest peripher zur Kenntnis genommen wurde, bewegen wir uns im Reich der blinden Flecke. Selbstmanagement und seine Verwandten, so weit sie nicht in Esoterik verankert sind, kennen Daoismus nicht. In der westlichen Medizin hat der Akkulturationsprozeß Jahrzehnte gedauert. In der Psychologie beginnt er noch nicht. Als Beispiel siehe das Standardwerk zur Selbstmanagementtheraphie von Kanfer u.a. (2000). Zu neueren Erkenntnissen der Rezeption des Daoismus im Westen vgl. neben anderen Pohl (2003) und Irwin (2005).

lebte: den Taoismus, die Religion der Chinesen selbst", schreibt Kristofer Schipper (1996, S.2), ein in Frankreich lehrender Forscher und ordinierter daoistischer Priester. Als „Religion" ist Daoismus „anarchisch", anti-autoritär, undogmatisch.[39] Die gleiche Charakterisierung wird auch für den Daoismus allgemein verwendet. Ob sie zutrifft, ist zu überprüfen. Wenn sie zutrifft, gilt es zu überlegen, wie/ob eine Weltanschauung derartigen Zuschnitts, Evolutionspotential erschließen könnte.

Isabelle Robinet stellt zur Trennung von religiösem und philosophischem Daoismus fest,

> ... daß diese Trennung in keiner Weise angebracht ist. Es handelt sich dabei um eine falsche Problematik, die erwachsen ist aus dem allen Religionen und jeder Form von Mystik gemeinsamen Unterschied der Askese einerseits – den Methoden, der Ausbildung – und andererseits den Ergebnissen dieser Askese oder aber Spekulationen, die sie begleiten oder vollenden können. ... Der Glaube an das Bestehen zweier verschiedener Strömungen erscheint uns als eine Position, die von einer im Westen vorherrschenden Unkenntnis *jener Techniken* herrührt, die zur mystischen Erfahrung führen, weshalb der westliche Mensch nur schwer die Beziehung zwischen dem, was ihm als nüchterne Methoden erscheint, und dem letzten Ziel dieser Methoden versteht,... (Robinet, I., 1995, S. 15).

Daoistische Meister, einschließlich heute in China aktiver, kritisieren, ironisieren, belächeln die Konstruktion westlicher Daoismusforscher in ihrem Bemühen, die spirituell-religiöse Grundlage aus etwas zu entfernen, was sie versuchen, als die „Wissenschaft" des Daoismus zu verstehen.

Diese Trennung hängt höchstwahrscheinlich mit der durch Descartes beschriebenen und vom wissenschaftlichen Denken im Westen nachdrücklich beeinflussten Abkopplung der Seele/Geist vom Körper sowie der Behauptung einer eindeutig markierbaren Trennung von Objekt und Subjekt (die philosophische Erfindung des Geist-Körper/mind-body- Problems) zusammen. Wir haben oben bereits auf die theoretische Verwandtschaft von Daoismus und systemischer Theorie inklusive Konstruktivismus verwiesen, beide mit den descartischen Vermutungen unvereinbar.

Laozi gilt in einer religiösen Interpretation des Daoismus als „Gott des Dao": ein Unsterblicher, ein Messias, der höchste Gott im Daoismus. Wie Laozi, der Philosoph, zu einem Gott wurde, ist eine lange Geschichte (Kohn, 1999). Wer aus Laozi einen Gott machen will, seine Angelegenheit. Wer aus dem Daoismus eine Religion macht, seine Sache. Ohne spirituelle Kompetenz ist das Leben eine Öde. Daoismus bietet Verfahren, spirituell zu evoluieren, in Harmonie mit anderen Komponenten des Selbstsystems eines Menschen. Wenn Schumpeter sagt: „Das energetische Handeln ist das Grundprinzip wirtschaftlicher Entwicklung" (1911/2006, S. 180), aber wie ein guter Ökonom offen läßt, woher diese Energie eigentlich kommt, zeigen uns Laozi und seine daoistischen Kollegen, wie man sie erwirbt, und wie man sie erhält.

Konfuzianismus war zumeist die offizielle Lehre in China. Die offizielle und staatstragende Ethik wurde vom Konfuzianismus beeinflusst, allerdings nicht in einem Ausmaß, wie wir es im Mittelalter mit dem katholischen Glauben beobachten und in keiner Weise vergleichbar mit islamisch geprägten Staaten. Bei allen ethischen und politischen Rivalitäten kamen Konfuzianismus, Daoismus und Buddhismus in China gut miteinander aus. Kreuzzüge und Jihads sind den ostasiatischen Glaubenssystemen eher fremd. „Taoismus (bleibt) im geistigen Leben des Individuums lebendig, wenn nicht gar vorherrschend" (Kaltenmark, 1981, S. 15). Gleichzeitig

---

[39] „As a religious and liturgical institution, Taoism, the social body of the local communities, has never had any true governing authority, nor canonical doctrines, nor dogma involving a confessional choice" (Schipper, 1996, S. 4).

Daoist und Konfuzianer sein! Versuchte jemand so etwas als Moslem und Katholik: Todesstrafe heute, Scheiterhaufen früher.

Kaltenmark (1981, S. 251) kommentiert:

> Laienanhänger des Taoismus üben keinen Kult aus, wohl aber pflegen sie die tägliche Meditation und die Wohltätigkeit. Dieser meditative Taoismus ist auf Taiwan wie auf dem Kontinent in einer sehr viel besseren Position, entzieht er sich doch sowohl der Überwachung wie auch der Verfolgung durch Regierungen. Denn wenngleich die Nationalregierung auf Taiwan den Taoismus des Himmlischen Meisters duldet, so tut sie dies ohne Begeisterung. ‚Beide China' haben vom kaiserlichen China das bürokratische Mißtrauen gegenüber jeder geheimen, esoterischen und Magie anwendenden Bewegung geerbt.

Daoismus ist bis heute ein bedeutender Bestandteil der chinesischen Kultur; auch wenn die angewandte Praxis erodiert, so ist er doch in dem Gedankengut eines jeden Chinesen vorhanden. In diesem Umstand zeigt sich eine unterschiedliche Herangehensweise von Personen im Osten und Westen: im Fernen Osten inhärent, muß man sich im Westen daoistisches Gedankengut für die Gestaltung der alltäglichen Lebenspraxis erst durch intensives Reflektieren aneignen. Medizin und Wissenschaft sind entstanden auf dem Fundament des Daoismus bzw. seines Gedankengutes, gleiches gilt für die Kunst (siehe hierzu die Schriften von Joseph Needham).

2.3 Dao

Der Begriff, die Philosophie, das Geheimnis des *dao* stehen im Mittelpunkt des Daoismus. Das Wort „Daoismus" wird aus dem Wort *dao* abgeleitet. Laozi hat im ersten Teil seines Buches in 37 Kapiteln die Bedeutung des *dao* gezeigt. Das Wort *dao* wurde schon lange vor der Entstehung des *Dao De Jing* benutzt und findet sich bis heute im modernen Chinesisch. Heute hat das Wort *dao* in unterschiedlichen Kombinationen mit anderen Wörtern verschiedene Bedeutungen. Das Wort *dao* im *Dao De Jing* wird oft als „WEG" übersetzt. Die Bedeutung als „WEG" hat das Wort *dao* bis heute. Im Buch *Dao De Jing* hat das Wort *dao* an einigen Stellen auch diese Bedeutung, aber nicht immer. Wir schlagen neben „Weg" auch eine andere, wenn auch verwandte Bedeutung, vor.

Carl Gustav Jung hat sich, angeregt über seine Freundschaft mit Richard Wilhelm, einem Pionier der Interpretation und Übersetzung chinesisch-daoistischer Texte, intensiv mit daoistischen Werken beschäftigt. Zu den Schwierigkeiten des „europäische Geistes" beim Verstehen chinesischen Denkens schreibt er:

> Die gewaltige Schwierigkeit der Übersetzung dieses und ähnlicher Texte in den europäischen Geist besteht darin, daß der chinesische Autor immer vom Zentralen ausgeht, nämlich von dem, das wir als Spitze, Ziel oder tiefste und letzte Einsicht bezeichnen würden, also etwas dermaßen Anspruchsvolles, daß ein Mensch mit kritischem Intellekt das Gefühl hat, entweder mit lächerlicher Anmaßung oder gar baren Unsinn zu reden, wenn er es wagen wollte, einen intellektuellen Diskurs über die subtilste seelische Erfahrung der größten Geister des Ostens vom Stapel zu lassen (Jung, 1986, S. 25).

Die von Carl Gustav Jung inspirierte Eranos-Stiftung hat in über fünfzigjähriger Forschungsarbeit das I Ging neu übersetzt. Das *dao* wird im Rahmen des I Ging in 123 Konstellationen erläutert. Zum *dao* selbst lesen wir:

> Primäre Bedeutung: Weg, Pfad; davon abgeleitet: Der Weg des Universums und seine Gesetzmäßigkeit. *Dao* ist ein Grundbegriff des chinesischen Denkens, der in westlichen

Begriffen nur als Paradox verstanden werden kann: Einerseits ist für den Einzelnen ein Weg potentiell angelegt, andererseits entsteht dieser Weg erst dadurch, dass der Einzelne ihn geht (Ritsema & Schneider, 2000, S. 817). [40]

Im Kapitel 53 des Laozi heißt es zum *dao*:

> Das Dao ist wie ein Hauptweg,
> der sehr leicht zu beschreiten ist.
> Aber die Leute suchen immer
> die kleinen Nebenwege.
>
> Kapitel 53 Dao De Jing

Als Verbum hat das Wort *dao* gleichfalls unterschiedliche Bedeutungen: „sagen", „sprechen", „ausdrücken", „nennen" usw. *dao xie*: Danke sagen.

Im klassischen Chinesisch hat das Wort *dao* auch die Bedeutung (einen Fluß zu) „regulieren". Aus dieser Bedeutung wurden auch andere Bedeutungen abgeleitet: „lenken", „leiten", „(den Weg zu) führen" etc. Im klassischen wie auch modernen Chinesisch hat das Wort *dao* auch den Sinn von „Methode", „richtige Wege", „Prinzip", „Fähigkeit". Beispielsweise *sheng cai zhi dao*: Methode zum Vermögenswachstum. *Tian dao* ist die Gesetzmäßigkeit des Universums.

Ein jüngeres Zitat zum Dao-Verständnis:

> Das Dao ist weniger deskriptiv, weniger beschreibend zu verstehen, und mehr präskriptiv oder vorschreibend. Die antike chinesische Philosophie im Allgemeinen und die daoistische im Besonderen ist auf Erfolg ausgerichtet, sie ist wirkungszentriert und nicht wahrheitszentriert. Es ging in der Hauptsache um die Entwicklung von effektiven Strategien und Verhaltensweisen. Nicht die Frage, was etwas ist, stand letztlich im Vordergrund, sondern die Frage, wie etwas am besten zu erreichen ist (Möller, 2001, S. 30).

Unsere Frage: Wie will man effektiv arbeiten ohne eine gute theoretische Grundlage? Wie wir unten zeigen, funktioniert der Daoismus, wenn er überhaupt funktioniert, nur dann und deswegen, weil er auch über eine theoretische Grundlage verfügt, aus der sich dann Verhaltensweisen und Strategien ableiten lassen, wie man etwas im Staatswesen, auf dem Schlachtfeld, in der Wirtschaft oder in seinem Körper erreichen kann.

Einige der oben genannten Bedeutungen sind im Buch *Dao De Jing* enthalten, sie sind jedoch nicht identisch mit dem „*dao*", was Laozi immer betont hat. Am Anfang des *Dao De Jing* zeigt Laozi, daß es nicht möglich ist, das *dao* genau zu definieren.

> Ein Dao von dem man reden kann,
> ist nicht ein beständiges Dao.
> Ein Name, den man nennen kann,
> ist nicht ein beständiger Name.
>
> (Kapitel 1 von Dao De Jing, Gerstner, 2001, S.12)

---

[40] Der letzte Satz ist wörtlich Zhuangzi, siehe unser später folgendes Zitat.

Die Vielzahl der Übersetzungen des *dao* überblickend (Wohlfart, 2001, 1. Kapitel), läßt sich sagen, daß es keine allgemein akzeptierte Deutung gibt. Wir kommen um eine gewisse konstruktive Kreativität bei der Auswahl der vorliegenden Deutungen nicht herum.

Greifen wir zunächst auf das uralte Schriftzeichen des Wortes *dao* zurück.

> Ein Bild ist mehr wert als tausend Worte,
> weil etwas zu zeigen viel leichter ist
> als etwas zu sprechen.
> - Chinesisches Sprichwort-

Das uralte Schriftzeichen des *dao* sieht nicht wie das heutige, 道, sondern wie das folgende aus: 道. Der obere Teil 辶 ist die menschliche Spur, *der Weg auf dem wir und andere lebende Systeme „laufen"*. Der untere Teil 首 sind die Augen bzw. der Kopf einer Person. Das, was die Leute sehen, was sie wahrnehmen und was sie nachher praktizieren, ist nicht das gleiche. Was der Sprecher sagt, ist nicht immer das, was er meint und auch nicht immer das, was die Zuhörer wahrnehmen und verstehen. Was man sieht, ist auch nicht absolut das, was man wahrnimmt. Das *dao* ist für verschiede Leute unterschiedlich, auch für eine gleiche Person unterschiedlich, wenn sie in verschiedenen Lebensphasen und emotionalen Zuständen ist. Auch wenn das *dao* auf jeder Stufe der Evolutionshierarchie wirkt, ist das, was die Menschen auf dem Weg laufen läßt, was den Weg durch das Gehen auf ihm erst entstehen läßt, immer verschieden. Die Welt des Daoismus besteht aus subjektiver Konstruktion und Erfahrung.

„Ein Dao, von dem man reden kann, ist nicht ein beständiges Dao", weil die Menschen mit dem Namen und mit dem, was sie damit verbinden, Unterschiedliches verstehen, und weil die gleiche Person mit dem gleichen Wort (Namen, Begriff) in unterschiedlichen Zusammenhängen, bei unterschiedlichen Erfahrungen auch ganz Unterschiedliches „konstruiert".

Zhuangzi erklärt, wie der Weg sich verwirklicht.

> Ein Weg kommt zustande, indem er begangen wird.
> Zhuangzi (2003, S. 51; Inneres Kapitel 2/6)

Jeder (Mensch) und jedes (System) geht seinen eigenen Weg, ist auf seinem eigenen „Lauf". Wer auf dem Weg ist, kann nicht stillstehen, er läuft, wohin auch immer. Laufen heißt, immer in Bewegung sein. Im ersten Vers des *Dao De Jing* kommt *dao* in Verbindung mit *chang dao* vor, was wir (unten) übersetzen als immer in Bewegung sein, sich immer verändern, auf dem Weg des unentwegten Wandels sein.

Ohne auf Zhuangzi Bezug zu nehmen, schreiben Ritsema & Schneider (2000, S. 622) in ihrem Kommentar zum I Ging (hier Hexagramm 49, „Die Häutung, Ge"):

> Einerseits ist für den einzelnen ein Weg [*dao*] potentiell angelegt, andererseits entsteht dieser Weg erst dadurch, dass der Einzelne ihn geht. Der Begriff *Dao-Verwirklichen*, De, bringt das universelle Dao in Verbindung mit dem Individuum. *De* [Wirkkraft] des dao

bezieht sich auf das Bestreben des Einzelnen in möglichst weitgehendem Einklang mit dem durchgehenden Prozess des universellen Dao zu leben.

Für unsere Überlegungen zum *Dao*-Kapitalismus sind Laozis und Zhuangzis Erkenntnisse grundlegend. Sie gestatten uns eine Sichtweise von Unternehmertum, Innovation, Entwicklung, die sich teilweise grundlegend, sogar diametral von dem unterscheidet, was heute als Benchmark des richtigen Handelns in Theorie und Praxis gilt. Nicht daß Praktiker dies nicht verstehen würden. Steve Jobs hat genau das getan, was Zhuangzi zum-auf-den-Weg-kommen verlangt. Anfangen, den ersten Schritt tun (Laozi). Wer alles vorher wissen will, alles im Kopf durchdenkt und durchplant, jeden möglichen Widerstand und alle Risiken auf die Gegenwart abdiskontiert, venturecapital-logisch sein Leben gestaltet, paralysiert sich selbst, kommt nicht auf den Weg. Er erzeugt, in seinem Kopf, in seinem Fühlen und Denken, die Widerstände, die er vermeiden will.

> Ein Ding ist so, weil die Leute sagen, daß es so ist.
> Warum sind Dinge so? Sie sind so, weil wir behaupten, sie seien so.
> Warum sind Dinge nicht so? Sie sind nicht so, weil wir behaupten, sie seien nicht so.
>
> Zhuangzi, 2003, S. 50; dieser Satz folgt im Text unmittelbar
> auf die oben zitierte Passage zum Weg).[41]

Betrachten wir einen Marathonläufer. Sein Weg ist das Ziel, ankommen, gut ankommen, auf dem Treppchen stehen. Er läuft und läuft, aber jede Sekunde ist sein Körper, sein Geist, seine Emotion in ständigem Wandel. Er durchläuft Phasen der Depression und Euphorie, der Wut, Angst und Verzweiflung, der Hoffnung, vielleicht sogar Liebe. Ständig bemüht er sich, sein *yin* und *yang* zu harmonisieren. Wer dies nicht schafft, fliegt aus dem Lauf, zerstört sich womöglich selbst.

Auch seine Augen (der untere Teil des alten *dao*) laufen mit. Sie steuern, verhindern, daß er sich verläuft, lenken seinen Körper, so daß er auf dem Weg (der Spur) bleibt. Auch Blinde sehen auf diese Weise. Jeder konstruiert seinen Lauf. Jeder ist ein *Dao*-Mensch. Er ist beständig auf dem Weg, beständig sich wandelnd, Hochs und Tiefs durchlaufend, er ist in einem zyklischen Lauf. Auch wenn er am Ziel der Strecke ist, geht sein Lauf weiter. In der Psyche, im Traum, im Gespräch, in den Medien ohnehin. Für manche ist es ein Lauf des Lebens, für andere Teil des Lebenslaufs, so geworden, weil ein „Pfad (Weg) ein Pfad wird, da man auf ihm geht" (Zhuangzi). Augen und Spur gehören zusammen. Sie definieren den Lauf. Ohne Augen kann man nicht laufen, ohne Weg (Spur) gibt es keinen Lauf. Beide zusammen machen das *dao* (den „Lauf") aus.

> Weltmeister Mark Warnecke sprach mit Susanne Rohlfing über sein Training:
> Herr Warnecke, wie viel sind Sie gerade im Training geschwommen?
> MARK WARNECKE: Ich zähle nicht mit. Ich springe rein und gucke, wie es läuft. Es ist schon vorgekommen, dass ich mich so gut fühle, dass ich sofort wieder rausgehe. Oder ich fühle mich so schlecht, dass ich deshalb direkt aufhöre.
>
> Kölner Stadtanzeiger, 24.11.2005

> Ein Weg [*dao*] kommt zustande, in dem er begangen wird.
> Ein Lauf gelingt/vollbringt sich beim Gehen.
> Zhuangzi, 2003, S. 51,160.[42]

---

[41] Wer es moderner haben will, lese die Texte von Heinz von Foerster und Humberto Maturana.

Der Weg, *dao*, ist daher kein festgelegter, im Voraus geplanter, bereits gemachter. Es ist der Lauf der sich spontan entfaltenden Dinge, der Welt, der Lauf des Wassers. Wenn der Marathonläufer Gott um Unterstützung bittet, der Unternehmer die Jungfrau Maria um Neuerungserfolg ansucht und der Trainer der iranischen Fußballelf den Beistand von Imam Mahdi erfleht. Der Weg aller, des Läufers, des Neukombinierers, der Fußballelf kommt zustande, in dem sie ihn gehen. Die ständige Transformation der „zehntausend Dinge" erklärt der Daoist mit den Kräften des Diesseits. Auch der Glaube an einem außerirdischen Schöpfer ist Teil des erdgebundenen Weges.

Das Urschriftzeichen vom *dao* zeigt uns, wie wichtig es für den Daoismus/Laozi ist, das Wissen (durch die Augen gesehen, durch den Kopf gelernt) in die Praxis (der menschlichen Spur) zu transformieren. Gleichgültig, wie viele Möglichkeiten des Laufs man mit seinen Augen sehen kann, wenn man nicht selbst laufen möchte, ist der Lauf nur Lauf der anderen.

dao ke dao fei chang dao
ming ke ming fei chang ming

So lauten die beiden ersten Verse aus *Dao De Jing*, 1. Kapitel.

Wir haben die beiden Eingangsverse von Kapitel 1 des *Dao De Jing* in chinesischer Sprache aufgeschrieben. Wir sehen, daß das Wort *dao* dreimal vorkommt. Und diese drei *dao* haben es in sich. Ihre Interpretation ist bis heute eingebettet in Meinungsverschiedenheiten. Auch Interpreten, welche das Chinesische perfekt beherrschen, sogar die urchinesische Sprache, in welcher das *Dao De Jing* zunächst geschrieben ist, selbst chinesische Philosophen, sind uneins, bis auf den heutigen Tag, wie man diesen Vers verstehen kann.

In diesen zwei Zeilen steckt nahezu alles drin, was wir zu berichten haben. Unsere Interpretation (übersetzende Konstruktion) ist daher wichtig.

Versuchen wir (dem Marathonlauf folgend), *dao* als „Lauf" zu übersetzen (in der Regel: „Weg"). *chang dao* wird dann für uns der daoistische Schlüssel, mit dem wir das *System* der Wirtschaft öffnen können.[43] Wir übersetzen es (Günter Wohlfart, 2001, S. 49, 52 folgend) als „stetigen/ständigen Lauf/‚Fluß'" oder als „Weg des *unentwegten Wandel(n)s.*" Im System der Arbitrage verwirklicht sich ein Dao der Wallstreet. Die Börse ist ein Ort des unentwegten Wandels. Wir sehen auch, wie er sich erzeugt, wie das *ziran*[44] der Börse (Arbitrage) zustande kommt. Durch *wuwei* (aktives Nichttun). Verbietet der Staat die Spekulation, ist der Lauf tot. Und wer dennoch zu laufen wagt, riskiert sein Leben - zumindest eines in Freiheit. *Wangwei* (willkürliches Eingreifen), das herrschende Prinzip des auf Machterhalt seiner Lenker ausgerichteten Staates, zerstört *ziran* und ohne *ziran* kein *dao*. Die Regel daher: *wuwei*, nicht in den Lauf eingreifen.[45]

Im Jahr 1931 kommt es in Deutschland zu einer Bankenkrise. Mit einer Notverordnung beschränkt die deutsche Regierung die Kapitalflucht, um der Spekulation gegen die deutsche Mark

---

[42] Die zweite Übersetzungsmöglichkeit des chinesischen dao xing zhi er cheng schlägt Günter Wohlfart (in Zhuangzi, 2003, S. 160) vor.

[43] Wir betonen auch System, weil unsere Überlegungen auch der systemischen Logik folgen wollen. Wie wir mehrfach betont haben, versuchen wir den Daoismus in die Innovations-/Evolutionslogik der Ökonomie und die Systemlogik der zeitgenössischen Systemforschung zu integrieren – oder ihn durch diese zu rekonstruieren – ohne ihm Gewalt anzutun, ihn umzubiegen, Neues anzudichten. Deswegen ist das Verständnis der daoistischen Schlüsselaussagen von so großer Bedeutung.

[44] ziran interpretieren wir in Abschnitt 3.3. Kurz: „alles-von-selbst-so-verlaufend" (die Übersetzung von Wohlfart).

[45] Zu diesen Begriffen siehe bitte Kapitel 3.

den Wind aus den Segeln zu nehmen. Die Beschränkung freien Geldtransfers ist bis heute für den Staat ein unverzichtbares Instrument der Kontrolle über *seine* Bürger. Schumpeter kommentiert die Ereignisse:

> Ein zweites Moment ist, daß sich ein Misstrauen gegen die Mark geltend macht. Nun, das bedeutet gar nichts. Denn wenn keine Inflation getrieben wird, und bis jetzt wird keine getrieben, bezahlt eben jeder Baissier eine sehr hohe Strafe, die ihm herzlich zu gönnen ist. Es bedeutet also nichts, wenn allgemeines Misstrauen die Mark auf Stunden und Tage an ausländischen Börsen zum Sinken bringt. Denn wenn nichts geschieht, um dieses Misstrauen zu rechtfertigen, so sind die Baissiers die beste Hilfstruppe. Jeder Baissier muss ja dann zur Deckung schreiten und damit selbst die Schlinge zuziehen, in die er seinen Kopf gesteckt hat. Und *darum ist es richtig, diese Dinge laufen zu lassen,* und deshalb ist es falsch, das zu machen was die Regierung mit der Kapitalflucht-Notverordnung gemacht hat (Schumpeter, 1931; unsere Betonung).

Günter Wohlfart übersetzt (2001, S. 52) daher, nach einer ausführlich-vielseitigen Darstellung anderer Interpretationen die ersten beiden Verse von Kapitel 1:

> **Ein Lauf** (*dao*), dessen Richtung man **weisen/zeigen** (*dao*) **kann,** ist nicht der **stetige** [das heißt ständiger Veränderung unterworfene] **Lauf** (*chang dao*) [der Dinge/der Natur/der Welt].

Diese Übersetzung berücksichtigt zunächst die Prozessualität des *dao* (Lauf), die auch eine zyklische ist und ganzheitliche Elemente (*yin* und *yang*) aufweist (siehe unten). Über den stetigen, das heißt in stetiger Veränderung sich reproduzierenden Lauf läßt sich *chang dao* als der Weg des unentwegten Wandel(n)s verstehen. Das zweite *dao* (ein Verb), ist übersetzt mit weisen/zeigen [den Weg/auf dem Lauf führen].[46]

Dazu schreibt Wohlfart (2001, S. 52): „*Der* (wahre) Weg, der hier als *chang dao* charakterisiert wird, wäre gerade kein ‚ewiger', ‚überzeitlicher' (d.h. dem üblichen Lauf der Zeit bzw. der Welt entrückter) Weg, sondern der allgemeine, der alltägliche, übliche Weg" des Marathonlaufens, des Studierens für die Prüfung, der Examensvorbereitung, des Redenschreibens für die Kanzlerin, des Vorbetens in der Moschee, des Elfmeterschießens, des Neukombinierens und Meditierens.

> Wiederkehr ist die charakteristische Bewegung des Dao
> (Laozi, 26. Kapitel).

Was ist nun wiederum, der alltägliche, übliche Weg? Ist es der Weg der Routine, der Weg einer „Wiederkehr des ewig Gleichen" (Nietzsche)? Auch. Aber auch anderes. Was ist das Gleiche? Auch Wandel kann, wiederholt er sich ständig, der gleiche, übliche Weg im Leben eines Systems sein. Der „Daoist" Schumpeter bemerkt in den „Konjunkturzyklen":

> Nur der Zyklus selbst ist (real). ... die Entwicklung (ist) ihrem Wesen nach ein Prozeß, der sich in Zyklen bewegt (Schumpeter, 1961, S. 217). [47]

---

[46] Siehe auch Watts (1983, S. 74): „Also ist das Tao der Lauf, der Fluß, das Treiben oder der Prozeß der Natur, und ich nenne es ‚Lauf des Wassers', weil sowohl Lao-tzu als auch Chuang-tzu den Fluß des Wassers als ein bedeutendes Sinnbild verwenden." Was hier mit „Natur" gemeint ist, erläutern wir im 3. Kapitel.

[47] Die Zyklentheorie der Entwicklung hat eine lange Geschichte, auf die wir nicht eingehen können. 1875 kam der Amerikaner Samuel Benner, ein Farmer, zu dem Schluß, das Auftreten von Sonnenflecken korreliere mit den Hoch- und Tiefpunkten der Wirtschaft. In den 30-er Jahren des 20. Jh. veröffentlicht das Wall

Zwei amerikanische Astrophysiker, die mit gleicher Kritik leben müssen, wie die Theoretiker (Metaphysiker) der Kondratieff-Schumpeter-Zyklen - „metaphysisch angehauchte Modelle und Theorien" (Zaun, 2006) - behaupten: auch das Weltall, seine Entstehung und Ausbreitung, folge Gesetzen der zyklischer Bewegung.[48]

> In unserem Modell, *sagt Neil Turok*, durchläuft das Universum viele Zyklen, in denen es sich ausdehnt und wieder zusammenfällt. Vielleicht hat es unendlich viele solcher Zyklen gegeben. Die Dunkle Energie nimmt von Zyklus zu Zyklus ab. Allerdings dauert ein Zyklus umso länger, je schwächer die Dunkle Energie ist. Es ist also kein Zufall, dass wir jetzt in einem Zyklus mit sehr geringer Dunkler Energie leben. Heute dauert der Zyklus etwa eine Billion Jahre.[49]

Die Argumentation - Energie nimmt ab, usw. - gleicht in verblüffender Weise dem Energieschwund in einer basisinnovativen Welle nach Schumpeter (siehe 8. Kapitel).

Was aus obigem ausgeschlossen werden könnte, ist der Weg des Gleichgewichts, ein Lauf ohne Veränderung und ohne zyklische Bewegung. Entropie. Die Entropie eines nicht-daoistischen Universums, ökonomisch, politisch, tendiert zu einem Maximum.[50] Vielmehr ist der Weg als Lauf, ein (in seinem normalen, gewöhnlichen Ablauf) unaufhörlich sich verändernder und zyklischer Weg, ein Weg, der sich von selbst[51], spontan-natürlich reproduziert (*ziran*), wenn man bestimmte Dinge tut, bzw. bestimmte Dinge nicht tut (*wei wuwei*) und vor allem solche Dinge unterläßt, die den von selbst-so, natürlich-freiheitlich, sich zyklisch-verändernden Lauf der Welt beschränken. Wir klagen, daß uns die Kinder ausgehen. Wodurch? *Wangwei*, Eingriffe, insbesondere des Politiksystems in den natürlich-freiheitlichen Lauf. Prämiert der Staat Kinderlosigkeit, erntet er eine Gesellschaft ohne Kinder. Würdigt der Staat Routine und Arbitrage, erntet er eine wellen-/entwicklungslose Wirtschaft.

Street Journal eine Abbildung Benners, in der er die Große Depression vorhersagte. Dann gibt es die Juglar-Zyklen, die einen 10/12-Jahreszyklus der Zinsen behaupten. Das Haus Rothschild erregt verdacht wegen des Erfolgs seiner Finanzgeschäfte. Investoren setzen den Mathematiker Kitchin auf die Analyse des vermuteten „Rothschild- Zyklus" an. Man nennt heute diese 40-monatigen Zyklen Kitchin-Zyklus. Mit dem Russen Nikolai Kondratieff (1892-1938) beginnt der „esoterische" Teil der Zyklenlogik, für viele Ökonomen bis heute ein Produkt der Phantasie. Schumpeter nennt später die von Kondratieff entdeckten langen Wellen, Dauer ca. 50 Jahre, „Kondratieff-Zyklen". Schumpter hatte allerdings bereits in seinem Werk von 1911/2006 eine Zyklentheorie der wirtschaftlichen Entwicklung vorgelegt – „ein großes Phänomen von sofort in die Augen fallender Regelmäßigkeit — nämlich jenen mächtigen Wellenschlag der wirtschaftlichen Entwicklung" (S. 426) - aber keine exakten zeitlichen Abläufe behauptet. Dies holt Schumpeter 1939 in seinem zweibändigen Werk über Konjunkturzyklen (deutsch: Schumpeter, 1961) nach. In nachholenden Entwicklungsprozessen, zu beobachten in Schwellenländern wie China und Indien, taucht ein neues Zyklenphänomen auf: Der gleichzeitige oder sich stark zeitlich überlappende Lauf von mehreren Kondratieffs (wir nennen es Multi-Kondratieff), was aus der *Dao*-Schumpeter-Logik das überdurchschnittliche und lange anhaltende Wachstum dieser Länder erklären könnte.

[48] Diese Behauptung ist nicht neu, wird nunmehr aber einer rigorosen astrophysischen Logik unterworfen. Insbesondere in den Schriften von Fritjof Capra (Das Tao der Physik, Wendezeit, Das neue Denken) wurde auf die Verwandtschaft zwischen der Entstehung des Weltalls und daoistischen Lehren aufmerksam gemacht.

[49] Zitiert in Zaun (2006), der einen Überblick des Zyklusmodells nebst Literaturquellen gibt.

[50] Auch politische, real-existierende Systeme, folgen einer Entropietendenz. Sämtliche Demokratien in großen Ländern sind problem- und veränderungsresistent geworden. Sie suchen daher, zuhause festgefahren, ähnlich einem innovationsbescheidenen Kapitalismus, den Export ihrer politischen Meme und die Bevormundung anderer Nationen. Wir kennen den Weg, folge ihm, oder du bekommst Ärger.

[51] Auf das Folgende (*ziran, wuwei*) gehen wir noch ausführlicher ein.

Was wir im Augenblick, ökonomisch beobachtet, fragen könnten: ist die Vorstellung einer „sich gleichbleibend reproduzierenden Wirtschaft" (Schumpeter, 1911/2006, 1. Kapitel), einer gleichgewichtig sich reproduzierenden, auch wachsenden Wirtschaft, also das Standardsystem/-modell der modernen Ökonomie, mit dem *dao* vereinbar? Fehlt ihr nicht das *chang dao*, da der unentwegte Wandel theoretisch eliminiert ist? Sind Strategien, die dieser Logik von Allokation und Inputherrschaft folgen, notwendig eine solche, die *dao* aus der Wirtschaft heraus nehmen, die *dao*-Wirtschaft in eine Wirtschaft des immerwährenden Gleichseins transformieren (sollten, wenn nicht die Wirklichkeit den Ambitionen des *Interveneurs* einen ständigen *dao*-Streich spielen würde)?

Joseph Needham schließt aus seinen Überlegungen zum zyklischen Wechsel im chinesischen (daoitischen) Denken:

> ... man kann eine deutliche Verbindung zwischen der zyklischen Weltanschauung und jenem anderen Paradigma des wissenschaftlichen Naturalismus der Chinesen erkennen: der Wellentheorie im Gegensatz zum Atomismus (Needham, 1977, S. 186).

Für den Daoismus ist *alles* zyklisch. Wirtschaft, Politik, Emotion, Leben, Natur, auch das Denken und das, was es erfindet, theoretisches Programm und Paradigma. Es gibt also kognitive Wellen über Wellen. Axel Freier (2007) hat sich ausführlich mit den frühen wirtschaftlichen Zyklen zur Zeit der Song-Dynastie (960-1279) beschäftigt (weniger mit dem Daoismus). Zur Theorie der Wellen im Allgemeinen bemerkt er treffend:

> ... Zyklentheorien (können) als neue Ebene des ... zu konzipierenden gesamten Theorieholons [gesehen werden]. Insofern werden Zyklen als Theorien über autopoietisches Anders-Handeln (Innovation) und autopoietisches evolutorisches Unternehmertum aufgefaßt (Freier, 2007, S. 145).

Das theoretische Denken über Wellen folgt somit gleichfalls einem Wellenmuster. Dies zeigen wir später am Beispiel der Wellentheorien von Schumperter und Kondratieff.

Für den gesunden ökonomischen Menschenverstand ist es ein Rätsel, warum sich Entwicklung zyklisch vollzieht, auch noch in relativ genau bestimmten Zeitintervallen und wie aus der Schaffung und Ausbreitung von Neuerungen, als den Grundmustern der Wellen, ein sich immer wieder reproduzierender Zyklus entstehen kann. Man könnte dem entgegenhalten: Die lebende Natur hat keine Ahnung davon, daß sie einem Mutations- und Selektionsprozeß unterworfen ist, wie Darwin ihn konzipiert hat. Ahnungslosigkeit schützt nicht vor blinden Flecken und schon gar nicht vor der Teilhabe an Prozessen, denen man als Nichtwissender ausgeliefert ist. Paradox: Evolution ist blind, dennoch und gerade deswegen machbar (wenn man sich der daoistischen „Werkzeuge" bedient).

Für den Daoismus gilt daher was Freier (2007, S.144) zur Schumpeterlogik anmerkt:

> Kondratieff-Zyklen werden nicht als Theorie akzeptiert, wenn sich Schumpeters Innovationstheorie und [daoistische Evolutionslogik] nicht innerhalb des theoretischen Kernkomplexes durchsetzen.

Im April 2006 gibt es Menschen, die auf einen Einbruch beim Export des Gutes Nr. 1 der politischen Klasse, die westliche Zivilgesellschaft, setzen, insbesondere was ihre wirtschaftliche Reproduktionskraft angeht. Sie agieren zyklenlogisch. Sie schauen sich wie anno Kondratieff die Zeitreihen von Rohstoffpreisen an. Es ist an der Zeit. Kauft Silber. Der Preis wird nicht steigen, er explodiert. Die Welle ist da. Und sie kaufen so, daß kein Fiskus auf der Welt mitverdient.

Rebellen der Zivilgesellschaft, agierend als Arbitrageure? Schon die Rothschildbrüder hatten erkannt, wann die Napoleonwelle gelaufen war. Waterloo wurde für sie zum Profitcenter.

Es läßt sich auch am Daoismus selbst gut veranschaulichen. Als Philosophie und Lebenspraxis des Zyklus unterliegt er selbst zyklischen Bewegungen, inklusive „Moden".

Die folgende Abbildung 2.3.1 zeigt das *Dao* oder den Lauf der Wirtschaft. Wie es dazu kommt, müssen wir noch zeigen. Bislang, seit der Industriellen Revolution in England, aber auch schon um die Wende des ersten Jahrtausends in China (Freier, 2007, 2.Teil), lassen sich solche zyklischen Bewegungen als „üblicher Weg" der Wirtschaft nachweisen. Die Abbildung 2.3.1 dient an dieser Stelle nur der Illustration. Die Ursachen dieser gleichförmig-zyklischen Bewegungen aus daoistischer wie entwicklungstheoretischer Sicht erläutern wir unten. Die Zyklik ist eine im System *selbst* hervorgebrachte. In ihr zeigt sich das Leben, die endogene Dynamik des Systems. Sie ist also nicht verursacht durch exogene Einwirkungen. [52]

Abbildung 2.3.1: Lange Wellen der Wirtschaft

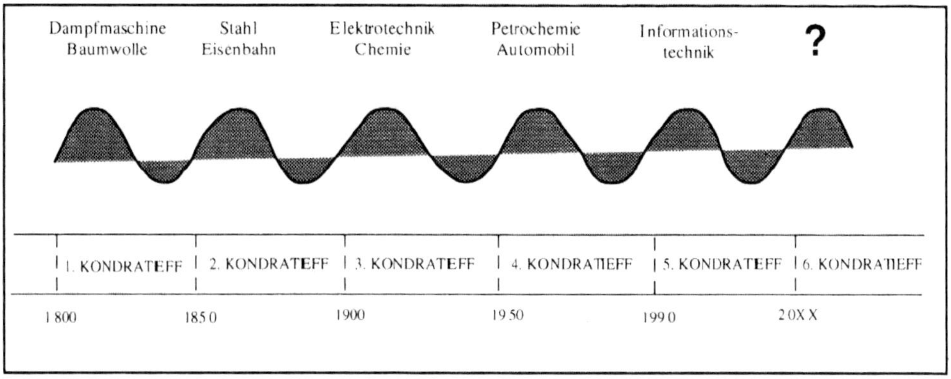

```
Dampfmaschine    Stahl        Elektrotechnik   Petrochemie      Informations-      ?
Baumwolle        Eisenbahn    Chemie           Automobil        technik
```

```
1. KONDRATEFF | 2. KONDRATEFF | 3. KONDRATEFF | 4. KONDRATIEFF | 5. KONDRATEFF | 6. KONDRATIEFF
1800            1850            1900            1950             1990            20XX
```

Quelle: Nefiodow

... die Entwicklung der Wirtschaft (vollzieht sich) in Wellenform. ...Wenn wir ... beschreiben wollen, was wirklich geschieht, dann paßt nur das Bild der Wellenbewegung und nicht das der einheitlichen Kurve (Schumpeter, 1911/2006, S. 490f.).

Die wellenartigen Bewegungen ... sind mit industriellem Wandel untrennbar verbunden und wären undenkbar in einer ökonomischen Welt, in der sich der Produktions- und Konsumtionsprozeß in unveränderter Form ständig wiederholt. Zunächst einmal kann gezeigt werden, daß eine Gesellschaft jener Art von Fluktuationen ... nicht unterworfen wäre, wenn die Konsum- und Produktionsfunktionen unveränderlich wären (Schumpeter, 1987, S. 356; 373).

---

[52] Und hierin liegt ein Grund, warum diese Sichtweise an eine homöostatische, gleichgewichtsorientierte Mechanik der Systemlogik, durch welche sich Teile der modernen Ökonomik und Sozialwissenschaften auszeichnen, nicht anschlußfähig ist. Der Ökonom betrachtet die Schwankung als einen „Unfall" des Systems, hervorgerufen durch politischen Nebel (politischer Konjunkturzyklus), monetäre Fehlsteuerung der Zentralbanken, Durchdrehen der *economic animals*. In den Lehrbüchern der Konjunkturtheorie finden sich nur spärliche Hinweise auf eine innovationsdynamische Erzeugung von Fluktuationen als eines normalen Laufs kapitalistischer Systeme.

Den Zyklus, „wie wir ihn kennen", würde es nicht geben, „wenn nicht die Tatsache bestünde, daß das Wirtschaftsleben in einem Prozeß unablässigen *inneren* Wandels begriffen wäre" (Schumpeter, 1961, S. 147).

Der Lauf der Wirtschaft verkörpert sich bzw. reproduziert sich in/durch Neuerungen, in einer Abfolge von Neuerungen, durch Ko-Innovation.

Schumpeter sagt somit: (1) Innovationen erzeugen Fluktuationen; (2) Innovationen sind im System selbst erzeugte Veränderungen; (3) Neuerungen folgen selbst wiederum einem zyklischen Prozeß. Der Zyklus erzeugt den Zyklus.

Wenn dies so ist (1-3), geht die Wirtschaft ihren „Lauf", sie hat einen guten Lauf, sie folgt ihrer „Natur", sie ist eine *ziran*-Wirtschaft. Sie ist auf dem Weg des *dao*, eine *Dao*-Wirtschaft. Nicht auf dem Lauf sein hieße: die Wirtschaft ist „tot", wie ein stehendes Gewässer, sie „stinkt", sie stagniert. Auch in einer toten Wirtschaft gibt es Leben: Routine, Unfälle, Abzocken, Aasgeier, genauso wie ein toter Weiher Rastplatz für Enten und Brutraum für Frösche ist. Aber der „Lauf des Wassers" (Watts) ist raus. Ob und wie man ein stehendes Gewässer wieder beleben kann - Durch Innovationsmanagement? Durch Industriepolitik? Durch Manna vom Himmel? - ist später noch zu erläutern.

Zur Zeit von Laozi und Zhuangzi gab es in der Gesellschaft nicht das, was wir ökonomische Zyklen nennen. Es war eine vor-kapitalistische Welt. Die erste und für nahezu ein Jahrtausend einzige kapitalistische Phase in China „läuft" während der Dynastie der Song, ab dem 10. Jahrhundert (Freier, 2007). Sie stirbt mit der Dynastie. Zyklen gab es dennoch – nicht in der Wirtschaft - in der Gesellschaft, in der eine ausdifferenzierte, autonom operierende Wirtschaft noch nicht existiert.

Alles bewegt sich in Zyklen. Wenn die Wirtschaft in eine kapitalistische mutiert und, nach Schumpeter, beginnt, Innovationen zu erzeugen, dann operiert sie auch in selbsterzeugten (endogenen) Zyklen. Aber nicht vorher.[53] Die Entstehung von autopoietisch operierenden Systemen der Wirtschaft, ganz zu schweigen von Innovationssystemen, bleibt im theoretischen Schatten.[54]

Die Praktiker der Innovation hätten mit dieser Sichtweise keine Schwierigkeiten. Sie sprechen dann von „Starrheit" und „Stillstand" in ihrem Unternehmen, auch von „Stagnation". „Es ist eigentlich schon Rückschritt". „Man betreibt etwas weiter, was sich sukzessiv überlebt hat." „Jemand ruht sich auf dem aus, (beharrt) auf dem, was er bereits erreicht (hat)." „Wenn man in einem längeren Zeitraum von ein paar Jahren in einem bestimmten Tätigkeitsumfeld gar nichts tut, Stillstand, Stagnation." Routine: „Na, ich arbeite den Tag so runter."[55]

---

[53] „Man muß weiter zugeben, daß die für den kapitalistischen Prozeß typischen Schwankungen umso weniger auftreten und andere Ursachen der Schwankungen, in unserer Terminologie also äußere Faktoren, umso stärker vorherrschen werden, je kleiner der kapitalistische Sektor ist, der in einer sonst so vorkapitalistischen Welt eingebettet liegt" (Schumpeter, 1961, S. 235f.). Schumpeter datiert den ersten großen Konjunkturzyklus auf die 80er und 90er Jahre des 18. Jahrhunderts (1961, S. 170).

[54] Theoretische Meister glauben an ihren Durchblick. Sie kultivieren lediglich ihre blinden Flecke. Wir verweisen auf Aßmann (2003) und Freier (2007), die im Rahmen einer ähnlichen wie unserer Logik Einblicke verschaffen - auf einem Reflexionsniveau, von dem aus erst neue Einsichten möglich werden und welches der paradigmentreuen Spitzenforschung, gekennzeichnet durch Status-Quo-Denken, wir betonen es mehrfach, bis heute abgeht.

[55] Wir entnehmen diese Stellungnahmen von Praktikern dem Buch von Busse (2005, S. 165f.).

Der Lauf aus dem Unternehmen (und der Wirtschaft des Volkes) ist raus. Das Feste und Starre und Alte herrscht über das Weiche, Schwache, Zerbrechliche. Die „Soldaten des Todes" herrschen über die „Verwalter des Lebens" (Laotse, 1996, S. 46).

> Wenn Menschen geboren werden, sind sie weich und schwach.
> Wenn sie tot sind, sind sie fest und steif.
> Wenn die zehntausend Dinge, Gräser und Hölzer entstehen,
> sind sie weich und zerbrechlich,
> Wenn sie tot sind, sind sie vertrocknet und ausgedörrt.
> Daher sind das Feste und Starre Anhänger des Todes,
> das Weiche und Schwache sind Anhänger des Lebens.
> *Dao De Jing*, Kapitel 76, Übersetzung Gerstner, 2001, S. 371

Das anscheinend Schwache und Weiche besiegt das Harte und Starre. Das Symbol des Weichen im Daoismus ist das Wasser im Pflanzenreich der Bambus. Jeder weiß es, nur wenige praktizieren es. Ein Problem, welches erst höheren Stufen der Evolution ins Blickfeld gerät und angegangen wird (Abschnitt 3.6). Vorher: „Niemand kann es praktizieren."

> In der Welt ist nichts weicher und schwächer als das Wasser.
> Doch im Angreifen des Festen und Starken kann es nicht besiegt werden,
> da es nichts gibt, wodurch es verändert werden könnte.
> Dass das Schwache das Starke besiegt, dass das Weiche das Harte besiegt,
> es gibt niemand in der Welt, der dies nicht weiß, niemand kann es praktizieren.
> *Dao De Jing*, Kapitel 78, Übersetzung Gerstner, 2001, S. 379. [56]

Gehen wir noch einige Schritte weiter. Wie viele gebildete Menschen, beschäftigt sich Laozi auch mit der Frage nach dem Ursprung der Welt. In einer für unsere spätere wirtschaftliche Interpretation hilfreichen Übersetzung von Gerstner heißt es:

> Es gibt etwas, was durch ein Zusammenfließen entstanden ist. Es ist vor Himmel und Erde geboren. Lautlos und leer steht es alleine und ändert sich nicht. *Es bewegt sich in Zyklen und ist nicht in Gefahr.* Es kann gelten als die Mutter der Welt. Ich kenne seinen Namen nicht und bezeichne es als Dao.
> *Dao De Jing*, Kapitel 25, Gerstner, 2001, S. 144; Kursiv im Original. [57]

---

[56] Übersetzung im Buch von Lin Yutang (2000): „Es gibt nicht Weicheres als das Wasser. Aber nichts ist ihm in der Überwindung des Harten überlegen. Für welches es keinen Ersatz gibt. Dass Schwäche Stärke überwindet und Sanftheit Starre überwindet, weiß niemand nicht. Niemand kann es in die Tat umsetzen."

[57] Eine Anmerkung zur „Mutter der Welt/aller Dinge". Neue wissenschaftliche Datierungsmethoden sowie jüngere Ausgrabungen haben ein neues Bild auf die geschichtliche Periode nach der Altsteinzeit geworfen haben. Die Ursprünge geistigen Lebens scheinen von weiblicher Vorrangstellung und Ehrfurcht vor dem Leben geprägt. Humberto Maturana und andere Wissenschaftler verbinden Matriarchat (mutterrechtliche Gesellschaften) mit relativ egalitären Gesellschaften, die friedlich und kooperativ, partnerschaftlich und tolerant zusammenleben. Nach dem Umbruch vom egalitären zum dominatorischen System haben Männer Jahrtausende hindurch das Schwert geführt. Laozi/der Daoismus scheint ein muttergeleitetes Gesellschaftsmodell zu favorisieren. Er lehnt autoritäre Muster und machtdominierte Herrschaftsstrukturen ab. Aus weiteren Kapiteln (2, 57, 80) könnte man (so die Interpretation bei Gerstner, 2001, S. 11) bei Laozi nicht

Dao ist zyklisch, es ist die Mutter allen ökonomischen Wandels und aller Wertschöpfung, es ändert sich nicht. Passen die Dinge auf der Welt zum *Dao*, bewegen sie sich in Zyklen, entwickeln sie sich weiter. Wenn etwas nach seiner Bewegung in einem Zyklus oder einigen Zyklen nicht mehr weitergehen kann, ist es „in Gefahr", es „stirbt" sogar. Das Prinzip selbst verändert sich nach der daoistischen Theorie nicht. Das *dao* bewegt sich in Zyklen und ist nicht in Gefahr. Es reproduziert sich immerfort, zyklisch. Der Zyklus, die Welle, ist das, wodurch sich der *dao* erhält. Wir wollen an dieser Stelle nicht in eine philosophische Diskussion des zitierten Kapitels 25 einsteigen. Es genüge der Hinweis auf das Konzept der Autopoiesis und die systemische Theorie im Allgemeinen. „Es bewegt sich in Zyklen und ist nicht in Gefahr." (Gerstner, 2001, S. 144) „Ewig kreisend ohne Unterlaß" (Lin Yutang, 2000, S. 110).[58] Das heißt: Es reproduziert sich aus sich selbst heraus, aus dem „Inneren" (Schumpeter) Auch der Bezug zu Lieh Tzu *(Liezi)* scheint uns offensichtlich (siehe die bereits im ersten Kapitel wiedergegebene Aussage):

> Es gibt ein *Kreatives Prinzip* welches selbst ungeschaffen ist; es gibt ein *Prinzip des Wandels*, welches sich selbst nicht verändert. Das Ungeschaffene [Nichtsein] ist fähig, Leben [Sein] zu schaffen; das Unveränderbare ist fähig Wandel zu bewirken. Das was geschaffen ist, kann nicht umhin als zu schaffen; das was evoluiert kann nicht umhin als fortfahren zu evoluieren. Folglich gibt es eine immerwährende Produktion und immerwährende Evolution. *Das Gesetz unaufhörlicher Produktion und unaufhörlicher Evolution* kann niemals aufhören zu operieren. (Lieh Tzu, 1912).

Das „kreative Prinzip" oder das „Prinzip des Wandels" der Wirtschaft, durch die Augen Schumpeters betrachtet, scheint nunmehr offensichtlicher zu sein.

Der Prozeß der Neukombination ist nicht das *dao*, allerdings ein Ausfluß des *dao* oder in Harmonie mit dem *dao* stehend. *Dao* ist zyklisch, die Mutter allen ökonomischen Wandels und aller Wertschöpfung, es ändert sich nicht. Passen die Dinge auf der Welt zum *dao*, bewegen sie sich in Zyklen, entwickeln sich weiter. Wenn etwas sich nach seiner Bewegung in einem Zyklus oder einigen Zyklen nicht mehr weitergehen kann, ist es „in Gefahr", es „stirbt". Das „Prinzip" verändert sich nicht.

---

nur auf vorzivilisatorische Erfahrungen, sondern auch auf mutterrechtliche, zumindest nicht-pratiarchalische Gesellschaftsordnungen schließen. Die Affinität Maturanas zum Daoismus könnte sich auch aus diesen Überlegungen Laozis speisen. Laozi (der Daoismus) versuchen eine herrschaftslose Gesellschaftsordnung zu begründen. „Ein autoritär-hierarchisches Verhältnis zwischen den Oberhäuptern [modern: den Chief Executive Officers; CEOs] einer Gruppe/eines Landes [einer Organisation/Firma] und ihrer Gruppe wird strikt abgelehnt." (Gerstner, 2001, S. 15; mit weiteren Belegen aus Laozi). Wir kommen im 4. Kapitel auf diese Überlegungen zurück.

[58] „Ehe Himmel und Erde bestanden, war etwas Nebelhaftes: Schweigend, abgeschieden, alleinstehend, sich nicht ändernd, ewig kreisend ohne Unterlaß. Würdig, die Mutter aller Dinge zu sein. Ich weiß seinen Namen nicht und spreche es: ‚Tao' an." (Lin Yutang, 2000, S. 110)

3. Daoistische Grundkonzepte

---

3. Daoistische Grundkonzepte

3. 1 Energie: *qi/heqi*

3. 2 Spontaneität und Von-selbst-so-Sein: *ziran*

3. 3 Wirkkraft des *dao: de*

3. 4 Aktives Nicht-Tun: *wuwei*

3. 5 Ebenen des Lernens

3. 6 Evolutionsstufen: Spiraldynamik und Evolution

3. 7 Die Elemente des Selbst (4L)

In diesem Kapitel stellen wir Grundkonzepte vor, die wir immer wieder nutzen. Wir stellen sie vor, gehen aber dabei nicht in die Länge. Dies bleibt weiteren Veröffentlichungen vorbehalten. Die Grundkonzepte sind solche des Daoismus selbst (*qi/heqi, ziran, wuwei, de*)[59]. Wir umreißen darüber hinaus Konzepte aus der Evolutionstheorie und Psychologie, die wir für unsere Überlegungen brauchen und mit daoistischen Kategorien verknüpfen (Spiraldynamik und Evolution, Lernebenen, ganzheitliches Selbst).

---

[59] Vgl. Abbildung 2.2.1

3.1 Energie: *qi/heqi*

Daoismus ist einem von zahlreichen Nebenflüssen gespeisten Strom vergleichbar. Einige Quellen trocknen aus, andere Flüsse werden kanalisiert und verlieren ihren natürlichen Charakter, andere reichen so tief in die Geschichte zurück, daß niemand genau zu sagen vermag, wo die Quelle des Flusses angesiedelt ist. In den Grundwerken des Daoismus von Laozi und Zhuangzi, ist *qi* (Lebensenergie) selten explizit angesprochen. In anderen Strömen des Daoismus stehen *qi* und verwandte Konzepte im Mittelpunkt. In diesem Buch skizzieren wir *qi* und verwandte Konzepte nur soweit, damit der Leser ihre Bedeutung in unseren Ausführungen verstehen kann. Ausführlicher gehen wir auf den Zusammenhang von *qi*, Entwicklung und Evolution in weiteren Schriften ein.

Über Energie und die Energiefrage sprechen wir durchgängig in unserem Buch. Energie ist selbstverständlich keine daoistische Spezialität. Daoisten denken und handeln jedoch unaufhörlich in energetischen Zusammenhängen, ein Grund, warum Laozi und Zhuangzi es gar nicht für nötig halten, darüber viele Worte zu verlieren. Im entwicklungslogischen Konzept der Alt-Schumpeterianer ist Energie genauso zentral wie im Daoismus. Moderne Psychologen kommen neuerdings auch wieder auf das Energiekonzept zurück, welches sie nicht unähnlich dem Daoismus verwenden (siehe insbesondere Martens & Kuhl, 2005). In der Ökonomie existiert Energie lediglich als Input (Kohle, Öl, Strom, Wind usw.) und Störenfried („hohe Energiepreise").

Interessanterweise spielt in der Praxis des Daoismus, auch nach der Übernahme im Westen, das Lebensenergiekonzept eine viel größere Rolle als die aus philosophischen Rekonstruktionen des Daoismus gewonnenen Erkenntnisse. Autoren wie Kirkland (1997) schreiben beispielsweise der Bewegung der „Inneren Kultivierung" (*neih yeh*) „einen tiefen und umfassenden Einfluß auf das chinesische Denken" zu.[60]

Zeitgenössische Lehrer des Daoismus sprechen diese Körperbetonung daoistischer Praxis unmittelbar an:

> Weil die spirituellen Qualitäten oder Tugenden (virtues) mit unseren lebenswichtigen Organen verknüpft sind, bemühen sich Daoisten, als Grundlage ihrer spirituellen Arbeit, die *Gesundheit des physischen Körper wiederherzustellen und zu erhalten*. Wenn ein Organ nicht genügend Chi erhält, kann die physische Gesundheit eines Organs beeinträchtigt werden. Gleichzeitig wird es schwieriger, die Tugend, die mit dem Organ verbunden ist, zu entfalten (Chia, 1993, S. 53f.; unsere Hervorhebung).

Für unsere Überlegungen ist die Vorstellung von „Lebensenergie" und ihre Kultivierung von grundlegender Bedeutung, da wir mit *qi* über einen Faktor (Theorie: Variable, Praxis: Aktionsparameter) verfügen, der sich unmittelbar für wirtschaftliche Fragestellungen verwenden läßt, insbesondere in entwicklungs- und evolutionspraktischen Fragestellungen.

„Der Begriff des Qi im Chinesischen ist vielschichtig und daher nur schwer in die Terminologie westlicher Sprachen übersetzbar", warnt uns Wolfgang Schmidt (1995, S. 102), der sich von me-

---

[60] Der *neih-yeh*-Daoismus scheint mehrere Jahrzehnte älter zu sein als der von Laozi und Zhuangzi. Manche vermuten seine Entstehung im späten 4.Jh. oder frühen 3. Jh. v.Chr. Selbstverständlich hat auch die „Innere Kultivierung" wieder Vorläufer (I Ging, Gelber Kaiser usf.). In der internationalen Diskussion, insbesondere angelsächsischer Autoren, ist *neih yeh* kaum diskutiert. In Deutschland haben sich demgegenüber Forscher wie Günter Endres (Die Sieben Meister der vollkommenen Verwirklichung, Frankfurt 1985) und Florian Reiter (Grundelemente und Tendenzen des religiösen Taoismus, Stuttgart, 1988) mit dieser Strömung des Daoismus ausführlicher beschäftigt.

dizinischer Seite mit der „Lebensenergie" beschäftigt. Qi^{61} ist „unsichtbar", „ermöglicht ... die Lebensfunktionen ... und zirkuliert durch alle Körperpartien". *Qi* und seine Funktionen im Körper werden nunmehr auch in der sogenannten Schulmedizin ernst genommen. Aber *qi* in der Wirtschaft, in der Gesellschaft?

Zweifelsohne ist das Wort *qi* einer der wichtigsten Begriffe in der klassischen und auch modernen chinesischsprachigen Literatur, Philosophie, Medizin, Alltagsleben. Eine geeignete Übersetzung für das Wort *qi* zu finden, ist fast unmöglich. Der Kulturunterschied ist ein wichtiger Grund. Außerdem kann man als Chinese auch nicht genau definieren, was *qi* ist. Das zeigt eine Eigentümlichkeit der chinesischen Sprache. Nur in bestimmten Situationen und/oder in Verbindung mit einem anderem Wort oder anderen Wörtern ist die Bedeutung klar. In unserer Arbeit möchten wir nur die Anwendung des Wortes *qi* aus daoistischer Sicht bzw. die Anwendung im Buch *Dao De Jing* darstellen und seine Verbindung zu Wirtschaft, Entwicklung, Innovation und Unternehmertum erläutern.

Unter *qi* verstehen wir das energetische Potential, das den Menschen (bzw. ein lebendes System) durchströmt. Das *qi* zirkuliert rhythmisch. Im System der Wirtschaft bezieht sich *qi* auf die individualspezifische aktive Energie eines Unternehmers. Je nach der Lebensfunktion läßt sich *qi* genauer bestimmen. Für Wirtschaftssysteme unterscheiden wir vier „Funktionskreise", die nach den einzelnen unternehmerischen Aktivitätsfeldern benannt sind: *qi* der Routine, der Arbitrage, der Innovation und der Evolution.

Ist der *qi*-Fluß gestört, erleiden die Systeme Funktionsstörungen: im Routinesystem Fehlallokationen, bei Arbitrage ist der Weg zum Gleichgewicht behindert, erschwerter *qi*- Fluß im Innovationssystem bewirkt Innovationsarmut und im evolutorischen System steht *qi* für die energetische Qualität der Selbstevolution (Abschnitt 5.2).

Im Kapitel 42 des Laozi lesen wir:

> Das leere Qi *(chong qi)* sehen sie als harmonisierend *(he)* an.
>
> (Gerstner, 2001, S. 226)

Für uns ist *he qi (heqi)* von besonderer Bedeutung. In China sagt man, daß die Harmonie der Lebensenergie Geld/Vermögen bringt *(he qi sheng cai)*. Die Erhaltung von „Harmonie" *(he)* ist

---

[61] *Qi* wird auch als *chi* geschrieben. Das Wort *qi* ist ein Wort wie *yin* und *yang*, das man nicht in eine andere Sprache übersetzen kann. Bei Google wird innerhalb 0, 17 Sekunden ungefähr 9, 820,000 Ergebnisse für *qi* gefunden, und innerhalb von 0,25 Sekunden ungefähr 8,020,000 für *chi* (Stichtag am 07.01. 2006). Man kann jetzt schon Online die *chi/qi*- Maschinen mit unterschiedlichen Modellen bestellen. Bei Ebay oder Amazon etc. hat man auch eine große Wahlmöglichkeit, wenn man Dinge kaufen möchte, die mit *chi/qi* zu tun haben. Qi scheint also im westlichen Kulturkreis gut eingeführt. Es scheint. Die Praxis in Klinik, Selbstmanagement und Wirtschaft/Management ohnehin, sieht anders aus. Aus der standardökonomischen Literatur ist uns kein Text bekannt, in dem *qi* (Lebensenergie) auftaucht. Auch Energie ist - jenseits von Energie als Ressource für die Produktion - eine unbekannte Größe. Bei Sinologen und Philosophen gibt es eine reichhaltige Diskussion über *qi*. Als Beispiel wäre Martin Heidegger zu nennen, mit vielfältigen Importen, oft identisch verwendet, aus der daoistischen und buddhistischen Philosophie. Die große Ausnahme im Westen ist zweifelsohne Carl G. Jung. Der Japaner Mitsuo Shirahama (1996) hat über die „Chi-Energie im Sinne von C.G. Jung. Heilung durch Lebenskraft" ein Buch geschrieben. Was wir hier mit *qi* machen möchten, ist das gleiche wie mit *you/wu* oder *yin/yang*: Wir diskutieren nicht darüber, welche Interpretation für *qi* richtig oder falsch ist. Wir können auch nicht alle der Interpretationen für *qi* darstellen. Wir nehmen hier nur die Bedeutungen von *qi*, die wir für die Wirtschaft wichtig halten.

das überragende Ziel in chinesischer Kommunikation. [62] *Qi* welches mehr Geld/Glück bringen kann, ist *he qi* (*qi* der Harmonie). *He qi* muß leer sein. *He qi* zwischen zwei oder mehreren Personen, Firmen/Ländern wird durch Kommunikation ermöglicht. Kommunikation heißt auf Chinesisch *gou tong*. *Gou* ist das Wort für einen Bewässerungskanal. *Tong* bedeutet unbehindert, fließend, störungsfrei oder offen. Das Wort *gou tong* (Kommunikation) zeigt, daß der *qi* (Energie)-Austausch/Bewegung zwischen Menschen, wie das Wasser im Bewässerungskanal, störungsfrei fließen muß. Wenn das *qi* nicht störungsfrei fließen kann, tut es beiden Seiten weh, d.h. beide müssen einen Verlust tragen, wie wir oben erläutert haben (*bu tong ze tong*): Blockade im Körper führt zu Schmerzen. Die Lösung heißt: die Blockaden zu befreien (*tong ze bu tong*). Deswegen ist das *qi* von *he qi* „leer": Jede Seite muß sich um die gemeinsamen, langfristigen Interessen kümmern, nicht die eigenen, kurzfristigen Interessen in den Mittelpunkt rücken. Jede Seite muß sich „leer" machen. Geld ist somit auch kein entscheidender Problemlöser in einer daoistischen Wirtschaft. Geld läuft mit, bewegt aber aus sich selbst heraus wenig. Wie Peter Drucker einmal sagte: „Was du mit Geld lösen kannst, ist wohl kaum ein ernsthaftes Problem, außer du bist einfältig." (Drucker, 1998). Geld als Motivator und Problemlöser ist den niedrigen Stufen der Evolutionshierarchie und unternehmerischen Funktionstiefe vorbehalten. Keiner der daoistischen Aktionsparameter hat mit Geld und monetären Anreizen zu tun.

Was *qi* nicht ist, scheint nunmehr klar: keine Masse, kein Input, keine Quantität. Masse sind, wirtschaftlich gesprochen, Produktionsfaktoren, Ressourcen, die sich vermehren, die sich rauben und expropriieren lassen, die man auch akkumulieren kann. In Systemen mit Routine-*qi* ist die unternehmerische Energie bescheiden (Abschnitt 5.2). Das System kann sich aus eigener, innerer Kraft, nicht vom Gleichgewicht entfernen. Es hat nicht einmal die Kraft zur Krise. Diese muß von außen kommen. Wenn von außen nichts kommt (Naturkatastrophe, Ernteausfall, Herzversagen des politischen Führers, Wiederkehr von Imam Mahdi) geht das System seinen Gang. Arbitragesysteme verfügen über eine höhere Qualität von Unternehmer-*qi*. Es gibt auch Fluktuationen, Wandel und bisweilen wilde spekulative Ausreißer. Die unternehmerische Energie hat genug Qualität, das System zum Gleichgewicht zurückzuführen. Arbitrage-*qi* kann die Wirtschaft alleine nicht entwickeln. Innovations-*qi* hält das System dauerhaft entfernt vom Gleichgewicht und den Tendenzen dorthin (physikalisch: negative Entropie). Es erzeugt Zusammenhänge, in denen zyklische Bewegungen sich reproduzieren. Die vitalen qualitativen Veränderungen erzeugen ein höheres Werte- und Wohlstandsniveau.

Heqi ist somit das selbstproduzierte Eintrittsgeld des Innovators in das Zahlungssystem der Wirtschaft. In systemischer Betrachtung (nach Niklas Luhmann) sind Zahlungen die Elemente des Systems Wirtschaft. Durch Zahlungen kommuniziert die Wirtschaft. Durch Zahlungen als Medium der Kommunikation werden Angebot und Nachfrage erhalten und im Falle von neuen Gütern aufgebaut (8. Kapitel). Diese Sichtweise ist unmittelbar anschlußfähig an die daoistische Interpretation der Wirtschaft in den Polaritäten von *you/wu* und *yin/yang* (Kapitel 4 und 5). Zahlungen sind nicht primär ein Medium des Tausches, sondern Medium der Kommunikation. Wenn der Konsument nicht zahlt, informiert er den Anbieter über seine Unzufriedenheit mit dem Gut (7. Kapitel). Der Zahlungskreislauf ist auf *he qi* angewiesen und im Innovationssystem auch auf *qi*. Bleiben diese unterentwickelt, stirbt das Innovationssystem mangels Zahlungen, wie ein Körper mangels Nahrung. Zahlungen werden solange geleistet, wie sich Bedürfnisse mittels Zahlungen befriedigen lassen. *Heqi* bedarf nicht der *face-to-face* Interaktion. Die Kosten für die Organisation solcher Transaktionen sind in vielen Fällen viel zu hoch (ein Grund warum der

---

[62] „The Chinese term *he* denotes harmony, peace, unity, kindness, and amiableness"(Gao & Ting-Toomey, 1998, S. 7).

stationäre Einzelhandel leidet). Aber auch kommerzielle Internet-Transaktionen funktionieren nicht ohne *heqi*. Ebay hat das früh erkannt und entsprechende *heqi*-Mechanismen in seine Versteigerungs- und Vermarktungsroutinen eingebaut.

3.2 Spontaneität und Von-selbst-so-Sein: *ziran*

> Das Dao gebiert sie.
> Die Tugend *(de)* zieht sie groß.
> Die Dinge geben ihnen Form.
> Die Umstände vollenden sie.
> Deshalb gibt es keines unter den „zehntausend Dinge"
> das das Dao nicht achtet und die Tugend *(de)* nicht wertschätzt.
> Das Achten des Dao, das Wertschätzen der Tugend *(de)*:
> Niemand befiehlt es, doch es ist beständig von alleine so *(ziran)*.
> Daher gebärt das Dao sie (die „zehntausend Dinge"[63]),
> zieht die Tugend *(de)* sie groß, leitet sie und umsorgt sie,
> lässt sie sich stabilisieren und Ruhe finden, nähert sie und schützt sie.
> Gebären, doch nicht in Besitz nehmen,
> handeln, doch sich nicht darauf stützen; leiten, doch nicht herrschen:
> Dies wird die unergründliche *(xuan)* Tugend *(de)* genannt.
>
> *Dao De Jing*, Kapitel 51, Gerstner, 2001, S. 258

Zhuangzi spricht *ziran* in den *Inneren Kapiteln* mehrfach an. Ein Zitat möge hier genügen:

> Was ich sagen will mit ‚keine Emotionen haben', ist, daß ein Mensch seinem inneren Wesen nicht durch ein Denken in ‚Gut' und ‚Böse' Schaden zufügen sollte. Er sollte vielmehr in Übereinstimmung mit seiner Natur [*ziran*] leben und dem Leben nichts hinzufügen. ... Er schadet seinem inneren Wesen nicht mit Vorlieben und Abneigungen. (Zhuangzi, 2003, S. 91).

Ziran ist dasjenige Konzept und diejenige Theorie im Daoismus, welche für den Ökonomen eine nahezu intuitive Anschlußfähigkeit erlauben.

Was also ist *ziran*? Das Wort *ziran* wird auf Deutsch übersetzt als: Natürlichkeit, Natur, Freiheit, Spontaneität. Das Wort *ziran* besteht aus zwei Wörtern: *zi* und *ran*. Die uralte Schrift von *zi* ist nicht 自, sondern 自. Dieses Zeichen bedeutet NASE. Jeder hat eine eigene Nase. Viele haben ähnlich aussehende Nasen. Aber keine zwei Personen haben eine absolut gleich aussehende Nase. Das Wort *ran* bedeutet: „Wie es eigentlich ist." Deswegen können wir auch sagen: Das *dao* folgt seinem eigenen Entwicklungsweg. *dao fa ziran*. Außerdem ist Nase ein wichtiges Organ für das Atmen. Im Daoismus gibt es viele Atemübungen, weil das *qi* (Lebensenergie) durch Atmen in den menschlichen Körper eingehen kann. Wie wir wissen, bekommen wir durch die Nase Sauerstoff. Ohne Essen können wir es eine Weile aushalten. Ohne Atmen sind wir in Sekunden tot. Man atmet einfach so. Niemand denkt daran, wie er atmen soll. Wir greifen nicht in unser Atmen ein, auch nicht in das Atmen anderer Menschen. Dies bedeutet dann aktives Nicht-Tun *(wuwei)*. Wir atmen durch aktives Nicht-Handeln *(weiwuwei)*. Wenn wir das tun, folgen wir *zi-*

---

[63] Mit den „zehntausend Dingen" sind alle Dinge auf der Welt gemeint. Im Altchina bedeutete das Wort *wan* (zehntausend) viele oder alle. Beispielsweise sagt man: *Hong Fu Wan You* („Alles Gute"): Ich wüsche Dir, daß Du alle *(wan)* große *(hong)* Glücke *(fu)* bekommst *(you)*.

ran.[64] Wir handeln von selbst so. Zhuangzi (2003, S. 124): „Ich bewege mich einfach aufgrund meiner natürlichen inneren Abläufe und weiß nicht, wie das geht". Übersteigt die Funktionsweise von Systemen ein bestimmtes Maß von Komplexität, wissen wir auch heute noch nicht, wie das System funktioniert. Die Wirtschaft ist ein solches System. Viele glauben zu wissen, wie die Wirtschaft läuft. Sie glauben. Und transportieren ihren Glauben in Gleichungssysteme und Checklisten für besseres Funktionieren.

Das Wort *ziran* wird meistens und mißverständlich als „Natur" übersetzt, weil das Wort im alten China und heute immer noch diese Bedeutung hat. Die Leute, die im Altchina lebten, haben bestimmte Methoden entwickelt, damit sie die Welt erkennen können. Beispielsweise zeigt uns der Lauf des Wassers, was *ziran* ist. Die Natur ist bedeutsam für *ziran*. Durch die Beobachtung der Natur und seiner selbst erkennt man *ziran* besser. Aber *ziran* ist nicht gleich Natur. Das *dao* ist geheimnisvoll. Aber wenn man *ziran* kennt, kennt man auch den Kern des *dao*. Tut man nichts gegen *ziran*, ist das, was man tut, mit dem *dao* vereinbar. Ziran ist auch nicht einfach zu erkennen, aber *ziran* zu kennen und ihm zu folgen ist einfacher als *dao* zu kennen und ihm folgen. Deswegen können wir *ziran* auch als eine Brücke ansehen, durch die das *dao* und alle anderen Dinge miteinander verbunden werden. Was läßt sich unter *ziran* verstehen?

Natürlich ⇒ spontanes Handeln ⇒ spontane Natürlichkeit ⇒ Die Dinge sich selbst entwickeln lassen ⇒ Von-selbst-so-sein ⇒ Das-was-aus-sich-selbst-heraus-ist-was-es-ist. [65]

Ziran mit „natürlich" zu übersetzen, ist einer „Verwestlichung" von *ziran* gleichzusetzen.[66] Diese Interpretation ist problematisch, weil das abendländische Denken mit „Natur" etwas verbindet, was, wenn *auch* ein Teil von *ziran*, nicht alles ist. Nicht einmal das Entscheidende von *ziran* läßt sich mit dem Wort „Natur" einfangen.[67] Wenn wir dies beachten, hilft uns eine Interpretation von Cheng (2004), uns der „Natur" von *ziran* zu nähern:

> Jede Handlung die aus der Natur des dao folgt ist *ziran*, und alles was von der wahren Natur des dao abweicht ist unnatürlich oder *puziran* [*buziran*]. Was natürlich ist oder von dem *ziran* des dao folgt, geschieht ohne irgendeine Vermittlung, ist folglich spontan. Was dies möglich macht ist die Kreativität des dao. Folglich, was aus *ziran* folgt zeigt die interne oder immanente Kreativität des dao. ... es ist spontan und frei im Sinn der Selbsttransformation...

---

[64] *Ziran* und *wuwei* sind miteinander verbunden. Deswegen erläutern wir im 3.4 *ziran* noch einmal im Zusammenhang mit *wuwei*.
[65] Diese Reihung baut auf Überlegungen von Béky (1972), Watts (1983), Wohlfart (2001; 2003), Cheng (2004), Burneko (2004).
[66] Dem Leser daoistischer Texte möchten wir empfehlen, wo immer das Wort „Natur", „natürlich" und Ähnliches auftaucht, dafür gedanklich *ziran* einzusetzen. Wenn es für sein Verständnis Sinn macht, liegt er wahrscheinlich richtiger als der Übersetzer. Zum Vergleich der chinesischen und griechischen Begriffe von Natur siehe ausführlich Sivin & Lloyd, (2002): „... the fundamental concepts in play in China and in Greece are strikingly dissimilar" (S. 24 von 31). Lee (2001, S. 156ff.) stellt die daoistisch-chinesische der abendländisch- griechisch- christlichen Auffassung von Natur gegenüber.
[67] Man muß sehr aufmerksam lesen, wenn in Übersetzungen (etwa in Zhuangzi, 1998; siehe das eingangs des Abschnitts angeführte Zitat) das Wort Natur vorkommt. Zhuangzi spricht mehrfach von *ziran*, der Leser bekommt aber davon nichts mit, weil es als „Natur" übersetzt ist, und er seine westlich-kulturelle Deutung von Natur automatisch in den Text hinein interpretiert. Wie eben gesagt, der einfachste Ausweg, wo Natur steht, an *ziran* denken.

Liu Xiaogan meint, *ziran* sei der Kernwert der Laozi-Philosophie. Da in der westlichen Philosophie und Ethik vergleichbare Konzepte nicht existierten, würden beide (Natur, *ziran*) ständig durcheinander geworfen oder austauschbar gebraucht (Liu, 1998, S. 213).

3.3 Wirkkraft des *dao*: *de*

De bildet mit dem Dao das Buch *Dao **De** Jing* und wird oft als „Tugend" übersetzt. Alan Watts erklärte *de* und das Urschriftzeichen vom *de*[68] in seinem Buch „Der Lauf des Wassers":

> Te (Tugend oder Wirklichkeit) ist die Verwirklichung oder der Ausdruck des Tao im tatsächlichen Leben, aber das ist keine Tugend im Sinn von moralischer Rechtschaffenheit. Es hat eher Ähnlichkeit mit der heilenden Wirkung einer Pflanze mit der Nebenbedeutung von Kraft oder sogar Zauber, wenn Zauber sich auf wunderbare und glückliche Ereignisse bezieht, die unvermittelt geschehen. In theistischer Ausdrucksweise ist *de* das, was „durch die Gnade Gottes" geschieht im Unterschied zu menschlichem Bemühen, jedoch ohne die Andeutung eines übernatürlichen Eingriffs in den natürlichen Lauf der Dinge. Te liegt bereits im „wunderbaren" Wachstum der Pflanzen beschlossen, in der Bildung von Augen und Ohren, dem Kreislauf des Blutes, dem feinen Netzwerk der Nerven – da all dies ohne bewußten Befehl geschieht. Kulturen, in denen die Definition des „Selbst" auf die Fähigkeit bewußter Aufmerksamkeit beschränkt wird, schreiben daher dieses Wirken einem äußerlichen Gott oder „unbewußten Mechanismen" (*dei ex machina*) zu.
>
> Te ist außerdem die ungewöhnliche und deshalb bemerkenswerte Natürlichkeit des Weisen – seine unbefangene und ungekünstelte Geschicklichkeit in sozialen und praktischen Dingen, die John Lilly „Meisterung des Zufalls" nennt. (Watts, 1983, S. 156f.).

De zu besitzen und zu kultivieren ist notwendig, weil *de*-Kompetenz es erlaubt, ein aktives Nichttun (*wuwei*) zu praktizieren (siehe den folgenden Abschnitt). Wie Watts (1983, S. 175) sagt:

> Der Begriff *te* ist also im Grunde eine Macht, die ohne Gewaltanwendung und ohne unnötige Eingriffe in die Ordnung der sie umgebenden Umstände ausgeübt wird.

Wer über *de* verfügt, ist mächtig. Er beeinflußt andere. Er weiß das auch. Er kann viel bewirken. Er weiß auch, daß er vieles nicht weiß. Was er weiß, ist, daß Eingriffe in die Autonomie anderer sowie der Einsatz von Macht im „normalen" Leben[69] am Ende wenig bewirken und insbesondere den Schlüsselprozeß der Koevolution gefährden. Den eigenen Willen durchsetzen, sein Ego zum Triumph führen, ist das, was mit *de* nicht vereinbar ist. *De* ist daher mit Handeln des Nicht-Handelns (*wuwei*) aufs Engste verknüpft. *De* und *wuwei* sind Zwillingskonzepte.

> Das Dao gebiert sie.
> Die Tugend *(de)* zieht sie groß.
> Die Dinge geben ihnen Form.
> Die Umstände vollenden sie.
> Deshalb gibt es keines unter den „zehntausend Dingen" *(wanwu)*,
> das das Dao nicht achtet und die Tugend *(de)* nicht wertschätzt.
> Das Achten des Dao, das Wertschätzen der Tugend *(de)*:
> Niemand befiehlt es, doch es ist beständig von alleine so *(ziran)*.

---

[68] *De* wird auch oft als *Te* geschrieben.
[69] Macht im Sinne der bekannten Definition von Max Weber ist die Chance, in einer sozialen Beziehung den *eigenen Willen* auch gegen Widerstreben *durchzusetzen*.

> Daher gebärt das Dao sie (die „zehntausend Dinge"),
> zieht die Tugend *(de)* sie groß, leitet sie und umsorgt sie,
> lässt sie sich stabilisieren und Ruhe finden, nährt sie und schützt sie.
> Gebären, doch nicht in Besitz nehmen,
> handeln, doch sich nicht darauf stützen; leiten, doch nicht herrschen:
> Dies wird die unergründliche *(xuan)* Tugend *(de)* genannt.
>
> *Dao De Jing*, Kapitel 51, Gerstner, S. 258

Niemand befiehlt es (keine Anordnung, keine auferlegten Normen, kein *wangwei*). Und doch entsteht und erhält es sich im *ziran*. Die Tugend *de* zieht die „zehntausend Dinge" (das Neue/das neue Sein) groß, leitet und umsorgt sie, nährt sie und schützt sie. Jedes Wort findet seine Entsprechung in der Innovationslogik, auf die wir uns konzentrieren, weil nur hier ethische Hochwassergefahr besteht. Im Routinesystem ist immer noch Nahrung erforderlich, die ethisch-normativen Probleme sind jedoch weitgehend ausgemendelt und daher für uns uninteressant. Innovatoren benötigen *de*,[70] die *Lebens*kraft im Einzelwesen. Diese Wirkkraft ist eingebunden in Freiheit, lebt von selbst erzeugter Freiheit. „Tiefe Tugend (gewährt) allen Wesen die Freiheit" (Lee, 2001, S. 38). Normen schützen den einzelnen Menschen vor Eingriffen anderer, nicht zuletzt staatlicher und religiöser Autoritäten, in seine Lebensexistenz, in welcher Rolle und in welcher Funktion er sein Leben auch organisiert. Dies ist die uralte liberale Begründung einer *rule of law*, der Herrschaft des Gesetzes. Für den Daoismus reicht das nicht. Er unterwirft sich zusätzlich einem selbstgeschaffenen „Gesetz", welches wir aber eher als Vermögen oder Kompetenz bezeichnen, die ihm die Kraft geben, bestimmte Dinge zu tun oder nicht zu tun.

Durch *de*, die lebenserhaltende/schaffende Wirkkraft des *dao*, macht sich der Mensch zu seinem eigenen Herr, er übt Herrschaft über sich und durch sich selbst aus und überwindet damit tendenziell seine „animal spirits" (Keynes). Für Kant hat demgegenüber „das bürgerliche Recht" (explizite Ethik) die Funktion, die natürliche Freiheit einzuschränken und damit zu verhindern, daß er auf die „Rohigkeit seiner Naturanlagen" zurückfällt (Kant, 1974, S. 78). Schön und gut, wenn nicht das ausschließliche Vertrauen auf explizites Gesetz und Vernunft bewirken könnte, die Evolution von Tugenden und Wirkkraft *de* zu erschweren und eine Kultivierung von Lastern zu befördern, gerade dasjenige zu bewirken, was die höhere Weisheit verhindern sollte. Zudem setzt sich auch das bürgerliche Recht nicht von alleine durch. Es bedarf des Richters – und seiner Tugenden. Das Recht ist nicht dagegen gefeit, durch Richter mit und ohne Roben verbogen zu werden. Ohne Tugend *de* auch keine Gerechtigkeit, mögen die Gesetze noch so gut sein.

Die Ethik-Hierarchie von Laozi (*Dao De Jing*, Kapitel 38) würde die Vernunftethik dem Handeln aus dem *dao* und *de* sowie der Liebesmoral *nachstellen;* der Sittlichkeit, der Moral und der Rechtsmoral dagegen *vorstellen*.[71]

---

[70] Lee (2001, S. 30): „Das Wort „Te"… bedeutet üblicherweise „Tugend", aber ursprünglich bedeutet es „Leben". Wilhelm hat das Wort Te richtigerweise mit „Leben" übersetzt. Im Kommentar von Wang Pi wird Te als ‚das, was die Wesen erhalten, um zu leben' definiert. ‚Leben' wird seitdem als Grundbedeutung des Te aufgefasst. Laotse hat nicht näher über den Unterschied des Lebens (Te) bei Pflanzen, Tieren und Menschen gesprochen. Im späteren Taoismus der Han-Dynastie gab es viele Auseinandersetzungen über den Unterschied des Te bei Tieren, Pflanzen und Menschen. Laotse blickt mehr auf das Gemeinsame und weniger auf das Unterscheidende.

[71] Daher, wenn das Dao verloren ist, kommt danach die Tugend *(de)*. Wenn die Tugend *(de)* verloren ist, kommt danach die Menschlichkeit *(ren)*. Wenn die „Menschlichkeit" *(ren)* verloren ist, kommt danach die „Rechtschaffenheit" *(yi)*. Wenn die „Rechtschaffenheit" *(yi)* verloren ist, kommt danach die Riten *(li)*. Die Riten *(li)* stellen einen Mangel an Loyalität und Vertrauenswürdigkeit dar und sind der Anfang der Unter-

Abbildung 3.3.1: Daoistische Ethik

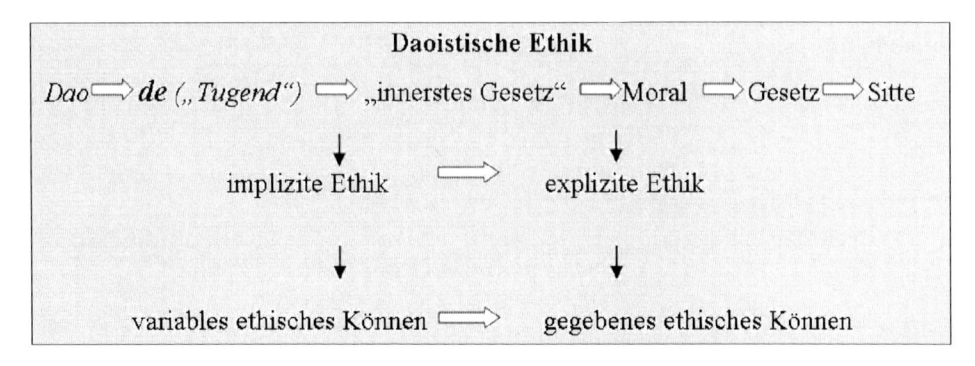

```
                        Daoistische Ethik
  Dao ⇒ de („Tugend") ⇒ „innerstes Gesetz" ⇒ Moral ⇒ Gesetz ⇒ Sitte
                    ↓                    ↓
            implizite Ethik    ⇒    explizite Ethik
                    ↓                    ↓
     variables ethisches Können ⇒ gegebenes ethisches Können
```

In seiner Kritik der Ethik von Kant hat Arthur Schopenhauer gemeint, es sei ganz unglaubwürdig und nicht zu begreifen, daß eine so dünne Sache wie die Vernunft imstande sein soll, gegen jenen Berg von Bosheit und Niedertracht, wie er im Menschen verankert sei, mit Erfolg anzurennen. Zum Gegengewicht und zur Grundlage der Ethik überhaupt hat Schopenhauer, ein tiefer Kenner des Buddhismus, das Mitleid gemacht. Die Vernunftethik läßt den Menschen wie er ist. Sie zähmt sein Handeln durch die Vernunft. Die gute Tat muß allein um des äußeren Gesetzes wegen geschehen: Recht/Moralgehorsam bedeutet, dass jemand die Tat nicht begeht, heimlich jedoch ein Mörder bleibt. Demgegenüber Laozi: Gehorsam gegenüber dem innersten Gesetz. Was natürlich nur zu „funktionieren" vermag, wenn einer seine Bosheit, Niedertracht, Gier, Ungeduld usw. (negative Emotionen) beherrscht, sich Selbst Grenzen setzen will und kann.

Auf einer bestimmten Ebene der daoistischen Hierarchie von Ethik (vom *Dao* bis zur Sitte) gibt es kein Gut und kein Böse. Diese theoretische Position wird möglich durch Überwindung des Dualismus von Körper und Geist, der seit Descartes das abendländische Denken prägt (für den Körper gelten die Naturgesetze: Kausaldeterminismus; der Geist herrscht im Reich der Freiheit). Für die ostasiatischen Lehrtraditionen ist der Dualismus kein Problem; sie kennen ihn nicht. Dadurch lösen sie auch das Leib-Seele-Problem im Sinne einer Nicht-Existenz freien Willens. Letztendlich, und auf den „tieferen" Ebenen verliert sich die Kausalität des Tuns in einer komplexen Interaktion von spontan arbeitenden, strukturdeterminierten und somit nicht-freien Innen-Systemen des Menschen. Autonomie und bewußtes Wollen sind dennoch nicht verschwunden: der Mensch kann sein spontan-freiheitliches Körper–Geist-System trainieren, seine Funktionstüchtigkeit verbessern, und damit – indirekt – auch sein ethisches Können beeinflussen (Abschnitt 3.5).

3.4 Aktives Nicht-Tun: *wuwei*

Wuwei ist ein weiteres Schlüsselkonzept im Daoismus, nach einigen Interpreten sogar *der* Schlüssel überhaupt. Wenn wir in die Zukunft des Kapitalismus reisen, müssen wir uns dem *wuwei* bedienen. Was *wuwei* bedeutet, läßt sich, wie die anderen Schlüsselkonzepte im Daoismus auch, objektiv nicht bestimmen. Es gibt keine explizit formulierten Definitionen in den Schlüs-

---

ordnung. Die im Voraus „Wissenden" sind eine (entstellende) Verzierung des Dao und der Anfang der Dummheit (Laozi, 38. Kapitel, Gerstner, 2001, S. 204). Vernunft als philosophisches Konzept ist im Chinesischen unbekannt.

seltexten der daoistischen Philosophen. Es läßt sich nicht losgelöst von anderen Konzepten und der daoistischen Ethik verstehen. Interpretation und Rekonstruktion sind unvermeidlich.
Im Zhuangzi (1998, S. 300) lesen wir:

> Die Übung des WEGES führt zu ständigem Zurücknehmen.
> Nimm dich zurück und immer mehr zurück,
> bis du anlangst beim Nichthandeln.
> Im Nichthandeln
> bleibt keine Handlung ungetan.

Wuwei ist zunächst schwierig zu verstehen. Obwohl man nichts tut, wird nicht Nichts getan, vielmehr läuft alles gemäß dem *dao*. Im Laozi heißt es hierzu:

> Handeln sie ohne zu Handeln *(wei wuwei)*, dann *(ze)* bleibt nichts
> unregiert/ungeordnet *(wu bu wei)*. *(wei wuwei, ze wu bu wei)*
> *Dao De Jing*, Kapitel 3, Gerstner, S. 31

> Das Dao ist beständig *(chang)* ohne ein Handeln *(wuwei)*, doch *(er)* ist da nicht,
> was nicht getan ist. *(wu buwei): (dao chang wuwei er wu buwei)*
> *Dao De Jing*, Kapitel 31, Gerstner, S. 200

> Man handelt nicht *(wuwei)*, doch *(er)* es gibt nichts, was nicht getan ist *(wubuwei)*.
> *Dao De Jing*, Kapitel 48, Gerstner, S. 246

Wenn wir das *wuwei*-Prinzip oberflächlich, allein auf der Grundlage der beiden Wörter *wu* (Nicht) und *wei* (Tun/Handeln) betrachten, scheint *wuwei* wie nichts anderes, als eine Ausrede für Passivität, Trägheit, Faulheit. Im *wuwei*-Prinzip ist aber nicht nur *wuwei* (Nicht-Tun), sondern auch *weiwuwei* (Nicht-Tun tun) enthalten. Das *wuwei* von Laozi ist ein *aktives* Nicht-Tun. Das Ziel ist *wubuwei* (alle Ziele werden erreicht.) Das *wuwei*-Prinzip ist eigentlich gar nicht fremd für uns. Fliegen wir in den Urlaub, brauchen wir nur ein Flugticket zu kaufen. Aber wenn wir im Flugzeug das Steuer selbst in unsere Hand nehmen möchten, ist eine Katastrophe unvermeidbar, obwohl wir vielleicht gute Kenntnisse über Fliegen haben und nur dem Pilot helfen möchten. Das Problem ist, daß es nicht so einfach ist, nach dem *wuwei*-Prinzip zu handeln. Ohne *de* und seine Kultivierung geht es nicht.

Wuwei steht im Zusammenhang mit dem bereits vorgestellten Kernwert *ziran* (natürlich, spontan handeln, spontane Natürlichkeit, die Dinge sich selbst entwickeln lassen). *Ziran* existiert nur wenn *wuwei* verwirklicht ist. *Wuwei* an sich ist kein Ziel. Das Ziel von *wuwei* ist die Hervorbringung von *ziran* (so auch Béky, 1972, S.117). Die neue Werte schöpfende Kraft von *wuwei* verwirklicht sich durch *ziran*. „Man handelt nicht *(wuwei)*, doch es gibt nichts, was nicht getan ist" (Laozi, Kapitel 48).

Wird durch Nicht-Handeln alles getan? Warum so etwas sein könnte, wird klar, sobald wir *ziran* mit *wuwei* verknüpfen. Wer nicht in die Spontaneität der natur-freiheitlichen Prozesse eingreift, gibt diesen die Chance, das in ihnen liegende Potential zu verwirklichen. Alles was ein System im Prinzip, aufgrund seiner Fähigkeiten, machen könnte, wird (irgendwann) auch von ihm getan. „Pferde galoppieren." *Wuwei* bedeutet *alles das* zu unterlassen, was *ziran* Schaden antun und was die spontane Evolution, deren konkrete Ausformungen unbekannt sind, gefährden könnte. *Wuwei* verhindert, daß wir das in jedem Menschen und in jeder menschlichen Ordnung liegende Potential zur Selbsttransformation und Selbsttranszendenz gefährden. Im Daoismus und genauer, auf der Ebene menschlicher Evolution, die wir als „daoistisch" kennzeichnen,[72] wird Transzendenz und ihre ganzheitliche Erfahrung zu einem Wunsch der Menschen. Ganzheitlich heißt, alle Dimensionen des menschlichen Seins (wir unterscheiden vier, siehe Abschnitt 3.7) evoluieren. Die große Tragödie der meisten Menschen besteht darin, diese Erfahrungen niemals machen zu können. Menschen sterben, bevor sie sich selbst jemals die Chance geben, ihr Evolutionspotential anfangen auszuschöpfen. Dieses Ausschöpfen ist an die Toleranz von *wuwei*, Nicht-Eingreifen, auch moralischem, kritisch gebunden. „Laß einfach alle Dinge sich von selbst entwickeln" (Zhuangzi). „Entwickeln" heißt, das im System liegende Potential zu erschließen. Wenn ich mich selbst rückentwickle, oder dazu beitrage, ein System, durch Eingriffe in seine komplexe Spontaneität und Verletzen seiner Natur-Freiheit, (zu)rück zu entwickeln, mache ich „Dinge", die Zhuangzi, nach seiner Ethik („Was soll ich tun?"), nicht gerne sieht. Sie widersprechen *ziran* und damit dem *dao*.

Ziran ist, nach Liu (1998) ein „positiver" Begriff („the progression of a certain state of affairs"), *wuwei* hat dagegen eine „negative" Eigenschaft („restrictions upon human activity").[73] Der Gegensatz von *wuwei* ist *wangwei* (willkürliches Handeln/Tun/Eingreifen). Tolerieren wir *wangwei*, forcieren wir es; betreiben wir es selbst, handelt sich das System Probleme ein, oft tödlicher Natur. *Wangwei* operiert oft heimtückisch – für den, der es betreibt, für das System, welches es ausbaden muß.[74] Die schwachen Signale, oft im Gewande des Wohltäters, unterlaufen die Schwelle der Wahrnehmbarkeit von Systemen. In trivial-cartesischen Systemen, in denen der CEO, der politische Führer oder der Stardirigent des Symphonieorchesters, sich Wohl fühlen, also in einfach geschnürten Systemen mit geringer Komplexität, ist *wangwei* weniger ein Problem. Der Schaden wird sofort sichtbar: anstelle des Nagels treffe ich meinen Daumen. Mit steigender Verursachungskomplexität wird jedoch *wangwei* zum Spiel mit dem Tod. Schwache Signale kann jemand nur wahrnehmen, wenn er sich leer macht, sein Ego zurückfährt und sein *heqi* kultiviert. Für Bobos aus Wirtschaft und Politik Herausforderungen, die ihre emotionalen und kognitiven Antennen nicht registrieren. Der Führer liebt die Großkatastrophe, das Überschwemmungsdesaster, den Supercrash, den „11. 9."[75] Die von ihm bewirkte schleichende (innere) Emigration seiner Mitarbeiter, der Anstieg des Meerwasserspiegels um 10 cm pro Dekade – ein Nichtereignis. Der Macher ist längst verschwunden, bevor sein *wangwei* bittere Früchte trägt.

Freiheit, *wuwei* und *ziran* bedingen sich zwar nicht gegenseitig, sind aber jeweils wechselseitig implizit vorausgesetzt. Wir erkennen dadurch eine Doppelnatur der Freiheit im Daoismus. Externe Beschränkungen behindern spontanes Handeln. Diese Aspekte „negativer" Freiheit stehen im Mittelpunkt der liberalen Theorie (grundlegend Hayek, Die Verfassung der Freiheit, 1971). Ihre Betonung im klassischen Daoismus machen sie für eine liberale Reinterpretation im Westen so attraktiv. Mit einer externen Freiheit (unternehmerisch: „Gewerbefreiheit", freier Einsatz unternehmerischer Aktionsparameter) korrespondiert eine innere Freiheit, eine Abwesenheit von internen Beschränkungen oder Konditionierungen, die eine natürliche (unternehmerische)

---

[72] Im unten vorgestellten hierarchischen Evolutionsmodell ist die siebte oder „gelbe" Ebene (siehe Abschnitt 3.6).
[73] Im Buddhismus gibt es vergleichbare Unterscheidungen und Handlungsanweisungen.
[74] Daß meinen wir auch wörtlich – siehe unsere häufigen Anspielungen auf den im heißen Wasser sterbenden Frosch.
[75] Verschwörungstheorie hin oder her. Anzuerkennen bleibt: Was unter Menschen schief läuft sind in der Regel keine natur- oder gottbewirkten Unfälle, sondern vielmehr etwas durch Mitwirkung im Sinne einer Einwirkung in die Abläufe komplexer Systeme gerade jener Entstandenes, die aus seiner Bewältigung ein großes politisches usw. Geschäft zu machen verstehen.

Spontaneität erschweren oder verhindern. Wenn beispielsweise aus Angst vor Mißerfolg eine bestimmte Handlung unterbleibt (wir gehen auf die innere Freiheit unten ausführlicher ein). Oder wenn Erwartungen gegenüber anderen ein spontanes Loslassen blockieren.

Ein Daoist?

Much success can be attributed to inactivity.
Most investors cannot resist the temptation
to constantly buy and sell.
Warren Buffett

Bedeutet Nicht-Tun ein Nichtstun (laissez-faire)? Für eine sachkundige Autorin (Lee, 1999, S. 52) wäre dieses die einzig „korrekte" Übersetzung.[76] Im Westen wird *wuwei* oft als *anything goes* verstanden, als Freiheit alles zu tun, was man will: Die kalifornische Hippiekultur der 60-er Jahre (Drogenkonsum, free sex, etc.), eine libertär - anarchische Interpretation. Soll doch General Motors Daimler Benz schlucken (oder vice versa). Wen juckt das schon, wenn nur die Finanzmärkte jubeln und die Synergien stimmen. Laß doch die Energiekonzerne die Energiepreise nach Belieben erhöhen. Schließlich haben wir eine Marktwirtschaft.[77] Und der GAU der GAUs, Klimawandel. Für die politische Klasse ist es einfach, nichts zu tun. Sie denkt (vielleicht) an Morgen – ein Übermorgen bleibt ihr fremd. Wenn das Übermorgen in visionäres Dunkel, Überkomplexität und bewußt gestreute Fehlinformation der Energiebranche (Krugman, 2006), eintaucht, was tun als Nichtstun und endlose Deliberationen auf bürgerfinanzierten Konferenzen? Werden Menschen und Natur durch Laissez faire dem Schicksal von Fröschen ausgeliefert? [78] Was könnte *wuwei* ändern? Was wir hier nur sagen wollen: Die Gleichsetzung von *wuwei* mit

---

[76] „Wuwei (is fittingly translated) into English as ‚non-interference' or ‚laissez-faire'. Whereas this word has been widely mechanically but mistakenly translated as ‚inaction'"(Lee, 1999, S. 52). Lee beruft sich auch auf frühe und Lao-tse „adäquat reflektierende" Übersetzungen wie die des Franzosen Stanislas Julien aus dem Jahr 1830. Julien (1996, Kap. 48, S. 107) übersetzt allerdings *wuwei* mit „*non-agir*" (nicht-handeln) und nicht mit dem französischen laissez-faire.

[77] Zum deutschen Energiemarkt gibt es Kommentare wie diesen (im Handelsblatt): „In einer Marktwirtschaft können Anbieter fordern, was sie wollen. Sie können auch Gewinne einstreichen, soviel sie wollen." Schön und gut, sagt der Liberale. Aber es geht weiter: „Denn trotz der Liberalisisierung funktioniert der Wettbewerb nicht" (Dieter Fockenbrock). In der Frankfurter Allgemeine Zeitung eine ähnliche Logik. Markt und Wettbewerb schließen sich nicht aus. Aber ohne Wettbewerb sinkt die ethische und ökonomische Legitimation der Marktwirtschaft gegen Null. Es geht noch weiter, beschäftigt man sich mit der Entstehung dessen, was der Autor die „oligopolistische Struktur" auf dem Energiemarkt nennt. Wie ist sie entstanden? Arbitrage (Aufkauf und Fusion) plus *wangwei*: Eingriffe des Staates, Kollusion mit Behörden usf. All dies verletzt die Prinzipien von *wuwei*.

[78] Die Position der Bush-Administration/ Republikanischen Partei zum Klimawandel: „It's a hoax" becomes „the science is still in dispute" becomes „Crazy Al Gore wants to do away with the internal combustion

Nichtstun wäre ein grobes Mißverständnis, mit dem sich im übrigen liberale Autoren schon seit langem herumschlagen. Was das Klima dramatisch und natur- wie menschenzerstörerisch verändert, ist daoistisch gesehen *wangwei*, oder wie es ein Bericht der National Academy of Science an den US-Kongress formuliert: „Menschliche Aktivitäten sind verantwortlich für den Großteil der Erwärmung in jüngster Zeit."[79] Solche Aktivitäten können sein aktives Nichttun, oder Nichtstun, oder Eingreifen in die Autonomie anderer Systeme. Letzteres ist das, was die Natur zerstört.

Auf *wangwei* folgen immer Schäden. Genauer: Immer dann, wenn wir es mit entwicklungs- und evolutionsfähigen Systemen zu tun haben. *Not invented here*, sagt die Abteilung für Forschung und Entwicklung in einem Dax-Konzern: *wangwei*. Blockieren des spontanen Fließens von Information und Wissen. Auch beim Klimawandel ein, eigentlich *das* Problem. Wir wissen was zu tun wäre, wir häufen immer mehr Wissen darüber an, wie wir von Menschen verursachte klimatische Herausforderungen bewältigen könnten, aber wir tun es nicht.[80] *Wangwei* schafft Strukturen, die verhindern, auf einen *wuwei* -Weg zurückzukehren.

Das Problem mit *wuwei* und *wangwei* ist somit im Prinzip ein ganz einfaches. Die Menschen sind fähig, lieben es, werden dafür trainiert und dressiert und gut bezahlt und erhalten Wählerstimmen, wenn sie im Leben komplexer Systeme, verfassungsjuristisch das Allgemeinwohl fördernd, herumpfuschen. Man könnte meinen, *wuwei*, das Handeln des Nicht-Handelns, sei herzlos, gar grausam. Systeme ihrem Schicksal überlassen. Keine Demokratie im Irak. Welch ein Verbrechen. Also gehen wir rein. Ergebnis: „Freiheit bedeutet kein Wasser, keine Elektrizität, kein Benzin - nur Wahlen", sagt uns ein irakischer Bürger.[81] Da tagtäglich so viele sterben, hat er an Menschenleben schon gar nicht mehr gedacht.

Intervention (*wangwei*) ist destruktiv.

Wer die Welt einnehmen will, und [manipulativ] handelt,
wird sie aus meiner Sicht nicht bekommen. Die Welt ist ein magisches Gefäß,
man darf es nicht [manipulativ]behandeln. Wer [manipulativ] handelt, zerstört es.

Dao De Jing, Kapitel 29, Gerstner, S. 165 (eckige Klammern im Original)

Ein „Magisches Gefäß" ist systemisch betrachtet ein komplexes, nicht-triviales, autopoietisches System. Ob Natur, Mensch, Unternehmen, Wirtschaft, Wissenschaft usw. Wenn die Kirchenhierarchie die frühen Fassungen des neuen Testamentes *wangwei*-isiert, leidet die Vielfalt des religiösen Lebens in den frühchristlichen Gemeinden (Urchristentum). Die Kirche wird auf einen „Nebenweg" (Laozi) geschoben. Sie büßt dafür bis heute (sagt der Daoist).

Der daoistische Wohlfahrtsstaat ist ein *ziran-wuwei*-Staat. Er wird irgendwann (Abschnitt 3.6) andere Systeme evolutiv niederkonkurrieren und schöpferisch zerstören. Deswegen unser Titel: Reisen in die Zukunft. Dies geht aber nur - hier finden wir ein daoistisches Paradox - wenn jemand bzw. ein „System", über die Energie verfügt, einzugreifen, um *ziran* wieder herzustellen. Eingreifen in Systeme, die ihre *ziran*-Qualität eingebüßt haben, weil sie manipuliert wurden. Sei es Schule, sei es Gesundheit, sei es Sport, seien es Medien. Wirtschaft ohnehin. Die liberale Sicht

---

engine" becomes „let's study it for another 10 years" becomes „ok, it's real, but it would be too expensive to do anything about it so learn to live with it." (http://www.j-bradford-delong.net/;14. Juni 2006)
[79] „Klimaforscher widersprechen Bush", Spiegel Online, 22. Juni 2006, http://www.spiegel.de /wissenschaft/erde/0,1518,423044,00.html
[80] Wir erläutern diese Dinge später, im 6. Kapitel unter dem Titel einer „Lücke zwischen Wissen und Tun", daoistisch eine Folge von *yin*-Herrschaft über *yang*.
[81] Zitiert in The Financial Times, 23.1. 2005, S. 5 („Cynism hits thirst for Iraqi elections").

des Rechtsstaates greift hier nicht mehr. Die Handlungsanreize in gering-evolutionären Systemen sind auch kulturell auf *wangwei* programmiert. Die gesamte Theorie des Staates, von Thomas Hobbes bis Jürgen Habermas, fußt auf dieser langfristig systemtödlichen Logik. Erst die Autopoietiker scheinen sich davon zu befreien.[82] Jeder Staat und jedes System büßt an *ziran*-Qualität ein, weil die auf den Ebenen der Evolution, die bislang entstanden sind, handelnden Menschen sich real oder imaginär, aufgrund ihrer Kosten-Nutzenkalkülen, Vorteile von Eingriffen versprechen. *Wangwei* ist Gewinntreiber und Wählerstimmenmaximierer.

Ziran-Interventionen dienen somit dazu, Lebensenergie (*qi*, *heqi*) in *wangwei*- manipulierten Systemen zu revitalisieren, sie harmonischer zu machen (5. Kapitel: *yin* und *yang*), ihre Entwicklungsdynamik zu stärken und ihr Evolutionspotential erschließen zu helfen.

Freiheit gibt es nach Ansicht der klassischen Liberalen nur, wenn bestimmte Handlungen durch allgemeine, für jedermann gültige Gesetze (eine Herrschaft des Gesetzes – rule of law) eingeschränkt sind (Hayek, 1971). Wie wir oben bereits sahen, weitet der Daoismus die Herrschaft des Gesetzes auch auf eigengesetzte Gesetze aus, die den Prinzipien von *de* folgen und selbstherstellenden/evolutionären Charakters sind. Die Evolution von Recht und Gesetz wird also viel radikaler gedeutet. Und eine Grundaussage unserer Überlegungen besteht gerade in der Behauptung, das bisher entstandene „Modell" einer normativen Steuerung von komplexen Gesellschaften laufe in Evolutionsblockaden.

Daß alles tun zu dürfen, Freiheit ausmache, ist somit liberalistisch (nicht unbedingt „neoliberal") *und* daoistisch falsch gedacht, wenn dieses (unsere Beispiele, den Take-over, die Übernahme zu verhindern, das Klima zu schützen), die spontane Evolution der Beteiligten erschwert. Alles nicht zu tun, was der spontanen Evolution Schaden zufügt, ist alles andere als *going easy*. Es ist harte evolutorische Arbeit am Selbst. M&A ist der leichtere Weg, genauso wie das Klima durch *wangwei* einfach weiter laufen zu lassen. Aufkauf ersetzt *wuwei*-Management: die Freiheit für kreatives Denken, Handeln und Neukombination im Unternehmen. Im Augenblick, beim gegenwärtigen Stand der Kompetenzprofile der Menschen und insbesondere der sogenannten Elite, ist die daoistische Herausforderung in allen Funktionssystemen der Gesellschaft eine Überforderung. *Wuwei* verlangt etwas aufzugeben, was die Führung, auf dem gegenwärtigen Evolutionsniveau (Abschnitt 3.6) noch nicht bereit ist – sich selbst.[83]

An diesem Beispiel läßt sich ein grundlegendes Argument anknüpfen. *Ziran* und *wuwei* beobachten wir (auch als Potentielles, als Nichtsein/*wu*; 4. Kapitel) in allen Teilsystemen der Wirtschaft. Aber sie operieren nicht parallel, vielmehr hierarchisch. *Ziran* und *wuwei* verwirklichen sich, in der Sprache von Arthur Koestler und Ken Wilber, holarchisch. Es ist Handeln auf unterschiedlichen Ebenen der Funktionstiefe des Systems Unternehmer und der Wirtschaft. Routine ist in Arbitrage, diese in Innovation, und diese in Evolution eingebettet. Evolutions*wuwei* „herrscht" *über* das *wuwei* im Innovationssystem, usw. Wenn wir die Arbitragepferde ungezügelt laufen lassen, kann der Wagen, beladen mit Innovationsgütern in der Kurve kippen, und der Fahrer des Wagens kann seine Selbstevolution vergessen. Wir können auch sagen: Arbitrage *wuwei* (und *ziran*) als Ersatz für *wuwei* bei Innovation und Evolution. Ersatz-Daoismus. Somit gilt also: nicht anything goes.

Wuwei ist – wir unterscheiden uns hier von Liu – ein natürliches Korrektiv für *ziran*. Wenn *alle* spontanen Handlungen durch *ziran* gedeckt sind, was hindert mich daran, über einen anderen Menschen herzufallen, einen anderen Menschen öffentlich bloßzustellen, ein brennendes

---

[82] Vgl. die schon zitierte Schrift von Peter Fuchs (1999), Intervention und Erfahrung.
[83] Wir skizzieren dies in unserem Buch nur und müssen den Leser auf den zweiten Band des Daokapitalismus verweisen. Was wir hier schreiben klingt daher notwendigerweise dogmatisch.

Streichholz in einen nach Wasser dürstenden Wald zu werfen, einen Stier zum Vergnügen der Menschen in der Arena hinzurichten?

Es muß eine handlungsleitende Wirkkraft geben, die mich daran hindert, die natürlich-spontane Entwicklung von mir selbst und von anderen zu schaden und zu blockieren. Anders als der Buddhismus, kennt der (nicht-religiöse) Daoismus keine expliziten Verhaltensvorschriften (Du sollst dieses oder jenes nicht tun). Jeder kann (muß) seinem Handeln seinen eigenen Standard – *seine* implizite Ethik, seine eigenen Gesetze - zugrunde legen. Er bestimmt selbst was „negative Handlungen" sind.

Und dieses könnte gerade in einer unternehmerischen Wissensgesellschaft ein komparativer Pluspunkt sein. Mit der Explosion von Nicht-Wissen und Unsicherheit in den kommenden Basisinnovationen (Kondratieffs), ist eine selbsttranszendente Evolution jenseits impliziter ethischer Standards nur durch Einschränkung von *ziran* möglich. Die Gesellschaft und das Individuum operierten dann auf einem geringeren Niveau spontaner Natürlichkeit.

Ohne eine implizit ethisch gezügelte Selbstverantwortlichkeit geht die daoistische Spontanökonomie den gleichen Weg wie der neo-liberale Kapitalismus – sie brennt aus.

Natürliche Spontaneität läßt sich erlernen. Sie ist funktionaler Bestandteil evolutorischen Unternehmertums. Spontane Natürlichkeit als Lebensstil von Leadership.

Frage an den Chef von Toyota, Katsuaki Watanabe (64):

> Haben sie ein Lebensmotto?
>
> Watanabe: Bleibe natürlich in dem, wie du etwas tust. [84]

Natürlichkeit zum Ziel und Inhalt des Lernens zu machen, ist das, was den weisen Führer (Unternehmer) von anderen unterscheidet. Der Weise lernt, was andere (noch) unfähig zu lernen sind. Andere Menschen lernen wie die Welt zu regieren ist, während der Weise lernt, wie er sich selbst regiert (Liu, 1998, S. 220).

Wenn *wuwei* praktiziert wird, leitet das *dao* den Wandel in einer natürlichen, leichten Weise. In Kontrolle von etwas zu sein, ist ein *yang* (oder konfuzianisches Attribut). Der Daoismus sieht Nicht-Tun als die *yin*-Seite der Dinge. Da Nicht-Tun aber nicht Nichts-Tun heißt, kann Daoismus die Sprache der Passivität und Empfänglichkeit verwenden, um etwas tatsächlich sehr Aktives zu bezeichnen.

Jeder Mensch kann, auf welcher Stufe und in welcher (unternehmerischen) Funktion er auch tätig ist, *wuwei* praktizieren. Aber wenn er es praktiziert, entsteht eine Hierarchie, er entfaltet sich in die Tiefe (im Sinne von Ken Wilber), er selbstevoluiert.

Ziran folgt wuwei. Daoistische Normalität: Es darf nicht wundern, daß es eigentlich nur krachen kann, wenn drei jenseitig-abrahamsche Dogmen: Evangelismus (USA), Judentum (Israel), Islam (Palästina) aufeinandertreffen. Knochen splittern und Blut vergießt vor den CNN-Kameras. Die Lebensenergie verflüchtigt sich ins Jenseits. Im Diesseits gilt: Mein Glaube gegen deinen. Meine Reaktion (Antwort) gegen deinen Terror. Freund oder Feind, Gutes oder Schlechtes. Der Bambus des Lebens gedeiht hier nicht. „Wie du dich gegenüber anderen verhältst, werden andere sich gegenüber dir verhalten" (Lieh Tzu, 1912).

Wuwei folgt auch *ziran*. Ziran ist die Spontaneität mit einer spiraldynamischen Entwicklung. Warum folgt man dem *wuwei* - Prinzip? Das *wuwei* ist eine Methode, mit der man sein *ziran*

---

[84] Quelle: Bild Interview mit Toyota-Chef Katsuaki Watanabe. Mai 2006 (Kein Datum und kein URL verfügbar).

entwickeln kann. Das *wuwei*-Prinzip ist der Weg zur Selbstevolution. Es ist die Hoffnung auf Leben im *Diesseits*, die selbstevolutive Energie mobilisiert. Auch im Gazastreifen blüht Leben auf, wie Blumen nach dem Regen in der Wüste. Die kleinen Freiheiten kehren zurück. Eine Basishypothese des Daoismus wartet auf ihre Falsifizierung.

Betrachten wir einen Investor. Er spekuliert an der Börse. Er handelt, in dem er „handelt". Er kauft und verkauft. Wie kann er durch Nicht-Tun handeln und „handeln"? Ein Daytrader handelt unaufhörlich. Er handelt sich buchstäblich zu Tod, bis sein Finanzkapital erschöpft ist.[85] Der *wuwei*-Investor handelt durch Nicht-Handeln. Zum Beispiel als „Stillhalter", wenn er mit Optionen handelt. Mit der Strategie „buy and hold", wenn er in Aktien handelt (*With buy and hold I can get* **old**)[86]. Er handelt, in dem er das Handeln enthandelt, autopilotisiert: Er läßt bestimmte Summen zu vereinbarten Zeitpunkten automatisch investieren (dollar cost averaging). Er handelt - erwirbt Vermögen - ohne zu handeln. Nicht-Tun (Ruhe, auch der Nerven und Emotionen) und dennoch aktiv sein. In der Ruhe handelt er im Einklang mit dem *yin*, in der Tätigkeit ist sein Handeln in Einklang mit dem *yang*. Wuwei ist aktives Nicht-Tun, eine Harmonie von *yin* und *yang* (ausführlich 5. Kapitel).

3.5 Ebenen des Lernens

In diesem und den folgenden Abschnitt skizzieren wir Zusammenhänge, die sich wie die obigen Schlüsselkonzepte *qi, ziran, de, wuwei* durch unsere Überlegungen ziehen, aber nicht unmittelbar aus dem Daoismus hergeleitet sind. Dennoch können wir sie als Elemente eines daoistischen Paradigmas von Verstehen (Theorie) und Gestalten (Praxis) der Funktionsweise komplexer Systeme verstehen. Die daoistische Einbindung erfolgt in den nachfolgenden Kapiteln.

Wir unterscheiden drei Ebenen des Lernens (siehe die folgende Tabelle; ausführlich Röpke (2002a, 4. Kapitel). Jede Art von Lernen, auch Lernen von Ethik, von *de*, Lernen der „Drei Schätze des Laozi", läßt sich in diesen drei Ebenen verstehen. (Im Folgenden am Beispiel von Ethik erläutert). Ethisches Wissen, inklusive Fachwissen erwerben (aus Büchern, im Hörsaal, im Religionsunterricht) bezeichnen wir als Lernen 1; (ethisches) Können erlernen, einschließlich der Verfahren, ethische Kompetenzen aufzubauen, z. B. durch Meditation (Lernen 2); Reflexion (Lernen 3): sich der eigenen ethischen Konstruktionen bewußt werden, ethische „Defizite" erkennen, ethische Reflexion (Lernen 3).

Lernen ist der Mechanismus der Selbstevolution, die dadurch überwiegend, wenn auch nicht ausschließlich, zu einem bewußt gestaltbaren Weg des Erwerbs von Wissen und „Kompetenzen" wird. Wir können davon ausgehen, daß eine große Breite und Tiefe menschlicher Fähigkeiten erlernbar, also nicht angeboren ist. Insbesondere ist die psychische Stärke, die es Menschen erlaubt, Großartiges zu leisten und Lebenskrisen zu bewältigen, auch unter ungünstigen Bedingungen, „eine Fähigkeit, die jeder Mensch erlernen kann" (Martens & Kuhl, 2005, S. 139). Diese Erkenntnis der modernen Psychologie entspricht weitgehend den Vermutungen, der

---

[85] Er leidet, wie die meisten kurzfristig orientierten „Händler" an Börsen (nicht Investoren vom Typ Buffet) an einem überdurchschnittlichen Vertrauen (overconfidence) in sein Vermögen, Zufallsprozesse vorhersagen zu können, in Verbindung mit Habgier und Angst (Geld zu verlieren). Emotionale „Probleme" verhindern den Börsenerfolg. Steenbarger (2006) gibt einen Überblick zu jüngsten Erkenntnissen der Verhaltensforschung von Anlegern.

[86] Buy and hold ist eine Börsenstrategie, manche sagen, eine überholte, nach der bestimmte Wertpapiere gekauft (buy) und für eine lange Zeit im Depot „gehalten" (hold) werden, jedoch nicht blind, dies wäre angesichts der Zyklen von Wirtschaft und Unternehmensentwicklung im Hinblick auf den Investmentertrag tragisch. Aktives Nicht-Tun bei ständigem Beobachten und Überprüfen der Anlageobjekte.

praktischen Arbeit und den ethischen Prinzipien des Daoismus. Selbstevolution (durch Ko-Evolution) des Selbstsystems ist deswegen keine leere Floskel oder kein esoterischer Glaubenssatz. Sie ist machbar, sie ist daher auch Teil eines unternehmerischen Lebensweges, eines „getting things done", wie Schumpeter den Auftrag des Unternehmers beschreibt.

Tabelle 3.5.1: Ebenen des Lernens

Lernen 0: „Optimierung", Anpassung an Daten, Routinehandeln, Perfektionieren; der nicht-lernende Unternehmer

Lernen 1: (Fach-)Wissen erwerben und anwenden („durchsetzen")

Lernen 2: *Erwerb von Kompetenzen*: Lernen zu lernen; Lernen, Wissen zu erwerben und schöpferisch zu nutzen, lernen zu kommunizieren (*he qi*) usf.

Lernen 3: Lernen, neue (Lern-) Kompetenzen zu erwerben; Erwerb und Entfaltung von unternehmerischer Energie; Vision; Reflexion, auch (ethische) „Vernunft".

■■

Lernen, 0 und 1: Herkömmliches Lernen in Schule, Universität, Beruf

Lernen 2 und 3: Evolutionäres Lernen, **Selbstevolution;** der lernende Unternehmer

Lernen 3: Die „Drei Schätze" des Laozi

Ich habe drei Schätze; bewahre und hüte sie: Der erste ist die Liebe [zärtliche Liebe, sinnverwandt mit „Mutter"]. Der zweite heißt: nie zu viel [Mäßigkeit, Genügsamkeit, Beschränkung]. Der dritte ist: nie der Erste sein. Durch Liebe hat man meine keine Angst; durch nie zu viel tun, hat man Weite (der Kraftreserven); durch das sich nicht unterfangen, der Erste zu sein, kann man seine Anlagen entwickeln und reifen lassen. Wenn jemand Liebe und Furchtlosigkeit preisgibt, das Hintenbleiben preisgibt und vorausstürmt, ist er dem Untergang geweiht. Durch die Liebe ist siegreich im Angriff, und unverwundbar in der Verteidigung, der Himmel bewaffnet mit Liebe die, welche er nicht zerstört sehen will. (*Dao De Jing*, Kapitel 67, Übersetzung Lin Yutang, 2000).[87]

---

[87] Aus Lutz Geldsetzers „philosophischer Übersetzung" des *Dao De Jing*: „Ich habe drei Kleinode, die ich festhalte und bewahre. Das erste heißt Sanftmut. Das zweite heißt Mässigkeit (Sparsamkeit). Das dritte heißt: Sich nicht übermütig allem in der Welt voransetzen. Auf Grund der Sanftmut kann man mutig sein. Auf

3.6 Evolutionsstufen: Spiraldynamik und Evolution

In diesem Abschnitt stellen wir ein „Modell" der Evolution von Menschen und Gesellschaften vor. Es nennt sich „Spiraldynamik". Wir skizzieren zehn für unsere späteren Überlegungen wichtige Eigenschaften der spiraldynamischen Evolution.[88] Diese Sichtweise der Entwicklung und Evolution ist intensiv und kontrovers diskutiert (insbesondere online).[89] Das Interessante für unsere Überlegungen: Sie bietet einen theoretischen Raum (daoistisch *yin*) für die Integration vielfältiger, auch daoistischer Konzepte und Überlegungen, entwicklungstheoretischer Vermutungen (Schumpeter) und läßt sich an die moderne Systemtheorie anbinden.[90]

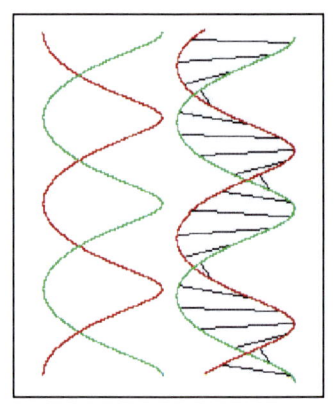

(1) Das Spiral-Dynamik Modell von Clare Graves, weiterentwickelt von Don Beck, Christopher Cowan und Ken Wilber, beschreibt menschliche Entwicklung mit acht aufeinander aufbauende Stufen, die Mem genannt werden.[91] Ein Mem ist eine grundlegende Entwicklungsstufe, die in jeder beliebigen Aktivität zum Ausdruck kommen kann; ein Kern-Werte-System, eine Weltsicht, ein organisierendes Prinzip, welches Denken, Entscheidungen und kulturellen Ausdruck prägt.[92] Als Menschen tragen wir das Potential für alle Meme in uns. Spiraldynamische Evolution vollzieht sich in Wellen (Cowan & Todorovic, 2005, S. 4ff., Graves, 1981, S. 1). In der Sprache von Graves beschreibt und erklärt das Modell die emergente, zyklische Natur der Abläufe im Sinne einer Doppelhelix.[93] Betrachten wir das Bild der Doppelhelix (Quelle: Wikipedia, Doppelhelix) aus einer waagerechten Sicht, ist eine zyklische Folge von Wellen offensichtlich, vergleichbar der Abfolge von Basisinnovationen (Kondratieffs) im Schumpetermodell der Entwicklung (siehe unten; Hinweise bereits im 2. Kapitel, Abb. 2.3.1).

Mit Doppelhelix ist der Prozess gemeint, sich zwischen existenziellen Problemen des Lebens (externe Welt des Individuums und Versuche, diese zu verändern) und innerweltlichen Herausforderungen (bezogen auf die bio-neuropsychische Fähigkeit zum Leben und Versuche,

---

Grund der Sparsamkeit kann man großzügig sein. Auf Grund des Sich-nicht-allem-übermütig-Voranstellens kann man es fertigbringen, lange tauglich zu sein" (Geldsetzer/Lao Zi, 2000).

[88] Wir skizzieren sie lediglich soweit, um dem Leser den theoretischen Hintergrund zu erläutern. Unser Ziel ist die Einbindung des spiraldynamischen Denkens in die daoistische Logik oder umgekehrt die daoistische Interpretation des Stufenmodells der Evolution. Vergleiche auch die nachfolgende Anmerkung. Für eine vertiefende Betrachtung, insbesondere des Zusammenhangs zwischen Tiefe, Komplexität, Freiheit, Weisheit verweisen wir auf den zweiten Band unserer „Reise in die Zukunft".

[89] Siehe hierzu vor allem die von Frank Visser administrierte Website http://www.integralworld.net/ die eine reichhaltige Dokumentation zur Spiraldynamik nebst Vorstellung der Grundkonzepte bietet.

[90] Dies ist unsere Sicht der Dinge. In der Literatur ist darüber nichts zu finden.

[91] Mit der achten Stufe endet die Evolution nicht. Zumindest theoretisch ist kein Ende in Sicht. Spiraldynamische Evolution ist ebenenoffen. Bis heute können wir gleichwohl nur die Stufen eins bis acht überblicken.

[92] Bei systemischer Betrachtung handelt es sich um ein operativ geschlossenes, autopoietisches System. Diese Eigenschaft erläutern wir aber in der Diskussion dieses Bandes nicht explizit, weil dies eine ausführlichere Darstellung der Funktionsweise solcher Systeme erforderlich macht. Wir gehen ausführlicher im zweiten Band darauf ein.

[93] Die Doppelhelix bezeichnet zwei (anti-) parallel verlaufende Stränge von Makromolekülen, die wie eine Spirale schraubig umeinander geschlungen sind, beispielsweise die in Lebewesen vorkommende DNA-Doppelhelix (Wikipedia, Doppelhelix). Die Doppelhelix läßt sich *dao*-theoretisch als *yin*-Strang und *yang*-Strang verstehen. Siehe ausführlich das fünfte Kapitel.

einen Frieden mit ihnen zu schließen) hin- und herzubewegen. Diese Bewegungen vollziehen sich über Stufen oder Ebenen, daher der Name Spiraldynamik. Die Zyklik zeigt sich somit als ein Hin- und Herpendeln zwischen diesen Polaritäten („Themen"), ähnlich - aber nicht identisch - der *yin-yang*-Polarität im Daoismus (siehe Kapitel 5). Es existieren Stufen, die sich der Beherrschung der Außenwelt widmen, dieses Vorgehen ausreizen, in abnehmende Erträge laufen und weitere Probleme schaffen, die erst durch einen Wechsel auf die andere Polarität beherrschbar sind.

Die Abfolge dieser Ebenen (Meme) zeigt die Tabelle 3.5.2 auf der folgenden Seite, beginnend mit einer beigen Stufe.

(2) Daoistisch gesprochen entspricht dieses dem Hin- und Herpendeln zwischen *yang* (Außen, beweglich) und *yin* (innen, relativ unbeweglich). Die Treiber der Evolution sind daher Harmonisierungstendenzen zwischen diesen Polaritäten, die sich als interaktive Energien verwirklichen (Abschnitte 5.1 und 5.2). Die Themen, der Lebensschwerpunkt, die Weltkonstruktionen ändern sich, wenn Menschen Probleme ihrer Existenz zu lösen versuchen und durch ihre Lösung neue Existenzprobleme schaffen. Die gegebenen Strukturen eines Systems, charakterisierbar in Ebenen oder spiralförmigen Stufen, müssen sich mit Herausforderungen, Chancen und Bedrohungen auseinandersetzen. Was sie als solche wahrnehmen und wie sie damit umgehen, ist abhängig von den Eigenstrukturen des Mems. Eine Karikatur des Propheten Mohammed irritiert einen orthodox-gläubigen anders als einen „grünen" (progressiven) Moslem. Das Verarbeiten dieser Störungen, „Zufälle", kann Evolution bewirken, wenn das System Varianten hervorbringt, die in einen Selektionsprozeß eingehen. Auch Innovationssysteme sind solche Zufallsgeneratoren (8. Kapitel). Sie können bestehenden Unternehmen Zahlungsströme entziehen und sie dadurch „schöpferisch zerstören" (Schumpeter); um das zu leisten, also selektiert zu werden, sind vielfältige Hürden zu überspringen (Abschnitt 5.2).

(3) Die Evolution einer neuen Ebene heißt somit: Schaffung einer neuen Klasse von Problemlösungsstrukturen, die Emergenz eines neuen (autopoietischen) Systems (eines „Mem"). Spiraldynamik ist daher: die Abfolge von (autopoietischen, operativ geschlossenen) Systemen in der Zeit. Da Meme sich nicht im Gleichschritt verändern, manche über Jahrhunderte stabil bleiben, bedeutet Evolution notwendig die Parallelexistenz unterschiedlicher Meme oder Stufen menschlicher Existenz. Es kann somit zum Aufbau komplexerer Systeme kommen – dies die Logik der spiraldynamischen Tiefe – ohne daß andere (weniger tiefe, komplexe) Systeme einfach verschwinden, sozusagen nieder konkurriert werden.

Niemals gibt es also ein Gleichgewicht zwischen den Ebenen, der Ebenen. Alles was mit oder im Rahmen des Gleichgewichts denkt, verändert, vorschlägt und berät, lebt in einer Welt ohne Evolution. Auch in einer Welt, die Toleranz verneinen muß. Gleichgewicht schließt Nichtgleichgewichtiges als Nichterwünschtes aus. Dogma und Glaube ziehen ein in das Haus der Evolution. Die einfache Lösung: steht Gleichgewicht auf der kognitiven Tafel des Denkers und Machers, Schwamm darüber.

Ebenenkonflikte sind unvermeidlich, parallelgesellschaftliche Existenz ist die Norm, Toleranz ist daher der überragende Wert, sich aber freilich erst voll evoluierend ab der sechsten Ebene, nicht zuletzt, weil die Ebenenkonflikte den beteiligten Gesellschaften und Menschen, Kosten und Probleme aufladen, die immer weniger Menschen zu akzeptieren bereit sind.

Tabelle 3.5.2: Stufen psycho-kultureller und ethischer Evolution

Stufe/ Welle (Anteil/ Macht*) Farbe	Name Grundbedürfnis	Denken	Kulturelle Manifestationen und Lebensweisen	Ethik	Unternehmertum
8 (0,1%; 1%) Türkis	Lebendige, universelle Ordnung ?	Holistisch	Kollektiver Individualismus; kosmische Spiritualität Vereinigung von Gefühl mit Wissen [Zentaur]	Implizite Ethik	Evolution
7 (1%; 5%) Gelb	Flexibles Fließen Selbstevolution	Integrativ	Natürliche Systeme; Flexibilität; Spontaneität; multiple Wirklichkeiten; Wissen und Kompetenz	Implizite Ethik „Drei Schätze" Recht	Evolution
6 (10%; 15%) Grün	Menschliche Beziehung Toleranz und Akzeptanz multipler Sichtweisen	Konsens	Egalitarismus; Gefühle; Authentizität; Teilen; Sorge; Gemeinschaft	Recht Explizite Ethik Regulierung	Innovation
5 (30%; 50%) Orange	Leistung Individuelle Verwirklichung	Strategisch	Materialismus; Konsumorientierung; Erfolg; Image; Status; Wachstum	Regulierung Recht	Innovation Arbitrage
4 (40%; 30%) Blau	Konformismus Sicherheit; Stabilität Gewißheit	Autoritär	Bedeutung; Disziplin; Tradition; Moral; Regeln; Jenseitiges Leben	Regulierung Anordnung Recht Binnenmoral	Routine Innovation Arbitrage
3 (20%; 5%) Rot	Machtgötter; Kontrolle über die Umwelt, rivalisierende Gruppen	Egozentrisch	Belohnung; Glitz; Eroberung; Aktion; Impulsivität; Leben im Jetzt	Anordnung/ Befehl Binnenmoral	Routine Arbitrage
2 (10%; 1%) Purpur	Stammesdenken Stammes- oder Familienidentität	Magisch-animistisch	Riten; Rituale; Tabus; Aberglaube; Stamm; Brauch- und Volkstum	Binnenmoral	Routine
1 (0,1%; 0%) Beige	Überleben Elementare Bedürfnisse, Nahrung, Unterkunft	Archaisch-Instinktiv	Nahrung, Wasser; Vermehrung; Wärme; Schutz; Überleben	Binnenmoral	Routine

*Anteil an der Bevölkerung und an der Macht
Quelle: Beck, 2001; Wilber, 2001; Ethik und Unternehmertum: Autoren

(4) Wenn ein Mem mutiert, Variation eintritt, tritt Neues neben traditional Überliefertes. Ein System-Mem verändert sich nicht auf einen Schlag. Es gibt keine nanotechnologische Runderneuerung eines abgewetzten Reifens (eines an seine Grenzen stoßenden Systems). Verzögerungen („lags") sind dabei normal. Einige Funktionssysteme preschen voran – wir nennen sie *yang*-Systeme (Abschnitt 5.8). Daß solches zu Schwierigkeiten („Konflikten") führt, ist offensichtlich.

Die Dynamik der Globalisierung (*yang*) läuft der Rechtsentwicklung (*yin*) und religiösem Glauben (*yin*) weit voraus. Auch zwischen Individuen gibt es Unterschiede. Wer sie nach außen zeigt, sie „kommuniziert" handelt sich Probleme ein, oftmals - auch heute noch - existentieller Natur. Das Risiko von Variation ist Scheitern und Konflikt. Auch wenn Veränderungen der Strukturen nur von einem System selbst geleistet werden können, also nur „intern" (Luhmann, 1997, S. 433), müssen sie sich in der Umwelt durchsetzen. Die interne Variation erzeugt somit eine neue Differenz zur Umwelt. Wird diese nicht akzeptiert (eine Muslima heiratet einen Buddhisten; ein Beamter im Bundeskanzleramt betreibt Geschäfte bei Ebay) ist die Variation tot. Das Mem stößt auf Grenzen, Herausforderungen lassen sich nicht kreativ beantworten, die Tiefenentwicklung bleibt systemisch blockiert. Die Holarchie der Evolution kann sich nicht entfalten.

Mit zunehmender Tiefe der Operationsweise eines Mems (Systems) muß also notwendigerweise Konfliktfähigkeit und Toleranz, die Akzeptanz von Verschiedensein, zunehmen. Ab der siebten („gelben") Stufe, dem daoistischen Mem (siehe die obige Tabelle), ist Toleranz ein Kernwert. Unsere Prognose daher: Mehr „Gelb" (Toleranz, Konfliktfähigkeit) bewirkt einen Evolutionsschub.

(5) Parallel (zeitgleich) existierende Systeme leben deswegen auch in verschiedenen Welten oder haben ihre Beziehung zur Umwelt verschieden konstruiert, nehmen andere Probleme wahr und Probleme und Herausforderungen anders wahr. Die Reaktion auf Zufall, auf Störungen und auf Herausforderungen ist daher von der jeweiligen Ebene abhängig. Folglich ist auch die Variation („Mutation") bei den Systemen selbst angesiedelt.

In den folgenden Kapiteln stellen wir mehrfach solche Probleme und ihre Lösungsversuche vor. Paradoxerweise resultiert „Fortschritt" gerade aus dem Verlust der Entwicklungsfähigkeit einer Ebene.[94] Ihre Kraft erschöpft sich. Sie stirbt und reißt mit sich, was sie retten wollte. Das grüne „Projekt" zerstört, was es erhalten will: die Natur. Klimawandel zerstört, weil Energietechnologien jenseits der „erneuerbaren" tabuisiert bleiben. Aus der Sicht der „tieferen" Ebenen (gelb ff.), um eine andere Vermutung zu äußern, werden sich jene Probleme, zu deren Lösung wir „Recht" brauchen, als Pseudoprobleme herausstellen. Wenn auf einer Stufe Krankheit zur Medizin wird, sieht man, wie Entwicklungskraft erodiert.

Mit der Ausdifferenzierung von Evolutionsebenen steigt das Konfliktpotential. Die Anglobalisierung (orange) erzeugt Konflikte, soweit das Auge des Beobachters sieht. Das Durchsetzen ihrer Normen (WTO, OECD, World Bank, IMF, USA: regime change plus preemption, usf.), das Hauptgeschäft der Träger der internationalen Gemeinschaft, schürt Konflikte. Systemen wird der Freiraum für Selbstevolution beschnitten. Evolution macht keine Sprünge von einer nicht-differenzierten Stammes- in eine funktional differenzierte Zivilgesellschaft. Man muß Gesellschaften Chancen geben, ihre eigenen Wege spiraldynamischer Entwicklung zu suchen.

---

[94] Anmerkung zu Fortschritt. Ein verführerischer Begriff, den wir bewußt in Anführungsstriche setzen. Im Daoismus gibt es Evolution, aber keinen Fortschritt. Jedermann ist sein eigener Interpret und Gestalter dessen, was er für fortschrittlich hält. Für strenggläubige Christen und Moslems bedeuten tiefere Ebenen (grün, gelb usw.) Rückschritt und auch Blasphemie, sind zu verurteilen und zu bekämpfen, manchmal mit Gewalt. Evolution in die „Tiefe" bewirkt keine bessere Anpassung an die Umwelt, an Herausforderungen und das Ergreifen von Chancen, vielmehr eine andere. Systemisch ist über eine strukturelle Kopplung zwischen System und Umwelt immer eine Anpassung garantiert, wie Luhmann (1997, S. 446) betont. Systeme sind immer angepaßt. Variation auf einer Ebene ändert jedoch den Anpassungsmodus. Das System erschließt sich neue, bislang unwahrscheinlichere Möglichkeiten. Es operiert anders. Ob das Anderssein einen höheren Selektionswert hat, muß sich zeigen. In unseren Überlegungen zur Immigration (5. Kapitel) zeigen wir, wie weniger tiefe Meme solche tieferer und komplexerer Natur verdrängen können, sie in eine innere oder äußere Emigration zwingen.

Auch gut gemeinter *wangwei* - das Aufzwingen einer tieferen Stufe auf eine weniger tiefe – bringt Konflikte, mobilisiert Widerstand, bewirkt Gewalt, kriegerische Auseinandersetzungen. Diese Problemlagen lassen sich auch in Gesellschaften importieren[95] oder entstehen bei Herausbildung unterschiedlicher Evolutionsebenen in Gesellschaften. In den USA finden wir die ganze Breite von beige bis gelb. Große Teile der schwarzen Bevölkerung verbringen ihr Leben in Haftanstalten. 19 000 Menschen werden in Südafrika im Jahr ermodert. Reiche Menschen leben hinter Steinmauern so, wie anderswo Gefängnisinsassen: freiwillige Haft um ihr Eigentum zu schützen. Die gut bezahlte südafrikanische Polizei bedient sich schlecht bezahlter privater Sicherheitsdienste, um sich zu schützen (Pompey, 2006). Ebenenkonflikte.

Aus diesen Schwierigkeiten wächst hervor, was wir als „Daoisierung" der Wirtschaft (Gesellschaft) bezeichnen.

(6) Evolutionäres Absteigen (Regression) ist nicht ausgeschlossen.[96]

> Das Große wird in einen kleinen Sack gestopft,
> das Seil der Evolution beschnitten.
> In einem kleinen Sack kann man nichts Großes aufbewahren;
> mit einem kurzen Seil kann man nicht aus einem tiefen Brunnen schöpfen.
>
> Zhuangzi, 2003, S. 136

Der Beispiele sind viele, aktuell und historisch. Der Islam ist in einer Regressionsfalle. Eine einst dem Abendland überlegene islamisch-arabische Zivilisation geht den Weg in eine Verliererkultur, das eigene Versagen nicht reflektierend, Gründe einem „großen Satan" anlastend.[97] Kein Paradox: Die historische Ausbreitung des Islam (nach Persien, Indien, China) ist eng mit dem Typus von Unternehmer verknüpft, den wir evolutorisch nennen, handelnd auf tiefen Stufen der Evolutionsspirale.[98]

Die USA unter der Administration von George W. Bush. Die Europäische Union ist ein Regressionsprojekt, die Reflektionsarmut ihrer politischen Elite spiegelnd. Die mangelnde Demokratisierung des Entscheidungsprozesses liegt manchem am Herzen. Was würde sich verändern? In allen großen Demokratien ist die parlamentarische Mechanik nicht (mehr) in der Lage, grundlegende Reformen zu bewirken. Die Malaise in allen Teilsystemen der Gesellschaft ist durch demokratisch legitimierte Gesetze und Eingriffe erzeugt. Evolutionslogisch verweist solches auf die abnehmenden Erträge einer Stufe der Spiraldynamik. Sie sind also auch Teil des *dao*, des systemischen „Laufs des Wassers" von Demokratie und Freiheit, der sich einen anderen Weg auf einer tieferen Ebene suchen wird.

---

[95] Wir erläutern dies am Beispiel der Immigration im Abschnitt 5.7.

[96] Da Evolution nicht Fortschritt ist, wäre hier sorgfältiger zu argumentieren. Hier nur der Hinweis: Auch Regression ist Teil der Evolutionsdynamik.

[97] Zu den verschiedenen „Gesichtern" des Islams siehe Ray Harris (2006), einem Autor, der mit der hier vorgestellten Sichtweise bestens vertraut ist. Siehe gleichfalls, ansetzend am zwölften Imam der Shiiten (Imam Mahdi), Röpke (2007), der eine fundamentalistische „Konstruktion" des im schiitischen Islam zentralen Heilsbringers einer spiraldynamisch-daoistischen gegenüberstellt.

[98] Es waren islamische Sufis (Mystiker), welche den Islam in Indien und Persien, Länder mit hochentwickelter religiöser Kultur, anschlußfähig machen konnten (vgl. Khazari-El, 2006 sowie Schriften der Autoren). Tiefe Stufen des islamischen Glaubens gewinnen, durch ko-evolutive Praxis, Anschluß an gleichfalls relativ tiefe spirituelle Traditionen. Was dagegen heute vielfach in die muslimische Diaspora (den Westen, nicht Afrika und Teile Asiens) exportiert wird, bewirkte, würde man den Predigern Folge leisten, vielfältige Regressionen und wird deswegen zurückgewiesen.

Die „Rückkehr zum Patriarchat" (Phillip Longman; mehr im Abschnitt 5.3) läßt sich regressionslogisch verstehen.[99] Alle Systeme, inklusive Menschen, können auf eine niedrigere Ebene in der Evolutionshierarchie absteigen. Münchhausen sitzt fest im Sumpf. Das Bemerkenswerte für unsere Überlegungen: Evolution und ihr Gegenteil vollziehen sich nicht linear, über-/ unterlinear, usw., sie laufen immer zyklisch. Wie lange solche Zyklen dauern, ob es Wellen mit einer bestimmten historischen Länge gibt, ist nur teilweise geklärt. Was wir wissen: es gibt sie. Das Funktionssystem Wirtschaft ist durch sie geprägt. In diese Wellen sind evolutorische Veränderungen eingelagert. Der Pionier der ökonomischen Wellenforschung, Kondratieff, spricht, als Marxist, von einer Entwicklung der „Produktivkräfte" (Humankapital; ganzheitliche Fähigkeiten/„4L"; siehe den nächsten Abschnitt).

(7) Im spiraldynamischen Modell setzt der Daoismus mit der gelben (siebten) Stufe ein. Flexibilität, Spontaneität und Funktionalität haben Priorität. Egalitäre Strömungen sind gepaart mit natürlichen Rang-Ebenen. Gutes Regieren ermöglicht den Menschen das Aufsteigen in der Spirale (1% der Menschheit leben, nach Vermutungen von Ken Wilber, gegenwärtig auf einer gelben Ebene).

Daoistische „Lösungen" werden ausgelöst durch Problemlagen der vorangehenden Stufen (4, 5, 6). Das konzeptionelle Denkvermögen der Menschen steigt auf dieser gelben Ebene kräftig an. Wirtschaftlich betrachtet, handelt es sich um den Eintritt in neue langen Wellen (Kondratieffs 7ff.; gezählt vom Beginn der industriellen Revolution). Einige Visionäre wie Kurzweil und De Grey sehen in diesen Phasen den alten daoitischen „Traum" der Unsterblichkeit des Menschen sich verwirklichen.[100] Kondratieffarmut folgt spiraldynamischer Armut. China hängt auf „blau" fest - ab dem 14. Jahrhundert - und die industrielle Revolution bleibt ein Rauschen. Die Basisinnovationen von heute sind Produkte der Wissenschaft. Wenn das Wissenschaftssystem keinen Anschluß an die Wirtschaft findet - was eine Folge oder Frage spiraldynamischer Kompetenz darstellt- breitet sich Kondratieffarmut aus.[101]

Die gelbe Stufe in den Worten von Graves: Ein beträchtlich ansteigendes konzeptionelles Vermögen der Menschen bewirkt grundlegende Veränderungen des Denkens, Furcht (aber nicht Sorgen) verschwindet. Ein Mensch hat Ambition, ist aber nicht ambitioniert. Der Mensch hat Sorgen, Bedenken, sie plagen ihn aber nicht. Er hat kein Bedürfnis diese zu überwinden, weil er sie nicht in sein Leben eingreifen läßt. Wut, sogar Feindschaft kommen vor, aber auf intellektueller und nicht emotionaler Ebene. Wissen existiert in verschiedenen „settings" und die Wis-

---

[99] „ [Patriarchy] competes with many other male visions of the good life, and for that reason alone is prone *to come in cycles*. Yet before it degenerates, it is a cultural regime that serves to keep birthrates high among the affluent, while also maximizing parents' investments in their children. No advanced civilization has yet learned how to endure without it"(Longman, 2006a; unsere Hervorhebung). Wie wir unten zeigen: die Analyse von Longman und vergleichbar argumentierenden Autoren wie Frank Schirrmacher (2006) „leidet" unter einer Vernachlässigung spiraldynamischer Aspekte.

[100] So schreibt Kurzweil (2006) - der praktiziert was er sagt und schreibt- : „Genetic and molecular science will extend biology and correct its obvious flaws (such as our vulnerability to disease). By the year 2020, the full effects of the genetic revolution will be felt across society. We are rapidly gaining the knowledge and the tools to drastically extend the usability of the ‚house' each of us calls his body and brain. Nanomedicine researcher Robert Freitas estimates that eliminating 50% of medically preventable conditions would extend human life expectancy to 150 years. If we were able to prevent 99% of naturally occurring medical problems, we'd live to be more than 1,000 years old."

[101] Ein später noch ausführlicher dargestelltes Beispiel dazu, stellen die stark rückläufigen Firmen-Ausgründungen aus der Max-Planck-Gesellschaft dar. Schumpeters Situationsanalyse dazu wäre kurz: Mangel an unternehmerischer Energie (siehe Abschnitt 5.2 und Kapitel 6). Was diesen bewirkt, macht den Inhalt unseres Buches aus. In diesem Kapitel: Selbstevolution, eine spiraldynamische Frage.

senden denken auf unterschiedliche Weise. Es gibt verschiedene Weisen des Denkens und ihnen folgend, legitimer Konstruktionen. Unterschiedliche Werthaltungen sind akzeptiert. Das Denken ist ganzheitlich orientiert: Was ist gut für das Überleben des Lebens, meines Lebens, allen Lebens? Was gut für mich und dich ist, muß nicht gut für andere sein. Das Denken ist in der Person autorisiert und keine Frage des Alters, des Status, der ethnischen Herkunft, usf. Es ist situationsabhängig (flexibel). Denken ist kompetenzorientiert und das Denken des Kompetenteren wird akzeptiert. Mit dem Denken läßt sich anderen helfen aber nicht auf andere einwirken, sie kontrollieren und gängeln oder Macht über sie gewinnen. Das Auf und Ab im Leben wird bereitwillig akzeptiert. Leben schließt sich an Leben an, Leben im Jenseits ist eine weitere denkbare Möglichkeit.

Was Graves vermutet, überlappt sich mit daoistischem Denken, ist aber nicht mit ihm identisch, wie die nächsten Kapitel zeigen. Graves, Wilber und andere geben dennoch einen Einblick in die kommende Ebene der Evolutionsholarchie, die mit Daoismus harmonisiert.

(8) Die evolutorische Wellendynamik ist holarchisch integriert. Damit ist gemeint, daß die jeweils unteren Stufen nicht einfach verschwinden, wenn Menschen auf eine höhere (bzw. „tiefere") Ebene ihrer Existenz hinauf-/hinabsteigen. Die Entwicklung folgt vielmehr dem Gesetz der Inklusion und Transzendenz. Die obere Stufe (das „tiefere" System) enthält die unteren Stufen (die „höheren" Systeme) als ihre Bestandteile oder Elemente. Wir wenden diese Sichtweise später auch bei der Darstellung des Funktionsmodells von Unternehmertum an (siehe letzte Spalte in der Tabelle 3.6.1). Es geht somit um Transzendenz und nicht um Transformation.[102] Die Stufen, „Spiralen" (Beck) oder Wellen stehen in einer Beziehung zueinander, wie ineinander geschachtelte russische Puppen: die größere enthält die kleinere, ist aber nicht die kleinere. Sie ist

---

[102] Transformation ist nicht Transzendenz. Wenn neue Stufen oder neue Handlungsmöglichkeiten aus einer gegebenen Ebene der Existenz herauswachsen (emergieren), ist dieser Prozeß transformativ. Ein Baby „transformiert" *körperlich* zu einem erwachsenen Menschen. Es gibt kindliche Fähigkeiten – Kreativität, Liebe, Freude usw. – die vielen Erwachsenen nicht mehr zur Verfügung stehen: Regression vom Kind zum Erwachsenen. Laozi: werdet (wieder) wie die Kinder.
Im Konzentrieren des *Qi* zur Erlangung äußerster Weichheit,
kannst du da (wie) ein Kleinkind sein? (Laozi, Kapitel 10).
Eine Naturalwirtschaft transformiert in eine Geldwirtschaft. Eine subsistenzorientierte Agrarökonomie transformiert in eine sektoral ausdifferenzierte Wirtschaft. Ein Routineunternehmer ohne Schriftkompetenz transformiert in einen schriftkundigen Wirt (intrafunktionale Kompetenzsteigerung). In diesem Transformationsprozeß entsteht etwas Neues, auch neue Handlungsmöglichkeiten. Das Alte wird durch das Neue zerstört. Im Neuen ist das alte nicht mehr enthalten. Die Produkte der Transformation bewundern wir im Industriemuseum. Transformation ist auch immer schöpferische Zerstörung der alten Handlungs- und Lebensweise. Etwas Neues entsteht „auf Kosten" des Alten. Transformation kennt keine Regression (Zurückfallen auf eine niedrigere Ebene). *Transzendenz* ist etwas anderes. Ein sich transzendierendes System erschließt neue Handlungsmöglichkeiten *ohne* seine alten einzubüßen. Das Alte bleibt als Potential erhalten, ist in einer neuen, höheren („tieferen") Ebene der Existenz eingeschlossen. Vergleiche zu dieser Unterscheidung Röpke (2002a, Abschnitt 2.4.3) und Smith (2002b). Regression läßt sich (Staemmler, 2000) als Prozeß im Sinne einer Einschränkung der gegenwärtigen Möglichkeiten eines Menschen verstehen, erworbene Kompetenzen zu verwirklichen (das obige Beispiel eines Erwachsenen, der seine als Kind erworbenen Fähigkeiten aktuell nicht verwirklichen kann). Auch eine ethische Regression ist immer möglich. Ein Mensch fällt auf bereits überwundene Stufen ethischen Könnens zurück, vermag schon praktizierte ethische Prinzipien vorübergehend oder länger andauernd nicht anzuwenden. Der Erwerb ethischer Kompetenzen ist aus dieser Sicht daher kein transformativer, sondern ein transzendentaler Vorgang. Es scheint uns wichtig, diese Unterscheidungen zu treffen. Andrew Smith (2002, 2006) wirft Ken Wilber vor, diese Unterscheidung zu verschleiern, mit ernsthaften Konsequenzen für die interne Konsistenz des Wilberschen Modells. Für den Ökonomen ist die Smithsche Kritik leicht nachvollziehbar (siehe Röpke, 2002a, 2. Kapitel).

ein vollständig selbständiges System. Sie ist anders, hat ein anderes Bewußtsein, konstruiert ihre Welt anders, verfügt über andere Werte. Manch einer kann einen orthodoxen Moslem nicht verstehen (und dieser ihn nicht). Sie denken, fühlen, kommunizieren und handeln - *auch* - auf unterschiedlichen Ebenen.[103] Sie sind für einander „Böses". Der Routinebanker kann den Innovator nicht verstehen, beide operieren auf unterschiedlichen Ebenen des unternehmerischen Bewußtseins.

Wird ein Unternehmer auf der evolutorischen Stufe tätig (er erwirbt beispielsweise ein tieferes ethisches Können, oder lernt empathischer zu kommunizieren), überwindet oder transformiert er dadurch nicht seine innovative Funktion. Sie bleibt erhalten. Er kann jederzeit auf die innovative Stufe heruntersteigen, auch funktional noch niedriger angelegte Arbitrage- oder Routinetransaktionen tätigen. Genauso transformiert implizite nicht explizite Ethik, sie transzendiert. Es bleiben auch für einen implizit-ethisch handelnden Innovator Handlungsbereiche, die einer explizit-ethischen Normierung unterworfen sind (etwa die Steuermoral und Regeln der Steuerhinterziehung). Es gibt mit anderen Worten keine schöpferische Zerstörung einer Ebene durch eine andere. Die Menschen auf einer „tieferen" Ebene reklamieren zwar eine Überlegenheit ihrer Sicht- und Lebensweise, an dem Umstand, daß auch sie dahin zurückkehren (können), von wo sie herkommen, ändert das nichts. Das Bewußtsein einer integrativen Toleranz aller Ebenen und Lebensweisen entsteht auf der siebten oder gelben Ebene. Vorher gilt: Intoleranz führt zu Intoleranz. Terrorismus illustriert dieses Fühlen und Handeln. Nicht zuletzt erzeugen die Bekämpfer des Terrorismus mit, was sie zu bekämpfen vorgeben. Auch ein „Dritter Weltkrieg" bleibt für sie eine Option,[104] um jene zu bekämpfen, welche die „westliche Zivilisation" bekämpfen, die ihre Segnungen, *wangwei*-ökonomisch, -politisch und -militärisch zu erzwingen versucht und damit zum wechselseitigen Kampf herausfordert: In den Niederungen der Evolutionsspirale. Wer sich angegriffen fühlt, schlägt zurück. Islamismus ist in der Welt der Moslems (auch) eine Antwort auf westlichen Kolonialismus und Imperialismus. Dieses Zurückschlagen, Rebellieren (der shiitischen Moslems im Iran, Irak, Libanon) fördert, stabilisiert kultur-religiöse Meme auf weniger tiefen Stufen (wie jeder Krieg, jede Aktion von Gewalt) und verhindert oder erschwert eine evolutionäre Vertiefung inklusive gesellschaftlicher Differenzierung islamischer Gesellschaften. Der Umgang des „Westens" mit dem Muselmann (wie die Franzosen sagen), ist scheinheilig, arrogant, primitiv, ahistorisch und selbstschädigend. Er reflektiert die evolutorische Ebene, auf der sich das Denken und Handeln der politischen Entscheidungsträger und ihrer Berater abspielt.

Nicht-harmonische Konstruktionen der Welt bestehen nicht nur zwischen Religionen und Kulturen, sondern, und viel bedeutsamer, wegen unterschiedlicher Evolutionsebenen der Beobachter. Ist eine Störung zu stark, entstehen Ebenenkonflikte, Überforderungskonstellationen. Wenn Orange-Grün seine Errungenschaften nach Rot-Blau exportiert, produziert es überfordernde Ebenenkonflikte. Rot-Blau fühlt sich bedroht, *ist* bedroht. Orange-Grün versteht das niemals. Die Weltkonstruktion ist eine andere, auch wenn seine Mitglieder als fromme Christen

---

[103] Das „Auch" ist wichtig, es verweist auf die spiraldynamische Logik. In den Diskursen zu Integration und Parallelgesellschaft spielen sie nach unserer Kenntnis keine Rolle. „Harte" amerikanische Blogger wie Randall Parker thematisieren die Problemlage ohne sie zu reflektieren. Was Randall Parker und Kommentatoren auf Parapundit schreiben, würde in Europa staatliche Zensur, Rechtssystem und politisch-korrekte Moral mobilisieren. „In einem kleinen Sack kann man nichts Großes aufbewahren" (Zhuangzi).

[104] Für manche Politiker und Teile der Bush-Administration hat der „Dritte" begonnen. Was sich hier abspielt, sind wechselseitig- und selbsterzeugte Konstruktionen von Feind und Freund, Gut und Böse, gesteuert durch Meme der jeweiligen Evolutionsstufe.

nur das Beste wollen. Eine Achse des Bösen, Heimstatt von Teufeln und Dämonen existiert genau so wenig wie Götter: sie sind Produkte der psychischen Aktivität des Menschen.[105]

Die folgende Abbildung zeigt die Entstehung von Ebenenkonflikten. Sind die Ebenenunterschiede groß (umfassen mehr als eine bis zwei Stufen), werden Störungen einer Ebene als Angriff, Bedrohung, konstruiert. Wechselseitige Konstruktion von Feindbildern. „Rote Linien" sind überschritten. „Unsere Toleranz" ist am Ende. Regimewechsel und Heilige Kriege sind gefordert und moralisch legitimiert. All dies ist wechselseitig. Auch Zuweisungen von „Terrorismus".

Abbildung 3.6.1: Entstehung von Ebenenkonflikten

Spiraldynamische Stufe

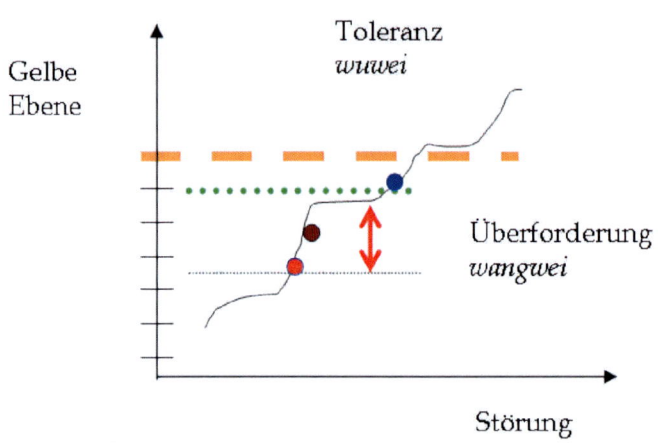

Gelbe Ebene

Toleranz
wuwei

Überforderung
wangwei

Störung

Der rote und der blaue Punkt liegen auf weit auseinander liegenden Ebenen der Evolutionsholarchie. Die wechselseitige Störung ist beträchtlich. Das Verhalten des anderen wird als Eingriff (*wangwei*) wahrgenommen. In allen Bereichen der persönlichen Intelligenz (kognitive, emotionale, spirituelle) besteht eine Überforderung. Lernen und tolerantes Verhalten sind unterdrückt. Im gleichen Staat existieren parallele Gesellschaften. Die wechselseitige Ablehnung steigt mit der Ebenendifferenz. Stört demgegenüber die lilafarbene Herausforderung die höhere oder tiefere Ebene, ist das Konfliktpotential relativ bescheiden. Nachbarschaftskonflikte, die sich durch Schlichtung und Berufung auf rechtliche und moralische Normen lösen lassen. Ist eine Ebene auf eine aggressive Missionierung der anderen aus (Globalisierung, Demokratisierung, Islamisierung, usw.) entstehen Ebenenkonflikte. Die einen versuchen ihre „Zivilisation" zu verteidigen, auch mit Waffengewalt, die anderen verlangen Gerechtigkeit und Autonomie für ihren Lebensweg, so barbarisch und rückständig er aus der Sicht der anderen auch sein mag. Erst wenn Gelb emergiert und Imam Mahdi, der zwölfte Imam, auch daoistische Meme predigt, zieht Frieden ein.

(9) Die Herausbildung und Existenz der jeweils tieferen Ebene erfordert neue Regulierungs- und Steuerungsprinzipien. Mit steigender Komplexität und höherer Kommunikationsintensität (*heqi*) steigen die Anforderungen an die Steuerungskompetenz des Systems und seiner Elemente. Genauso wie sich komplexe Marktsysteme auf den Stufen 5 und 6 nicht durch die moralischen Prinzipien einfacher Gesellschaften organisieren können, verlangt das Fortschreiten auf der

---

[105] So ähnlich hat es Sigmund Freund gesagt. Für einen Quellenhinweis wären wir dankbar.

Evolutionsspirale die Herausbildung implizit-ethischer Standards und Kompetenzen, fachübergreifend, unternehmerisch, selbstreflexiver Natur (Lernen 3; Abschnitt 3.5): eine zunehmende Tendenz der Selbststeuerung, Selbstorganisation, Selbstevolution, eingebunden in eine durch ethisches Können sich selbstregelnden Ethik- und Moralstandards. Ethikunternehmer mutieren von Besserwissern und Vordenkern zu Coaches. Die Ethikhunde bellen, die Evolutionskarawane zieht weiter. Die Intervention in Systeme scheitert progressiv mit der Evolution in die Tiefe der Holarchie. Gelbe Systeme sind *wuwei*-Systeme.[106] Menschen sind aufgrund ihrer biologischen Prägung und kulturellen Ausstattung zweifelsohne in der Lage, ihr hedonistisches Primatensein durch Erlernen und Entfaltung ethischer Tugenden („Die drei Schätze des Dao" von Laozi) zu überwinden.

(10) Falls der Leser uns bis hierher gefolgt ist, wird er fragen, was wir eigentlich unter „Evolution" verstehen? In diesem Punkt einige Anmerkungen hierzu. Wir sprechen mehrfach nicht nur von Evolution, auch von Selbstevolution und Ko-Evolution und bezeichnen den daoistischen Ansatz als Selbstevolution durch Ko-Evolution.

Der Sprachgebrauch in diesem Feld der Forschung ist verwirrend. Unseren früheren Überlegungen zu verschiedenen Arten des Lernens aufgreifend, könnte versucht werden, entsprechende Ebenen des Evolutionsgeschehens zu unterscheiden:

(a) *Evolution 1* (entsprechend Lernen 1): Evolution durch neues Wissen; in dieser Vorstellung sind Innovation und Evolution unmittelbar verknüpft; wirtschaftliche Evolution gilt als ein Prozeß der Schaffung von Neuerungen und ihrer wettbewerblichen Evaluierung/Selektion und Diffusion; dies ist die herrschende evolutionsökonomische und populationsökologische Betrachtungsweise;

(b) *Evolution 2* (auf der Ebene von Lernen 2): Entwicklung/Erwerb und Ausbreitung von Kompetenzen, insbesondere Fähigkeiten zur Durchsetzung von Neukombinationen;

(c) *Evolution 3* (Lernen 3): Persönliche Entwicklung, Evolution von (Funktions-/ Kompetenz-) Bewußtsein und Reflexionsvermögen.

Jede dieser drei Ebenen der Evolution läßt sich direkt mit der „Dreifaltigkeit" evolutionärer Prozesse (Variation/Neuheit, Selektion, Stabilisierung) verknüpfen.

Selbstevolution ist Evolution à la Münchhausen. Durch eigenes Tun, bewußt oder nicht, seine Kompetenztiefe steigern; Selbstevolution ist direkt mit der Holarchie der Evolutionsebenen (1-8) verbunden. Interagieren zwei Menschen, um sich zu selbstevolutivem Handeln anzuregen, sprechen wir von Ko-Evolution. Der daoistische Lehrer ist ko-evolutiv tätig. Wenn sein „Schüler" nicht evoluiert, lernt auch er nicht. In unserem Text verwenden wir Evolution durchgängig als Evolution 2 & 3. Die Evolution von nicht-psychischen Systemen sprechen wir auch an, aus dem Zusammenhang ergibt sich dann aber immer, was wir damit meinen.[107]

Kann das System Wirtschaft evoluieren? Und zwar jenseits dessen, was wir als Evolution 1 bezeichnen? Unsere kurze Antwort: ja. Wirtschaft evoluiert in eine funktionale Tiefe. Und sobald ein autopoietisches Innovationssystem evoluiert ist, besteht eine nicht geringe Wahrscheinlichkeit der Evolution eines Evolutionssystems in der Wirtschaft. Evolution selbst evoluiert. Den hierzu „passenden" Typus von Unternehmer bezeichnen wir als evolutorischen Unternehmer.

---

[106] Peter Fuchs (1999) entwickelt eine auf systemisch-autopoietischer Logik fußende Interventionskritik, die ähnlich der daoistischen angelegt ist. Ausführlich erläutern wir dies im zweiten Band.

[107] Wir verweisen hierzu auch auf Luhmann (1997, Kapitel 3, S. 413ff.), insbesondere auf seine Überlegungen zu „Teilsystemevolutionen".

Eine daoistische Welt spontaner Natürlichkeit (*ziran*) ist sicherlich Vision, vielleicht auch utopisch, aber nicht illusionär. Sie läßt sich durch transformatorische Praxis auf den Ebenen des Lernens 2 und 3 erschließen. Daoistische Evolutionslogik setzt am Menschen, am „Bewußtseinssystem" (Niklas Luhmann) an. Variationen werden von Menschen in die Umwelt getragen, dort als Zufälle registriert, selektiert oder verworfen. Strukturelle Kopplungen der Personen beschränken den Bereich möglicher, auch variierter Strukturen. Variationspioniere suchen daher auch die Nachbarschaft zu Gleichgesinnten. Sie vollziehen ihre Evolution durch Ko-Evolution. Ob und wie sich die Umwelt von ihren Variationen anstecken läßt – daran entscheidet sich, ob eine Ebene, auch wenn sie in Schwierigkeiten läuft, sich variiert oder nicht.

3.7 Die Elemente des Selbst (4L)

Angenommen, ich versuche ein mathematisches Problem zu lösen. Es handelt sich um eine mentale oder kognitive Tätigkeit. Mein *Geist* (kognitive Intelligenz) ist gefragt. Wir nennen es *Lernen*. Wenn ich mir das Bein breche oder Bauchweh habe, empfinde ich Schmerzen im physischen *Körper*. Wir bezeichnen diesen Bereich als *Leben*. Wenn ich mich über einen verschossenen Elfmeter des Nationalteams ärgere, oder Angst habe, einen Unfall mit dem Auto zu machen, wirkt in mir eine weitere Dimension meines Selbst, *Emotionen*. (Dieses nennen wir *Liebe*). Wenn ich durch ein Gebet eine Beziehung zu meinem Gott herstelle, spüre ich einen weiteren Teil meines Selbst: die Seele, die spirituelle Komponente (wir nennen es Lebenswerk). Diese vier Komponenten (Lernen, Leben, Lieben, Lebenswerk, kurz 4L) wirken nicht unabhängig voneinander, sie interagieren, sie bilden ein Interaktionssystem, ein System unter gleichzeitig anwesenden Elementen meines Selbst. Sie bilden zusammen die „Persönlichkeit" oder das Selbst eines Menschen.

Persönlichkeit ist der kausale Kern unternehmerischen Handelns, schreibt Schumpeter als junger Wissenschaftler:

> Der Unternehmer setzt seine Persönlichkeit ein und nichts andres als seine Persönlichkeit. Seine Stellung als Unternehmer ist an seine Leistung geknüpft und überlebt seine Tatkraft nicht (Schumpeter, 1911, S. 529).[108]

Das Selbst des Unternehmers ist Energiequelle (nicht die einzige; Abschnitt 5.2) unternehmerischen Handelns.

Mein Selbst organisiert sich ständig neu, mein Selbst ist selbstorganisiert, es steht nicht still, operiert auch nicht wie ein Thermostat, homöostatisch, sondern entwickelt sich vielmehr und verfügt dabei über eine dynamische Stabilität. Es konstruiert sich ständig neu. Es ist deswegen auch in der Lage sich zu verändern. Das Selbst ist stabil, es ist jedoch nicht ein für allemal gegeben, bspw. bedingt durch genetische Ausstattungen und Prägungen in der frühen Kindheit.

Das Selbst funktioniert „autopoietisch": Es bringt alle Elemente, die es für die Fortsetzung seiner Erhaltung benötigt, selbst hervor. Es kann nur durch eigene Operationen aufgebaut, erhalten und evoluiert werden.

---

[108] Zufall oder nicht, in Goethes Wilhelm Meisters Wanderjahrs ist zu lesen: „Nicht die Talente, nicht das Geschick zu diesem oder jenem machen eigentlich den Mann der Tat; die Persönlichkeit ist's, von der alles abhängt." Der „Mann der Tat" ist der Menschentyp, den Schumpeter in seiner Entwicklungstheorie in den Mittelpunkt des wirtschaftlichen Geschehens rückt und den die herrschende Theorie und weite Teile der Sozialwissenschaften, inklusive Psychologie, zu einem UFO (unbekanntes Forschungsobjekt) machen.

Morgen wird mein Selbst ein anderes sein als gegenwärtig, beim Niederschreiben dieser Überlegungen. (Der Buddhismus hat sich ausführlich mit diesem Aspekt - ständiger Veränderung des Selbst – beschäftigt).

Man könnte nun auch Ethik und Moral als Komponente des Selbst verstehen. In späteren Abschnitten kommen wir auf dieses 4L-Modell mehrfach zurück. An dieser Stelle soll es lediglich der Erläuterung dienen.

Nach daoistischer Auffassung ist es nicht möglich, eine der Komponenten des Selbst vollständig gegen eine andere auszutauschen, bspw. durch ein Mehr-Lernen, Körper, Seele oder Emotion zu ersetzen. Laozis Sicht ist die eines mittleren Weges, einer strukturellen, im Idealfall „harmonischen" Kopplung zwischen den Teilen des Selbst:

> ...der Geist erstickt, wenn der Körper erschöpft ist. Wessen Geist durch Gefühle und Gedanken verletzt ist, der weiß, daß der Körper auf der Strecke bleibt, wenn der Geist erschöpft ist. Daher vertrauen Wahre Menschen bewußt ihrer innersten Natur und ihrem Geist, die sich gegenseitig stützen.
>
> Laotse, 1996, S. 39[109]

Unser Wissen über die Funktionsweise von lebenden Systemen mit Bewußtsein macht eine mittlere Position realistisch: begrenzte Austauschbarkeit. Dies heißt: *Alle* Faktoren sind für die Produktion einer bestimmten Leistung erforderlich. Eine vollkommene Substitution des einen (Geist) durch den anderen (Körper) bewirkt den Rückgang der Produktion von Leistungen (Handlungen) auf Null oder den Tod des Systems oder in evolutorischer Betrachtung: Die Hemmung, wenn nicht das Ende von Selbstentfaltung. Körper, Geist usw. sind multiplikativ (nicht additiv) bzw. dynamisch (ko-evolutiv) miteinander verknüpft. Dies entspricht unseres Erachtens der daoistischen Position einer ganzheitlichen (Tugend-)Ethik oder *de*.

> Alles ist durch die Einheit bewirkt.
> (Alles muß in seiner wesenhaften Einheit bleiben:)
> **Wer einen Wagen zerlegt, hat keinen Wagen mehr.**
> Lao-tse, Tao-tê-ching, Kapitel 39 [110]

Wer ein unternehmerisches Selbst zerlegt, hat keinen Unternehmer mehr.

> Deswegen sagen wir: Wenn [von den Dingen (den einzelnen Dimensionen der Kompetenz)] etwas bevorzugt wird, dann gibt es kein Ganzes mehr
>
> (Chuang-tse, 1996, S. 61).

---

[109] Wir erläutern im fünften Kapitel ausführlich die Logik und Praxis von *yin* und *yang* und ihre Tendenzen, sich im Zeitablauf zu harmonisieren. Diese *yin-yang*-Harmonie liegt auch dem Zitat von Laozi zugrunde. Die jeweiligen *L* haben einerseits eine stärkere *yin-* oder *yang*-Dominanz (Lernen ist *yang*, Lieben ist *yin*; Leben ist *yang*, Lebenswerk ist *yin*), verfügen in sich selbst aber wiederum über *yin-* und *yang*-Eigenschaften. Dies klingst hier noch rätselhaft, ist es aber überhaupt nicht, wie das 5. Kapitel zeigt.

[110] Quelle des Zitats Rudolf Backofen, Laotse, Tao Te King, 2. Auflage, München 1975. Vergleiche auch die Übersetzung und Kommentierung des 39. Kapitels bei Gerstner (2001, S. 211ff.). Dort heißt es: „Haben die ‚zehntausend Dinge' nichts, um hervorgebracht zu werden, fürchte ich, werden sie ausgelöscht werden." Das Selbst ist eines der 10 000 Dinge. Was sie hervorbringt, sind die Elemente des Selbst, in unserer Sprache die 4L. In der Sprache des modernen Gelehrten: „ ... das Selbst (ist) als der Sitz der Integration *für das Ausgleichen und Integrieren* [Laozi: für die „Harmonie"] ... der Ebenen, Linien und Zustände im Individuum verantwortlich..." (Wilber, 2001, S. 54).

Der amerikanische Psychologe William James notiert in seinem Buch *The Varieties of Religious Experience*:

> Im Bereich menschlicher Fähigkeiten bedeutet Übermaß gewöhnlich Einseitigkeit und Mangel an Balance; denn daß eine wesentliche Fähigkeit zu stark ausgebildet ist, kann man sich schwer vorstellen, wenn nur andere Fähigkeiten ebenso stark ausgebildet sind, um mit ihr in Vollzug zusammenzuarbeiten. Starke Affektionen erfordern einen starken Willen; starke Kräfte zum Handeln gebrauchen einen starken Intellekt; ein starker Intellekt benötigt starke Sympathien, um das Leben stabil zu erhalten. Wenn die Balance vorhanden ist, ist es kaum möglich, daß eine Fähigkeit zu stark ist - wir bekommen dann nur einen in jeder Hinsicht stärkeren Charakter (James, 1979, S. 323).

Ein Jahrhundert später berichtet Tony Schwartz am Ende einer langen Reise auf der Suche nach Weisheit:

> Ich habe Menschen kennengelernt, die außerordentlich erfolgreich sind auf ihrem Gebiet, aber vollkommen dem eigenen Herzen entfremdet und keinem sozialen oder spirituellem Ziel verpflichtet zu sein scheinen. Ich bin Meditierenden begegnet, die sich in transzendente Bewußtseinszustände versenken können, um sich im Alltagsleben ihren Mitmenschen gegenüber abscheulich zu benehmen und sie zu mißbrauchen. Ich habe Leute getroffen, die mitleidsvoll sind und einen hohen Bewußtseinsgrad erreicht haben, denen es jedoch an der nötigen Logik, Unterscheidungs- und Willenskraft mangelt, um intelligent und produktiv zu handeln. Die häufigste Unausgewogenheit aber, auf die ich gestoßen bin, ist... die Überbewertung der Fähigkeit zum Denken und Analysieren, zum Systematisieren und begrifflichen Erfassen und die Unterbewertung der Herzensregungen. Um ein Leben in Ganzheit führen zu können, muß man alle seine Möglichkeiten voll ausschöpfen – Kopf, Körper, Herz, Seele und Geist (Schwartz, 1995).

Die Taoisten haben entdeckt, daß es zwischen dem physischen, dem emotionalen, dem seelischen und dem spirituellen Selbst keine Trennung gibt. Folglich hat alles, was auf einer dieser Seinsebenen geschieht, Auswirkungen auf alle anderen Ebenen. Körper, Seele und Geist stehen in enger Verbindung, denn sie sind alle einzigartige Aspekte ein- und derselben Energiequelle. Wenn wir unter übermäßigem emotionalen Streß leiden, wird sich dieser Streß in unserem Körper in Form physischer Symptome manifestieren. Wenn wir unseren physischen Körper mißbrauchen oder vernachlässigen, wird sich das ganz konkret auf unsere Psyche und unsere Emotionen auswirken (vermerkt der Lehrer daoistischer Praktiken, Mantak Chia, 2000, S. 22).

Dein Ziel sei Einheit! Du hörst nicht mit den Ohren, sondern hörst mit dem Verstand. Du hörst nicht mit dem Verstand, sondern hörst mit der Seele. Das äußere Hören darf nicht weiter eindringen als bis zum Ohr. Der Verstand darf kein Sonderdasein führen wollen. Dann wird die Seele leer und vermag die Welt in sich aufzunehmen. Und das Tao ist es, das diese Leere füllt. (Chuang-tse, zitiert in Albert, 1996, S. 32; unsere Hervorhebung).

Was ist das *Dao* welches die Leere füllt? Der natürliche Lauf der Dinge (*ziran*).

Wir verstehen diese Aussagen auch im Sinne des skizzierten Modells multiplikativer Verknüpfung und struktureller Kopplung: als Existenz eines wechselseitigen, koevolutiven Zusammenhangs der Abhängigkeit und Durchdringung der verschiedenen Dimension des Selbst; eines unternehmerischen Selbst als ein emergierendes Muster interagierender, rückgekoppelter Komponenten – Körper, Seele, Geist.

4. Sein (*you*) und Nichtsein (*wu*): Wie das Neue entsteht

> **4. Sein (*you*) und Nichtsein (*wu*): Wie das Neue entsteht**
>
> 4. 1 Grundlegende Unterscheidungen
>
> 4. 2 Die Entstehung des Neuen aus dem *wu*/Nichts
>
> 4. 3 Nichtsein und Unternehmertum
>
> 4. 4 Unternehmerische Funktion als Nichtsein
>
> 4. 5 Innovationslogik: Das Sein entsteht aus dem Nichtsein

4.1 Grundlegende Unterscheidungen

Dieses vierte Kapitel ist theoriegeladen. Es beschäftigt sich mit Grundüberlegungen des philosophischen Daoismus. Wir steigen jedoch nicht in die philosophische Diskussion ein und stellen andere Sichtweisen nur dann vor, wenn sie zu grundsätzlich verschiedenen wirtschaftlichen Interpretationen als diese der unseren führen würden.

In diesem Kapitel erläutern wir einen ersten Teil der theoretischen Basis des Daoismus, die Frage von *you* (Sein) und *wu* (Nichtsein). Die philosophische Problematik interessiert uns dabei weniger, kann aber nicht ganz ausgespart bleiben. Im zweiten Abschnitt gehen wir auf die Entstehung des Neuen ein. Abschnitt 4.3 beschäftigt sich mit der *wu*-Frage aus ökonomischer Sicht. Teil 4.4 enthält weitere Überlegungen zum Zusammenhang von Sein/Nichtsein mit wirtschaftlicher Entwicklung. Insbesondere erläutern wir auf der Grundlage des Kapitels 11 des Laozi unternehmerische Funktionen aus daoistischer Sicht.

Für die Gestaltung von Innovationsprozessen in einer daoistischen Wirtschaft (Spiraldynamik ab Stufe 7 oder gelb) kommen wir um eine Diskussion von *you* und *wu* nicht herum. Wenn „Evolution immer und überall" ist (Luhmann, 1997, S. 431), wie erzeugt dann die daoistische

Theorie Evolution und, dieser vorgelagert, Entwicklung? Wie entsteht das Neue und wie findet es Anschluß an die Umwelt, in die es sich einpassen muß? Die „Variation" wird selektiert und das Selektierte in Sein und Nichtsein integriert.[111]

Die Wörter *you* und *wu* tauchen mehrmals im *Dao De Jing* auf, haben aber in verschiedenen Kapiteln unterschiedliche Bedeutungen. Philosophen und Sinologen haben viel über *you* und *wu* diskutiert.[112] Wir möchten als Ökonomen nicht beurteilen, welche ihrer unterschiedlichen Interpretationen richtig und welche falsch sind. Wir kombinieren die Hauptbedeutungen von *you* und *wu* für die Wirtschaft mit den wirtschaftlichen Theorien.

Als Einführung zitieren wir aus einer philosophischen Schrift (Lee, 2001, S. 31f.):

> Wir sehen ... zwei unterschiedliche Bedeutungen des Tao: einerseits als Sein [*you*] - die Lebenskraft in allen Wesen, die sich spätere Taoisten auch als „kosmische Energie" vorgestellt haben; andererseits als Nichtsein [*wu*]- der leere Abgrund, die Zeit lassende und Raum lassende Offenheit. Aus dieser leeren Offenheit werden Zeit und Raum sich je und je ergeben, und das Leben aller Wesen wird erneuert und verwandelt. Die Zeit und der Raum, die große Lebensbühne von Natur und von Geschichte, werden nie geschlossen. Jeden Tag ist die Welt neu für das Leben. Laotse beschreibt die Unerschöpflichkeit des Nichtseins mit einem anderen Gleichnis: „Was zwischen Himmel und Erde, wie gleicht es dem Blasebalg! Er ist leer und doch unerschöpflich; er regt sich, und um so mehr geht heraus" (Laozi, Kapitel 5)

Im Zitat ist bereits angedeutet, wie Nichtsein (*wu*) in der Wirtschaft wirkt: Es erneuert und verwandelt das ökonomische Leben. Wie aus dem Nichtsein das Neue entsteht und sich entfaltet, zeigen wir in diesem Kapitel. Lee bemerkt des weiteren:

> Das Tao als das Nichtsein ist der ruhige Abgrund, aus dem die Zeit und der Raum sich ergeben. Aus diesem ruhigen Abgrund beginnt alles Leben, entwickelt sich und kehrt wieder in ihn zurück. Das Tao gibt Zeit für Leben, Entwicklung und Auflösung. Es ist in sich still und ruhig, leer und offen. Es ist zwischen allem und umfaßt alles. Aus der Wirkung des Seins werden alle Wesen belebt. Aus der Wirkung des Nichtseins werden alle Wesen vergehen und sich auflösen - zurück ins Nichtsein. Das Nichtsein ist die Raum und Zeit gebende Offenheit, es ist auch die auflösende und befreiende Kraft des Tao. Durch die Auflösung ins Nichtsein wird alles Seiende erneuert und weiter in andere Formen verwandelt (Lee, 2001, S. 32).

Wir stellen nunmehr vier Interpretationen von Sein und Nichtsein vor. Für alle gibt es „Belege" im Laozi und Zhuangzi sowie ihren Kommentatoren. Dies macht bereits deutlich, warum sich bedeutende Geister nicht über das Wesen dieser Worte im Daoismus einigen können.

1. *you/wu* als Sein/Nichtsein

Das erste Kapitel des Laozi beginnt mit rätselhaften Worten.

> Das Nichtsein (*wu*) wird als der Anfang von Himmel und Erde genannt.
> Das Sein (*you*) wird als die Mutter der „zehntausend Dinge" genannt.
>
> (*Dao De Jing*, Kapitel 1, unsere Übersetzung)

---

[111] Im neo-darwinistischen Modell lauten die drei Subprozesse der Evolution: Variation, Selektion und (Re-)Stabilisierung.
[112] Ohne eine grundlegende Einigkeit in der Interpretation zu erzielen. Was im Text folgt ist unsere Konstruktion, angelehnt an Autoren und Verständnisse, die wir anführen.

Die Bedeutungsinhalte dieser Sätze sind der Schwerpunkt unseres vierten Kapitels. Im 5. Kapitel verbinden wir die Überlegungen zu Sein/*you* und Nichtsein/*wu* mit einem weiteren daoistischen Kernthema: *yin* und *yang* sowie der Harmonie- und Energiefrage.

2. *you/wu* als Erfülltsein/Leersein

Dreißig Speichen bilden gemeinsam eine Nabe.
Durch ein Leersein *wu* (in der Mitte der Nabe) gibt es *you*,
die Verwendung des Wagens.
Man knetet Ton, um Gefäße zu machen.
Durch ein Leersein *wu* (in der Mitte der Gefäße) gibt es *you*,
die Verwendung der Gefäße.
Man höhlt Tür und Fenster aus, um einen Wohnraum fertig zu machen.
Durch ein Leersein *wu* (von Türen und Fenstern) gibt es *you*,
die Verwendung des Wohnraumes.
Daher, ist etwas erfüllt *(you)*, macht es dadurch Nützlichkeit;
ist etwas leer *(wu - nicht da)*, macht es dadurch Verwendbarkeit. [113]

(*Dao De Jing*, Kapitel 11, unsere Übersetzung)

Laozi zeigt uns im Kapitel 11 das *you/wu* in einer Form von Erfülltsein/Leersein. Das *wu* im Kapitel 11 betont die Wichtigkeit des Leerseins, die wir bereits oben (Abschnitt 3.1) als Voraussetzung für *he qi* (wirksame Kommunikation) skizziert haben.

3. *you/wu* als Haben/ohne (kein, nicht, etc.)

Was heißt, eine große Sorge so wichtig nehmen wie sich selbst.
Daß ich eine große Sorge habe *(you)*, liegt daran, dass ich ein Selbst habe *(you)*.
Denn hätte ich kein *(wu)* Selbst, welche Sorge könnte ich dann haben*(you)*?

(*Dao De Jing*, Kapitel 13, Gerstner, 2001, S. 23)

Bei dieser Bedeutung sind *you* und *wu* mit zwei wichtigen Begriffen des Daoismus verknüpft: *wuwei* und *youwei* (Abschnitt 3.4). *youwei* (auch *wangwei*) ist das Gegenteil von *wuwei*. *wuwei* ist ein aktives Nicht-Tun/Handeln. Das Wort *youwei* ist eigentlich ein neutrales Wort und kann positiv oder negativ sein. Das kommt darauf an, in welcher Situation dieses Wort benutzt wird. Das *youwei*, welches im Kapitel 75 im *Dao De Jing* einmal auftaucht, hat nur negative Bedeutung: „Eingreifen", „willkürliches Handeln". Diese negative Bedeutung heißt auf Chinesisch auch *wangwei*. Es ist der Gegensatz zu *wuwei* (Abschnitt 3.4).

Daß die Leute hungern, liegt daran,
daß die (Steuern auf Nahrungsmittel) ihrer Oberen zu viel sind; deshalb hungern sie.
Daß die Leute schwer zu regieren sind, liegt daran,
daß ihre Oberen handeln *(you wei)*; deshalb sind sie schwer zu regieren.

(*Dao De Jing*,Kapitel 75, Gerstner, 2001, S. 366; Worte in Klammern von uns)

---

[113] In der Übersetzung von Lin Yutang (2000, S. 71): „Dreißig Speichen kommen in der Nabe zusammen. Aus ihrem Nichtsein (dem Verlust ihres Einzeldaseins) entsteht der Nutzen des Rades. Knete ein Gefäß aus Ton: Aus seinem Nichtsein (in der Höhlung) entsteht der Nutzen des Gefäßes. Schneide Türen und Fenster in das Haus (die Hauswand): Aus ihrem Nichtsein (dem leeren Raum) entsteht der Nutzen des Hauses. Darum: Das Sein der Dinge gibt uns Vorteil, und das Nichtsein der Dinge dient uns."

Wenn die Menschen hungrig sind, ist das, weil ihre Herrscher zuviel Steuer-Korn essen. Darum ist die Unbotmäßigkeit hungriger Menschen eine Folge des Eingreifens (*you wei*) ihrer Herrscher.

(*Dao De Jing,* Kapitel 75, Übersetzung im Buch von Lin Yutang, S. 208)

> Das Dao ist beständig ohne ein Handeln *(wuwei),*
> doch ist da nichts, was nicht getan ist *(wu buwei).*
> Wenn Fürsten und Könige es bewahren können,
> werden die „zehntausend Dinge" sich von alleine entwickeln.

(*Dao De Jing,* Kapitel 37, Gerstner, 2001, S. 200; unsere Ergänzung)

4. *you/wu* als Besitzen/Loslassen

Das Wort *you* hat auch eine Bedeutung, die zwar im *Dao De Jing* nicht mit *wu* zusammen auftritt, aber auch wichtig ist.

> Sie [Menschen des Einklangs: *shengren,* wird auch als der Weise
> oder der Heilige übersetzt] bringen hervor, doch besitzen (*you*) nicht.

(Dao De Jing, Kapitel 2, Gerstner, 2001, S. 23.)

Wir bilden hierzu dennoch eine you-*wu*-Beziehung, damit wir die Bedeutung des *you* und *wu* besser erklären können: *you/wu* als Besitzen/Loslassen.

Diese Bedeutung, *you/wu* als Besitzen/Loslassen, erklären wir in den Kapiteln 4 und 5 zusammen mit der Bedeutung des *you/wu* als Sein/Nichtsein. Es ist für ein Unternehmen, einen Unternehmer, ein Land, etc. eine Gefahr, wenn sie auf ihre Erfahrungen (vorhandenes Nichtsein) oder Ressourcen (Sein: Beispiel Ölreserven), mit denen sie erfolgreich/reich geworden sind, nicht verzichten können bzw. abhängig von ihnen werden (siehe in Abschnitt 5.7 unsere Überlegungen zur „Holländischen Krankheit").

Warum sollte es ein Problem sein, wenn man als System es nicht schafft, sich loszulassen, leer zu werden? Die entwicklungslogische Antwort (oder an dieser frühen Stelle: Vermutung): man kommt nicht auf den Weg, man vermag Sein und Nichtsein nicht schöpferisch zu verbinden, man kommt vom Weg ab (siehe den nächsten Abschnitt). Das zweite Problem: Man kann den Weg nicht weitergehen, erwerben, sich aneignen durch Kauf oder Diebstahl. Man kann ihn nur selbst schaffen. Evolution läßt sich nicht kaufen oder stehlen, nur von einem selbst betreiben.

Zhuangzi läßt Konfuzius einen „alten Meister" fragen, warum sich der Weg (*dao*) nicht übermitteln läßt. Der alte Meister:

> Der Grund, warum all dies nicht möglich ist, ist folgender: Wo es im Inneren niemand gibt, der ihn aufzunehmen vermag, da verweilt er nicht; wo er sich nicht im Äußeren manifestiert, da entwickelt er sich nicht. Wenn das, was aus dem Inneren hervortritt, im Äußeren nicht aufgenommen wird, dann läßt der Weise es nicht zum Vorschein kommen. Wenn es für das, was von außen hereinkommt, im Inneren niemand gibt, der es aufnehmen könnte, dann versucht der Weise erst gar nicht, es einzupflanzen (Zhuangzi, 1998, S. 219).

Diese Stelle hat es in sich. Zhuangzi formuliert hier, quasi nebenbei, Grundprinzipien der modernen (autopoietischen) Systemtheorie. Das Innere des Systems ist strukturdeterminiert. Nichts geht rein, wenn die Strukturen es nicht zulassen. Aber auch was nach außen geht, muß Anschluß an die Umwelt finden. Die Variation ist, neben internen Selektionsprozessen, auch von der

Umwelt (dem Nichtsystem) zu selektieren und in ihrem Fortbestand zu stabilisieren.[114] Das Obige beschreibt somit den basisdaoistischen Prozess einer Selbstevolution durch Ko-Evolution. Trösten wir uns mit Zhuangzi (S. 220):

> Für diejenigen, deren Geist nicht glauben mag, daß dem so ist,
> wird sich das Tor des Himmels nicht öffnen.

Was klar ist: Diese vier Bedeutungen des *you/wu* lassen sich nicht eindeutig von einander trennen. Strebt jemand nach dem Sein und vernachlässigt das Nichtsein, kann er nicht „leer" sein (vom Sein, beispielsweise von materiellen Vermögen) und von seinem vorhandenem Nichtsein (etwa seinem guten Ruf, seinem Wissen, seinen Erfahrungen: das ist das, was er schon hat und das, wodurch er erfolgreich geworden ist). Es läßt sich nahezu verallgemeinern: Die Rezepte der sogenannten Erfolgreichen, theoretisch nicht reflektiert, führen in die Irre, vom WEG ab: ein grausamer Sozial- und Psychodarwinismus. Wer sich von seinem Nichtsein nicht leer machen kann, wer nichts loslassen will, sondern alles was er hat, weiter besitzen will, kann vielleicht gut leben. Als Innovator bleiben ihm jedoch bestimmte Wege verschlossen, Möglichkeiten, die er sich selbst verbietet. Erfahrung gilt gemeinhin als großes Kapital für Unternehmer. Risikokapitalisten investieren nicht in „unerfahrene" Gründer. Falls überhaupt, stellen sie einen erfahrenen Manager als Aufpasser, Kontroller und Topentscheider neben sie. Der Daoist sagt: Vorsicht. Bestimmte (radikale) Innovationsmöglichkeiten fallen aus dem Erfahrungs-„Schatz" heraus. Was übrig bleibt, ist das eher Kleine, Vorsichtige, Inkrementelle.[115]

4.2 Die Entstehung des Neuen aus dem Nichts/*wu*

Im Kapitel 14 hat Laozi die geheimnisvolle und theoretische Seite vom *dao* noch einmal verdeutlicht.

> Möchte ich spähen, wie das *dao* aussieht, sehe ich nichts, weil das *dao* unsichtbar ist. Möchte ich das *dao* lauschen, höre ich nichts, weil das *dao* unhörbar ist. Möchte ich nach dem *dao* greifen, fasse ich nichts, weil das *dao* unberührbar ist. Diese Drei lassen sich nicht genau voneinander abgrenzen. Sie sind zusammen und werden eine Einheit (das *dao*). Der Anfang des *dao* ist nicht deutlich zu erkennen. Man kann aber sehen, daß nach dem Anfang unendliche Nachfolgen entstehen. Das *dao* ist wie ein unendlich langes Seil. Ich kann nur einen Teil von ihm kennen oder fassen. Deswegen kann ich keinen geeigneten Namen für das *dao* finden, obwohl ich weiß, daß das *dao* existiert.
>
> *Dao De Jing*, Kapitel 14, unsere Übersetzung

---

[114] Niklas Luhmann (1997, 3. Kapitel) beschreibt detailliert eine systemische Logik der Evolution. Wir sehen keinen Widerspruch, im Gegenteil, zwischen autopoietischer Sytemtheorie, inklusive Evolutionsverständnis und daoistischem Denken.

[115] An anderer Stelle (Röpke, Der lernende Unternehmer) sind wir auf die Probleme der Erfahrung im Zusammenhang mit Innovation ausführlicher eingegangen. Eine Untersuchung von Cliff u.a. (2005) bestätigt die daoistischen (und unsere) Vermutungen: Je mehr Erfahrung ein Unternehmer/Manager aus früheren Tätigkeitsfeldern einbringt, desto geringer wird die Radikalität der Neuerung. Die Autoren bestätigen auch die Vermutung eines Zusammenhangs zwischen impliziter Ethik und Innovation (wir nennen es die Minenhundthese): Unternehmensgründer, welche die ethische und funktionale Legitimität bestehender Praktiken in Frage stellen, handeln innovativer (die Kausalität ist zirkulär: Wer innovativ handelt, stellt die explizite Ethik und die vorherrschenden Geschäftspraktiken eher in Frage). Er handelt als ethischer Minenhund. Er erzeugt (Abschnitt 3. 6 und 3. 7) ethische Variation und treibt damit die Evolution.

Obwohl das *dao* schwer zu erkennen ist, beschreibt Laozi im ersten Kapitel vom *Dao De Jing* das *dao* mit zwei Begriffen: *wu* („Nichts"/„Nichtsein") und *you* „Sein".

> Das Nichtsein wird als der Anfang von Himmel und Erde genannt.
> Das Sein wird als die Mutter der ‚zehntausend Dinge' genannt.
>
> *Dao De Jing*, Kapitel 1, unsere Übersetzung[116]

Zhuangzi schreibt im 12. Kapitel: „Am Anfang war das Nichts. Es existierte nichts, es gab keine Begriffe."[117] Ein Innovationstheoretiker vermag auch heute noch nicht besser zu beschreiben, wie das Neue entsteht. Wir kommen darauf zurück.

Im ersten Kapitel von *Dao De Jing* schreibt Laozi:

> Daher, betrachtet man oft das *wu* (Nichtsein), kann man das *miao* (Feinheit, Geheimnisvolles von *wu*) kennen. Betrachtet man oft das *you* (Sein), kann man das *jiao* (die offenbaren, unterschiedlichen Ausgestaltungen vom *you*) kennen (unsere Übersetzung).

> Diese beiden kommen gemeinsam hervor,
> doch werden unterschiedlich benannt.
> Gemeinsam nennt man sie unergründlich *(xuan)*.
> Unergründlich *(xuan)* und nochmals unergründlich *(xuan)*
> sind sie das Tor zu den vielen Feinheiten *(miao)*
>
> (*Dao De Jing*, Kapitel 1, Gerstner, 2001, S. 12,
> Worte in Klammern von uns eingefügt)

Das *wu* (Nichtsein) ist das, was man nicht sehen, nicht hören und auch nicht mit der Hand greifen kann. Aber das *wu* (Nichtsein) bedeutet nicht, daß Nichts existiert. Das *wu* (Nichtsein) existiert auch, hat aber eine andere Form als die von *you* (Sein), an die wir gewöhnt sind. Genau deswegen zeigt das Nichts, daß das *dao* schön und geheimnisvoll *(miao)* ist. Das Wort *miao* 妙 besteht aus 女 (Frau oder Mädchen) und 少 (jung). Das *dao* ist so geheimnisvoll wie ein junges Mädchen, das verliebt ist. Sie ist sehr schön, sehr gütig, sehr rein und voller Lebenskraft. Aber sie ist schwer zu verstehen. Manchmal sagt sie „ja", obwohl sie eigentlich „nein" sagen möchte, manchmal umgekehrt. Manchmal verändert sie ihre Meinung so schnell, daß der arme Junge sie nicht verstehen kann. Aber ganz wichtig ist, daß sie ihn sehr liebt, obwohl sie ihm so viele Umstände macht. Man braucht nicht viel darüber zu sprechen, weil dieses Gefühl verstehen kann, wer sich an seine erste Liebe erinnert.

---

[116] Es existieren mehrere Lesarten dieser für unsere Überlegungen kritischen Passage. Wang Bi: „Das Namen**lose** ist der Anfang der ‚zehntausend Dinge'." *(wu ming, tiandi zhi shi)* „Das Benannte ist die Mutter der ‚zehntausend Dinge'." *(you ming, tiandi zhi mu)*. Die zweite Lesart: „Das **Nichts** nennt man den Anfang der ‚zehntausend Dinge'." *(wu, ming tiandi zhi shi)* Das Vorhandene [das Sein] nennt man die Mutter der ‚zehntausend Dinge'." *(you ming, tiandi zhi mu)* (Nachweis der Quellen bei Gerstner, 2001, S. 14; Kommas im chinesischen Originaltext von uns). Wo steht das Komma? Niemand weiß es, da es im Laozi keine Kommas gibt. Wir sind für die zweite Lesart, weil Laozi nach diesen zwei Sätzen weiter über das *you*/Sein und *wu*/Nichtsein schreibt, nicht über *wu ming*/„Namenlose" und *you ming*/„Bekannte".

[117] In anderer Übersetzung (Zhuangzi, 1998, S. 182) heißt diese Stelle: „Im Großen Anfang da war nur Nichtsein und noch kein Sein und keine Namen. Daraus entstand das Eine - da war das Eine, doch noch keine Form."

Für Menschen im Westen macht insbesondere eine Sache an *wu* und *you* Verständnisschwierigkeiten (zum Wohle der Philosophen). Wenn wir von Nichtsein sprechen, verbinden wir es mit Nichtexistenz.[118]

Laozi sagt mit seinem Konzept von *wu*: Nichtexistenz existiert, auch in der Wirtschaft. In diesem *wu*/Nichtsein sind die Embryos des *you*/Sein enthalten.

> Das Dao als Ding ist undeutlich und unklar.
> Unklar und undeutlich, in ihm gibt es Erscheinungen.
> Undeutlich und unklar, in ihm gibt es Dinge.
> Tief und dunkel, in ihm gibt es Reinheit.
> Diese Reinheit ist sehr authentisch, in ihr existiert Glaubwürdigkeit.
> *Dao De Jing*, Kapitel 21, Gerstner, 2001, S. 126

> Die „zehntausend Dinge" in der Welt werden aus dem *you*/Sein geboren,
> das *you*/Sein wird aus dem *wu*/Nichtsein geboren.
> *Dao De Jing*, Kapitel 40, unsere Übersetzung

> Das *you*/Sein und das *wu*/Nichtsein gebären einander.
> *Dao De Jing*, Kapitel 2, unsere Übersetzung

Man kann die 10.000 Dinge also erzeugen. Sie fallen nicht als Manna vom Himmel. Sie sind keine Produkte eines Schöpfergottes. Und wer Nichtexistenz nicht hervorbringen kann, geht seiner Existenz verlustig. Nichtsein bringt Sein ins Sein, in die Existenz. Entfernen wir das Nichtsein, gibt es (zwar) immer noch Sein, aber nichts anderes als dasjenige Sein aus der Zeit, bevor Menschen auf der Welt leben. Wenn es jedoch Systeme, Unternehmer und Unternehmen gibt, denen es gelingt, aus Nichtsein ein neues Sein zu schaffen, dann ist das ökonomische Spiel für diejenigen gelaufen, die keinen Zugang zum Nichtsein - vor allem zum neuen Nichtsein (wir nennen das neue Nichtsein das *yang* im Nichtsein; vergleiche Kapitel 5) - schaffen, oder das Nichtsein nicht ins Sein umsetzen können. Ohne Nichtexistenz, Nichtsein, Nichts, keine wirtschaftliche Existenz (Sein).[119]

Dies ist kein Mystizismus. Keine Irrationalität. Beinahe gesunder Menschenverstand. Das *wu* (Nichtsein/Nichts) ist somit kein absolutes Nichts, sondern ein Nichtsein oder ein Nichts mit potentiellem Sein. Die Funktion des Unternehmers, in welchem Teilsystem der Gesellschaft er auch tätig ist, besteht darin, das potentielle Sein zu einem wirklichen Sein zu machen, Nichtsein in Sein zu transformieren. Die unternehmerische Transformationsleistung ist dabei abhängig von der Funktionstiefe von Unternehmertum. Wir unterscheiden vier Funktionen, beginnend

---

[118] Nichtsein im daoistischen Sinn ist nahe am Leersein, auch sich Leermachen, nicht im Sinne des abendländischen existentiellen Nichts. *wu* ist kein solches Nichts sondern eine schöpferische Kraft, oftmals die Ruhe vor dem Sturm, reculier pour mieux sauter (Zurückziehen/treten um weiter springen zu können). Es ist eine Phase im *chang dao* (siehe 2. Kapitel). Also kein metaphysisches Nichts sondern eine reale Ordnungskraft des Nichtseins und -habens, die vor dem Seienden angesiedelte Quelle und das, was aus der Eins die Zwei macht. Eine damit verbundene Schwierigkeit ist die autopoietische Natur der Beziehungen von Sein und Nichtsein. In der Ordnung der Natur bringt das Nichtsein ständig das Sein hervor. Das Universum existiert und operiert aus sich selbst heraus. Vgl. zum Nichtsein im Daoismus die Ausführungen von Bely, Wohlfart und die dort genannten Hinweise.

[119] Zu ergänzen wäre: keine Existenz in einer bestimmten Funktion. Wer in einer Innovationswirtschaft nicht überleben kann, vermag es *möglicherweise* als Arbitrageur oder Routineunternehmer. Wir gehen auf den Zusammenhang zwischen Nichtsein und ökonomischer Funktion von Unternehmertum unten ein.

mit der niedrigsten Tiefe, Routineunternehmertum, aufsteigend über Arbitrage, Innovation bis zur Evolution, der Unternehmerfunktion mit der größten Funktionstiefe. Wir nennen dies das RAIE-Modell von Unternehmertum.

Wenn man das *you* (Sein) beobachten möchte, sieht man offensichtlich unterschiedliche Gestalten, nämlich alle Dinge auf der Welt, die durch das Sein aus dem *Dao* entstehen (die „zehntausend Dinge"). Laozi nannte es *jiao* 徼, das Seil, das man in der alten Zeit an den Pfeil bindet, wenn man jagt. Entlang des Seils kann man die vom Pfeil getroffenen Tiere finden, gleichgültig, welche Tiere es sind. Mit diesem Wort zeigte Laozi, daß man entlang des *dao* die Gesetzmäßigkeit der Gestaltung der Dinge auf der Welt erkennen kann. Obwohl ihre Ausprägungen so unterschiedlich sind, haben sie einen gemeinsamen Ursprung, nämlich das *dao*. Das *wu*/Nichtsein und das *you*/Sein sind beide aus dem *dao* entsprungen und haben nur unterschiedliche Namen. Beide sind *(xuan)* 玄. Das Wort *xuan* wird beispielsweise als verborgen, mysteriös, geheimnisvoll interpretiert. Heutige Bedeutungen des Worts *xuan* sind auch: schwer verständlich, abstrus, dunkel, unglaubwürdig.

Dao ist eine Einheit von *wu* (Nichtsein) und *you* (Sein)[120]. *You* (das Sein) kann man normalerweise sehen, hören oder fühlen und ist deswegen auch das, was man beobachten und beachten kann, während *wu* (das Nichts) schwer zu sehen, zu hören oder zu fühlen ist und deswegen auch meistens vernachlässigt wird. Man kann *wu* (das Nichtsein) (er-)kennen, wenn man es (er-)kennen möchte, vor allem durch das *you*/Sein. Zum Beispiel kann man eine neue Technologie (*wu*/Nichtsein) erst wirklich beurteilen, wenn man die Güter (*you*/Sein), die mit dieser Technologie hergestellt werden, sehen kann. *Wu*/Nichtsein ist die Quelle des *you*/Seins. Die Wichtigkeit des *wu*/Nichtseins für das *you*/Sein haben wir oben schon kurz erläutert. Im Kapitel 5 stellen wir diese Bedeutsamkeit noch ausführlicher dar.

> Das *you*/Sein und das *wu*/Nichtsein gebären einander.
> *Dao De Jing*, Kapitel 2, unsere Übersetzung

Es handelt sich also um eine wechselseitige Hervorbringung von *you*/Sein und *wu*/ Nichtsein.[121] Wir schreiben viel über das Nichtsein. Das bedeutet nicht, daß wir das Sein für unwichtig halten. Wir beachten nicht nur Sein und Nichtsein, sondern auch ihre Beziehung. Fehlt eines von diesen drei - Nichtsein, Sein und ihre Interaktion -, kann eine Wirtschaft sich nicht entwickeln. Wir betonen das Nichtsein, weil das Nichtsein für die Wirtschaft immer wichtiger wird und weil es zu leicht unbeachtet bleibt.

Einige einfache Beispiele: Früher konnte niemand ohne einen „Laden" seine Güter verkaufen. Heute kann man seine Güter Online verkaufen. Das stationäre Geschäft, ein Sein, was die früheren Geschäfte unbedingt haben mußten, ist heute kein Muß mehr. Wie ist Dell erfolgreich geworden? Durch eine Idee! Die materiellen Ressourcen, die Dell hat, haben viele Unternehmen auch, sogar wesentlich mehr. Aber viele solcher „reichen" Unternehmen existierten heute schon nicht mehr, während Dell seine Geschäfte mit der ganzen Welt betreibt. Dominiert das Sein, oder das Nichtsein, wird Entwicklung verhindert. Diese Probleme stellen wir ausführlicher im

---

[120] *You* und *wu* können eine *yin-yang*-Beziehung bilden. Aber nicht jedes *you* (Sein) kann mit jedem *wu* (Nichtsein) eine *yin-yang*-Beziehung bilden. In diesem Abschnitt möchten wir nur die allgemeine Beziehung zwischen *wu* und *you* darstellen. Wie das *you* und das *wu* eine *yin-yang*-Beziehung bilden können, erläutern wir im 5. Kapitel.

[121] Zumindest in diesem Punkt herrscht eine gewisse Einigkeit der Interpreten. Siehe Zitate bei Gerstner, 2001, S. 25f. Cheng (2004) schreibt im Hinblick auf das 2. Kapitel, „that Laozi holds that you and wu mutually generate each other."

nächsten Kapitel dar, weil wir mit der *yin-yang*-Logik des Daoismus auch daoistische Lösungen anbieten können. Was es ökonomisch bedeuten könnte, erläutern wir im Folgenden. Genauer gesagt „übersetzen" wir die daoistische Logik in wirtschaftliche Zusammenhänge. Da es nach unserer Kenntnis noch niemand gemacht hat, kommen wir um eine gewisse theoretische Phantasie nicht herum. Wir wollen ja nicht den Daoismus an sich vorstellen. Unser Ziel ist ein anderes: mit den Einsichten des Daoismus lernen, wie wir die Zukunft der Wirtschaft so gestalten können, daß Entwicklung sich erhält (der autopoietische Anspruch) und Evolution sich verwirklicht. Unser Anspruch somit: die Integration von Entwicklung und Evolution in die daoistische „Weisheitslehre". Oder umgekehrt: Die theoretische und praktische Nutzbarmachung des Daoismus für die Lösung von entwicklungsökonomischen Herausforderungen und die Gestaltung evolutorischer Prozesse.

Abbildung 4.2.1: Interaktion von Sein und Nichtsein

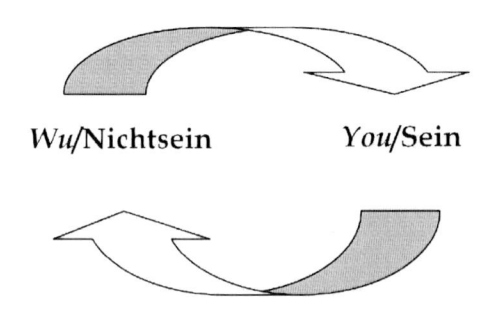

Wu/Nichtsein   *You*/Sein

Da lag es dann nicht an der Theorie, wenn sie zur Praxis noch wenig taugte, sondern daran, daß *nicht genug* Theorie da war,... Es kann also niemand sich für praktisch bewandert in einer Wissenschaft ausgeben lernen und doch die Theorie verachten, ohne sich bloß zu geben, daß er in seinem Fache ein Ignorant sei. (Kant, 1983, S. 127 f.; unsere Hervorhebung).

„Nicht genug Theorie" macht Praktiker ärgerlich und ist für Theoretiker eine Beleidigung. Zumindest in der Zunft der Ökonomen macht man sich damit unbeliebt. Wir wissen fast alles – nur die Politiker machen nicht mit, setzen nicht um, oder nur halbherzig, wenn nicht vermurkst, was wir wissen und für richtig halten. Ein typischer *yin-yang*-Konflikt: Wissen (*yang*) wird nicht umgesetzt, weil die anderen nicht verstehen (zu blöd sind), also nicht können, oder nicht wollen (Auftrag der Wähler) oder nicht dürfen (Faktoren im *yin*; Abschnitt 5.2). Wir sehen das anders. Auch unser *yang* bleibt noch unterentwickelt. Andere sehen es ähnlich, sogar Ökonomen: „Um zu wissen, wie wir das Wachstum und die Innovation beleben können, ist noch wichtige intellektuelle Arbeit notwendig."[122]

---

[122] Diejenigen, die das schreiben, kommen aus einem Land, in dem es eigentlich um Wachstum und Innovation gut bestellt ist. Dennoch sind sie unzufrieden, da das Wachstum weit hinter dem Potential herläuft und angesichts der Herausforderungen ein Wachstumsverzicht keines der anstehenden Probleme besser lösbar würde. Die Folgen des Klimawandels würden wir – der Club of Rome-Logik folgend – nur loswerden, wenn wir die eine Hälfte der Menschheit zu Haifischfutter machen und die andere Hälfte ökonomisch in einer Dauerdepression gefangen halten. Robert Rubin und Kollegen, ein US-Team, stehen hinter dem Zitat. Wir entnehmen es einem Beitrag von Eric Le Boucher (Le Monde, 10. April 2006, S. 2 „Manifeste pour s'en sortir"), in dem er versucht, die Einsichten der amerikanischen Ökonomen für seine Landsleute schmackhaft zu machen. Im nächsten Kapitel erläutern wir hierzu den empirischen Hintergrund.

Das Sein zeigt die Funktion und Wirkung des Nichts. Deswegen ist das Nichtssein nicht das absolute Nichts, sondern ein Nichts *in Verbindung* mit dem Sein: Nichtsein. Ohne die Berücksichtigung *wu*/Nichtssein kann man das *you*/Sein nicht wirklich kennen. Nicht nur *you*/Sein, sondern auch *wu*/Nichtssein und die energetische Beziehung zwischen *you*/Sein und *wu*/Nichtssein, das *qi*, vor allem *he qi*, muß man berücksichtigen. In der Tat vernachlässigen wir meistens ein oder zwei von diesen drei. Wie wir sehen, bedeutet das *wu*/Nichtssein auch keineswegs das Gegenteil des *you*/Sein. Beide sind komplementär. „Sein und Nichtsein sind nur zwei Aspekte des Tao. Man soll sich hüten, das Nichtsein einfach mit dem ‚Nichts' gleichzusetzen" (Béky, 1972, S. 73).

In der Wirtschaft sind *you* die materiellen Ressourcen, das Vermögen. Beispielsweise Computeranlage, Büro, Maschinen und alldas, was in der Ökonomie als Ressourcen und Güter (Produkte, Waren, Output) bezeichnet wird. Dies schließt allerdings - ein wichtiger Punkt, abweichend vom ökonomischen Denken - das jeweils gegebene Wissen *nicht* ein (Abschnitt 4.3). Wissen ist *wu*. Sein schließt also gegebene materielle Ressourcen und aus ihnen hergestellte Güter, Leistungen und Produktionsverfahren ein. In den Wirtschaftswissenschaften gelten Ressourcen als „Mittel", um eine bestimmte Aufgabe zu lösen bzw. um einen bestimmten Zweck zu erfüllen. Darunter fallen Betriebsmittel, Geldmittel, Rohstoffe, Boden, Energie oder Personen und das verfügbare Wissen. Ihre Zuteilung wird Ressourcenallokation genannt. Nach der daoistischen Theorie ist die Harmonie zwischen Sein (wie Betriebsmittel, Geldmittel, Rohstoffe, Boden, Personen, etc.) und Nichtsein (wie verfügbares Wissen und Umsetzungsfähigkeiten der Personen; Schumpeter: „Persönlichkeit"), Voraussetzung für die Entstehung der neuen Dinge (einschließlich neuer Güter siehe 5. Kapitel).

Das Wissen und die Werkzeuge, die MBAs erwerben, sind - vielleicht und eingeschränkt - wirksam, wenn ein Unternehmen bereits am Markt etabliert ist: die Welt des Seins. Nachhaltigen Erfolg garantiert dies nicht. Wenn das Management abhebt, den Erfolg des Unternehmens auf sich selbst zurückführt (nicht auf Zufälle, Gott, die Umstände), ist das Ende trotz MBAs und McKinsey unaufhaltsam (Sheth & Sisodia, 2005). Persönlichkeit bringt die Unternehmung ins Leben (Schumpeter), hält sie am Leben, bewirkt ihren Tod (Daoismus). Der Daoist setzt daher nicht auf „Vernunft" und „Verstand" (was bringt Vernunft einem Menschen auf der roten oder blauen Ebene in einem grünen Wettbewerbsumfeld?); er setzt, im Einklang mit Schumpeter und der modernen Psychologie (Martens & Kuhl, 2005) auf Persönlichkeit. Was bringen solche Fertigkeiten für eine neue Unternehmung und die Schaffung des Neuen in einem bestehenden Unternehmen? Verengen sie die Wirklichkeitskonstruktion auf eine Weise, die der Schaffung des Neuen ihres unternehmerischen Kerns beraubt? Die daoistische Antwort, gestützt auf empirische Befunde (Collins, 2001; Sheth & Sisodia, 2005): Sie sind weitgehend funktionslos.

Die gegebenen materiellen Ressourcen [*you*] und die aus ihnen hergestellten Güter gehören somit zum *you*/Sein und „Leistungen und Produktionsverfahren" (in ihrer nicht-materiellen Qualität und als nicht-materielle Güter) zum *wu*/Nichtsein. Ist ein Hochofen Sein oder Nichtsein? Ist ein Fließband Sein oder Nichtsein? Beides ist materiell. Was Nichtsein ist, sind die Fähigkeiten, diese Technik zu beherrschen, auch das Wissen, das Know-how. Ein Computer hat eine materielle (Gehäuse, Laufwerk usw.) und nicht-materielle (Software) Komponente. Ohne Nichtsein (Wissen, Fähigkeiten, auch der Anwender) läßt sich ein Rechner nicht konstruieren, bauen und anwenden. Dennoch ist ohne ein materielles Sein der Computer nichts Wert. Das Nichtsein (Wissen, Ingenieur-Know-How) an sich kann viel Wert sein, aber nur weil demjenigen, der diesem *wu* Wert beimißt, potentielle Verwendungen des Rechners vorschweben, die mit dem Sein verknüpft sind.

Ein weiteres Beispiel: Ich lese den Koran oder die Bibel. Ich halte Sein in der Hand (oder auf dem Bildschirm). Ohne dieses habe ich keinen Zugang zum Nichtsein. Ohne das Nichtsein (das Wort Gottes, die Propheten und Jünger, die es niederschreiben), existiert das Sein nicht und damit meine Möglichkeit, das Wort Gottes in schriftlicher Form zu erhalten.[123]

Sein und Nichtsein erzeugen einander. Fällt das eine aus, fällt auch das andere aus.

Zur Frage, ob Neuerungen (neue Kombinationen) etwas Materielles (in unserem Sinne *you*) sind, schreibt Schumpeter (1911/2006, S. 164):

> Wir wenden uns nun einem Punkte zu, der für unsern engeren Zweck von Bedeutung ist. Die neuen Kombinationen sind zunächst nichts Materielles, sie sind zunächst überhaupt nichts. Ihr Vorhandensein im Bewußtsein einiger Leute ändert nichts an dem Gange der Wirtschaft und ist an sich, wie wir sahen, so bedeutungslos wie die Kanäle im Mars. Aber das ändert sich, sobald eine solche neue Kombination von einem Manne unsres energischen Typus aufgegriffen wird. Zu etwas Materiellem wird sie dadurch allerdings nicht; aber aktuell wird sie. Von dem Momente an, nämlich, von dem unser Mann ihre Realisierung ernstlich ins Auge faßt, beginnt ihr Vorhandensein sich in sehr reeller Weise fühlbar zu machen. Auf die vorhandenen Güter wirkt sie nicht sofort, wohl aber auf deren Werte und durch diese auf die Preise. Unser Mann wird seine Wertschätzungen für viele Güter ändern; er wird sowohl seine eigenen anders werten, wie auch Güter andrer Leute mit andern Augen ansehen. Gedenkt er seiner Unternehmung z. B. irgendwie eine Monopolstellung zu erobern, so wird er von dem Momente, in dem sein Plan zum Entschlusse wird, sie nun anders schätzen. Ist für seine Absicht das Grundstück seines Nachbarn nötig, so wird er eine bisher nicht vorhandene Nachfrage danach entfalten.

Schumpeter formuliert einen zentralen Punkt, den Anhänger der sog. Wissensgesellschaft zu übersehen scheinen. Wissen um neue Kombinationen ist vergleichbar „Kanälen auf dem Mars" (Schumpeter). Innovationslogisch:

> Die neuen Kombinationen [das neue Wissen] sind zunächst nichts, sie sind zunächst überhaupt nichts. Ihr Vorhandensein im Bewusstsein einiger Leute ändert nichts am Gange der Wirtschaft und ist an sich, wie wir sahen, so bedeutungslos wie die Kanäle im Mars. (Schumpeter 1911/2006, S. 164).

Das Nichtsein ist noch nicht im Sein angekommen, hat sich noch nicht materialisiert, hat sich mit dem Sein noch nicht verbunden, ist nicht „durchgesetzt". Wissen (Nichtsein) wird in der Schumpeterschen Sicht erst dann und dadurch wirtschaftlich wertvoll, daß es in Neuerungen Eingang findet oder potentiell finden kann.

Nichtsein. Was nutzt ein Patent? Nichts - für sich genommen. Erst wenn es sich in Neukombinationen materialisiert, gewinnt es ökonomischen Wert. Patente werden gekauft und verkauft, Rechtsanwälte streiten über ihre Verletzungen. Milliarden fließen im Nichtsein hin und her. Warum hat es Wert? Wer erzeugt ihn? Die Phantasie und Vision derjenigen, die glauben, mit dem Patent Geld verdienen zu können. Sie diskontieren den potentiellen Wert der Anwendung

---

[123] Komplizierter wird es, wie im Islam, wenn der Empfänger von Gottes Wort, als Analphabet, es nicht aufzeichnen kann. Was ist bei mündlicher Überlieferung Sein und Nichtsein? Was ist das materielle Sein, welches dem Propheten erlaubt, die Eingebungen Gottes in seinem Gedächtnis zu speichern und anderen Menschen mitzuteilen? Auch hier muß sich Sein mit Nichtsein verbünden.

auf die Gegenwart ab und zahlen für diesen Wert einen Preis.[124] Zudem ist immer zu beachten: Wozu dient das Patent (neues Wissen): Der Lebenserhaltung eines laufenden Zyklus, somit inkrementeller Neuerung oder der Schaffung basisinnovativer Wertschöpfung? Letzteres sieht man einem Patent leider nicht an, so daß Patentinhaber meistens leer ausgehen. [125]

Auch die notwendigen Artefakte zur Beschreibung und Analyse wirtschaftlicher Transaktionen, wie Bilanzen, Rechnungslegungsvorschriften, Geschäftspläne, etc., gehören zum *wu*. Investoren legen viel Wert auf das Sein (materielles Vermögen) in den Bilanzen einer Firma. Geschäftpläne listen detailliert das verfügbare materielle Eigentum auf. Der Investor legt viel Wert auf das Sein, weil er glaubt, dadurch Risiken reduzieren zu können. Aber wenn man das Nichtsein unbeachtet läßt, z.B. die Umsetzungsfähigkeit (die innovative Fähigkeit) eines Neuerers (*wu*), könnte es sein, daß die Finanziers noch mehr Risiken tragen müssen, wenn das Vorhaben nachher scheitern sollte. Bilanzen und Geschäftspläne sind eine Einheit von Sein und Nichtsein, Erzeugnisse von Sein und Nichtsein. Das *wu* (Nichtsein/Nichts) sind solche Ressourcen und Kompetenzen, die im Prozeß wirtschaftlicher Entwicklung in einer immateriellen Form auftauchen, oder in einer materiellen Form auftauchen, die wir aber nicht kennen, d.h. etwas, was in der Tat in einer materiellen Form existiert und für bestimmte Leute/Wirtschaftssubjekte ein Sein ist. Daher ist es für uns ein Nichtsein. Porzellan war im 11. Jahrhundert in China Sein und gleichzeitig in Europa Nichtsein: Gerücht, Reisebeschreibung, Phantasie, Traum.

Was bedeutet *you*/Sein und *wu*/Nichtsein für die Wirtschaft, vor allem eine Wirtschaft von heute, mit einer immer größeren werdenden Bedeutung der Ressource Wissen? Wie wir in der nebenstehenden Abbildung 4.2.2 sehen, kann *wu*/Nichtsein immaterieller oder materieller Natur sein. *You*/Sein ist immer materieller Natur, und kann bereits bekannt und angewendet oder nicht angewendet sein.

Wir können *you*/Sein daher nach zwei Typen unterscheiden: Ressourcen, Komponenten und Vermögen, die wir schon kennen und benutzt haben, und solche, die zwar für uns bekannt sind, aber dennoch nicht von uns verwendet werden.

Wu/Nichtsein können wir zunächst nach zwei Typen unterscheiden: materielles und immaterielles *wu*/Nichtsein. Das materielle Nichtsein ist das, was wir nicht kennen, aber für bestimmte Leute bekannt sein könnte und daher für solche Leute ein *you*/Sein ist, aber nicht für uns Unwissende (Porzellan s.o., Buchdruck im Mittelalter: in China bekannt und angewendet, bei uns unbekanntes materielles Nichtsein). Der Umgang mit dem bekannten und noch nicht angewendeten („durchgesetzten") Nichtsein ist eine große wirtschaftliche Herausforderung. Wir widmen dieser ein eigenes (das sechste) Kapitel.

Das bekannte immaterielle *wu*/Nichtsein können wir weiter nach zwei Typen unterscheiden: bekanntes immaterielles *wu*/Nichtsein, das wir auch benutzt haben und das, was wir noch nicht angewendet haben. Afrika hat den größten Teil des Wissens (*wu*/Nichtsein), welches in Europa verfügbar ist, nicht nutzen können. Teilweise weiß man um dieses Wissen, teilweise nicht. Das

---

[124] Unter abdiskontieren/abzinsen versteht man die Ermittlung des heutigen Wertes zukünftiger Erträge. Je weiter sie in der Zukunft liegen, desto weniger wert sind sie aus heutiger Sicht, weil ihre gegenwärtige Verfügbarkeit mit bestimmten (Zins)Kosten verknüpft ist. Zur Ermittlung ihres heutigen Wertes werden diese Erträge daher abdiskontiert, das heißt für jedes in der Zukunft liegende Jahr um einen bestimmten Prozentsatz verringert.

[125] Werfen wir einen Blick in die Patentstatistik: Die meisten Patentanmeldungen zielen in Deutschland auf „Alt-Kondratieffs", Fahrzeugbau (vierter Kondratieff), gefolgt von Maschinenbau. Ein gleiches Bild liefert die unternehmensbezogene Patentanmeldung. Siemens, Bosch, Daimler, beherrschen das Feld (Schade, 2006).

wu/Nichtsein, das wir kennen, aber aus irgendeinem Grund nicht benutzen, bleibt immer ein *wu*/Nichtsein. Daraus kann kein neues Sein entstehen. Die meisten Menschen hierzulande wissen, welchen Einfluß Menge und Inhalt von Essen und Trinken auf ihre Gesundheit haben. Sie riskieren lieber Krankheit und einen frühen Tod, als ihr immaterielles Nichtsein in Sein zu transformieren.[126] Der Tod als Sein (und Nichtsein des Lebens) resultiert aus dem Nichtsein.

Abbildung 4.2.2: *wu*/Nichtsein & *you*/Sein

```
                        Dao
              ↙          ↓          ↘
       wu/Nichtsein              you/Sein
       ↙      ↓      ↘                ↓
 bekanntes  unbekanntes/neues  unbekanntes     bekanntes
 Nichtsein  Nichtsein          materielles     Sein
                               Nichtsein
    ↓          ↓                              ↙        ↘
 bekanntes  bekanntes,                    bekanntes  bekanntes, aber
 und auch   aber noch nicht               und auch   noch nicht
 angewendetes angewendetes                angewendetes angewendetes
 Nichtsein  Nichtsein                     Sein        Sein
    ↑          ↑              ↑              ↑
 Die Dinge, die in einer immateriellen    Die Dinge, die in einer materiellen
 Form auftauchen                          Form auftauchen
```

Es gibt Lehrbücher, die man auch nach mehrfachem Lesen noch nicht versteht. Was spielt sich ab? Unbekanntes Nichtsein bleibt unbekannt. Die Verstehens- und Anwendungsbarriere wird nicht überwunden. Das daraus irgendwann ein Sein werden könnte, das Wissen des Lehrbuches und seiner Schreiber in die Praxis übergeht, ist Illusion.

Alle diese Typen von Nichtsein (materiell und immateriell) sind im Entwicklungsprozeß aktiv. Deswegen müssen wir sie und auch die Beziehung zwischen ihnen berücksichtigen.

---

[126] Wofür den Todesliebhabern der Dank des Volkes gewiß ist. Ein altruistischer Beitrag zur Rentenkasse, gespeist, wie schon Adam Smith und Bernard Mandeville, der Autor der Bienenfabel, darlegen: dem Egoismus der Menschen (und seiner Gene).

Unternehmenskultur ist eine der immateriellen Ressourcen/Komponenten/Vermögen. Sie ist für ein Unternehmen bekannt und wird praktiziert. Kultur ist *wu*.

Oberflächlich gesehen ist Wettbewerb zwischen Unternehmen ein Wettbewerb des *you*/Sein: Wer hat die besseren Produkte, günstigeren Preise? Welches Unternehmen hat mehr Finanzkapital? Hinter diesem *you*-Wettbewerb steht auch, und viel grundsätzlicher, ein Wettbewerb des *wu*/Nichtsein: Werden die Lernfähigkeit, Innovations- und Durchsetzungsfähigkeit von Wissen und Ideen in Innovation (mit dieser Unternehmenskultur) gefördert? Die Wichtigkeit des „immateriellen Vermögens" eines Unternehmens wird schon lange diskutiert. Unternehmer, Ökonomen und die Politikmandarine (EU: Lissabon-Agenda) legen zunehmenden Wert darauf. Früher legte man viel Wert auf das Sein (Boden, Arbeiter, etc.). Der Wettbewerb war ein Wettbewerb des Seins. Ab Mitte des 20. Jahrhunderts ist Nichtsein immer wichtiger geworden (dem Gesetz von Kurzweil folgend).[127] Was man noch nicht genug beachtet, ist die Durchsetzung des neuen Wissens in der Praxis, die Überwindung der Theorie-Praxis-Lücke. Das ist eine Erscheinung, die wir als eine *yin*-Dominanz bezeichnen (ausführlich 5. Kapitel).

> Die „zehntausend Dinge" in der Welt werden aus dem *you*/Sein geboren,
> das *you*/Sein wird aus dem *wu*/Nichtsein geboren.
>
> *Dao De Jing*, Kapitel 40, unsere Übersetzung

> Das *you*/Sein und das *wu*/Nichtsein gebären einander.
>
> *Dao De Jing*, Kapitel 2, unsere Übersetzung

Wenn wir fragen, woher das Vorhandene kommt, wie es erzeugt wird und - insbesondere - wie es neu rekombiniert wird, verlassen wir die Welt des Seins und treten in die Welt des *wu*/Nichtseins ein.

Ist die Dampfmaschine einmal verfügbar und hergestellt, beobachten und verwenden wir die Maschine, ein *you*/Sein. Was sich hinter diesem *you*/Sein versteckt, ist ein Zusammenwirken von *you*-Phänomenen (Betriebsmittel, Geldmittel, Rohstoffe, Boden, Personen, etc.) und *wu*-Faktoren (Nichtsein: das verfügbare Wissen, Kultur, und die Durchsetzungsfähigkeiten von Personen, Unternehmertum). Sein und Nichtsein gebären einander. Entfernen wir das *wu*, kann das Sein nicht entstehen und nur in Grenzen oder überhaupt nicht funktionieren. Entfernen wir das *you*, kann das Nichtsein auch nichts hervorbringen. Das Nichts bleibt Nichts. Eine Wirtschaft ohne *wu* kann dann immer noch existieren. Ressourcen sind verfügbar. Vielleicht vermehren sie sich auch (Inputlogik). Dennoch entwickelt sich die Wirtschaft nicht mehr weiter. Sie bleibt auf einer bestimmten Stufe hängen.

Bevor die Dampfmaschine in ein System, in welchem sie bisher keine Verwendung findet, eingeführt wird (etwa in der Schifffahrt statt vorher nur in der Textilindustrie), handelt es sich aus der Sicht der Anwender in diesem System um eine *wu*-Konstellation, obwohl es für andere Anwender, welche die Dampfmaschine schon benutzten, ein *you* ist.

Für China war der Buchdruck um 1200 *you* (gedruckte Bücher) und ein bekanntes immaterielles Nichtsein/ *wu* (Technologie des Buchdrucks). Für Europa damals noch ein *wu*, ein unbekanntes immaterielle Nichtsein. Der klassische Buchdruck wurde in Europa durch Johannes Gutenberg in der Mitte des 15. Jahrhunderts erfunden und etabliert. *Wu* oder *you*? Eindeutig das erste. Auch wenn Gutenberg die chinesischen Verfahren gekannt hätte (was nicht der Fall war), wäre es aus seiner und Europas Sicht nicht etwas Vorhandenes, noch kein Element der „zehntausend" be-

---

[127] Nach diesem Gesetz (ausführlich 6. Kapitel) nimmt der *Zuwachs* des Wissens selbst zu.

reits verfügbaren „Dinge" oder Ressourcen. Der klassische Buchdruck hat vielfältige Änderungen erfahren (Offset, Digitaldruck; das Buch das der Leser jetzt in Händen hält, wurde auf diesem Wege erstellt). Jede dieser Neuerungen verlangt das Verlassen der *you*- und den Eintritt in die *wu*-Welt.

Ohne Ressourcen läßt sich nichts hervorbringen. Das ist trivial. Materielle Ressourcen (Sein) allein bringen aber nichts, wenn sie nicht mit Nichtsein in Verbindung treten. *you*/Sein und *wu*/Nichtsein bilden eine spiraldynamische Entwicklungskette (Abschnitt 3.6). Gibt es irgendwo eine Lücke - aus dem *you*/Sein entsteht kein neues *wu*/Nichtsein oder aus dem *wu*/Nichtsein kein neues *you*/Sein - hört Entwicklung auf. Auch Evolution, Kompetenzentfaltung und Funktionsdifferenzierung in der Gesellschaft - ist, zumindest temporär, ausgebremst. *Wu* ist der Faktor, der die Spiraldynamik ausmacht: was auf einer Stufe passiert, wie Menschen auf dieser Stufe ihre Welt verstehen und konstruieren und wie es schaffen, in neue Welten einzutreten.

So scheitert eine Entwicklungshilfe, die ausschließlich *you*- oder ressourcenorientiert ist. *You*-Ressourcen leisten dann keine Hilfe zur Entwicklung, sondern zur Rückentwicklung und Stagnation.

Was hält Afrika zurück? *You*, *wu* oder ihr Nichtzusammenwirken? Ressourcenungleichheit? Während der vergangenen 30 Jahre erhielt Afrika 450 Mrd. Dollar an Hilfe. Ein *you*-Faß ohne Boden? Das durchschnittliche Prokopfeinkommen und die Lebenserwartung sind heute niedriger als zu der Zeit, als Afrika unabhängig wurde. Fünfjahrespläne gibt es massenhaft. In der Toskana stehen viele schöne Villen, die denen gehören, die versucht haben, den Afrikanern zu „helfen". Die Abhängigkeit von *you* (externem Ressourcenzufluß) hat *wu* unterminiert, Tyrannei subventioniert und staatliches Mißmanagement ermöglicht. Afrika liegt auch in Europa. Die Lissabon-Strategie der EU ist ein *you*-Konzept, des gleichen die Eliteuniversitäten, desgleichen der Ressourcentransfer nach Ostdeutschland, usf.

Die EU hat Palästina mit 500 Mio. Euro unterstützt (2005). Die USA helfen seit 1993 mit 1,5 Mrd. Dollar (Naïm, 2006). *You*. Wo bleibt das *wu*? Es ist natürlich verfügbar, reicht aber in seiner Qualität nicht aus, Palästina zu entwickeln (zu „modernisieren"). Immerhin lernen die Palästinenser, wie man saubere Wahlen organisiert (*wu*). Als sie allerdings eine Partei des „Terrors" (Hamas) in demokratischen Wahlen an die Macht bringen (*wu*), drehen die Westmächte den Geldhahn zu. *Wu* vernichtet *you*? Blau bis grünes Denken toleriert keine Stufe auf der Ebene von Rot-Blau: Entweder ihr züchtet Meme wie die unsrigen oder wir entziehen euch die Ressourcenbasis. Die erneuten Auseinandersetzungen im Libanon beginnend im Juli 2006 sind eine Orgie nicht-reflektierter Konstruktion von Tatsachen, Wahrheiten, von diplomatischem Aktivismus und Krieg. Die Persönlichkeit, ganzheitlich gesehen, Nichtsein, auf einer bestimmten Stufe der Evolution sich verwirklichend, schafft ein Sein (Krieg, Zerstörung), einem Entwicklungsmuster folgend, einem Determinismus unterworfen, der nahezu physikalischen Charakters ist.[128]

Seine Exzellenz, der Präsident der Europäischen Union, José Manuel Barroso, stellt uns die Frage:

> Warum sind wir in der Lage, die besten Fußballspieler der Welt, aus Brasilien und Afrika anzuziehen, und nicht die besten Wissenschaftler? Warum gehen sie in die USA?

Die naheliegende Antwort: Weil die Amerikaner kein Interesse an Fußball haben. So einfach macht es sich die Europäische Union jedoch nicht. Sie gründet eine neue Institution (während

---

[128] Beispiele sind Legion. Eine Illustration bietet Joffe (2006). Ein Satz eines dem Leser unbekannten Autors genügt, um die Argumentationslogik, ohne gedankliche Überraschung, bis in Details abzuleiten.

unserer Niederschrift noch ein Plan),[129] will dafür zwei Milliarden Euro ausgeben, um die besten „Fußballer" nach Europa zu holen oder ihre Auswanderung zu verhindern. Europa kann dann endlich Superwissen, Superlehre, und Superinnovation hervorbringen. Können wir *wu* mit *you* erzeugen? *Wie* ist es dazu gekommen, das europäische *wu* so auszudünnen? Können wir *you* gegen *wu* substituieren? *wu* mit Hilfe von *you* erzeugen? Laozi sagt: vergiss es. „Sie bringen *einander* hervor". Ursache und Wirkung im klassischen Sinne gibt es hier nicht.[130] Und der Zyniker H.L. Mencken wirft *sein* Nichtsein hinterher:

Für jedes komplizierte Problem gibt es eine einfache Lösung - die nicht funktioniert.

Jedermann weiß, daß das nicht stimmt. Er kann es jeden Tag in der Zeitung lesen, vom *anchorman* hören. Begnügen wir uns, vorläufig, mit Heinz von Foerster: „Wahrheit ist die Erfindung eines Lügners." Immerhin, in diesem Fall, reines *wu*.

Betrachten wir ein weiteres Beispiel: Nachdem die Chinesen vor 3000 Jahre das Verfahren zur Herstellung des Porzellans beherrschen lernten, wurde Porzellan für China ein *you*/Sein und das Wissen zur Herstellung des Porzellans ein *wu*/Nichtsein. Im Laufe der Zeit werden die Produktionsverfahren aufgrund neuen Wissens und reichhaltigerer Erfahrungen immer weiter verbessert. Daraus entstehen dann wiederum verbesserte Verfahren und verbesserte Güter (neues Sein).

Porzellan war für Europa ein *wu*. Mit dem Import des Porzellans aus China wurden diese Güter für bestimmte Leute (Kaiser, Könige, Klerus, Adel, Kaufleute) *you*, während sie für andere Leute (Bauern, Handwerker) immer noch ein *wu* blieben. Bevor Europa selbst in der Lage war, Porzellan herzustellen, blieb das Verfahren zur Herstellung des Porzellans ein *unbekanntes wu*. Nachdem man die Porzellantechnik erlernte, ist das Verfahren zur Herstellung des Porzellans ein *bekanntes wu*. Mit diesem *wu* werden die Güter (Porzellan, *you*) hergestellt. Jede dieser Neuerungen verlangt das Verlassen der *you*- und den Eintritt in die *wu*-Welt. Mit den verbesserten und erweiterten Verfahren lassen sich dann auch bessere Porzellane herstellen.

Durch Lernen oder eigenes (wirtschaftliches oder nichtwirtschaftliches) Handeln wird ein Teil des unbekannten immateriellen Nichtseins in unser bekanntes immaterielles Nichtsein integriert, und ein Teil des unbekannten materiellen Nichtseins in unser Sein.

Nach dieser Integration des unbekannten immateriellen Nichtseins in unser bekanntes immaterielles Nichtsein und des unbekannten materiellen Nichtseins in unser Sein, müssen wir uns zuerst überlegen, ob dieses neue unbekannte immaterielle Nichtsein für uns wirklich geeignet ist. Was die anderen Leute für wirksam halten und sogar damit erfolgreich geworden sind, ist nicht

---

[129] Genannt „The European Institute of Technology". Siehe Commission of the European Communities (2. 2. 2006): Communication from the Commission to the European Council, Implementing the renewed partnership for growth and jobs. Developing a knowledge flagship: the European Institute of Technology. Zum Zeitpunkt unserer Niederschrift waren die EU-internen Deliberationen zu diesem Vorhaben noch nicht beendet.

[130] Eine zirkuläre Sichtweise rückt vom Prinzip von Ursache und Wirkung ab. Unter systemischen Gesichtspunkten ist die Frage nach der Ursache aufgelöst in Beziehungen struktureller Kopplung zwischen Umgebung und selbst gesteuertem System. Es sind immer eine Vielzahl von Ursachen und Wirkungen zu beobachten, ohne dass auszumachen ist, was Ursache und was Wirkung ist. Komplexität triumphiert. Ko-Innovation und Ko-Evolution ersetzen Ursachen und Wirkung. Die *Bewertung* eines Verhaltens als Ursache oder als Wirkung stellt eine willkürliche Reduktion von Komplexität dar. Daß der Rechtsanwalt und Richter im Scheidungsprozeß das anders sehen, zeigt nur, daß die Ursache-Wirkungslogik auch in zwischenmenschlichen Beziehungen, die Mitwirkung eines jeden Interaktionspartners an dem Problem, eine Evolutionsblockade sind, die auf höheren Evolutionsstufen überwunden ist.

unbedingt gut für uns (Das Massachusetts Institute of Technology MIT als EU-Modell). Was die anderen Leute als wenig wirksam betrachten und damit sogar Verluste erleiden müssen, muß nicht unbedingt schlecht für uns sein. Die Fehler, die andere schon gemacht und von denen wir gehört haben, können auch eine Integration des unbekannten immateriellen Nichtseins in unser bekanntes immateriellen Nichtsein (manchmal auch als „Tradition" bezeichnet) bewirken. Keine Wiederholung solcher Fehler ist nach der daoistischen Theorie eine Umsetzung, ein aktives Nicht-Tun (*wuwei*).

Abbildung 4.2.3: Materielles Sein und immaterielles Nichtsein

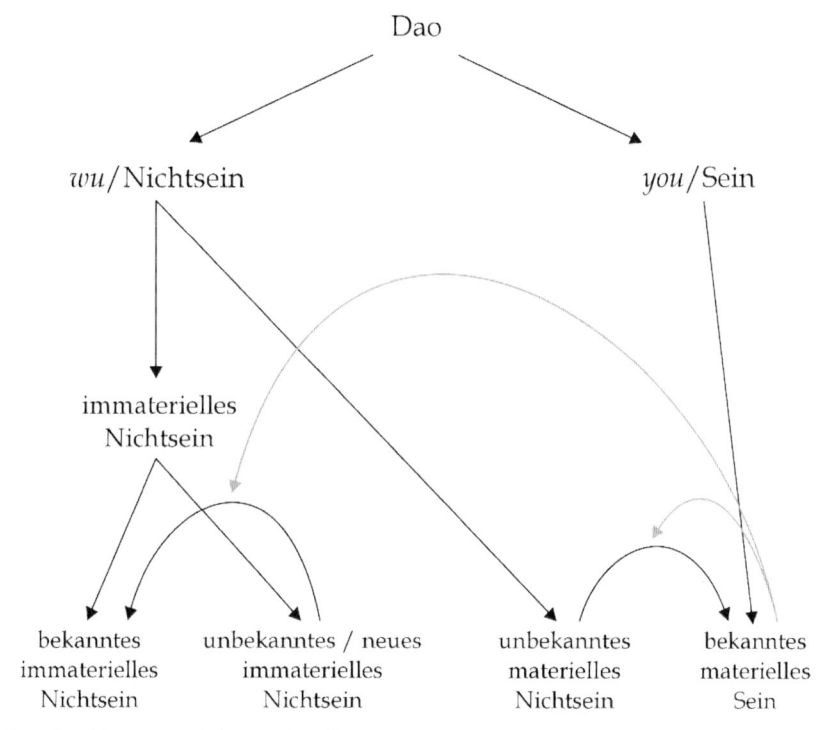

```
                         Dao
                 ↙                ↘
         wu/Nichtsein          you/Sein
              ↓
       immaterielles
         Nichtsein
       ↙         ↘                ↙         ↘
   bekanntes  unbekanntes/neues  unbekanntes  bekanntes
 immaterielles immaterielles    materielles  materielles
   Nichtsein    Nichtsein        Nichtsein      Sein
```

Umgekehrt: Die Dinge, welche andere bereits getan und damit Verluste erleiden mußten, sind nicht unbedingt Dinge, die auch wir nicht tun dürfen, wenn wir gleichfalls keinen Mißerfolg erzielen wollen. Sie könnten genau die Dinge sein, mit denen wir erfolgreich sind, wenn wir sie umsetzten. Haben wir Angst vor den Dingen, die anderen Gefahr oder Verlust gebracht haben, ohne genaue Überlegung, ob sie zu uns passen, könnten wir Entwicklungschancen einbüßen. Die Schwierigkeiten und Probleme, die andere haben, müssen für uns nicht unbedingt schwer zu überwinden sein, falls wir sie beseitigen möchten. Was man als „nachholende Entwicklung" bezeichnet, das was Japan und Korea und China so perfekt beherrsch(t)en, - und in Afrika oder im Nahen Osten nicht zu beobachten ist - fußt auf diesem Gedanken. Konnten sich diese Länder auch deswegen so schnell entwickeln, weil daoistische Erkenntnisse in ihrer kulturellen Tradition verwurzelt sind? (Siehe Abschnitt 5.7: Nachholende Entwicklung).

Hat es jemand nicht geschafft, Hochwasser zu beseitigen, bedeutet es nicht, daß das Hochwasser unbesiegbar wäre. Wiederholung der Fehler der anderen, vor allem auch unserer früheren Fehler ist zwar auch ein Handeln, aber nach der daoistischen Theorie ein willkürliches (*wangwei*,

Gegenteil von *wuwei*). Im Alltag, im normalen Operieren aller Teilsysteme der Gesellschaft, beobachten wir oft Leute, die ihre Fehler oder die Fehler der anderen immer wiederholen. Manchmal wissen sie sogar, daß es Fehler sind. Die Operationsweise von Systemen auf einer bestimmten Stufe zeichnet sich aber gerade dadurch aus, Fehler solange zu wiederholen, bis der Druck so groß wird, daß manche beginnen, mit neuen Lebensweisen zu experimentieren (spiraldynamische Evolution). Das sogenannte Gesundheitssystem funktioniert weitgehend nach dieser Logik. Mit der Behandlung von selbst erzeugten Krankheiten werden riesige Umsätze erzielt und Einkommen erzeugt. Läßt sich auf Dauer Reichtum durch Selbstvergiftung von Körper und Seele erzeugen?

Wie wir im nächsten Abschnitt sehen, läßt sich das Festhalten an Fehlern und Fehlsteuerung als Angst vor dem unbekannten *wu* bezeichnen. Der Mensch bzw. jedes System, muß Phasen der Unsicherheit durchleben, also Unsicherheit tolerieren, um sich die Chance zu geben, das, was es hat, kann und tut loszulassen (Laozi, 2. Kapitel). Klammert es sich am Haben (Sein, *you* oder Nichtsein – Technologie, Erfahrungen, usw.) fest, wie soll es möglich werden, neue Wege zu beschreiten, das Sein und Nichtsein aufs Neue und mit Neuem einander hervorbringen zu lassen?

Wissen wir, daß ein neues immaterielles Nichtsein für uns (*wu*) geeignet ist und setzen wir es um, dann können (aber müssen nicht) die „zehntausend Dinge" (neues Sein und Nichtsein) zustande kommen.[131]

Situationen ohne solche Umsetzungen (wir bezeichnen sie später als Lücke zwischen Wissen und Tun, Knowing-doing-gap; 6. Kapitel) können wir nach drei Ursachen-Typen unterscheiden: Der erste Grund ist, daß wir eine Möglichkeit zwar umsetzen möchten, aber nicht können. Irgendeine oder mehrere Voraussetzungen des Könnens vermögen wir jetzt nicht zu erbringen. Sobald diese Voraussetzung(en) vorliegen, findet die Umsetzung statt. Mit anderen Worten: unsere Fähigkeiten (bekanntes immaterielles Nichtsein) müssen noch erweitert werden. Solange unsere Selbstevolution weiter geht, schaffen wir es irgendwann, die neuen Möglichkeiten auch umzusetzen; oder wir finden irgendwann heraus, daß es noch andere Möglichkeiten gibt, die besser zu uns passen.

Der zweite Grund könnte darin bestehen, daß wir sie umsetzen können, aber nicht wollen. Dann sind diese Integrationen zwischen *you* und *wu* im Augenblick sinnlos für uns. D.h. der Wille bzw. das Wollen zur Umsetzung (bekanntes immaterielles Nichtsein) wäre noch zu schaffen bzw. zu verstärken.

Ein dritter Grund könnte darin bestehen, daß die Fähigkeiten und das Wollen vorliegen, wir aber die Möglichkeiten nicht umsetzen dürfen. Gott interveniert, oder das Rechtssystem, oder die Moral, oder die Bürokratie – oder aber der liebe Nachbar bzw. die Konkurrenz, die uns so lange in Prozesse verstricken, bis uns das Geld ausgegangen ist, daß wir eigentlich bräuchten, um unsere Idee durchzusetzen. Wir bezeichnen diese Einflußgröße als „Handlungsrechte".[132]

Mit dem neuen Sein werden auch weitere neue Möglichkeiten (Geld, Erfahrungen, etc.) verfügbar, so daß wir (oder andere) mehr Integrationen des unbekannten immateriellen Nichtseins

---

[131] Ein innovativer „Kopf" in einer Unternehmensberatung „produziert" mag zwar viele gute Vorschläge (immaterielle Güter, ein Nichtsein) haben. Aber seine „Güter" können zur Wirtschaftsentwicklung erst beitragen, wenn sie (seine innovativen Ideen) mit materiellen Ressourcen kombiniert und in der Produktion und beim Verkaufen dieses Gutes umgesetzt werden können.

[132] Wir gehen hierauf im Abschnitt 5.2, in dem wir uns mit Unternehmertum beschäftigen, noch ausführlicher ein.

in unserem bekannten immateriellen Nichtsein oder des unbekannten materiellen Nichtseins in unserem Sein schaffen können.

Daoistisch und schumpeterisch zugleich ist dieses gleichbedeutend mit einer Energetisierung des Systems. Ein Ausbruch aus der Routine, der Unbeweglichkeit, der Reproduktion des Gleichen. Unternehmer scheitern und Wirtschaften beharren in Stagnation, weil sie diese zusätzliche Energie in sich nicht zu mobilisieren vermögen. Sie bleiben auf ihrer Trägheit und Mutlosigkeit hängen, der beharrenden Kraft, die sich gegen den Wandel in der Geschwindigkeit des Handelns oder des Einschlagens neuer Wege sträubt. Gelingt der Ausbruch aus Routine, wird ein neuer Zyklus geboren. Daraus können wieder die „zehntausend Dinge" entstehen. So *daoisiert* (läuft) die Entwicklung weiter. Gibt es eine Lücke oder Blockade in dieser Entwicklungskette, wird die Entwicklung verhindert und sogar gebrochen. Diese Probleme (Lücke, Blockade) stellen wir im Kapitel 5 und 6 auf der Grundlage der *yin-yang*-Logik dar.

4.3 Nichtsein und Unternehmertum

Wu (das Nichtsein) und *you* (das Sein) zeigen uns, daß wir uns mit systemischen, zirkulären, ko-evolutiven Vorgängen (Ursachen[133]) beschäftigen und nicht nur auf die Erscheinungen eines Problems und die Maßnahme zur Beseitigung solcher Erscheinungen konzentrieren. Wenn in einem Land zum Beispiel Arbeitslosigkeit herrscht, welche die Entwicklung eines Landes in Schwierigkeiten bringt, versucht man, Maßnahmen dagegen zu finden und umzusetzen. Viele davon können aber nur kurzfristig funktionieren. Einige bringen sogar mehr Schäden und lösen das Problem nicht, sondern verursachen irgendwo anders in der Wirtschaft neue Probleme. Wenn wir die Probleme wirklich lösen möchten, wenn wir die richtigen Dinge tun und nicht nur die Dinge richtig tun wollen (um Peter Drucker anzuführen), müssen wir uns mit *wu*/Nichtsein und der Beziehung zwischen *you*/Sein und *wu*/Nichtsein beschäftigen, den tieferen Ursachen solcher Probleme auf den Grund gehen. Deswegen sind Maßnahmen gegen die Verhinderung von Innovationen und für die Förderung von Neuerungen möglicherweise noch wichtiger als direkte Maßnahmen gegen die Arbeitslosigkeit, weil in einer modernen Wirtschaft mit globaler Konkurrenz die Innovationsleistung eines Unternehmens und einer Region darüber entscheidet, zu welchem „Preis" (Lohn) sich Arbeitskräfte beschäftigen lassen und ob Arbeitskräfte jenseits ihres Billigseins überhaupt nachgefragt werden. Im Routinesystem zählt nur der Preis. Im Innovationssystem entscheidet Neukombination über Beschäftigung.[134]

Viele Länder können mit ihrem Sein reich werden, China mit billigen Arbeitskräften, Iran mit Öl, Schweden (früher) mit Eisenerz und Kanada (früher) mit Holz. Aber was geschieht in zwanzig oder dreißig Jahren? Irgendwann ist das Sein ausgebeutet. Auf die Erde übertragen: irgendwann liegt Gaia im Sterben. Ohne Nichtsein, vor allem neues Nichtsein (wie neue Technologien), ohne die Erweiterung von Innovations- und Evolutionsfähigkeiten der Unternehmer, ist eine langfristige Entwicklung unmöglich. Mit der Nutzung des neuen Nichtseins kommen das neue Sein und neue Chancen zur weiteren Entwicklung zustande. Nach der Umsetzung der innovativen Ideen werden die verfügbaren Ressourcen (Sein) wesentlich mehr für die Wirtschaft eines Landes beitragen können.[135]

---

[133] Siehe die frühere Anmerkung zu Ursachen.
[134] Das Problem der „Arbeitslosigkeit" ist vielschichtiger, als hier angesprochen, weil es nicht nur mit *you* und *wu* zu tun hat, sondern auch mit dem *de* eines Landes und dem *wuwei* der Einflußsysteme.
[135] Auf die unterschiedliche Entwicklungsqualität von Sein-Ressourcen gehen wir im Abschnitt 5.7 am Beispiel der „holländischen Krankheit" und der „nachholenden Entwicklung" ein.

Für ein Unternehmen gilt im Prinzip nichts anderes. Wenn eine Firma Probleme hat, kann der Chef (CEO) schauen, ob die Unternehmenskultur und die Führungsprinzipien noch zur heutigen Situation passen, ob die innovativen Fähigkeiten der Manager und Mitarbeiter gefördert und nicht behindert werden und ob die Mitarbeiter ihre Ideen und Fähigkeiten (ihr „Nichtsein") auch umsetzen können. Von 2000 Ideen schaffen es 10 in den Markt (Bruckner, 2006). Von 100 Patenten werden im Durchschnitt weniger als zehn verwirklicht. Wenn ein CEO nur das Sein beachtet und das Nichtsein nicht berücksichtigt, macht er nichts anderes als der Chef von Enron. Das Ergebnis könnte sein, daß nur die Bilanzen kurzfristig schön aussehen, die Aktionäre und Investmentbanker gut verdienen, die Firma sich aber langfristig selbst zerstört - auf legale oder kriminelle Weise. Egal wie wir uns auch bemühen, wir können immer nur ein kleines Stückchen des Kuchens der Wertschöpfung bekommen, wenn der Kuchen insgesamt eine gegebene Größe behält (win-lose oder Nullsummenspiel). Wenn wir manipulieren, verlieren wir vielleicht sogar das Recht, ein Stück Kuchen zu bekommen, und müssen den Rest des Lebens bei Wasser und Brot zubringen. Warum backen wir eigentlich nicht einen *neuen* Kuchen?

Eine Wirtschaft, eine Firma, ein Unternehmer kann versuchen, sich mit *you* voran zu bringen. Eine Wirtschaft gibt Geld (*you*, Sein) für F&E aus, um Wissen und Patente zu erzeugen, eine Firma läßt sich von McKinsey in Wissensmanagement beraten, ein Unternehmer lernt bei der IHK wie man einen Geschäftsplan erstellt - und macht dann auch einen. Dies sind verschiedene Aspekte dessen, was Wissensgesellschaft genannt wird.

Abbildung 4.3.1: Wertschöpfung durch you-wu-Interaktion

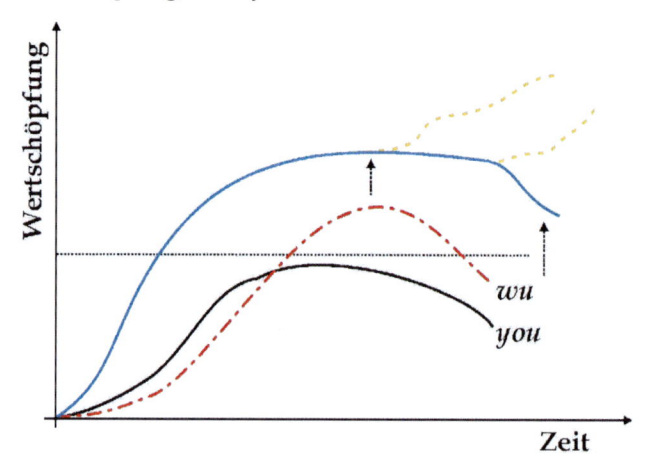

Nehmen wir an (siehe Abbildung 4.3.1), das jeweilige System erzeuge mit *you*/Sein eine Wertschöpfung im Zeitablauf, die der bekannten S-Kurve folgt. Über eine bestimmte Grenze - die Seinsgrenze (gestrichelte Linie) - kommt das System nicht hinaus. Ein anderes System operiert im *wu*/Nichtsein (die Kurve erreicht ein Maximum und fällt). Auch dieses System erzeugt einen Wertestrom. Und auch dieses läuft in eine Beschränkung. Was würde sich einstellen, wenn *you*/Sein (Finanzkapital, Ressourcen) und *wu*/Nichtsein (Kompetenz) zusammenwirken, beide sich innovationsdynamisch vereinigen? Wir deuten hier nur diese Möglichkeit an (siehe ausführlicher das 8. Kapitel). Das Wertschöpfungspotential steigt dramatisch an. Die alte Seinsgrenze wird überwunden. Der Club of Rome wird arbeitslos. Wie ist das möglich? Dadurch, daß materielle Ressourcen (*you*/Sein) und Persönlichkeiten sowie die Fähigkeiten des Unternehmers/Mitarbeiters (*wu*/Nichtsein) durch unternehmerische Energie (*qi, he qi*) eine neue Harmonie zwischen Sein und Nichtsein erzeugen: Wir nennen es eine *YY-Innovation* (Yin-Yang-Innovation, siehe Kapitel 5). Um das Nichtsein in Innovationen zu transformieren, bedarf es *heqi* (zwischenmenschlicher Energie). Dieser Prozeß kann im Prinzip endlos *weiter laufen* (siehe die gelb gepunkteten Kurven in der Abbildung). Es gibt keine Grenzen des Wachstums und der Entwicklung - vorausgesetzt, der Wirtschaft und der mit ihr gekoppelten Teilsysteme der Gesellschaft (Politik, Wissenschaft, usf.) gelingt es, die auf einer Evolutionsstufe selbst erzeugten Beschränkungen schöpferisch zu überwinden (Abschnitt 3.6).

Geben wir ein weiteres Beispiel. Eine gute Hausfrau kann keinen Reis (*you*) kochen, wenn es keinen Reis gibt. Das Nichts ist jedoch auch bedeutsam. Was kann sie ohne Nichts (*wu*) an Kochleistung erzielen? Gleichgültig wie gut der Reis ist; wenn die Hausfrau nicht gut kochen kann, kann der gekochte Reis nicht schmecken. Ist die Hausfrau tüchtig, kann sie nur mit Reis ein schmackhaftes Essen bereiten, obwohl sie vielleicht keine Gewürze, Gemüse, Fleisch oder Fisch verwendet. Sie kombiniert die Eigenschaften von Reis neu. Trotz gleicher Mengen und Qualitäten von Ressourcen erzeugen Unternehmer, je nach ihren eigenen Qualitäten (Routine- oder innovative Unternehmer) sehr unterschiedliche Ergebnisse. Deswegen können innovative Unternehmer mit gegebenen Ressourcen wesentlich mehr zur Entwicklung beitragen als Unternehmer im Routinemodus. Die Ressourcen, die uns zur Verfügung stehen, sind zu einem gegebenen Zeitpunkt immer begrenzt. Für eine Universität, einen weltweit agierenden Konzern, eine Ich-AG. Nehmen Routineunternehmer die Ressourcen in die Hand, kommt nichts Neues heraus. Sie rufen daher auch immer nach mehr Ressourcen, um mehr erzeugen zu können, etwa Studierende mit Abschluß. Die Folge ist: Das System veraltet, sei es eine Person, eine Unternehmung, eine Organisation. Mit 1.000 Euro an Ressourcen kann man 1 Euro verdienen, aber auch 100 oder 1.000 Euro, vielleicht sogar 1 Million Euro, oder noch mehr. 1 Euro ist Gewinn. 1 Million Euro ist auch Gewinn. Warum können unterschiedliche Leute mit dem gleichen Geld (1000 Euro), mit diesem gleichen *you* (Sein) unterschiedliche Gewinne erzielen? Der Hauptgrund liegt darin, daß sie über unterschiedliche unternehmerische Fähigkeiten (*wu/ Nichtsein*) verfügen.

Durch Neukombinationen gespeiste Entwicklung auf der Ebene eines Individuums, einer Organisation oder Volkswirtschaft entspricht einem „daoistischen" oder „zen- buddhistischen" Umgang mit Ressourcen. Die Argumentationslogik ist identisch der Schumpeterschen. Dogen, der Begründer einer Schule des japanischen Zen-Buddhismus, erläutert diese Sichtweise am Beispiel seiner „Anweisungen für den Koch":

> Die Pflicht des Zen-Kochs sei das köstlichste Mahl aus den *vorhandenen* Zutaten zu bereiten, auch wenn er nur über Reis und Wasser verfügt. Der wahre Zen-Koch benutze was vorhanden ist, statt sich darüber zu beklagen, war er alles *nicht* hat (Glassman und Fields, 1997, S. 17).

Die Theorie der Autopoiesis (Maturana, Varela, Luhmann) spricht im gleichen Sinn von „input-losen" Systemen. Es ist offenkundig, daß der input-lose Koch (Unternehmer), der aus vorhandenen Ressourcen etwas Neues hervorbringt, einer anderen Kompetenz bedarf als der inputstimulierte Koch, der vorhandene Menus in größerer Menge reproduziert. Ähnlich auch die transpersonale Psychologie: Der Schwerpunkt der Therapie besteht darin, dem Klienten klarzumachen, „daß er alles, was er braucht, bereits in sich hat, es nur noch der Umsetzung bedarf" (Scholz, 1986, S. 245). Jedes System, auch die Schumpetersche Rekombinationslogik, hat alles an Ressourcen in sich, um Entwicklung zu erzeugen. Ohne unternehmerische Energie funktioniert Neukombination jedoch nicht. Die Unternehmer rufen daher immer nach „Mehr", etwa amerikanische, und gerade die Innovationsschwachen, nach billiger Arbeit (aus Mexiko; Abschnitt 5.7).

> „Wer die Welt mittels des Weges (Tao) regiert,
> verändert nicht die menschliche Natur; er geht vielmehr von dem aus,
> was die Menschen bereits haben, er bringt es ans Licht und entwickelt es.
>
> (Laotse, 1996, S. 121).

Die Schumpetersche Abkehr von der Inputlogik zu Ohne-Input-Systemen (Entwicklungslogik) findet somit Entsprechungen in fernöstlicher Philosophie von Zen- Buddhismus und Daoismus, wie in jüngeren westlichen Ansätzen von Systemforschung und Psychotherapie. Da das System über alle Ressourcen verfügt, sind diese Ansätze auch grundsätzlich von einer endogenen Veränderbarkeit von Systemen überzeugt, und bieten daher in ihren praktischen Implikationen Möglichkeiten für unternehmerische Selbstevolution (Abschnitt 3.6). Eine andere Ausdrucksweise dafür ist die Geschlossenheit eines Systems für Inputs. Alles wird im System erzeugt. Nicht zuletzt „Energie". Die Teilsysteme wie Wirtschaft und Politik regen sich wechselseitig an, was sie machen und wie sie etwas machen ist ihre Sache. Ein Beispiel ist der Umgang mit Zuwanderern (Immigranten; Abschnitt 5.7). Die Vielfalt der politischen und ökonomischen „Antworten" auf die „Irritation" Zuwanderer ist so enorm, daß man sagen kann (systemisch: muß): jedes System reagiert anders, tut das, was seine Strukturen ihm sagen, daß es tun muß: Strukturdetermination. Alles ist endogen. [136]

Wu (das Nichtsein) und *you* (das Sein) und ihre wechselseitigen Beziehungen, sind auch das, was man bei Investitionen oder Innovationsfinanzierung berücksichtigen muß. Warum gibt es mit jedem Prognosenmodel und Geschäftsplan Probleme? Man ist beinahe versucht zu sagen: genau das ist der Grund, warum Financiers Geschäftspläne verlangen. Sie dienen der Selektion der Kapitalsuchenden. Auch die Finanziers verfügen über keine besseren Informationen, in der Regel ist das Gegenteil der Fall. Sie können jedoch immer, aufgrund der Komplexität und Unsicherheit, Gründe finden, ein Geschäftsmodell nicht zu finanzieren. Der Geschäftsplan und die Erstellung vergleichbarer Dokumente (strategische Planung) sind kognitive (eindimensionale) Antworten auf ein multidimensionales Problem, welches zunächst in der Welt des Nichtseins verankert ist. Wer hier nicht einsteigen will/kann/darf (der Finanzier, ob Venture Capitalist oder Bank; die bestehende Unternehmung; der Routineunternehmer usw.), muß sich mit Dokumenten und Strategien des Seins begnügen, kann deswegen das Entstehen und *Werden* des Neuen nur unvollkommen leisten. Geschäftspläne sind vergleichbar der Organisation einer Hochzeitsfeier. Welchen Einfluß hat ihr Gelingen auf den Bestand und Erfolg der Ehe?

> Darum: Sein und Nichtsein hängen im Werden voneinander ab.
> Schwierig und Leicht hängen in der Durchführung voneinander ab.
>
> (Laozi, 2. Kapitel , Übersetzung Lin Yutang)

So lassen sich die Fähigkeiten der Unternehmer nicht mit Zahlen darstellen und analysieren. Das ist das Nichts. Egal wie schön ein Geschäftsplan aussieht, wenn die Personen, die für die Um-

---

[136] Für Teile der Sozialwissenschaften, insbesondere der Ökonomie, hat diese Endogenität die Folge, daß weite Bereiche der theoretischen und empirischen Forschung wenig bringen können, um nicht zu sagen, wertlos und für die politische Gestaltung brotlos sind. Dies ist zwar keine neue Erkenntnis, jedoch eine, die nur wenige zu ziehen scheinen. Zur ökonomischen Seite (Ökonometrie), insbesondere scheiternden Versuchen, die Wirtschaftsleistung, etwa Wachstum eines Systems, mit der Veränderung politisch manipulierbarer exogener Größen zu korrelieren, siehe Rodrik (2005).

setzung dieses Geschäftsplans verantwortlich sind, nicht in der Lage sind (insbesondere, weil es ihnen an unternehmerischer Energie fehlt), diesen Geschäftsplan zum Erfolg zu bringen, bringt dieser schöne Geschäftsplan in einer von Unsicherheit geprägten Umwelt nur Verluste ein. Auf der anderen Seite sehen einige Geschäftspläne nicht so ideal aus, fallen bei IHK und Banken durch, und man könnte vermuten, ein Unternehmen mit einem solchen Plan könnte nur in Schwierigkeiten geraten (viele Finanziers sehen das auch so und geben dem Unternehmen kein Geld). Die Wirklichkeit sieht aber anders aus, was zu bestätigen scheint – und Laozi und Schumpeter sind hier einer Meinung - daß Erfolg mehr an der Person als an den Zahlen liegt. Wie viele Firmen haben mit wunderbaren Zahlen den Investoren Geld aus der Tasche gezogen, um in wenigen Monaten den Gang zum Konkursrichter anzutreten? Wie konnte ein „Mysterium" wie bei Refco unentdeckt bleiben, für ein Team von Wirtschaftsprüfern nach dem anderen, für die Aufsichtsbehörden, für die Investmentbanken und Wertpapierhäuser? 430 Millionen Dollar an Unternehmens-Schulden, die sich das Management vom Unternehmen auszahlen ließ? (Atlas & Glater, 2005). Wer nur auf die Zahlen und das, was sie abbilden (das Sein) schaut und nicht auf das, was dahinter steht (das Nichtsein, das was das unternehmerische Werden, die Entstehung neuen Angebots und neuer Nachfrage bewirkt), den schützen auch das Befolgen hochentwickelter Prüfungsstandards und eine ausgefeilte Geschäfts- /Strategieplanmethodik nicht vor dem Reinfall.

Wenn wir in eine Firma investieren, haben wir das Nichts (*wu*) dieser Firma zu be(ob)achten: die Zukunft der Branche/der Firma, die Unternehmenskultur, die Fähigkeiten des Managementteams, die „Vision"- das Unwort des Controllers.

Eine wirksame Vision visualisiert ganzheitlich, d.h. alle Dimensionen des Selbst umfassend, eine erwünschte Zukunft.[137] „... sie ist unberührt und unbeengt durch materielle Gesichtspunkte [das Sein]. Deshalb vermag sie überall konkrete Gestalt zu gewinnen"(Hinterhuber, 1996, S. 83.) Das Sein („materielle Gesichtspunkte"; Ressourcen) greift (noch) nicht in die Vision ein. Würde sie eingreifen, wäre die Vision nicht existent, das Nichtsein durch das Sein überwältigt.

> ***Wu* - Nichtsein**
> Die Schaffung von Reichtum beginnt mit einer Vision.
> Eine Vision zu entwickeln ist die wichtigste Aufgabe des Unternehmers.
> Locke, 2000, S. 18f.
>
> ... am Anfang einer jeder unternehmerischen Tätigkeit (steht) eine Vision.
> Hinterhuber, 1990, S. 156.

Ob jemand dem Inhalt des Kastens glauben schenkt, ist seine Sache. Was wir sagen: eine neue Unternehmung, eine Neukombination beginnt im Nichtsein, eine Vision entsteht im Nichtsein, und wem es gelingt, eine Harmonie zwischen Nichtsein und Sein herzustellen, dem können „die Waffen des Kriegers" (Laozi) wenig anhaben. Erfolg ist dann keine Sache des „Glücks" mehr: „Glück hat nichts mit Reichtum und Ansehen zu tun, sondern ist eine Frage der Harmonie" (Laotse, 1996, S. 38; der Ökonom sieht es auch so, siehe Easterlin, 2003).

> Von den Energien des Himmels und der Erde ist keine größer als die Harmonie.
> Harmonie ist der Rhythmus von *yin* und *yang*.
> ... nur wenn *yin* und *yang* sich mischen,
> sind sie imstande, Harmonie zu schaffen
> Laotse, 1996, S. 148f.

---

[137] Zur Ganzheitlichkeit siehe unsere Anmerkungen in Abschnitt 3.7.

Dem Beobachter des Weges großer Unternehmer schließt sich Laozi an. Visionen sind ganzheitliche („harmonische") Konstrukte, mit denen sich der „Schwarze Kasten" der Zukunft des Seins öffnen läßt. Nicht durch ein Mehr an Wissen, an Daten und Informationen, vielmehr durch Sinngebung, Orientierung und Motivation zur Selbstentfaltung. Mit einer Vision kann ein unternehmerisches System lernen, Änderungen in sich selbst auch selbst zu wollen, neues Sein selbst zu erzeugen. Selbstreproduktion (Autopoiesis) und Selbstevolution ist in einem geschlossenen System nur als Selbständerung zu verwirklichen.

Durch die im *wu* geschaffene Zukunft des Seins wird ein Mensch zum Unternehmer seiner Selbst. Sie verleiht seiner Idee Flügel. Sie bewirkt Selbstenergetisierung. In diesem Sinn schafft das Nichts unternehmerische Energie und bewirkt, daß ein Unternehmer in die Welt des Seins treten kann, Zyklen geboren werden und „Reichtum" entsteht.

Die Selbstkonstruktion des Unternehmers beginnt im Nichtsein der Vision. Hier entscheidet sich auch, in welcher Funktion der Unternehmer sein Sein gestaltet.

Vision ist auf die Zukunft bezogen. Ihr Sinn besteht jedoch gerade darin, zum Handeln in der Gegenwart zu motivieren. Nichtsein (*wu*) im daoistischen Verständnis ist nicht ein zeitloses Nichts. Mit einer Vision versuchen wir die Gegenwart so zu gestalten, daß die Zukunft so wird, wie wir sie uns jetzt wünschen. Erfolgreiche Unternehmensführer „kontrollieren die Gegenwart von der Zukunft her" (Simon, 1996, S. 33) oder daoistisch: das Nichtsein erzeugt das Sein. Simon zitiert den spanischen Philosophen Ortega y Gasset:

> Niemand ist da, wo er ist, sondern sich selbst voraus, weit voraus am Horizont seiner selbst, und von dort lenkt und führt er das wirkliche, das gegenwärtige Leben. Jemand lebt aufgrund seiner [Visionen], als wären sie schon Wirklichkeit.

Der Gestaltpsychologe Wolfgang Metzger, der mit dem Daoismus bestens vertraut ist:

> ... schöpferisches Handeln (wird) besonders schwierig, wo es Jahre und Jahrzehnte dauert, bis die Wirkungen neuer - und möglicherweise fehlerhafter - Maßnahmen bemerkbar werden ... und daß infolgedessen ... das Hineinspielen unsachlicher Gesichtspunkte besonders nahe liegt und zugleich besonders gefährlich ist.
>
> Es kommen aber beim schöpferischen Handeln Fähigkeiten ins Spiel, deren der Denker, und zumindest auch der Künstler, entraten kann: Das Gefühl für den rechten Augenblick. Dazu die Entschlossenheit und das Geschick, ihn im Vorübergehen beim Schopf zu fassen. Die Geduld, auf die Herbeikunft des fruchtbaren Augenblicks zu warten, und ebenso... auf das Aufgehen und Reifen der Saat (Metzger, 1962, S. 148).

Wie bleibt jemand auf dem Weg, der ihn zu seinem langfristigen Ziel führt? Folgt er „festen Anweisungen, Regeln, Rezepte(n), möglichst genaue(n) Verfahrensvorschriften, Warnungen und Verbotstafeln"? Metzger bezeichnet diese Sicht als „die herkömmliche Grundüberzeugung des Westens: Sie sieht nur die Hälfte des Seins"; „die maschinenmäßige Sicherung" (Metzger, 1962, S. 73). Kommt jemand, nahezu unvermeidlich, vom Weg (Geschäftsplan, strategischen Plan, explizit-ethischen Vorgaben, usw.) ab, in eine Welt voll von Komplexität und Unsicherheit, was dann?

„Mache nur einen neuen Plan" (Bertholt Brecht). Verbotsmoral, die „Meinung, daß ausschließlich durch äußeren Zwang [*wang wei*], also nur durch Einschränken der Bewegungsfreiheit, gewünschte Ziele erreicht und gewünschte Ordnungen aufrechterhalten werden können" (Metzger, 1962, S. 72).

> Wer die Welt einnehmen will und [manipulativ] handelt,
> wird sie aus meiner Sicht nicht bekommen. ...
> Wer [manipulativ] handelt, zerstört [sie].
> Laozi, 29. Kapitel, Übersetzung Gerstner, Eingefügtes im Original

Unternehmen versuchen oftmals nicht, die „Welt zu bekommen", durch eigenes schöpferisches Handeln zu erschaffen. Sie kaufen sich die Welt (Arbitrage), sie machen so weiter wie bisher (Routine) oder sie koppeln sich (der Weg der Kollusion und Seilschaft) mit Machthabern aus anderen Funktionssystemen (Politik, Religion).

Die Alternative beschreiben wir in späteren Kapiteln (7 & 8) ausführlicher. Wir deuten sie hier, noch unvollkommen, als „Vision" an. Die Gestaltpsychologen beschreiben sie als freies, durch Feldkräfte gesteuertes Vorgehen, wobei das langfristige Ziel (hier: Vision) und der dieses Ziel verfolgende Mensch als „Teilgegebenheiten eines sie beide umfassenden Gestaltzusammenhanges zu betrachten" sind.

> Diese Art des Vorgehens ist gegenüber dem Regelbefolgen ... dadurch gekennzeichnet, daß der ‚Raum' [später als *yin* definiert], in dem man sich auf das Ziel zu bewegt, nicht durch vorgegebene starre Verfahrensvorschriften und Verbote verbaut ist. Vielmehr ergibt sich hier...der Weg in jedem Fall aufs neue. (Metzger, 1962, S. 74).

„Weg" können wir hier durchaus als *dao*, als „Lauf" verstehen, seine Bestimmungsgründe (siehe zweites Kapitel) sind auch die eines schöpferischen Handelns.

Vision ist daher auch nicht als Zukunftsphantasie zu verstehen. Eine Phantasie erlaubt es, Erfolge gedanklich auszuleben, ohne den mühevollen Weg der Veränderung des Selbst und der Verwirklichung der Vision in der Gegenwart zu gehen. Dies ist etwas völlig anderes. Das eine ist eine gedankliche Spielerei, das andere ein energetischer Ausbruch aus der Routine. Die Vision ähnelt der *causa finalis* von Aristoteles: Die Ursache liegt in der Zukunft, die Handlung in der Gegenwart. Der Unternehmer geht in die Zukunft, um in der Gegenwart so handeln zu *lernen*, damit seine Vision sich verwirklicht. Mit dem Lernen verändert sich die Vision.[138] Sie ist ein Produkt der Selbstevolution des Unternehmers. Das Sein wirkt auf das Nichtsein zurück. Da auch Vision und Kompetenzentfaltung sich verknüpfen (lassen), ist Vision kein Zustand, sondern selbst ein evolutionärer Prozeß – Kompetenzen entfaltend und durch Fähigkeiten getragen.[139]

Dies alles gehört zum Nichtssein (*wu*). Es läßt sich - zumindest wird dies versucht - in Zahlen von Bilanzen oder anderen Veröffentlichungen sichtbar machen. Das Nichtsein wird in die Zukunft hoch- und auf die Gegenwart zurückgerechnet (abdiskontiert). Aber die Zahlen, Prognosen, Kalkulationen, die cash flows, sind nicht das Nichts, es sind Versuche, das Nichts in das Sein zu transformieren - und auf diesem Weg das Nichtsein zu vergessen. Wer das *wu* nicht akzeptieren kann oder will, ist zu Sein (*you*) verdammt, welches ein Nichtsein (das noch nicht Existierende, das Neue, die neue Welle, die Basisinnovation) nicht kennt. Er lebt, das System lebt, ohne das Werden. Das System evoluiert nicht mehr. Das System lebt, um zu sterben.

---

[138] Wir haben es (Abschnitt 3.5) als Lernen 3 bezeichnet.

[139] Wir sind der Ansicht, Vision erlaube eine Dynamisierung der oft (und fälschlicherweise) als zeitlos kritisierten östlichen Lebensphilosophien. Ostasiatische Unternehmen, japanische und koreanische sind hier beispielgebend, leben mit Visionen wie westliche Unternehmen mit Gesetzbuch und Rechtsanwalt. Westliche Entwicklungshelfer und Consultants versuchen, bisher ohne Erfolg, China vom abendländisch-angelsächsischen Weg zu überzeugen.

Es ist gesagt worden, daß, wer ein guter Bewahrer seines Lebens ist, auf dem Lande keinen Tigern oder wilden Büffeln begegnet, auf dem Schlachtfeld nicht durch Waffen verwundbar ist; die Hörner des Wildbüffels sind gegen ihn machtlos; die Pranken des Tigers sind gegen ihn nutzlos; die Waffen des Kriegers können ihm nichts anhaben. Wie kommt das? Weil er jenseits des Todes ist.

Laozi, Kapitel 50, Übersetzung Lin Yutang

Die Bewahrer des Lebens sind jenseits des Todes. Das gilt für jedes System, dem es gelingt, seine Reproduktionsleistung (Autopoiesis) zu erhalten. Im Durchschnitt ist für ein Unternehmen das Leben nach weniger als zwei Jahrzehnten zu Ende.[140] Die Pranken des Tigers („schöpferische Zerstörung") haben es in den Tod geschickt. Die Wellen seiner Innovation haben ihre Energie eingebüßt und plätschern am Ufer aus: Urlaubsparadies für unternehmerische Greise, Playground für Innovationsberater, Liegestühle für Konzeptentwickler von Innovationsinitiativen, Strandkörbe für die politische Klasse.

4.4 Unternehmerische Funktion als Nichtsein

Die Funktion des Unternehmers besteht darin, aus dem Nichtsein neues Sein (Güter) und neues Nichtsein (Nutzung der Güter, Nachfrage) zu schaffen. Aus materiellen Ressourcen entstehen nicht nur die Güter, sondern auch die Selbstevolution der Wirtschaftssubjekte (Unternehmer/ Konsumenten) und dadurch auch die Selbstevolution der Wirtschaft eines Landes.

(1) Routine

Unternehmer können nun aus Ressourcen das machen, was sie immer schon gemacht haben. Ein Routineunternehmer wiederholt die Kombination vom Sein (materiellen Ressourcen) und bekanntem Nichtsein (bekannten Verfahren, Technologie, etc.). Er weiß vielleicht auch, daß es andere Kombinationsmöglichkeiten gibt, die besser sind, benutzt solche neuen Kombinationsmöglichkeiten aber nicht. Er hat vielleicht auch gehört, daß es andere materielle Ressourcen gibt. Aber er verwendet sie nicht zur Produktion. Er bleibt so, wie er immer war.

(2) Arbitrage

Arbitrage ist Ausnutzen von Bewertungsunterschieden, vor allem von Preisen identischer Güter. Wir stellen diese Funktion etwas ausführlicher vor, weil sie trotz überwältigender quantitativer Bedeutung, theoretisch eher unterbelichtet ist und wir sie kritisch sehen. Niemand hat etwas gegen Innovation. Gegen „Heuschrecken" läßt sich jedoch Populismus ins Feld führen. Aber theoretische Argumente?

Was ist *wu* und was ist *you* bei Arbitrage? *Wu* sind Information und Fähigkeiten der Arbitrageure. Sie müssen solche Chancen entdecken und auch durchsetzen. Dies wollen und können viele nicht, weswegen diese Funktion oft von Minderheiten und Außenseitern durchgeführt wird (früher Juden in Europa, heute Chinesen in Südostasien).

Napoleon kämpft in Waterloo die Schlacht seines Lebens und seiner Nation. Damit läßt sich Geld verdienen. Wenn er gewinnt, wenn er verliert. Das Haus Rothschild versucht es. Zu jener Zeit gibt es kein Telefon. Aber Brieftauben. Rothschild übersendet die Information über Napoleons Niederlage an seine Agenten an der Börse in London mit der Taubenpost. Er verdient, in dem er auf Börsentitel setzt, die bei einer Niederlage im Wert steigen. Bevor die anderen Händler es mitbekommen, ist das Haus Rothschild schon reich. Arbitrage: Ausnutzen von Preisunterschieden, hier in der Zukunft (sog. Spekulation). Ob Arbitrage den Wohlstand einer Wirt-

---

[140] Zur Lebensdauer von Unternehmen siehe Röpke (2002a, Tabelle 3.4, S. 222).

schaft fördert, ist umstritten. Wir diskutieren es mehrfach in unserem Buch. Wichtiger ist für uns eine andere Sache. Arbitrage allein kann keine Entwicklung erzeugen. Sie treibt die Wirtschaft zum Gleichgewicht zurück. Arbitrage und Routine hängen daher eng zusammen.

Wir sehen aber bereits eines: in einem Arbitragesystem spielt Information (*wu*/Nichtsein) eine Schlüsselrolle. Sie macht zudem nur Sinn, wenn die Information ungleich verteilt ist. Der eine weiß etwas, bevor der andere es weiß (Insiderinformation) oder was der andere nicht weiß (asymmetrische Verteilung der Information). Während Informations- und Wissens-*wu* bei Routine eine Nebenrolle spielt (im Gleichgewicht, in einer stationären Wirtschaft/Gesellschaft, haben alle den gleichen Informationsstand), tritt sie beim Erkennen von Bewertungsunterschieden in den Mittelpunkt. Es bedarf *you*-Faktoren um Arbitrage zu tätigen: Telefon, Zeitung, Rechner, die physische Infrastruktur des Internet. Sie spielen gleichwohl eine untergeordnete Rolle, die Rolle von „Tauben", von Informationsträgern.

Wenn Nichtsein so wichtig und potentiell Werte erzeugend ist, müßte es doch auch einen Preis dafür geben. Läßt sich *wu* kaufen? Man kann und tut es. Pharma kauft Bio und Chemie kauft Nano. Über Arbitragetransaktionen läßt sich das Nichts und damit „Zukunftswerte" (Schumpeter) erwerben. Wer nicht selbst den Weg in das *wu* schafft, wer nicht selbst über Vision und Innovation seine Zukunft zu sichern vermag, kauft sich seine Zukunft. Dieser Weg - Erwerb von *wu* - ist eher die Ausnahme und fluktuativ, damit risikoreich. Viele kaufen und verkaufen zum falschen Zeitpunkt, nicht selten auf dem Höhepunkt oder Tiefpunkt einer Welle. Opfer ihrer Emotionen. Die Integration von *wu*/Nichtsein in *you*/Sein ist ein mühsamer und risikoreicher Prozeß. Das Nichtsein verschwindet ja nicht einfach, es bleibt erhalten, bis seine Transformation ins Sein gelingt.

Es ist einfacher und auch die Regel, nicht *wu*, sondern *you* zu kaufen. Man kauft „Erträge" in der Seinwelt, man schafft sie nicht selbst durch schöpferisches Handeln im Nichtsein. Damit läßt sich der Untergang zumindest aufschieben, wenn auch nicht verhindern. Man kann Produkte, Märkte und Umsatz kaufen, wenn diese noch einige Lebensjahre vor sich haben. Es ist ein ähnlicher Vorgang wie der des Dopens. Nicht der Körper wird verbessert. Vielmehr Kraft von außen zugeführt. Betreiben nun alle dieses Spiel, haben wir eine Wirtschaft ex Entwicklung. Die Wirtschaft ist auf dem Lauf in das Gleichgewicht. Immer noch eine Dao-Wirtschaft, jedoch eine, die sich im Kreis dreht, wie Mäuse in der Laufmaschine.

> M&A ist sowohl zur Verteidigung der Position im Heimatmarkt als auch zu Absicherung der Zukunft durch Eintritt in etablierte Märkte das Mittel der Wahl. Ein Einstieg aus eigener Kraft ohne Zukauf von Geschäftsaktivitäten würde angesichts geringer Wachstumsraten zu lange dauern und wäre durch die damit verbundenen Preiskämpfe nicht vertretbar. ... Wer M & A nicht beherrscht und nicht zu den Konsolidieren gehört, wird geschluckt werden. (Lucks, 2005, S. 4).

Selten trifft das Auge des Beobachters auf eine derart präzise Analyse (Der Autor ist Leiter der Strategiegruppe für M&A bei der Siemens AG). Siemens ist so groß, daß es nicht Gefahr läuft, ein „Opfer" zu werden. Ein traditionsreiches Unternehmen wie der Spezialchemiekonzern Degussa wird gleich doppelt abgestraft: Es verliert seine Unabhängigkeit (Übernahme durch den RAG-Konzern, früher Ruhrkohle) und muß den eigenen Aufkauf auch noch selbst finanzieren!

Erkennbar ist die Herrschaft des Seindenkens und -handelns, und spiegelbildlich dazu die Innovationsschwäche als Basisursache der Aufkauf/ Fusionsarbitrage.

Arbitrage bewirkt das Herunterregulieren von Innovationsdynamik. Der einfachste Fall ist das Aufkaufen eines Konkurrenten. Die kompliziertere aber viel potentere Situation: potentieller oder zukünftiger Wettbewerb ist eingeschränkt. Anstelle extern zu wachsen, verfügt jedes Unternehmen über die Option, sich intern (organisch) zu entwickeln. Organisches Wachstum ohne Innovation stößt rasch auf Grenzen. Märkte reifen aus. Der Zwang zur Neukombination ist in diese Strategie integriert. Aufkauf (Arbitrage) verringert somit tendenziell die Innovationsdynamik.

Der Entwickler der Unternehmenssoftware SAP – der einzige deutsche Weltmarktkonzern im fünften Kondratieff - wächst organisch; sein Hauptkonkurrent Oracle kauft Konkurrenten auf. SAP erhöht seinen Marktanteil, Oracle büßt (Wiesman, 2006).

Der Negativlauf externen Wachstums ist damit nicht zu Ende. Auch Evolution wird heruntergeregelt. Innovationsdynamik zu erhalten, erfordert Fähigkeiten zu steigern, das permanente Eintauchen in das Nichtsein *wu*. Wenn ich nicht mehr neukombinieren muß, weil ich die Konkurrenz schlucke oder den Wettbewerb beschränke oder politische Seile knüpfe, warum an meinen Fähigkeiten arbeiten, warum meine Organisation auf Innovationsdynamik und dauerndes Lernen ausrichten? Arbitrage läßt die Wirtschaft in Richtung Routine driften. Um das zu leisten, müssen wir einen „freien Kapitalverkehr" installieren. Europaweit, weltweit. Die EU-Mandarine zwingen es uns auf.

„Sie schaffen nichts; sie bauen nichts auf; sie tragen mit ihren Machenschaften wenig oder nichts für Wirtschaft und Gesellschaft bei." Dies schrieb ein erboster Leser der New York Times im Jahre 1983 über Carl Icahn und andere sogenannte „corporate raiders." Die „unsichtbare Hand" des Marktes wird hier und in aktuelleren Fällen („Heuschrecken") unnötigerweise negativ emotionalisiert. Ist ein höherer Preis für die Aktionäre etwa nichts? Müssen Management und Aufsichtsrat in den USA nicht in ständiger Furcht leben, verklagt zu werden, weil sie nicht das Beste für die Aktionäre herausgeholt haben? Wenn sich ein Land (ein Unternehmen), aus welchen Motiven auch immer, gegen Arbitrageaktionen zur Wehr setzt, sind diese (zunächst) unsichtbaren Folgen mitzubedenken. Die simple Forderung, hier würde der freie „Kapitalverkehr" beschränkt, es stehe „nicht im Einklang mit dem in den EU-Verträgen verankerten Recht auf freien Kapitalverkehr", ist zwar richtig, aber genau so sinnvoll, wie die Aussage, jemand beschränke die freie Nahrungszufuhr, wenn er seinem Körper kein Gift, keine Drogen, keine die Gesundheit schädigende Nahrung usw. zuführt.

Die Beschränkung von Freiheiten (von *wuwei*) in einem Teilsystem der Wirtschaft (dem Routine-Arbitrage-Komplex), bewirkt eine Beschränkung (*wangwei*) auf einer „tieferen" Ebene (Innovation und Evolution) des Systems. Für den Ökonomen sind auch Menschen „Kapital". Menschenkauf, Unternehmenskauf. „Renommierte Professoren" mögen das anders sehen.[141] Wir sehen es so.

---

[141] Handelsblatt, „Kritik an europäischer Wettbewerbspolitik " (7. März 2006, S. 5). Die Zeitung bezieht sich auf einen Bericht der European Economic Advisory Group, ein privater Sachverständigenrat von Ökonomieprofessoren. Die Kollegen appellieren in ihrem Bericht an die Politik, künstliche Hürden für grenzüberschreitende Übernahmen aus dem Weg zu räumen. „Merger activity is gathering pace in Europe. The policy challenge lies in how to achieve cost-cutting increases in firm size from restructuring in the face of globalisation, while simultaneously maintaining sufficient competition. This requires that obstacles to hostile and cross-border mergers be removed, while care is taken not to promote European champions that end up being effectively protected from bankruptcy. Competition policy should not enforce low concentration in natural oligopoly industries, where only a small number of firms can survive." (2006 Report on the European Economy, Press Centre, 8 March 2006). Wir sehen dies anders, wollen den Leser hier aber nicht mit einer fachökonomischen Diskussion belasten.

Quelle: Reents (2006)

„Von den 23 größten Familienunternehmen des Jahres 1991 (in Deutschland) gab es zehn Jahre später noch 22, wohingegen von den 35 größten Publikumsgesellschaften in dem gleichen Zeitraum zehn verschwunden sind" (Brun-Hagen Hennerkes, Experte für Familienunternehmen, zitiert in Lutteroth, 2006). Daß wir solche Zustände akzeptieren, ist eigentlich nicht zu fassen. Ein weiterer Fall in einer Kette endlosen Politikversagens? Nach der herrschenden Lehre ist doch klar was hier abgeht: reiner Protektionismus und Ressourcenvergeudung. Reiner geht es nicht. Unternehmen weigern sich tatsächlich, sich zu verkaufen (meistbietend).[142] Noch schlimmer: sie weigern sich, „Investmentbanken" am „Goldrausch" zu beteiligen (Fehr & Schäfer, 2006). Habgierige Egoisten. Synergien liegen haufenweise brach. Welch eine Verschwendung. Die Firma geht vor - nicht das Interesse der Aktionäre. Mittelalter. Kein Wunder, daß in Deutschland die Sonne der Innovation nicht mehr aufgehen mag. Wie jeder wissen müßte (siehe Hessentest für Einbürgerung), geht die Sonne im Osten auf (Ostasien, Indien), dort also, wo unsere „Publikumsgesellschaften" forschen und entwickeln lassen. Sie haben auch keine andere Chance: Familienunternehmen weigern sich, sich kaufen zu lassen. Der deutsche Privatanleger hat das längst erkannt. Er investiert sein Geld in Dax-Unternehmen und verschenkt viel Geld (siehe Graphik). Die Deutschen Lieblingsaktien stammen aus dem Dax.[143]

Nach der hier vorgestellten Logik ist es gar nicht widersprüchlich, daß familien- im Gegensatz zu manager/kapitalmarktdominierten Unternehmen an der Börse besser abschneiden. Eine Strategie langfristigen Überlebens, die notwendigerweise Neuerungen und Kompetenzentwicklung einschließen muß, ist einer Strategie überlegen, deren Leitmotiv dem Shareholder-Value (in welcher Variante auch immer) unterworfen ist.

Die Graphik oben zeigt deutlich die stärkere Entwicklung des Familienindex GEX (German Entrepreneurial Index) gegenüber dem Dax.

Grundmotiv für Arbitrage ist das Festhalten am Sein. Wie zahlreiche Untersuchungen zeigen, scheitern viele solcher Transaktionen. Auch wenn wir das „In-den-Sand-setzen" einmal vernachlässigen, alles gut *läuft*, der Arbitrage-*dao* also beachtlich funktioniert, ist das Dilemma einer Seinstrategie in reifen Märkten offensichtlich. Das Sterben ist sicher. Auch eine Totalkonsolidierung kann einen ausgereizten Markt nicht am Leben halten. Natürlich „würde es zu lange

---

[142] „Übernahmen im Mittelstand immer kein Thema" (Frankfurter Allgemeine Zeitung, 20. Juli, 2006, S. 15).
[143] Der Investor folgt nurmehr Norbert Blüm: „Die Rente ist sicher". Wenn der deutsche Staat dann ab 2009 auch noch nach den Kursgewinnen greift, steht der Vermögensvermehrung und dem glücklichen Altwerden wenig im Weg.

dauern" (time is money), durch internes Wachstum zu expandieren. Zudem wäre dies immer noch eine *you*-Strategie. Der Ausweg wäre ein Abkoppeln vom Sein, ein Loslassen, ein Eintritt in die „Leere", ein Wechsel der Funktion zu Innovation, möglicherweise gekoppelt mit Selbstkannibalisierung.[144] Dies verlangt viel und ist daher eher unwahrscheinlich. Zudem ist zu bedenken: ein *reset* der Wachstumsmaschine durch Neukombinationen fängt ganz bescheiden an (auch deswegen ziehen große Unternehmen den Kauf von Innovation via M&A der Selbstentwicklung vor). Die Umsätze bleiben auf Jahre hinaus gering, fallen bei einem Mehrmilliardenumsatz des Unternehmens überhaupt nicht ins Gewicht, für die Gehälter (an Umsatzhöhe gebunden) würde das gleiche gelten, und auch für die Eigentümer fällt zunächst wenig ab. [145]

Bemerkenswert sind gleichfalls die Betrachtungen zur Verbesserung der Wirkung von M&A. Daoistisch ist dies eine *yin-yang*-Frage. Aufkäufe und Fusionen scheitern an „Harmonie"- Problemen. Und die Überlegungen von Lucks (2005) sind in dieser Hinsicht durchaus bedenkenswert. Wie Laozi sagt: beginne mit dem Einfachen, erst dann das „Schwierigere" (Lucks) wagen. Auch Vision ist wichtig: „Ohne ein positives Ziel, ohne Begeisterung im gemeinsamen Team läuft nichts". Und bei alledem - unser letzter Punkt - ist immer zu bedenken: auch im Rahmen der hier untersuchten Funktion (Arbitrage) gibt es eine *wu-you*-Frage. Es sind nicht nur „kulturelle Unterschiede" zu beachten. „Kapazitäten und Kompetenzen (sind) frühzeitig (zu) besorgen ... insbesondere auch bei ‚weichen' Faktoren (Kommunikation, kultureller Wandel)..."

Eine daoistische Theorie von Übernahme und Fusion enthält somit folgende Elemente, die zusammen notwendig und hinreichend für die Erklärung und den praktischen Vollzug dieses Typus von Markttransaktion sind:

- Innovationsschwäche (wer neukombinieren *kann*, wer innovationsschwach ist *muß* sich Erträge und Wachstum kaufen); ein *wu*-Einfluß; auch das Umgekehrte gilt: Arbitrage auf den Finanzmärkten, auch Faktormärkten,[146] bewirkt tendenziell Innovationsschwäche. [147]
- Bewertungsunterschiede, angeheizt durch Globalisierung (Wertunterschiede werden transparent);
- Geld (Liquidität); ohne Moos nichts los; woher kommt das Geld? a) Kredit; b) eigene Mittel (oft durch Kostensenkung/Rationalisierung erwirtschaft ⇒ die Belegschaft zahlt durch Verzicht/outsourcing); c) eigene Aktien (deren Wert durch Kostensenkung etc. steigt; je höher der Kurs der eigenen Aktien, desto „billiger" läßt sich einkaufen; Fusionswelle und

---

[144] Damit ist die Zerstörung bestehender Produkte und cash flows durch selbstentwickelte Produkte gemeint, die entweder billigere Versionen oder völlig neue Produkte mit Substitutionsqualität sein können. Beispiel: Billigflüge a la Ryan Air bei Lufthansa oder die Faxmaschine, welche den Telegraphen bei Siemens nicht ablösen durfte.

[145] Diese Überlegungen ließen sich weiter vertiefen, brächten aber für unsere Zwecke keine grundlegend neue Einsichten. Wir möchten dennoch hinweisen auf die Analyse von Clayton Christensen (siehe hierzu auch unten).

[146] Siehe zum Arbeitsmarkt unsere Überlegungen zur internationalen Mobilität und Aus-/Einwanderung im Abschnitt 5.7.

[147] Unsere obigen Überlegungen schließen dieses nicht aus. Die empirischen Befunde sind reichhaltig verfügbar, es gibt aber auch Gegenbeispiele. Die soziologische Diskussion kommt zu Erkenntnissen, die mit unseren vereinbar sind (siehe Deutschmann, 2006, mit reichhaltiger Literatur). Das untersuchte Innovationsverhalten bleibt, so weit wir sehen, bezogen auf bestehende, überwiegend große Unternehmen und thematisiert damit inkrementellen Neuerungen oder Verbesserungsinnovationen. Der Schlußfolgerung einer von Deutschmann (S. 75) zitierten Untersuchung können wir uns anschließen: „Je weniger aktiv der Markt für Kontrolle [Unternehmenskontrollrechte: Aufkauf, Fusionen usw.], desto höher die Wachstumsrate".

Aktienboom laufen parallel); d) Kunden zahlen (durch überhöhte Preise, möglich durch Kollusion, Kartelle; strukturelle Kopplung mit Politik und Aufsichtsbehörden; Beispiel: Energie); *you*-Einflüsse;
- Persönlichkeit der Spitzenmanager (CEO, Aufsichtsrat) und Investmentbanker / dealmaker;[148] *wu* spiraldynamisch: blau-orange Werteprofile; typische „BWL-" Faktoren (Synergiepotential usw.) dienen primär als Verkaufsargumente für die Öffentlichkeit und die Belegschaft und als Ausrede für das persönlichkeitsgetriebene Handeln (das Scheitern bestätigt, das die Allokationslogik in der Praxis nicht durchschlägt, weil die Theorie im Sinne von I. Kant nicht „gut" ist; die Wissenschaft funktioniert auch als ein Alibi-Produzent).

Warum notwendig und hinreichend? Entfernen wir einen Faktor, läuft die Arbitrage nicht mehr (rund). Ohne Geld („Zahlungen") passiert nichts. Ohne Persönlichkeit ist die Sache reizlos. Ohne Bewertungsunterschiede macht es keinen Sinn. Ohne Innovationsschwäche besteht keine Notwendigkeit.

(3) Innovative Unternehmer

Unternehmer können Ressourcen neu kombinieren, um etwas zu erzeugen, was sie selbst oder überhaupt noch niemand vor ihnen gemacht hat, oder um bereits etablierte Güter mit neuen Produktionsverfahren herzustellen. „Unternehmer" (Schumpeter); Innovatoren. In beiden Fällen, der Auftritt der Neukombinierer: „Neue Männer [/Frauen] und neue Firmen" (Schumpeter, 1962, S. 284) machen sich auf den Weg. Das Eintauchen ins Nichtsein; oftmals, wenn es um das radikal Neue geht, nicht durch bestehende, sondern durch neue Firmen.

Im zweiten Fall (neue Herstellungsverfahren) verringert sich im Zeitablauf der Nutzen der Nachfrager der in größeren Mengen hergestellten Güter. Die Wirtschaft läuft in eine Sättigungsgrenze. Stellen wir uns vor, Güter der Steinzeit würden mit immer wirksamerer Technologie produziert. Die Dominanz des Seins und des bekannten, angewendeten immateriellen Nichtseins (die vorhandenen Technologie, Verfahren, Kombinationen, Fähigkeiten der Unternehmer, etc.), führt in eine Stagnation. Im ersten Fall (neue Güter) werden neue Nachfrage- und Nutzenkurven geschaffen. Durch Innovation verwirklichtes Nichtsein erzeugt dann Güter- und Nutzenströme, im zyklischen Auf und Ab, die sich immer wieder, durch Reproduktion des Neuen, selbst hervorbringen.[149]

Im Laufe der Zeit ist das *wu* immer wichtiger geworden. Seit der industriellen Revolution weiß man, wie wichtig neue Technologien und neue Güter sind. Mit weniger Rohstoffen, aber wirksameren Maschinen und Produktionsverfahren wurden nicht nur immer mehr, sondern auch immer mehr neue Güter hergestellt. Nach dem zweiten Weltkrieg haben viele Firmen angefangen zu lernen, wie man eine Firma gut managt. Der technologischen geht eine manageriale Revolution parallel. Eine Firma, die über viele materielle Ressourcen (*you*/ Sein) verfügt, aber nicht in der Lage ist, den Ressourceneinsatz wirksam zu managen (*wu*/ Nichtsein), verliert ihr „Leben" in der Wirtschaft.

Für ein Land ist es nicht anders. „Billige" Arbeitskräfte (*you*/Sein) hatte China schon vor der Wirtschaftsreform von Deng Xiaoping Ende der 70er Jahre des 20. Jahrhunderts. China ist mit diesen billigen Arbeitskräften nicht reich geworden. Erst mit den innovativen Ideen von Deng

---

[148] Rund 80 Prozent der Transaktionen sind von Investmentbanken initiiert (Malingre & Michel, 2006). Sie sind somit die aktiven Unternehmer, welche Bewertungsunterschiede entdecken und umsetzen.

[149] In Kapitel 8 zeigen wir ausführlicher, wie eine Wirtschaft durch Produktion neuer Güter und Kreation neuer Bedürfnisse die Sättigungsgrenzen bei der Produktion alter Güter überwindet, auch wenn diese Güter sich immer billiger herstellen lassen.

Xiaoping konnte China den Vorteil „billiger" Arbeitskraft nutzen und wurde zum Magnet für ausländische Unternehmen, die heute mehr als die Hälfte der chinesischen Exporte hervorbringen. Selbstverständlich stehlen chinesische Unternehmen unser Know-how – sagen westliche Unternehmen, ihre Verbände und die diesen zugeschalteten politischen Führer. *Wu*-Diebstahl. Wir „profitieren" davon nur indirekt: Importe aus China halten die Preise von Konsumgütern niedrig. Nicht umsonst ist Walmart der größte Importeur von Chinaware. Leider leiden auch unsere Löhne – während sie in China steil nach oben schießen: Seit 1980 um mehr als das Dreißigfache.[150] China ist eine einzige riesige Start-up-Wirtschaft, *wu*-dominiert, wie keine andere Wirtschaft auf der Welt.

Des Weiteren beobachten wir das Entstehen von *wu*-Spezialisten: Firmen wie Unternehmensberatungsgesellschaften und Menschen, die nur immaterielle Güter (*wu*/Nichtsein) anbieten. Die Abhängigkeit von materiellen Ressourcen (Sein) im Entwicklungsprozeß ist gesunken, *you* bleibt aber unverzichtbar. Die Nutzung natürlicher Ressourcen zeigt dies eindringlich. Ohne Wasser kein Leben, ohne Luft kein Menschsein. Aber auch beim Verbrauch von Naturkapital (*you*) steigt die Bedeutung des Nichtseins. Auf neuem Wissen fußende Neukombinationen ersetzen Naturressourcen oder erlauben ihre sparsamere Nutzung.

Heute finden sich immer mehr Unternehmen, die mit einer guten Idee (*wu*/Nichtsein) und wenigen materiellen Ressourcen (Computer, Internetanschluß, etc.) neue Geschäftsmodelle umsetzen, nur immaterielle Güter (Software, Beratungsservice, etc.) anbieten und in kurzer Zeit Milliardenumsätze erzielen (SAP, Google, Ebay).

(4) Evolutorische Unternehmer

Was in früheren Zyklen der Zeit noch weit voraus war, ein esoterisches (*wu*-)Nebenprodukt der Evolution, nicht-spezialisierter Selbstinitiative überlassen, rückt nunmehr ins Zentrum marktwirtschaftlicher Entwicklung, wird ihr unternehmerischer Kern. Träger der Basisinnovationen ist der evolutive Unternehmer, ein Spezialist für Kompetenzentfaltung in den weiten Bereichen geistigen, körperlichen, emotionalen und spirituellen Lebens, und ihrer Schnittstellen. Er leistet ein Dreifaches: Neukombination von Humanressourcen in sich selbst; Entfaltung von Fähigkeiten in anderen; Durchsetzung von "Gesundheitsinnovationen".

Resümee

In der Nichtseinwelt (*wu*) lassen sich, das machen unsere Überlegungen deutlich, zwei Funktionskreisläufe unterscheiden:

(a) Die Funktion der produzierten Leistungen (aus der Sicht des Konsumenten, der Nachfrage): der subjektive Nutzen der produzierten Güter. Diese Funktion entsteht und folgt aus dem Nichtsein, erzeugt durch unternehmerisches Handeln in Form von neuen Ressourcenkombinationen.[151]

(b) Die Funktion der Einheiten, die erstere Funktion (a) hervorbringen, der Unternehmer. Die Funktion der Erzeuger von Routinegütern, die Funktion des Erkennens und Ausnutzens von

---

[150] Im Industriegütersektor. Quelle: Credit Suisse; Financial Times, 12. Juli 2006, S. 12: „Made in China, still priced to go."

[151] Hierdurch wird auch deutlich, daß die Input/Ressourcen/Akkumulationslogik außerhalb des *wu*- Raums angesiedelt ist, also Nichtsein (*wu*) vorausgesetzt, um überhaupt Nutzen und Werte erzeugbar zu machen (Wir gehen darauf ausführlicher in den Kapiteln 7 und 8 ein). Wie wir immer betonen: Das herrschende theoretische und politische Entwicklungsparadigma, welches wir als Inputlogik bezeichnen. Dieses wird, angesichts der Grenzen einer *you*-Orientierung (materielle Ressourcen), zunehmend auch auf *wu*-Ressourcen (Wissen) übertragen.

Bewertungsunterschieden bei Gütern im Hinblick auf ihre Funktion (a), die Innovationsfunktion und die Funktion der Evolutionisten (Erzeuger von Evolutionsgütern). Gehen wir in die ursprüngliche Bedeutung des Wortes *wu* im Chinesischen zurück, war diese zweite Funktion die zunächst angesprochene: *wu* steht für einen Schamamen in seiner Funktion als Regenmacher (siehe die Nachweise bei Wohlfahrt, 2001, S. 67), als Nutzenerzeuger.

Die beiden Abbildungen (Abbildung 4.4.1 und Abbildung 4.4.2) verdeutlichen die angesprochenen funktionalen Zusammenhänge:

Abbildung 4.4.1: Sein-Pyramide von Unternehmertum

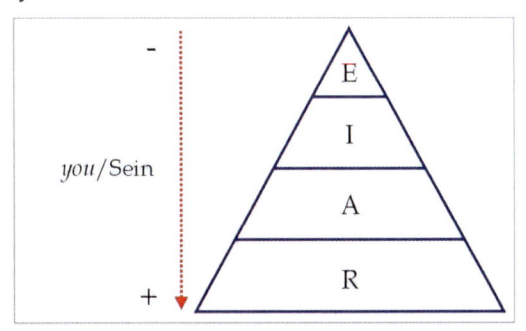

you/Sein — Pyramide mit Ebenen (von oben nach unten): E, I, A, R. Pfeil zeigt von − (oben) nach + (unten).

Abbildung 4.4.2: Nichtsein-Pyramide von Unternehmertum

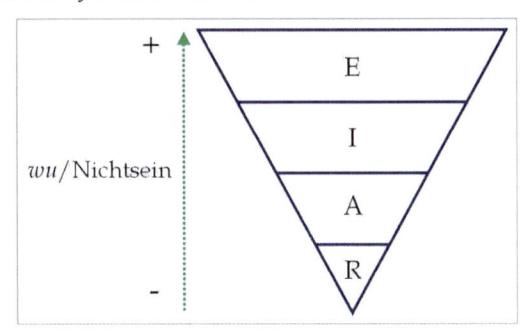

wu/Nichtsein — umgekehrte Pyramide mit Ebenen (von oben nach unten): E, I, A, R. Pfeil zeigt von − (unten) nach + (oben).

In der *you*-Welt dominiert Routine. Die Wirtschaft endet in der Reproduktion des Gleichen. Evolution und Innovation dünnen aus, verlagern sich in die Geschichte zurück, in der alles noch besser lief, das *dao* noch in voller Blüte stand, der Lauf der Wirtschaft noch gut drauf war, die Quelle des Wachstums sprudelte. Geschichte. Die Funktionen werden auf Routine durchgereicht. Ein Zyniker: „Willst Du DE noch oben sehn, mußt Du die Tabelle drehen". Betrachten wir Abbildung 4.4.2: Der Funktionspfeil läuft nunmehr in Richtung E(volution), in Richtung *wu*-Orientierung.[152]

Die obige Logik der Doppelfunktion macht ein weiteres deutlich. Aus der Sicht eines in einer bestimmten Funktion handelnden Unternehmers ist sein materieller Output ein Sein: ein Gut, alt oder neu mit einer bestimmten Funktion in Form eines Güter- und Nutzenstromes, der nicht durch die Menge der verwendeten Ressourcen bestimmt ist. Die Unternehmerfunktion erzeugt somit einmal Sein (*you*), und dieses *you* ist gleichzeitig, aus der Verwendungssicht des erzeugten Gutes, ein Nichtsein (eine Funktion). Wir können diese Überlegung weiterführen und sehen

---

[152] Der Frage, wie eine *wu*-orientierte Wirtschaft funktionieren könnte, gehen wir in Abschnitt 5.9 nach.

dann, daß „Wirtschaft" aus vielfältigen Nichtsein-Sein-Kreisläufen besteht und durch die kontinuierliche Erhaltung (Neuschaffung) dieser Kreisläufe weiter existiert. Kompliziert ausgedrückt ist eine Schumpetersche Daowirtschaft ein Produkt von Auto-Genese (Selbstevolution) und Ko-Genese (Ko-Evolution).

4.5 Innovationslogik: Das Sein entsteht aus dem Nichtsein

Das Sein entsteht aus dem Nichtsein. Die innovativen Unternehmer haben am Anfang auch fast nichts, was man sehen könnte (Fähigkeiten, Wissen). In ihrem Selbst, in ihrem Mikrokosmos, zirkuliert die Energie des Lebens. Wie Kaufkraft, geschaffen aus dem Nichtsein, aus dem, was (noch) nicht ist („Kreditschöpfung") das System von Neukombinationen finanziert, erhält diese Energie ihr Leben. Schumpeter (1911, S. 529) schreibt als junger Wissenschaftler:

> Der Unternehmer setzt seine Persönlichkeit ein und nichts andres als seine Persönlichkeit. Seine Stellung als Unternehmer ist an seine Leistung geknüpft und überlebt seine Tatkraft nicht.

Neukombinationen beginnen im Nichtsein.[153] Die ersten Telefone waren Lachnummern. Das erste deutsche Telefonbuch, erschienen im Jahr 1881 in Berlin, galt als ein „Buch der 99 Narren". Heute werden in Deutschland jährlich 30 Millionen Telefonbücher gedruckt (Winkelhage, 2006). Mobiltelefonieren ist in allen Schichten dermaßen verbreitet, daß sich über zehn Prozent der Jugendlichen in Deutschland verschulden, um am Telefonspaß teilzuhaben (Hildebrandt-Woeckel, 2006). Jede radikale Neuerung hat eine Akzeptanzwahrscheinlichkeit von nahe null. *Jede* Basisinnovation läuft auf Widerstand. Von der Dampfmaschine bis zur Nanotechnologie. Basisinnovativ betrachtet sind diejenigen, die dagegen sind, nützliche Idioten. Sie helfen bei der Durchsetzung dessen, was sie bekämpfen. Sie sind unfreiwillige Motoren von Auto- und Ko-Genese. Sie helfen Unternehmen, ihre Produkte zu verbessern und empathisch zu vermarkten. Auch die Deutschen werden, irgendwann, ihr Essen, mit Genfood anreichern. Und die Grünen werden, irgendwann, wenn ihnen das Meerwasser am Hals steht, sich mit der Nuklearindustrie anfreunden. Notfalls die teutonische Lösung: der Staat wird ihnen die Neuerung, immer demokratisch legitimiert und diskursethisch deliberiert, aufzwingen. Irgendwann kann niemand mehr ohne sie leben. [154]

> Eine Reise von tausend Meilen beginnt mit einem ersten Schritt.
>
> (Backofen/Laotse, S. 64)

Plane Schwieriges im Ausgang von dem, was daran leicht ist. Bewirke Großes von dem aus, was daran winzig ist. Alle schwierigen Unternehmungen müssen vom Leichten aus gemacht werden. Alle großen Unternehmungen müssen vom Winzigen aus gemacht werden.

> (Geldsetzer/Laozi, S. 63).

Wenn etwas winzig ist, ist es leicht aufzubrechen. *Man handelt, wenn etwas noch nicht vorhanden ist.* (D.C. Lau: Deal with a thing while it still nothing.) Ein Baum, den man mit beiden Armen umfaßt, wächst [aus etwas, nicht größer als die] Spitze eines Haares. Ein

---

[153] Die empirische Forschung widerspricht dieser Sichtweise nicht. Aus der Fülle der Literatur sei verwiesen auf Arenius & Minniti (2005) zur Diskussion der Einflußfaktoren unternehmerisches Verhaltens, insbesondere die kritische Phase der Gründung.

[154] Siehe das siebte Kapitel für eine Untersuchung der Entstehung (Genese) von neuem Angebot und neuer Nachfrage.

Weg von Tausend Meilen beginnt unter den Füßen (Wing-Tsit Chan: The journey of a thousand *li* [ein *li* ist ungefähr ein Drittel einer Meile] starts from where one stands.). Wer handelt, zerstört es (das Sein). Wer festhält, verliert es. Deshalb sind Menschen des Einklangs ohne ein Handeln [*weiwuwei*], daher gibt es nichts Zerstörtes. Wer handelt, zerstört es (das Sein).

(Laozi: Kapitel 64, Übersetzung und Einschübe
von Gerstner, 2001; unsere Hervorhebung).

Wer gegen *ziran* (Spontan-Freiheit, Von-selbst-so) handelt, zerstört es. Laozi sprach über *wuwei* (Nicht-Tun), aber betonte *weiwuwei* (Tun des Nicht-Tun). Das Problem der Menschen nach Laozi ist, daß sie ihre Fähigkeiten bei Eingriffen und der Steuerung komplexer (*ziran*-) Systeme überschätzen und das machen, was ihnen gefällt, was ihrem Ego schmeichelt, es erhält und stärkt, das Typisch-Normale auf den Stufen der Evolution bis einschließlich Grün. Solches Handeln gegen *ziran* führt zum Verlust. „Wer handelt, zerstört es." Für den, der nicht festhält, gibt es keinen Verlust.

Die nachfolgende Abbildung 4.5.1 zeigt einen Produktzyklus: die Phasen, welche ein neues Produkt (eine Innovation) von seiner „Geburt" bis zu seinem „Tod" durchlaufen, wenn man das Produkt „laufen" läßt. Die kritischen Punkte im Zyklus haben wir mit Laozi verdeutlicht.

Abbildung 4.5.1: Produktzyklus nach Laozi

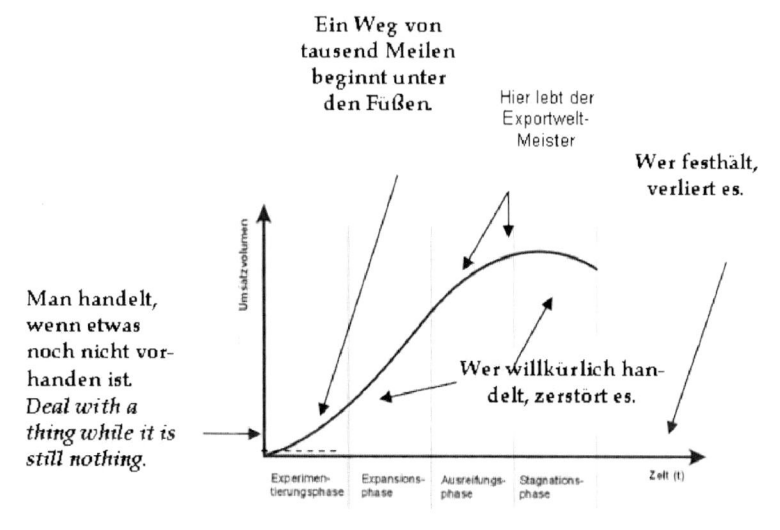

Die innovativen Unternehmer haben (zunächst) vom Sein noch nicht genug. Sie verfügen nur über begrenzte Ressourcen (Sein) oder gar keine. Kein Geschäftsplan, kein Geld (keine Ressourcen), keinen Markt, keine Kunden. Was sie haben ist das Nichtsein, ihre Funktion. Was sie mitbringen und sie von Routinemenschen unterscheidet, ist „Energie". Was ist ihr Vorteil? Ihr Nichtsein, ihre Funktion, ihre Persönlichkeit, ihre Innovations- und Evolutionsfähigkeit. Bemühe dich um eine Sache, solange sie noch nichts ist. Sie haben die Ideen und sie besitzen Fähigkeiten, vielleicht, ihre Ideen umzusetzen, eine Vision, vielleicht, über das zukünftige Leben in

Abhängigkeit von ihrer unternehmerischen Funktion. Sie brauchen den Tod nicht fürchten, auch nicht den wirtschaftlichen.

> Wenn die Leute den Tod nicht [mehr] fürchten,
> wie kann man sie dann [noch] mit dem Tod verängstigen?
> *Dao De Jing*, Kapitel 74, Gerstner, S. 363.

Der Innovationsprozess ist ein solcher vom Nichts bis zum neuen Sein und zurück ins Nichts. Wer zu lange festhält (nicht zu neuem Nichtsein zurückkehrt), verliert sein Sein: Seine Nutzen stiftenden Güter, seine Kunden, seine Existenz, möglicherweise seine Chance zu (neuem) Nichtsein zurückzukehren, als Unternehmer in einer bestimmten Funktion wiedergeboren zu werden, zu reinkarnieren.

Innovative Unternehmer verfügen zunächst über das Nichts (*wu*). Oder wie Schumpeter sagt: ihre „Persönlichkeit" (Schumpeter, 1911, S. 529). Aus solchem Nichts entstehen später, das Sein, der Produktzyklus, die lange Welle, die Basisinnovation, die Entwicklung, Arbeitsplätze und Wohlstand. Es beginnt im Nichts. Ohne Nichts kein Sein.

Ein Blick auf die obige Abbildung wirft die Frage auf: Warum und wie halten die Unternehmen an ihrem Sein und ihrem vorhandenen Nichtsein fest, ziehen den Tod ihres Unternehmens, ihrer unternehmerischen Funktion, ihres Marktes einer Rückkehr ins Nichtsein vor? Und dies ist Normalität, das Auskosten des Seins bis zum bitteren Ende: Konkursrichter, feindliche Übernahme, Ausverkauf, Sprung aus der Chefetage.

Eine Antwort hat sehr früh (1911) bereits Schumpeter gegeben. Peter Drucker, Clayton Christensen und andere, geben heute die gleiche. Die bestehenden Unternehmen schaffen es nicht. Sie halten am Bestehenden fest. Sie können nicht loslassen, nicht ihr Sein hinter sich lassen, ins Nichtsein zurückkehren, Festhalten, bis das Festgehaltene nicht mehr existiert. Banken finanzieren erst, wenn das Nichtsein ins Sein transformiert ist: Weise mir nach, daß Dein Patent in der Praxis des Produktionsprozesses auch funktioniert. Irgendwann ist der Produktzyklus Vergangenheit, Futter für Konkursrichter und Kompost für Historiker. „Loslassen" ist ein uraltes Thema in den Weisheitstraditionen des Ostens. Diese Thematik hält nunmehr auch Einzug in das Innovationsmanagement, das Management von Neukombinationen in *bestehenden* Unternehmen.

> Sie [Menschen des Einklangs: *shengren*,
> wird auch als der Weise oder der Heilige übersetzt.]
> bringen hervor, doch besitzen [*you*] nicht.
> (*Dao De Jing*, Kapitel 2, Gerstner, 2001, S. 23.
> Die Erklärung über *shengren* ist von uns eingefügt.)

Schumpeter sagt: nur neue Unternehmen vermögen Nichtsein mit Sein zu verbinden. Das Start-up ist der Träger der Innovationsfunktion und der Schöpfer von „Zukunftswerten".

Wir wissen heute: eine Übertreibung. Bestehende Unternehmen sind gut, sogar besser, wenn es gilt, inkrementelle (marginale oder erhaltende) Neuerungen hervorzubringen (8. Kapitel). Dies sind Innovationen, die auf einem laufenden, basisinnovativen, Produktzyklus aufgesetzt sind. Die neue Maus, der neue Golf VIII oder das neue Handy.

> Diesem konstanten Systeme von Gegenwartswerten stellen wir nun ein andres System gegenüber, das aus jenen Werten besteht, die durch Realisierung der neuen Kombinationen... sich ergeben würden. Wir nennen dasselbe das System der Zukunftswerte. Diese Zukunftswerte sind die Wertschätzungen, die die Güter erhalten, wenn man sie im Zu-

sammenhange mit neuen, vorteilhaften Kombinationen wertet ... Die Zukunft wirkt ... machtvoll in das Wertsystem der Gegenwart hinein, so unkörperlich ihre Macht ist. ... Die typischste Verkörperung von Zukunftswerten ist eine neue Unternehmung. ... Zukunftswerte sind das Korrelat der neuen Kombinationen in die Wertsprache übersetzt (Schumpeter, 1911/2006, S. 168f.).

Die empirischen Belege sind in der Tat reichlich verfügbar.[155] Jede neue Innovationswelle beginnt mit neuen Unternehmen. Peter Drucker (1985, S. 58ff.) bestätigt diese Sicht mit eindrucksvollen Beispielen (Siemens, IBM usf.). Er sagt allerdings auch: das muß sich nicht so sein oder bleiben. Und Innovationsmanager bemühen sich, die Schumpeter-Christensen-Behauptung zu widerlegen. Drucker bringt Argumente an, ähnlich denen des späten Schumpeter (Kapitalismus, Sozialismus, Demokratie) und neueren Überlegungen aus der Theorie des Managements von Neuerungen (Markides & Geroski, 2005), daß bestehende Unternehmen komparative Vorteile im Neuerungsgeschäft aufgrund ihrer höheren Finanzkraft und besserer Ausstattung mit Humankapital (und wir fügen hinzu: einen größeren Einfluß auf politisches/regulatives Unternehmertum aufgrund historisch gewachsener Lobbykapazität) verfügen.[156] Beispiel General Motors (GM), die deutschen Energiekonzerne. Die Frage also: Haben bestehende oder neue Unternehmen komparative Vorteile oder „Kernkompetenzen" bei der Schaffung von Zukunftswerten im *you-wu-you*-Zyklus? *Beide* müssen im *wu* beginnen, um im *you* neue Werte zu schaffen.

Sein *oder* Nichtsein - die Alternative des Todes „Was gut ist für GM, ist gut für Amerika."

Ein Blick auf die nachfolgende Abbildung zeigt die Entwicklung der chinesischen Volkswirtschaft. China läßt sich als eine riesige Start-up-Wirtschaft verstehen, eine Wirtschaft dominiert von „Zukunftswerten". Aber auch als eine Wirtschaft, die sich immerwährend umstrukturiert, insbesondere im Sektor staatlicher Unternehmen. In Verbindung mit der Multikondratiefflogik (das gleichzeitige Anschieben und Ausleben von mehreren Basisinnovationen - daoistisch: das gleichzeitige, parallele Eintauchen in das Nichtsein -) macht die Entwicklungsdynamik in China erklärbar.

Zehntausend Dinge ⇒ Güter: alte & neue

Das vorhandene Sein (*you*) ⇒ durch Kombination oder Neukombination der vorhandenen/gegebenen Ressourcen Hervorgebrachtes ⇒ das neue Sein (*you*) ⇒ erweiterte Innovations-/Evolutionsfähigkeit der Unternehmer ⇒ durch Neukombination der vorhandenen/gegebenen Ressourcen⇒ das neue Sein (*you*) ⇒ die Entwicklung geht weiter.

Als Drucker obige Vermutungen äußert, liegt der fünfte Kondratieff (Informationstechnologie/Software, Internet) noch in den Windeln. In der fünften wie in der jetzt in der Wiege liegenden sechsten Welle (Bio, Nano, Neuro) bestätigt sich bislang die Schumpetervermutung. Die Etablierten machen auf inkrementell, greifen die nationalen und übernationalen Fördermittel ab, am radikal Neuen versuchen sich neue Unternehmen, ohne Zugang zu Staatsknete und am Anfang auch nicht zu Wagniskapital. In alten Kondratieffs groß gewordene Unternehmen finden nicht den Weg zurück in das Nichtsein basisinnovativer Zukunftswerte. Viele werfen das

---

[155] Wer mit Karl Popper „falsifizieren möchte", lege die der Hypothese widersprechenden Fakten auf den Tisch.
[156] Ein eindrucksvolles Beispiel: die Lissabonstrategie der EU, geboren aus der Lobbytätigkeit der Industrieverbände - und ihr (Schumpeter: selbstverständliches) Scheitern.

Handtuch, akzeptieren Stillstand, neukombinieren inkrementell, den ererbten Produktzyklus erhaltend. Eine von ihnen beherrschte Volkswirtschaft verliert den Anschluß an Zukunftswerte: Die Strafe des Nichtseins für das Festhalten am Sein.

Abbildung 4.5.2: Eine *wu* & *you*-Wirtschaft? Wachstumsrate und BSP (1978-2003) in China

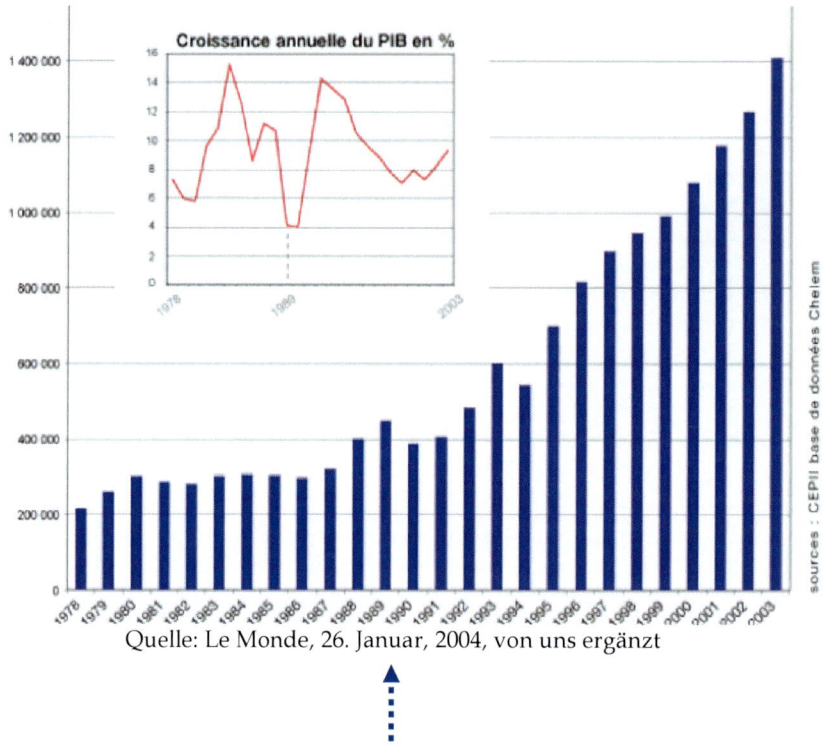

Quelle: Le Monde, 26. Januar, 2004, von uns ergänzt

Die „*zehntausend Dinge*" in der Welt werden aus dem *you*/Sein geboren,
das *you*/Sein wird aus dem *wu*/Nichtsein geboren.

Dao De Jing, Kapitel 40, unsere Übersetzung

Das *you*/Sein und das *wu*/Nichtsein gebären einander.

Dao De Jing, Kapitel 2, unsere Übersetzung

Der Forschungsminister eines deutschen Bundeslandes im Jahr 2006: „Die Aufgabe der Universität ist Lehre und Forschung." Er weiß es besser als seine amerikanischen, israelischen, chinesischen, britischen, singapurischen, usw. Kollegen. Wenn wir aus dem neuen Wissen, erzeugt in der Forschung, neue Produkte, Nutzen- und Wertschöpfungsströme erzeugen wollen, verlangt dies die Integration der unternehmerischen Funktion (Innovation und Evolution) in das System Wissenschaft („unternehmerische Universität"). Das Humboldtimperium schlägt zurück: Im „neoliberalen" Leitbild der „Entrepreneurial University" müsse sich Forschung rechnen, Grundlagenforschung sei altmodisch, usw. (Fröhlich, 2006). Und diese Sicht und Praxis ist nicht einmal falsch. Die ministerialen *wangwei*-Bosse denken tatsächlich so. Ohne Drittmittel bist du tot. Evaluierer sitzen dir permanent im Nacken. Die Professoren nicken es ab oder freuen sich auf die Pension. Mit dem, was wir daoistisch-schumpeterisch als „unternehmerisch" bezeichnen, hat das wenig zu tun (siehe 6. Kapitel).

Besserwissen ist eine der Todsünden von Unternehmertum (sagt Drucker). Diese (Humboldtsche) Sichtweise und die sie tragenden Persönlichkeiten wollen oder können das Sein des Wissenschaftssystems nicht in das (temporäre) Nichtsein zurückführen. Ergebnis: Wissen bleibt tot, neue Produktzyklen entstehen nicht, die Funktion der Innovation wandert aus. Ein Knowing-doing-gap nistet sich ein (6. Kapitel). Unsere Medien spenden Trost: die Besten gehen, die Zweitbesten kommen (zurück). Die ausgewanderte Funktion ist oftmals nicht die eingewanderte: Wenn Innovation geht und Routine kommt: Was dann?

Der Standort stirbt den Tod des Frosches. Ein schönes Sterben, zweifellos, weil man, als Frosch, als Standort, den Tod, das Sterben nicht mehr reflektieren kann. Institutionelle Euthanasie. Dem Frosch, bei dem wir uns entschuldigen, hat die Evolution keine Reflexionskompetenz geschenkt.

Warum springt der Frosch nicht aus dem heißen Wasser und entgeht dadurch seinem Tod? Er springt nicht, weil er nicht weiß, daß er sterben wird. Aber auch wenn er wüßte, tut er immer noch nichts. Was müßte er wissen? Daß die Zunahme der Temperatur ihn irgendwann tot macht. Das ist für Menschen genau so schwierig wie für Tiere. Der Mensch fühlt sich unwohl, schlapp, leidet an fehlender Konzentration, hat Schlafmangel, oder was sonst noch. Wo kommt das her? Esse ich zuviel, esse ich das Falsche, fehlen mir Vitamine, welche, wie viel davon? Mache ich zuwenig Sport, zuviel oder zuwenig Sex? Arbeite ich zulange? Natürlich gibt es für Alles eine (cartesianische) Antwort. Ob sie stimmt, wissen auch die nicht, die sie geben (wenn sie auf der Ebene der Reflexion operieren, nicht auf der Ebene der Registrierkasse des Wissens). Das Wasser ist für den Frosch das Medium, in dem sein System überleben muß. Es steht für Herausforderung und Konkurrenz. Der Frosch müßte sein Sein verlassen, um in diesem Medium zu überleben. Vom Sein zum Nichtsein wechseln, als biologisches System „mutieren". Wie kommt ein Mensch vom Sein zum Nichtsein? Und dann zurück zum Sein, ins Überleben? Vielleicht will er gar nicht, vielleicht darf er nicht, vielleicht mangelt es an Reflexionskraft, seine Situation zu erkennen. Ist die Verursachungskomplexität zu hoch, hilft dann noch Reflexion? Tiere haben es gut. Sie sind auf Überleben programmiert. Wenn ihre Nachkommen gezeugt sind, sagen ihre Gene: das war's.

Der Froschmensch weiß nicht, daß *sein* Weg ihn in den Tod führt. Ihm fehlt eine bestimmte Art des Wissens, Überlebenswissen einer tieferen Ebene:

> Tiefes Wissen heißt, der Störung vor der Störung gewahr zu sein, der Gefahr vor der Gefahr gewahr zu sein, der Zerstörung vor der Zerstörung gewahr zu sein, dem Unglück vor dem Unglück gewahr zu sein [Das Buch des Gleichgewichts und der Harmonie (ein mittelalterliches daoistisches Werk), zitiert in Cleary, 1996, S. 13].

Der Frosch nimmt die Temperaturunterschiede und ihre tödliche Gefahr genauso wenig wahr wie der Manager eine zunehmende Unzufriedenheit seiner Kunden. Beide können kleine Differenzen nicht als Information erkennen. Es sind Unterschiede für ihn, die keine Unterschiede machen, also keine Information sind. „Einsicht" ist kompetenz-blockiert, beim Frosch genetisch. Wenn sie die Gefahr erkennen, ist es zu spät, der Körper des Frosches ist zu geschwächt und die Kunden sind bereits abgewandert und mit ihnen die Zahlungsströme. Frosch und Unternehmen sterben einen schleichenden Tod. Bei der schleichenden Krise bauen sich Krisenpotentiale langsam und kaum spürbar auf, überschreiten aber schließlich einen Schwellenwert der Krise und des Überlebens. „Das Geringe wahrnehmen heißt Einsicht" (Laotse[157]).

Die Parabel vom sterbenden Frosch illustriert Konstellationen eher stetiger denn sprunghafter Veränderungen, und überfordert gerade dadurch die Wahrnehmungsfähigkeit eines Systems. Streß, rheumatische Erkrankungen, Herzversagen, nahezu alle Zivilisationskrankheiten, folgen diesem Muster.

Laozi zeigt die Bewegung aller Dinge auf der Welt: Sie kehren am Ende ihres Lebens zu ihrem Ursprünglichen zurück. Eine Innovation fängt mit dem *wu* (Nichtsein) an. Das *you* (Sein), das im Laufe des Innovationszyklus auftritt, kehrt am Ende des Zyklus zum *wu* (Nichtsein) zurück. Wie wir oben erklärt haben, ist das *wu* (Nichtsein) im Sinne von Laozi immer ein *wu* (Nichts) in der Verbindung mit dem *you* (Sein). Sein und Nichtsein erzeugen einander. Zerstören wir das Sein, leidet das Nichtsein. Verhindern wir das Nichtsein, kann ein Sein nicht entstehen. Das Nichtsein fördern, heißt das Sein zu erzeugen.

Einer der Unterschiede zwischen dem daoistisch-innovativen Unternehmer und den anderen Unternehmern liegt darin, daß Erstere über *de*, eine Wirkkraft verfügen, um aus dem Nichts ein Sein zu erzeugen. Wir haben oben (Abschnitt 3.3) angemerkt, warum wir in *de* (meistens als „Tugend" übersetzt; Wirk*kraft* des *dao*) einen wichtigen, sogar notwendigen Faktor sehen, welcher den langfristigen Erfolg eines Unternehmens bestimmt. *De* erlaubt die Schaffung von Sein aus dem Nichts und sie gestattet das Nicht-Festhalten am Sein und damit das Nicht-Verlieren.

Wir verfügen nunmehr über eine erste, vorläufige, Antwort auf die Frage: Wie kann eine Unternehmung, eine Industrie, eine Wirtschaft ohne ein Sein wachsen? Die Antwort ist: Sie kann es nicht. Die Antwort ist aber auch: Mit Sein alleine wächst sie vielleicht, aber sie wächst ohne Entwicklung. Sein-Logik heißt: Die Wirtschaft benötigt Ressourcen, Produktionsfaktoren, um einen Output zu erzeugen; und wenn sie noch mehr Output erzeugen, also wachsen will, benötigt sie noch mehr Ressourcen: Inputwachstum erzeugt Outputwachstum. Die Wirtschaft macht sich ressourcenabhängig, wird damit durch Ressourcen erpreßbar. Die vorherrschende Sichtweise in Politik, Wirtschaft, Wissenschaft. Die Entwicklungs- und Evolutionswirtschaft erzeugt Ressourcen, ohne sich ihnen auszuliefern. Sie lebt von Neuem und von neuer Tiefe. Beides ist unbeschränkt verfügbar.

> Der amerikanische Wachstumsvorsprung gegenüber der EU kam zustande, weil immer mehr Amerikaner immer länger arbeiteten.
> Berthold, 2005
>
> Angemerkt sei die Frage: was hat der „Vorsprung" dem Durchschnittsamerikaner gebracht? Außer Schulden? Sein Einkommen stagniert trotz Mehrarbeit, wenn es ihm gut geht. Für viele Amerikaner, insbesondere jüngere Familien, *sinken* die Realeinkommen. Was dahinter steht: Wirkung von Nichtsein.[158]

Manche sagen auch: „Ein Planet wird geplündert", damit wir mehr Wachstum erzeugen können. Diese Sichtweise bezeichnen wir als Inputlogik. Das unbenannte Nichts ist nicht-existent. Inputlogik schließt Grenzen des Wachstums notwendig ein. Ein Sein ohne ein Nichtsein. Man handelt, wenn etwas bereits vorhanden ist. Gegenwartswerte. Ressourcen, Regenwald, saubere

---

[157] Tao-te-ching, Kapitel Nr. 52, Ausgabe Rudolf Backofen. In der Übersetzung Gerstner (2001, S. 262): „Das Kleine zu sehen, heißt klarsichtig zu sein."
[158] Zur jüngeren Einkommens- und Vermögensentwicklung in den USA siehe Parapundit, 1. März 2006: Younger generation getting poorer, http://www.parapundit.com/archives/003291.html#003291.

Luft, Arbeitskräfte, Property rights, Patente, wissenschaftliche „papers" und Drittmittel. Das Benannte (Ressourcen) ist das, was das Sein (Wachstum, Wohlstand) hervorbringt. Ist die Inputlogik, die Akkumulationsdynamik, und alles was dazu gehört, um sie anzutreiben, damit un-daoistisch, dem *dao* widersprechend, mit ihm unvereinbar? Würden Grenzen des Wachstums und Nullwachstum das daoistische Sein, geboren aus dem Nichts, erzeugen helfen? Gibt es eine „Schöpfung aus nichts" in einer Welt knapper Ressourcen? Die daoistisch-schumpetersche Antwort ist: Ja.

Beispiel: Eine Wirtschaft ohne sogenannte Infrastruktur kann nicht funktionieren, schon gar nicht wachsen. Infrastruktur ist *yin* im Sein (ausführlicher im nächsten Kapitel). Denken wir in Kategorien des Wachstums: investieren wir in unsere Infrastruktur (Straßen, Schwimmbäder, Telefonleitungen), erhöhen wir das Wachstum. Das ist nicht falsch, geht jedoch am Entwicklungsproblem vorbei. Infrastrukturinvestitionen bringen keine Entwicklung. Sie erzeugen in vielen Fällen auch keine. Eine gegebene Infrastruktur ist (*yin* im) Sein. Investitionen in eine erweiterte Infrastruktur (mehr Straßen) sind (*yang* im) Sein. Ohne Interaktion mit Nichtsein (*yin* und *yang*) bringen sie nur Einmalwirkungen für das Wachstum, aber keine Entwicklung. In Ostdeutschland wurde eine moderne Infrastruktur aufgebaut, Wachstum und Entwicklung bleiben bescheiden. Dito in Süditalien, dito in vielen Entwicklungsländern. Die Länder leiden eher: Straßen wurden gebaut, manchmal auch noch auf Kreditbasis. Die Wirtschaft springt dennoch nicht an. Die Straßen verrotten oder müssen erhalten werden, ohne Beitrag zur Entwicklung. Inputs sind energielos. Sie erzeugen aus sich heraus keine interaktive Energie. China und Indien investieren gewaltige Summen in den Ausbau ihrer Infrastruktur. Diese Investitionen sind jedoch *yang-wu*-getrieben. Die Wirtschaft läuft, aufgrund ihrer endogenen Innovationsdynamik, in Engpässe. Diese erzeugen eine Nachfrage nach infrastrukturellen Vorleistungen. Die Investitionen (in die Infrastruktur; der Vermehrung von Inputs) folgen der Innovation (*yang*-Nichtsein). Dies ist das klassische Schumpeterargument: Neukombinationen erzeugen Nachfrage nach Inputs.[159] Die Nichtseindynamik (eine Folge von *yin-yang*-Interaktionen), erzeugt das infrastrukturelle Sein. Entwicklung treibt Inputwachstum.

Die Abbildung 4.5.3 zeigt Sein und Nichtsein im wirtschaftlichen Raum, beispielsweise im Raum der Wertschöpfung. Der Daokapitalismus tendiert in der Zeit zum Nichtseinpol (in dem selbstverständlich immer Sein-Elemente wirken). Der Kapitalismus, wie er bis heute funktioniert, ist sein-intensiv. Er benötigt natürlich auch *wu* um sich zu reproduzieren. Die *wu-you*-Kurven zeigen die Schumpeter-Laozi-Fluktuation. Wie wir sehen, werden alle Kurven flacher, das heißt, sie tendieren in der Zeit zum *wu*-Pol. Die *wu*-Intensität steigt. Dies entspricht ganz grob ausgedrückt einer Entwicklung zur Wissensgesellschaft, die man aber dann als *unternehmerische* Wissensgesellschaft zu bezeichnen hätte. Wir nennen sie Dao- Kapitalismus,[160] welcher in einer *wu*-Orientierung münden kann (Abschnitt 5.9). Wenn ein Zukunftsforscher uns aufklärt: „Wer eine Atmosphäre schafft, in der sich Wissen vermehren kann, der erzeugt Innovation" (Schwartz, 2006, S. 92), lebt er, schumpeterisch, entweder auf dem Mars, oder er unterstellt, stillschweigend (wie viele Amerikaner es tun,[161] - weswegen ihre Ratschläge für Europa wenig taugen -), daß

---

[159] Auch der Hinweis auf Albert O. Hirschman (Die Strategie der wirtschaftlichen Entwicklung; 1958: Yale University Press) ist hier notwendig. Im Hinblick auf infrastrukturelle und andere investive „Vorleistungen" der Entwicklung argumentiert er ähnlich wie Schumpeter.

[160] Wissensgesellschaft ist eine inputlogische Metapher. Wissen ist so „bedeutungslos wie Kanäle auf dem Mars" (Schumpeter, 1911/2006, S. 164) wenn Wissen nur Wissen bleibt - nicht in „Zukunftswerte" (Schumpeter, S. 169) transformiert wird. Wissen ist überreichlich verfügbar, auch als ein freies Gut. Es geht um Anwendung des Wissens. Daher sprechen wir von einer *unternehmerischen* Wissensgesellschaft.

[161] Wir erläutern dies im 6. Kapitel am Beispiel von Raymond Kurzweil.

Wissen nahezu automatisch in Neukombinationen transformiere, Unternehmertum und die seine Intensität beeinflussenden Faktoren kein Problem seien (Abschnitt 5.2).

Abbildung 4.5.3: Sein und Nichtsein im wirtschaftlichen Raum

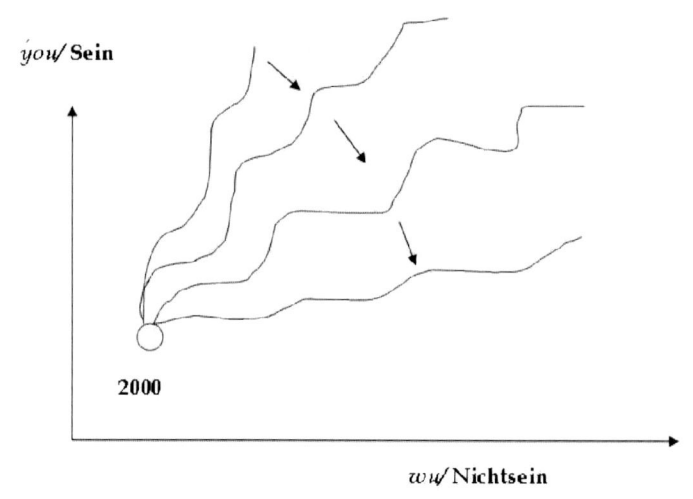

Die Kurven lassen sich für eine Interpretation verschiedener, real-existierender Entwicklungsverläufe heranziehen. Je stärker die Steigung der Kurve, desto größer der materielle Ressourcenaufwand pro Wertschöpfungseinheit. Extensives Wachstum. Diese Kurven stehen auch für die Prozesse nachholender Entwicklung, wie wir sie in Schwellenländern beobachten (Abschnitt 5.7).

Diese Länder holen nach, was andere bereits durchlaufen haben. Sie sind Spezialisten in inkrementeller Neuerung. Sie schöpfen aus dem von anderen angelegten Nichtsein-Reservoir. Die radikale Innovation ist nicht gefragt, auch nicht machbar. Sie erfordert Nichtsein-Kompetenzen, welche erst noch zu entwickeln sind. Die sogenannte Globalisierung ermöglicht Unternehmen aus „reifen" Industrieländern, Produktionsprozesse in Schwellenländer auszulagern und auf diesem, basarökonomischen Weg, durch Arbitrage also, beträchtliche Gewinne zu erzielen. Was auch einen Haken hat, an dem sich die Konzerne und deren Heimatländer möglicherweise selbst aufhängen: Zum einen ist auch Arbitrage immer auf dem Weg ins Nichtsein. Sie löscht sich selbst aus. Outsourcing hebt sich selbst auf, wenn das Entwicklungsgefälle und damit die Quelle der Arbitragegewinne, erodieren. Zum anderen: Superprofite mit inkrementeller Neuerung; welches Unternehmen und welche Wirtschaft hält das lange durch? Eine DAX-Wirtschaft als Krönung der Autopoiesis? Das geht nur durch eine Beschränkung des Wettbewerbs (Beispiel Energiemärkte). Die Hälfte der Summe, die in Deutschland in Forschung und Entwicklung investiert wird, gibt die deutsche Wirtschaft dafür aus, ihre Aktionäre *happy* zu machen.[162] Zyniker

---

[162] Die Dax-Unternehmen schütten für 2006 21 Milliarden Euro an Dividenden aus (Scherff, 2006). Die gesamte deutsche Wirtschaft zahlt (Jahr 2004) für F&E rund 40 Mrd. Euro (Legler u.a. 2005). Daß das Management abräumt, ist sein gutes Recht. Bonuszahlungen, Einlösung von Aktienoptionen. Solange die Sonne noch scheint. (Zum Handel der Vorstände und Aufsichtsräte mit Aktien des eigenen Unternehmens und was sie dabei verdienen, siehe FAZ.Net, 28. Februar 2006: „Ackermann ist nicht alleine". http://www.faz.net/s/RubEC1ACFE1EE274C81BCD3621EF555C83C/Doc~EA2BAFE8157E5451588E901C6B69C9A45~ATpl~Ecommon~Scontent.html#top). Spitzenarbitrageure wie der Chef von Goldman Sachs, von Präsident George W.

nennen so etwas „Solidarität": Auf dem Weg nach Afrika. Oder Nicht-Lernen von China (anno 1400 ff.). Das Nichtsein hängt durch, das Sein fühlt sich wohl, wie der Frosch im Wasser. Und wenn die Schwellenländer die Temperatur des Wassers hochregeln? Sie tun es, sobald sie den Weg zur radikalen Neuerung meistern.

Warum entwickelt sich ein Land nicht? Warum gibt es „Entwicklungsländer"? Weil sie es nicht schaffen, eine Sein-Nichtsein-Interaktion zu erzeugen oder zu stabilisieren. Beispiel China: Die radikalen Neuerungen aus China liegen über ein Jahrtausend zurück. Ob China oder Indien - Afrika lassen wir außen vor - jemals in der Lage sein werden, radikale Neuerungen hervorzubringen, ist - entgegen dem was die Hype-Beobachter uns berichten - alles andere als sicher. Und im Gegensatz zu dem, was in der Natur sich abspielt, müssen Menschen ihre *de*-Mutationen selbst erzeugen und selektieren.

Wie unsere Ausführungen zeigen: Mit einer Seindominanz-Strategie kann eine Firma nicht überleben und ein Land keinen dauerhaften Wohlstand erzeugen. In der Praxis gibt es zwar immer *wu*-Elemente im Geschäft, aber ohne strategische Orientierung auf eine *you-wu*-Interaktion verschenkt ein Unternehmen Entwicklungspotential und/oder läuft Gefahr seiner Zerstörung. Eine Seindominanz-Strategie eines Landes macht es immer ärmer, zumindest relativ. Alle Länder, zumindest irgendwann in ihrer Geschichte, wurden Gefangene einer Sein-Strategie. Kolonialismus, Imperialismus, und Teile dessen, was heute als Globalisierung bezeichnet wird, sind Ausfluß von Sein-Denken und *you*-Handeln. Sein-Wirtschaften müssen ihre Menschen exportieren, weil sie ihnen in der Heimat keine Einbindung in ein Nichtsein-Wirtschaften ermöglichen. Auch reiche Volkswirtschaften wie die deutsche oder französische laufen wegen *you-wu*-Disharmonien in Schwierigkeiten. Die großen Unternehmen vernichten per Saldo Arbeitsplätze. Arbitragelogik läßt sie im Ausland investieren und Arbeit schaffen. Dies ist auch überhaupt nicht „negativ" zu sehen. Es ist so. Der natürliche Lauf einer Wirtschaft, die es nicht schafft, aus sich selbst heraus Arbeitsplatzdynamik zu erzeugen - jenseits von Lohn- und Arbeitsmarktflexibilität, die Generika-Medikamente der Ökonomie. Die Theorie der flachen Erde (Abschnitt 1.3: Unternehmerisches Flachland). Die Wirtschaft veraltet energetisch - vergleichbar dem biologischen Altern. Die wirtschaftliche Lebensverjüngung ist innovationsgetrieben und die energetischen Treiber der Innovation sind „junge" Unternehmer/Unternehmen. Junge Unternehmer nicht gemessen an ihrem chronologischen Alter, sondern an ihrer unternehmerischen Energie, an ihrer *wu-yang*-Kompetenz (siehe Abschnitt 5.2 zum *yin-yang*-Unternehmer) - und viele chronologisch „Alte" lassen hierbei die altersmäßig Jungen, alt aussehen.

Kriege werden gelegentlich auch sein-logisch begründet. Staaten *unternehmen* Kriege, um mehr materielle Ressourcen zu bekommen (Land, Öl, Wasser usf.). Daß jeder Krieg eine Seinsbasis aufweist (Soldaten, Waffen), und *wu*-Komponenten aufweisen muß (Strategie, Vision), ist offensichtlich. Sun Tzu hat ein Buch geschrieben („Die Kunst des Krieges"), in dem er auf daoistischer Grundlage beschreibt, wie man mit *wu*-Faktoren einen Krieg gewinnt. Sun Tzu schrieb zwar über die Kriegskunst, zeigte aber auch, wie man ohne Krieg am besten fährt.[163]

Bush im Juni 2006 zum amerikanischen Finanzminister bestellt, erwirtschaften in ihrer Stellung Vermögen, dessen Höhe zu kommentieren die Umgangssprache keine Worte kennt. Der Wert seiner Beteiligung an Goldman Sachs belief sich (Mai, 2006) auf 700 Mio. Dollar. Dazu kommen vielfältige Beteiligungen an von Goldman durchgeführten Deals (The Financial Times, 1. Juni 2006, S. 17: „Treasury move would expose Paulson's stock").

[163] Wie bekannt ist, studieren Unternehmer/Manager bis heute die Weisheit von Sun Tzu. Auffallend abwesend sind die Mitglieder (bzw. Kommunikationen) anderer Funktionssysteme. Kriege führen ist ein Hauptgeschäft der politischen Elite, seit altersher. Die Wissenschaft, insbesondere Philosophie, liefert die

Die beste – oder jedenfalls, so scheint es - einfachste Methode, jemanden zu besiegen, für sich zu gewinnen, besteht darin, ihn in Frieden zu lassen. George W. Bush weiß, wie schwierig es ist, einfache Methoden zu praktizieren. „Preemption, regime change, unilateralism, benevolent hegemony - 456 Mrd. Dollar Verteidigungsbudget (2005): ein wahrer Altruismus.

Wenn wir die wirtschaftliche Entwicklung in Japan und in Deutschland nach dem zweiten Weltkrieg betrachten, können wir feststellen, daß eine Erklärung über Sein-Faktoren nur die halbe Wahrheit wäre. Jedes Wirtschaftswunder benötigt eine *wu*-Quelle. Japan und Deutschland haben mit *wu* (Innovation) ein Wirtschaftswunder geschaffen, bekommen aber auch wegen *wu* (Festhalten an aufgelaufener Erfahrung) Stagnation, weil sie ihre Innovationsfähigkeit nicht weiter entwickelt und neues Wissen nicht in die Wirtschaft umgesetzt haben. Sie legen zwar viel Wert auf *wu*, aber nur das ihnen bekannte *wu*. Das unbekannte *wu* wird vernachlässigt.

Es gibt Ökonomen wie Milton Friedman, die sagen und gute Argumente haben: löscht das Sein aus, wenn ihr wachsen wollt. Ein Bombardement (als Bild für das Auslöschen der aufgelaufenen, vielfach disfunktionalen Verhältnisse) ist der schnellste Weg zu Wachstum. Warum? Das Sein wird beschädigt. Die Wirtschaft kann dann nicht umhin, eine zerstörte Ressourcenbasis neu zu kombinieren, also auf *wu*-Faktoren zu setzen, neues Sein durch Nichtsein zu erzeugen.

Wir führen diese Überlegungen im 5. Kapitel weiter, wenn wir die *yin-yang*-Polarität mit dem Wechselspiel von Sein und Nichtsein verknüpfen.[164]

Argumente im Container. Die Rechtsgelehrten dito. Kein „preemptive strike" ohne den Segen von Religion, Recht, Wissenschaft, Medien. Die Amerikaner bombardieren Irak, Ok; Afghanistan, Ok; Americanos-Euros bombardieren die Serben, Ok; Ramallah und Gaza, Ok; die Americano-Israelis bombardieren den Libanon, Ok; Iran, Ok; Haifa, ein Verbrechen (Ok; sehen wir genauso). Überall existieren schließlich Teufel und schlechte Menschen, die „rote Linien" überschreiten, die es daher auszulöschen, in die Grenzen zu verweisen usw. gilt. Shiiten und Menschenaffen, worin unterscheiden sie sich eigentlich? Letztere werden von den Errungenschaften der „Zivilisation" ausgemerzt, erste gilt es politico-militärisch zu liquidieren.

[164] Polarität ist nicht Dualität oder Dualismus. Wir gehen auf diese Unterscheidung im 5. Kapitel ausführlicher ein.

5. *yin & yang*

5. *yin & yang*

5. 1 Grundlagen des *yin & yang*

5. 2 Der *yin-yang*-Unternehmer

5. 3 *yin & yang* und Sein & Nichtsein

5. 4 *yin-yang*-Harmonie und daoistisches Unternehmertum

5. 5 *yin*-Dominanz in der Wirtschaft

5. 6 *yang*-Dominanz in der Wirtschaft

5. 7 Disharmonien zwischen *yin* und *yang* im Entwicklungsprozeß

5. 8 Gesellschaftliche Evolution und *yin-yang*-Disharmonie

5. 9 Zur Zukunftsfähigkeit einer *wu*-orientierten Wirtschaft

In diesem Kapitel geht es kompliziert zu. Es ist das schwierigste in unserem Buch. Wir versuchen uns, so gut wir es schaffen, an die daoistischen Meister und Albert Einstein zu halten: „Die Dinge sollten so einfach wie möglich beschrieben werden - aber nicht einfacher."
Was wir hier probieren, ist das Zusammenfügen einer funktional differenzierten Unternehmerkonzeption (Routine, Arbitrage usw., kurz RAIE genannt), an der sich die Standardökono-

mie bis heute die Zähne ausbeißt (Horn 2006 und dort genannte Autoren), und der daoistischen Logik von Sein und Nichtsein sowie der gleich vorzustellenden Polarität von *yin* und *yang*.

Nachdem wir im ersten Abschnitt die grundlegenden Unterschiede zwischen *yin* und *yang* erläutern, und diese im Abschnitt 5.2 auf Unternehmertum anwenden, versuchen wir im Abschnitt 5.3, *you & wu* mit *yin & yang* zu verknüpfen, um damit in den Abschnitten 5.4 und 5.5 Wirtschaft und Wirtschaftsentwicklung aus daoistisch-schumpeterscher Sicht untersuchen zu können. Erst nach der Beseitigung der Schwierigkeiten, die aus einer Sein- oder Nichtseindominanz entstehen (5.5 und 5.6), ist eine Harmonie zwischen *yin* und *yang* möglich. Die gesellschaftlichen Probleme aus *yin-yang*-Disharmonien untersuchen wir in den Abschnitten 5.7 und 5.8. Das 5. Kapitel schließt mit einer Betrachtung einer Wirtschaftsform, in der das Nichtsein vorherrscht, dennoch eine gewisse Harmonie zwischen *yin* und *yang* sich verwirklicht, das möglicherweise als ein Entwicklungsmodell mit Zukunftspotential angesehen werden kann (Abschnitt 5.9).

Auch in den darauffolgenden Kapiteln betrachten wir Wirtschaft aus der Sicht von *yin* und *yang* in Verbindung mit Sein und Nichtsein: Einer gewichtigen und aktuellen Problemlage, die wir als Lücke zwischen Wissen und Tun bezeichnen und aus Disharmonien zwischen *yin* und *yang* resultiert, widmen wir das 6. Kapitel. Im 7. Kapitel erläutern wir mit Unterstützung der *yin/yang*-Logik ein wichtiges Thema der Wirtschaft: Angebot und Nachfrage, insbesondere ihre Entstehung und Veränderung im Entwicklungsprozeß.

5.1 Grundlagen des *yin & yang*

Yin und *yang* sind Grundbegriffe des Daoismus und der chinesischen Kultur. Das *yin-yang*-System hat sich schon früh, im bäuerlichen China, herausgebildet. Es ist bis heute eine Anleitung zur Konstruktion und Verstehen der Welt und ihrer Heilung geblieben. Die ursprüngliche Bedeutung von *yin* war „Schattenseite" und die von *yang* „Sonnenseite". Wo immer Polaritäten möglich scheinen, wurde versucht, diese im Wechselverhältnis von *yin* und *yang* zu deuten. Die wichtigsten dieser Polaritäten sind in Tabelle 5.1.1 aufgezeigt, in der wir einige in der Literatur aufgeführte Gegensätze aufgenommen haben. Diese Gegensätze (Polaritäten) gehören nicht unterschiedlichen Kategorien und Systemen an; sie sind vielmehr entgegengesetzte Pole eines einzigen Ganzen, eines Systems. *Yin* und *yang* bedingen sich gegenseitig. Das eine geht aus dem anderen hervor und geht in das andere über. Das eine ist im anderen bereits enthalten.

Yin hat weiblichen Charakter und ist relativ ruhig, während *yang* männlichen Charakters ist und sich relativ häufig bewegt. Auf Menschen bezogen, sind Frauen das *yin* und Männer das *yang*. Für eine Person, gleichgültig ob Mann oder Frau, ist der Körper *yin* und der Geist *yang*. In der traditionellen chinesischen Medizin gilt das *yin-yang*-Prinzip als theoretische Grundlage für Heilung und den Erhalt eines gesunden Lebens (Schmidt, 1995, S. 124ff.; Ots, 1999, S. 45ff.). Beim Körper ist der obere Teil *yang* und der untere Teil *yin*. *Yin* und *yang* sind auch in westlichen Ländern schon beinahe Begriffe des Alltags mit modischem Beigeschmack geworden, obwohl sie sich nicht in andere Sprachen übersetzen lassen.

Yin und *yang* finden wir in allen Systemen vor, allerdings in unterschiedlicher Ausprägung zu einem bestimmten Zeitpunkt oder auch während länger laufender Prozesse. Unter bestimmten Bedingungen tendieren *yin* und *yang* zu einem harmonischen Ausgleich, zu einem dynamischen „Gleichgewicht". [165]

---

[165] Wir unterscheiden später zwischen einer statischen, dynamischen und evolutionären Homöostase.

Tabelle 5.1.1: Eigenschaften von *yin und yang*

Yin	Yang
kalt und kühl	warm und heiß
weiblich	männlich
bewahrend	fordernd
empfänglich	aggressiv
kooperativ	wettbewerbsorientiert
intuitiv	rational
nach Synthese strebend	analytisch
dunkel (Schatten)	hell (Licht)
feucht (Wasser und Regen)	trocken (Feuer)
weich	hart
unten	oben
vollenden	beginnen
zurückhalten	unternehmen
sein	tun
Unbeweglichkeit	Bewegung
Reaktion/Antwort	Reiz/Störung
statisch	dynamisch
passiv	aktiv
innerlich	äußerlich
verborgen	deutlich
Wasser	Feuer
das Negative	das Positive
schwach und klein	groß und stark
Absorption	Penetration
Erde	Himmel
„Yin ist der Aspekt, der konkrete Strukturen 'hinstellt', auf die das Yang einwirkt und die von Yang in Bewegung gesetzt werden".	„Die Dynamik der Energie, das reine Yang, ist die Grundlage aller kreativen und destruktiven Prozesse."
„Yang ist wie ein Pfeil in unentwegter Bewegung. Diese Bewegung wird dann schöpferisch, wenn sie auf die konkrete Struktur des Yin gerichtet ist." Zitate aus Ritsema & Schneider (2000, S. 34f; 71).	

Wir haben in die Gegenüberstellung auch den Gegensatz aktiv/passiv aufgenommen. Die Gedankenverbindung weiblich-passiv und männlich-aktiv liegt damit nahe. Dies wäre jedoch eine Fehldeutung, weil jedes System (auch Frau oder Mann) beide Eigenschaften aufweist und eine patriarchalische Konstruktion der Geschlechterbeziehung den Sinn der chinesischen Logik verstellen würde.[166]

Alle Dinge (Systeme) auf der Welt haben *yin* und *yang*, aber keines ist in sich selbst *yin* oder *yang*. Es gibt keine nur *yin*- und keine nur *yang*-Systeme. Alle Dinge, die sich weiter entwickeln können, also noch Leben in sich tragen, haben nicht nur *yin* und *yang*, sondern bringen in ihrem Zusammenwirken eine Harmonie zwischen *yin* und *yang* bzw. eine harmonische Bewegung zwischen *yin qi* und *yang qi* (Energie des *yin* und Energie des *yang*) hervor. Diese Harmonie ist kein Zustand. Sie zeigt die Entwicklung der fortlaufenden Beziehungen zwischen *yin* und *yang*. Eine Leiche hat auch ein *yang* im oberen Teil des Körpers und *yin* im unteren aber keine Harmonie zwischen beiden. Der Energiefluß ist bereits verlöscht. Deswegen verfügen alle *lebenden* Systeme über diese Drei: das *yin*, das *yang* und eine energetische Beziehung (*qi*) zwischen *yin* und dem *yang*. Diese energetische Komponente ist der Schlüssel für die Nachhaltigkeit der Lebensfunktionen eines Systems. *Yin*-Systeme können alleine nicht leben, *Yang*-Systeme auch nicht. Aber wenn *yin* und *yang* zusammenwirken, erzeugen sie eine interaktive Energie, welche das System am Leben erhält, das System sogar evolutionsfähig macht.

Wenn wir im Text von *yin-yang*-Harmonie sprechen, ist immer dies gemeint: Die durch das Zusammenwirken von *yin* und *yang* erzeugte Energie. Sie ist weder in *yin*, noch in *yang* selbst enthalten, sie entsteht erst durch das Zusammenwirken der beiden. Sofern ein System über diese Energiequelle verfügt, ist die nachhaltige Entwicklung dieses Systems „geschützt" oder „gesichert". Das System ist *dao*-isiert, es läuft. Wenn es in einem System Harmonie gibt, d.h. *yin* und *yang* nicht nur existieren, sondern energetisch zusammenwirken, kann sich das System weiter entwickeln. Deswegen läßt sich sagen: die interaktiv erzeugte Harmonie schützt das System, hält es am Leben, erlaubt seine Reproduktion (oder Autopoiesis) aus sich selbst heraus, mit Hilfe seiner sich selbst erzeugenden Energie. Das System bewahrt seine Fähigkeit zu leben. In China heißt Energie, wörtlich übersetzt: Quelle des Könnens oder Quelle der Fähigkeiten.

Auf die Wirtschaft übertragen, machen diese Überlegungen einen sofort einsehbaren Sinn. In den nächsten Abschnitten erläutern wir dies detaillierter. Die Unternehmer (*nicht*: das Angebot) sind *yang*, die Nachfrager (*nicht*: die Nachfrage) *yin*. Die einen können ohne die anderen nicht leben. Beide müssen zusammenwirken. In ihrer Interaktion erzeugen sie, je nach unternehmerischer Funktionstiefe der Wirtschaft (Routine, Arbitrage, Innovation, Evolution, kurz RAIE) das ökonomische „Leben": den vernünftigen Einsatz der Ressourcen und der Ausrichtung der Produktion an den Bedürfnissen der Nachfrager (Routine), das Erkennen und Ausnutzen von Ungleichgewichten auf den Märkten in Gegenwart und Zukunft (Arbitrage), die Neukombination gegebener Produktivkräfte und die Erhaltung von Innovations- und Entwicklungsdynamik (Innovation) oder die Steigerung der Fähigkeitsniveaus der Akteure (Unternehmer, Nachfrager): Evolution. Auch Evolution ist weitgehend interaktiv angelegt: Selbstevolution durch Ko-Evolution. Überall wirken also interaktive Energiefelder, entstehend und sich erhaltend aus dem Zusammenwirken von *yin* und *yang*. Leidet die Interaktion, driftet das System unaufhaltsam in den „Tod". Es verliert seine energetische Basis zur Selbsterhaltung, Selbsterneuerung und Selbstevolution.

---

[166] Zu den vielfältigen Entsprechungen von *yin* und *yang* in der Medizin siehe Schmidt (1995) und Ots (1999).

Wenn wir Systeme untersuchen und versuchen, ihre Wirksamkeit zu verbessern, ist es daher notwendig, diese drei „Elemente" zu bestimmen, ihre Arbeitsweise zu verstehen und zu verbessern. Darauf zielen sowohl die traditionelle chinesische Medizin, als auch unsere Überlegungen zum „*Dao*-Kapitalismus" ab.[167]

> Die Entwicklung erzeugt immer weitere Entwicklung.
>
> (Schumpeter, 1911/2006, S. 168).

Wie ist das möglich? Wann und wie steigen Systeme aus Entwicklung aus? Und daß sie dies tun ist eher Regel denn Ausnahme. Die allgemeinste Antwort von Schumpeter (Entwicklungstheorie) und Laozi (Daoismus) ist identisch: Wenn es einem System nicht mehr gelingt, in sich selbst Lebensenergie zu erzeugen. Die Schumpeter-Laozi-Ökonomie ist also eine „energetische Ökonomie". Negativ gesehen: das System wird aus sich selbst heraus „krank", verliert an Entwicklungsdynamik. Krankheit ist eine Entwicklungsstörung und diese folgt einer Störung der Harmonie zwischen den Kräften von *yin* und *yang*. Auch biologisches Alter und Tod lassen sich deswegen als „Krankheiten" verstehen. In diesem Bereich überschneiden sich die Ansichten von Daoismus und Teilen der Gerontologie.

Ob es gelingt, die Harmonie (Homöostase) zwischen *yin* und *yang* zu erhalten, ist primär abhängig von der eigenen „Lebensweise" des Systems, das heißt von endogenen Faktoren. Vorbeugung (Prophylaxe) wird deswegen ein höherer Rang als einer therapeutischen Behandlung (*nach* Ausbruch der Krankheit) eingeräumt. Die Wirkung von Außeneinfluss wird durch interne Prozesse vermittelt und gesteuert.

Yin und *yang* stehen in einer zyklischen Beziehung zueinander. Die Entwicklung des einen enthält bereits den Keim des anderen in sich. In einem Wechselspiel von Zunahme und Abnahme durchdringen sie sich gegenseitig. Der zyklische Wechsel und das Einander-Durchdringen kommen in der Symbolik des Diagramms *Tai Ji* zum Ausdruck (siehe Symbol). Es existiert eine Harmonie, in der keine *yin*- oder *yang*-Dominanz existiert und damit eine nachhaltige Entwicklung möglich ist.

Die Zyklik der Interaktion von *yin* und *yang* beschreiben Ritsema und Schneider (2000, S. 36) anschaulich am Beispiel des Tages- und Jahreszeitenzyklus.

> Im Tageszyklus dringt das Licht des Yang am Morgen in die Dunkelheit des Yin ein und nimmt überhand bis zum Höhepunkt der Mittagsstunde, die bereits das Potenzial des Schattens in sich trägt. Dann beginnt das Licht abzunehmen, und am Abend dringt der Schatten des Yin in das Licht ein und hüllt alles in Dunkelheit. Der Höhepunkt der Dunkelheit um Mitternacht enthält bereits wieder das Potenzial des Lichts. Analog dazu entspricht im Jahreszeitenzyklus die Tagundnachtgleiche im Frühling dem Beginn des Hervorkommens von Yang. Es erreicht den Höhepunkt zur Sommersonnenwende, während die herbstliche Tagundnachtgleiche den Anfang des Hervorkommens von Yin markiert, das seinen Höhepunkt zur Wintersonnenwende erreicht.

Für unsere Überlegungen verwenden wir nur Bedeutungen von *yin* und *yang*, die wichtig für die Wirtschaft sind. Wir betonen acht Punkte.

---

[167] Wir möchten den Leser noch einmal daran erinnern: Unsere Anwendung daoistischer Prinzipien im Allgemeinen und von *yin* und *yang* im Besonderen auf wirtschaftliche Vorgänge hat (für uns) Pioniercharakter. Im Vergleich zu medizinischen Fragen steht die Anwendung auf wirtschaftliche Zusammenhänge noch am Anfang. In der Managementliteratur gibt es Versuche, die uns jedoch theoretisch nicht überzeugen.

(1) Alle Systeme haben ihr eigenes *yin* und *yang*. Nur mit *yin* oder nur mit *yang* gibt es keine Entstehung und keine Entwicklung. *Yang* bringt Energie ins *yin* ein und *yin* schafft einen Raum in welchem sich die *yang*-Energie einbetten und entfalten kann, um eine Harmonie zwischen *yin* und *yang* zu erzeugen und aus welcher dann die „zehntausend Dinge" hervorgehen.

2) *Yin* hat weiblichen Charakter und ist relativ ruhig, während *yang* männlichen Gepräges ist, sich relativ häufig bewegt und verändert. *Yin* und *yang* stehen sich gegenüber, was aber nicht heißt, daß sie im Stehen verharren. Sie sind in unaufhörlicher Bewegung. Und nur wenn *yin* und *yang* sich in Zyklen bewegen, ist die Entwicklung eines Systems möglich. Bleiben *yin* und *yang* stehen, stirbt das System.

(3) Obwohl *yin* und *yang* sich gegenüberstehen, gibt es kein *yin*, wenn *yang* nicht mehr existiert. Im Taiji-Bild (siehe oben) ist *yin* der dunkle Teil mit einem hellen Punkt, der ein Symbol des *yang* ist. *Yang* ist der helle Teil mit einem dunklen Punkt, der das *yin* symbolisiert.

(4) Wenn wir sagen, daß A *yin* und B *yang* ist, bedeutet dies nicht, A sei immer *yin* und B sei immer *yang*. Im Vergleich zu C, das noch über mehr weibliche Eigenschaften verfügen mag, ist A das *yang*. Im Vergleich zu D, das noch mehr männliche Eigenschaften hat, ist B das *yin*.

(5) Die Entwicklungsmöglichkeit von Systemen hängt somit von *yin*, *yang* und der Harmonisierung zwischen *yin* und *yang* ab. Diese Harmonie ist kein stiller Stand. Sie ist keine reine Harmonie, sondern eine Harmonie mit Konflikt und zeigt die Entwicklung der Beziehung zwischen *yin* und *yang*.

(6) Alle eben geschilderten Aspekte sind Prozesse in der Zeit. Ein System braucht Zeit, um sich zu entfalten. Je weiter wir in der Hierarchie von Systemen in die „Tiefe" gehen, desto abhängiger ist Entwicklung von der Zeit. Dies hat Folgen für die Gestaltung aller Teilsysteme einer Wirtschaft (Routine usw.) und der mit ihnen gekoppelten Systeme (Politik usw.). Ein Beispiel: Die sprichwörtliche Zeitlosigkeit (kurzer Zeithorizont) des Politiksystems kann bewirken, daß wegen der von ihm ausgehenden Störungen, sich die *Yin-Yang*-Dynamik im *you* (Sein)-*wu* (Nicht sein)-Zyklus einer Basisinnovation nicht entfalten läßt. Dies ist bis heute das Schicksal der großen Mehrheit der Gesellschaften. „Zeit ist schwer zu finden und leicht zu verlieren" (Laotse, 1996, S. 46).

(7). *yin* und *yang* gehören zum gleichen System, bilden eine Einheit. Sie sind Teil der gleichen Welt. Sie verwandeln sich aber auch in das andere: das *yin* des Systems wird *yang*, das *yang* wird *yin*. Sie bilden also auch eine dynamische Einheit. Was heute *yin* ist, kann morgen *yang* sein. Da jedes System *yin* und *yang* besitzt, kann jedes potentiell das andere sein, oder muß es sein, um weiter zu leben.[168] Systeme mit einem Bewußtsein von *yin* und *yang* sind daher auf natürliche Weise tolerante Systeme. Warum nicht akzeptieren, gar bekämpfen, was ich selbst sein kann, sein werde? Jedes enthält das Potential des anderen. Dasjenige, was diese Einheit ausmacht, was also weder *yin* nach *yang* ist, aber beide in sich aufnimmt, ist das Namenlose, das *dao*, das, was nicht benannt werden kann.

(8) Das Taiji-Symbol (die größte Harmonie zwischen *yin* und *yang* wird Taiji genannt) bildet das altchinesische Verständnis darüber ab, wie Dinge funktionieren. Der äußere Kreis (die Grenze des „Systems") steht für „alles" (die Umwelt), während die schwarzen und weißen Formen

---

[168] Im Vergleich zum Funktionssystem Recht haben Politik und Medien *yang*-Charakter (was nicht heißt, sie enthielten kein *yin*; siehe unten Abschnitt 5.9). Vergleichen wir Medien und Politik, ist das erste Funktionssystem *yang*, das zweite *yin*. Eine *yang*-Politik kann auch *yin* werden, wenn sie ihre Regierungsform ändert, eine Demokratie in eine totalitäre Diktatur sich wandelt, usw. Für Wirtschaft läßt sich das gleiche sagen. Deutschland ist auf dem Weg zu einer *yin*-dominanten Wirtschaft, mit - innovationslogisch - nahezu mittelalterlichem Charakter. Wir gehen darauf noch ausführlich ein.

innerhalb des Kreises das Zusammenwirken (die Interaktion) von zwei Energien darstellen, „yin" (schwarz) und „yang" (weiß). Deren Zusammenwirken bewirkt das *Alles* passiert.

Drei wichtige Punkte lassen sich mit dem Taiji- (oder *yin-yang-*) Symbol noch einmal darstellen.

(a) Das *yin* und das *yang* stehen sich gegenüber: Schwarz und Weiß, zwei ganz unterschiedliche Farben. Das *yin* im Taiji Symbol wird auch *yin*-Fisch genannt und das *yang* als *yang*-Fisch bezeichnet.

(b) Ohne *yin* kann auch *yang* nicht mehr bestehen: Wenn das Symbol nur schwarz ist, verliert auch *yin* seine eigene Form: den *yin*-Fisch gibt es nicht mehr. Wenn das Symbol nur weiß ist, gibt es keinen *yin*-Fisch, und wenn dieser nicht mehr da ist, auch keinen *yang*-Fisch. Yin und yang existieren nur zusammen. Wir sind somit aufgefordert, wenn wir daoistisch denken, in *jedem* System, nach *yin* und *yang* zu suchen. Wir versuchen dies in den folgenden Kapiteln am Beispiel der Wirtschaft. Der Leser kann dann selbst sehen, ob diese Logik überzeugend ist.

(c) Im *yin* ist auch *yang* enthalten und im *yang* auch *yin*. Der *yin*-Fisch hat einen weißen Punkt (*yang*) als Auge, während der *yang*-Fisch einen schwarzen Punkt (*yin*) als Auge hat. Das Auge ist ein wichtiges Organ für Fische. Ohne Augen können Fische nicht leben. Genauso wichtig sind auch der weiße Punkt und der schwarze Punkt für die weitere Entwicklung des Systems. Das *yang* als weißer Punkt im schwarzen *yin*-Fisch ist nicht identisch mit dem weißen *yang*-Fisch, aber dennoch eine Form von *yang*. Dieser weiße Punkt lebt im *yin* und hat deswegen eine höhere Lebensdauer oder Überlebenschance. Er ist zwar momentan noch sehr schwach, nur ein Punkt, verstärkt sich jedoch im Laufe der Zeit - falls die Harmonie zwischen *yin* und *yang* erhalten bleibt. Daraus wird ein neues und noch stärkeres *yang* entstehen. Genau so ist die Beziehung zwischen dem schwarzen Punkt im weißen *yang*. Der Entstehungsprozeß von neuem *yin* und neuem *yang* ist auch der Entwicklungsprozess des Systems. Diese beiden Punkte sind somit Entwicklungschancen für die Zukunft.

5.2 Der *yin-yang*-Unternehmer

Wenn yin und yang sich nicht verbinden, müssen alle Methoden versagen.

(Cantong Qi, 1997, S. 320)[169]

Der Unternehmer schafft das Sein (*you*) aus dem Nichts/Nichtsein (*wu*). Seine (daoistische) Funktion besteht darin, das Neue mit dem Alten/Bestehenden zu verbinden. Das Alte kann Nichtsein(*wu*) sein, wie eine vorhandene Technologie[170], kann aber auch Sein (*you*) sein. Das Neue kann Nichtsein(*wu*) sein, kann aber auch Sein (*you*) sein (etwa neue Maschinen).

In diesem Abschnitt beschäftigt uns die Frage, *wie* er das schafft. Dazu versuchen wir, das funktionale Verstehen von Unternehmertum in die *yin-yang*-Logik zu integrieren. Unternehmertum und seine Bestimmungsgründe sind die kritische Größe zum Verstehen der Funktion und der Leistungskraft einer Wirtschaft. Unternehmer sind das aktive Element, das *yang*-Element.

Der Unternehmer setzt seine Persönlichkeit ein und
nichts als seine Persönlichkeit.

(Schumpeter, 1911/2006, S. 529)

---

[169] Cantong Qi ist ein daoistischer Text, ca. 220 n.Chr. Ausführlicher zur Entstehung und Bedeutung siehe die Einführung von Richard Bertschinger zum genannten Text.

[170] Eine Technologie in ihren nicht-materiellen Eigenschaften (Wissen, Erfahrung, Know-how, Eigentumsrechte).

Aus der Sicht von Schumpeter und des Daoismus ist der Unternehmer ein Münchhausentyp, ein sich selbst aus dem Sumpf ziehender (oder in ihm steckenbleibender), ein energetischer *Yang*-Mensch.[171]

> **Yang**: Aktive und dynamische Energieform; anregend, transformierend, gebündelte Stoßkraft; Antrieb, Triebkraft, die sich in yin konkretisiert
>
> **Yin**: Struktive (im Gegensatz zur aktiven) und statische Energieform; der schattige Aspekt der Erscheinungen; bewahrend, verfestigend, verstofflichend, konkretisierend; das Seiende (im Gegensatz zum Entstehungsprozess, der durch Yang hervorgerufen wird).
>
> Ritsema & Schneider, 2000, S. 947

Kein System ist nur *yin* und nur *yang*, auch kein Unternehmersystem. Unternehmer operieren erfolgreich, wenn sie *yin*-und *yang*-Elemente in sich harmonisieren. Wie das möglich ist und welche Schwierigkeiten auftreten, wenn sie disharmonisch funktionieren, erläutern wir in diesem Abschnitt. Wir integrieren dabei Einsichten aus der Unternehmerforschung in die daoistische *yin-yang*-Lehre (und vice versa).

Unternehmer ist nicht gleich Unternehmer. Platt aber wichtig. Gegenteiliges wäre eine flachländische Argumentation, unfähig, die Vielfalt des Wirtschaftens zu erfassen. „Vielfalt ist Reichtum" (Zhuangzi).[172] Für die Wirtschaft heißt das: funktionale Vielfalt oder Funktionstiefe ist Reichtum.

Wir unterscheiden Unternehmertum somit im Hinblick auf seine Funktionstiefe. Im Flachland gibt es auch nur flache Unternehmer, keine endogenen Zyklen, keine Entwicklung, keine Evolution, also all das, wofür Unternehmertum theoretisch, als Variable, und praktisch, als Wertschöpfer, erforderlich ist. Auch das unternehmerische Energieniveau bleibt bescheiden. Energie zu schaffen für eine unternehmerische Tour de France wäre Vergeudung (Im standardökonomischen Modell: „Fehlallokation von Ressourcen").

Wir arbeiten mit einem einfachen „Modell" unternehmerischen Handelns, welches wir „Filtermodell" nennen (siehe Abbildung).

Nach diesem Modell ist unternehmerisches Handeln, gleich welcher Funktion, durch drei Faktoren determiniert. Diese Faktoren sind multiplikativ verknüpft. Das bedeutet: geht ein Faktor auf „Null", ist unternehmerisches Handeln ausgelöscht. Das Zusammenwirken dieser drei Einflußgrößen erzeugt den „Willen" oder den „Anreiz" oder (daoistisch-schumpeterisch) die „Energie" zum unternehmerischen Handeln. Energie, wörtlich übersetzt, bedeutet im Chinesischen „Quelle der Fähigkeit". Wenn ein Unternehmer eine bestimmte Funktion erfüllen kann,

---

[171] Um ein verbreitetes Mißverständnis gleich vorzubeugen. Schumpeter und anderen Unternehmer-Forschern wird gelegentlich die Konstruktion eines Unternehmerbildes heroischen Charakters nachgesagt/unterstellt, gleichsam des Nietzsche-Unternehmers („Wille zur Macht"), sofern die evolutorische Funktion integriert ist (Zhuangzi: „Seinen Charakter entwickeln heißt Macht besitzen"; zitiert in Lin Yutang, 2000, S. 63). Dies trifft nur teilweise zu. Ohne Mobilisierung von Energie gelingt es einem Unternehmer nicht, sich vom Routineweg zu lösen. Energetisierung ist andererseits multifaktoriell verursacht. Dies schließt Einflüsse („Störungen") aus anderen Funktionssystemen ein (Recht, Wissenschaft, Politik, usf.), vor allem ist die Durchsetzung unternehmerischer Ideen immer an die Mitwirkung anderer gebunden (Kunden, Lieferanten, Geldgeber, Berater, insbesondere Mitarbeiter). Die jeweilige Funktionsleistung (Routine, Arbitrage, Innovation, Evolution; RAIE-Modell) des Unternehmers ist deswegen immer auch ein sozial-kommunikativer (daoistisch: *he qi-*) Prozess, den wir als *yin-yang*-Interaktion theoretisch abbilden können.
[172] „Vielfalt besitzen, heißt Reichtum" (Zhuangzi, zitiert in Lin Yutang, 2000, S. 63).

will, und darf, dann verfügt er über die Quellen, die Energie, als RAIE-Unternehmer seinen Weg zu gehen. [173]

Abbildung 5.2.1: Das Filter Modell unternehmerischen Handelns

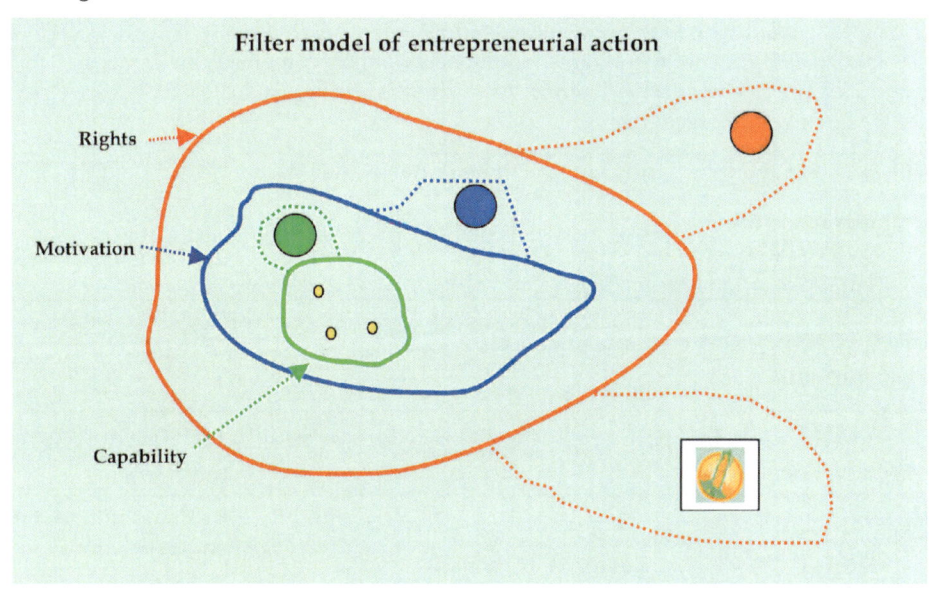

Filtermodell: Damit unternehmerische Handlungsenergie entsteht, müssen Handlungsmöglichkeiten drei Filter passieren. Der rote Kreis passiert nicht die Handlungsrechte; die blaue Möglichkeit scheitert an der Motivation, ist aber rechtlich/kulturell „erlaubt"; der letzte Filter sind Fähigkeiten; drei Möglichkeiten schaffen es in den inneren Kreis, sind so stark mit Energie aufgeladen, daß Unternehmer sie umsetzen. Die zunächst nicht-mögliche Chance (grüner Kreis) wird durch Ausweitung der Kompetenzen energetisiert. Das gleiche gilt für die blauen (Motivation), und roten Möglichkeiten, die zunächst handlungsrechtlich „verboten" waren.

In diesem Abschnitt skizzieren wir, wie das Filtermodell sich in die *yin-yang*-Logik einfügt und untersuchen, ob wir neue Einsichten gewinnen. Um sprachliche Ungenauigkeit zu vermeiden sprechen wir, im Sinne der Begrifflichkeit des Daoismus und Schumpeters, von unternehmerischer Energie als eine Bündelung der drei Einflußgrößen „Wollen", „Wille", „Motivation".[174]

> Was den (Unternehmer) auszeichnet, ist die Energie der Tat
> und nicht [nur] die des Gedankens.
> (Schumpeter, 1911/2006, S. 545)

Die Logik: wer kann, will (motiviert ist) und darf, der handelt als Unternehmer. Gleichgültig in welcher Funktion. Selbstverständlich sieht die Einflußmatrix für einen hedonistischen Unter-

---

[173] RAIE- Routine, Arbitrage, Innovation, Evolution.
[174] Der Anschluß dieser Überlegungen an Erkenntnisse der Motivationspsychologie ist problemlos möglich. Siehe die Ausführungen zu „Energie" und „Kraft" bei Martens & Kuhl (2005).

nehmer (Routine; homo oeconomicus) anders als für einen Innovator aus.[175] Die Grundlogik bleibt die Gleiche. In späteren Abschnitten illustrieren wir dies zur Genüge.

Die Tabelle gibt einen Überblick. Vorausschicken möchten wir, daß alle „Variablen" der Tabelle im Nichtsein angesiedelt sind. Wie sie auf das Sein wirken, und somit ihren „realökonomischer" Einfluß, erläutern wir ausführlich in den folgenden Abschnitten. Wir berücksichtigen in der Tabelle zunächst keine Interaktionswirkungen zwischen den einzelnen Dimensionen und Einflußgrößen unternehmerischer Energie. Auch dieses tun wir erst später (bzw. verweisen auf unsere weiteren Veröffentlichungen).

Tabelle 5.2.1: Bestimmungsgründe unternehmerischen Handelns

Einflußgrößen auf unternehmerische Energie	*Yin*	*Yang*
Können (Fähigkeit)	Biologie/Genom; IQ; Erworbene Kompetenzen *qi, heqi*	Erziehung, Selbstevolution, Lernen *qi, heqi*
Wollen (Motivation)	Überdauernde Motivation	Herausforderung der Umwelt; Motivierung
Dürfen (Handlungsrechte)	Kultur; Moral & Ethik „Freiheit" De	Recht, Regulation, Kulturwandel; Erwerb von tieferem *de* (Laozi: „Drei Schätze"; Zhuangzi: „Zehn Leitsätze") *wuwei & de*

Die Motivation (Wollen; nicht „Wille") folgt der Theorie der Leistungsmotivation.[176] Andere Hypothesen sind möglich und ändern wenig an der Grundaussage.

---

[175] In der Philosophie gilt Hedonismus als eine ethische Richtung, begründet von Epikur, nach der als höchstes sittliches Prinzip der Glückszustand der Seele gilt. Mit „Hedonismus" beschreibt Joseph Schumpeter (1911/2006) die Motivation des Wirtschaftsmenschen in der Routinewirtschaft - einer Wirtschaft ohne diskontinuierlichen Wandel (Innovation) oder einer Wirtschaft ohne „Vielfalt" (Zhuangzi). Wir gebrauchen Hedonismus im Sinne Schumpeters, der Nutzenmaximierungslogik der modernen ökonomischen Theorie folgend und als Verhaltensprinzip im Alltagsleben westlich orientierter Konsumgesellschaften, im Sinne einer Maximierung sinnlicher Lust und als Ausdruck extrinsischer Motivation. Der Unternehmer-Innovator handelt nicht-hedonisch bzw. intrinsisch: „Die neuen Kombinationen kann man immer haben, aber das Unentbehrliche und Entscheidende ist die Tat und die Kraft zur Tat. ... Es ist jener Typus, der hedonisches Gleichgewicht verachtet und nicht ängstlich auf ein Risiko blickt" (Schumpeter, 1911/2006, S. 163). Wie mutiert ein Mensch von einer hedonistischen in eine nicht-hedonistische Lebenspraxis? Max Webers „innerweltliche Askese" des calvinistischen Unternehmers liefert eine religiös-motivationale Grundlage: „Die innerweltliche protestantische Askese wirkte also mit voller Wucht gegen den unbefangenen Genuß des Besitzes, sie schnürte die Konsumtion, speziell die Luxuskonsumtion, ein. Dagegen entlastete sie im psychologischen Effekt den Gütererwerb von den Hemmungen der traditionalistischen Ethik, sie sprengt die Fesseln des Gewinnstrebens, indem sie es nicht nur legalisierte, sondern direkt als gottgewollt ansah." (Weber, 2006, S. 169). Zum Begriff und Inhalt des Hedonismus vergleiche: http://de.wikipedia.org/wiki/Hedonismus.

> Unternehmertum ist Nichtsein. Unternehmer haben, wie jedes System, einen *yin*-Bestandteil und eine *yang*-Komponente.

Betrachten wir Kultur, die wir im *yin* und *yang* finden. Sie ist Teil der Dürfensvariable. Kultur ist - im Vergleich zu Rechten oder Vorschriften - ein *yin* im Komplex der „Handlungsrechte" eines Unternehmers. Es gibt auch ein *yang* in der Kultur, Veränderungen in den historisch gewordenen Beschränkungen des Handelns, Moral und Ethik beschreibend. Diese Veränderungen sind in der Regel wiederum unternehmergetrieben. Calvin reformiert den Protestantismus. Muslima widersetzen sich einem Tragen des Kopftuchs (als Symbol islamischer Tradition). Latinos mischen die Einwanderungskultur der USA auf.

Nun ist aber kein System nur *yin* oder nur *yang*. Kultur hat *yang*-Elemente und bei Kulturen gibt es stärker *yin*- und stärker *yang*-orientierte. Im Zeitablauf verändern sich Kulturen und wir vermuten, der spiraldynamischen Logik folgend, mit einer tendenziell stärkeren *yang*-Ausprägung, was aber nicht bedeutet, Kulturen würden, im Vergleich zu Recht, einen *yang*-Komplex bilden. Sie bleiben *yin* - im Vergleich zu Recht. Und im System des Rechts gibt es wiederum *yin*-Elemente, etwa Verfassungsrecht.

Die angelsächsische Kultur verfügt *im Vergleich* zur japanischen über mehr *yang*-Elemente. Innerhalb einer gegebenen Kultur gibt es *yin* und *yang*. Im Islam ist Koran *yin*, eine Fatwa *yang*. Der Islam in Frankreich ist stärker *yang* als in Saudi-Arabien. Im Vergleich zu protestantisch geprägten Kulturen ist der Islam stärker *yin*-bestimmt. Innerhalb eines Kulturraumes „streiten" *yin*- und *yang*-Elemente. In China ist Konfuzianismus eher *yin*, Daoismus mehr *yang*. Die Überflutung mit westlicher Konsumkultur und hedonischen Werten (*yang*) versucht die chinesische Regierung durch Betonung konfuzianischer Werte (*yin*) zu moderieren. In Europa, speziell Deutschland, bemühen sich Teile der politischen Klasse „christliche" Werte zu stärken (*yin*). Diese sind im Vergleich zum islamischen Einfluß allerdings wiederum *yang*. Teile der amerikanischen Gesellschaft wehren sich vehement gegen Kulturimport (*yang*) aus dem „Süden" (Lateinamerika), weil sie ein Unterlaufen der amerikanischen Werte (*yin*) befürchten. Die Einwanderungskultur der Vereinigten Staaten ist andererseits mehr *yang* als die katholisch durchsetzte Subsistenzkultur Lateinamerikas. Betrachten wir Organisationen, ließen sich vergleichbare Unterschiede in ihren Kulturen *yin-yang*-logisch zu verstehen versuchen.

Zum Leidwesen unseres hochverehrten Papstes Benedikt XVI ist es nun so, daß in der daoistischen Logik *alles* relativ ist. Wo *yin* und *yang* auftauchen, und sie sind eben auch überall, wenn man eine daoistische Brille aufsetzt, gibt es kein Absolutes und Transzendentes. Jedermann ist frei, sich eine (private) Welt zu erschaffen. Auf dem Weg sein, bedeutet kein Festhalten an ewig Gültigem, an Transzendentem, vielmehr ständige Transformation der „10 000 Dinge" im Diesseits.

„Der Weg wird verdunkelt, wenn man zu einseitigen Ergebnissen kommt, die Rede wird verschleiert durch geschliffene Phrasen" (Zhuangzi, 2003, S. 49). Die ständige Transformation der 10 000 Dinge im Diesseits leidet.

Damit unternehmerisches Handeln sich verwirklicht und im Zeitablauf erhält, müssen *yin* und *yang* miteinander harmonisieren; was aber nicht heißt, daß sich zu jedem Zeitpunkt *yin* und *yang*

---

[176] Dies ist kein theoretisches Muß. Leistungsmotivation gilt andererseits als eine der wenigen Einflußgrößen, über welche die Forschung einen theoretischen und empirischen Konsens erzielt hat. In der Forschung zur unternehmerischen Motivation gilt die Leistungsmotivation als zentraler Antrieb unternehmerischen Handelns, weitgehend, aber nicht durchgängig akzeptiert als Basishypothese. Vergleiche hierzu die Arbeiten von McClelland, Atkinson, Heckhausen, Kuhl und anderen.

bei jedem der dargestellten Bestimmungsgründe im Gleichgewicht befinden müßten. Dies würde gerade die Veränderungsdynamik aus dem System herausnehmen und es innovations- und evolutionslos machen. *yin* und *yang* müssen stets die Chance haben, sich wechselseitig zu energetisieren (*yin* und *yang* als interaktive Energien im wörtlichen Sinne als „Quellen der Fähigkeit" oder des Vermögens).

Abbildung 5.2.2: Innovationsindikatoren im internationalen Vergleich

Deutschland im Mittelfeld, Amerika an der Spitze

Innovationsfähigkeit in Industrieländern

Rang	Land[1]	Punktwert (1 bis 7)[2]
1	Ver. Staaten	7,00
2	Finnland	6,01
3	Schweden	5,83
4	Dänemark	5,34
5	Japan	4,98
6	Deutschland	4,66
7	Großbritannien	4,52
8	Frankreich	4,27
9	Belgien	4,21
10	Niederlande	3,90
11	Österreich	3,46
12	Spanien	1,21
13	Italien	1,00

Ausgewählte Indikatoren der Innovationsfähigkeit

Bildung — Punktwert (1 bis 7)[2]
- Spitzenreiter: Ver. Staaten — 7,00
- Rang 9: Deutschland — 2,12
- Schlußlicht: Spanien — 1,00

Finanzierung
- Spitzenreiter: Ver. Staaten — 7,00
- Rang 8: Deutschland — 4,63
- Schlußlicht: Italien — 1,00

Einstellungen und Verhalten
- Spitzenreiter: Ver. Staaten — 7,00
- Rang 10: Deutschland — 2,49
- Schlußlicht: Österreich — 1,00

Selbständigkeit
- Spitzenreiter: Ver. Staaten — 7,00
- Schlußlicht: Deutschland — 1,00

1) Dreizehn Industrieländer im Vergleich. 2) 1 = Minimum / Schlusslicht / Rang 13; 7 = Maximum / Spitzenreiter / Rang 1. Quelle: DIW / F.A.Z.-Grafik Brocker

Quelle: Bruckner, 2006

Die Abbildung 5.2.2 zeigt Einflußfaktoren und Indikatoren auf das Innovationsverhalten im internationalen Vergleich. Wenn wir „Selbständigkeit" als Resultat unternehmerischer Energie betrachten, können wir aus den erhobenen Daten den Schluß ziehen: Das „Schlusslicht" Deutschland hat Probleme mit unternehmerischer Energie. Gründungen in Sektoren der Hochtechnologie sind sowohl absolut, wie auch als Anteil an allen Gründungen rückläufig (Niefert u.a., 2006).

Ein Neuerer benötigt Finanzkapital, um seine Neukombination durchzusetzen. Finanzkapital ist *yin* im Nichtsein. Finanzkapital und Chancen für Neukombinationen (*yang* im Nichtsein) bilden eine *yin-yang*-Beziehung. Ideen für Neukombinationen erzeugen auch Energie, etwas zu machen. Ohne diese Chance („Opportunity") bemüht man sich nicht, Finanzkapital zu besorgen, um die Neuerung durchzusetzen und die Chance aufzugreifen. Finanzkapital bietet den „Raum" an, mit dem man seine neuen Ideen umsetzen kann.

Wie erschließt sich ein Unternehmer Kapital? Wenn er schon eine etablierte Firma hat, gibt ihm eine Bank vielleicht Geld. Wenn er Produkte mit berechenbarem Ertragspotential vorweisen kann, mag ihm ein Venture Capitalist helfen. Wenn er noch weniger vorweisen kann (ein Patent, eine Idee, eine Vision) gibt ihm fast niemand Geld, außer vielleicht ein Business Angel. In allen Fällen benötigt er neben dem Üblichen (Geschäftsplan) emotionale und kommunikative Fähigkeit (*heqi*), um Investoren für sich aufzuschließen.[177] Wenn er diese nicht mitbringt (*yin*) - seine Idee wird zurückgewiesen und findet keine finanzielle Unterstützung - muß er sie erwerben (*yang*). Investoren legen meistens nur Wert auf das Sein-*yin* eines Innovators, wie Haus, Grundstück (Sicherheiten), einen schönen Geschäftsplan etc. Das Nichtsein-*yin* eines Innovators (wie innovative Fähigkeiten) wird nicht ausreichend beachtet, da es für einen Finanzier nicht berechenbar ist. Dies hängt aber entscheidend davon ab, bei *wem* ein Unternehmer Finanzkapital sucht. Banken sind sein-orientiert, Geschäftsengel freunden sich eher mit dem Nichtsein des Neuerers an, Risikokapitalgeber liegen dazwischen.

Unverzichtbar ist, das, was der Unternehmer bereits mitbringt (*yin*), auf die konkrete finanzielle Situation anzuwenden, also mit *yang*-Faktoren zu verknüpfen (erlerntes Wissen, Motivierung, Anwendung von *de*). Zeigt er gegenüber dem Investor beispielsweise zu viel „Habgier", indem er nicht bereit ist, Anteile im gewünschten Umfang dem Investor zu überlassen, scheitert der Deal. Dies erschließt sich dem Unternehmer nicht automatisch, er muß es erst herausfinden und u.U. dafür Empathie erlernen (*yin*), also selbst-evoluieren (Abschnitt 8.2). Wenn die Finanzierung wiederholt scheitert, muß er erneut *yang*-Faktoren mobilisieren (Lernen, *de* kultivieren, einem Coach vertrauen lernen, usw.), um beim nächsten Versuch erfolgreicher zu sein. Wenn er sein Nichtsein in Sein transformieren will, sich an der Schaffung der „10 000" Dinge beteiligen möchte, ist somit eine ständige *yin-yang*-Interaktion in allen Bereichen unternehmerischer Energie notwendig. Hierfür gibt es keine Rezepte. Diese funktionieren, bestenfalls, auf der Routine- und Abitrage-Ebene von Unternehmertum.

Als der Sozialismus in Osteuropa noch in voller Blüte stand, blieb innovatives Unternehmertum fast ein Nichts. Der technologische Abstand zu führenden Industrienationen wuchs und wuchs. Als Präsident Ronald Reagan die Sowjetunion zum technologischen Rüstungswettlauf herausforderte, mußte sie das Handtuch werfen. Alle *yang*-Elemente für innovatives Unternehmertum waren unterdrückt. Es herrschte eine gravierende Disharmonie zwischen *yin* und *yang*. Die *yang*-Kräfte pochten auf ihre Freiheit. Der Kessel platzte und die sozialistischen Oststaaten transformierten in den Kapitalismus. Innovation ist in Rußland immer noch rar. Was sich zunächst und bis heute durchsetzte, ist Arbitrageunternehmertum gekoppelt mit Reichtum an Bodenschätzen. Der Preis des Ölfasses treibt die russische Wirtschaft. Auch russische Intelligenz hat noch keinen Weg zu einer Gratismahlzeit („free lunch") entdeckt. Lukratives Ausbeuten der Naturschätze in Verbindung mit Überbewertung des Rubels (sog. Holländische Krankheit; Abschnitt 5.7) entmutigen Innovation. Warum Ressourcen neukombinieren, wenn der Rohstoffsektor Superrenditen abwirft? Wie sollen Industrieunternehmen innovieren, wenn sie mit preisgünstigen Importen - aufgrund der für sie ungünstigen Wechselkurse - konkurrieren müssen? Auch wenn das Können vorhanden und die Handlungsrechte für Neukombinierer attraktiv wären (beides trifft für Rußland nicht zu), entmutigt die Überforderung durch die wettbewerblich-marktliche Umwelt jegliche Innovation. *yang* und *yin* harmonisieren nicht.

Wir sehen an diesem Beispiel auch: Veränderungsdynamik kommt aus dem *yang*. Immer. *Yin* bleibt über Jahrzehnte - oft auch Jahrhunderte (Konfuzianismus in China; Islam im Mittleren Osten) - stabil. Was bewirkt den Wandel? Eine Veränderung im *yang*. Schutzzölle (ein Buhmann des herrschenden Paradigmas) senken den Herausforderungsgrad und stärken die Motivierung. Ein Reformator differenziert Religion von Staat und Wirtschaft (Kemal Atatürk). Die arabisch-islamische Welt bleibt *yin*-determiniert. *Yang* zeigt sich in Routine und Arbitrage. Inno-

---

[177] Was wir hier für unabhängige Unternehmer schildern, gilt ganz ähnlich auch für Unternehmer in Organisationen, sog. Intrapreneure. Die Bedingungen hierbei sind jedoch andere, weil diese stärker in eine Hierarchie eingebunden sind. Radikales durchzusetzen, ist in bestehenden Unternehmen schwierig.

vatoren und evolutionäres Unternehmertum bleiben ausgesperrt. In China leitet Deng Xiaoping „Reformen" ein, welche das *yang* des Dürfens fundamental verändern. Auf der *yin*-Seite kaum Veränderungen. Bis zu Dengs Initiativen hatten sich gewaltige Disharmonien in der chinesischen Wirtschaft eingenistet, welche Innovations- und Evolutionsdynamik ernsthaft behinderten. Dengs Reformen initiieren eine Multikondratieff-Dynamik, die Unternehmen in westlichen Industrienationen, welche sich auf die Herstellung von Gütern schwacher Innovationsneigung spezialisieren, die Luft zum Überleben abschnürt. Was macht sie noch überlebensfähig? Über die Einhaltung der Regeln freien Handels wacht die World Trade Organisation WTO. Manchmal kann der Eingriff der EU-Mandarine (zu verstehen als Chinaimport aus der Vor-Deng-Zeit) den Untergang noch aufhalten. Wenn es nicht gelingt, die Komponenten Können und Dürfen zu stärken, wird eine Nation Schritt für Schritt in der Tabelle nach unten durchgereicht. Wir schildern unten solche Fälle (siehe insbesondere in Abschnitt 5.7).

Verglichen mit China befinden sich Länder wie Deutschland und Frankreich in einer Vor-Deng-Ära. Da Politiker uns Wirtschaftsmenschen nicht allzu viel zutrauen, haben sie unser Verhalten vielfältigen Beschränkungen unterworfen. „... feste Anweisungen, Regeln, Rezepte, möglichst genaue Verfahrensvorschriften, Warnungen und Verbotstafeln", wie der „daoistische" Gestaltpsychologe Wolfgang Metzger (1962, S. 73) die fremdbestimmte oder „erzwungene" Zielerreichung beschreibt. Der größte Sektor überhaupt (Gesundheit) ist von *Yang*-Elementen befreit („entmündigt"). Das Ergebnis ist vorhersehbar. Laozi beschreibt es im Kapitel 57 des *Dao De Jing*:

> Je ausgeprägter Gesetze und Verordnungen sind,
> desto mehr Räuber und Diebe gibt es.

Menschen betreiben auch an sich selbst Diebstahl. Sie rauben sich ihre Gesundheit und ihres Humankapitals. Die durch die systemische Logik erzeugten Räuber und Diebe rechtfertigen nicht nur die Notwendigkeit der Gesetze. Sie beweisen eindrücklich, daß die Gesetze und Verordnungen noch zu wenige sind, um ihnen das Handwerk zu legen. Wie weltfremd kann hierzu ein Laozi sein, der den Herrschern nahelegt: „Ich handle nicht, und die Leute entwickeln sich von alleine. Ich liebe es ruhig zu sein, und die Leute sind von alleine vorbildlich." Soll unsere Kanzlerin und der US-Präsident tatsächlich mit Mahmoud A. auf diese Weise umgehen? Laozi sagt: durchaus. Und der Beobachter erkennt die Weisheit solchen Handelns.[178]

Wie diese Beispiele zeigen, vermögen wir mit der *yin-yang*-Matrix in Verbindung mit den drei energetischen Einflußgrößen Können, Wollen und Dürfen die historische, gegenwärtige und zukünftige Entwicklung einer Region, einer Industrie oder eines Unternehmens im Hinblick auf die Herausforderungen unternehmerischer Funktionstiefe (RAIE) – also hierarchisch, sowie im Hinblick auf die Chancen und Risiken einer horizontalen Funktionsebene (wie Innovation) systematisch zu untersuchen und Lösungsvorschläge zu erarbeiten. Die *yin-yang*-Theorie, angewendet auf Unternehmertum und Entwicklungsprozesse hilft uns damit, gewisse Einseitigkeiten und blinde Flecke des herrschenden ökonomischen Paradigmas zurechtzurücken.

Die neoklassische Ökonomie wird niemals ihre theoretische Armut reparieren können, solange sie ihre verhaltensökonomischen Mängel beibehält. Wie die obigen Ausführungen zeigen, versuchen wir, diese theoretischen Schwierigkeiten in unserem Beitrag in drei Schritten zu überwinden:

---

[178] Parapundit (11. Februar 2006): „Tyler Cowan bullish on Iran as nuclear power".

(1) Ausweitung der Funktionstiefe (RAIE-Modell);
(2) Filtermodell in Kombination mit *yin-yang*-Logik;
(3) Integration daoistischer Aktionsparameter in die Unternehmertheorie.

Hierbei (Punkt 3) handelt es sich um die zwei daoistischen Variablen: *de* und *qi/heqi*. Die zweite widmet sich unmittelbar der „Energie"(*qi*), das rhythmisch zirkulierende energetische Potential, welches Systeme durchströmt (siehe Kapitel 2). Wie in der Tabelle 5.2.1 angedeutet: *qi* und *de* besitzen sowohl eine *yin*- als auch eine *yang*-Dimension. Als *yin* sind sie Teil der jeweiligen „Ausstattung" eines unternehmerischen Systems mit energetischen und kommunikativen Fähigkeiten; als *yang* sind sie durch Evolutions- und Ko-Evolutionsprozesse veränderbar.

Die Information in der Tabelle illustriert die nächste Abbildung (5.2.3): Mit steigender Funktionstiefe steigt die erforderliche unternehmerische Energie. Um die Plausibilität dieser Logik zu erkennen, ist kein großer theoretischer Aufwand erforderlich. Der „Wirt" spult sein ökonomisches Leben herunter. Er „schwimmt mit dem Strome" (Schumpeter, 1911/2006, S. 121). Der Arbitrageur ist ständig auf dem Sprung nach neuen Deals und dem Erkennen und Ausnutzen von Bewertungsunterschieden. Heuschrecke oder nicht. Sein Leben ist kurz wie das ihrige. Um es zu meistern, verbraucht er Energie, psychische, spirituelle, körperliche. Der Innovator operiert auf einem noch höheren Energieniveau. Je radikaler die Neukombination, desto höher sein energetischer Aufwand. Woher nehmen, wenn nicht stehlen? Burnout oder Mutation auf die Evolutionsstufe. Dies ist der wirkliche Einstieg in den daoistischen Kapitalismus.

Abbildung 5.2.3: Funktionstiefe und Energieniveau

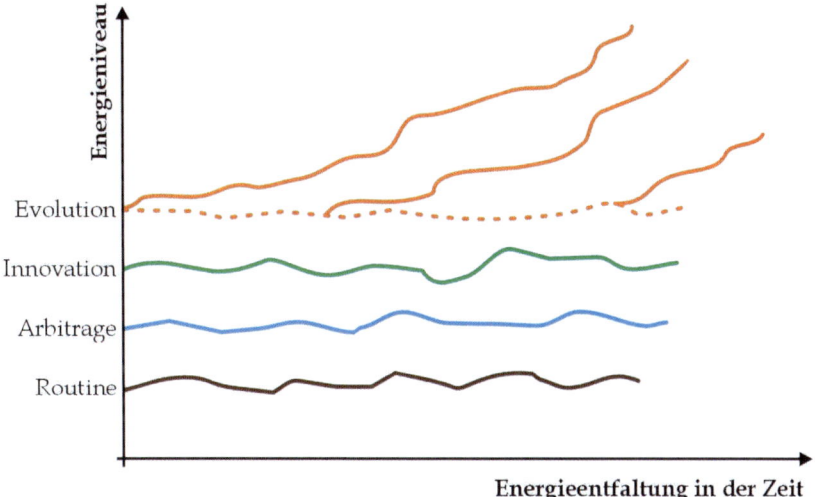

Wie die Abbildung 5.2.3 zeigt: Die Energiekurven in der Evolutionsfunktion sind keine Flachmänner mehr. Sie steigen im Zeitablauf an (die anderen Kurven zeigen das jeweilige Energieniveau in Abhängigkeit von der Funktionstiefe). Münchhausen ist aktiv, Selbstevolution durch Ko-Evolution. „Die Taoisten (sind) ein besonderer Menschenschlag. Das oberste Ziel der Taoisten (ist) das Erreichen der Unsterblichkeit" (Zhu, 1997). Traum? Illusion? Wunderhoffen? Nicht unbedingt. Unsterblichkeit heißt in einem Innovationssystem: kein Opfer der schöpferischen Zerstörung oder der Selbstzerstörung zu werden. Durch permanente Neukombination von Gütern und Technologien, durch innovativen Wandel der Geschäftsmodelle. Das normale Unternehmen scheint damit überfordert. Seine Lebenserwartung übertrifft kaum diejenige eines gesund lebenden Schimpansen. In der Daowirtschaft sind die Karten der Evolution neu gemischt. Selbstevolution erfordert jedoch ein unternehmerisches Energieniveau, welches das Unternehmen dauerhaft über den Fluten schöpferischer Zerstörung hält. Da Selbstevolution keine Grenzen kennt, ist auch das unternehmerische Energieniveau im Prinzip grenzenlos. Das „Erreichen der Unsterblichkeit" ist daher für Unternehmen nicht illusionär. Auch für mutierte Heuschrecken (Arbitrageure) würden wir ein solches nicht ausschließen.

Quellen des Gewinns bei Schumpeter und im Daoismus

Der Unternehmergewinn ... entsteht in der kapitalistischen Wirtschaft überall dort, wo eine neue Produktionsmethode, eine neue kommerzielle Kombination oder eine neue Organisationsform mit Erfolg eingeführt wird. Er ist die Prämie, die der Kapitalismus an die Durchsetzung des Neuen knüpft. Wie er *unaufhörlich entsteht, so vergeht er unaufhörlich* durch die Wirkung der nachrückenden Konkurrenz, die, angelockt von dem Gewinn, dem erfolgreichen ersten Neuerer auf dem Fuße folgt (Schumpeter, 1918, S. 348; unsere Hervorhebung).

Der Unternehmergewinn (*nicht* Monopolgewinn aus Wettbewerbsbeschränkungen, Zins, Grundrente, Arbitrage) ist an die Innovationsleistung gebunden und diese an Fähigkeiten und Ethik. Gewinn ist eine Funktion von Innovation und Fähigkeit.

Schumpeter ⇒ Gewinn = f (Innovation; Kompetenz; Ethik)

Daoismus ⇒ Gewinn = f (Innovation, *qi/he qi*; *de*; Selbstevolution)

Im Daoismus wird somit das zu einer selbstgestaltbaren Einflußgröße, was bei Schumpeter konstant ist: Fähigkeiten (*qi* = Energie; *heqi* = Kommunikation, Einfühlungsvermögen), ethisches Vermögen, Tugenden (*de*) und über *wuwei* auch die Ausgestaltung von Handlungsrechten.

Gemeinsamkeiten: a) Gewinn ist nicht Motiv, sondern Prämie oder Erfolgsindikator - auch ethischen Vermögens -. b) Gewinn ist zyklisch. c) Zwischen Sein (Gewinn durch Innovation) und Nichtsein (Suche nach neuen Möglichkeiten) bewegt und verwandelt sich die wirtschaftliche Welt immer weiter, ohne Anfang und Ende (2. und 4. Kapitel) eingebettet in spiraldynamische Evolution.

Der (neoklassische) Ökonom, diese Kurzpolemik sei uns gestattet, betrachtet den Menschen als einen durch Anreize determinierten Humanprimaten. Er simuliert theoretisch eine Affenwirtschaft. Unterschätzen wir unsere Vorfahren nicht.[179] Was ihr Leben beherrscht, beherrscht

---

[179] „Auch Affen haben Manager-Qualitäten", faßt Spiegel Online (2. März 2006: http://www.spiegel.de/wissenschaft/erde/0,1518,404012,00.html) jüngere Forschungsergebnisse zusammen; und auch daß Schimpansen „das Wohlergehen ihrer Artgenossen herzlich egal ist", harmonisiert mit Erkenntnissen der Wissenschaft zum Verhalten ihrer menschlichen Artgenossen auf den höheren Managementebenen. Eine weitere Erkenntnis: Affen planen: „Offenbar besitzen nicht nur Menschen die Fähigkeit, Dinge im voraus zu planen" (Spiegel online, 19. Mai, 2006: Umsichtige Primaten, http://www.spiegel.de/wissenschaft/erde /0,1518,416982,00.html). Schumpeter (1934) hat den deutschen „Wirt" oder „Routineunternehmer" als „mere manager" ins Amerikanische übersetzen lassen. Peter Druckers Rat: „Do not make innovation an objective for people with running, exploiting, optimizing what already exists" (Drucker, 2001, S. 140). Schließlich: Verhaltensbeobachtungen an Menschenaffen auf Sumatra legen den Schluß nahe: Eine Kultur (*yin*) mit starker Bereitschaft zum sozialen Lernen (*yang*) fördert die Entwicklung von Intelligenz (Schaik, 2006). Machtstreben, Sex ohnchin, ist bei unseren Freunden so verbreitet (de Waal, 2006) wie bei unseren

weitgehend auch unseres: Die Befriedigung von Überlebensbedürfnissen (8. Kapitel). Dies erkannt zu haben, ist die Weisheit der Mainstreamökonomie. Kein Affe zeigt Kreativität, kein Affe innoviert, alle folgen in ihrem Verhalten einer *genetisch* fixierten Produktionsfunktion (*yin* als Können im Nichtsein). Die Existenz von Lebensenergie ist kein Thema. Genau das gleiche tut der Wirtschaftsmensch in den Modellen der Ökonomie. Die angebotsorientierte Ökonomik ist auf Rahmenbedingungen fixiert. Das ist (zunächst) nichts anderes als Affenlogik. Adressat ist der Staat, endogen passiert nichts. Auch nicht bei der Nachfrage. Hier liegt kein theoretischer Defekt vor, vielmehr die gedankliche Simulation einer Wirtschaft, die aus sich selbst heraus nur ein Gleichgewicht erzeugen und erhalten kann.

Wie der junge und noch nicht kollegial gezähmte Schumpeter sagt (Schumpeter, 1911/2006, S. 471):

> …sie ist leer und nichtssagend, soweit sie richtig ist,
> und falsch, soweit sie etwas sagt

Die vorherrschende („neoklassische", „mainstream") Ökonomik friert den Unternehmer theoretisch und wirtschafts-/gesellschaftspolitisch ein. Sie legt ihn auf Eis, vergleichbar einem Stammzellenforscher, der dem Gewebe Zellen entnimmt und sie für zukünftige Verwendungen tief friert. Mit dem theoretischen Einfrieren ist der Entzug von Lebensfunktionen verbunden. Alles was außerhalb des Gleichgewichts (inklusive eines „dynamischen") sich abspielten könnte, existiert nicht. Was läßt sich mit „totem" (tiefgefrorenem) Unternehmertum machen? Viel. Neben Nobelpreisen und Lehrstuhlberufungen, neben Reputationsgewinn und Beratungsaufträgen, lassen sich Reformen machen – wenn sich Politik und Medien einmal auf theoretisch tiefgefrorene unternehmerische Stammzellen einlassen -, Unternehmen umkrempeln, hedonistische Meme in der Gesellschaft ausbreiten, usf. Auch eine im Sinne Schumpeters „nichtssagende" oder „falsche" (oder im Sinne Kants „nicht-gute") Theorie kann *yang*-Impulse geben. Das Problem ist offensichtlich: eine *yin-yang*-Harmonie, eine Energetisierung der Wirtschaft, läßt sich damit nur auf den relativ flachen Ebenen von Unternehmerfunktionen erzielen: Routine und Arbitrage. Dies sind dann auch die Bereiche, die in der Reformpolitik im Zentrum stehen. Eine Wirtschaft auf einer höheren Ebene des Wachstumspotentials zu führen, ist damit nicht möglich (was nicht ausschließt, daß - theoretisch unkontrolliert - funktionsflache Reformen Nebenwirkungen erzeugen, welche auch Innovations- und Evolutionsprozesse anregen können). „Deutschland lacht wieder " (Time).

Laozi hat den Daoisten Zynismus und Skepsis im Hinblick auf die Steuerung der Gesellschaft durch Politik in die Wiege gelegt:

> Der Regierungshof ist äußerst sauber, die Felder sind äußerst vernachlässigt, die Vorratskammern sind äußerst leer. Sie (die Herrschenden) sind elegant gekleidet, sie tragen scharfe Schwerter, sie schwelgen in Trinken und Essen; Reichtümer und Wertsachen haben sie im Überfluß. Diese werden Räuberanführer genannt. Dies ist nicht der Weg (das Dao)!
>
> *Dao De Jing,* Kapitel 53, Gerstner, 2001. S. 267.

Führern in allen Funktionssystemen der Gesellschaft. Nur das Geld (Luhmann: „Zahlungen") geht ihnen ab, um sich mit dem Code der Managerklasse (GSM: Gsm ab 1€. Top-Angebote finden Sie schnell und guenstig bei Ihrem Angebote-Finder! www.angebote-finder.de) problemlos auszutauschen. Die Ausweitung der Menschenrechte auf Primaten ist deswegen ein ethischer Imperativ.

Unser Anliegen ist es, die unternehmerischen Zellen (theoretisch) zu entfrieren und dadurch ihre schlummernden Funktionen (Innovation, Evolution) zum Leben zu erwecken, ganz ähnlich der Stammzellenmedizin, die entfrorene Zellen für die Heilung bisher unheilbarer Krankheiten nutzt. Routineunternehmer mutieren in Neukombinierer und erlauben damit in Unternehmen, Wirtschaft, Gesellschaft „Krankheiten" zu heilen sowie neue Lebenspotentiale zu erschließen, die mit theoretisch eingefrorenen Funktionen unheilbar bleiben müßten oder nur primitiv-medizinisch („neoklassisch") behandelbar wären.

Andererseits läßt sich mit dem Laozi-Schumpeter-Paradigma auch ein tendenziell Gleichgewichtiges in der Wirtschaft verstehen, eine durchaus hochkomplexe Wirtschaft, die man besser alleine laufen läßt, auch als Steinzeitökonomie (eine *ziran*-Wirtschaft).

Mit anderen Worten: Es gibt intelligentes Leben außerhalb des Mainstream-Paradigmas. Wir sagen daher nicht, der vorherrschende Ansatz in den Wirtschaftswissenschaften hätte wenig beizutragen. Was wir sagen ist, daß er auf mindestens einem Auge theoretisch blind ist. Sogar der liebe Gott könnte, sofern er nicht in die Wunderkiste griffe, mit einem theoretischen Ansatz, der das Verhalten von Variablen im Gleichgewicht modelliert, keine blühende Wirtschaft erzeugen.

Wir beenden den Abschnitt zum *yin-yang*-Unternehmer mit einigen Überlegungen zum „Dürfen" als Einflußgröße unternehmerischer Energie. In der Tabelle haben wir Tugend, Moral und Ethik dem *yin* zugewiesen. Daoistisch ist dies *de* – die Wirkkraft des *dao* (Abschnitt 3.2). Wir wollen sie jetzt mit Unternehmertum verbinden. Tugend (*de*) hat auch eine *yang*- Komponente. Sie ist Teil unternehmerischer Selbstevolution. Wir verbinden diese Sicht mit der systemischen Logik von Autopoiesis. Dies ist wichtig, um zu erkennen, wie *de* (als *yin* und *yang*) „funktioniert" und welchen Beitrag sie zum Wandel unternehmerischer Funktionen im RAIE-Modell leistet.

Autopoiesis ist der Prozeß, durch den sich ein System (eine „Organisation"[180]) selbst produziert und erhält. Wenn wir unterstellen, daß ein unternehmerisches System in diesem Sinne selbstherstellend sei, wie ist dann die Autopoiesis des Unternehmers mit ethischem Können verknüpft? Da die autopoietische Wende noch keinen Einzug in die Ethik, speziell Tugendethik erfahren hat, entbehren die folgenden Überlegungen nicht eines spekulativen Charakters. Dennoch ist die Frage von mehr als theoretischer Bedeutung. Sie führt in das Grundverständnis von Ethik; und die Antwort zeigt Wege auf, wie Tugend entsteht und was sie bewirkt.

Die Komponenten des unternehmerischen Selbst (vereinfacht: die 4L; Abschnitt 3.7) interagieren selbstorganisiert und selbstevoluierend. Kein Verstand und keine Vernunft steuert Selbstorganisation. Interaktion heißt: die vier genannten Komponenten (Lernen, Leben, Lieben, Lebenswerk) brauchen einander, sie nutzen einander, sie stören einander, sie können den anderen schädigen und fördern, keine kann isoliert von den anderen existieren (kein Dualismus). Eine Knappheit an Emotion läßt sich nicht durch ein Mehr an Geist ersetzen und ein kranker Körper läßt sich nicht durch Seele/ Spiritualität substituieren.

---

[180] Der Begriff ist verwendet im Sinne der Theorie von Maturana und Varela. Organisation bezieht sich auf die Beziehungen zwischen den Elementen eines als Ganzes funktionierenden Systems. Die Organisation bezeichnet Identitätseigenschaft oder das Identitätsmerkmal eines Systems. Das Identitätsmerkmal eines Gleichgewichtssystems und eines Innovationssystems oder eines Routine- im Vergleich zu einem innovatorischen Unternehmer sind unterschiedlich, wir sagen somit, daß ihre Organisation unterschiedlich ist. Die zusammengesetzten Einheiten (das System) zeichnen sich also durch ihre Organisation aus.

Das Selbst ist ein Netzwerk. Im Daoismus entspricht dies dem Zusammenwirken von *yin* und *yang*; eines kann ohne das andere nicht existieren; es wäre sonst ein totes System.[181] Das Leben reproduziert sich als autopoietisches Netzwerk. Entweder ist das System autopoietisch oder nicht. Zwischenstufen existieren nicht.

Autopoiesis meint, daß die Einheit des Systems und seine Elemente durch das System selbst produziert werden. Nicht gemeint ist die Existenz des Systems aus eigener Kraft, ohne jeden Beitrag aus der Umwelt. „Kein System kann aus sich selbst heraus evoluieren" (Luhmann, 1997, S. 433). Autopoietische Systeme sind deswegen einerseits geschlossen, andererseits offen gegenüber ihrer Umwelt. Menschen als autopoietische Systeme verfügen über die Möglichkeit, sich selbst zu erschaffen und neue Ideen zu haben und durchzusetzen. Solche Systeme können sich daher immer wieder erneuern. Änderungen, auch spiraldynamischer Natur (Abschnitt 3.6), können nur im System intern durchgeführt werden. Die Selektionsinstanz, welche die Änderungen auf ihre „Tauglichkeit" prüft, ist aber die Umwelt. Diese Umwelt ist auch, wenn wir das Selbstsystem Unternehmer betrachten, eine interne, eine die im Inneren liegt, weil das Selbst aus Teilsystemen besteht (die 4L), die wiederum für sich untereinander Umwelt darstellen.

Die Interaktion mit der Umwelt des Unternehmersystems und den Subumwelten im System selbst vollzieht sich bei jeweils gegebenem ethischen Können bzw. Tugenden. Durch ihre Interaktionen erzeugen die Elemente eine Grenze, welche wiederum das Verhalten der Komponenten und ihrer Interaktionen beschränkt. Diese Grenzen funktionieren als interne Gesetze oder Beschränkungen. Diese Regeln begrenzen wiederum das Netzwerk der Interaktionen der Elemente, welches sie hervorgebracht hat. Das System ist operativ geschlossen.

Wenn ich Alkohol trinke (Komponente Körper), beobachte ich Auswirkungen auf mein physisches Befinden, meinen lernenden Geist (Konzentrationsfähigkeit, Aufnahmevermögen), auf meine Emotionen (Ausbrüche der Wut, Trauer oder Lust), auf meinen spirituellen Zustand (ich sehe Sterne). Meine gegebenen Tugenden (Mäßigkeit, Genuß, Sucht usw.) beschränken mein Verhalten als Ergebnis der Interaktion der Elemente meines Selbst. Das, was ich tue, ist abhängig von der durch meine internen Gesetze (Tugenden) beschränkten Interaktion der Komponenten im Netzwerk der Elemente meines Selbst. Trunksucht vermag mich auszulöschen. Die internen Gesetze (meine Tugenden/hier: Laster) verhindern nicht, daß mein System sich selbst zerstört. Die Autopoiesis bricht zusammen. „Freie Radikale" (Untugenden) fallen über mich her, zerstören das Netzwerk meiner Interaktionen - in mir selbst (4-L-Interaktion) sowie mit meiner Umwelt (*heqi*-Interaktion).

Zu untersuchen, wie Unternehmer scheitern oder Erfolg haben, erfordert ihre *de*-Qualität in den theoretischen Komplex zu integrieren. Der Gründer und Impulsgeber bei Apple - Steve Jobs - ist kein begnadeter Rechner und linkshirniger Analysierer. Was ihn auszeichnet und erfolgreich macht, ist überragendes *heqi* mit seinen Kunden und Stakeholdern. Howard Schultz ist der Gründer der Starbucks-Kette (Imitation der italienischen Kaffeekultur, angepaßt an amerikanische Umstände). Was sein Unternehmen erfolgreich und fast nicht imitierbar gemacht hat, ist das *de* seines Gründers, insbesondere im Umgang mit seinen Mitarbeitern (Gallo, 2006a,b). Steve Jobs bringt Innovationen an den Markt, muß daher mit Nachfragern harmonische *heqi*-Beziehungen entwickeln. Bei einem Standardprodukt wie Kaffee wurde die interne Kommunikation zum Wettbewerbsvorteil. Der EADS-Chef Noël Forgeard setzt gleich zwei neue Airbus-Modelle (A 350, A 380) in den Sand. Der Franzose benutzte seinen Posten nur als „Sprung-

---

[181] „Etwas, das weder Yin noch Yang besitzt, ist etwas Unnatürliches; es entzieht sich dem schöpferischen Prozeß. Legt eine Henne ihr eigenes Ei, wird nie ein Küken daraus schlüpfen. Was ist der Grund dafür? Es ist nie zur Paarung [Interaktion] gekommen" (Cantong Qi, 1997, S. 184).

brett für seinen persönlichen Ehrgeiz", wird ihm vorgehalten. Das Erkunden der Beziehungen zu den Kunden wurde sträflich vernachlässigt. Weder Jobs- noch Schultz-Qualitäten. Er scheitert, die Aktionäre verlieren Geld und er verliert seinen Job (Eberle & Fasse, 2006).

Ein Netzwerk vermag sich auch weiterzuentwickeln. Ich lerne aus Erfahrungen, reflektiere (Lernen 3), folge dem Beispiel anderer, den Belehrungen meiner Umwelt, aus Einsicht, usf.. Ich schränke meinen Konsum in bestimmten Situationen ein (wenn ich Sport treibe, die Bibel lese, mit meinen Kindern spreche, meinen Geschäftsplan präsentiere). Diese Störungen können in jeder der Komponenten verarbeitet werden (Kopfweh, Scheidung, fehlerhafte Briefe an meinen Vorgesetzten). Entweder lerne ich mich zu mäßigen (Selbstevolution) oder nicht (ich reproduziere mein System bei gegebenen Tugenden). Ich schaffe eine neue Beschränkung meines Verhaltens, vielleicht auch Handelns, die über die Netzwerkverknüpfung auf die anderen Elemente meines Selbst einwirkt. Tugend evoluiert aufgrund einer andauernden internen Interaktionsdynamik der Komponenten meines Selbst. Tugenden (daoistisch: *de*) sind also die eigengesetzlichen Beschränkungen der im Netzwerk meines Selbst sich vollziehenden Interaktionen der Elemente meines Selbst und somit dasjenige, was die *yin-yang*- Dynamik im Unternehmer auf einem bestimmten Pfad hält, den selbstevolutionären Lauf ermöglicht, mich gegen den Strom des etablierten Marktes, Paradigmas und „politisch Korrekten" schwimmen läßt. Wenn der Lauf in die Irre geht, Widerstand in der Umwelt auslöst, mich von Interaktionen abkoppelt, die für meinen unternehmerischen Weg von Bedeutung sind, muß das Selbst, seine Komponenten (Subsysteme) sich selbst organisierend umsteuern (lernen). Wenn dabei die *yin*- und *yang*-Komponenten meines Selbst in Disharmonie arbeiten, kritische Durchhänger bei Körper (*yin*), Emotion (*yang*), Lernen (*yang*), GEIST (*yin*) meine Selbstorganisation erschweren, leidet notwendigerweise auch meine Umweltanpassung, mein *heqi*, welches ich in struktureller Kopplung verwirkliche. Eine weitere Folge wäre eine Funktionstiefe, die nicht ausreichen könnte, die Herausforderungen der Umwelt schöpferisch zu bewältigen. Wenn ich auf Innovation mit Routine antworte, riskiere ich schöpferische Zerstörung. Wie lerne ich die Fähigkeiten zu entwickeln, Innovation mit Innovation zu „vergelten"? Die daoistische Antwort: Selbstevolution durch Ko-Evolution.

Zu wissen, was mein Selbst ist, ist eher unwichtig. Das Selbst ist virtuell, ein selbstloses Selbst (wie es im Buddhismus heißt). Die Definition ethischen Könnens von Varela (1994, S. 68) als eines „fortschreitenden unmittelbaren Vertrautwerden(s) mit der Virtualität des Selbst" betont diese, in den Weisheitstraditionen des Ostens vorherrschende Sichtweise von Tugend.

Wir können auch sagen, das Netzwerk, welches man als Selbstsystem bezeichnet, setzt sich aus einem kognitiven, emotionalen, physischen und spirituellen Selbst zusammen, dessen konkrete Ausprägung jeweils durch eigene internen Gesetze (*de*, Wirkkraft des *dao*, Tugenden) beschränkt ist. Die Tugenden dienen der Autopoiesis meines Selbst (in seinen verschiedenen unternehmerischen Funktionen bzw. Organisationsweisen meines unternehmerischen Seins).

Tugenden in dieser autopoietischen Logik sind also selbstgeschaffene Begrenzungen (Thomas von Aquin: „Selbstgesetze"), die aus den Interaktionen von Komponenten hervorgehen (und sich evoluieren), die wiederum ihren eigenen Beschränkungen (Regeln, Tugenden) unterworfen sind. Ein Netzwerk produziert Einheiten (Komponenten) welche Grenzen hervorbringen, die das Netzwerk insgesamt begrenzen. Mein Netzwerk (Selbst) und seine Elemente evolvieren mit ihren Tugenden (ethischen Kompetenzen). Das unternehmerische Selbst ist folglich keine Konstante. Mit jedem Augenblick der Evolution verändert sich das Selbst, es evoluiert zu einem unterschiedlichen, anderen Selbst.

Der tugendethische oder *de*-Mensch ist ein autopoietisches System. Er operiert als geschlossenes System, bleibt aber durch strukturelle Kopplung mit seiner Umwelt verbunden. Er reproduziert sich in der Zeit. Dazu verändert er, in Antwort auf die Störungen der Umwelt, seine internen Strukturen. Er folgt somit seinen eigenen internen Gesetzen und funktioniert „eigengesetzlich" (Maturana & Varela, 1987, S. 55). Diese Selbstgesetzlichkeit sichert die moralische und ethische Autonomie des „Systems" Unternehmer. Die Mißbilligung der anderen muß er ertragen lernen (Schumpeter, 1911/2006, S. 118).[182] Der Mensch ist Herrscher über seine Ethik und seine Gesetze, nicht Beherrschter. „Dürfen" ist ein Aktionsparameter des Unternehmers. Er nickt nicht ab, was die Umwelt ihm an Normen vorschreibt. Er gestaltet. Je größer seine Funktionstiefe, desto mehr gestaltet er sein Dürfen selbst. Werner Siemens läßt sich zum Abgeordneten wählen, um im Parlament ein Patentgesetz zuwege zu bringen, das ihm erlaubt, sein Wissen gegen englische Konkurrenz zu schützen.

Der evolutorische Unternehmer unterwirft sich seinen eigenen Gesetzen. Wenn er sich Zwängen aussetzt bzw. sich Gesetzen unterwirft, sind diese selbst auferlegte. Theoretisch ist diese Aussage äquivalent den Überlegungen von Laozi und Nietzsche. Der autonome Mensch folgt nicht äußeren Zwängen. Dies würde ihn zu einer tugendethischen Trivialmaschine machen. Er folgt seinen eigenen Prinzipien und ist nicht von außen gesteuert.[183]

> (Es) gibt keine Trennung zwischen Erzeuger [Unternehmersystem] und Erzeugnis [Tugend, ethische Kompetenz; Handlung]. Das Sein und das Tun einer autopoietischen Einheit sind untrennbar... (Maturana & Varela, 1987, S. 56).

Jesus Christus vor Pharisäern, Schriftgelehrten und Ethikprofessoren

> Nichts was von außen in den Menschen hineinkommt,
> kann ihn unrein machen,
> sondern was aus dem Menschen herauskommt,
> das macht ihn unrein
>
> Markus, 7,15

Das Selbst agiert als operativ geschlossenes System. Unternehmerisches Leben heißt Fortsetzung seiner Geschlossenheit trotz ständiger Herausforderungen aus der Umwelt. Es erhält seine „Organisation" (Maturana), verstanden als Beziehung zwischen den Elementen *yin* und *yang*, die das System einer bestimmten Klasse zuordnen (z.B. Routineunternehmer). Die Klasse, der

---

[182] „Jedes abweichende Verhalten eines Gliedes der sozialen Gemeinschaft begegnet der Mißbilligung der übrigen Glieder" (Schumpeter, 1911/2006, S. 118). Schumpeter versucht den Zusammenhang zwischen Abweichung und Innovation aufzuzeigen, und umgekehrt das Unvermögen des Routineunternehmers, dem sozialen Druck zu widerstehen.

[183] Aristoteles, NE, III.1, 1101a5; 1100b5: „Erzwungen oder gewaltsam ist dasjenige, dessen Prinzip außen liegt...Was soll nun als erzwungen gelten? Das, antworten wir, dessen Ursache außen ist und wo der Handelnde nichts dazutut." Im autonomen System herrscht, in der Sprache der modernen Systemtheorie, eine Determination durch die Strukturen eines Systems. Alles was sich im System abspielt, ist durch seine Struktur festgelegt: Strukturdeterminismus. Strukturdeterminierte Systeme sind Systeme, „deren gesamte Veränderungen durch ihre wie auch immer geartete Struktur determiniert sind und in denen diese strukturellen Änderungen aus ihrer eigenen Dynamik resultieren beziehungsweise von ihren Interaktionen mit dem Milieu (Umwelt) ausgelöst werden" (Maturana & Varela, 1987, S. 107). Alles was in einem strukturdeterminierten System geschieht, wird durch seine interne Struktur festgelegt.

wir ein System zuordnen, kennzeichnen wir somit durch die unternehmerische[184] Funktion.[185] Die nächste Abbildung 5.2.4 beschreibt das „Holon" Unternehmersystem.[186]

Abbildung 5.2.4: Das Unternehmersystem als funktionales Holon

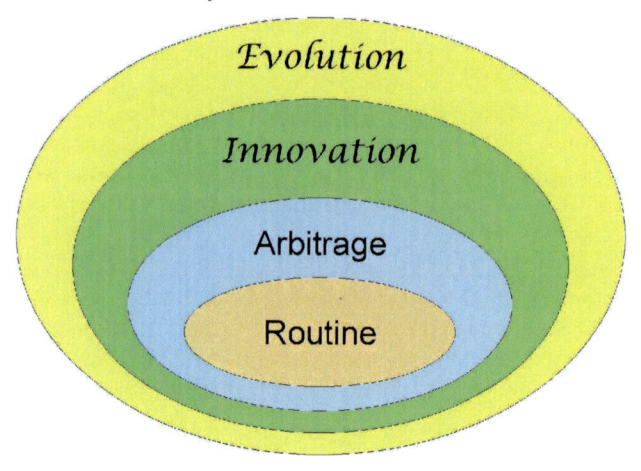

Evolution
Innovation
Arbitrage
Routine

Betrachten wir den Unternehmer als ein multifunktionales Holon, scheint offensichtlich, daß er nicht als eine triviale Maschine funktionieren kann. Auch sein ethisches Können, sein „Charakter" und seine Tugenden, determinieren (als „Input") nicht eine bestimmte Handlung oder unternehmerische Tat (als „Output"). Die Tugend *de* ist vielmehr als eine „Regel zweiter Ordnung" zu verstehen, die es einem Menschen/Unternehmer erlaubt, nicht-trivial zu funktionieren. Sie ist eine Maschine in einer Maschine. Im Paradigma expliziter Ethik („Du sollst") hat das System Unternehmer seine interne Freiheit (unter dem „eigenen Gesetz") sowie sein moralisches

---

[184] Wie mehrfach angesprochen (Kapitel 1 und 4), unterscheiden wir zwischen den Funktionen von Routine, Arbitrage, Innovation, Evolution. Routine bedeutet, den Einsatz der Ressourcen zu optimieren (Peter Drucker: Die Dinge richtig tun). Der Routineunternehmer ist zuständig für die Funktion „Effizienz", „Anpassen", Maximieren des Nutzens, die Funktion des Homo oeconomicus oder des „Wirts" (Schumpeter). Nur wenige Organisationen stellen die Doktrin der Optimierung in Frage. Ein Geschäftsmodell zu optimieren, das sich auf dem Weg in die Irrelevanz befindet, sichert nicht das Überleben der Unternehmung. Der Arbitrageunternehmer erkennt und nutzt Bewertungsunterschiede, insbesondere zwischen Preisen. Spekulation eingeschlossen. Die innovatorische Funktion bezieht sich auf die Neukombination von gegebenen Ressourcen. Der evolutorische Unternehmer betreibt Selbstevolution, insbesondere - aber nicht ausschließlich - im Bereich seiner innovatorischen Fähigkeiten. Der Erwerb und das Erlernen von Tugenden/ethischem Können ist die Funktion des evolutorischen Unternehmers. Die anderen Typen können eine Steigerung der zur Erfüllung ihrer Funktion erforderlichen Fähigkeiten nicht selbst erzeugen. Sie sind Sklaven ihrer Funktion.
[185] Niklas Luhmann unterscheidet zwischen der Funktion der Leistung und der Reflexion eines Systems. Funktion bezieht sich auf die Leistung einer Einheit (eines Teilsystems) für das übergeordnete System (der Niere für den Körper, des Unternehmers für die Wirtschaft). Reflexion meint die Beobachtung eines Systems durch sich selbst.
[186] Die Vorstellung von einem Holon ist, daß alles, was es gibt, nicht nur ein Ganzes ist, sondern auch Teil eines grösseren Ganzen, also ein „Teil/Ganzes" oder Holon [„hol-on"]. Routine ist Teil von Arbitrage, diese in Innovation integriert, und diese Teil des größeren Ganzen, der Evolution. Das Holonkonzept stammt von Arthur Koestler. In jüngerer Zeit hat Ken Wilber mit diesem gearbeitet (siehe unsere Überlegungen in Abschnitt 3.6).

Eigenverhalten eingebüßt. Was zu tun ist, wird vorgegeben. Die explizite Ethik schränkt die Leidenschaften (Untugenden) ein, wie der „große Leviathan" von Hobbes die Menschen, die ihr Recht, sich selbst zu beherrschen, an den Staat abgeben und dabei sich - in Grenzen - „entmündigen" (Kant). Das System ist damit untersuchbar, die moralischen Fragen sind entschieden. Ethisches Können (*de*) enttrivialisiert und der Unternehmer wird dadurch selbstverantwortlich. Er vermag damit vom Ethikmodus des Gebots „Du sollst" zu einem des Gebots „Ich soll" zu wechseln. Der Unternehmer kann nicht beides haben: Freiheit (unter dem eigenen Gesetz) und Abschieben von Verantwortung („Ich habe mich an die Gesetze gehalten"). Der Unternehmer ist frei, so zu entscheiden, wie er entscheiden will, kann und darf, das heißt auch, die Herausforderungen oder Störungen durch Wissen und Markt mit funktionaler Vielfalt zu begegnen: durch Routine, im Arbitragemodus, über das Einschlagen neuer Wege oder mit selbstevolutionärer Veränderung. Ethisches Können legt daher das Verhalten nicht fest, sondern lediglich die Varietät des Verhaltens. Die Maschine in der Maschine kann nicht alles tun, was sie tun könnte, sie ist an das innere Gesetz gebunden, die ethische Instanz im Selbst. Sie wählt jedoch innerhalb der Bandbreite einer bestimmten Tugendklasse aus und vermag daher die funktionale Lebenskraft des Unternehmers zu erhalten. Somit erlaubt erst eine nicht-triviale, spontane Selbstorganisation (ein *ziran*) der Tugendkomponenten, den Unternehmer als selbstverantwortlichen Schöpfer und Konstrukteur seiner (funktionalen) Welt zu begreifen.

Der daoistische Unternehmer macht daher Manches nicht mit, was andere vorhaben, notfalls durch Klage vor Gericht. Andererseits kann er vieles tun, was andere, ob funktional tiefgefroren oder explizit ethisch beschränkt, nicht zu machen wagen.

Durch seine *Struktur* verwirklicht und erhält ein unternehmerisches System seine Identität in einem konkreten Fall. Unternehmer als autopoietisch organisierte Systeme erhalten ihr funktionales Leben durch Selbstproduktion. Die Entfaltung und der Erwerb ethischer Kompetenzen *de* ist ein unternehmerischer Aktionsparameter, durch den sich Unternehmersysteme als Produkte ihrer eigenen Operationen verwirklichen (erhalten). Wir könnten auch sagen: es ist ihr Münchhausen-Aktionsparameter. Unternehmer als autopoietische Systeme zeichnen sich somit dadurch aus, daß sie Netzwerke der Produktion ihrer eigenen Tugend-Komponenten sind. Die Erhaltung der invarianten Organisation Unternehmer und die ständige Veränderung der Struktur sind eine Bedingung des Weiterbestehens des Systems Unternehmer in seiner funktionalen Identität. Tugendaufbau bewirkt Erhaltung, Tugendabbau Zerstörung der „Organisation" Unternehmer.

Damit es sein Leben erhalten kann, muß das System Freiheit/Freiraum besitzen. Ohne Freiraum kann es seine Eigengesetzlichkeit nicht verwirklichen. Es wird zu einer Marionette von Umweltreizen, einer „trivialen Maschine", die durch Input-Output-Funktionen determiniert ist.

De, als die autopoietische Wirkkraft des *dao*, ist das Kernelement des „Selbst- Gesetzes" (Varela), der Eigengesetzlichkeit unternehmerischer Systeme. *De*-„Tugenden" sind selbst-konstruierte, nicht von außen auferlegte Beschränkungen des Verhaltens, die eigenen, selbstgemachten Soll-Geber im Sinne von Laozi und Nietzsche. Die Moral ist eine aus ethischer Reflexion selbst geschaffene. Sie gehört nur diesem System, ist sein Eigentum und stirbt mit dem Tod des Systems (im Gegensatz zu einem Gesetz, expliziter Ethik, die über den Tod des Systems hinaus weiter existiert). Schließlich vermögen andere Menschen von Systemen mit hoher *de*-Kompetenz zu lernen: *de* wirkt über den Druck marktlicher Konkurrenz oder kooperativem Lernen im Modus der Ko-Evolution.

Mit Hilfe seiner Tugenden erhält und reproduziert sich das System in der Zeit (etwa als neukombinierender Unternehmer). Die Tugend weist ihn an, wie er sich in bestimmten Situationen zu verhalten halt. Sie ermöglicht bestimmte Interaktionen, schneidet andere ab. Das spezifische Tugendrepertoire ist also - wie oben bereits ausgeführt – in seiner lebenserhaltenden Funktionalität relativ: abhängig von der Stufe der Evolution, in dem der Unternehmer und seine Interaktionspartner ihr Leben zubringen, und abhängig von der funktionalen Spezialisierung seiner wirtschaftlichen Handlungen: Routine, Arbitrage, Innovation, Evolution.

5.3 *yin* & *yang* und Sein & Nichtsein

Daoismus ist alles andere als ein theoretischer Ad-hocismus. In diesem Abschnitt beschäftigen wir uns mit der Verbindung zwischen *yin - yang* und *you - wu* (Sein und Nichtsein) was theoretisch relativ vertrackt ist: Welche Kombinationen sind tragfähig? Welche könnten Grundlage von Entwicklung und Evolution sein?

Insbesondere wollen wir herausfinden, welche Möglichkeiten der Kombination sinnvoll sind, insbesondere im Hinblick auf wirtschaftliche Fragestellungen. Ohne ein gemeinsames Bestehen von *yin* und *yang* funktioniert nichts. Dennoch gibt es systemische Lagen, in denen *yin* oder *yang* dominieren können (Abschnitte 5.4 und 5.5) und in denen sich aus verschiedenen und darzustellenden Gründen, keine Harmonie zwischen *yin* und *yang* verwirklicht. Welche Folgen dies für die wirtschaftliche Entwicklung hat, zeigen wir auf. „Lösungen" erläutern wir dann in späteren Kapiteln.

> Das Dao gebiert die Eins. Die Eins gebiert die Zwei. Die Zwei gebiert die Drei. Die Drei gebiert die ‚zehntausend Dinge'. Die ‚zehntausend Dinge' tragen das *yin* auf dem Rücken und umfassen das *yang*. Das leere *Qi* sehen sie als harmonisierend *(he)* an.
>
> (*Dao De Jing*, Kapitel 42, Gerstner, 2001, S. 226)

Im *Dao De Jing* taucht das Wort Eins (*yi*) mehrmals auf und hat die Bedeutung von *dao*. Das *dao* gebiert das *dao*, sich selbst. Obwohl dies auf den ersten Blick unlogisch klingen mag, macht es Sinn und paßt auch gut zur Systemtheorie: das System gebärt sich selbst. Die Systemlogik spricht von sich selbst organisierendem Hervorbringen durch die Elemente des Systems.

Abbildung 5.3.1: Beziehung zwischen *you-wu* und *yin-yang*

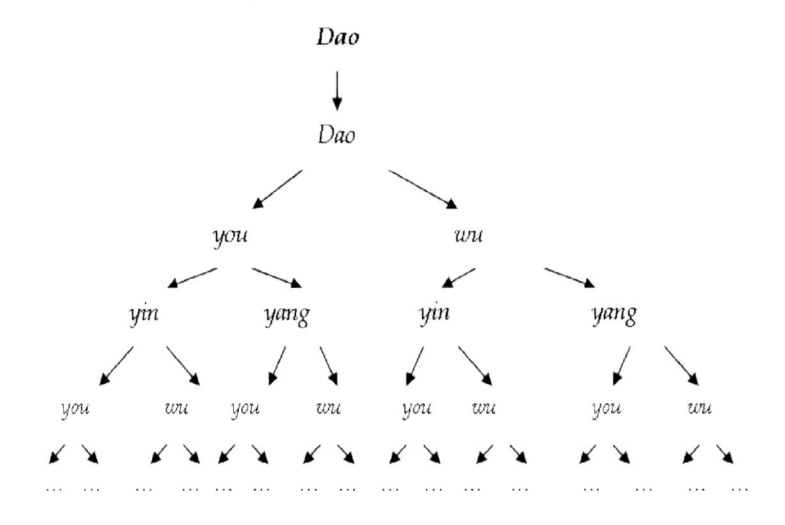

Auf der ersten Ebene (siehe Abbildung) steht *dao*, auf der zweiten Ebene immer noch das *dao*. Aber dieses „zweite" *dao* ist nicht mehr das erste *dao*. Das zweite *dao* entsteht aus dem ersten *dao*. „Das *dao* gebiert die Eins. Die Eins gebiert die Zwei. Die Zwei gebiert die Drei. Die Drei gebiert die ‚zehntausend Dinge'." Es gibt sehr viele *you* und *wu* sowie *yin* und *yang* Ebenen. Nur wenn zwischen irgendeinem *you* und *wu*, *yin* und *yang* ein *heqi* geschaffen wird, eine Harmonie zustande kommt, können die „zehntausend Dinge" entstehen. Obwohl wir „die Zwei" als *you* und *wu*, oder als *yin* und *yang* verstehen können, haben wir die zweite Ebene als *you* und *wu* erfaßt und nicht als *yin - yang*, weil einerseits die Begriffe Sein/ Nichtsein (materielle/immaterielle Ressourcen oder Komponenten) im Vergleich zum *yin* und *yang* relativ bekannter für den Leser sind, andererseits dies passender zu unserem Vorgehen ist, wirtschaftliche Entwicklung mit Daoismus zu kombinieren.

Das *yin* im *you* (Sein)/*wu* (Nichtsein) ist relativ konstant, während sich *yang* im *you* (Sein)/*wu* (Nichtsein) im Vergleich zum *yin* relativ schnell bewegt/verändert. Auch ein *you* (Sein) und ein *wu* (Nichtsein) können eine *yin-yang*-Beziehung bilden. Diese Sein-Nichtsein/*yin-yang* Beziehung und ihre Bedeutung für die Wirtschaft, vor allem für Innovation, Entwicklung und Evolution, erläutern wir in späteren Abschnitten dieses Kapitels genauer.

Die Zahlen Eins, Zwei usw. deuten die *„innere* Ordnung des schöpferischen Prozesses des Tao an" (Béky, 1972, S. 105; unsere Hervorhebung). Innere Ordnung heißt: *im* System selbst erzeugt. Im Innovationssystem interagieren die Energien von *yin* und *yang* und erzeugen Innovationsdynamik. Energie ist wiederum eine vom System selbst erzeugte, also kein Input, kein Manna vom Himmel, das von außen das System energetisiert. Wie wird Energie erzeugt? Zur Erklärung verknüpfen wir die evolutorische Sichtweise von Sein-Nichtsein mit der vor Laozi bereits verbreiteten *yin-yang*-Logik:[187] Die harmonisch interagierenden Energien von *yin* und *yang* bewirken, daß Sein und Nichtsein in ihrem Zusammenwirken die schöpferische Kraft des *dao* hervorbringen und erhalten können.

Diese Sichtweise korrespondiert mit Erkenntnissen der Systemtheorie (seit der autopoietischen Wende) und der Schumpeterschen Entwicklungstheorie. Die Formen von *yin* und *yang* sind nicht vollkommen schwarz oder weiß, und sie können nicht unabhängig von einander bestehen. Sie sind ein Produkt von Wechselbeziehungen.

---

[187] Laozi hat nur einmal im Kapitel 42 mit einem Satz über *yin* und *yang* gesprochen, niemals ausführlich. Was wir jetzt schreiben, kommt hauptsächlich aus Huangdi Neijing oder Yi Jing, nicht aus *Dao De Jing*. Da unser Interesse nicht der daoistischen Grundlagenforschung gilt, verweisen wir auf Stellungnahmen aus der Literatur. Alan Chan (2001): „On this basis, interpreting the text [Laozi] in terms of yin-yang theory, the Laozi is seen to disclose not only the mystery of the origin of the universe but also the secret to personal well-being and sociopolitical order." Chan schreibt weiter: „The dominant interpretation in traditional China is that Dao represents the source of the original, undifferentiated, essential qi-energy, the ‚One', which in turn produces the yin and yang cosmic forces. While the yang energy rises to form heaven, yin solidifies to become earth. A further ‚blending' of the two generates a ‚harmonious' qi-energy that informs human beings. This is essentially the reading of the Heshanggong commentary. Although the Laozi may not have entertained a fully developed yin-yang cosmological theory, which took shape during the Han period, it does suggest at one point that natural phenomena are constituted by yin and yang (ch. 42). That which gave rise to the original qi-energy is indescribable. The Laozi calls it Dao, or perhaps more appropriately in this context, ‚the Dao', with the definite article, to signal its presence as the source of the created order. In modern terms, minus the language of yin-yang cosmology, this translates into an understanding of the Dao as ‚an absolute entity which is the source of the universe.' Not being anything in particular, the Dao may be described as ‚nothing' (wu). However, wu does not mean ‚nothingness' or absence in the nihilistic sense, in view of the creative power of the Dao."

Für welche Systeme gilt eine *yin-yang*-Logik? Für alle. Alles was System ist, alles was Grenzen hat, alles was ein Innenleben hat, ist den Kräften von *yin* und *yang* unterworfen. Sei es die Gaia[188], sei es der Leib, sei es eine Zelle des Körpers. Dazwischen liegt eine Vielfalt von holarchisch geordneten Systemen. Mit einigen davon möchten wir uns genauer beschäftigen: mit dem, was wir Wirtschaft nennen (ein Teilsystem der Gesellschaft), mit Untersystemen der Wirtschaft (und im Mittelpunkt mit dem Innovationssystem), mit den Menschen, die Systeme bevölkern, und mit den Systemen im Inneren der Menschen, ihrer Psyche, ihrem Leib, ihrem Geist. Wenn alle diese Systeme leben und evoluieren, folgen sie den Gesetzen von *yin* und *yang*, eingebettet in die Wechselwirkungen von Sein und Nichtsein.

Laozi wußte schon, daß seine Lehre auf Skepsis - auf „Gelächter" - stößt:

> Ein alter Spruch besagt: ‚In meinem eigenen Körper existieren sowohl Ehemann [*yang*] als auch Ehefrau [*yin*]. Aber sag das deinen Freunden, und sie werden in Gelächter ausbrechen!' [189]

In diesem Kapitel stellen wir für die verschiedenen Probleme und Herausforderungen eine daoistische „Lösung" vor: Unternehmertum mit Sein-Nichtsein-Harmonie auf der Grundlage des *yin-yang*-Prinzips. Harmonie bedeutet, daß das *wu* berücksichtigt werden muß und mit *you* spiraldynamisch harmonisiert (Abschnitt 3.6). Unternehmertum mit Sein-Nichtsein Harmonie in Verbindung mit einer Ausgewogenheit von *yin* und *yang* bietet die Möglichkeit, aus dem *wu* (Unternehmenskultur, Neuerungskompetenz, etc.) ein neues *you* (neue Produkte, gesteigerte Gewinne, etc.) hervorzubringen und erfolgreich im Markt einzuführen. Keine geringe Herausforderung, wenn wir bedenken, wie viele neue Produkte scheitern und wie viele Ideen erst gar nicht in die Produktphase Eintritt finden.[190] Dieses neue *you* muß im Laufe der Zeit mit neuem *wu* harmonisieren, um eine nachhaltige Entwicklung der Unternehmens- und Wirtschaftssysteme sicherzustellen.

Um Konfusion zu vermeiden, schließen wir, wenn wir oben und im Folgenden über Sein (*you*) und Nichtsein (*wu*) schreiben, immer das „Nichtsein" der *yin-yang*-Dynamik aus. Letztere darzustellen und anhand der *you/wu*-Unterscheidung zu untersuchen, wäre eine Aufgabe (für Phi-

---

[188] Die Gaia-Hypothese wurde von der Mikrobiologin Lynn Margulis und dem Chemiker, Biophysiker und Mediziner James Lovelock Mitte der 1960er Jahre entwickelt. Sie besagt, der Planet Erde ließe sich in einem gewissen Sinn als lebender Organismus betrachten. Dabei wird angenommen, daß die Gesamtheit aller lebenden Organismen die Bedingungen schafft und erhält, die dieses Leben überhaupt ermöglichen. Die Lebewesen bilden somit zusammen mit den nichtlebendigen Teilen der Erde ein dynamisches System, welches die gesamte Biosphäre durch Rückkopplung stabil hält.

[189] Laozi, Kapitel 41, aus einem Kommentar von Yuyan, zitiert in Cantong Qi (1997, S. 142).

[190] Problem ist nicht der Ideenmangel („Wissen"). „Das kreative Potential vieler Unternehmen ist enorm, an Ideen fehlt es vielfach nicht. Die Schwachstelle liegt vielmehr in der Kommerzialisierung. Zahlreiche Unternehmen haben deutliche Schwächen, wenn es darum geht, gute Ideen schnell in marktreife Produkte...umzumünzen." (Sebastian Ehrensberger, Boston Consulting Group, zu Erkenntnissen aus der Umfrage „nnovation 2005", Frankfurter Allgemeine Zeitung, 30. Mai, 2005, S. 22). „Neue Produkte zu 70 Prozent Flops" (Frankfurter Allgemeine Zeitung, 24.4. 2006, S. 22, Bezug nehmend auf eine Untersuchung des Marktforschungsunternehmens GfK und des Markenverbandes). Neben anderen Gründen: Der Innovationsgrad gilt als viel zu niedrig und die Unternehmen orientieren sich zu wenig an der Bedarfsstruktur der Konsumenten. Siehe Kapitel 8 für Details.

losophen, Sinologen und den neuen Max Weber) an sich. Wie die folgenden Abschnitte zeigen, bieten unsere Unterscheidungen von Sein/Nichtsein und *yin/yang* bereits so viele Einsichten in die Funktionsweise von Wirtschaft, daß wir zunächst versuchen, diese zu durchdenken und für die Praxis anwendbar zu machen.

Betrachten wir ein komplexes Wirtschaftssystem, besteht dieses aus Teilsystemen (ähnlich der Gesellschaft im Allgemeinen), die relativ autonom ihrer Arbeit nachgehen: Routinekreislauf, Arbitragesystem, Innovation und Evolution. In jedem dieser Teilsysteme sind energetische Kreisläufe von *yin* und *yang* am Werk, die aus Nichtsein (*wu*) Sein (*you*) erzeugen und das System im Prinzip „ewig" leben lassen könnten. Die Harmonie zwischen *yin* und *yang* gilt für jedes dieser Teilsysteme, allerdings auf der Grundlage unterschiedlicher Funktionskreisläufe.

In allen Systemen, gleichgültig ob *yin*- oder *yang*-lastig oder harmonisch ausbalanciert, ohne *wu* und *you* kann keines existieren oder leben. Die Kräfte von *yin* und *yang* und die energetischen Ströme in ihnen (*qi*) und zwischen ihnen (*heqi*) können also immer nur mit Sein *und* Nichtsein existenzfähig sein.

Bei Routine und bei Arbitrage funktioniert das System nahe am oder im Gleichgewicht zwischen *yin* und *yang*. Störungen werden intern ausgeregelt und führen das System zum Gleichgewicht zurück. Dies ist die ökonomische Welt, wie sie im wirtschaftswissenschaftlichen Mainstream beschrieben und erklärt wird.

Innovations- und Evolutionssysteme arbeiten außerhalb des Gleichgewichts, sie kehren niemals (nur im Falle ihres „Ablebens", ihrer Rückkehr zu Arbitrage und Routine) zu einer *gleichgewichtigen* Balance zwischen den Kräften von *yin* und *yang* zurück. Wie Schumpeter (1911/2006, S. 489) sagt:

> Die Entwicklung ist in ihrem innersten Wesen nach eine Störung des bestehenden statischen Gleichgewichts *ohne jede Tendenz*, diesem oder überhaupt irgendeinem anderen Gleichgewichtszustand wieder zuzustreben. ... Sie strebt aus dem Gleichgewichte heraus.

In den Worten der Kybernetik arbeiten Routine- und Arbitragesysteme auf der Grundlage einer statischen Homöostasis, während Innovation und Evolution sich durch eine Homöodynamik auszeichnen.[191] Die einen „wirtschaften" im oder tendieren zum Gleichgewicht, die anderen operieren außerhalb des Gleichgewichts und bleiben dort, solange sie leben. Die theoretische Herausforderung besteht nun darin, die Harmonielogik (sei sie statisch oder dynamisch angelegt) mit den zyklischen Bewegungsgesetzen von Laozi und Schumpeter zu verbinden.

Es bewegt sich in Zyklen und ist nicht in Gefahr.

(Laozi, Kapitel 25).

Danach vollzieht sich die Entwicklung der Wirtschaft gleichsam in Wellenform, wobei jede dieser Wellen ihr eigenes Leben für sich hat. ... Wenn wir also nur beschreiben wollen,

---

[191] Die moderne Medizintheorie, insbesondere jener Zweig, der sich mit dem Altern und Tod von lebenden Systemen beschäftigt, argumentiert zunehmend in dieser Logik. Vergleiche beispielsweise Rattan (2001): „Aging is an emergent phenomenon ... and occurs mainly as a result of the failure of homeostasis. Traditionally, homeostasis is defined as the maintenance of a constant internal state for the efficient functioning and the performance of the organism. Recently, convincing arguments have been put forward to replace the term homeostasis with homeodynamics, taking into account the dynamic nature of living systems in an ever-changing lifeline." Diese Sicht entspricht dem, was auch die Schumpetersche Ökonomie schon länger behauptet und was in der traditionellen chinesischen Medizin in gleicher Weise ein uraltes Thema ist.

was wirklich geschieht, dann paßt nur das Bild der Wellenbewegung ... (Schumpeter, 1911/2006, S. 536f.)

Innovationsdynamik verwirklicht sich zyklisch im *you-wu*-Raum. Aber auch in der „Statik" müßte eine Zyklik des Dao herrschen. Und eine wirtschaftliche ist in der Tat nicht schwierig auszumachen: Spekulative Wellen durchziehen die wirtschaftliche Welt, lange bevor Innovationsdynamik zur Herrschaft aufsteigt. Von der Spekulation mit Tulpenzwiebeln in Holland (die Isaac Newton bereits ein Vermögen kostet), bis zu den „Bubbles" der Gegenwart eine nicht abreißende Kette zyklischer Bewegungen auf den Vermögensmärkten. Entwicklungsökonomisch weitgehend funktionslos, dennoch (wie Schumpeter, 1961, in den „Konjunkturzyklen" immer wieder betont) eine aus dem System heraus sich entfaltende Störung, die auch die Innovationsdynamik gefährden kann. Japan leidet für ein Jahrzehnt an den Nachwirkungen einer Immobilienblase. Die angelsächsischen Spekulationsmeme treiben die Preise von Häusern wellendynamisch, machen Haushalte zu Konsumsklaven („Großbritannien. Verschuldet euch!"[192]), führen die Iren (ein „r") in die Spitzenposition der westeuropäischen Reichtumsliga.

Dies sind an dieser Stelle nur einleitende Formulierungen, die den Grund für eine spätere tiefere Betrachtung bereiten sollen.

Im Augenblick begnügen wir uns mit Laozis Aussage:

> Wenn du heißes Wasser nimmst, um kochendes Wasser abzukühlen, wird es nur noch mehr kochen; wer weiß, wie es sich verhält, nimmt einfach das Feuer [*Yang*; Geld, Liquidität] weg.
>
> Laotse, 1996, S. 168

Wer entfernt das Feuer? Die Zentralbank? In zwei konjunkturtheoretischen Modellen - dem von F. A. von Hayek und dem von Joseph A. Schumpeter - spielt Spekulation mit Vermögenswerten, genährt durch „Feuer" (frischem Spielgeld), eine Schlüsselrolle für die Instabilität des Kapitalismus – für eigentlich unnötige Wertevernichtung und Depression.

In einer „neoliberalen" Welt gilt Spekulation als Teil der Rationalität von Märkten. Niemand wagt hier einzugreifen, die Spekulanten und Hedgefonds zu zügeln, das Feuer zu entfernen. Die Menschen (Politiker inklusive) nehmen höhere Energiepreise hin, wie sie anderswo Heuschreckenschwärme (und ihre menschlichen Mutanten) als Naturereignis akzeptieren. Letzteres mag *ziran* sein, ersteres ist - vielleicht, wenn nicht manipuliert, wie in der Produktion und Verteilung von Energieressourcen - *ziran* auf niederen Ebenen einer Spiraldynamik.

Systemische und systematisch-bewußte Neuerung und Evolution sind Produkte der Neuzeit, im Okzident entstanden und nur teilweise theoretisch durchreflektiert. *Yang* (eine Chance) in Verbindung mit Habgier (*yin*) und Geld der Arbitrageunternehmer sind Treiber der Spekulation. Freud plus Keynes: „neurotisierte ökonomische Tiere". Manchmal läuft es gut, manchmal weniger, gelegentlich führt es vor Gericht, seltener ins Gefängnis, wie bei Kenneth Lay und Jeffrey Skilling, Gründer und Spitzenmanager von Enron.[193]

---

[192] So titelt die französische Marianne einen Beitrag über den Kreditwahn britischer Haushalte, getrieben von steigenden Hauspreisen und die diese treibende Kreditexpansion der Banken (Auclair, 2006). Schon Margaret Thatcher hatte, als Ministerpräsidentin und in totaler Mißachtung der Lehren ihres ökonomischen Meisters, F.A. Hayek, geglaubt, eine Nation könnte reich werden, in dem sich die Bürger zu steigenden Preisen ihre Häuser wechselseitig verkaufen. Arbitragekapitalistischer Memismus.

[193] Ihre Strafen: „Lay, 64, was convicted on six counts of conspiracy and fraud. He faces up to 45 years in prison. Skilling, 52, was convicted on 19 of 28 counts of conspiracy, fraud, insider trading and making false

> **Ein erfülltes Leben**
>
> Enron founder Ken Lay dead of heart attack
> Reuters report, Wednesday July 5, 10:11 am ET
>
> HOUSTON (Reuters) - Enron Corp. founder Ken Lay, who was convicted last month of fraud and conspiracy for his part in the Houston-based company's collapse into bankruptcy in 2001, has died of a heart attack at his vacation home in Colorado, a Houston television station reported on Wednesday.
>
> KHOU-TV, a CBS affiliate, said Lay suffered a massive heart attack. He was awaiting sentencing later this year and was expected to face a lengthy prison term for his convictions in the Enron collapse.

Der Entwicklungsschaden, den Unternehmer und Manager durch ihre evolutorisch betrachtet eher bescheidenen Ausstattung mit (*yin*-)Kompetenzen bewirken, geht weit über denjenigen hinaus, welchen das Unternehmen und seine Stakeholder (Mitarbeiter, Kunden, Gläubiger, Eigentümer) zu tragen haben. Weltweit haben Regierungen auf „Skandale" mit neuen Vorschriften (*wangwei*) reagiert, deren bekannteste das Sarbanes-Oxley Gesetz ist, bezeichnet nach zwei Senatoren, die das Gesetzeswerk initiiert haben. Etablierte Unternehmen können einigermaßen damit leben,[194] wohingegen junge Unternehmen und Gründungen leiden (Allison, 2006). Der Zugang zum Finanzmarkt wird schwieriger, erfolgskritische Information fließt nach außen, die Schwelle zur Börsenzulassung steigt, usf.. Innovation leidet, Evolution genauso. Jedermann versucht, im Rahmen der Gesetze, herauszuholen was geht; die Alternative, sich selbst zu entwickeln, ist abgewertet. Michael Oxley sagte nach dem Enron-Urteil, das Gesetz habe geholfen, „ein schlimmes Kapitel in der Geschichte von Amerikas börsennotierten Unternehmen zu schließen" (zitiert nach Grant, 2006). Ein Kapitel schließt, ein neues öffnet sich. Der Gesetzgeber antwortet mit neuen Vorschriften. Die spiraldynamische Ebene, in der so etwas sich vollzieht (orange-grün), energetisiert von „corporate greed", zerstört sich selbst, läuft aus, eine Welle verliert an Kraft.

Irgendwann kippt das System - und *yin* - *yang* kehren in eine Harmonie zurück. Falls man sie wirken läßt, was heißt, die Wirtschaft nach den Prinzipien von *ziran* und *wuwei* sich organisieren zu lassen. Eine *wangwei*-Wirtschaft kann sich lange an Disharmonien erfreuen, sogar zum Exportschlager für die armen, rückständigen Nationen aufrücken. Das kann über Jahrzehnte, Jahrhunderte gut gehen, kann sich in Glaubensbekenntnissen und Ideologien verfestigen. Ihre Überlebenschancen sind dennoch gleich null. Die Rückkehr zur Ausgewogenheit wird umso schmerzhafter sein, je länger und normativ-kulturell intensiver Disharmonien stabilisiert wurden.

> Ist man (wie) das dao, dann währt man lange.
> Bis zum Ende seines Lebens ist man nicht in Gefahr.
>
> *Dao De Jing*, 17. Kapitel, Gerstner, S. 100

---

statements. All told, he faces a maximum of 185 years in prison. He was found not guilty on nine criminal counts." (Fisher, 2006).

[194] Aber nur einigermaßen. Die hohen Gewinne und Liquiditätspolster von bestehenden (großen) Unternehmen fließen nur in bescheidenem Umfang in neue Investitionen. Aktienrückkäufe sind en vogue. Eine Vermutung: Regulationsdichte (Sarbanes-Oxley und verwandte Regelungen) machen das Management risikoavers und übervorsichtig (Grande, 2006).

Kombinieren wir nunmehr *yin* und *yang* mit Nichtsein (*wu*) und Sein (*you*). Wir können dann wirtschaftliche Lagen von *yin* und *yang* in vier Konstellationen untersuchen. Wir gehen kurz auf diese Konstellation ein. Die wirtschaftlich sinnvollen und entwicklungsökonomisch bedeutsamen erläutern wir später detailliert.

(1) Sein als *yin* **& Sein als** *yang*

(2) Nichtsein als *yin* **& Nichtsein als** *yang*

(3) Sein als *yin* **& Nichtsein als** *yang*

(4) Nichtsein als *yin* **& Sein als** *yang*[195]

Durch die Darstellung dieser vier Konstellationen lernt man, ihre Möglichkeiten und Grenzen zu erkennen. Die wichtigste Beschränkung, die im Kapitel 3 schon erläutert wurde ist, daß kein Sein ohne Nichtsein und auch kein Nichtsein ohne Sein existieren kann. Obwohl es bei der ersten Konstellation nur um das Sein geht, darf man die Mitwirkung des Nichtseins im Hintergrund nicht vernachlässigen. Sonst kann das Sein als Sein nicht existieren. Auch bei der zweiten Konstellation, die sich nur im Nichtsein ansiedelt, existiert das Sein im Hintergrund. Sein und Nichtsein erzeugen sich wechselseitig und sind für ihre jeweilige Existenz auf das Mitwirken des Anderen angewiesen.

(1) Sein als *yin* **und Sein als** *yang*

Zunächst lassen sich zwei Arten von Sein (*you*) durch *yin* und *yang* beschreiben. Ein *you* (Sein) kann im Vergleich zu einem anderen *you* (Sein) als *yin* betrachtet werden, wenn es mehr „weibliche" Eigenschaften hat oder relativ konstant ist. Durch *qi*-Ernegie zwischen ihnen bilden sie eine *yin-yang*-Beziehung.

Wenn *yin* und *yang* jeweils als Sein erscheinen, sind sie einfach zu erkennen. Beispielsweise ist in einer Familie der Vater *yang* und die Mutter *yin*. Wenn der Vater und die Mutter sich untereinander verstehen, herrscht in dieser Familie Harmonie (*heqi*: das *qi* kommuniziert wirksam zwischen ihnen). Die drei (*yin, yang, heqi*) sind die wichtigsten Voraussetzungen einer zufriedenen Familie.

> Glück hat nichts mit Reichtum und Ansehen zu tun,
> sondern ist eine Frage der Harmonie
> (Laotse, 1996, S. 39).

In Deutschland und in China operiert die Familienpolitik mit anderen Aktionsparametern. Die Ergebnisse sind die gleichen. „Aufgrund der Mißachtung des Leistungsfähigkeitsprinzips und der Konstruktion des Sozialversicherungssystems wird in Deutschland Kinderlosigkeit prämiiert. Von Kindern profitiert finanziell, wer keine hat" (Birg, 2006). In China aus Verfolgung bevölkerungspolitischer Ziele (in jener Zeit durchaus nachvollziehbar: Überbevölkerung, Hungerkrise, Ressourcenarmut, Club of Rome) das gleiche. In beiden Fällen: Eingriffe (*wangwei*), der Lauf von *ziran* ist suspendiert. Sämtlich entwicklungs- und evolutionslose Konstrukte. In Deutschland Unfähigkeit des politischen Systems (trigger happy) komplexe Systeme laufen zu lassen. Wohin der WEG demographisch geführt hätte, weiß niemand. Aber höchstwahrscheinlich nicht zu einem „Mangel" an Kindern, wie wir ihn beobachten. Der Versuch, durch familienpolitische Intervention gegenzusteuern, wird - daoistisch gesehen - genau so scheitern.

---

[195] Wie wir später erklären, ist diese Kombination für die Wirtschaft nicht wichtig.

Wenn wir die inputlogische Wachstumsbrille aufsetzen, ist Schlimmes zu befürchten. Vergleichbares wird auch für die alternden Industrieländer vorhergesagt. Für China wird berechnet, daß bis zum Jahr 2030 der Prozentanteil der über 60-jährigen sich verdoppelt und der Anteil der arbeitenden Bevölkerung um 10 Prozent sinkt. In solche Voraussagen gehen Annahmen ein, die sich in wenigen Jahren als nicht mehr realistisch herausstellen werden. Mensch und Wirtschaft wird schöpferisches Antworten auf Herausforderungen theoretisch verboten. Im Dao-Schumpeter-Modell der Entwicklung ist eine Überalterungsfurcht unangebracht. Die Wirtschaft lebt von Neukombination und Evolution, nicht von der Menge der verfügbaren Inputs (Arbeitskraft). Der für uns wichtige Punkt: *wangwei* macht sich niemals „bezahlt", außer in dem Sinne, daß die Gesellschaft „draufzahlt." Die politischen Meme sind jedoch, auf den bis heute aktuellen Stufen gesellschaftlicher Holarchie (Abschnitt 3.6) auf *wangwei* programmiert - unabhängig davon, welches politische System (Demokratie usw.) praktiziert wird.

„Eingriffe von außen" (Schumpeter, 1911/2006, S. 536; im Daoismus *wangwei* – als Gegenpol von *wuwei*) in die Familie, hierzulande von Staat, Rechtssystem und Medien als alltäglich praktizierende Verbreiter kultureller Meme, bewirken im Prinzip das Gleiche wie die Politik der chinesischen Führung. Frauen werden auf *yang* (männliche Meme) kulturell, normativ und rechtspolitisch umgepolt. Der „empfindsamere, mitfühlende, reinere und mütterliche Teil" der Familie (*yin*) leidet.[196] Die Harmonie von *yin* und *yang* ist gestört. Welcher Mann interessiert sich für eine *yang*-Frau? Wie können Kinder in einer *yang*-Familie harmonisch aufwachsen? Machen wir den *yang*-Mann zu einem *yin*-Mann.

Auch in einer *yin*-dominanten-Familie hätten wir Probleme. Die Kritik an Verfechtern von „Harmonie" ist deswegen aus daoistischer Sicht ungerechtfertigt. Nicht die Rückkehr ins „Patriarchat" – „Männerdominanz" – steht an.[197] „Patriarchische" Männer verfügen über zuviel *yin*

---

[196] Das Zitat entnehmen wir Eva Herman (2006), die eine Analyse der Fehlsteuerung von Frauen und Familien durch den Feminismus gibt. Was Herman vorträgt, läßt sich daoistisch in yin-yang-Kategorien beschreiben. Die Schlußfolgerung ist ganz ähnlich. Erinnern wir uns an die integrale oder ganzheitliche Vorstellung des Selbst, welchen der Daoismus kennzeichnet. Dies schließt, was Familie, insbesondere den Kinderwunsch angeht, die Biologie des Lebens ein. Wer diese unterdrückt oder verdrängt, betreibt, daoistisch, ein *wangwei* an sich selbst. „Warum wir trotzdem weiterhin Kinder bekommen? Weil eine tiefe, unwiderstehliche, allem zugrundeliegende Sehnsucht in uns das so gebietet... Sie ist einfach da, ein biologisch-emotionales Kraftgefühl des Wollens und Müssens und Könnens. Diese Sehnsucht mag bei vielen Frauen und Männern durch feministische Propaganda verschüttet worden sein ... dieser natürliche Trieb wird letztendlich obsiegen" (Ellenrieder, 2006).

[197] Diese Sicht vertritt Phillip Longman (2006a, b). Die „Männerherrschaft" ist nach Longman für „Männer ... nicht besonders attraktiv. Es bedeutet hohe Verantwortung wenig Abwechslung. Man ist für den Unterhalt einer ganzen Familie zuständig (einschließlich der Eltern der Ehepartner) und verpflichtet sich, ein Leben mit einer Frau zusammenzuleben. Das will doch kein Mann. Ich auch nicht. " (Longman, 2006c). Frauen offensichtlich auch nicht. Das heißt doch: das Patriarchat mag gut sein für die Kinderproduktion, taugt aber nicht für eine Erfüllung der Bedürfnisse von Mann und Frau, als biologischen Wesen, viel bedeutsamer jedoch aus daoistischer Logik: als Menschen mit selbstevolutiver Ambition durch ko-evolutive Partnerschaft. Das „Patriarchat", wie es Longmann und andere (protestantische Fundamentalisten, Muslime ohnehin) einfordern, ist aus der Logik holarchischer Evolutionsstufen eine Regression. Longman (2006c) deutet solches an, wenn er die „Immigrantengesellschaft" der USA die konservativ-patriarchischen „familienorientierten Lateinamerikaner" als Beleg seiner These einer Rückkehr zum Patriarchat anfügt. Heilung durch Regression. Biologisch-demographisch mag Regression ein Fortschritt sein, aber die Zurücksetzung individueller Freiheiten (für Mann, Frau, Kinder) ist keine daoistische „Lösung" der demographischen Herausforderung. Wenn es eine solche überhaupt gibt. Longman und andere (Frank Schirrmacher) nehmen die Revolution der Lebensverlängerung von Menschen nur marginal zur Kenntnis (Dies ist eine Thematik, zu der wir hoffen, demnächst ausführlicher Stellung zu nehmen). Die Kritik von Eva Hermann, Phillip Long-

(im Nichtsein), „feministische" Frauen über zuviel *yang*. Beide sind keine zukunftsoffenen Modelle von Familie und Partnerschaft. Zu starker Fokus auf *yin* verstärkt eine *yang*-Tendenz, zu viel *yang* bewirkt, als Gegenbewegung, eine Entfaltung von *yin*. Vorausgesetzt, *yin* und *yang* können sich ihren interaktiven Weg suchen, Eingriffe durch Staat, Recht, Religion lassen also Harmonisierungstendenzen zu. Diese sind auf den gegenwärtigen Evolutionsstufen der Menschheit noch nicht lebensfähig. Die Variation bleibt nicht selektiert. Die Stufe, auf der sich solches noch reproduziert, läuft in abnehmende gesellschaftliche, inklusive wirtschaftliche Erträge (die Saudis verzichten auf weiblich-islamisches Humankapital und holen sich Immigrantenarbeiter). Auch wenn alles *halal* ist: ein „free lunch" ist damit noch nicht erfunden.

Die daoistische Antwort ist nicht Regression (Patriarchat) und Stabilisierung einer Ebene (religiöser Dogmatismus), schon gar nicht deren Heiligsprechung, vielmehr Evolution (von *de*) durch Ko-evolution. Verantwortung für Familie, Kinder, Freiheit, Selbstevolution erfordert schöpferische Initiativen jenseits historisch überlieferter Modelle.

Die gleiche Logik läßt sich auf Unternehmen und Politik übertragen. Welcher *yang*-Mann wünscht sich eine *yang*-Frau als Bossin? Wie soll das funktionieren? *Yin*-Eigenschaften der Frau sind solche, die nicht auf Machtgewinn, Durchsetzungswut, Machogehabe fußen (Man vergleiche die Unterschiede zwischen *yin* und *yang* in Tabelle 5.1.1). Daß *yin*- Frauen nicht aufsteigen und *yang*-Frauen scheitern, folgt konsequent aus der *yin-yang*-Theorie. Daß *yang*-Frauen tendenziell kinderlos bleiben, ist genauso konsequent wie das Scheitern von *yang-yang*-Ehen. Die Talente der Frau sind *yin*-Talente, obwohl sie auch *yang*- Eigenschaften hat und braucht: man denke an die Frauen, deren Männer auf den Schlachtfeldern politikinszenierter Kriege ihr Leben ließen, und die nun, allein, ihren „Mann" stehen müssen. Wenn *yin-yang*-Ausgewogenheit eingehalten wird, so hat „das in aller Regel dauerhafte Harmonie und Frieden in den Familien zur Folge" (Herman, 2006).[198] Alles bewegt sich in Zyklen.

> Es gibt etwas, was durch ein Zusammenfließen entstanden ist. Es ist vor Himmel und Erde geboren. Lautlos und leer steht es alleine und ändert sich nicht. *Es bewegt sich in Zyklen und ist nicht in Gefahr. Es kann gelten als die Mutter der Welt.* Ich kenne seinen Namen

---

man und anderen am „Feminismus" zeigt doch nur, daß die Umsetzung feministischer Forderungen abnehmende psycho-soziale Grenzerträge aufweist, das Modell also auf Grenzen (auf einer gegebenen, der gegenwärtig dominierenden orange-grünen Ebene der Spiraldynamik) stößt. Longmans Analyse läßt eine spiraldynamische oder evolutionäre Betrachtung außer Acht. Sie ist eurozentrisch. Afro-Afrikaner und Latinos, auf weniger tiefen Ebenen patriarchisch organisiert, produzieren zwar viele Kinder, aber alles was Longman einfordert – Fürsorge („investment") des Vaters für die Kinder, Unterhalt usf. sind eher seltene Eigenschaften. Polygamie ist im schwarzafrikanischen Patriarchat verbreitet – und unter jenen Schwarzafrikanern, die in Europa (Frankreich) leben. Kritisch zu Longmans Thesen am Beispiel der USA siehe Sailer (2006c).

[198] Die *yin-yang*-Interpretation ist die unserige. Die Reaktionen auf Herman's „Rückfall in die Steinzeit" (Emma) zeigen die Bereitschaft des Feminismus für nicht-konforme Gedanken (Toleranz). Vergleiche (bemerkenswert negativ emotionalisierte) Beiträge in „Merkwürdige Selbstgeißelung" (Spiegel-Online, 27. April, 2006, http://www.spiegel.de/politik/ deutschland/ 0,1518,413263,00.html). Die Logik Hermans (in unserer Sicht: *yin-yang*-Logik) scheint auf den Kopf gestellt. Die Unterdrückung der *yin*-Komponente ist eine „Geißelung". *Yin-yang*-Harmonie ist hingegen eine Entgeißelung, die Rückkehr zum *dao*. Anzumerken ist, korrespondierend zum *yin-yang*-Denken im Daoismus und dessen „matriarchische" Grundhaltung (siehe die folgende Anmerkung). Diese folgt aus der „natürlichen", von selbst-so, *ziran*adäquaten Tendenz zur Harmonie von *yin* und *yang*.

nicht und bezeichne es als Dao. *Dao De Jing*, Kapitel 25, Gerstner, 2001, S. 144 (Kursiv im Original) [199]

Die Leute im alten China betrachten den Himmel als *yang* an und die Erde als *yin*, weil der Himmel sich häufig bewegt, während die Erde relativ ruhig ist. Himmel und Erde beeinflussen einander. Eines Tages entstehen Lebewesen zwischen dem Himmel und der Erde. Zum Zeitpunkt der Entstehung der Lebewesen wurde nach daoistischer Kosmologie die Harmonie zwischen Himmel und Erde erreicht. D.h. durch die Bewegung der Energie vom Himmel (*yang qi*) und der Energie von der Erde (*yin qi*) wurde eine Harmonie des *qi* erreicht (*he qi*). Nur unter dieser Bedingung entstehen *neue* („die zehntausend") Dinge. Und auch wenn ein Schöpfergott seine Hände im Spiel gehabt haben mag: es wäre unklug von ihm, gegen die Kräfte des *dao* zu wirken. Läßt er *ziran* und *wuwei* ins Spiel der Evolution, kann er sich ruhig zurücklehnen, und die Evolution ihren Lauf (*dao*) nehmen lassen. Die Kernkompetenz Gottes bestünde in dem, was Laozi als weise Herrschaft bezeichnet.

---

[199] Eine Anmerkung zur „Mutter der Welt/aller Dinge". Neue wissenschaftliche Datierungsmethoden sowie jüngere Ausgrabungen haben ein neues Bild auf die geschichtliche Periode nach der Altsteinzeit geworfen. Die Ursprünge geistigen Lebens scheinen von weiblicher Vorrangstellung und Ehrfurcht vor dem Leben geprägt. Humberto Maturana und andere Wissenschaftler verbinden Matriarchat (mutterrechtliche Gesellschaften) mit relativ egalitären Gesellschaften, die friedlich und kooperativ, partnerschaftlich und in Toleranz zusammenleben. Nach dem Umbruch vom egalitären zum dominatorischen System haben Männer Jahrtausende hindurch das Schwert geführt. Laozi/der Daoismus scheint ein muttergeleitetes Gesellschaftsmodell zu favorisieren. Er lehnt autoritäre Muster und machtdominierte Herrschaftsstrukturen ab. Aus weiteren Kapiteln (*Dao De Jing* 2, 57, 80) könnte man (so die Interpretation bei Gerstner, 2001, S. 11) bei Laozi nicht nur auf vorzivilisatorische Erfahrungen, sondern auch auf mutterrechtliche, zumindest nicht-pratiarchalische Gesellschaftsordnungen schließen. Die Affinität Maturanas zum Daoismus könnte sich auch aus diesen Überlegungen Laozis speisen. Laozi und der Daoismus versuchen eine herrschaftslose Gesellschaftsordnung zu begründen. „Ein autoritär-hierarchisches Verhältnis zwischen den Oberhäuptern [modern: den Chief Executive Officers; CEOs] einer Gruppe/eines Landes [einer Organisation/Firma] und ihrer Gruppe wird strikt abgelehnt." (Gerstner, 2001, S. 15; mit weiteren Belegen aus Laozi). Laozi hätte kein Problem mit der Aussage von Herman: „Wenn Frauen sich zunehmend zu maskulinen Wesen entwickeln, werden wir keine Nachkommen mehr haben. Wenn wir gegen die Natur [*ziran*] arbeiten, müssen wir uns nicht wundern, wenn die Natur sich gegen uns wendet.... Materieller Druck ist es, der uns [die disharmonierten Frauen] treibt und jagt."

Darum spricht der Weise: Ich tue nichts, und das Volk wird von selbst gebessert. Ich liebe die Ruhe, und das Volk ist von selbst rechtschaffen. Ich mache keine Geschäfte, und das Volk wird von selbst reich. Ich habe kein Begehren, und das Volk wird von selbst schlicht und ehrlich.

Laozi, Kapitel 57, Übersetzung Lin Yutang

Der Kreislauf des Wassers ist das Ergebnis der Harmonie einer *yin-yang*-Beziehung (Himmel als *yang* und Erde als *yin*). Das ist das, was wir in diesem Abschnitt erklären möchten. Aus der Harmonie entstehen die „zehntausend Dinge" immer wieder, ohne Ende. Das Wasser bewegt sich zwischen Himmel und Erde endlos, aber in unterschiedlichen Zuständen. Als Wasserdampf steigt er zum Himmel. Je höher er steigt, desto stärker kühlt er ab und verflüssigt sich. Danach bildet er Wolken. Als Wassertropfen kommen sie als Eis, Schnee oder Regen wieder auf die Erde zurück. Wenn der Wasserdampf nicht aufsteigen kann, obwohl es steigen sollte, und Regen oder Schnee nicht herabfallen können, gibt es nur Wasser auf der Erde und keinen Regen, keinen Schnee etc. Eine solche Situation ist unharmonisch und Lebewesen entstehen nicht. Selbst wenn wir annehmen, Lebewesen existierten bereits, könnten sie unter den Bedingungen dieser Nichtharmonie zwischen *yin* und *yang* auf der Erde nicht leben.

Aus den oben genannten Beispielen können wir auch sehen, daß das Nichtsein (vor allem *heqi*) für die Entstehung des Neuen immer erforderlich ist, obwohl in einer solchen Situation *yin* und *yang* beide in der Form des Seins *you* auftreten. Auch eine Wirtschaft kann ohne Nichtsein nicht funktionieren. Selbst in einer Routinewirtschaft, wo man nur das macht, was man immer schon gemacht hat, also keine Innovation, ist Nichtsein immer notwendig. Die Beziehung zwischen Sein als *yin* und Sein als *yang* kann nicht zustande kommen, wenn es kein Nichtsein gibt. Noch einmal eine Familie als Beispiel: Der Mann ist *yang*, das ist Sein als *yang*; die Frau ist *yin*, das ist Sein als *yin*.[200] Aber ohne *heqi* (Nichtsein) gibt es keine zufriedene Familie. Auch in einer *yin-yang*-Beziehung mit Sein als *yin* und Sein als *yang* ist die Wichtigkeit des Nichtseins zu beachten.

Werfen wir einen Blick in die „Modellierung" des Wachstums durch die moderne Ökonomie. Die Grundvorstellung: Mehr Inputs (Anlage- und Umlaufvermögen) erlauben mehr Output (höhere Produktion).[201] Die Wachstumssichtweise ist unter Ökonomen in der Regel im Sein angesiedelt. Output ist hier Sein (*yang*) und Input ist Sein (*yin*). Input und Output könnten auch Nichtsein sein. So benötigt ein Unternehmen zur Produktion auch Wissen und Erfahrung. In der normalen Logik gelten diese jedoch als gegebene Größen: das Nichtsein ist eingefroren und gegeben, wie Manna vom Himmel – ein Geschenk Gottes. Die Wirtschaft läßt sich dann im Sein

---

[200] Wir verweisen noch einmal auf unsere einleitende Anmerkung. Streng genommen ist im Sein die biologische (materielle) Funktion einer Familie angesiedelt. Eine Familie hat Nichtseinkomponenten ohne welche die Biologie – zumindest bei Menschen, einschließlich Sklaven – nicht funktioniert. Unsere folgenden Bemerkungen machen das klar.

[201] Wir sehen an diesem Beispiel wieder deutlich: kein Ding, kein System, ist nur *yin* oder nur *yang*. Input ist oftmals im Vergleich zum Output ein *yin*. Mit gegebenen Mengen an Produktionsfaktoren können wir einen vielfältigeren Output erzeugen. Auch wenn die Inputmengen variieren oder wir Arbeitskräfte durch Roboter ersetzen, verändern sich diese im Vergleich zum Output relativ wenig. Innerhalb des Inputs gibt es aber wieder eher *yang*-Input sowie Input mit *yin*-Charakter. Grundstücke sind *yin*, Arbeitskräfte (im Vergleich zu Immobilien) wiederum *yang*. Um es noch komplizierter zu machen: auch Output kann, im Vergleich zum Input, *yin*- Charakter haben. Wir können ein bestimmtes Gut unverändert auf den Markt werfen, bis die Käufer die Nase voll davon haben. Output ist *yang*. Die Menge und Art der Produktionsfaktoren kann sich dabei ständig ändern. Man muß sich also immer die jeweilige Konstellation genau ansehen, um sagen zu können, was *yin* und was *yang* ist.

modellieren. Das Sein läuft aber nur, wie bei der Familie, wenn das Nichtsein im Hintergrund mitwirkt. Mache ich das Nichtsein weg, kann ich immer noch einen Nobelpreis für mein Modell bekommen, aber eine Wirtschaft kann niemals aufgrund meines Modells funktionieren. China war für Jahrhunderte im Sein sehr gut aufgestellt. Wachstum und Lebensstandard konnten daraus nicht entstehen. Wie Max Weber (2006, S. 415) bemerkt: „Es hätte sich, - wieder die alte Frage: aus den kleinkapitalistischen Ansätzen, rein ökonomisch gesehen, recht gut ein rein bürgerlicher, gewerblicher Kapitalismus entwickeln können". Hätte.

Ohne Nichtsein passiert nichts. Das Nichtsein muß aber auch zum Sein passen. Die Ressourcen (*you*) müssen mit Unternehmertum (*wu*) in Verbindung treten. Verharrt Unternehmertum in bescheidener Funktionstiefe, bleibt auch die Wirtschaft unentwickelt. Daher ist auch diese Situation (Sein als *yin* & Sein als *yang*) immer mit dem Nichtsein verbunden. Das gilt immer und macht ein Arbeiten mit der *yin-yang*-Logik komplizierter, als es uns die „esoterisch" angelegten Methoden vermitteln. Und diese Komplexität der Beziehungen, sei es in der Familie, im Unternehmen oder in der Wirtschaft, überfordert den *wangwei*-Eingreifer und Besserwissenden dermaßen, daß er, sofern er weise ist, ein *shengren*, die Sache am besten laufen läßt: *ziran* durch *wuwei*. Yin und yang interagieren dann spontan.

Abbildung 5.3.2: Sein als *yin* & Sein als *yang*

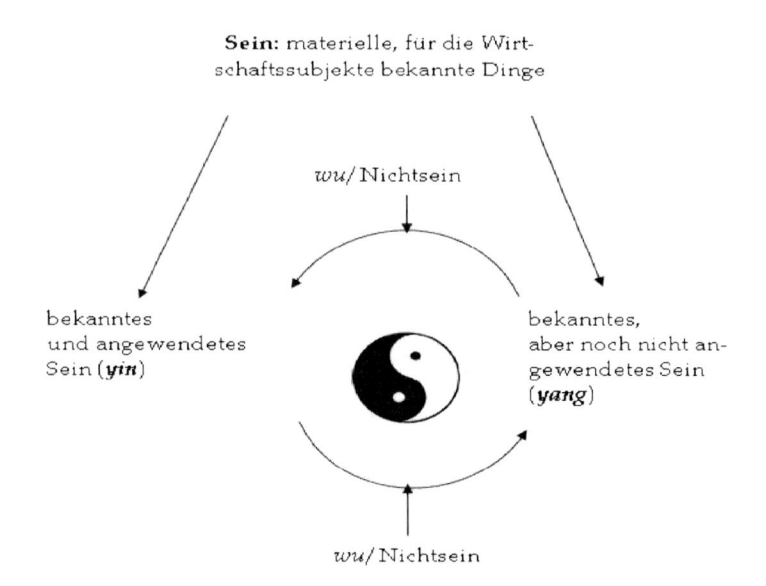

Wie wir immer sagen: Nicht nur *yin* und *yang* sind zu beachten, sondern auch die Beziehung zwischen *yin* und *yang*, nämlich das *qi*. Das *qi*, vor allem das *heqi* (beides im Nichtsein angesiedelt) ist unverzichtbar. Ohne *heqi* kann die Beziehung zwischen Sein als *yin* und Sein als *yang* nicht zustande kommen. Möchten wir die Probleme einer Disharmonie zwischen Sein als *yin* und Sein als *yang* lösen, müssen wir auch das Nichtsein berücksichtigen. Daher diskutieren wir diese Kombination (Sein als *yin* & Sein als *yang*) zusammen mit den anderen Möglichkeiten.

Die Schlußfolgerungen bzw. Politikempfehlungen lassen sich auf zwei reduzieren, wo immer wir es mit Systemen zu tun haben, die einem menschlichen Einfluß zugänglich sind:

(a) Harmonisiere *yin* und *yang*

(b) Integriere Sein und Nichtsein

Wie wir die Voraussetzungen herstellen, damit *yin* und *yang* harmonieren und gleichzeitig in Sein-Nichtsein-Beziehungen miteinander stehen, muß im Augenblick noch offen bleiben.

(2) Nichtsein als *yin* & Nichtsein als *yang*
Unser zweiter Fall verbindet zwei Nichtseine: Ein *wu* (Nichtsein) ist ein *yang*, wenn es im Vergleichen zum anderen *wu* (Nichtsein) mehr „männliche" Eigenschaften besitzt und sich relativ schneller bewegt/verändert. Können zwei Nichtseine in einer *yin-yang*-Beziehung vorkommen oder endet dieser *yin-yang*-Weg wie im ersten Fall in einer Sackgasse der Entwicklung? Anhand der Klassifizierung des Nichtseins im vierten Kapitel gibt es zwei wichtige *yin-yang*- Beziehungen im Nichtsein:

(a) Ein bekanntes, immaterielles Nichtsein als *yin* und ein unbekanntes, immaterielles Nichtsein als *yang*. Das bereits bekannte (und immaterielle) Nichtsein können wir weiter aufspalten, je nachdem, ob das Nichtsein bereits angewendet ist oder nicht. Wir erhalten dann die zweite Möglichkeit.

(b) Ein bekanntes, immaterielles und auch *angewendetes* Nichtsein als *yin* und ein bekanntes, immaterielles, aber noch *nicht* angewendetes Nichtsein als *yang* (siehe Abbildung).[202]

Alles, was die Menschen auf einer bestimmten spiraldynamischen Ebene schätzen und glauben, was sie anstreben und was sie als ihr „geistiges und seelisches *Eigentum*" betrachten, ist Nichtsein-*yin*. Sie führen Kriege, um es zu erhalten. Sie beschäftigen Legionen von Rechtsanwälten, um es zu verteidigen. Irgendwann werden sie oder ihre Nachkommen es verlieren (müssen). Hexen verbrennen auf mittelalterlichen Scheiterhaufen. Heute schämt sich auch die Kirche für etwas, was als Nichtsein-*yin* für eine Ewigkeit halten sollte.

Ein Beispiel aus der Wirtschaft: ein Bankkunde, eine Auslandsüberweisung, ein Routinegeschäft der Bank. Die Nachfrage nach Überweisung ist *yang* und das Angebot, d.h. hier Service der Banken, ist *yin* (Dies kann auch umgekehrt sein, wenn die Bank den Service, beispielsweise auf Grund neuer Vorschriften der EU, umstellen muß). Nichtsein als *yang* und Nichtsein als *yin*. Der Kunde beschwert sich über die Gebühren. Anstelle sich des Anliegens des Kunden anzunehmen, bekommt er eine ausweichende Antwort. Das Nichtsein stimmt nicht, der Kunde macht die Transaktion bei einer anderen Bank – die genau so viel Geld nimmt. Ob bei identischen Gütern der Kunde bei A oder B kauft, entscheidet das Nichtsein, in unserem Fall das *yin* im Nichtsein, der Service der Banken.

Es gibt Unternehmen, die versuchen, ihren Marktanteil (*yin*) auf Kosten der Gewinnspanne (*yang*) zu erhöhen. Ersteres geschieht dann oft, sogar in der Regel, durch Aufkauf von Konkurrenten. Und dieses wiederum bedeutet in der Regel (Umstrukturierungskosten) eine Gewinnschmälerung. Es gibt auch Unternehmen, die den umgekehrten Weg einschlagen. In beiden Fällen bringen sich die Unternehmen in Schwierigkeiten. Die Firma Nokia bemüht sich, eine Balance zwischen Marktanteil und Gewinnmarge zu erzielen. Sie hält oder steigert ihren Marktanteil – durch internes oder organisches Wachstum, über Innovation also – aber nicht auf Kosten der Gewinnmarge. „Ich lege gleichen Wert auf Marktanteil und Marge. Beide müssen in Balance zueinander stehen", sagt der Vorsitzende des Nokiavorstandes (Brown-Humes, 2006).

---

[202] Diese zweite Konstellation beschäftigt uns später noch ausführlich. Wenn ein Nichtsein, insbesondere Wissen (aber auch Fähigkeiten) bekannt ist, aber nicht angewendet wird, bezeichnen wir dies als Lücke zwischen Wissen und Tun (siehe 6. Kapitel).

Die japanische Firma Toyota verfolgt eine ähnliche Strategie der *yin-yang*-Harmonisierung zwischen diesen beiden strategischen Zielen – und wie Nokia ohne externes Unternehmenswachstum. In unseren beiden Beispielen kann die Interaktion zwischen *yin* und *yang* im Nichtsein funktionieren, weil eine (stillschweigende) Anbindung an die Seinwelt *you* existiert.

Würde diese *wu*-Anbindung fehlen, bestünde also eine Abkopplung des *wu* von *you*, wären Systeme mit *wu*-Dominanz nicht lebensfähig oder selbstzerstörerisch. Es sind dann Nirwana-Systeme, angesiedelt im immateriellen Raum und damit entfernt von den Alltagsbedürfnissen der Menschen, deren Befriedigung ohne Ressourcen nicht auskommt. [203]

Alle Ebenen der evolutorischen Hierarchie, dies dürfen wir schon jetzt schließen, benötigen eine Basis im *you und wu*. Das Scheitern von Systemen die ihre Ressourcenbasis ignorieren, auch die Knappheit von Produktivkräften durch Glauben, Einbildung, Verblendung oder Ausblenden, ist daher, daoistisch betrachtet, zwangsläufig. Gesellschaften gehen daher auch nicht freiwillig diesen Weg, sondern dominiert von Zwang. Und diejenigen, die diesen ausüben, haben Vorkehrungen getroffen, daß sie das nicht tun, was sie ihren Untertanen zumuten: von Nichts (*wu*) leben zu müssen.

Abbildung 5.3.3: Nichtsein als *yin* & Nichtsein als *yang*

bekanntes, immaterielles Nichtsein (**yin**)

unbekanntes/ neues, immaterielles Nichtsein (**yang**)

Bekanntes, immaterielles und auch angewendetes Nichtsein (**yin**)

bekanntes, immaterielles, aber noch ***nicht*** angewendetes Nichtsein (**yang**)

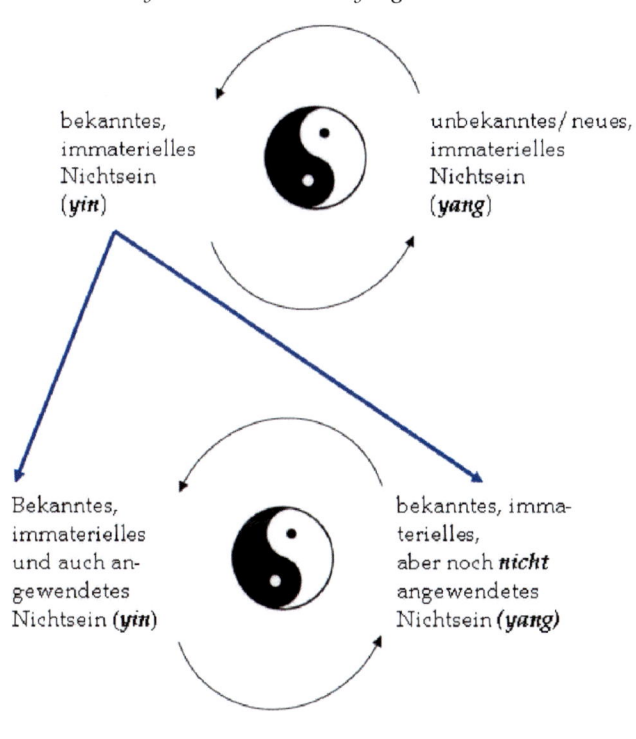

[203] Max Weber kritisiert den Daoismus aus abendländischer („protestantisch-ethischer") Sicht wegen seiner Verhaftung an magischen Ritualen und Weltkonstruktionen. Er meint primär den „späteren Taoismus", eine „absolut antirationale... höchst subaltern gewordene magische Makrobiotik, Therapeutik und Apotropie" (Weber, 2006, S. 488). Was in China auch in den Phasen geschehen ist, über die Weber berichtet, zeigt Freier (2007, zweiter Teil).

(3) Sein als *yin* & Nichtsein als *yang*

Diese dritte Konstellation verbindet *you* (Sein) mit *wu* (Nichtsein). Das Sein ist *yin* (unbeweglich), das Nichtsein verändert sich ständig (*yang*). Wie paßt das zusammen? Das Nichtsein verändert sich unaufhörlich, im Sein bleibt alles wie es war. Sagen wir: im Sein eine Routinewirtschaft, im Nichtsein wird ständig neues Wissen hervorgebracht. Die Wissenschaft ist kreativ, die F&E-Abteilungen der Unternehmen bringen neue Ideen hervor. Im Sein kommt nichts an. Die Ressourcenbasis bleibt unverändert, am materiellen Output ändert sich nichts. Eine Steinzeitökonomie mit hochentwickeltem Schamanismus (*wu* ist im Altchinesischen auch der Name des Schamanen und Regenmachers).[204]

Die Harmonie zwischen *yin* und *yang* ist offenbar eine gestörte. *Yin* (das wenig bewegliche, konstante) konzentriert sich im Sein, das schnelle und bewegliche *yang* dominiert im Nichtsein. Könnte im Rahmen einer *you-wu* Polarität eine Harmonie zwischen *yin* und *yang* entstehen? Auch ein *you* (Sein) und ein *wu* (Nichtsein) können eine *yin-yang*- Beziehung bilden.

Aufgrund unserer Definition des Nichtseins und Seins existieren zwei wichtige *yin-yang*- Beziehungen zwischen Sein und Nichtsein:

(a) Ein bekanntes, materielles Sein als *yin* und ein bekanntes, immaterielles Nichtsein als *yang*;

(b) Ein bekanntes, materielles Sein als *yin* und ein unbekanntes, materielles Nichtsein als *yang*.

Die zweite Beziehung ist ohne die Funktion des immateriellen Nichtseins unmöglich. Eine Maschine A, die ein Unternehmer schon hat, ist ein bekanntes, materielles Sein (*yin*). Eine andere Maschine B, mit der die Maschine A besser funktionieren kann, die aber für diesen Unternehmer unbekannt ist, ist ein unbekanntes, materielles Nichtsein (*yang*). Die beiden lassen sich erst miteinander kombinieren, wenn dieser Unternehmer weiß (oder seine Mitarbeiter wissen), wie diese Maschine B benutzt werden kann. Das hängt mit ihren Lernfähigkeiten, technischen Fähigkeiten, auch ihrem Kommunikationsvermögen (*heqi*) etc., somit immateriellem Nichtsein zusammen. Daher konzentrieren wir uns hauptsächlich auf die erste *yin-yang*-Beziehung.

Abbildung 5.3.4: Sein als *yin* & Nichtsein als *yang*

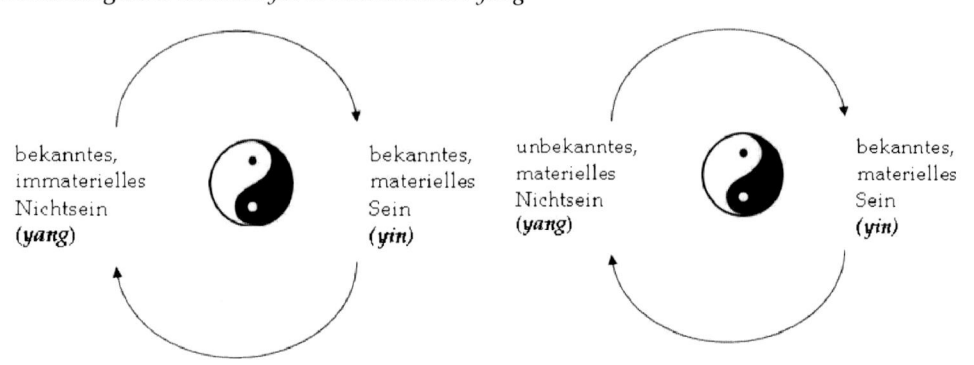

Wirtschaftlich betrachtet handelt es sich in beiden Fällen um Problemlagen, in denen im Nichtsein etwas verfügbar ist (beispielsweise Wissen, oder Fähigkeiten, oder kulturelle Meme), diese mögen bekannt sein oder nicht, aber keine Verbindung mit dem Sein herzustellen vermögen. Dies sind wiederum Fälle eines Knowing-doing-gap (6. Kapitel).

---

[204] Dies ist die Konstellation, die Max Weber und nach ihm zahlreiche Interpreten für die chinesische Nichtentwicklung verantwortlich zu machen scheinen.

In dieser Konstellation ist es besonders wichtig, uns daran zu erinnern, daß *yin* und *yang* ein Zusammenhang von Prozessen und nicht spezifische Eigenschaften von Dingen (Systemen) sind.

(4) Nichtsein als *yin* & Sein als *yang*

Nach der Kombinationslogik sollte die vierte Konstellation zwar existieren, kann aber in keinem daoistischen Buch gefunden werden, weil sie nicht zum Charakter des *yin* und *yang* paßt. Kein Nichtsein kann einen Raum für ein Sein anbieten und damit das Sein ins Nichtsein einbetten. Hat jemand eine gute Idee (Nichtsein) und setzt er sie um, wird seine Idee (Nichtsein, *yang*) in die materiellen Ressourcen (Sein, *yin*) eingebettet. Das Umgekehrte ist unmöglich.[205] Umgekehrt hieße, daß das Nichtsein als *yin* und das Sein als *yang* auftritt. Es gibt kein Beispiel dafür, weil diese Situation nicht existent sein kann.

Dennoch erlaubt uns dieser Sachverhalt, einige grundlegende Überlegungen zu *yin* und *yang* in Verbindung mit Sein und Nichtsein noch einmal anzusprechen.

Unserer Meinung nach sind (**neue** !!!) Fähigkeiten und/oder Technologien ein *yang* im Nichtsein *wu*. Wenn die Fähigkeiten, das Wissen, das Know how usw. gegeben sind, bedeutet dies daoistisch *yin* im Nichtsein.

Der Kasten beschreibt noch einmal die für die Entwicklungsdynamik wichtigen Eigenschaften von *yin* und *yang*.

> *Yang*
> Aktive und dynamische Energieform; anregend, transformierend; eindimensional gerichtete und gebündelte Stoßkraft; Antrieb, Triebkraft, die sich in Yin konkretisiert.
>
> *Yin*
> Struktive (im Gegensatz zu aktiven) und statische Energieform; bewahrend, verfestigend, verstofflichend, konkretisierend; *das Seiende* (im Gegensatz zum *Entstehungsprozeß, der durch Yang hervorgerufen wird).*
>   Ritsema & Schneider, 2000, S. 947 (unsere Hervorhebung)

Um Sein oder Nichtsein zu unterscheiden, haben wir vorgeschlagen, darauf zu achten, ob die Dinge für uns bekannt oder unbekannt sind. Wenn wir nun fragen, ob sich Sein mit *yin* und Nichtsein mit *yang* oder umgekehrt verbinden kann, müssen wir auf die ursprünglichen Eigenschaften von *yin* und *yang* zurückgreifen (siehe Kasten und Tabelle 5.1.1.). *Yang* kann die „Energie" anbieten, braucht aber *yin* als „Raum" des Seins und nicht des Nichtseins (unsere Konstellation), damit es sich einbetten und verwirklichen kann. Ohne *yin* im Sein läuft die *yang*-Energie ins Leere. Sie verpufft. Sie gewinnt keinen Anschluß an das Sein. Unternehmerenergie läuft permanent gegen eine verschlossene Tür. Sie bewegt nichts, weil kein Entfaltungsraum (*yin*) besteht.

Aber auch wenn diese Kombination existieren könnte, betrachten wir sie für wirtschaftliche Problemlagen als unwichtig. Wenn wir uns ansehen, welche Technologien wir heute benutzen, erkennen wir, daß wir ohne materielle Ressourcen (Sein als *yin*) diese Technologie (Nichtsein als *yang*) nicht umsetzen können und daraus auch keine neuen Güter (das neue Sein) herstellen und

---

[205] Wir haben über diese Konstellation lange diskutiert. Es ist hier besonders wichtig, die spezifische Vorstellung von *yin* und *yang*, wie wir sie oben erläutert haben, im Gedächtnis zu behalten und sich die Verschiedenheit der abendländisch-philosophischen Vorstellung von Sein und Nichtsein und der chinesisch-daoistischen stets vor Augen zu halten.

keine neuen Technologien (das neue Nichtsein) entwickeln können. Auch die Internet-Technologie (Nichtsein als *yang*) ist ohne Strom und andere materiellen Ressourcen (Sein als *yin*) unmöglich. Solche Ressourcen sind auch das, was es oftmals bereits in der Steinzeit gab. Im Laufe der Zeit haben wir immer mehr neue Ressourcen entdeckt. Aber wenn wir sie benutzen möchten, müssen wir zuerst unsere Kenntnisse erweitern, d.h. Nichtsein als *yang*.

Die Ressourcen, gleichgültig, ob wir sie neu entdeckt haben oder nicht, verändern sich selbst relativ wenig. Elektrische Energie bleibt Energie, Kohle bleibt Kohle und Fisch als Quelle von Protein bleibt Fisch. Selbst wenn wir am Anfang nur unsere alten Kenntnisse (Nichtsein als *yin*) benutzen können, ist die Nutzung dieser Ressourcen nur durch Entwicklung unserer Kenntnissen oder Fähigkeiten (Nichtsein als *yang*) möglich. Obwohl wir ganz am Anfang nur unsere alten Kenntnisse besitzen, können wir mit alten Kenntnissen die neu entdeckten materiellen Ressourcen nicht benutzen. D.h. das alte Wissen und die alten Erfahrungen können mit den neu entdeckten materiellen Ressourcen keine direkte *yin-yang*-Beziehung bilden. Nur mit der Entwicklung unserer Kenntnisse und Fähigkeiten, d.h. neuer Kenntnisse und erweiterter Fähigkeiten (Nichtsein als *yang*), können wir die (neuen) Anwendungen für neu entdeckte Ressourcen (Sein als *yin*) finden und daraus die neuen „zehntausend Dinge" (Neuerungen) hervorrufen.

Fähigkeiten und/oder Technologien können nur dann als *yin* im Nichtsein auftreten, wenn mehrere Bedingungen vorliegen:

(a) Eine *yin-yang*-Beziehung verwirklicht sich innerhalb des Nichtseins; d.h. Nichtsein als *yin* und Nichtsein als *yang*.

(b) Fähigkeiten und/oder Technologien/Wissen sind schon *bekannt* für uns, sind daher Nichtsein als *yin*.

(c) Demgegenüber sind unbekannte (noch nicht verfügbare) Fähigkeiten oder Technologien / Wissen Nichtsein als *yang*.

(d) Entwicklung (durch neue Kombinationen) und Evolution (durch Kompetenzentfaltung und Komplexitätssteigerung) ohne Nichtsein-*yang* gibt es also nicht.

Wie unterscheiden wir somit, was *yin* und was *yang* ist? Zunächst müssen wir die ursprünglichen Kriterien (siehe obigen Kasten) benutzen. Welche kann „Energie" anbieten und sich relativ schnell verändern (*yang*) und welche kann „Raum" anbieten und bleibt relativ konstant (*yin*)? Im ersten Fall handelt es sich um *yang*, im zweiten um *yin*. Wenn beide sich relativ schnell verändern oder beide relativ konstant bleiben, dann schauen wir, welche *neu* (als *yang*) für uns sind und welche bereits (als *yin*) bekannt für uns sind, das heißt, wir untersuchen, welche, im Vergleich zu anderen, sich schneller (als *yang*) verändern und welche (als *yin*) konstanter sind.[206]

Am Beispiel der Basisinnovation Dampfmaschine (1. Kondratieff) können wir uns den Zusammenhang klarmachen. Alle Dampfmaschinen sind *you* (Sein). Sie haben darüber hinaus *yin*- und *yang*-Eigenschaften. Die Maschine ist zunächst eine Form von *yin*, sie bleibt relativ konstant. Alle Dampfmaschinen, die in einem Innovationszyklus hergestellt werden, bleiben Dampfmaschinen, gleichgültig wie unterschiedlich sie aussehen und wie wirksam sie arbeiten. Das Material, daß man braucht, um eine Dampfmaschine herzustellen, bleibt gleichfalls nahezu unverändert: Eisen bleibt Eisen, Kupfer bleibt Kupfer, usw., vielleicht mit unterschiedlicher Qualität; ihre Eigenschaft als Kupfer oder Eisen für die Erhaltung der Funktionstauglichkeit der Maschine verlieren sie aber nicht. Daher sind die Materialien („Ressourcen") das Sein als *yin*.

---

[206] Eine tiefere Betrachtung müßte weitere Unterscheidungsmerkmale (siehe Tabelle 5.1.1) berücksichtigen.

Das *yin* der Ressourcen bildet zusammen mit der Technologie für die Herstellung der Dampfmaschine (Nichtsein als *yang*) eine *yin-yang*-Beziehung. Neben dieser *yin-yang*- Beziehung gibt es bei der Entwicklung der Dampfmaschine noch eine weitere *yin-yang*- Beziehung: Nichtsein als *yang* (zum Beispiel neues Wissen) und Nichtsein als *yin* (verbesserte, aber sich nur langsam verändernde Fähigkeiten). Im Laufe der Zeit haben innovative Unternehmer mehr neues Wissen (neue Kundenbedürfnisse, neue Kombinationsmöglichkeiten, etc.) geschaffen. Sie haben die Dampfmaschine verbessert (inkrementelle Neuerung). Ihre Innovationsfähigkeiten haben sich ebenfalls erhöht. Die Entwicklung ihrer Kompetenzen ist aber im Vergleich zur Veränderung des Wissens relativ langsamer. Das *wu*-Wissen verändert sich relativ schneller als die *wu*-Fähigkeiten.

Wenn wir nur die Fähigkeiten betrachten, existiert auch bei diesen eine *yin-yang*-Beziehung im Nichtsein. Die neu entstandenen Fähigkeiten sind *yang* (Nichtsein als *yang*). Sie bilden mit den *vorhandenen* Fähigkeiten (Nichtsein als *yin*) eine *yin-yang*-Beziehung im Nichtsein. Das alte Wissen (Nichtsein als *yin*) und das neue Wissen (Nichtsein als *yang*) bilden gleichfalls eine *yin-yang*-Beziehung.

Im Laufe der Entwicklung stellte sich heraus, daß man mit Dampfmaschinen bestimmte Bedürfnisse der Anwender nicht mehr befriedigen konnte bzw. daß es den Unternehmen gelang (die Vermutung von Schumpeter), bei den Nachfragern einen Bedarf nach neuen Gütern/Technologien zu erzeugen. Es entstanden überlegene technologische Alternativen (insbesondere der Übergang zur Elektrizität: dritter Kondratieff; Ende des 19. Jahrhunderts), welche die Basisinnovation Dampfmaschine und damit den „Dampfmaschinen-Kondratieff" (Schumpeter) ablösten und schöpferisch zerstörten.[207] *Wu* als *yang* (neues Wissen) in Verbindung mit *wu* als *yin* (verbesserte, aber sich nur langsam verändernde Fähigkeiten) erzeugte neues *yang* und zerstörte altes *yang*. Trotz weiteren technischen Fortschritts war die Dampfmaschine ausgereizt (und heute finden wir sie selbst kaum mehr als Weihnachtsgeschenk für Kinder). Das Nichtsein als *yin* (Fähigkeiten) kann jedoch einen solchen Prozeß alleine nicht bewirken. Andererseits gilt aber auch: das Wissen (Nichtsein als *yang*) mag durchaus ausgereicht haben, Dampfmaschinen zu produzieren und weiterzuentwickeln. Wäre die Wissensbasis unverändert geblieben, hätte auch eine höhere Fähigkeit (Nichtsein als *yin*) nicht ausgereicht, den Untergang der Basisinnovation Dampfmaschine zu verhindern.

Eine im Sein als *yin* verankerte, „perfekte" Dampfmaschine kann heute nur noch im Museum überleben. Die Eisenbahnen des zweiten Kondratieff wurden von ihnen noch angetrieben. Aber ihre wirtschaftliche Kraft büßen sie schon am Ende der Textilinnovationswelle ein. Erfindungen zur Steigerung der Effizienz von Dampfmaschinen, Nichtsein-*yang*, haben Seltenheitswert. Die Zeit, in der die Dampfmaschinen dominieren, ist nur eine basisinnovative Phase im zyklischen Prozeß der wirtschaftlichen Entwicklung. Sie hat ihren Anfang, entwickelt sich zu ihrem höchsten Punkt und geht dann ihrem Ende entgegen. Die Wachstumsrate steigt an, erreicht ihren Höchstwert und geht zurück (siehe Abbildung 5.3.5). Nach dem Erreichen des höchsten Punktes verringert sich der Beitrag der Erfindung (des neuen Wissens) zur Steigerung der Effizienz von Dampfmaschinen.

---

[207] Schumpeter (1961, S. 263ff.) datiert die erste „lange Welle" auf die Jahre von 1787-1842, nicht ohne die Vermutung zu äußern (S. 263), „daß diese lange Welle nicht die erste ihrer Art war. Sie ist aber die erste, die eine einigermaßen deutliche statistische Beschreibung zuläßt." Welche Wellen dieser „ersten" vorangingen, ist ungeklärt. Was wir dagegen ziemlich sicher wissen: im China der Song-Dynastie (ab 10. Jh.) lassen sich vier „Kondratieffs" nachweisen (siehe hierzu Freier, 2007, zweiter Teil).

Das Nichtsein als *yang* existiert immer, trägt aber eine Umstrukturierung in sich selbst. Am Anfang der Zeitphase der Basisinnovation Dampfmaschine dominiert im Nichtsein als *yang* das neue Wissen für die Dampfmaschine. Vielleicht hat jemand schon damals versucht, eine andere Technologie zur Erzeugung von Energie herzustellen, dies aber, wegen eines Mangels an Fähigkeiten, Wissen oder Geld, nicht geschafft. Nach der Erreichung des höchsten Punktes der Dampfmaschinenwelle nimmt die Wichtigkeit der Suche nach neuem Wissen für neue Technologien zu, welche die Kundenbedürfnisse besser befriedigen können. Die Suche nach neuem Wissen für Dampfmaschinen nimmt ab, weil Dampfmaschinen die (neuen) Kundenbedürfnisse nicht mehr weiter befriedigen können. Das Nichtsein als *yang* wandelt sich.

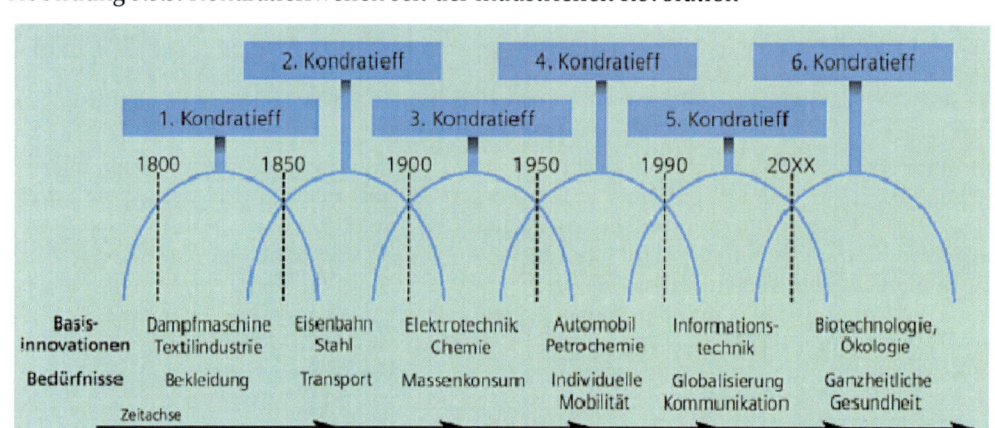

Abbildung 5.3.5: Kondratieffwellen seit der industriellen Revolution

	1. Kondratieff	2. Kondratieff	3. Kondratieff	4. Kondratieff	5. Kondratieff	6. Kondratieff
	1800 – 1850		1900	1950	1990	20XX
Basis-innovationen	Dampfmaschine Textilindustrie	Eisenbahn Stahl	Elektrotechnik Chemie	Automobil Petrochemie	Informations-technik	Biotechnologie, Ökologie
Bedürfnisse	Bekleidung	Transport	Massenkonsum	Individuelle Mobilität	Globalisierung Kommunikation	Ganzheitliche Gesundheit

Zeitachse →

Dasjenige System (und diejenigen seiner Erzeugnisse), welches Probleme der Disharmonie zwischen *yin* und *yang* erfährt, sei es eine Person, ein Unternehmen oder ein Land, verfügt im Prinzip über vielfältige Chancen, diese zu bewältigen, somit eine neue Harmonie auf der Zeitachse zu verwirklichen und sogar transformative Schritte in die Tiefe zu wagen. Im Rahmen der zuletzt untersuchten Konstellation (Nichtsein als *yin* und Sein als *yang*) ist das aber ausgeschlossen. Die Disharmonie wird reproduziert. Daß wir in daoistischen Texten diese Konstellation nicht finden, scheint daher nicht überraschend. Sie widerspricht dem *dao*, dem Lauf der Dinge, und sie widerspricht auch dem, was wir in der Geschichte der Menschheit oder der historischen Abfolge der großen Innovationen (siehe Abbildung 5.3.5) bisher beobachten konnten.

Eine andere Konstellation ist jedoch auch möglich. Wissen (Nichtsein als *yang*) mag bereits aufgehäuft worden sein, um Elektrizität zu erzeugen. Die energetische Fähigkeit dieses auch umzusetzen, war jedoch noch nicht verfügbar.[208] Folglich gab es keinen Anschluß an das Nichtsein als *yin*: neue Kombinationen mit dem neuen Wissen (Nichtsein als *yang*) scheiterten mangels Fähigkeiten (Nichtsein als *yin*), mangels Handlungsrechten und ethischer Bedenken, oder weil die Leistungsbereitschaft der Unternehmer nicht ausreichte. Dies ist ein Kernproblem wirtschaftlicher Entwicklung, welches wir unten (6. Kapitel) als Lücke zwischen Wissen und Tun (Knowing-doing-gap) erläutern, eine Folge mangelnder unternehmerischer Dynamik.

---

[208] Vergleiche hierzu Abschnitt 5.2 zum *yin-yang*-Unternehmer und die dort erläuterten Bestimmungsgründe unternehmerischer Energie.

> Die Dynamik der Energie, das reine Yang,
> ist die Grundlage aller kreativen und destruktiven Prozesse
>
> (Ritsema und Schneider, 2000, S. 71)

5.4 *yin-yang*-Harmonie und daoistisches Unternehmertum

Die Harmonie im Sinne des Daoismus - sowohl die Harmonie von *you* und *wu*, als auch die von *yin* und *yang* - ist eine spiraldynamische Harmonie (Abschnitt 3.6). Entwicklung im Sinn von Laozi ist eine Entwicklung in spiraldynamischer Tiefe. Die spiraldynamischen Funktionsprinzipien der Harmonien von *you* und *wu* sind nicht anders als die von *yin* und *yang*. Wir nehmen hier die Harmonie von *yin* und *yang* als Beispiel, um zu zeigen, wie diese spiraldynamischen Harmonien funktionieren. *Yin* und *yang* entwickeln sich und erreichen irgendwann eine Harmonie (eine dynamische Homöostase). Nach diesem Zeitpunkt/dieser Phase der Harmonie entwickeln sich *yin* und *yang* weiter. Dadurch wird die erreichte Harmonie gebrochen. Disharmonien kommen zustande. Aber diese Disharmonien befinden sich, im Vergleich zu den vorherigen, auf einer „tieferen" Ebene. Daraus können Widerstand, Aufstand, Revolution etc. entstehen. Aber wichtig ist, daß diese Dissonanzen zwischen *yin* und *yang* sich wieder aufheben können (aber nicht müssen) und sich somit eine neue Harmonie erreichen läßt. Dies ist keine Mystik. Die daoistischen Aktionsparameter *de*, *wuwei/wangwei*, *qi/heqi* und ihre Einbindung in *ziran* bestimmen, ob es zu einer Abfolge von Harmonie $\Rightarrow$ Dissonanz $\Rightarrow$ neuer Harmonie $\Rightarrow$ usw. kommt. Disharmonien können in Gesellschaften über Generationen andauern. Menschenleben enden in Disharmonie (ein möglicher Grund, weswegen religiöser Glaube ein Leben im Jenseits „erfindet", um einen solchen Disharmonieschock erträglich zu machen). Disharmonien in einer Familie werden durch religiöse, moralische und rechtliche Gebote stabilisiert. Spiraldynamisch-evolutionär lösen sich, unserer Vermutung nach, solche Dissonanzstabilisatoren erst ab der gelben (siebten) Stufe der Evolutionsholarchie auf (Abschnitt 3.6).

Die neue Harmonie ist im Vergleich zur vorherigen eine auf einer „tieferen" Ebene. Probleme und Disharmonien zu haben, ist für ein System (Land/Firma/Person, etc.) einerseits eine lebensbedrohliche Gefahr, andererseits eine Chance für Entwicklung und Evolution. Ein System evoluiert auf eine tiefere Stufe, wenn es an seine Grenzen stößt, Dissonanzen sich zeigen, sein Potential ausgereizt ist, die zusätzlichen Erträge einer Ebene immer kleiner werden. Dies geschieht auf einer Stufe der holarchischen Evolution wie bei einer Basiswelle (disruptive Innovation) innerhalb einer gegebenen Stufe, sogar einer kleinen Welle (inkrementelle Neuerung). Erst dann, wenn sich die Disharmonien nicht mehr beherrschen lassen, bricht das System aus seiner Komfortzone aus und beginnt, vom Baum bisher verbotener Erkenntnis und Lebenspraxis zu kosten. Er ist Mitte sechzig. Ein alter, ausgelaugter Humankapitalist (Stufen bis inklusive Grün). Weg mit ihm. Sie ist Mitte 80. Eine junge Frau (gelb plus).

Wir Menschen, beobachtet ein Daoist, sind schon ein komischer Haufen. Wir sind so anpassungsfähig. Wir halten es unter den schlimmsten Bedingungen aus. Es gelingt sogar, uns Sterben und Tod zu Freunden zu machen, uns davon zu überzeugen, daß wir in der Frage von Leben und Tod keine Wahl haben und daß das Schlimmste, eigentlich das Beste für uns ist. Welch ein seltsames Paradox, das uns den Todestrieb (Disharmonie zwischen *yin* und *yang*) dem Lebenstrieb vorziehen läßt.

Was kommt, wenn wir die spiraldynamische Evolution in ihrer Abfolge von Disharmonie und Harmonie weiterlaufen lassen?

> Für Gursky ein Tag wie viele andere. Und davon gab es viele. Er sieht keinen Grund zum Feiern. Auch nicht an seinem fünfhundertsten Geburtstag. Er hat sein Leben auf ein

Jahrtausend programmiert. 500 Jahre braucht er noch, um soweit zu sein, sich auf das einlassen zu können, was er als „Buddha-Test" bezeichnet. Zwei Jahrhunderte hatte er gebraucht, sich aus den Händen der Psychoanalytiker zu befreien, die sich derer annehmen, die herauszufinden versuchen, wie es sich ohne Ich lebt. Buddha verheißt Erleuchtung und reinkarnative Unsterblichkeit. Er will nicht daran glauben, er will es selbst testen. Das jüngste Gericht abzuschaffen, biologisch, dazu braucht er zehn Jahrtausende. Niemand konnte ihm bisher sagen, was Erleuchtung ist. Er steht damit nicht allein.[209] Vielleicht ein Zeitproblem. Er will es herausfinden. Für den Fall, daß er Buddha mit seinem Tod widerlegt, hat er allerdings vorgesorgt. Seinen leiblichen Körper, seine Stammzellen, tiefgefroren und in seinem Testament bestimmt, die Wiederbelebung erst zu initiieren, wenn die spiraldynamische Evolution der Menschen soweit vorangeschritten ist, daß er Imam Mahdi die Hand schütteln kann, ohne als Terrorverdächtiger (sog. „Gefährder") von den Orwellianern verdächtigt zu werden. Ein Lama will es besser wissen: „Wenn du Buddha testen willst, durch dein langes Leben, was ist das anderes als Anhaften und Ego-Maximierung? Evolution als Illusion; deine Erleuchtung schaffst du dadurch auch in 10mal 1000 Jahren nicht. Du willst Buddha widerlegen? Nie und nimmer." Der Buddhismus und andere Glaubenssysteme, leere Formeln, Psychologenfutter? Nein, glaubt Gursky. Der Weg meiner Spiraldynamik läßt sich nur meistern, wenn ich mein Ego zügele, bis hin zu seiner Virtualisierung. Dazu brauche ich Zeit, viel Zeit, mehr Zeit als mir die ethische und politische Klasse, kulturell auf GMS programmiert, auf den weniger tiefen Ebenen des Menschseins zubilligt.

Ohne Probleme (Dissonanzen) auf einer Ebene und zwischen diesen, gibt es keine Entwicklung und keine Evolution.

Werfen wir einen Blick auf einen daoistischen Unternehmer, als den energetischen Antreiber, in seiner Funktion als *yang*-Mensch, um die *yin-yang*-Harmonie besser zu verstehen.

Sie versuchen, „nie der Erste" zu sein (einer der „drei Schätze" von Laozi; Kapitel 67, Gerstner, 2001, S. 337; Abschnitt 3.3 zu daoistischer Tugend). Sie behaupten auch nicht, daß sie der Erste/Beste/Größte sind, obwohl sie vielleicht wirklich beeindruckend sind und andere Leute sie als meisterhaft betrachten. „Nie der Erste zu sein" heißt, daß sie immer Freiräume haben, sich noch weiter zu entwickeln. Sie halten nicht an ihrem *yang* fest, sondern geben dem *yin* in ihnen die Chance, sich zu entfalten, dadurch auch neues Nichtsein (*wu*) hervorzubringen. Und damit auch die „Dampfmaschine" hinter sich zu lassen, nicht bis zum bitteren Ende (der schöpferischen Zerstörung durch Elektrizität) an ihr festzuhalten. Wir sprechen vom daoistischen, nicht normalen Unternehmer, auch nicht vom normalen Innovator, wie Schumpeter und andere ihn beschreiben. Schumpeter spricht zwar die „Persönlichkeit" als entscheidendes „Nichts" des Unternehmers an. In diesem Sinne argumentiert er im Rahmen der daoistischen Logik. Die Tat- und Schöpfungskraft büßt er im Laufe seines Unternehmerseins jedoch ein. Die *yang*-Energie ebbt ab. Das dauerhafte Anschwimmen gegen den Strom der Widerstände erschöpft die Kraft, wenn es nicht gelingt, neue Kräfte in sich zu mobilisieren. Schumpeter (1911, S. 147) beschreibt sein Schicksal eindrücklich: Hedonismus zieht ein, Kreativität flüchtet, Energie verläßt ihn, auch wenn sein körperliches Leben noch andauert.

---

[209] Die praktizierende Buddhistin und Herausgeberin einer buddhistischen Zeitschrift, Helen Tworkow (2000): „... was Erleuchtung ist, ... wir wissen es bis heute nicht – wir haben keine Ahnung... Aber jetzt sehen wir, daß wir es mit... Menschen zu tun haben, die von ihrer Praxis enttäuscht sind. Man kann *zwanzig Jahre* lang sitzen [meditieren] und keine Erleuchtung haben."

Auch kann sich unser Mann der Tat im absteigenden Ast des Lebens zu einem ‚Hedoniker' entwickeln. Das darf uns nicht irremachen, denn dann verläßt nicht der den Kampfplatz, der auf ihm zu siegen gewohnt war, sondern eigentlich jemand andrer, der nur sein Schatten ist. Ich glaube nicht nur, daß diese Auffassung auf dem Gebiete des Erwerbslebens tausendfältig bestätigt wird, sondern auch, daß es sich da um eine ganz allgemeine Erscheinung handelt. Man lebt nur während eines Bruchteils des physischen Lebens. Der Künstler, der Gelehrte, der Politiker und auch unser Industriekapitän – sie alle haben nur eine relativ kurze Spanne Zeit zu wirklich schöpferischer Tätigkeit. Dann tritt eine eigentümliche Erschöpfung ein. Der Mann ist nicht mehr ‚er selbst'. Er konzipiert nichts Neues mehr, sondern führt höchstens aus, was früher vorbereitet wurde. Der Schriftsteller ‚schreibt sich aus', der Maler wird schwächer, der Politiker führt seine Anhänger nicht mehr so sicher zum Siege und immer seltener hört man von neuen Taten unsrer wirtschaftlichen Führer-Natur: Das sind Vorboten des physischen Todes, unser Prinzip wird dadurch nicht berührt.

Auch ein innovativer Entrepreneur (seine Unternehmung) wird Opfer von Entwicklungen, die er selbst mit hervorgebracht hat. Seine Unternehmung überlebt in der Regel die Welle nicht, die er mit erzeugt hat. Er, *seine* Unternehmung, wird von einer neuen Welle als toter Fisch an Land gespült.

Ist die Welle basisinnovativ ausgereizt, das Wasser klar, die Sicht gut, die Transparenz perfekt, ist die Beute leicht auszumachen. Innovative Fische lieben nicht das klare und flache Wasser, die vollkommene Information. Seichtes, klares Wasser, die Wellen verlieren sich am flachen Strand. Die Erben warten, der Fiskus räumt ab. Rückkehr in das hedonistische Leben.

> Fische darf man dem tiefen Wasser nicht entziehen.
>
> *Dao De Jing*, 36. Kapitel, Gerstner, 2001, S. 197

Offensichtlich kann ein Unternehmer, Pionier einer Basisinnovation, als biologisches Wesen (Lebenserwartung unter 100 Jahre), keine zwei Kondratieffs (2 x 50 Jahre) durchstehen. Was tut ein Unternehmer, um sein Unternehmen über seinen biologischen Tod hinaus zu erhalten sofern er solches will? Wir kennen die Nachfolgeprobleme in mittelständischen Familienunternehmen. Wir wissen um die Wahrscheinlichkeit des Überlebens bestehender Unternehmen. Aus der Logik unternehmerischer Funktionstiefe betrachtet, ist die Bedingung des Fortlebens einfach: Permanente Innovation und Evolution; oder negativ: ein funktionales Durchreichen auf Arbitrage und Routine verhindern.

Daoistische Unternehmer sind immer auf dem Weg zu weiterer Entwicklung und nicht zu einem Platz, auf dem man es sich als Erster bequem machen könnte. Sie laufen den unternehmerischen Marathon ihr ganzes Leben. Und das halten sie nur durch, macht ihnen sogar Freude, wenn sie *yin* und *yang* in sich ausbalancieren lernen. Tun sie dieses, gewinnen sie auch Zugang zu neuem Nichtsein (Wissen, Fähigkeiten), das ihnen auch weiterhin ein Laufen im *dao* ermöglicht.[210]

Was also ist der Unterschied zwischen einem „normalen" und einem daoistischen Unternehmer? Sie lassen sich auf die Spontaneität ihres eigenen Lebens ein, das heißt auf das *dao*.

> Das Dao erzeugt sie, ... pflegt sie, schirmt sie.
>
> Laozi, 51. Kapitel

---

[210] Wie eben schon angedeutet. Diese Überlegungen, bezogen auf einen Unternehmer, lassen sich relativ problemlos auf Unternehmen übertragen.

Wenn sie das tun, gibt ihnen das *dao* die Kraft, welche die Welt in Harmonie hält. Das *dao* schützt sie, weil sie die „Einheit" von *yin* und *yang* (Abschnitt 5.1) in sich pflegen. *Dao* ist kein Gott, kann die Dinge nicht so schützen wie ein Gott. Das *heqi* in einer *yin-yang*-Beziehung stellt sicher, daß diese Einheit sich weiter entwickeln kann. Das paßt zur Grundherausforderung des *dao*. Daher ist der Schutz durch das *dao* ein Schutz einer *yin-yang*-Beziehung: *heqi* in sich selbst erzeugen (4L-Interaktion; Abschnitt 3.7); und *heqi* mit anderen Menschen, insbesondere den „stakeholdern" des Unternehmens. Liebe zu sich selbst und Liebe zu anderen. Damit gilt:

> Erzeugen und nicht besitzen,
> wirken und nichts darauf geben,
> erhalten und nicht beherrschen.
>
> (*Dao De Jing*, 2, zitiert in Lee, 2002)

Das Geheimnis des *dao* ist also keines. Übersetzen wir das *dao*, die Harmonie von *yin* und *yang*, in den unternehmerischen Alltag, wird der spontane Lauf, der Weg, also das *dao* zu alltäglicher Routine und ermöglicht dem Unternehmer, außerhalb der Routine seinen Weg zu gehen.

Anders gesagt: Die daoistischen Entrepreneure verfügen über ausreichend Energie, um eine neue Harmonie zu gewinnen, während ihre nicht-daoistischen Kollegen „sterben", bevor sie eine neue Harmonie im Diesseits erreichen. Wer „perfekt" ist (Nation/ Unternehmen/Person, etc.) sowie keine Bedürfnisse nach neuer Entwicklung oder Harmonie mehr hat, solche in sich nicht mehr zu erzeugen versteht, steht vor der Tür des Todes. Des Todes „Vorboten" (Schumpeter) machen kein lautes Geschrei, sie signalisieren nicht ihr Kommen, sie unterlaufen lediglich seinen Lauf.

Ist dieses „Voll**endet**"-Sein seine eigene Konstruktion, ist er in Gefahr, ähnlich der Frösche im sich erhitzenden Wasser. Und ist er wirklich „vollkommen", muß er auch bald „sterben", weil er sich nicht mehr entwickeln kann, so wie die „perfekte" Dampfmaschine.

Wir können nunmehr besser verstehen, wenn Laozi sagt:

> [Der Weg (das *dao*)] sichert das Überleben, indem er zerstört.
>
> Laotse, 1996, S. 34

Ein Unternehmer auf dem Weg, im Lauf, ein Dao-Unternehmer also, sichert sein Überleben. Er hält nicht fest, er verwirklicht in sich die Harmonie von *yin* und *yang* (nicht in jedem Zeitpunkt - auf dem Weg). Er pendelt unaufhörlich zwischen Sein und Nichtsein. Der Weg „hat keine Behausung und entsteht zwischen Sein und Nichtsein" (Laotse, 1996, S. 38). Wenn er so handelt, zerstört er das Alte, an dem er nicht festhält und diejenigen, die sich nicht loslösen können. Er sichert das Überleben. Sein eigenes Überleben sichert er, indem er sein Harmoniepotential sich entfalten läßt. Das Überleben der wirtschaftlichen Welt, mit der er sich strukturell koppelt, sichert er durch seine ko-innovativen und ko-evolutionären Impulse. Die Autopoiesis des Innovationssystems verlangt nach Zerstörung. Wird Zerstörung nicht zugelassen, driftet es auf Routine zurück. Die triviale Gleichgewichtsmaschine und ihre hedonistischen Bestandteile triumphieren. Zerstörung und Leben sind Aspekte des gleichen Prozesses, der Auflösung und Neugewinnung einer Harmonie von *yin* und *yang* im Raum von Sein (*you*) und Nichtsein (*wu*).

Was bedeutet somit diese *yin-yang*-Harmonie für die unterschiedlichen Unternehmer? Eine Arbitragewirtschaft lebt von Erkennen und Ausnutzen von Bewertungsunterschieden; sie produziert keine materiellen Güter. Die Harmonie ist vollzogen, wenn die Arbitragechance, von *yang*-Energie entdeckt und durchgesetzt, den Anschluß an den Routineraum (*yin*) findet, in der Nähe oder im Gleichgewicht.

Auch Routineunternehmer können der Harmonie nicht entbehren: der Einklang zwischen ihrem bekannten und angewendeten immateriellen Nichtsein (*yang*, beispielsweise ihre angewendete Technologie) sowie ihrem vorhandenen und angewendeten Sein (wie ihre angewendeten materiellen Produktionsfaktoren: *yin*). Sie wollen/können nichts Neues anwenden, gleichgültig, ob sie das Neue kennen oder nicht. Sie machen das weiter, was sie immer gemacht haben, wie ein Esel, der das Brunnenrad zieht, im Kreis um die Mühle läuft, Jahrein, Jahraus, bis zu seinem Tod. In diesem Sinne gleichen sie nicht-menschlichen Primaten. Ihre Lebensmöglichkeiten sind durch ihre genetische Ausstattung bestimmt (*you*/Sein als *yin*). Sie brauchen aber auch *yang* (Nahrung), aus der sie Energie ziehen können. Ändert sich ihre Umwelt dramatisch, verhungern sie und sterben aus - außer es gelingt ihnen eine Mutation (Nichtsein als *yang*) ihres Genoms. Darüber haben sie aber keine Kontrolle. Wenn sie Glück haben enden sie, von ihren Nachfahren bestaunt, im Museum, wie die Erzeugnisse der Hersteller von Dampfmaschinen.

Dennoch sind sie, als Routineunternehmer, Teil des *dao*. Das *dao* ist eine die Welt in evolutionärer Harmonie haltende Kraft.

> Das Tao ... erzeugt nicht nur alle Wesen, sondern gibt auch allen Wesen ununterbrochen Kraft zu leben, sich zu entwickeln und zu vollenden. ... Alle Wesen können sich auf die Spontaneität ihres eigenen Lebens verlassen, und ihr Leben wird sich gut entwickeln, wenn sie nicht durch eine äußere Macht in ihrer Entwicklung behindert werden. (Lee, 2002, S. 36-37).

> Tao erzeugt sie, ... pflegt sie, schirmt sie.
> (Laozi, Kapitel 51; siehe auch Kapitel 58)

Ein innovativer Unternehmer ist gleichfalls auf eine Harmonie zwischen seinem Nichtsein und Sein angewiesen, aber sie ist eine andere als diejenige, die ein Routineunternehmer hat. Eine Harmonie zwischen dem Nichtsein (*yang*) und Sein (*yin*) reicht für einen innovativen Unternehmer nicht aus. Ein innovativer Unternehmer entdeckt Neukombinationen und setzt sie durch. Dafür bedarf es

- einer Harmonie zwischen dem unbekannten/neuen *materiellen* Nichtsein/*wu* (*yang*: neue materiellen Ressourcen; die er sich etwa über einen Kredit besorgt) und dem Sein (*yin*: vorhandenen materiellen Ressourcen);
- einer Harmonie zwischen dem unbekannten immateriellen Nichtsein (*yang*: neues Wissen) und dem bekannten immateriellen Nichtsein (*yin*: dem vorhandenen Wissen),
- einer Harmonie zwischen dem bekannten, immateriellen Angewendeten (*yin*: etwa den angewendeten Technologien, Verfahren) und dem Nicht-Angewendeten (*yang*: beispielsweise Technologien, Verfahren, welche die Wirtschaftssubjekte zwar kennen, aber noch nicht angewendet haben).

Er muß somit Wissen und Nichtwissen in Balance bringen, etwas, was Laozi einem „Gelehrten" nicht unbedingt zutraut. „Gelehrte geraten wegen ihres Wissens in Schwierigkeiten, denn sie sind fähig, ihr Wissen [*wu* als *yin*] zu benutzen, um zu wissen, aber sie sind unfähig, ihr Wissen zu nutzen, um nicht zu wissen [*wu* als *yang*]" (Laozi, 1996, S. 100). Sie operieren also unharmonisch. Sie verteidigen mit Händen und Füßen ihr Wissen, um sich dem Nicht-Wissen nicht aussetzen zu müssen. Der Umgang mit Nichtwissen ist eine Schlüsselkompetenz des innovativen Unternehmers. Er weiß nicht, ob das, was er mit gegebenem oder neuem Wissen macht, technologisch funktioniert, und ob das, was die Technologie erzeugt, auf Nachfrage trifft (Abschnitt 7.1). Einerseits muß er mit seinem verfügbaren Wissen etwas Neues schaffen, ande-

rerseits sich von seinem gegebenen Wissen freimachen, weil ohne dieses Nichtfesthalten, er nicht in der Lage wäre, das Neue wirklich durchzusetzen, angesichts dessen, was er darüber nicht weiß und überhaupt nicht wissen kann.
Wir wissen: Es gibt Wissen, daß wir kennen. Es gibt auch Wissen, daß wir nicht kennen. Und dann gibt es das Nichtwissen, über das wir nichts wissen.

> Der [neuen] Dinge sind zahllose, das Wissen ist seicht. Es ist unmöglich, das Zahlreiche [die Neukombinationen] mit Mitteln des Seichten [des verfügbaren, auch ethischen! Wissens] angemessen zu behandeln. Wer sich allein auf sein eigenes Wissen verläßt, dem wird unweigerlich sehr viel entgehen. (Laotse, 1996, S. 90).

Was ihm nicht entgeht: Der Tod - die schöpferische Zerstörung, würde man mit Schumpeter ergänzen. Der *yin-yang*-Einklang für den Innovator hat es somit in sich. Wer ihn nicht schafft, wer ihn als Unternehmen nicht intern herstellen kann, scheidet aus dem Innovationssystem aus. Er wird der Arbitrage und der Routine durchgereicht.

Die Kunst dieser Harmonisierung beherrschen wenige. Sie läßt sich nicht durch Innovationsmanagement ersetzen. Jede Basisinnovation beginnt deswegen auch mit neuen Unternehmen. Die bestehenden Unternehmen halten die Disharmonie für das Normale und Burnout für den zu zahlenden Preis. Der Investmentbanker sagt ihnen, wie sie der Erste, Größte, Profitabelste werden können, ohne den neukombinativen Weg der Harmonie ernsthaft zu versuchen.

Harmonisieren das unbekannte immaterielle Nichtsein (Nichtsein/*wu* als *yang*) und das bekannte immaterielle Nichtsein (Nichtsein/*wu* als *yin*), erweitern innovative Unternehmer ihr Wissen. Durch die Harmonie zwischen dem bekannten, immateriellen, angewendeten und nicht angewendeten Nichtsein, wird das erweiterte Wissen umgesetzt. Harmonie überwindet den *Knowing-doing-gap*, die Todesfalle der Wissensgesellschaft. Patente bleiben nicht mehr auf Halde, vermögen ihren Weg in die Wertschöpfung zu finden. Die funktionalen Grenzen der Gelehrsamkeit (die Barrieren, die den Lauf des Wissens der Wissenschaft in die Wirtschaft und andere Teilsysteme der Gesellschaft behindern) werden überwunden. Die Übel der Wissensgesellschaft[211] sind Folgen von Innovations- und Evolutionsarmut und diese Folge von *yin-yang*-Dissonanzen.

Für die innovativen Unternehmer reicht die Harmonie im Nichtsein jedoch nicht aus, wie wir oben zeigten. Die Ergebnisse aus den erreichten Harmonien im Nichtsein (beispielsweise das erweiterte Wissen) müssen noch mit dem Sein harmonisieren, damit die „zehntausend Dinge" zustande kommen können.

Gehen wir in der funktionalen Unternehmerhierarchie noch eine Stufe weiter in die Tiefe, treffen wir auf evolutorische Unternehmer. Er kann das tun, was die Natur den Tieren verbietet: Münchhausen zu spielen, selbst zu evolutionieren, zu mutieren, seine Autopoiesis selbst in die Hand nehmen.

Auch ein evolutorischer Unternehmer muß sich wie ein Neuerer um einen Einklang seines *yin* und *yang* bemühen. In einem daoistisch gedachten Evolutionsprozeß sind zwei *yin-yang*-Beziehungen zu beachten: (1) Sein als *yin* & Nichtsein als *yang*; (2) Nichtsein als *yin* & Nichtsein als *yang*.

---

[211] Dauerarbeitsloses Neuproletariat, Schaffung einer Klasse von „Überflüssigen", zunehmende Ungleichheit von Einkommen, Vermögen und Lebenschancen, soziale Spaltung, so äußert sich der Politikwissenschafter Franz Walter (2006).

Die daoistische Theorie ist hierbei relativ komplex angelegt. Harmonie muß sich auf einer tieferen Ebene verwirklichen, und *yin* und *yang* sowie Sein und Nichtsein in ihrem Zusammenwirken sie herbeiführen. Insbesondere muß ein (evolutorischer) Unternehmer eine Freundschaft zwischen dem unbekannten immateriellen Nichtsein (*yang*) und dem bekannten immateriellen Nichtsein (*yin*) herstellen.

Auf der biologischen Ebene arbeitet Evolution einfach: *Yang-wu* (Mutation) erlaubt *yin-wu*: Die veränderte genetische Information stabilisiert sich in der Population (Genom) und wird reproduziert. Solches ist aber ohne *you*-Einfluß nicht möglich. *You* sind die Selektionsumwelt, die Ressourcen, die Konkurrenz um den Lebensraum eines Individuums und einer Population. Sein als *yin* und Nichtsein als *yang* müssen sich, wenn die Variation sich stabilisieren soll, harmonisieren.

Evolution, biologisch betrachtet, harmonisiert Sein und Nichtsein durch die energetischen Kräfte von *yin* und *yang*. Es wäre überraschend, wenn diese (biologischen) Prozesse bei den Menschen nicht (mehr) wirken würden. Und jüngere Forschungen, die auf Grund des weltweiten Genomprojektes möglich wurden, scheinen Schritt für Schritt unsere überlieferten Vermutungen in Frage zu stellen. Mit den Instrumenten der Genomforschung ausgestattet, mit Sequenzierautomaten, unterstützt durch die analytischen Künste der Bioinformatik, vermag die Wissenschaft heute Darwinsche Entwicklungsprozesse in Zeiträumen nachzuweisen, in denen bislang, mangels Werkzeug (nicht Hypothese), Vermutungen, Glaube und Vorurteil das Feld beherrschten. Genetische Veränderungen bei Menschen liegen nur so wenige Generationen zurück, daß sie historische Prozesse, wie die Entstehung des Römischen Reiches oder wie Cochran, Hardy & Harpending (2005) in einem epochalen Aufsatz nachzuweisen versuchen, die überlegene Intelligenz und den ökonomischen Erfolg zentral- und osteuropäischer Juden erklären können.

> Evolutorischer Wandel im Genom könnte kulturelle Merkmale erklären helfen, die über mehrere Generationen andauern, wenn Gesellschaften sich an verschiedene lokalen Herausforderungen (pressures) anpassten (Wade, 2006).

Yang-wu schließt somit auch kulturelle Gene (sogenannte Meme) ein, aber immer auf der Grundlage von genetischem *yang-wu* und *yin-wu*. Kulturelle und genetische Evolution beeinflussen sich bei Menschen wechselseitig. Ihr Ergebnis zeigt sich, neben anderem, in dem, was, sehr vereinfacht ausgedrückt, als der „Intelligenz-Quotient" einer Population bezeichnet werden könnte. Und dieser steht dann wiederum (siehe Abbildung) mit den Dingen in Zusammenhang, die im Mittelpunkt unserer Überlegungen stehen. IQ und Pro-Kopf-Einkommen korrelieren mit einem Koeffizient von 0.73. Mit anderen Worten: 54 Prozent der Unterschiede im Wohlstand lassen sich auf IQ-Unterschiede zurückführen (La Griffe, 2002,2004),[212] was immer diese Unterschiede verursacht haben mag (Sailer, 2002, 2006d).[213] Die von uns in die Abbildung eingefügte

---

[212] Derartige Aussagen vermögen ein verständliches Entsetzen auszulösen und sind im deutschen Kulturraum historisch belastet. Jedermann kann Quellen und Wissenschaft selbst studieren. Wir verweisen insbesondere auf Sailer (2002, 2005, 2006) mit reichhaltigem Quellenmaterial und Wade (2006) mit einer Zusammenfassung jüngerer Untersuchungen.

[213] Diese Ursachen können wir auf genetische (*yin*) oder umweltbedingte (*yang*) Faktoren und deren wechselseitige Beeinflussung zurückführen. Viele arme Menschen, insbesondere in Ländern der Dritten Welt, leiden beispielsweise unter Mangel an wichtigen Mineralien und Vitaminen, Faktoren, welche die Intelligenzleistung merklich beeinflussen. Wenn eine schwangere Frau auch nur ein wenig Alkohol zu sich nimmt – ihr Kind wird mit einem geringeren IQ belohnt (www.alcoholism.com). Treibt „man" Frauen in die Depression, die sie mit Alkohol (oder Drogen) zu bekämpfen versuchen, leiden ihre Kinder ihr ganzes Leben. Ein Alkoholverbot (*wangwei*), wie in islamischen Ländern, hilft wenig. Tausende von jungen Frauen im Iran

senkrechte Gerade zeigt andererseits, daß ein gegebenes IQ-Niveau mit großen Unterschieden im materiellen Reichtum einhergeht. IQ determiniert somit nicht die Neuerungsleistung eines Systems. Umweltfaktoren im Sein und Nichtsein interagieren mit biologisch-genetischen Einflüssen (*yin-wu*; Mutation: *yang-wu*).

Abbildung 5.4.1: Intelligenzquotient und Pro-Kopf-Einkommen

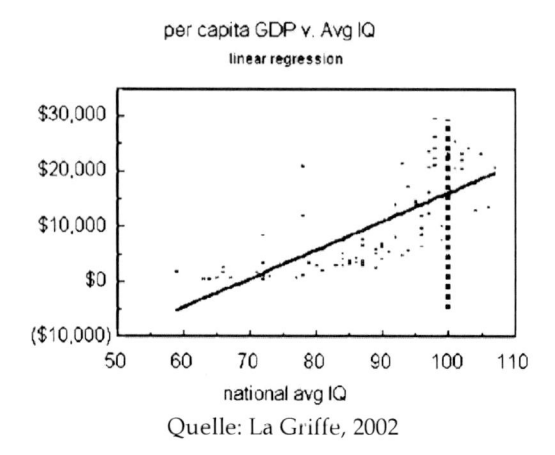

per capita GDP v. Avg IQ
linear regression

Quelle: La Griffe, 2002

Beispiel: Für manchen Beobachter gilt es als „rätselhaft", daß ostasiatische Nationen wie Hongkong, Japan, Taiwan, China, obwohl nach Standardmessung über einen hohen IQ verfügend, sogar den höchsten bislang ermittelten, einen, bis auf wenigen Jahren, noch *relativ* niedrigen Wohlstand aufweisen. Die Antwort: Auch die kulturellen Meme zählen. Wenn Kreativität nicht gefördert oder durch innovationshemmende Eingriffe, wie in China seit dem 14. Jahrhundert, sanktioniert wird, leidet die *yin-yang*-Harmonie im Innovationssystem. [214]

Biologisch gesehen entspricht Veränderung der Kultur einer Veränderung der Gene eines Systems. Es erwirbt (erlernt) neue Fähigkeiten (*yang-wu*), und integriert diese in sein bestehendes Fähigkeitsprofil (*yin-wu*), welches damit eine interne Selektion leistet, und als *yin* den ganzheit-

---

praktizieren das Verbotene. Im islamischen Indonesien sagen die Menschen: Tue genau das, was die Regierung verbietet.
„Je ausgeprägter Gesetze und Verordnungen sind, desto mehr Räuber und Diebe gibt es."
(Laozi, Kapitel 57).

[214] China ist für Intelligenzforscher ein interessanter Fall. La Griffe du Lion hat seine Erkenntnisse von 2002 über China (Armut trotz hohem IQ) nicht ruhen lassen. 2004 stellt er Erkenntnisse vor, welche die Diskrepanz erklärbar machen könnten. Chinesen (und andere Ostasiaten) fallen in einem Intelligenzbereich ab, den La Giffe „verbalen IQ" nennt. Geht dieser in die Regressionsgleichung ein, löst sich das „Rätsel" China. Untersuchungen zum Kommunikationsverhalten von Chinesen (Gao & Ting-Toomey, 1998) widersprechen dieser Vermutung nicht. Einer der beiden Autoren äußert daher gewisse Zweifel, ob es chinesischen Unternehmern/Unternehmen, ohne Steigerung ihrer verbalen IQ-Kompetenzen gelingen kann, radikal Neues durchzusetzen. Denn ein solches verlangt (siehe 8. Kapitel) hochentwickelte empathische Fähigkeiten, um neue Bedürfnisse zu schaffen und ihr Marktpotential zu erschließen. Das konfuzianische Singapur scheitert an dieser Herausforderung. Hochtechnologie ist in ausländischer Hand. Cash (venture capital) und Ressourcen stellt der Staat bereit, wissenschaftliche und unternehmerische Kompetenz sind importiert.

lichen Raum bereitstellt, um die Variation zu stabilisieren.[215] Für einen innovativen Unternehmer ist es wichtig, neues Wissen zu bekommen, um neue Kombinationsmöglichkeiten zu entdecken und sie im Hinblick auf die Bedürfnisse, alt oder neu, von Nachfragern anzupassen. Dies ist eine Frage seiner Intelligenzleistung.[216] Dies können wir heute als wissenschaftlich weitgehend akzeptiert betrachten.[217]

Neues Wissen zu erwerben, ist auch für einen evolutorischen Unternehmer unverzichtbar. Aber mit dem neuen Wissen wird nicht nur sein vorhandenes Wissen erweitert, sondern auch seine Persönlichkeit. Die Veränderung seiner Persönlichkeit, vor allem der erweiterten Fähigkeiten, der Entfaltung seiner Kompetenzen, fängt mit dem Sich-Aneignen von neuen Kenntnissen und Einsichten an. Er setzt das in sich durch, was er gelernt hat und war er für sich für geeignet hält, was er in sein *yin* integrieren kann, was also mit seinem Harmoniebedürfnis vereinbar ist. Er ist für sich selbst auch die Selektionsumwelt. Er variiert und selektiert – mit und in sich selbst. Er stabilisiert ein neues Kompetenzprofil. Er selbstevolutioniert – für manche ein Weg auf den Scheiterhaufen, die Couch des Psychoanalytikers, das Schicksal des Ketzers und Grenzen menschlichen Seins/Nichtseins ausweitenden Evolutionärs. Daoisten tolerieren und lieben Rebellen. Während der Durchsetzung entfalten sich die Komponenten seines Selbst weiter. Mit einem anderen („tieferen") Fähigkeitsprofil vermag er neue Kombinationen wirksamer zu schaffen, seinen (potentiellen) Kunden neue Angebote zu machen (7. & 8. Kapitel). Er unterstützt seine Kunden aber auch ko-evolutiv. Wenn Daimler seine Werkstätten und die ADAC-Helfer nicht in Elektronik schult, produziert das Unternehmen mehr und mehr auf Halde, erleidet Reputationsverluste (die Wagen bleiben auf der Strecke liegen) usw. Ohne Koevolution keine Innovation. Mit steigender Nachfrage nach seinen Angeboten entwickeln sich auch die Kompetenzen der Kunden.

> Glück hat nichts mit Reichtum und Ansehen zu tun,
> sondern ist eine Frage der Harmonie.
>
> Von den Energien des Himmels und der Erde
> ist keine größer als die Harmonie.
>
> Harmonie ist der Rhythmus von *yin* und *yang*
> ... nur wenn *yin* und *yang* sich mischen,
> sind sie imstande, Harmonie zu schaffen
>
> (Laotse, 1996, S. 38, 148f.).

Mit der folgenden Übersicht fassen wir unsere bisherigen Überlegungen zur Harmoniefrage zusammen. Dabei sind die sich vollziehenden Prozesse auf einer weniger tiefen Funktionsebene

---

[215] Wir verweisen auf Gemeinsamkeiten mit gestalt-theoretischen Überlegungen zum Wandel von Personen, insbesondere Kurt Lewins Theorie der drei Stufen - Auftauen (unfreezing; Bereitschaft/Sensitivität schaffen für Veränderungen), Verändern (changing; Variation) und Festigung/Stabilisierung (refreezing). Diese Stufen haben im daoistichen Modell jedoch auch evolutorische Qualität, sie beziehen sich auf die Veränderung des Persönlichkeitsprofils (Kuhl & Martens: „persönliche Intelligenz") auf einer gegebenen evolutorischen Stufe wie im spiraldynamischen Lebensraum.
[216] Die nicht nur kognitive, sondern auch emotionale, musische usw. Komponenten enthält.
[217] Vgl. die von Sailer (2002ff.) und Murray (2005) ausführlich referierte und kommentierte Literatur. Daß diese Erkenntnisse nicht immer „PC-adäquat" sind (PC = politisch korrekt), ist eine andere Frage, der nachzugehen nicht unsere Aufgabe ist. Was wir sagen, aus daoistischer Sicht: Probleme, weder theoretischer noch handlungspraktischer Natur, machen diese Erkenntnisse nicht.

(Routine im Vergleich zu Innovation; Innovation im Vergleich zu Evolution) auf der tieferen Ebene als gegeben vorausgesetzt.

Tabelle 5.4.1: Unternehmerfunktion und *yin-yang*-Harmonie

Unternehmer-funktion	*Yin-yang*-Harmonie
Routineun-ternehmer	• Harmonie zwischen ihrem bekannten und angewendeten immateriellen Nichtsein (*yang*; etwa angewendete Technologie, gegebene Produkte) und ihrem vorhandenen und angewendeten Sein (*yin*: bspw. ihren verwendeten materiellen Produktionsfaktoren).
Innovative Unternehmer	• Harmonie zwischen dem unbekannten/neuen materiellen *Nichtsein* (*yang*: etwa neue materielle Ressourcen) und *Sein* (*yin*: gegebene materielle Ressourcen); • Harmonie zwischen unbekanntem immateriellen *Nichtsein* (*yang*: neues Wissen) und bekannten immateriellen *Nichtsein* (*yin*: dem vorhandenen Wissen); • Harmonie zwischen dem bekannten, immateriellen, angewendeten (*yin*: etwa den angewendeten Technologien, Verfahren) und nicht angewendeten *Nichtsein* (*yang*: wie Technologien, welche Wirtschaftssubjekte zwar kennen, aber noch nicht angewendet haben); • Harmonie zwischen dem angewendeten *Sein* (*yin*: bspw. den angewendeten materiellen Ressourcen) und nicht angewendeten *Sein* (*yang*: zum Beispiel den materiellen Ressourcen, welche Wirtschaftssubjekte zwar kennen, aber noch nicht angewendet haben) • Harmonie zwischen Nichtsein (*yang*: zum Beispiel neuer Technologie) und dem bereits angewendeten Sein (*yin*: etwa materiellen Produktionsfaktoren) um die neue Kombinationen zu entdecken und durchzusetzen.
Evolutorische Unternehmer	• Harmonie zwischen dem unbekannten/neuen materiellen Nichtsein (*yang*: etwa neuen materiellen Ressourcen) und Sein (*yin*: wie vorhandenen materiellen Ressourcen); • Harmonie zwischen dem unbekannten immateriellen Nichtsein (*yang*: neuen Wissen) und bekannten immateriellen Nichtsein (*yin*: dem vorhandenen Wissen); • Harmonie zwischen dem bekannten, immateriellen, angewendeten (*yin*: bspw. den angewendeten Technologien, Verfahren) und nicht angewendeten Nichtsein (*yang*: etwa Technologien, welche die Wirtschaftssubjekte zwar kennen, aber noch nicht angewendet haben.); • Harmonie zwischen Nichtsein (*yang*: **die erweiterten Kompetenzen der Unternehmer** und neuen Technologien und Verfahren) und ihrem vorhandenen angewendeten Sein (*yin*: bspw. Den materiellen Produktionsfaktoren). Der größte Unterschied zu innovativen Unternehmern ist die qualitative Steigerung der Innovationsfähigkeiten, d.h. Evolution, Selbstevolution. Daher ist die Herausforderung an *de, heqi*, an Harmonie viel größer als beim innovativen Unternehmer.

Fassen wir die Tabelle in zwei Aussagen zusammen. Ein System kann sich nur entwickeln, wenn es folgende Voraussetzungen erfüllt:

(1) Das System muß sich „leer" machen können. Das System darf seine Erfolge nicht als Kopfkissen nehmen um darauf zu schlafen. Das Wissen, die Erfahrungen, die Technologie etc., mit denen das System sich erfolgreich entwickelt hat, dürfen nicht in die Zukunft fortgeschrieben werden. „... vom Moment der Geburt an (beginnt) gleichzeitig der Tod" (Zhuangzi, 2003, S. 50).

(2) Es muß eine Harmonie zwischen *yin* und *yang* im Nichtsein erreichen und *danach* sich im Sein verwirklichen, d.h. zuerst müssen das *yin* und *yang* des Nichtseins miteinander harmonisieren. Nichtseinharmonie kommt vor Seinharmonie. Warum? Weil das Sein aus dem Nichtsein entsteht, und das Sein ins Nichtsein zurückführt. Harmonisieren das neue *yang* mit dem *yin* im Nichtsein, kommt das neue Nichtsein zustande, das mit dem neuen Sein zu harmonisieren hat. Daraus entstehen wieder neues Sein und Nichtsein.

Geht dieser Prozeß der Harmonisierung zwischen *yin* und *yang* spiraldynamisch weiter, evoluiert das System. Gibt es irgendwo in diesem Prozeß mit gegebenen Fähigkeiten (*yin-wu*) nicht zu überwindende Hindernisse, wird die Entwicklung des Systems verhindert, blockiert und auf weniger tiefe Stufen durchgereicht. Dies sind jedoch normale Störungen. Versucht eine externe Instanz einsetzende Suchprozesse nach neuen evolutorischen Lösungen zu beschleunigen, gar Lösungsmodelle (die sich bei ihr bewährt haben mögen) mit Zuckerbrot und Peitsche durchzusetzen, wird sie ernten, was sie verdient. Die einfachste Methode, sagt der Daoist, Systeme in ihrer Evolution zu fördern, besteht darin, sie in Frieden zu lassen.

5.5 *Yin*-Dominanz in der Wirtschaft

In diesem und dem folgenden Abschnitt untersuchen wir einige „pathologische" Konstellationen. Die Anwendung daoistischen Denkens in der Wirtschaft steht noch am Anfang. Die Medizin ist hierbei weiter. *yin* und *yang* können theoretisch sowohl zu stark (*shi* = Überfluß; bei uns: Dominanz) als auch ungenügend vorhanden sein. In der Medizin haben sich verschiedene Schulen gebildet, die jeweils eine der vier möglichen Abweichungen von der Norm der Harmonie als Grund für eine Erkrankung des Körpers ansehen: *yang*-Überfluß, *yang*-Leere, *yin*-Überfluß, *yin*-Leere (Ots, 1999, S. 45-47).

Entwicklung wird verlangsamt, verhindert, sogar blockiert, wenn/weil eine harmonische „Durchmischung" (Laozi) zwischen *yin* und *yang* nicht „läuft". Wir nennen diese beiden pathologischen Entwicklungslagen *yin*-Dominanz oder *yang*-Dominanz.

„Dominanz" bedeutet Übermäßigkeit, Abkehr vom Einklang, meistens aufgezwungen. Wenn wir sagen, „das Sein/Nichtsein als *yin* dominiert", meinen wir die Übermäßigkeit des Seins/Nichtseins als *yin*. Wie wir oben wiederholt gesagt haben, spielt das Nichtsein in einer innovativen oder evolutorischen Wirtschaft eine unverzichtbare Rolle. Seindominanz (oder Nichtseindominanz) bedeutet aber, daß das Sein (oder das Nichtsein) zu ausgeprägt ist, so stark wirkt, daß Harmonie zwischen *yin* und *yang* nicht zustande kommen kann und die Entwicklung verhindert oder blockiert wird.

Auch wenn *yang* in der Nichtsein/*wu*-Welt aktiv ist, in der Sein/*you*-Welt jedoch *yin* vorherrscht, heißt das, daß die Tore für *yang-wu* in der Seinwelt verschlossen bleiben.

Dominanz von *yin* oder *yang* bedeutet: Das System verhärtet. *Yin*-Dominanz heißt Verhärtung des Systems durch *yin*, *yang*-Dominanz dagegen Verhärtung durch *yang*. Der Energiefluß zwischen den *yin*- und *yang*-Elementen des Systems ist gestört. Die Adern des Systems verhärten, *qi* und *heqi* können nicht mehr frei im System oder zwischen den Systemen reisen. Sie stoßen auf

Barrieren, müssen Umwege machen und energetische Verluste setzen ein. Unternehmen holen Berater ins Haus und installieren Innovationsmanager. Menschen gehen zum Arzt, um ein Fortleben - bei gestörtem Energiefluß - zu erhalten und nicht um die energetischen Störungen und Systemverhärtungen zu beseitigen.

Eine „Herrschaft" von *yin* kann sich im Sein oder Nichtsein vollziehen. Im diesem Abschnitt schildern wir problematische Konstellationen aus entwicklungslogischer Sicht, in denen eine *yin*-Dominanz überwiegt.

Eine *yin*- oder *yang*-dominierte Wirtschaft kann für eine gewisse Zeit existieren. Sie „stirbt" nicht sofort. Die energetischen Adern (Meridiane) des Systems verhärten. Es überrascht dann auch nicht, daß Menschen solche Konstellation als normal betrachten, während ihres Andauerns sogar einen evolutorischen Fortschritt vermuten, und sogar beginnen, ihre eigenen disharmonischen Konstruktionen für andere zum Vorbild zu machen, sie zu exportieren oder mit Gewalt durchzusetzen. Solches kann „natürlich", *ziran*-logisch, nur schiefgehen. Gebot Nr. 1 im Daoismus ist daher: niemals in andere Systeme intervenieren, oder: praktiziere *wuwei*. Wenn ein System aber einmal „krank" ist, was dann? Oder noch gravierender: Ein System nimmt sein „Kranksein" nicht wahr, oder wenn es dies wahrnimmt, erfindet es vielerlei „Gründe", sich als gesund und wohlauf zu betrachten.

Ein Mensch, der an einer tödlichen Krankheit leidet, wird nicht sofort sterben, sobald er diese Krankheit bekommt. Die Naturwissenschaftler und Ärzte unternehmen zwar große Anstrengungen, tödliche Krankheiten zu heilen. Schaffen sie das, werden die Patienten gerettet. Viele Patienten weigern sich, bittere Medizin zu nehmen um einen freieren Fluß von Lebensenergie zu ermöglichen. Sie schwören auf ihre Erfahrung, auf ihre Konstruktion von Krankheit und Gesundsein. In komplexen Systemen liegen sie damit manchmal sogar richtig – auch wenn ihre Theorie im Sinne von Kant nicht „gut" ist. Oft, sogar in der Regel, verlangt die daoistische Medizin eine Umstellung der Lebensweise, das Lernen neuer Lebensroutinen auf höheren Ebenen (Lernen 2 und 3; Abschnitt 3.5): Politik verabschiedet sich Schritt für Schritt von einem *wangwei*-Regime und transformiert in *wuwei*-Weisheit.

Fortschritt besteht meistens nur darin, daß mit dem biologischen Tod auch Erfahrungen sterben – und damit neuer Raum (*yin*), als Ergebnis der *yin-yang*-Harmonie geschaffen wird, um neue Weisheiten an sich und anderen auszuprobieren. Wir, als Wirtschaftswissenschaftler, versuchen nun auch in Permanenz, die Krankheiten einer Wirtschaft zu heilen, die *yin*-Dominanz oder *yang*-Dominanz zu beseitigen, damit die Wirtschaft sich „gesund" entwickeln kann. Was dabei herauskommen kann, wissen wir zu Genüge. Theoretische Bescheidenheit oder anders: die Praxis der „drei Schätze von Laozi" im System der Wissenschaft, steht aber noch am Anfang, auch bei den Autoren.

Abbildung 5.5.1: *yin*- und *yang*-Dominanz

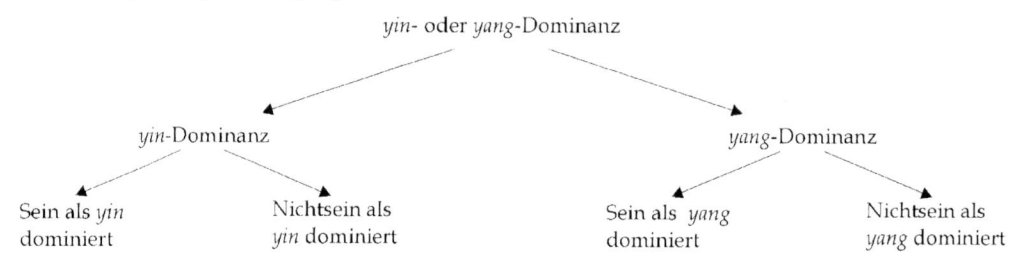

```
                    yin- oder yang-Dominanz
                    ↙                    ↘
           yin-Dominanz              yang-Dominanz
           ↙         ↘                ↙          ↘
   Sein als yin   Nichtsein als   Sein als yang   Nichtsein als
   dominiert     yin dominiert    dominiert       yang dominiert
```

Abbildung 5.5.1 zeigt die Möglichkeiten der Kombination von *yin* und *yang* im Sein/Nichtseinraum. Wir erläutern in diesem Abschnitt die Konstellationen zunächst nur kurz und gehen dann ausführlicher auf die *yin*-Dominanz ein.

- Sein als *yin* dominiert (*yin-yang*-Beziehung: Sein als *yin* und Nichtsein als *yang*)

Das *yin* im Sein versucht sich mit dem *yang* im Nichtsein harmonisch zu „verbünden". Länder mit reichlicher Ausstattung an Naturressourcen, z.B. die Länder mit reichen Ölressourcen, die ihre Ressourcen verkaufen und manchmal ein materiell luxuriöses Leben genießen können (Man vergleiche das Pro-Kopf-Einkommen in Quatar oder Brunei mit dem Chinas oder Indiens). Sie schätzen die Gegenwart auf „Kosten" der Zukunft.[218] Innovation ist für sie eher fremd und wird importiert.

- Das Nichtsein (*wu*) als *yin* dominiert in einer *yin-yang*-Beziehung (Nichtsein als *yin* und Nichtsein als *yang*).

Länder und Unternehmen, die nur mit ihren alten Erfahrungen, überlieferter Technologie, etc. (Nichtsein als *yin*) Güter herstellen. Sie halten wenig von neuem Wissen und neuer Technologie, warum auch immer (not invented here; wir sind die Besten, kulturelle Überlegenheit und Arroganz: imperiales China; die westliche Automobilindustrie angesichts der japanischen Herausforderung ‚Kaizen', Lean Management, Just in time - in den 70-er Jahren des 20 Jahrhunderts; heute: der Hybrid-Motor taugt nichts, überlassen wir ihn den Japanern; siehe die Tabelle in Abschnitt 5.2.1 zu den Bestimmungsgründen unternehmerischer Energie). Und immer noch heute: Toyota arbeitet doppelt so produktiv wie Volkswagen (Schmidt, 2006).

- **Sein** als *yang* dominiert (*yin-yang*-Beziehung: das noch nicht angewendete Sein als *yang* und das vorhandene Sein als *yin*)

In diesem Fall ist ein System (Wirtschaftssubjekt) mit seinem vorhandenen Sein nicht zufrieden. Es versucht aber nicht, sein vorhandenes Sein effektiv anzuwenden. Es lernt „fleißig" von anderen, die erfolgreicher sind. Es kauft die gleiche Anlage, benutzt die gleichen Produktionsfaktoren, etc. Das noch nicht angewendete Sein als *yang* kann aber nicht erfolgreich sein, weil es sein vorhandenes Sein, etwa das Klima, die geographischen Bedingung, etc. (*yin*) nicht berücksichtigt hat. In Tibet kann man nicht die gleiche Banane ernten wie in Südafrika, obwohl man die gleichen Bäume hat. Ein Schneepflug im Kongo (über Entwicklungshilfe importiert), verlangt einen dramatischen Klimawandel, um seinen wirtschaftlichen Nutzen zu erfüllen.

- **Nichtsein** als *yang* dominiert

In diesem Fall gibt es zwei Möglichkeiten:
(a)- Dominanz im Nichtsein (Nichtsein als yin und Nichtsein als yang) oder
(b)-Dominanz des Nichtseins über das Sein (Sein als yin und Nichtsein als yang)
Länder oder Unternehmen sind nicht zufrieden mit ihren vorhandenen Technologien und dem Stand ihres Wissens: Sie investieren viel in Forschung, lernen viel über neuen Technologien und sie beherrschen die führenden Technologien; sie geben viel Geld für Forschung und Entwicklung aus, entwerfen grandiose Programme und Strategien (Lissabon-Strategie der Europäischen Union); nur: Sie können, wollen, dürfen das neue Wissen nicht umsetzen (Knowing-doing-gap, 6. Kapitel). Nichtsein als *yang* dominiert heißt, daß die Wirtschaftssubjekte nicht an ihr vorhandenes Sein und Nichtsein denken. Sie finden, daß alles was neu ist, auch gut ist. Sie haben kein

---

[218] Ökonomisch: hohe Zeitpräferenzrate.

Problem mit Lernen und Umsetzen. Aber sie haben sich nicht überlegt, was sie lernen und umsetzen sollen. Die Managementmethode, die gut für eine amerikanische Firma ist, ist nicht unbedingt auch für eine chinesische oder eine japanische Firma geeignet.

Nach diesem ersten Überblick gehen wir nun zunächst ausführlicher auf eine von *yin* **dominierte Wirtschaft** ein.

Wir schildern Konstellationen, indem wir Gebrauch von dem machen, was Ökonomen als *ceteris paribus* bezeichnen. Wir konstruieren eine Welt (*yin*-Dominanz; oder *yang*- Dominanz) und legen den Rest der Welt (*yang* bzw. *yin*) auf Eis. Wir betrachten die Funktionsweise einer Wirtschaft und von Unternehmen, als ob ihnen nur *yin*- oder *yang*- dominierte Möglichkeiten offenstünden. Wir isolieren damit Situationen, die annäherungsweise in der Wirklichkeit durchaus existieren, in bestimmten Ländern und in bestimmten Phasen im Lebenszyklus eines Unternehmens.

Yin-Dominanz heißt somit, negativ gesehen, eine Wirtschaft (ein System) mit unterentwickeltem oder unterdrücktem *yang*. *Yin* ist im Vergleich zu *yang* im Überfluß. Das *yin* kann im Sein/*you* oder Nichtsein/*wu* nicht vollständig ohne *yang* existieren. Jedes System hat *yin* **und** *yang*. Dominanz heißt, daß *yin* (oder *yang*) das *yang* (oder *yin*) zu beherrschen versucht.[219]

Yin ist das, was für Wirtschaftssubjekte relativ konstant und bekannt ist. Hat eine Wirtschaft *yin*-Dominanz, liegt diese Wirtschaft sehr viel Wert auf die materiellen Ressourcen und/oder die immateriellen Ressourcen, die sie bereits kennt und auch anwenden kann. Ökonomen umschreiben solche Lagen mit den Worten „etwas (Wissen, Güter, Technologien, Ressourcen) sei gegeben". Die Wirtschaftssubjekte in solchen Wirtschaften wollen auch nichts verändern, weil sie denken, daß sie mit dem, was sie schon haben, entweder gut leben können (Sättigungsgrenze) oder daß es ohnehin aussichtslos ist, etwas zu verändern bzw. daß die Hindernisse etwas zu verändern zu groß bzw. die zu überwindenden Widerstände so stark sind, daß man es gleich bei dem läßt, was man schon hat und weiß, kann und darf.

Wir können Wirtschaften mit *yin*-Dominanz nach zwei Typen unterscheiden: das Sein als *yin* dominiert und das Nichtsein als *yin* dominiert (siehe obige Abbildung).

Dominiert das Sein als *yin* in Unternehmen, möchte ein Unternehmen (Region, Volkswirtschaft) soviele seiner *gegebenen* Produkte wie möglich verkaufen. Der *gegebene* komparative Vorteil wird ausgereizt. Saudi-Arabien hat einen Vorteil bei Öl. Warum etwas anderes tun, die Effizienz des Ressourceneinsatzes würde doch leiden. Die Ruhrregion war stark in Kohle und Stahl. Sie war es. Was dann folgte ist bekannt. Region und Menschen leiden noch heute. Die Differenz von Aktualität und Potentialität wird durch *yin*- Dominanz im Sein ausgelöscht. Man vernachlässigt die Neuerungsfähigkeiten der Firmen oder Mitarbeiter, reflektiert nicht, was die Kunden haben möchten, etc.. So können wirtschaftliche Systeme vielleicht kurzfristig Geld verdienen, sich aber nicht langfristig entwickeln. Wie wir oben (Abschnitt 3.1) sagten: In der Herrschaft des Geldes spiegelt sich systemische Dummheit.

Ob ein Land (oder ein Unternehmen) sich weiterentwickeln kann, hängt heute und in der Zukunft immer weniger davon ab, ob das Land und seine Unternehmen mehr materielle Ressourcen (Sein) besitzen. Auf dem Weg von der Routinewirtschaft zur evolutorischen Wirtschaft wird Nichtsein immer wichtiger (siehe Abschnitt 5.9 zur *wu*-Orientierung). Was für eine Gefahr kann davon ausgehen, wenn ein Land (oder ein Unternehmen) nur von seinem Sein lebt? Zu welchem Ergebnis kann es führen, wenn ein Land (oder ein Unternehmen) nicht viel Sein hat, aber nach

---

[219] Wir haben eine solche Konstellation oben bereits am Beispiel des Feminismus diskutiert, welchen man, Herman (2006) folgend (unsere Interpretation), als *yang*-Domination über das *yin* bezeichnen kann. Dies ist zweifellos ein Paradox. Jedes komplexe System muß damit leben können.

dem Sein strebt, weil dieses Land (oder das Unternehmen) glaubt, sein Reichtum oder seine Entwicklung sei nur durch Verfügung über noch mehr Sein (je mehr, desto besser) möglich?

Wenn wir gedanklich Nichtsein ausschließen, ist Wachstum in der Tat nur durch Vermehrung von Sein (Input) möglich. Wenn wir Wissen und Fähigkeiten als gegeben unterstellen, die übliche Annahme in ökonomischen Modellen, was bleibt dann einem System anderes übrig, als über das Sein zu wachsen? Oftmals hören wir, ressourcenreiche Länder hätten es doch so gut, sie verfügten über ein hohes Wachstumspotential: man versteht überhaupt nicht, warum Afrika trotz seines Ressourcenreichtums am Tropf der internationalen Gemeinschaft hängt, der Kongo von einem Krieg in den anderen stolpert, die an Öl reichen arabischen Länder in jeder Hinsicht den ressourcenschwachen ostasiatischen Nationen hinterher hinken, usw. Ist das Sein durch *yin*-Kräfte zementiert, kann die Entwicklung - wirtschaftlich, politisch, kulturell, wissenschaftlich - eines Landes nahezu krankhafte Züge annehmen („Holländische Krankheit"; wir erläutern dies im Abschnitt 5.7).

Mit ihrem Sein reich gewordene Länder können nicht für alle Ewigkeit davon leben, sie tun aber so, als ob sie es könnten. Selbst ein Land wie der Iran steht in einer Generation ohne Öl und Gas da. Was tut das Land, um heute Zukunftsindustrien aufzubauen? Es verplempert seine Öleinnahmen in die Subventionierung des Benzinpreises. Benzin kostet weniger als 10 Cent pro Liter und muß zudem noch in großen Mengen importiert werden, weil die Iraner den Ausbau ihrer Raffinerien nicht hinbekommen (Smyth, 2006).

Die Dominanz des Seins als *yin* zeigt, daß das Sein als *yin* zu stark ist, so daß keine Harmonie zwischen *yin* (Sein oder Nichtsein) und *yang* (Sein oder Nichtsein) zustande kommen kann. Dem entgegenzuwirken, hieße Dinge zu tun, die dem normalen Lauf der Wirtschaft zu widersprechen scheinen, die dem normalen polit-ökonomischen Denken entgegenstehen. Merkel ist nicht Klinsmann und der neoklassische Gleichgewichtsökonom kein Schumpeterianer.

Ein Optimum in der Routine kann nachhaltiger Entwicklung erschweren genau so wie das endlose Suchen nach Macht erhaltenden politischen Kompromissen.

> Ein System - jedes System, nicht nur jedes Wirtschaftssystem, sondern auch jedes andere -, daß zu jedem gegebenen Zeitpunkt seine Möglichkeiten möglichst vorteilhaft ausnützt, kann dennoch auf lange Sicht hinaus einem System unterlegen sein, das dies zu keinem gegebenen Zeitpunkt tut, weil diese seine Unterlassung eine Bedingung für das Niveau oder das Tempo der langfristigen Leistung sein kann (Schumpeter,1950, S. 138).

„Wie das?" fragt der wirtschaftstheoretische Laie und dem MBA und Universitätscontroller sträuben sich die Haare. Wer so was in der Prüfung sagt, kann sein Diplom vergessen. Was Schumpeter hier formuliert, ist der nicht-konfliktfreie Übergang von einer Stufe des Funktionierens des Systems Wirtschaft (optimaler Ressourceneinsatz) zu einer „tieferen" Ebene innovativer Reproduktion mit (zunächst) gegebenen Ressourcen, also eine Steigerung der Funktionstiefe des Systems Wirtschaft.

Als die Engländer beginnen, die Ölfunde in der Nordsee auszubeuten, schlägt der Ökonom Nicholas Kaldor vor, die Ölvorräte im Meer ruhen zu lassen, somit entgegen den (statischen) komparativen Vorteilen zu handeln. Würde heute Rußland sein Öl und Gas im Boden lassen - ein Aufschrei der internationalen Gemeinschaft, die NATO (No Action, Talk Only) würde mobilisiert, Rußland von Weltbank und IWF für verrückt erklärt, die Oligarchen einen Putsch organisieren: Dominanz von *yin* im Sein. Was Rußland davon hätte? Harmonie zwischen *yin* und *yang* im Sein und Nichtsein, nachhaltige Entwicklung und einen Evolutionsschub.

Harmonie existiert zwar, ist jedoch eine Harmonie in der Routine, die Harmonie zwischen ihrem Nichtsein (vorhandene Technologie usw.) als *yang* und dem Sein (ihrem materiellen Ressourcen, Öl und andere Rohstoffe) als *yin*. In einer Routinewirtschaft kann nur eine Harmonie in den vorhandenen Dingen existieren. In einer solchen Wirtschaft gibt es kaum Veränderung, wenig Neues. Daher ist das vorhandene Nichtsein *yang* und das vorhandene Sein *yin*, sofern es eine Harmonie zwischen *yin* und *yang* gibt.

Andererseits fehlt Harmonie im Nichtsein: die Harmonie zwischen dem neuen Nichtsein (neue Technologie, Verfahren, etc.) als *yang* und dem vorhandenen Nichtsein als *yin* (ihre alten Erfahrungen, ihre vorhandene Technologie, Verfahren, etc.). Ohne die Harmonie im Nichtsein kann eine Harmonie im Sein oder zwischen Sein und Nichtsein nicht lange existieren. Die Harmonie im Nichtsein ist für die Harmonie zwischen Nichtsein und Sein wie die Quelle für einen Fluß oder die Wurzel für einen Baum. Trocknet die Quelle eines Flusses aus, verschwindet der Fluß zwar nicht sofort, aber bald. Ist die Wurzel eines Baums beschädigt, stirbt der Baum nicht sofort. Er kann vielleicht sogar wachsen, sich auch mit einer „kranken" Wurzel weiter entwickeln. Eine Wirtschaft, in der es nur eine Harmonie zwischen Nichtsein und Sein, aber keine Harmonie im Nichtsein gibt, kann vielleicht ein kurzfristiges Wachstum erzielen, aber keine langfristig-nachhaltige Entwicklung.

Eine Wirtschaft mit Seindominanz bedeutet somit nicht, daß kein Nichtsein existiert, sondern daß in einer gegebenen Situation das Nichtsein vernachlässigt werden kann (im Modell ausgeschlossen ist): kein neues Wissen, keine neuen Fähigkeiten, keine neuen Konkurrenten, usw. Ein solches System operiert relativ neuerungslos.

Wenn demgegenüber Nichtsein als *yin* dominiert: Vielleicht inkrementelle Innovation, Ausweitung eines *gegebenen* Produktzyklus, Vermarktung *gegebener* Produkte mit *gegebener* Technologie usw., entstanden in früheren Entwicklungsphasen mit Nichtseintoleranz, sind möglich, stehen jedoch nicht im Kern der Seindominanz.

An manchen Meerespromenaden an Frankreichs südlicher Atlantikküste reiht sich Maulbeerbaum an Maulbeerbaum. Eine Allee, Hunderte von Bäumen. Im Juli beginnen die Bäume schmackhafte und gesunde Früchte zu tragen. Niemand kümmert sich um sie. Sie fallen zu Boden, auf die Strandpromenade, auf den Sand, auf die Wege, verschmutzen wegen ihrer fast schwarzen Farbe die Gehwege, die mühsam zu reinigen sind. Ein Unternehmer könnte viel Geld damit verdienen, die Früchte zu sammeln, zu trocknen, zu verarbeiten. Die Iraner exportieren getrocknete Früchte des Maulbeerbaums in die ganze Welt. Die Früchte der Bäume passen in Frankreich nicht in die vorhandene *yin*-Dominanz, die alte Gewohnheit dominiert.

Man hat etwas Neues gelernt, stößt mit dem neu erlernten Wissen auf Widerstand: auf das angewendete Nichtsein. Alles scheint zu theoretisch. Das alte Wissen, vor allem Erfahrungen, Gewohnheiten, etc. sind *yin*-dominiert: Nicht hier erfunden. Kann ja jeder kommen, usw. Widerspricht unseren Erfahrungen. Haben wir immer schon so gemacht. Hochschulabsolventen scheitern an der Praxis, an dem Nichtsein, welches bereits „funktioniert". Die Selektionsumwelt verbündet sich gegen das neue *yang*. Vielleicht taugt das neue Nichtsein (*yang*) auch nichts. Vielleicht fehlen Kompetenzkomponenten beim dem, der das neue Wissen anwenden will. Berater beraten, aber was kommt rüber? In der Beratungsbranche sind Disharmonien zwischen *yin* und *yang* fast normal. Beratung dient dann dazu, das, was die Leute ohnehin schon im Kopf haben, schätzen und machen wollen, dem Expertenweihrauch auszusetzen. Die grundsätzliche Frage ist, ob Beratung über Intervention in andere Systeme überhaupt funktionieren kann. Autopoietische Systemforscher sind skeptisch (Fuchs, 1999). Die Mandarine in China haben *yang*-Interventionen westlicher „Berater" über Jahrhunderte abtropfen lassen wie Wasser am Felsen.

Yin-Dominanz der Mandarine in China. Sie wollten so bleiben, wie sie immer gewesen sind und nichts verändern. Die industrielle Revolution blieb ein Rauschen.

Die Kritik an der Entwicklungshilfe ist endlos, weil sie endlose Disharmonien zwischen *yin* (die zu verändernde Gesellschaft) und *yang* (Entwicklungshilfe/Helfer) erzeugt. Entwicklungshelfer sind *yang*-lastig.[220] Alles läuft weiter, ob sie gut ankommen oder nicht. Die zu verändernden *yin*-Situationen sind meistens so komplex, daß sich immer Gründe finden lassen, warum etwas schiefgeht. Internetanschluß für Subsistenzbauern. Kondome (unbekanntes materielles Nichtsein) für von Aids geplagte Menschen in Afrika. Ein südafrikanischer Minister, vor Gericht wegen Vergewaltigung freigesprochen: Bei mir gibt es keine Probleme mit Aids, ich dusche mich nach dem Geschlechtsverkehr. Zu vermerken, jemand könnte *yin*-Probleme haben, wie der König von Swaziland, überlassen wir einer Feder der New York Times.[221]

Tabelle 5.5.1: *you/wu* und *yin/yang* im Routinesystem

wu (Nichtsein) als *yang*	*you* (Sein) als *yin*
• Gegebenes Wissen & Fähigkeiten	• Materielle Ressourcen und Vermögenswerte (assests) gegeben;
• *de, qi, heqi* auf Reproduktion des Vorhandenen ausgerichtet	• strategische Vermögenswerte (Monopolposition)

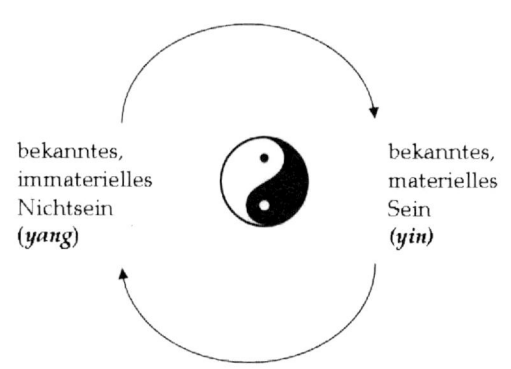

bekanntes, immaterielles Nichtsein (**yang**)

bekanntes, materielles Sein (**yin**)

Wer im Sein bleibt, hat schlechte Karten im Diesseits. Es kann auch sein, daß jemand Ressourcen gefunden hat, die noch besser sind als die, über welche ein System bereits verfügt. Oder jemand entdeckt, wie man die Ressourcen effektiver anwenden kann.[222] Wenn so etwas geschieht, ver-

---

[220] Im *Vergleich* zu an Gewinn orientierten Unternehmern kann ihre Veränderungsbereitschaft gering sein. Sie wären dann *yin*. Kein System ist nur *yin* oder nur *yang*.
[221] In Swaziland (ein Teil Südafrikas) leben zwei von fünf Erwachsenen mit Aids. Der König macht es vor: „... the playboy king sets a horrendous example of sexual excess by publicly reviewing tens of thousands of bare-breasted teenage virgins so he can choose new wives for his harem. ... South Africa's president, Thabo Mbeki, refused for years to address AIDS seriously and is probably responsible for more deaths of blacks than any of his white racist predecessors"(Kristof, 2006).
[222] Streng genommen ist so etwas nur möglich, wenn irgendjemand außerhalb der *yin*-Dominanz seinen Geschäften nachgeht. Diese Möglichkeit beschreibt implizit das Risiko, dem sich ein *yin*-dominiertes Routinesystem aussetzt. Nur wenn alle Systeme der gleichen Logik folgten, wäre dieses ausgeschlossen.

ringert sich die Nachfrage nach solchen Ressourcen, auch wenn Länder (oder Unternehmen) noch genug davon haben. Man bleibt auf seinem Sein sitzen. Ohne Marketinginnovation - den Eskimos Eis und den Arabern Sand verkaufen - kommt man hier nicht raus.

Wir haben doch einen Ressourcenboom. Die Preise für Rohstoffe steigen ins Unermeßliche. Wer hier investiert hat oder auf Energiequellen sitzt, wird reich im Schlaf – wenn es ihm gelingt, sich „Terroristen" vom Leib zu halten. Frage: woher kommt diese Nachfrage, welche die Preise bei relativ geringer Steigerung des Angebots steigen läßt. Die Nachfrage ist eine abgeleitete. Die üblichen Verdächtigen: Schwellenländer wie China und Indien und der SUV-Durst der Amerikaner. Ersteres ist innovationsinduziert (folgt also einer anderen Konstellation als der hier diskutierten; siehe unten im Abschnitt 5.7 den Teil „nachholende Entwicklung"). Letzteres entspringt der Konsum- und Verschuldungswut der Amerikaner, angetrieben auch von Arbitragegewinnen auf dem Immobilienmarkt. Die *yin*-dominierten Volkswirtschaften können also gut leben, weil sie Renten erwirtschaften, zu deren Entstehung sie wenig beigetragen haben.

5.6 *yang*-Dominanz in der Wirtschaft

Yang ist das, was sich schnell verändert und Wirtschaftssubjekte noch nicht kennen oder, wenn es ihnen bekannt ist, noch nicht angewendet haben. Wie bei der *yin*-Dominanz können wir auch bei der *yang*-„Vorherrschaft" zwei Fälle unterscheiden: Sein (*you*) oder Nichtsein (*wu*) als *yang* beherrschen das ökonomische Feld.[223]

Wir schreiben in diesem Abschnitt nicht über Nichtsein-Dominanz, sondern über die Dominanz des Nichtseins als *yang*. *Yang*-Dominanz läßt sich nicht unabhängig von der Funktionstiefe eines Systems untersuchen.

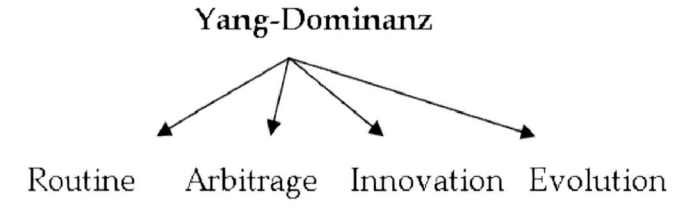

Yang-Dominanz

Routine   Arbitrage   Innovation   Evolution

In jedem Teilsystem der Wirtschaft kann *yang* vorherrschen. Was nicht bedeutet, es gäbe kein *yin*. Kein *yang* kann ohne *yin* existieren. *yang*-Dominanz bedeutet die Vorherrschaft von *yang*, bewirkt durch Eingriffe in die komplexe Autopoiesis der Wirtschaft, die politische Durchsetzung bestimmter Programme, theoretisch *yang*-geladener Weltkonstruktionen und die Herrschaft von *yang*-Personen (umgangssprachlich Macho-Kultur; GMS).

---

[223] Im Daoismus spricht man von einem „Affengeist". Was tun Affen, was macht ein „Affengeist"? Unaufhörliches Geplappere. Energieverschwendung. Wäre das Gehirn eine durchoptimierte Maschine, bestünde keine Chance zur Höherentwicklung durch rekombinierte Energie. Das Gehirn wäre vergleichbar einem Wirtschaftssystem mit optimaler Allokation der Ressourcen: standardökonomisches/neuronales Flachland. Es kann sich nicht höher entwickeln. Es ist entwicklungs- und evolutionslos (1. Kapitel). Nur ressourcenverschwendende Systeme können evoluieren. Sobald wir anfangen, das Gehirn zu beruhigen, wenn wir zu denken aufhören, sparen wir Energie bzw. wird Energie für andere Zwecke nutzbar. Dies ist genau dasjenige, was sich einstellt, wenn jemand meditiert. Er kann diese „eingesparte" Energie, durch bestimmte Praktiken, auch speichern, er kann sie für die Durchsetzung neuer Kombinationen nutzen, und er kann sie verwenden, um selbst zu evolvieren, d.h. eine bestimmte Ebene seiner Existenz zu überwinden und ein höheres Niveau erreichen. Energie läßt sich durch alle meditativen Verfahren gewinnen.

Einige Beispiele können veranschaulichen, was *yang*-Dominanz[224] bedeutet und warum die durch sie erzeugten Disharmonien eine Wirtschaft in Schwierigkeiten bringen. Anschließend erläutern wir detaillierter ein Übergewicht des *yang* im Sein und Nichtsein.

Routineunternehmer und *yang*-Dominanz? Es ist schwierig, wenn nicht unmöglich Routineunternehmer als von *yang* dominiert anzusehen. Nach unserer Definition eines Routineunternehmers (Schumpeter: „Wirt") bleibt ein solcher Unternehmer unverändert. Er macht das Gleiche: die Güter bleiben unverändert, die Produktionstechnologie, das Geschäftsmodell. Er produziert und verkauft nur das, was er vorher immer hergestellt hat. Er bleibt, wie er immer war. Daher ist ein Routineunternehmer *yin*-dominiert. Es fehlt bei solchen Unternehmern *yang* (Energie) um Veränderungen in Unternehmen und Markt durchzusetzen.

> Es ist das Anwenden dessen, was man gelernt hat, das Arbeiten auf den überkommenen Grundlagen, das Tun dessen, was alle tun. Auf diese Art wird nie „Neues" geschaffen, kommt es zu keiner eigenen Entwicklung jedes Gebietes, gibt es nur passives Anpassen und Konsequenzenziehen aus Daten. (Schumpeter, 1911/2006, S. 125).

Arbitrage ist demgegenüber wie geschaffen für *yang*. Wenn die Preise für ein Gut oder einen Vermögenswert stark schwanken oder zu einem gegebenen Zeitpunkt unterschiedlich sind (keine vollständige Markttransparenz), ist das eine Einladung für Arbitrageure. Ein Arbitrageunternehmer ist eigentlich ständig auf einem *yang*-Trip. Er investiert nicht in Aktien auf einer langen Frist (wie Warren Buffet), er spielt, spekuliert, kauft und verkauft, häuft Transaktionskosten an, jede Woche ein todsicherer Tipp. Energiekonzerne kalkulieren ihre Preise nicht mehr (nur) nach den Kosten. Sie orientieren sich an den Börsenpreisen für Energie. Als Daytrader versucht ein A-Unternehmer aus den täglichen Schwankungen einer Aktie Gewinne zu erzielen. Und als Heuschrecke kauft er sich in Unternehmen ein, restrukturiert, ersetzt altes durch neues Management, fährt die Kosten runter, manchmal auch die Schulden hoch, macht Kasse und wendet sich neuen Aufgaben zu. Ein Hedgefund ist nicht an langfristiger Anlage interessiert. Er kauft und verkauft Vermögenswerte, woimmer er einen schnellen Gewinn vermutet. Heute Kakao, morgen Silber, übermorgen Altana (ein Aufkaufkandidat) und Überübermorgen macht er sich über General Motors her.

Ein **Neukombinierer** mit *yang*-Präferenz versucht immer etwas Neues. Seine Modellpalette wechselt so rasch, daß die Konsumenten kaum noch mitkommen, oder eine rasche Entwertung (psychisch, statusökonomisch, real/Wiederverkaufswert) ihrer gerade gekauften Produkte befürchten und in den Kaufstreik treten. Japanische Automobilkonzerne haben solches vor einigen Jahren praktiziert. Die Modeindustrie (haute couture) lebt von yang und den Bedürfnissen gewisser Menschen, immer auf der Höhe der modischen Zeit gekleidet sein zu müssen. *Yang*-Neuerungen sind auf Märkten beliebt, in denen *grundsätzlich* wenig Neues passiert und die Unternehmen versuchen, die Nachfrager mit marginalen Produktvariationen und Innovationsgags an sich zu binden. Wir nennen es inkrementelle Neuerungen, welche sich innerhalb einer basisinnovativen Welle verwirklichen.

Betrachten wir jemand, der gerne Gewicht verlieren möchte. Er ist als **evolutorischer Unternehmer** tätig. Heute versucht er es mit Mittelmeerdiät, dann hört er von Atkins und springt um: Fett ist doch gar nicht so ungesund. Dann versucht er sich an Shangri-La. Kaum eingestiegen, ließt er etwas über die Menschen auf Okinawa (gesund, langes Leben) und versucht, wie sie zu essen. Schließlich bleibt er bei der Wasserdiät hängen, bis sein Doktor ihn krank schreibt und in die Klinik überweist. Eine *yang*-Mode löst die nächste ab. Am Ende hat er für seine Gesundheit

---

[224] In der Traditionellen Chinesischen Medizin manchmal als „Yang-Überschuß" bezeichnet.

wenig getan und aus der Klinik entlassen, ißt er das, was er immer gegessen hat. *Evolve at your risk*. Primaten haben es einfacher: die Evolution ihrer Gene hat ihnen gesagt, was sie tun müssen. Der Humanprimat, auf den „tieferen" Stufen der Holarchie, muß mit einer paradoxen Freiheit leben: selbstauferlegten Zwängen gehorchen zu dürfen.

Bei einer *yang*-Dominanz können wir nun zwei Fälle unterscheiden: **(1) Sein als *yang* dominiert und (2) Nichtsein als *yang* dominiert.**

(1) Sein als *yang* dominiert

Das noch nicht angewendete Sein dominiert. Suzhou ist eine Stadt in China, die für ihre Seidenprodukte bekannt ist. Sie hat mit Seidengeschäften viel Geld verdient. Tibet gehört auch zu China. Aber eine Firma in Tibet kann nicht im Seidengeschäft erfolgreich sein, wenn sie die guten Maulbeerbäume von Suzhou kauft, in Tibet pflanzt und die gleichen Maschinen benutzt. Der Grund ist einfach: Maulbeerbäume können nicht in Tibet wachsen. Die vortrefflichen Maulbeerbäume, die gute Maschine, etc. sind das noch nicht angewendete Sein, das Sein als *yang*. Dominiert das noch nicht angewendete Sein als *yang*, berücksichtigt man nicht das Klima in Tibet, das vorhandene Sein als *yin*, ist ein Mißerfolg schwer zu vermeiden.[225] In diesem Fall versucht man das noch nicht angewendete Sein umzusetzen, kann aber keinen Erfolg haben. Was ist das Problem? Man berücksichtigt sein angewendetes Sein (*yin*) nicht. Paßt das neue Sein (*yang*) in das, was man schon hat (*yin*), stellt sich Erfolg ein. Es ist aber wie bei einer Lotterie oder im Kasino. Meistens paßt das neue Sein (*yang*) nicht in das vorhandene Sein (*yin*), daher ist Mißerfolg unvermeidbar. Die Situation in diesem Fall ist ähnlich wie der Fall von einer Dominanz des noch nicht angewendeten Nichtseins. Wir betrachten diese beiden Fälle später gemeinsam.

das angewendete Sein (*yin*)

das noch nicht angewendete Sein (*yang*)

Wissen, Technologie, Güter, sind nicht immer „gegeben". In diesem Fall hat man vor, das noch nicht angewendete Sein umzusetzen. *Yang* ist stark. Unternehmerische Energie ist groß.
Nochmals Schumpeter zur Energie eines (innovativen) Unternehmers:

> So ist also die Energie das entscheidende Moment und nicht die „Einsicht" allein. Letztre ist viel häufiger, ohne daß sie zur einfachsten Tat führt. Auf die Disposition zum Handeln kommt es an. (Schumpeter 1911/2006, S. 164).

---

[225] Die Situation in diesem Fall (Suzhou) kann man von dem Fall einer Dominanz des noch nicht angewendeten Nichtseins nicht strikt trennen. Wir betrachten diese beiden Fälle später gemeinsam.

(2) Nichtsein als *yang* dominiert

„Im *I Ging* zeigt *wu* das Nicht-Vorhandensein an, auch als einen Zustand des Mangels. Ist auch Abwesenheit, das Gegenteil von *you*, besitzen, Sein"

(Ritsema & Schneider, 2000, S. 26).

Es gibt Menschen und Unternehmen, die viel Neues lernen, aber nichts oder nur wenig davon umsetzen oder die viel Neues wissen und auch viel umgesetzt haben, aber trotzdem keinen Erfolg haben oder nur bescheidene Leistungen zu Wege bringen. Ihre Probleme nennen wir die Probleme eines Übergewichts des Nichtseins als *yang*.

Wenn Nichtsein als *yang* dominiert, heißt dies, daß Wirtschaftssubjekte nicht an ihre vorhandene Situation denken, in der sie ihre neuen Ideen umsetzen wollen. Sie handeln als Papiertiger. Sie glauben das Neue sei auch das Gute und Bessere. Sie haben genug Energie, neue Dinge zu lernen und umzusetzen. Ihr Problem ist, daß sie alles umsetzen möchten, was neu ist, d.h. auch das, was zu ihnen und ihrer Situation nicht paßt bzw. mit dem „Raum" (*yin*), in dem sie das Neue durchsetzen wollen, nicht in Einklang steht. Wie oben bereits gesagt: Die Managementmethode, die gut für eine amerikanische Firma ist, ist nicht unbedingt geeignet für eine chinesische oder eine japanische Firma. Dies hindert chinesische Universitäten nicht daran, amerikanische Managementmethoden zu lehren: Die Nachfrage nach MBA-Abschlüssen ist riesig. Ein großer Teil des Wissens, welches Hochschulen vermitteln, findet nicht den Weg in die Praxis. Es ist nicht anschlußfähig an die Bedingungen des Seins.

Die folgenden Abbildungen beschreiben drei Konstellationen einer Disharmonie von *yin* und *yang*, bedingt durch ein übergewichtiges *yang*.

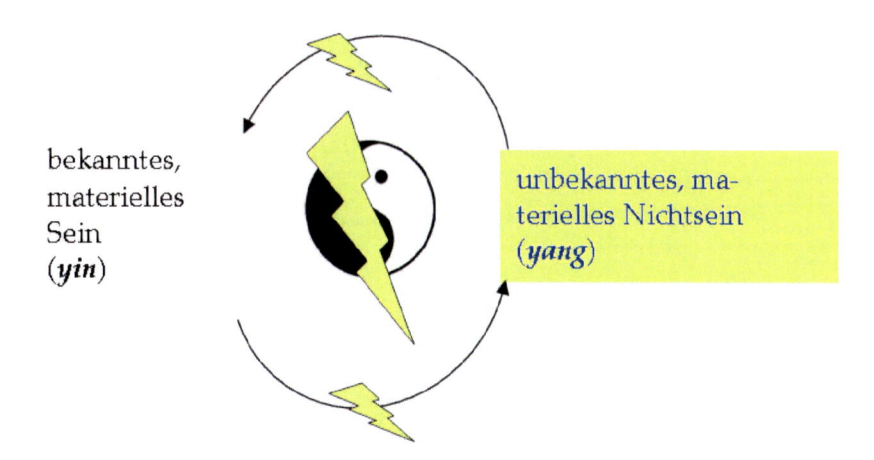

bekanntes, materielles Sein (**yin**)

unbekanntes, materielles Nichtsein (**yang**)

Dominiert das unbekannte, materielle Nichtsein als *yang*, will man das haben, was neu ist, bspw. eine neue Maschine (Bevor man diese Maschine kennt, ist sie für das Wirtschaftssubjekt ein Nichtsein. Nachdem man sie kennt, ein Sein.). Man berücksichtigt dabei aber nicht, ob diese Maschine sich in vorhandenes Sein (Gebäude, die vorhandene Anlage, etc.) einfügen lässt.

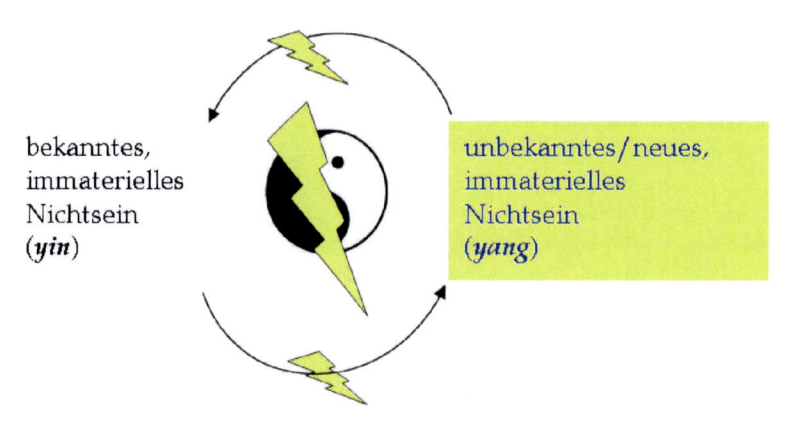

bekanntes, immaterielles Nichtsein (*yin*)

unbekanntes/neues, immaterielles Nichtsein (*yang*)

Dominiert das unbekannte/neue immaterielle Nichtsein als yang, will bspw. eine Firma die neue Technologie anwenden und dabei ihre vorhandene Technologie (bekanntes, immaterielles Nichtsein) berücksichtigen, könnte es sein, daß diese Firma wegen ihres niedrigeren technischen Niveaus die neue Technologie gar nicht einführen kann. Bevor das Wirtschaftssubjekt das Nichtsein als yang kennenlernt, ist es ein unbekanntes immaterielles Nichtsein. Nachdem das Wirtschaftssubjekt dieses Nichtsein kennt, ist es ein bekanntes, aber noch nicht angewendetes Nichtsein. Die neuen Dinge (hier Nichtsein als yang), wie die Managementmethode, die Technologie, etc., mit denen die anderen Unternehmen erfolgreich sein mögen, passen nicht unbedingt zu jedem Unternehmen.

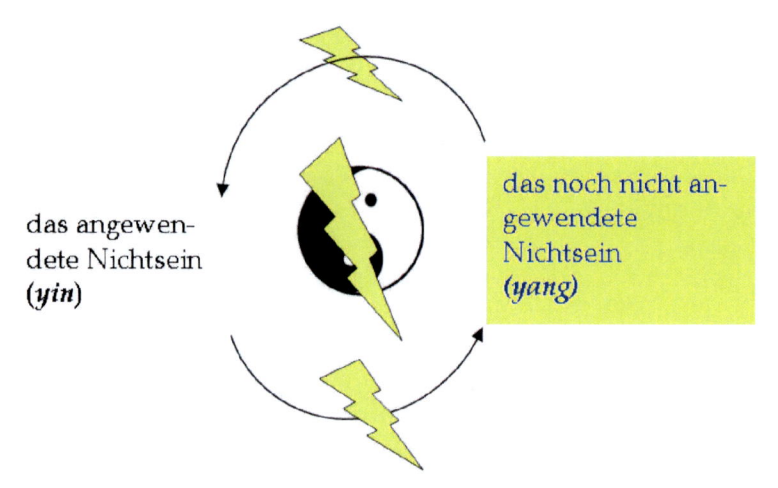

das angewendete Nichtsein (*yin*)

das noch nicht angewendete Nichtsein (*yang*)

Bei der Entstehung einer Innovation ist *neues* Wissen (Nichtsein) *yang* und die Persönlichkeit (Nichtsein) eines Unternehmers sowie sein *vorhandenes* Wissen *yin*. Ein innovativer Unternehmer lernt jeden Tag etwas Neues. Das neu erlernte Wissen verändert sich schneller als sein vorhandenes Wissen und seine Persönlichkeit. (Wie oben aufgeführt: *yin* hat weiblichen Charakter und ist relativ ruhig, während *yang* männlichen Charakters ist und sich relativ häufig verändert.)

Ohne neues Wissen (Nichtsein als *yang*) müßte ein Unternehmer immer erneut in der Steinzeit anfangen, gleichgültig wie innovativ er ist. Ohne seine Persönlichkeit als Neuerer und sein *vor-*

handedes Wissen (Nichtsein als *yin*) müßte er immer in der Steinzeit bleiben, gleichgültig wie viel (neues) Wissen er hat. Ohne das Wissen (*yang*) und die Persönlichkeit (*yin*) - beides Nichtsein-Komponenten - und das Zusammenwirken der beiden (*qi, heqi*) gibt es keine Innovation. Wissen ohne Persönlichkeit (Durchsetzungskompetenz) bleibt (wirtschaftlich) totes Wissen. G. Gurdjieff bezeichnet es als den Weg des Yogis.

> Er weiß alles, aber er *kann* nichts tun.[226]

Eine bemerkenswerte Konstellation. Der mit Wissen voll gepackte Akademiker. Der Alleswisser. Der Experte. Der Quotenkönig im RTL-Quiz. Der Held der Wissensgesellschaft. Der halbierte Unternehmer. Superfachwissen „ohne visionäre Gaben, Inspiration und Überzeugungskraft" (Bennis und O'Toole, 2000, S. 96). Der Idealtypus der Wissensgesellschaft also ein unternehmerischer *Misfit*?

Ein Unternehmer ohne Durchsetzungsfähigkeit mag ein guter Fachmann sein, als Unternehmer wird er scheitern. In einer Hierarchie kann er leben, vielleicht sogar aufsteigen oder als Führungskraft berufen werden. Als Führer *seines* Unternehmens muß er Wissen (*yang*) mit unternehmerischem Können (*yin*) verbinden. Aus beidem resultiert unternehmerisches *Tun: getting things done*. Wir können die daoistische Skepsis gegenüber Wissen nun besser verstehen: Das neue Wissen ist *yang*, ohne die Umsetzung des neuen Wissen ins *yin*/Sein ist das Wissen tot, disharmonisch, streift energielos durch Kopf, Unternehmen und Wirtschaft. Bewirkt nichts, außer sich in sich selbst zu spiegeln und zu ergötzen.

Dominiert das *yang* bei einem Unternehmer, könnte er seine Firma auch in Gefahr bringen. Der Unternehmer ist von neuen Informationen überflutet. Was ist brauchbar? Mache ich mit dem *yang* wirklich die richtigen Dinge besser, oder tue ich nur die Dinge richtiger, auch wenn es die falschen sind? Unternehmer müssen sich entscheiden, was für ihre Unternehmen das Richtige ist. Das, was neu ist, muß nicht unbedingt gut für eine bestimmte Firma sein. Diejenigen Dinge, die alle anderen als gut oder wegweisend ansehen, müssen nicht unbedingt gut für dieses Unternehmen sein. Geeignet zu sein, ist die Voraussetzung für die Harmonie (*heqi*) zwischen *yin* und *yang* sowie *you* und *wu*. Coca-Cola hat sein Rezept verändert, aber keinen Erfolg bekommen, sondern Verluste. Das neue Nichtsein (das neue Rezept) paßt nicht zu dem Nichtsein (dem Image dieser Firma), das Coca-Cola schon hat.

Wir sehen auch hier, wie unverzichtbar die Harmonisierung von *yin* und *yang* ist. Was wir sagen, ist nichts Umwerfendes. Warum Daoismus? Das wußten wir doch alles schon vorher. Genau, wir *wußten* es. Und was *taten* wir?

Wie wir immer wieder schreiben: *yin* und *yang* müssen zusammenwirken, um etwas (Neues) zu schaffen. Innovationen „tragen das *yin* [Fähigkeit] auf dem Rücken und umfassen das *yang* [Wissen]" (Laozi, Kapitel 42). Ohne *yin* gibt es auch kein *yang*. Obwohl *yin* und *yang* sich gegenüberstehen, gibt es kein *yin*, wenn *yang* nicht mehr existiert und umgekehrt. Was auch immer wir konkret als *yin* und *yang* verstehen, konstruieren, erleben und leben.

5.7 Disharmonien zwischen *yin* und *yang* im Entwicklungsprozeß

In den beiden vorangehenden Abschnitten haben wir bereits Konflikte und Probleme angesprochen, die sich aus nicht-harmonischen Interaktionen zwischen *yin* und *yang* ergeben. Dieser Abschnitt führt diese Überlegungen am Beispiel mehrerer empirischer und häufig beobachtba-

---

[226] „Dies ist der Weg des Wissens, der Weg des Denkens. Der Yogi (entwickelt) seine Denkfähigkeit, aber Körper und Gefühle bleiben unentwickelt. Er weiß alles, aber kann nichts tun. Um etwas tun zu können, muß er die Meisterschaft über Körper und Gefühle gewinnen" (Gurdjieff, in: Ouspensky, 1999, S. 66).

rer Situationen fort. Wir können sie als kleine Fallstudien zu aktuellen Problemlagen verstehen: Holländische Krankheit, Immigration, Gesundheit, Jugendarbeitslosigkeit. Die Lücke zwischen Wissen und Tun sprechen wir hier nur kurz an. Ihr ist ein eigenes (6.) Kapitel gewidmet.

- **Holländische Krankheit und Entwicklungsfalle**

Es gibt Quellen des Wohlstands, die eng mit der Natur verbunden sind, die von der Natur leben.[227] Natur ist hier Sein (*you*) und „Raum" (*yin*) in dem sich das *yang* entfaltet, aber wenig zur Entwicklung beiträgt. Wenn ein Land auf reichlich Öl und Gasquellen sitzt, sagt jedermann, und jeder Ökonom ohnehin: laßt das Öl raus, verkauft es, ihr habt einen komparativen Wettbewerbsvorteil in Naturprodukten.[228] In Texas sagt man auch: Man braucht keine Intelligenz, um

---

[227] „Natur" ist, was unsere Diskussion noch komplizierter macht, auch ein gesellschaftlich konstruierter Diskurs und keine objektive Realität. Die Sonne für den Urlauber ist der Tod für den Bauern. Natur kann auch Teil von *ziran* sein, ist aber in keiner Weise mit einem Von-Selbst-so-Laufenden identisch (Abschnitt 3.2)

[228] Was heißt komparativer (Kosten/Wettbewerbs-)Vorteil? Zu einer Antwort ein Hinweis auf die Darstellung in Wikipedia (http://de.wikipedia.org/wiki/Komparativer_Kostenvorteil). Leider versteht das kein normaler Mensch. Auch Profi-Ökonomen verheddern sich. Lehrbücher sind noch unverständlicher. Die Logik des Theorems ist gegenintuitiv. Das Theorem geht auf den klassischen Ökonomen David Ricardo (1772-1823) zurück und dient seither als theoretische Rechtfertigung eines freien Handels bzw. unbeschränkten Austauschs. Es ist das Basistheorem der Globalisierung, wenn es mit freier Mobilität der Ressourcen verbunden ist (was seine theoretische Prägnanz andererseits wiederum einschränkt). Für Ökonomen nimmt das Theorem nahezu den gleichen Rang ein, wie Darwins Evolutionstheorie für Biologen. Der entscheidende Punkt: nicht die absoluten Vorteile, die ein Mensch, eine Unternehmung, eine Region, eine Volkswirtschaft besitzt, zählen für die Vorteilhaftigkeit des Handels, auch nicht für die Fähigkeit, im Wettbewerb mitzuhalten. Ein System kann so unproduktiv sein wie es will, die Menschen so ungebildet sein, wie sie überhaupt sein können, lauter Analphabeten auf Steinzeitniveau. Dennoch können sie gegen eine Hochtechnologie-Wirtschaft konkurrieren. Wie? Konzentriere dich auf die Tätigkeiten, in denen dein absoluter Nachteil am geringsten ist. Warum sollte ein Arzt seine Praxis selber putzen, auch wenn er es besser kann, als seine Putzhilfe. Er hat einen absoluten Vorteil im Saubermachen, in Diagnose und Therapie ohnehin. Dort ist sein Vorteil aber (im Vergleich, komparativ, zur Putzfrau) viel größer als beim Putzen. Wenn er sich auf ärztliche Leistungen konzentriert („spezialisiert"), kann er somit pro Arbeitsstunde einen viel größeren Vorteil erzielen, als wenn er Dinge macht, die er immer noch besser machen kann wie andere, bei denen aber sein absoluter Vorteil kleiner ist. Als rationaler Wirtschaftsmensch überläßt er diese Tätigkeiten jenen, die zwar schlechter sind (im Saubermachen) als er, die aber bei der Produktion ärztlicher Leistungen noch weniger produktiv sind als er. Die Putzfrau hat also einen komparativen Vorteil beim Saubermachen, obwohl sie es schlechter macht als der Arzt, also einen absoluten Nachteil hat. Man kann überall absolut schlechter (weniger produktiv) und dennoch konkurrenzfähig sein. Und wenn der Arzt nun unbedingt alles selbst machen will, auch das Saubermachen? Kein Problem. Er ist frei es zu tun. Er handelt sich aber nur wirtschaftliche Nachteile ein. Sein Konkurrent kann aus seiner gegebenen Arbeitszeit einen höheren Ertrag erwirtschaften, er ist produktiver, kann deswegen ärztliche Leistungen besser/billiger anbieten (oder sich mehr Freizeit leisten), weil er sich ganz auf dasjenige konzentriert, bei dem sein absoluter Vorteil am größten ist. Die anderen Dinge überläßt er anderen (dem „Markt"). Sein Wunsch zu putzen, trotz komparativen Nachteils, wirft ihn aus dem Wettbewerb, aus dem Markt - wenn er es nicht vorzieht, ökonomisch irrational, sich selbst auszubeuten. Diese Logik liegt auch dem internationalen Handel zugrunde. Wenn wir tiefer argumentieren, können wir auch Argumente finden, mit denen sich ein Schutz vor Konkurrenz, ein zeitweiliges Nichtbeachten der Logik komparativer Vorteile, rechtfertigen ließe. Wir schicken Kinder auf die Schule, obwohl sie, gegenüber Erwachsenen mit höherer Ausbildung, komparative Vorteile in verschiedenen Tätigkeiten haben. Kinderarbeit in Bergwerken war im Frühkapitalismus wie heute in der Dritten Welt normal. Sowie die Entwicklung von Fähigkeiten in der Zeit eine Rolle spielt, läßt sich ein „Erziehungsschutz" theoretisch begründen. Dies war das Argument, mit dem Friedrich List zu Ende des 19. Jh. den Schutz der noch jungen deutschen Industrie vor England forderte. Im WTO-Regime ist so etwas heute kaum

mit Öl reich zu werden.[229] Wie alles seinen Preis hat, so auch dieses: die Wirtschaft bleibt mit ihren Naturprodukten gekoppelt, handelt sich „Krankheiten"[230] ein, sie wächst ohne sich zu entwickeln (Wachstum ohne Entwicklung). Optimale Allokation der Ressourcen zweifelsohne. Für den Preis einer nachhaltigen Entwicklung. Wenn es nicht so klappen sollte, wie gewünscht, schicken wir Entwicklungshelfer oder die Armee.

Bei einer holländischen Krankheit kann das im Nichtsein Erzeugte keinen Anschluß an das Sein finden. Die Wirtschaft bleibt vom Sein dominiert. Das muß nicht heißen, das die Menschen, im Durchschnitt, in Armut leben. Vergleiche Kuwait, vergleiche Dubai, vergleiche Saudi-Arabien, vergleiche Äquatorialguinea, ein Land mit einem höheren Pro- Kopf-Einkommen als die U$A.[231]

Eine Beleidigung Afrikas

Für den Präsidenten von Äquatorialguinea, Teodoro Obiang Nguema, ist die massive Emigration von Afrikanern nach Europa eine „Beleidigung Afrikas". Die reichen sollten den armen Ländern helfen, „die Auswanderung ihrer Bevölkerung zu verhindern" (Marianne, 12. August, 2006, S. 8).

Daoistische Diagnose: Gestörter Energiefluß zwischen Nichtsein und Sein - weil zuviel „Energie" (Erdöl) in der Wirtschaft fließt. Das ressourcenlose Singapur oder Hongkong haben ihren ehemaligen Kolonialherren, der sich arbitrageökonomisch zu entwickeln bemüht – Londoner City als Wachstumspol -, ökonomisch abgehängt. Das ressourcenarme Israel ist technologisch seinen an Öl reichen Nachbarn weit überlegen.

In keinem Markt wird Management– und Politikversagen so hoch belohnt wie auf den Energie- (und anderen Rohstoff-)märkten. Versagen bewirkt eine preisdynamische Selbstverstärkung, höhere Gewinne, höheres Einkommen der beteiligten Akteure (Spekulanten, Management, gelegentlich auch Mitarbeiter). British Petroleum macht Murks in Alaska, ein GAU für die Umweltschützer. Die Ölpreise steigen, mit ihnen der BP- Gewinn. Abnicken. Freie Marktwirtschaft. Ebene Blau bis Orange.

Das Wissen liegt den Afrikanern und Arabern zu Füßen. Sie fassen es nicht an. Man erinnert sich an die Geschichte mit dem auf der Straße liegenden 100 Dollarschein, an dem die Passanten achtlos vorbeilaufen. Niemand hebt ihn auf: „Wenn er echt wäre, hätte ihn schon längst jemand aufgehoben". Für Produzenten nichterneuerbarer Rohstoffe trifft auch die chinesische Erkenntnis zu: „Reichtum überlebt niemals drei Generationen." Reichtum wird im Nichtsein erzeugt

---

noch möglich. Die deutsche Industrie verweigert nunmehr genau ein Solches aufstrebenden Ländern wie China. Auch dieses ist historische Normalität: Wer oben auf der Leiter steht, tritt diejenigen weg, die hinauf wollen. Was sich ändert, sind die Argumente, das beliebteste heute: geistige Eigentumsrechte. Siehe die nachfolgende Diskussion zur nachholenden Entwicklung.

[229] Der Ölpräsident der USA, ein Texaner, wird, von höflichen Kritikern, als „intellektuell faul" charakterisiert (Parapundit, Twins run Poland, Comments, 9. Juli 2006).

[230] Man bezeichnet diese Krankheit eine „holländische", weil die Holländer, nach dem zweiten Weltkrieg, durch Ausbeutung und Export ihrer Gasvorkommen, ihre Industrie rückentwickeln und Innovationsimpulse vernichten und darüberhinaus einen Sozialstaat aufbauen, einschließlich großzügiger Immigrationspolitik, der viel Ressourcen verschlingt und nicht nachhaltig finanzierbar ist. Die holländische Krankheit.

[231] Pro-Kopf-Einkomen Äquatorialguinea „$ 50.200" (laut CIA), USA 41,200. Warum? Öl. Das CIA World Factbook berichtet: „Despite the country's economic windfall from oil production resulting in a massive increase in government revenue in recent years, there have been few improvements in the population's living standards." (http://www.cia.gov/cia/ publications/factbook/geos/ek.html). Jeder arbeitslose Deutsche bringt das Mehrfache an Humankapital auf die ökonomische Waage. Aber wie die EU sagt: „Education is the key to Europe's success" (Schleicher, 2006).

und im Sein verwirklicht. Wenn Nichtsein außen vorbleiben muß, nur bescheidenen Anschluß an das Sein findet (*yin*-Dominanz im Sein), ist Wohlstand nur möglich, in dem man die Natur oder andere, auch sich selbst, expropriiert. Die gegenwärtige Reaktion von Teilen der politischen Klasse auf den Klimawandel wird uns nicht heute, aber in drei Generationen aufstoßen. Eine neue holländische Krankheit: „Land unter". [232]

Daß natürlicher Ressourcenreichtum Unterentwicklung erzeugen oder stabilisieren könnte, scheint absurd. Die Tatsachen sprechen eine andere Sprache. Im Kongo kämpfen Söldnerarmeen um Diamanten und Kupfer; in Papua bekriegen sich aufständische Einheimische mit der indonesischen Armee und der Privatpolizei von Ressourcenkonzernen um die Rohstoffe (Holz) der Natur, alles aufgemischt durch Holzimporteure vom chinesischen Festland. Naturreichtum wirkt wie Honig auf dem Tisch, Ameisen anziehend.[233]

Die Bauern in Afghanistan verdienen durch Mohnanbau das Mehrfache als mit herkömmlicher Landwirtschaft. Auch deutsche Soldaten versuchen (durch Zwangsabgaben der Steuerbürger alimentiert) ihnen dieses unmoralische Handeln vergeblich auszutreiben. Die Produktion steigt und steigt. Die Kokabauern Kolumbiens haben einen der ihren zum Präsidenten gemacht; und dieser kündigt seinem US-Kollegen die koloniale Freundschaft auf. Er will nicht nur die Herrschaft über das Erdgas, viel Schlimmeres hat er im Sinn: den Anbau von Koka freigeben, also daoistisch gesprochen: die aufoktroyierte *yin*-Dominanz, unter der seine Bauern leiden, durch Freiheit ersetzen. Nahezu jeder Liberale vor und nach John Stuart Mill fordert zum Leidwesen von Mafia und Schwarzmarktunternehmern die Freigabe der Rauschgiftmärkte. Scheint ein sozialistischer Bauernführer die Sache in die Hand zu nehmen? Würden *yin* und *yang* zum Wohle der Menschheit ihre Harmonietendenz entfalten?

Weiten wir unsere Überlegungen auf die strukturelle Kopplung von Wirtschaft und Politik aus (auch Religion wäre einzubeziehen). Da ressourcenreiche Länder nicht innovieren müssen, auch mit bescheidenen Kompetenzen und Freiräumen für ihre Bürger gutes Geld verdienen können, haben sie nur einen geringen Anreiz, Bedingungen in Wirtschaft und Politik herzustellen, die Innovation erlauben und Freiräume einräumen, die Neukombinationen handlungsrechtlich attraktiv machen. Warum neue (*yin-yang*-) Unternehmen fördern (Abschnitt 5.2), warum Frauen mehr Rechte geben, warum das Ausbildungssystem verbessern, warum Demokratie fördern? All dies müssen Nationen machen, die nicht das „Glück" haben, von der Ausbeutung der Schätze der Natur leben zu können. Der Preis von Naturressourcen und die Entwicklung von Freiheit, scheinen sich gegenläufig zu verhalten. Spiraldynamisch betrachtet (Abschnitt 3.6) ist die gute Ausstattung eines Landes mit „Naturkapital" deswegen eine zweischneidige Angelegenheit.[234] Das Land handelt sich Disharmonien nicht nur in der Wirtschaft, sondern - und langfristig gravierender -, zwischen seinen Funktionssystemen ein.[235]

---

[232] Martin Wolf (2006) hat Vorschläge vorgestellt, wie wir aus den selbstgemachten Schwierigkeiten herauskommen. Wir haben dem aus daoistischer Sicht wenig hinzufügen, außer dem Hinweis, jene Kräfte laufen zu lassen, die eine wu-Orientierung in Gesellschaft und Wirtschaft fördern (Abschnitt 5.9).
[233] Sprichwort aus Indonesien: „Gibt es Zucker, gibt es Ameisen" (Ada gula, ada sumut).
[234] Thomas Friedman (2006) faßt seine Beobachtungen zu diesem Punkt in einem „Ersten Gesetz der Petropolitik" zusammen, illustriert an Ölstaaten wie Iran, Nigeria, Rußland, Venezuela. Ein Beispiel für die Kopplungsprobleme zwischen Naturrenten und Religion sind die Schulbücher in Saudi Arabien, in denen Kinder und Jugendliche lernen, Menschen anderer (das sind nicht-wahhabischer/Taliban) Religionen (was Schiiten und andere islamische Gemeinschaften einschließt) zu hassen. Für Erstklässler gilt: „Every religion other than Islam is false." - „Fill in the blanks with the appropriate words (Islam, hellfire): Every religion other than _____ is false. Whoever this outside of Islam enters _____." Dies aus saudischen Textbüchern, verbreitet in nordamerikanischen Moscheen, *nach* der Entfernung intoleranter Aussagen. Mehr

Abbildung 5.7.1: The First Law of Petropolitics

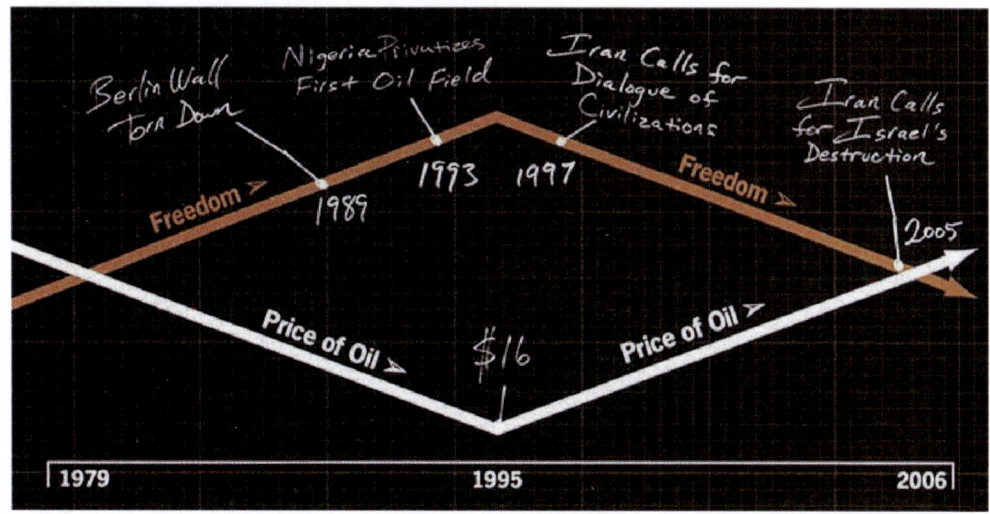

Quelle: Friedman (2006)

Auch Länder und Industrien, die sich von Naturressourcen abhängig machen, kommen in Schwierigkeiten. Der Zugang zu materiellen und finanziellen Ressourcen erschwert eine innovative Kopplung von Sein und Nichtsein. Ökologische Fragen treten ins Blickfeld. Die Automobilindustrie lebt von billigem Öl. Angeblich führt die US-Regierung Kriege, um die Ölzufuhr sicherzustellen. Politik integriert Naturreservate in die Wirtschaft, um sie für Rohstoffexploration zu erschließen. Um der Schwierigkeiten Herr zu werden, wäre ein wirksamerer Ressourceneinsatz erforderlich, der aber erschwert ist, weil das Sein und die mit ihm verknüpfte politische und wirtschaftliche Macht die Neukombination der potentiell im Nichtsein bereitstehenden Möglichkeiten erschwert.

- Nachholende Entwicklung und unschöpferische Zerstörung

Wir schildern nunmehr einen Fall, der den noch reichen Ländern viel Kopfzerbrechen macht. „Junge" Länder greifen das Wissen und die Märkte der schon durchindustrialisierten Nationen ab. Daoistisch heißt das: Sie verbinden ihr *yang* (unternehmerische Energie) mit dem aufgelaufenen *yin* (Wissen) um das Sein (*you*), die gegebenen Märkte der etablierten Ökonomien, zu erobern.

> Die ‚zehntausend Dinge' tragen das *yin* auf dem Rücken und umfassen das *yang*.
> Das leere *Qi* sehen sie als harmonisierend *(he)* an.
>
> *Dao De Jing*, Kapitel 42, Gerstner, 2001, S. 226

---

dazu, inklusive Textproben für alle Jahrgangsstufen in Shea (2006). Gut, daß wir einen Verfassungsschutz haben, der täglich die islamischen Religionsschulen in Deutschland auf die Einhaltung der Menschenrechte überwacht. Siehe zum ganzen Komplex auch den Kommentar in Parapundit (24. Mai 2006: „Saudi textbooks still not sweetness and light").

[235] In Abschnitt 5.8 gehen auf die *yin-yang*-Eigenschaften der Funktionssysteme einer Gesellschaft (Wirtschaft, Politik, Religion, usw.) ausführlicher ein.

Das wäre eigentlich kein Problem, wenn diese Ökonomien sich nicht in ihrem *yin-you* so Wohl fühlten, daß sie ihren *yang*-Menschen Fußfesseln an die Beine legen und Gewichte auf den Rücken packen, die diese daran hindern, den *yang*-Unternehmern der *emerging economies* wegzulaufen. Das Problem ist also vielmehr: Die einen lernen *yin* und *yang* zu harmonisieren (nachdem sie über Jahrhunderte Disharmonien kultiviert haben – nicht immer freiwillig); die anderen kultivieren Disharmonien, erzeugt in struktureller Kopplung zwischen den Funktionssystemen Wirtschaft und Politik, versuchen sich sogar noch darin, sie als eine wohlfeile Errungenschaft menschlicher Evolution zu exportieren, nachdem sie in mühevollen Evolutionsprozessen, einen *yin-yang*- Einklang im Sein und Nichtsein hervorgebracht hatten.

Eine Gruppe von Ländern leistet sich somit *yin-yang*-Disharmonien, während eine andere die Harmonie von *yin* und *yang* zu pflegen versucht. Historisch war es zwar genau umgekehrt. Aber wie Aldous Huxley sagt:

> Daß Menschen aus der Geschichte nicht lernen,
> ist die wichtigste Lektion, welche die Geschichte uns lehrt.

Sich neu-industrialisierende Schwellenländer wie China und Indien, vorher die ostasiatischen Tigerökonomien (Korea, Taiwan, Singapur, Hongkong) und Israel, können auf einen riesigen Wissenspool und Erfahrungsschatz zurückgreifen um ihre Industrien aufzubauen. Man vergleiche Israel mit den arabischen Nachbarstaaten, auch solchen mit viel Öl. *Yin* und *yang* im Nichtsein verbündeln sich mit Sein. Genauer: Immaterielles Nichtsein, bekannt und angewendet in einer Gruppe von Ländern (post-industrialisierte Gesellschaften), aber bislang nicht verwendet in einer anderen Gruppe industriell zurückgebliebener Länder (*yin*-Dominanz im Nichtsein und Sein); für diese war es also unbekanntes und auch neues immaterielles Nichtsein. Es wird nunmehr, in einem Prozeß nachholender Entwicklung, zu bekanntem und angewendeten *wu*.

Tiger, (chin.) *hu*

In China der König der wilden Tiere, ist dem extremen *Yang* zugeordnet; steht im Universellen Diagramm der Zyklen den Dämonen, *Chou*, gegenüber, die dem extremen *Yin* entsprechen. Auf dieser Achse hält der Tiger die Dämonen in Schach.

Ritsema & Schneider, 2000, S. 916

Märkte liegen ihnen zu Füßen. Die Durchsetzung eines freihändlerischen Regimes („Globalisierung") verschafft ihnen Zugang zur Massenkaufkraft der reichen Länder. Ihre aus den Käfigen der Kolonialherren befreiten Tigerunternehmer durchstreifen die Märkte und finden reichhaltige Beute. Die Konsumenten jubeln[236] und schwächelnde Alttiger der Altindustrieländer

---

[236] Der amerikanische Einzelhandelskonzern Wal-Mart ist für über drei Prozent der chinesischen Exporte verantwortlich. 70 Prozent der Produkte von Wal-Mart kommen aus China. 263 Mrd. Dollar sparen die Kunden (überwiegend ärmere Amerikaner), die bei Mal-Mart einkaufen. Nach weiteren Schätzungen bewirken die Einkäufe des Händlers, daß in China selbst pro Jahr ca. eine halbe Million Menschen die Armut

beißen ins Gras. „Sie kopieren alles" (*yang* im Nichtsein – aus chinesisch-indischer-usw. Sicht), jammern die Hersteller französischer und italienischer Luxusmarken -, und beschäftigen Hundertschaften von Anwälten des Rechts, die Verächter intellektuellen Eigentums (*yin*) aufzuspüren und vor Gericht zu bringen (Ducourtieux, 2006). Alles wird imitiert, nur nicht unsere demokratischen Institutionen inklusive Diskursethik. Welch ein Frevel. Schlicht und einfach geht es den etablierten Herstellern darum, inkrementell-disruptive Neuerung zu blockieren, in Marktsegmenten zur Befriedigung von Habenbedürfnissen auf den spiraldynamischen Stufen Beige bis Orange.[237] Chinesische Unternehmer lernen schnell. Sie arbeiten sich, der Logik nachholender Entwicklung folgend, den Produktzyklus nach vorne (Abbildung 5.7.3). Die Herstellung von Luxusgütern beherrschen sie mittlerweile wie die Europäer (Dyer, 2006). Der Outsourcer züchtet seine Konkurrenz. Was für ihn Arbitrage darstellt, ist für andere der Einstieg in die Innovation.

Es gibt keine allgemeinen Gesetze über das Aufholen. Unsere Vermutungen haben wir in Abschnitt 5.2 dargelegt. Je nach Ausprägung dieser Variablen machen einige Länder rasche Fortschritte, andere gar keine und wieder andere fallen zurück. Der Aufholprozeß kann sich auch beschleunigen, unsere Vermutung bezüglich einiger süd-/ostasiatischer Länder.

Abbildung 5.7.2: Nr. 1: Die Welt in 15 Jahren

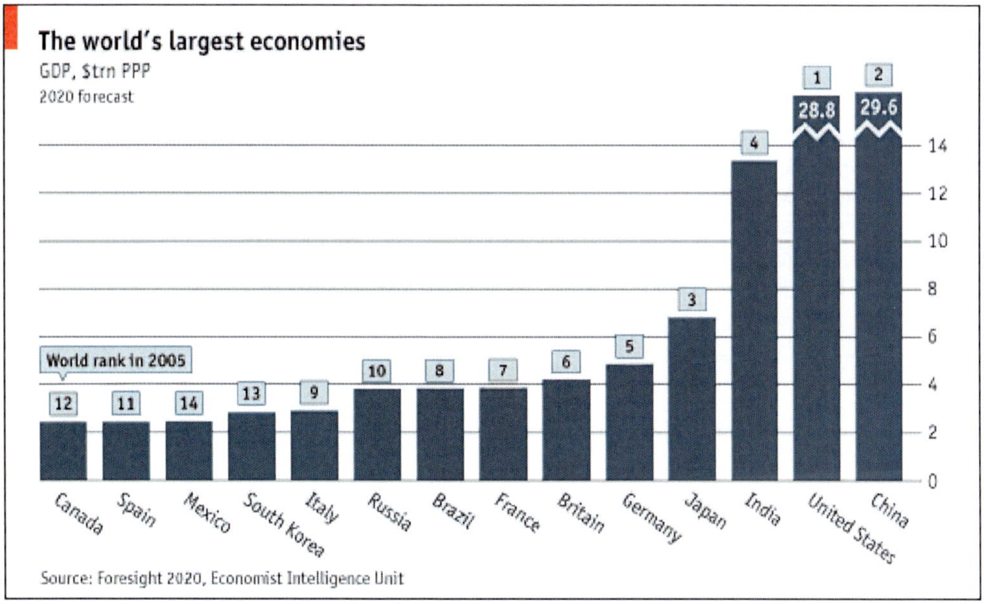

Quelle: The Economist, 30. März 2006

In Kaufkrafteinheiten gemessen (PPP, purchasing power parity) nehmen die heute aufholenden Wirtschaften in wenigen Jahren Spitzenpositionen ein. Wie ist eine solche Transformation des Reichtums der Welt zu erklären? Jede paradigmatische Brille sieht es anders. Wir setzen die Brille von Daoismus und Schumpeter auf. Überlassen wir es dem Meisterdenker Kant, zwischen

---

hinter sich lassen können. „Vergesse die Weltbank, versuche es mit Wal-Mart!" (Strong, 2006, mit weiteren Belegen).
[237] Zur Unterscheidung von Überlebens-, Habens- und Evolutionsbedürfnissen siehe das 8. Kapitel.

gut und schlecht, war und falsch zu unterscheiden. Er ist es, da längst dem Theorienstreit entrückt, der objektiv zu entscheiden vermöchte.

> Frage an Nobelpreisträger Gary Becker:
> Wird China im Jahr 2030 die USA als ökonomische Supermacht abgelöst haben?
> Beckers Antwort: Das halte ich für unwahrscheinlich.
>
> Die gleiche Frage an Nobelpreisträger John Nash:
> Nashs Antwort: Die USA sind meiner Meinung nach schon heute nicht wirklich die wichtigste ökonomische Supermacht der Welt.[238]

Diese Prozesse können sich so rasch und dramatisch vollziehen, daß oft nur die engsten Beteiligten ihn mitbekommen. Die Solarbranche gilt als Paradebeispiel einer mit massiver öffentlicher Förderung aufgebauten High-Tech-Industrie in Deutschland. Weitsichtige Investoren bereiten ihren Ausstieg vor. China holt mit riesigen Schritten auf - und überholt.[239]
Wie es auch gehen kann - der Kernprozess bleibt identisch – zeigt Thyssen-Krupp. Im Jahr 2001, ein Jahr vor der Explosion der Stahlpreise - verkauft das Unternehmen eine ganze Stahlfabrik für 25 Mio. Dollar an den chinesischen Unternehmer Shen Wenrong. Tausend chinesische Arbeiter fallen am deutschen Standort Hörde ein, demontieren und verpacken alles, bis auf die letzte Schraube. 250,000 Tonnen. Die Dokumente, Konstruktionsanleitungen und Handbücher für die Stahlerzeugung (unter anderem wurde VW in Wolfsburg beliefert) haben ein Gewicht von 40 Tonnen. Was die Chinesen nicht kopieren sind deutsche Gesetze und Vorschriften: die Arbeiter arbeiten 12 Stunden am Tag, sieben Tage die Woche, keine Ferien (Proteste bewirken später die Beachtung des Sonntagsverbots). Die Arbeiter turnen in 98 Meter Höhe an Hochöfen – ohne Sicherheitsnetz. Ein deutscher Journalist glaubt es nicht: „Sind chinesische Akrobaten in unserer Stadt zu Gast?" Shen Wenrong ist in China ein Held. Warum kauft er, was deutsche Manager bereits als Schrott bewerten (der ausgehandelte Preis der Stahlfabrik entspricht dem Preis für Stahlschrott): „Ich brauchte ein Pferd das schnell läuft und nicht viel Heu frißt." In Hörde steht ein Denkmal - ein Hochofen aus dem 19. Jahrhundert, mit einer Inschrift, daß er von England importiert wurde.[240]
Was die Deutschen taten, um zu England aufzuschließen (und dann auch technologisch zu überrunden), versucht die deutsche Wirtschaft, China zu verbieten.
„Technologiediebstahl" verstößt gegen die (Religion der) geistigen Eigentumsrechte. Der Dachverband der deutschen Industrie BDI hat einen Katalog von Maßnahmen vorgelegt, dessen Umsetzung chinesischen Unternehmen den Zugang zu deutschem Wissen und Technologie in einer Weise einschränken würde, daß man von einem Verbot von Export und Imitation neuer Technologie sprechen muß.[241] Keine chinesische Regierung unterwirft sich neo-imperialistischem Druck. Wie der Daoismus sagt: Jedes Negative hat sein Positives. Die deutsche Wirtschaft lernt von China, wie man eine „chinesische Mauer" baut, um den Diebstahl von geistigem Eigentum zu verhindern. Für einen neuen „Opiumkrieg" reicht es nicht, das Denken ist jedoch

---

[238] Handelsblatt, 17. August 2006, S. 2: „Das Orakel von Lindau"
[239] Geldanlage Report vom 16. Juli 2006: „Droht Solaraktien jetzt der Kollaps?"
[240] Die Geschichte der Stahlfabrik entnehmen wir James Kynge (2006).
[241] Frankfurter Allgemeine Zeitung, 19. Mai 2006, S. 13: „Merkel soll China wegen Technologiediebstahl rügen".

vergleichbar. Die ausländischen Autobauer in China verbieten - *wangwei*-ökonomisch - ihren Kooperationspartnern den Export der produzierten Automobile (verständliche Angst vor Kannibalisierung der eigenen Märkte). Sie fördern damit aber nur den Aufbau der heimischen PKW-Exportindustrie.[242] Vorhersage: Game over, ceteris paribus (Fortführung der *yin-yang*-Disharmonie) für die Massenhersteller in Europa.

Betrachten wir diese Angelegenheit evolutionsholarchisch. Gesellschaften auf den Stufen 5 und 6 sprechen aus der Logik der Spiraldynamik nicht zu Unrecht von „Fortschritt", wenn sie die Menschen auf den niedrigeren Stufen, dem „Bösen" verhaftet, von ihren Errungenschaften zu überzeugen versuchen: der Herrschaft des Rechts, international gültiger Völker- und Wirtschaftsgesetze, der Durchsetzung einer „Religion geistigen Eigentums" (Mühlbauer, 2006), ein explizit-ethischer Oktroi im Sinne und Namen des Fortschritts. Eine neue Form des Paganismus, beginnen doch Menschen ihrer Rhetorik auch zu glauben. In „China (fehlt) es an einem Bewußtsein für geistiges Eigentum" (Mrusek & Müller, 2006). Die Chinesen beklauen Siemens, eine Freveltat, die gesühnt werden muß.[243]

> Wir versprechen hiermit feierlich, daß wir geistiges Eigentum schützen werden.
> Ministerpräsident Wen Jiobao[244]

Spielen uns hier die daoistischen Meme der Chinesen einen bösen Streich? Erfahren wir doch von Zhuangzi und seinen daoistischen Kollegen (und auch Konfuzius schließt sich an):

> Lückenbeißer fragt den Adelssproß:
> Nun denn, ist es möglich, überhaupt irgendetwas zu wissen?
> Wie könnte ich das wissen? Dennoch will ich versuchen, etwas darüber zu sagen.
> Wie soll ich wissen, ob das, was ich Wissen nenne, nicht tatsächlich Unwissenheit ist?
> Wie kann ich wissen, ob das, was ich Unwissenheit nenne, nicht tatsächlich Wissen ist?
> (Zhuangzi, 1998, S. 81).

Sagt ein deutscher Ministerpräsident:

> Es wäre geradezu ein Witz, wenn im High-Tech-Land Deutschland die Erfindungen gemacht werden und in Fernost die Kohle. [245]

Und er ist völlig im Recht. Kohle machen dort viele. Die Durchschnittslöhne der Industriearbeiter sind seit 1980 um das Dreißigfache gestiegen.[246] Deutschland ist wirklich Spitze bei Erfindungen (6. Kapitel).

Der „Witz" ist doch: Gerade weil sie (noch) keine Property Rights à la Deut$chland and the U$A haben, laufen chinesische (und indische) Unternehmen den Deutschen davon. Man kann auch sagen: hierzulande ist die Basisinnovation Nr. 5 (IT) ohnehin nie auf die Sprünge gekommen,

---

[242] Anthony Yang, Analyst bei Goldman Sachs: „Die lokalen Marken dominieren die Exporte, weil die Ausländer in den Gemeinschaftsunternehmen normalerweise ihren chinesischen Partnern die Ausfuhr untersagen. Dank weiterer Kostensenkungen und einer Verbesserung der Qualität haben diese lokalen Marken aber ihre Wettbewerbsfähigkeit im Weltmarkt stark verbessert. Wir erwarten, daß die Automobilexporte Chinas bis 2010 auf 1,2 Millionen Einheiten jährlich steigen werden" (zitiert in Frankfurter Allgemeine Zeitung, 21. August, 2006: „China will den Fahrzeugexport vorantreiben").
[243] „Stoiber wirft China Technologie-Klau vor", Financial Times Deutschland, 17.2.2006.
[244] Zitiert in Handelsblatt, 23. Mai, 2006, S. 9. Die Aussage fiel auf einer Pressekonferenz angesichts des Chinabesuchs von Bundeskanzlerin Angela Merkel im Mai 2006.
[245] Quelle: Financial Times Deutschland vom 17.2. 2006.
[246] Quelle: Credit Suisse; Financial Times, 12. Juli 2006, S. 12: „Made in China, still priced to go."

vergleichsweise. Und was mit Diebstahl gemeint ist, ist eher die Kopierlust in denjenigen Branchen, die relativ innovationsarm sind und durch Verbesserungsneuerungen sich im Markt halten müssen. Wenn hier andere vom Kuchen essen wollen, wird es in der Tat eng am Runden Tisch. Aber dies sind selbstgemachte Probleme. Wer die Türen zur Zukunft verbaut, muß mit dem leben, was in der Vergangenheit *wuwei*- ökonomisch noch erlaubt war zu produzieren. Die Herrschaft von *wangwei* ist die Unterdrückung von Kreativität und Initiative, die Züchtung von „Problem-Tigern".

Wie wir wissen (könnten) unterscheiden sich Fernostwitze von den hiesigen in mancher Hinsicht.[247] Und wenn Chinesen höflich lächeln, insbesondere auf Staatsempfängen mit deutschen Würdenträgern, ist das geistige Eigentum schon in „Kohle" transformiert. Die Gottlosen, die Nichtwissenden und das geistige Eigentum.

Was sie/wir vergessen: Die Evolution ist noch längst nicht zu Ende. Was man als Standard, als Triumph der Zivilgesellschaft zu betrachten pflegt, ist aus der Sicht der „tieferen" gelben usf. Stufen ein Grund für Erbarmen und Mitleid, für die „höheren" Ebenen Bedrohungspotential und Aussicht auf den Tod ihrer Lebensweise und Innovationsrenten. Die Brandung der Moral rauscht in ihren Schädeln; eine anständige Ovation vor einem Publikum von Engeln, die, da sie alle längst gestorben sind, wissen, was ein schöner Tod ist. GWB büßt (auf Erden) für moralische Exportweltmeisterschaft (die der Himmel ihm belohnen mag). Ab der siebten Ebene gewinnt der Mensch die psychische Kontrolle über seine Biologie: Essen, Sexualität, der GSM-Standard,[248] von Genen emotional und kognitiv entkoppelt.

> Ein Tiger verfolgt zwei Jäger. Einer bleibt stehen, zieht sich die Stiefel aus und wirft Gepäck ab, um schneller laufen zu können. Sagt der andere: „Was soll das? Der Tiger ist doch sowieso schneller als wir." „Genau! Hauptsache, ich bin schneller als du!"

Wer nicht schnell genug wegkommt, verliert. Der Verlierer hängt fest im *yin*- Sein/ Nichtsein. Flexibles Denken und Handeln ist nicht sein Ding. Warum sollte ich mir um „zehntausend Dinge" Gedanken machen, mir genügt mein bewährtes Sortiment, qualitativ hochgerüstet. Meine *cash cows* ausmelken. Die befreiten Tiger danken es ihm. Ausgehungert und arm greifen sie nach allem, was vor ihnen liegt, was nicht schnell genug wegläuft. Der lahmende Alttiger versucht sich zu retten, indem er sein Altsortiment dorthin verlagert, wo die Tiger noch jung und hungrig und rund um die Uhr auf Pirsch sind.[249] Produktionsverlagerung als Lebensrettung. Sein Wissen greifen sie aber nur noch schneller, transrapide, ab. Kann Arbitrage Innovation ersetzen? Kurzfristig ja, langfristig niemals. Arbitrage ist eine Kurzfristtherapie. Innovation ist eine Langfristheilung. Man könnte, verkürzt sagen: Schulmedizin (-ökonomie) versus traditionelle chinesische Medizin.

Die Tigerunternehmer aus Indien und China sind disruptive Innovatoren. Sie machen alles billiger, einfacher, auch wenn sie dabei, *zunächst*, Qualitätseinbußen hinnehmen. Wie schnell eine Strategie bescheidener Qualität überwunden sein könnte, machte Japan vor (Foto- und Konsumelektronik, Automobile) und später Korea und Taiwan. Sie sind die Ryan Airs der Industrie. Gleiche Funktion, niedrige Preise. Billiger, manchmal auch besser.

---

[247] Zum andersartigen Kommunikationsverhalten von Chinesen – und es ist wirklich andersartig – siehe Gao & Ting-Toomey (1998).
[248] GSM= Geld, Sex, Macht.
[249] „Die arbeiten täglich 10 bis 12 Stunden, wenn es sein muß, an sieben Tagen in der Woche", beobachtet ein deutscher Unternehmer mit hoher Chinapräsenz (zitiert in Frankfurter Allgemeine Zeitung, 19. Mai 2006, S. 13).

Weglaufen bedeutet daoistisch, *yin*- und *yang*-Kräfte zu „mischen" (Laozi). Und das bedeutet nicht, tatenlos zusehen, wie andere die Kaufkraft abräumen und die Produktzyklen aufrollen.

> Der Daoist ist kein Schwächling, der nicht anpacken kann, doch er kann etwas anfangen mit dem 'Kontrapunkt' des Weiblichen [*yin*] im Männlichen [*yang*] ... Sein Tun ist ohne Tun, und das heißt nicht, dass er tatenlos zusieht - er sieht zu, dass seine ‚Taten' gelöst sind, gelöst von seiner Selbst-Herrlichkeit und eingelöst in das selbstverständliche Zusammenspiel der Dinge (Wohlfahrt, 2002, S. 58).

Was Weglaufen und - wegen einer *yin*-Dominanz - Nicht-weglaufen-können in der Wirtschaft bedeutet, verdeutlicht Abbildung 5.7.3. Ein standardisierter Produkt-/ Lebenszyklus dient als theoretische Vorlage. Die Nachholer treten am Ende des Produktzyklus in unsere ökonomische Welt ein. [250]

Abbildung 5.7.3: Weglaufen oder sterben

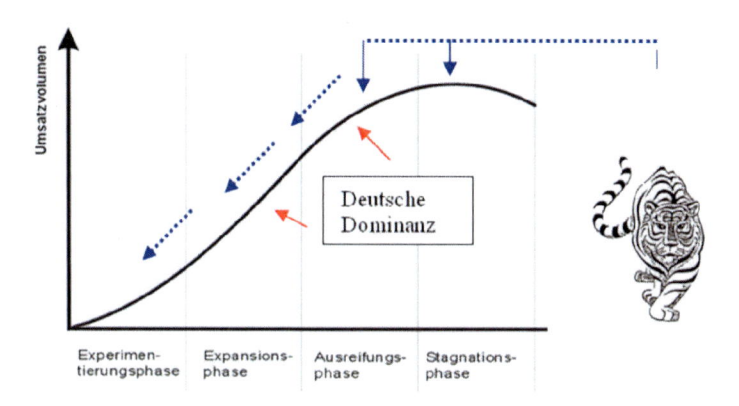

Innovationszyklus

Sie lernen rasch, sie imitieren, sie scheren sich (noch) nicht um die Religion geistiger Eigentumsrechte. Sie rebellieren gegen *copyright* und Patentschutz – gegen alles, was ihre Tiger wieder in den Käfig einsperren könnte. Sie sind frei und wollen es bleiben. Sie springen auf Produktzyklen auf, die sie selbst nicht geschaffen haben, auf denen es sich aber gut leben und verdienen läßt. Alles ist verfügbar: Wissen, Märkte, Kaufkraft. Wenn sie unternehmerische Energie einbringen, meistern sie die *wu*-Faktoren über Nacht. Sie machen es - zunächst - nicht unbedingt besser, aber billiger. Der Ökonom spricht von den Vorteilen der internationalen Arbeitsteilung. Wir, die Etablierten, haben komparative Vorteile bei sogenannten Produktzyklusgütern, die anderen bei ausgereiften oder standardisierten Gütern; auch Einstiegsgüter genannt.

Einmal aufgesprungen, folgt ein Vorarbeiten auf dem - oder das Aufrollen des - Produktzyklus. Als Korea den ersten Tanker (*yang*) nach japanischer Konstruktionsweise (*yin*) baut, passen erste und zweite Hälfte, Heck und Bug, nicht zusammen. Koreanische Schiffbauer lernten schnell,

---

[250] Nicht in ihre eigene wirtschaftliche Welt. Was sie machen, ist aus ihrer, subjektiven Sicht etwas Neues (*wu-yang*), auch wenn es aus der Sicht der reifen Industrienationen nur Billigimitation, oder aus der Sicht unserer Manager kaum mehr als Lachnummern sind - genauer gesagt: waren. Die Lach- und Spaßphase ist längst vorbei.

bauten ihre technologische Kapazität aus und beherrschen heute den Tankermarkt, wie vordem Japan, und vordem Deutschland.

Warum laufen wir nicht weg vor dem immer näher aufrückenden Tiger? Die Dominanz des Seins als *yin* macht es schwer. Deutschland versucht seine Märkte im Bereich mittlerer Technologie (von manchen empirischen Forschern auch Hochtechnologie genannt) zu erhalten. Beispiele sind Automobil und Chemie, auch Maschinenbau. Dies soll die deutsche Exportweltmeisterschaft sichern? Zu welchem Preis? Wann kommen die Personenwagen und Maschinen aus China? Letztere beherrschen bereits heute die Märkte im Fernen und Mittleren Osten. Niemand weiß wann; nur *daß* sie kommen. Es scheint, daß die Deutschen, im Augenblick noch schneller laufen als die Franzosen. England ist hier schon ausgestiegen.

Wohin Weglaufen? An die Spitze. In die Phase der Expansion und des Experimentierens. Dorthin wo das Neue entsteht und sich entfaltet. Die Konkurrenzsituation ist dort eine völlig andere. Nicht nur, daß Innovation Innovation erzeugt: Ko-Innovation. Sie weitet auch die Märkte aus und schenkt dem Neuerer neuen Lebensatem jenseits der Märkte mit näherkommenden Tigern. Wenn die Aufholer dann dort sind, wo die Pioniere schon angekommen sind, sind sie so reich, so satt, zahlen so hohe Löhne, daß ihre Konkurrenz eine andere geworden ist.

- **Gesundheit**

    Der Körper ist die Heimstatt des Lebens, die Energie ist die Grundlage des Lebens, der Geist ist der Herrscher über das Leben: Verliert eines davon seine Position, werden alle drei in Mitleidenschaft gezogen.

    Laotse, 1996, S. 67.

Das medizin-technische Wissen steigt mit einer mehr als exponentiellen Rate.[251] Wenn wir krank bleiben, liegt das weniger am Wissen (*yang-wu*), auch nicht an ärztlicher Kunst (*yin-wu*). Die Lebenserwartung steigt – auch wegen medizinisch-technischem Fortschritt. Gemessen an dem, was möglich wäre, ist das wenig. In einigen Ländern sinkt die Lebenserwartung, für andere, wie die USA, sagen Forscher eine Stagnation voraus (ungesunder Lebensstil, Fettleibigkeit).

Prozesse in der Seinwelt hemmen Fortschritt. In keinem Teilsystem der Gesellschaft beobachten wir eine stärkere Diskrepanz zwischen *yin* und *yang*. Das Gesundheitssystem ist außerordentlich komplex. Es besteht zudem aus vielen Teilsystemen, die miteinander strukturell gekoppelt sind und sich wechselseitig in Permanenz mit „Irritationen" überhäufen. Was dabei herauskommt: Ein „Markt in Fesseln" (Heiny, 2006). Mit einem Umsatz von 240 Mrd. Euro handelt es sich um die größte Branche in Deutschland. Gefesselt. Entmündigt. *Wangwei*, wie in keinem anderen System der Gesellschaft.[252]

Gesundheit und Krankheit sind zunächst Konstruktionen des Selbst. Aber auch ein gesellschaftlich (politisch) konstruierter Diskurs. Da Gesundheit nicht als normales Gut gilt, fühlen

---

[251] „Gesetz von Kurzweil", 6. Kapitel.
[252] Wir erläutern hier nicht die Problematik staatlicher versus privater Bereitstellung medizinischer Leistungen. Die daoistische Logik argumentiert nicht gegen den Staat an sich, sondern gegen einen *wangwei*-Staat. Da politisches und bürokratisches Unternehmertum auf der gegenwärtigen Stufe der Evolution seinen Nutzen mit *wangwei* und nicht *wuwei* verbindet, ist andererseits eine Leistungsverbesserung an die Erosion staatlicher „Eingreifwut" gebunden. In Japan lenkt der Staat das Gesundheitssystem. Es gibt keine privaten Krankenversicherungen. Die Versorgung mit Leistungen ist dennoch beachtlich. Japaner haben die höchste Lebenserwartung auf der Welt, sie arbeiten viel länger als Europäer, sie zahlen weniger für Gesundheit – obwohl oder gerade weil 30 Prozent der Behandlungskosten von den Patienten selbst aufzubringen sind (Finsterbusch, 2006). Wie so etwas funktionieren kann, erläutern wir im Text.

sich viele berufen, die Produktion und Verteilung von Gesundheitsgütern nach bestimmten Kriterien zu regeln: Gerechtigkeit, Menschenwürde, Alter, Einkommen, Solidarität. Eine Zwei-Klassen-Medizin soll nicht erlaubt sein/werden („unethisch" erläutert der Topgesundheitsberater des zuständigen Ministeriums), dennoch bleibt eine Behandlung für alle auf dem höchstem Stand der medizinischen Kunst eine alltägliche Forderung.

Die Folgen sind bekannt: Ärzte streiken wegen ständig sinkender Realeinkommen pro Arbeitsstunde; die Schließung von Arztpraxen bringt den Insolvenzanwälten ein unverhofftes Zubrot. Mediziner wandern aus, Medizinmänner ein. Schulmedizinische Behandlung verlagert sich ins Ausland. Neue Behandlungsmethoden kommen nicht zum Einsatz, bereits eingeführte Behandlungsverfahren werden ausgemustert. Kosten explodieren. GKV-Alte werden entsorgt und Ethiker liegen im Dauerstreit wegen der Frage, wie mit Todkranken umzugehen ist.

Die „Vielfalt" der Behandlungsmethoden sinkt, folglich der gesundheitliche „Reichtum" (Zhuangzi: „Vielfalt besitzen heißt Reichtum"[253]). Dem ethischen Imperativ Heinz von Foersters, der auch ein daoistischer ist, wird direkt zuwider gehandelt: „Handle stets so, daß die Anzahl der Möglichkeiten wächst." Wen juckts? „Wenn diese zwei [*yin*] und [*yang*] ineinander übergehen und miteinander harmonisieren, werden die Dinge geboren" (Zhuangzi, 1998, Kapitel 21.4, S. 289). Das Leben wird unaufhörlich wiedergeboren. In jedem Mensch selbst. Gesundheit dient dieser Wiedergeburt. Leistet sie diese Funktion nicht: *wangwei*-Ärzte werden zu „Soldaten des Todes" (Laotse, 1996, S. 46).[254]

Menschen wissen nicht, daß sie langsam sterben (Frosch-Effekt). Sie wissen nicht, daß sie nicht wissen. Manche, sogar viele, wissen auch, was sie mit sich selbst tun. Die Kosten ihres Tuns externalisieren sie auf die Gemeinschaft.

Was wir ansprechen, ist auch eine Medizin mit der Dominanz des Nichtseins als *yin*, anders gesagt: „Schulmedizin". Sie zielt auf Behandlung. Sie folgt dem cartesianischen Modell wissenschaftlicher Forschung und medizinischer Behandlung. Sie zielt weniger auf Heilung (healing) und Vorsorge. Sie liegt eher außerhalb der Forschung, außerhalb der medizinischen Praxis, aber nicht außerhalb einer politisch-motivierten Regulierung.[255] Über eine Balance zwischen Heilung und Vorsorge (*yin*) und schulmedizinischer Behandlung (*yang*) verfügen wir nicht, folglich werden oder bleiben wir krank.[256] Bei einem sich gegenseitig ergänzenden Wettstreit der beiden Grundkräfte haben wir eine „harmonische" Medizin, eine *yin-yang*-Medizin.

Wir können die auf „Heilung" ausgerichtete Medizin als *yin*, die Schulmedizin als *yang* verstehen. Erstere ist traditionsorientiert, lebt von Erfahrungen, ist wissenschaftlich nur teilweise reflektiert (Wissenschaft ist ein *yang*-System; siehe Abschnitt 5.8). Heilung war das einzige, was Menschen erhoffen durften, bevor - parallel zur Industriellen Revolution - die moderne Medizin entsteht. Über ihre gesundheitliche Qualität sagt das wenig aus. Die moderne Medizin ist *yang-*

---

[253] Siehe Lin Yutung, 2000, S. 63.

[254] Ein Arzt tut was er tut. Er ist wie alle autopoietischen Systeme von seinen Strukturen determiniert. *wangwei*-Strukturen machen ihn zu dem, was Laotse ausspricht.

[255] Im Dezember 2005 entschied das höchste deutsche Gericht, daß die Weigerung der staatlich beaufsichtigten Gesundheitsakteure, Schwerkranken den Zugang zu alternativen (nicht- schulmedizinischen) Behandlungsmethoden zu verweigern, verfassungswidrig sei. Aus daoistischer Logik ist diese Entscheidung, so förderlich sie im Einzelfall sein mag, quasi-pervers. Die alternative Medizin zielt auf Vorsorge, auf Heilung, auf *Erhaltung* einer ganzheitlichen Gesundheit. Ihre Wirkungsweise ist reines *yin*: sich langsam aufbauend, eine lang anhaltende Wirkung herbeiführend, not-medizinische Eingriffe, welche die Richter im Auge hatten, gerade überflüssig machend.

[256] „... bei Ungleichgewicht zwischen ihnen [*yin* und *yang*] tritt Krankheit auf" (Schmidt, 1995, S. 125).

lastig. Sie hat es nicht vermocht, das *yin* (Erfahrungswissen) der traditionellen Medizin wissenschaftlich und behandlungspraktisch zu integrieren. Damit bleiben synergetische, aus einer Integration von *yin*- und *yang*-Medizin rührende Heilungs- und Behandlungspotentiale unerschlossen. Wer Heilung sucht, muß sich selbst auf den Weg machen - und selbst bezahlen.[257] Er muß ein evolutorischer Unternehmer seiner Gesundheit sein.[258] Früher übten diese evolutorische Funktion Schamanen (das Ur-*wu* im Chinesischen), Medizinmänner, Priester und Hexen aus – schulmedizinisch und GKV-logisch: Scharlatane.[259]

Die nächste Abbildung zeigt uns die Einbindung dieser Überlegungen in die spiraldynamische Evolutionshierarchie. [260]

Abbildung 5.7.4: *yin-yang*-**Medizin und Evolutionsdynamik**

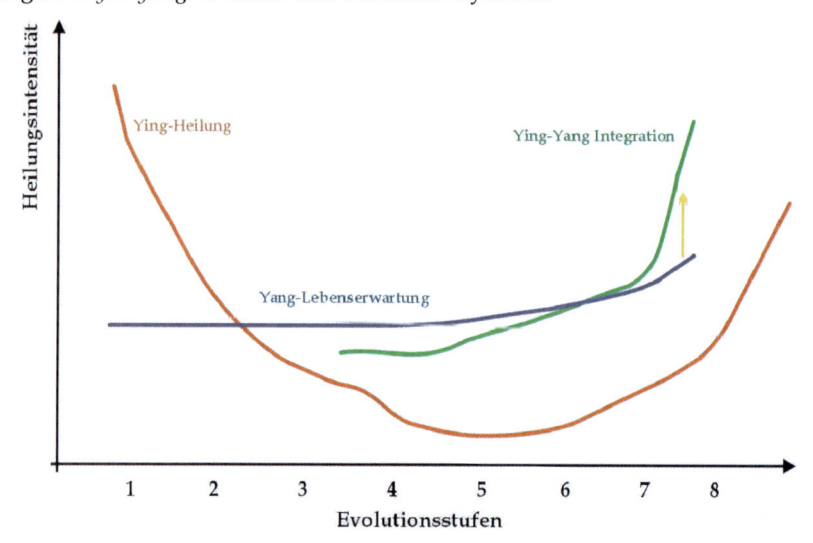

Wir sehen die Ebenen der Evolutionshierarchie (vgl. Abschnitt 3.6). Die Senkrechte zeigt die „Heilungsintensität". Ein Germane zur Zeit der Römer (Stufe 2-4) - Schulmedizin null - mußte sich, wenn er leben wollte, „heilen" lassen. Seine Lebenserwartung blieb dennoch bescheiden. Gegen hohe Kindersterblichkeit, Infektionskrankheiten usw. helfen kein Schamane und kein Gebet. Mit dem Siegeszug der wissenschaftlich begründeten Medizin („Behandlung") ab den Stufen 4ff. steigt die Lebenserwartung. Die *yin*-Medizin wird andererseits nahezu ausgelöscht: unschöpferische Zerstörung. Dieser Prozeß ist gegenwärtig in China in vollem Gang. Ab den Evolutionsstufen 6 dreht die Heilungskurve wieder nach oben.

---

[257] Ein Durchschnittsfranzose gibt von seinem Einkommen 4.25mal mehr für sein Auto als für seine Gesundheit aus; die Zwangsabgaben für das staatliche Gesundheitssystem nicht mitgerechnet (siehe Verweis im 8. Kapitel).
[258] Nach Erkenntnissen des Bundesministeriums für Gesundheit entfallen 1.7 Prozent (Jahr 2005; 2004: 2.6) der Ausgaben der Gesetzlichen Krankenversicherung auf „Vorsorge- und Rehamaßnahmen" (Vergleich: Krankenhausbehandlungen: 34.1 Prozent). Bei Vorsorge usw. können wir am ehesten eine Heilungskomponente vermuten, wenn auch Behandlungen im Krankenhaus und durch Ärzte „healing" nicht ausschließen.
[259] Zum ganzen Komplex der „Heilung" zwischen Wissenschaft, Religion und Geschäft siehe die Beiträge in Ritter & Wolf (2006).
[260] Selbstverständlich nur eine grobe Illustration. Mehr brauchen wir an dieser Stelle nicht.

Eine *yin-yang*-Harmonisierung würde die Kurve der Lebenserwartung nach oben verschieben. Die blaue Kurve zeigt den *yang*-Anstieg der Lebenserwartung durch verbesserte Behandlungsmethoden. Die grüne Kurve informiert über den *yin-yang*-Effekt: die Integration von *yin* (Heilung) in die Schulmedizin (*yang*). Die genauen Kurvenverläufe sind irrelevant. Uns interessiert das allgemeine Muster.

Natürlich mag der Staat das nicht: „Früher Tod bringt die Rente ins Lot". Seine Unfähigkeit das System der Gesundheit zu energetisieren, züchtet Rebellion. Zudem zeigen Länder wie Japan, was eine größere *yin-yang*-Harmonie leisten könnte: länger leben, gesünder leben, länger arbeiten - und alles ohne Import von Kuli-Arbeitern nach U$A-Muster und neoliberaler Logik.

Auch in der durch Wissenschaft angetriebenen sog. Schulmedizin als einem Teilsystem der Gesundheit, gibt es *yin-yang*-Disharmonien. Dies liegt zunächst an den zunehmenden Schwierigkeiten, medizinisches Wissen, vor allem das neue Nichtsein als *yang*, in der Praxis durchzusetzen; und deren Probleme sind auch solche von *wangwei*: eine innovationshemmende Ent-Legalisierung von „Zweiklassen"-Medizin.[261]

Und für diejenigen, die der Ansicht sind: „Wer spart, hungert bloß für die Erben", bleibt ohnehin kaum mehr als Dritte-Klasse-Medizin, weil sie sich die Fahrt in der ersten und zweiten Klasse nicht mehr leisten können (sofern sie vorher nicht gespart haben).[262] Den Zugang zu lebensverlängerndem medizinischen Fortschritt, durch die politische Regulation des Gesundheitsmarktes zunehmend erschwert, sehen wir als einen starken Anreiz zur Vermögensakkumulation. Medizinische Versorgung mit dem Ziel einer Harmonisierung von *yin* und *yang* wird deswegen notwendig – *ziran*-ökonomisch: eine Vielklassenmedizin.[263] Heilung steht neben Behandlung, High-Tech-Medizin, wer sie haben will und bezahlen kann, steht neben standardmedizinischer Behandlung; und diese ist nur deswegen relativ günstig zu bekommen, weil sie vorher, als sie noch neu war, von Pionieren auf der Angebots- und Nachfrageseite geschaffen wurde. Wer die Pioniere ausschaltet, läßt das Gesundheitssystem vergreisen. Auch hier gilt Zhuangzi: Vielfalt schafft Gesundheit.

Im gegenwärtigen System der Gesundheit finden wir eine ausgedünnte Zuschreibung der Kosten medizinischer Behandlung auf eigenes Verhalten (sogenannter „Freibier- Effekt"). Niemand verzichtet freiwillig auf ein Geschenk, auch wenn er am Ende draufzahlt - mit seiner Gesundheit und seinen Abgaben. Ökonomisch gesprochen nennt man solches Externalisierung der Kosten oder Produktion von sozialen Kosten. Die soziale Medizin produziert soziale Kosten. Biologisch ist es Kannibalisierung: Einer lebt auf Kosten von Anderen, er ißt die Ressourcen anderer Menschen inklusive ihrer Körper (Gesundheit). Und solches macht, aus seiner ego-zentrischen Sicht,

---

[261] Welche das Experimentieren mit neuen Behandlungsmethoden, für welche „Reiche" freiwillig bezahlen würden (aber zunehmend nicht mehr dürfen), erschwert und damit Kostensenkungen und Effektivitätssteigerung durch Mehrproduktion behindert. Beschränkung von Diffusion und learning by doing.

[262] Daß der Staat auch diesen Menschen eine first-class-Medizin verspricht, ist ähnlich dem Rentenversprechen: politisch rational, ökonomisch-medizinisch eine Unmöglichkeit und moralisch eine Lüge.

[263] In diesem Zusammenhang ist die Entscheidung eines US-amerikanischen Gerichts (U.S. Court of Appeals) von weittragender Bedeutung. Das Leben rettende Arzneimittel und Behandlungsmethoden können Patienten nicht mehr vorenthalten werden, auch wenn die Arzneimittel von der Genehmigungsbehörde FDA noch nicht zugelassen sind. Es ist in der Tat schwierig nachzuvollziehen (und Deutschland/die EU folgen weitgehend der FDA-Praxis), warum Arzneimittel, die als sicher und wirksam nachgewiesen sind, und obwohl Patienten über keine andere Alternative verfügen, ausgenommen ihren Tod, der Zugang zu solchen Therapien verwehrt ist. Daoistisch: *wangwei* für den Tod. Zur Quelle obiger Information siehe Yahoo. Message Boards: Celgene, Message 122948, (http://finance.messages.yahoo.com/bbs?.mm= FN&board =7078 974&tid=celg&sid=7078974&action=m&mid=122948), 5. Mai 2006.

durchaus Sinn. Es ist rational, sich so zu verhalten. Solidarität in der Großgruppe ist illusionär. Sie muß durch Zwang (*wangwei*) durchgesetzt werden.

In unseren Worten: eine Sterbende-Frosch-Medizin. Die teuren, sogenannten Zivilisationskrankheiten bauen sich, zunächst, unmerklich über die Zeit auf.[264] Was auf die lange Sicht Krankheit verursacht, gilt gar als Genuß und Spaß. Ein Problem der Zeitpräferenz (siehe Kasten). Irgendwann kommt der Umschlag; wie immer: Warten bis einem das Wasser am Hals steht, dann das Maul weit aufreißen.

> **Zeitpräferenz im Gesundheitssystem**
> Zeitpräferenz ist die Neigung eines Menschen, Güter der Gegenwart gegen Güter der Zukunft einzutauschen. Wenn ich zum Beispiel spare, verzichte ich auf Güter (in der Gegenwart), um dafür mehr Güter in der Zukunft zur Verfügung zu haben. Wenn ich heute gesund lebe, verzichte ich auf Genuß und Spaß, um in der Zukunft Gesundheit zu „ernten". Eine hohe Zeitpräferenz bedeutet, daß ich (Güter der) Gegenwart relativ hoch einschätze im Vergleich zu (Gütern in der) Zukunft. Hohe Zeitpräferenz heißt also: hohe Wertschätzung der Gegenwart, niedrige Zeitpräferenz, hohe Wertschätzung der Zukunft. Die gegenwärtig operierenden Gesundheitssysteme bewirken, oft ungewollt, eine Steigerung der Zeitpräferenzrate. „Brutalst möglich" (Koch) gesagt: Das System fördert über den Mechanismus der Zeitpräferenzsteigerung medizinischen „Terrorismus". Raubbau an sich selbst, an anderen. Der Selbstmord- oder Kamikazeterrorist kümmert sich nicht um die Zukunft seines Selbst. Früher Tod bringt seinen Himmel ins Lot. Wer gesund lebt, finanziert, indirekt, den Genuß der Spaßbürger. Zwei gegenläufige Tendenzen bestimmen somit in ihrem Zusammenwirken was wir als Gesundheit (sich zeigend in einer zunehmenden Lebenserwartung) beobachten. (1) Steigerung der Zeitpräferenz (getragen aus fehlsteuernden Anreizmechanismen; „Freibierwirkung"); (2) medizinisch-technischem Fortschritt der Schulmedizin. Eine niedrige Zeitpräferenz schafft Raum für Gesundheit und langes Leben, daoistisch: *yin*. Eine hohe Zeitpräferenz ist *yang*-orientiert; hohe Wertschätzung des schönen und „glücklichen" Lebens in der Gegenwart, Aufregung, Spaß, Genuß, Risiko, alles *yang*. Weder ein *yin*-Mensch noch ein *yang*-Mensch leben glücklich. Glück (Zufriedensein) heißt *yin* und *yang* in Balance zu halten.

Das Gesundheitssystem beschäftigt sich mit anderen Worten überwiegend mit der Frage, wie die Kosten eines langsam sterbenden Frosches aufzuteilen sind, aber weniger mit der Frage, wie der Frosch ins Wasser kommt und wer die Temperatur des Wassers hoch regelt. Der einzelne Mensch. Anreize für eine ganzheitlich-gesündere Lebensweise, *yin-yang* (oder daoistische) Medizin gibt es kaum. Wer gesünder lebt, subventioniert den schleichenden Tod seiner Mitbürger ähnlich den Familien, die über ihre Kinder die Altersversorgung der Kinderlosen mitfinanzieren. Eine Zurechnung der selbst-verursachten Kosten auf das eigene Verhalten findet nur ausgedünnt statt.

Zwei Beispiele:
(1) „Unsäglich sind offenbar die Zustände, was Rückenschmerzen betrifft. Diese Volkskrankheit verschlingt Unsummen".[265] [266] Rückenleiden fallen nicht vom Himmel. Sie können aus einem

---

[264] Es geht bei allen unseren Aussagen nicht um unfallmedizinische Eingriffe und Behandlung. Außer die Unfälle sind solche, die im Prinzip selbstverschuldet sind. Risikosport-, Handy- oder Raucherunfälle.
[265] Siehe den Kommentar „Letzte Instanz", Frankfurter Allgemeine Zeitung, 29. März 2006, S. N1.
[266] Der Verschleiß von Rücken, Knochen und Gelenken ist für ein Drittel der Berufsunfähigkeit verantwortlich.

Unfall herrühren, die meisten sind selbstgemacht (schreiben wir als medizinische Laien). Es gibt Berufsfelder mit höherer Anfälligkeit für Rückenleiden. Mit sehr einfachen (daoistischen oder Yoga-) Übungen ließe sich der Rücken gesund halten. Wahrscheinlich sind auch genügend Broschüren und Leitfäden, auslegend in den Praxen der Ärzte verfügbar. Erstens wissen, zweitens tun (siehe unten den Abschnitt zum knowing-doing-gap).

(2) Diabetis, eine Volkskrankheit. Was uns die zuständige Wissenschaft berichtet, selbstgemacht, keine „Dao-Krankheit" (dem natürlichen Lauf des Alterns folgend). Änderung der Ernährungsweise kann Diabetis (Typ 2) in kurzer Zeit und wirkungsvoll unter Kontrolle bringen (Gannon & Nuttall, 2006).

Ohne Änderung der Anreize passiert wenig. Externalisierung der Kosten. Nahezu wie eine Fabrik, die nicht-gereinigte Abwässer (selbstverschuldete und vermeidbare Krankheiten) in den Fluß des Todes (die Versichertengemeinschaft) entsorgt. Das Hin- und Herschieben der Kosten (Wer zahlt? Wenn immer möglich: der Andere; Sein-yang) bei Ausklammern der persönlichen Verantwortung (Nichtsein-*yin*) und Verursachung (Nichtsein-*yang*) erzeugt Disharmonien, welche das System zerstören (unbezahlbar machen).

> Die Substanz des WEGES ist Nichtsein... Der WEG ist das Nachinnenschauen
> und das Zurückkehren zum eigenen Selbst.
> Laotse, 1996, S. 100f.

Echte medizinische Neukombinationen, welche den Menschen erlauben würden, den Prozeß des Alterns in seiner funktionalen Tiefe zu beeinflussen, möglicherweise sogar aufzuhalten, bleiben dann unfinanziert.

Medizinischer Fortschritt

Man handle, wenn etwas [*die Krankheit*] noch nicht vorhanden ist.
Man bringe in Ordnung [*die Gesundheit*], wenn etwas noch nicht in Unordnung ist.
Ein Baum [eine Krankheit; eine neue Methode, sie zu behandeln/heilen], den man mit beiden Armen umfasst, wächst aus (etwas, nicht größer als die) Spitze eines Haares.
Ein neunstöckiger Turm fängt an mit einem Korb Erde.
Ein Weg [*eine medizinische Neuerung*]von tausend Meilen beginnt unter den Füßen.
Wer handelt, zerstört es.
Wer festhält[*am Bestehenden*], verliert es.
Deshalb sind Menschen des Einklangs ohne ein Handeln *(wuwei)*, daher gibt es nichts Zerstörtes.

Dao De Jing, Kapitel 64, Übersetzung Gerstner, 2001, S. 320;
unsere Ergänzung ihn eckigen Klammern.

Eine *yin-yang*-Harmonie stellt sich auf Umwegen langsam wieder ein. Der zu zahlende Preis ist hoch. Auf „Menschen des Einklangs" (siehe Kasten) zu hoffen, wäre in der hier diskutierten Konstellation illusionär. Jeder hat jedoch die Chance, sein Froschdasein mit einem Sprung aus dem sich erwärmenden Wasser (dem Tod) zu retten. Er handelt, wenn es noch nicht vorhanden ist (die Aussicht auf Krankheit und Tod) und hält in Ordnung, wenn es noch nicht in Unordnung ist. Er steigt aus. Aus der Welt, aus der Welt von *yin*-Dominanz. Niemand kann ihn daran hindern. Nur er selbst.

- **Knowing-doing-gap**

Die wichtige Konstellation: die Leute haben Wissen, auch viel, sie tun aber nichts damit. Das ist eine *yin*-Dominanz. Zwischen Wissen und Tun gibt es eine Lücke. Wir widmen uns dem „gap" in einem eigenen (sechsten) Kapitel.

Vorher eine kleine Geschichte aus Altchina[267], die uns zeigt, um was es geht.

> Herr Ye [Name eines für Innovation Verantwortlichen] war ein Liebhaber von Drachen [ein Freund der Innovation]. Alle seine Kleider mußten mit Drachendesign gestickt sein. Er ließ alle Zimmer in seinem Haus mit Drachenbildern schmücken. In alle Säulen seines Hauses mußten Drachenmuster eingraviert sein. Es sah so aus, als ob er ohne Drachen nicht weiterleben könnte. Eines Tages hat der echte Drache [Schumpetersche Neukombinationen] im Himmel davon gehört und sich darüber sehr gefreut. Er flog zu Herrn Ye, um ihn zu besuchen. Als Herr Ye den echten Drachen sah, erstarrte er vor Schreck und ist sofort weggerannt.

- **Immigration**

> Die ‚zehntausend Dinge' tragen das Yin auf dem Rücken
> und umfassen das Yang.
> Laozi, Kapitel 42

Das war einmal so, als Europäer sich aufmachten, den absolutistischen Staaten entfliehend, eine neue Heimat in Übersee zu suchen.[268] Das ist, in Grenzen, auch so, wenn Ostasiaten ins Silicon Valley emigrieren, um zu studieren, um ein Unternehmen aufzubauen, um in ihre Heimat zurückzukehren. Ist es auch so, wenn Schwarzafrikaner, nordafrikanische, arabische, türkische Muslime zu uns kommen, wenn Mexikaner, legal oder nicht, sich auf Jobsuche in die USA machen? Was tragen sie auf dem Rücken?

Wandern Menschen in ein Land ein, bringen sie Wissen, Erfahrungen, Fähigkeiten mit. Sie importieren Nichtsein als *yang*. Das Gastland versucht, das neue Nichtsein (*wu*) in das Sein zu integrieren. Das Bundesland Hessen versucht, die Nichtintegrierbaren dadurch auszusondern, daß es sie einem Quasi-RTL-Quiz von „Hundert Fragen" unterwirft. „Nennen Sie drei Flüsse, die durch Deutschland fließen!" „In den deutschen Kinos startete 2004 der Film ‚Das Wunder von Bern'. Auf welches sportliche Ereignis nimmt der Film Bezug?" Einer der Autoren sah das „Wunder" in „Fox Tönender Wochenschau". Der zweite hat seine Einbürgerungschance schon verspielt: 100 Schüsse, 20 Treffer. Lernen 1 (Abschnitt 3.5) war das kleinste Problem, ist aber für den deutschen Staat, wissensgesellschaftlich und inputlogisch auf der Höhe, Problem Nr. 1. Nach Kompetenzen fragt man weniger. Nach Reflexion sowieso nicht. Und das parallelgesellschaftliche Sein, das spiraldynamische Farbenproblem, ist keines. Die Immigrationsfrage ist hoch emotionalisiert, in weiten Bereichen tabuisiert. Werte, Emotionen, das politisch Korrekte, steuern den Diskurs, auch in der Wissenschaft.

Vier kritische Variablen sind bei Immigrationsfragen von Belang: (a) die evolutorische Ebene (*wu*-Problem); (b) die Unterscheidung zwischen Mobilität und Güteraustausch; (c) die Ordnung des Seins (*yin-yang*-Disharmonie); stehen *yang*-importiertes *wu* und aufnehmendes *yin* nicht im Einklang miteinander, gibt es Probleme; (d) Inputlogik und Neukombination.

---

[267] Ye gong hao long.
[268] Als Auswanderung im heutigen Sinn läßt sich das nicht sehen. Sie besiedeln, von Ausnahmen abgesehen (Religionsflüchtlinge in Preußen, England) fast nicht oder spärlich besiedelte Räume. Die Anreizsysteme waren grundsätzlich verschieden von der heutigen Immigrationsbewegung.

(a) Wenn das Import-*wu* auf der gleichen spiraldynamischen Ebene (gleichfalls ein *wu*-Faktor) wie das Nichtsein des aufnehmenden Landes ist, und das Sein sich flexibel ordnen und reagieren kann, ist immigrierendes *wu* ein Segen für das Land. Neue Ideen und schöpferische Impulse fördern wirtschaftliche Dynamik.[269] Jährlich verlassen rund 100.000, meistens gut qualifizierte Inder („professionals") ihr Land, die meisten in Richtung USA. No problem.[270] Blockiert das Land durch ein starres *yin-you*, verschenkt es Potential. Ausländische Studierende müssen das Land verlassen, sofern man sie vorher überhaupt rein läßt. Geschäftsleute mit klugen Ideen können keine Wurzeln schlagen. Ihre Vision verwirklichen sie woanders.

Wenn wir das Ebenenproblem ausblenden, bleibt die Einwanderungs-/Auswanderungsfrage ein gedanklicher Torso. Wie Kant sagt (leicht modifiziert): Das Unpraktischste was es gibt, ist eine schlechte Theorie. Wir ersetzen nomologisches Wissen durch Glauben, Wunschdenken, Vorurteile, blinde Flecke, „Brunnenfrösche" (Zhuangzi), Dummheit. Vergleichen läßt sich alles. Die Einwanderung der Hugenotten nach Preußen können wir auch mit dem Zustrom von Schwarzafrikanern nach Spanien (in den EU-Raum) vergleichen. Der Schmelztiegel Florenz zur Zeit von Leonardo da Vinci, im Zeitalter der Renaissance, war nicht nur das Herz Italiens. Flüchtlinge und Zuwanderer aus Ost und West strömten hier zusammen: Griechen brachten ihre Manuskripte, philosophische Kennerschaft und theologische Disputierlust, Juden kamen mit reichen medizinischen Kenntnissen, Ausländer, Ketzer, Unterdrückte, Verfolgte. Was sie verbindet: spiraldynamisches Gleichsein, nicht selten auch größeres Tiefsein. Die in die USA strömenden Latinos lassen sich nicht vergleichen mit Ausgewanderten aus Deutschland, Irland und Schweden in die USA. Daoistisch heißt das: In einem Fall erzeugen wir, tendenziell, eine Harmonie zwischen *yin* und *yang*, im anderen stabilisieren wir möglicherweise Disharmonien, die weitgehend nicht auflösbar sind. Disharmonien kosten Geld, sie kosten Ressourcen, sie machen Ärger (was auch sein Gutes hat: sie bringen Stimmen in die Wahlurne), sie verschenken Entwicklungspotential in den Ländern, aus denen die Zuwanderer kommen („brain drain") und bringen Impulse in den Ländern, in denen sie sich ansiedeln.

Die Ebenenkonflikte zwischen Immigranten und Heimischen können eine Sprengkraft erzeugen, welche die aufnehmenden Länder schwer beschädigt, ökonomisch, politisch, sozio-kulturell, rechtlich (Aufbau eines Orwellstaates). Beobachter sehen eine Unvereinbarkeit zwischen muslimischer Kultur (auf einer Ebene, in der sich die meisten Muslime zu Hause fühlen) und den differenzierten Gesellschaften, die sie aufnehmen (zum Problem, Abschnitt 3.6). „Lösung": „Disconnect" (Kasten): Trennung, Zurückschicken (gegen gute Bezahlung). Integration zwischen Menschen unterschiedlicher Ebenen ist ein evolutorischer Prozeß, der über Generationen läuft, und nicht (allein) durch Sprache und Länderkunde zu meistern ist. Evolutionäre Naivität.[271]

---

[269] In diesem Abschnitt diskutieren wir die Immigrationsfrage aus dem Gesichtspunkt einer *yin-yang*-Disharmonie.

[270] Für die Immigrationsländer. Die Inder wollen sie zurück haben. Sie zahlen schließlich für Ausbildung (in der Heimat und den U$A) und verlieren Entwicklungschancen (Mashelkar, 2005). Viele kehren auch zurück - und machen Druck auf die indische Regierung, die heimischen Arbeitsbedingungen, insbesondere für unternehmerisches Tätigsein, zu verbessern.

[271] Vgl. Parapundit, 20. August 2006 (British want profiling against terrorists) und Sailer (2006g) zur „Unmöglichkeit" der Integration von Muslimen in die westliche kulturelle Tradition und daraus folgende politischen Maßnahmen. In Deutschland vertritt Henryk Broder (2006) die These der Rückentwicklung der aufnehmenden Gesellschaft durch islamische Einwanderer und die Unfähigkeit, dieser moralisch und rechtlich (wir würden sagen: schöpferisch) zu antworten.

„Disconnect"

Connect: Die Welt einladen, die Welt angreifen.
Disconnect: Ausladen, die Welt **in Frieden lassen**.

Der daoistische Aktionsparameter ist der zweite Teil der zweiten Zeile. „Connect" ist was die internationale Gemeinschaft praktiziert. Mobilität von Menschen aus allen Rassen, Kulturen, Religionen. Export von Institutionen, Kultur, Wirtschaftsordnung. Ebenenprobleme bleiben unreflektiert. Wenn die Eingeladenen nicht mitspielen (wollen, können), gibt es Ärger (Achse des Bösen, Anti-Terrorismus, Krieg). Wir laufen in Überforderungsprobleme (Ebenenkonflikte; Abschnitt 3.6). Robert Pape (2005) hat einen engen Zusammenhang zwischen Selbstmordattentaten (die höchste Form des Terrorismus) und Eingreifen („*wangwei*") in die Systemautonomie nachgewiesen.[272] Was jemand als Eingriff versteht, ist seine Sache. Es ist auch eine Funktion seiner evolutorischen Ebene. Muslime und Träger anderer kultureller Meme fühlen sich provoziert, beleidigt, diskriminiert. Demütigung ist eine Erfahrung, die viele Muslime, aber auch andere Fremde bei uns alltäglich machen. Die Einen schlucken es, andere schlagen zurück. Als „Einzelkämpfer", und folgen wir Robert Pape: als Mitglieder gut organisierter Netzwerke. Die harte Disconnect-Antwort: „Wir sollten aufhören, ihre Länder zu besetzen und aufhören sie zu uns zu lassen" (Sailer, 2006g). Wenn Menschen bei uns sind (Mobilität, Immigration) und Menschen sich durch unser normales Verhalten „entwürdigt" und gedemütigt fühlen. Was tun?

yin ist, *wie* jemand seine Heimat, seine Religion, seine Kultur, seine Familie betrachtet. Und dies ist in hohem Maße durch seine holarchischen Meme bestimmt. *Yang* ist, wie die anderen damit umgehen, wie sie das, war *er* wertschätzt, zu verändern versuchen. Wenn andere zu uns kommen, ist das, was sie vorfinden, für sie *yin*; das was sie tun, um in einem neuen Land zu leben, der ganze Immigrations- und Integrationsprozeß, ist *yang*. Wir sehen: Disharmonien, so weit wir

---

[272] Pape (2005) hat Daten von 460 Selbstmordattentätern ausgewertet. Seine Erkenntnisse: Die Attentäter sind nicht überwiegend arme, verzweifelte Kriminelle oder ungebildete religiöse Fanatiker, vielmehr oft gut ausgebildete Aktivisten aus der Mittelklasse. Weiterhin sind die Terroristen nicht durchgängig Produkte des islamischen Fundamentalismus. 95 Prozent der Anschläge erfolgen innerhalb gut organisierter Kampagnen durch militante Organisationen mit starker öffentlicher Unterstützung (Rückhalt in der Bevölkerung; demokratische Legitimität). Jeder Selbstmordangriff hat ein klares weltliches und politisches Ziel: Intervenierende Staaten zu zwingen, ihre militärischen Kräfte von Territorien abzuziehen, welche die Terroristen als ihr Land betrachten. Die Logik von Pape stützt die Basishypothese des Daoismus: Keine Intervention, schon gar nicht mit Gewalt. Ethisches Verbot von *wangwei*. Versuche dieser Art, wie immer man sie begründet, bewirken oder züchten Terrorismus. Gaza, Libanon, Irak, Afghanistan, Somalia, potentiell Iran, fallen in dieses Muster. Terrorismus dieser Natur ist Rebellion durch Morden.

überhaupt sehen können. Was alles noch komplizierter macht, fast unlösbar, und eigentlich nur *wuwei* (nicht-*wangwei*) als vernünftige Antwort übrig läßt: Menschen aus anderen Kulturen, Muslime etwa, leben auf verschiedenen Stufen ihrer holarchischen Leiter. Zu sagen, wie die harten Amerikaner (Sailer und andere): disconnect, werft sie raus (*yang*), laßt sie nicht rein, sie passen nicht zu uns (zu unserem *yin*) ist unsinnig, zumindest theoretisch. Was jemand als Demütigung, Provokation erfährt, ist keine ausschließliche Funktion des Glaubens einer Person, sondern auch, und viel entscheidender, der evolutorischen Stufe, auf der er lebt. Wir setzen ja auch nicht Meister Eckhart, im schiitischen Islam hoch verehrt, mit spanischen Inquisitoren gleich. Beachten wir dieses nicht, bewirken wir, was zu vermeiden war: Regression und Radikalisierung. Abriegeln, Rückzug in traditionelle Positionen. Die liberale und auch daoistische Position: Vor dem Gesetz sind alle, so unterschiedlich sie sein mögen, gleich.

Die *yin-yang*-Disharmonie zieht weitere Kreise. Auch in den Einwanderungsländern leben die einheimischen Menschen auf unterschiedlichen Ebenen. Viele Menschen tolerieren den Fremden nicht. Sie achten ihn nicht. Sie müssten/sollten es aber tun. Alle sind gleich. Politik, Recht, Medien, Religion sagen ihnen: so geht es nicht. Multikulturalismus. Sie wehren sich, sie rebellieren (King, 2006). Interkulturelle Ebenenkonflikte transformieren in intrakulturelle. Die Zuwanderer wehren sich gegen die Einheimischen, oft gewalttätig, der Staat reagiert durch Aufbau eines Kontroll- und Überwachungsapparats, der Menschen zwingt, auf einer niedrigeren Stufe der Freiheit zu leben. Es gibt Länder, die diese Probleme nicht haben. Warum nicht? Mobilität bewirkt, daß die (wohlgemeinten) Annahmen multikultureller Politik an Glaubwürdigkeit verlieren. Die Menschen weisen sie zurück.

Machen wir die Grenzen für Zuwanderer unterschiedlicher Evolutionsstufen auf, handeln wir *yin-yang*-Disharmonien ein. Das ist unvermeidbar. Was wir tun können: Disharmonien nicht durch Eingriffe (*wangwei*) in die Lebensräume anderer Menschen zu verstärken. Dies ist schwierig, da solches Tun (*wuwei*) an *yin*-Kompetenzen (*de*) gebunden ist, die nahelegen, auf den Stufen, auf denen wir leben, es nicht zu tun, das heißt *wangwei* zu praktizieren.

(b) Die klassische Ökonomie hat die Theorie des freien Handels von Gütern auf der Grundlage des Theorems sogenannter komparativer Kostenunterschiede begründet. Wir können diese Logik ausweiten und dann begründen, warum ein Austausch von Gütern zwischen Ländern unterschiedlicher Entwicklungs- und Evolutionsniveaus Wohlstand und Entwicklung fördern. Auch eine Steinzeitwirtschaft kann sich, international konkurrenzfähig (!), am internationalen Handel beteiligen und Wohlfahrtsgewinne für ihre Menschen erwirtschaften. Dies ist möglich, weil sich absolute Unterschiede, auch zwischen Menschen und Nationen, in relative (komparative) Unterschiede verwandeln.[273]

Diese Theorie setzt eine Nichtmobilität der Produktionsfaktoren voraus. Wenn wir diese aufheben, wird es theoretisch und handlungspraktisch komplizierter. Der Schutz des weniger Produktiven, den die Relativität bietet, ist nunmehr aufgehoben. Menschen und die Systeme, denen sie angehören (Familie, Erziehung, Religion, Politik) und die sie mit ihrer Arbeitskraft mit importieren, konkurrieren von Angesicht zu Angesicht, sozusagen 1:1. Kompetenzunterschiede lassen sich nun nicht mehr komparativ auffangen und sogar in Wohlstand umwandeln. Menschen sehr unterschiedlicher Qualifikation und Evolutionsebenen konkurrieren unmittelbar miteinander. Verbinden wir dieses Faktum mit dem Ressourcen- und Steueraufwand für die Kompetenz-Diskriminierten, haben wir sofort die Schwierigkeiten, welche die Klassiker mit ihrem Freihandelstheorem umgehen konnten.

---

[273] Siehe hierzu unsere obigen Anmerkungen zu den komparativen Kosten.

Nach der Katrina-Katastrophe in den Südstaaten der USA im Sommer 2005 staunte die Welt: Große Teile des Hegemons operieren auf Dritte-Welt-Niveau. „Atemberaubende Verschwendung und Betrug beim Wiederaufbau" (Lipton, 2006). Keine Versicherung gegen Krankheit, kein Arbeitslosengeld, kaum Sozialhilfe für die Armen. Die Amerikaner wissen gut, was ihnen die Dritte Welt im eigenen Land kostet. Und die Anti- Immigrationsbewegung der Weißen und Schwarzen zieht ihre ökonomische Kraft aus dem Umstand der hohen Kosten für die Integration der Zugewanderten angesichts beträchtlicher Kompetenzunterschiede. Auch die nordischen Länder und Frankreich beginnen, sich über die Kosten der Disharmonie zwischen *yin* und *yang* bei Direktkonkurrenz von Menschen aus weit auseinander liegenden Evolutionsebenen kundig zu machen.

Ein Unterschied zwischen Gütertausch und Mobilität springt somit unmittelbar ins Auge: Bei Handel fallen selten Kosten an, welche dem Exporteur oder Importeur nicht zurechenbar wären. Bei Mobilität kann dies grundlegend anders sein, im positiven wie negativen Sinn. Ostasiatische „brains" (*yin*) schaffen Vorteile in den USA, die weit über ihre direkt zurechenbare Wertschöpfung hinausgehen.[274] Das Gegenteil ist aber auch möglich: soziale Kosten (externe Nachteile) der Zuwanderung. Die Zuwanderer werden krank, straffällig, lassen ihre Kinder ausbilden, verursachen also Kosten, die sie nicht selbst durch ihre Steuern und Gebühren tragen (im Gegensatz zu hochqualifizierten Zuwanderern der ersten Gruppe).[275] Sind sie in Krawalle und Aufstände verwickelt (Frankreich, England, Niederlande) springen die Kosten dramatisch in die Höhe. Dem steht eine bescheidene Wertschöpfung gegenüber, von der (in den USA) vor allem Reiche und innovationsschwache Industriezweige Vorteile haben. Dazu kommen Verdrängungswirkungen (crowding out) auf dem Arbeitsmarkt: Zugewanderte Niedriglöhner unterbieten Einheimische.[276] Auch Kaufkraftverluste sind zu beachten: Die Einkommen der zugewanderten Arbeitskräfte werden in die Herkunftsländer überweisen. *Yin-yang*-Disharmonien sind bei Mobilität somit eher wahrscheinlich als bei Gütertausch.

Die armen Schwarzen (Afro-Amerikaner). Als Sklaven importiert, befreit, nunmehr in marginale Jobs abgedrängt und auf Subsistenzlöhne gedrückt. Schwarze Lehrer ohne Spanischkenntnisse verlieren ihre Jobs.[277] Schlecht ausgebildeten Schwarzen geht es wirtschaftlich schlechter als bescheiden qualifizierten Immigranten. Das wirtschaftliche Elend, in dem viele Schwarze, vor allem junge, leben, ist nicht nur „selbst-verschuldet", behaupten amerikanische Beobachter und Kritiker der Immigrationsgeschehens, sondern „vom Ausland importiert" (Rubenstein, 2006). Warum: Sind ihre Englischkenntnisse schlechter? Kaum. Werden sie von illegalen und legalen Immigranten auf dem Arbeitsmarkt unterboten? Der Mindestlohn in den USA ist zehnmal höher als der Lohn im Heimatland. Die USA haben einen - im Vergleich zu Europa - freien Arbeitsmarkt. Auch der Arbeitsmarkt nach dem Süden ist offen - und viele Ökonomen halten dies,

---

[274] Ökonomen sprechen dann von externen Vorteilen. Beispielsweise schaffen sie Wissen und Kontakte, welche von vielen Menschen genutzt werden können, ohne daß die Nutznießer dafür an die Verursacher der Vorteile ein Entgelt bezahlen müssen. Das ist ein gewichtiger Grund, warum der *brain drain* ein gutes Geschäft für die Importeure von qualifiziertem Humankapital ist.

[275] Zu den Kosten von Immigranten in den USA siehe Parapundit, 16. August, 2006 (Steven Camarota on costs of immigrants). Wir gehen unten auf die Kostenfrage noch ein.

[276] Was nicht gleichbedeutend ist mit Arbeitslosigkeit. Bei flexiblem Arbeitsmarkt läuft die Anpassung über den Lohnsatz.

[277] „Blacks seen as most harmed by Hispanic immigration", berichtet Parapundit (25. Mai 2006). Schwarze Intellektuelle organisieren Widerstand gegen die Gesetzgebung des US-Senats und des Präsidenten.

allokationslogisch und inputlogisch argumentierend für gut, d.h. die Wohlfahrt steigernd.[278] Entgegen dem regulierten Markt in Europa, in dem Zuwanderer sich durch mehr Arbeitslosigkeit auszeichnen, ist es in den USA umgekehrt. Auch unqualifizierte Immigranten finden fast immer einen Job - das billigste Angebot setzt sich durch. Daß Teile der amerikanischen Wirtschaft solches gerne mögen, kann man verstehen.

Daoistisch: Die USA erzeugen mit ihrer Immigrationspolitik eine *yin-yang*-Disharmonie. Viele Menschen leiden. Mit Folgen für ihr selbst-evolutives Schicksal. Wie kann ein Mensch dem entgehen? Ein armer Schwarzer muß damit leben. Was tun reiche und weiße Amerikaner? Sie wandern in „weiße" Regionen aus. Einige verlassen die USA.[279] Sie kehren dorthin zurück, von wo sie herkamen. Die EU-Verfassung scheiterte auch am „polnischen Klempner". Droht der amerikanischen Immigrationsgesetzgebung ein ähnliches Schicksal?

Kein Wirtschaftsmensch wird sich weigern, eine 15-Euro-Hausgehilfin gegen eine Drei-Euro-Haushaltshilfe auszutauschen. Wir können es uns aber theoretisch nicht so billig machen, auch wenn wir, als Schumpeterianer dem Meister folgend, anerkennen müssen, daß wenigstens „für Schlagworte", welche die Diskussion dieser Fragen beherrschen, „das Gesetz der freien Konkurrenz noch gilt: Dasjenige siegt, welches das billigste ist" (Schumpeter, 1976, S. 329). Dennoch sollten wir, um bei Schumpeter zu bleiben, nicht versuchen, „den Schatten eines Esels mit dem Mehlsack zu beladen" (S. 349), oder, Zhuangzi einbeziehend, in einem „kleinen [theoretischen] Sack... etwas Großes aufbewahren" (Zhuangzi, 2003, S. 136).

Ohne die Folgekosten des Billiglohns zu berücksichtigen, ohne die spiraldynamische Logik in Mobilitätsfragen einzubeziehen, operieren wir in theoretisch so dünner Luft, daß wir nicht ausschließen können, daß denjenigen, die sie atmen, die Energie für rationales Entscheiden jenseits der Konkurrenz um Macht und jenseits der Einflußnahme von Interessenverbänden, fehlen könnte.

> Wollen wir also Vögel so füttern, wie sie ernährt werden sollten, dann müssen wir sie im tiefen Wald auf Bäumen sitzen, über sandige Inseln wandern sowie auf Flüssen und Seen schwimmen lassen", so Zhuangzis Antwort auf den Versuch eines „Marquis von Lu", der hinauszog „um den Seevogel willkommen zu heißen" und in „seinem Ahnentempel ein Bankett für ihn" zu veranstalten. „Das Auge des Vogels jedoch wurde trüb vor Trauer. Er wollte nicht einen einzigen Bissen Fleisch essen oder einen einzigen Becher Wein trinken; und nach drei Tagen starb er (Zhuangzi, 2003, S. 137). Ein fehlgeschlagener Integrationsversuch.

Zurückzukommen auf das Theorem der komparativen Vorteile: Wenn die reichen Länder den internationalen Güteraustausch beschränken, beschneiden sie die Möglichkeiten armer Länder, ihren Wohlstand durch Spezialisierung zu steigern. Sie erhöhen damit die Anreize auszuwan-

---

[278] Für die USA faßt Lowenstein (2006) die Argumente zusammen. Sailer (2006f) kommentiert kritisch. Eine Zusammenfassung der Migrationsvorteile findet sich in einem Beitrag von Rößler (2006), in dem die von uns angesprochenen Überlegungen nur marginal angesprochen sind. Siehe gleichfalls Freeman (2006), der vorschlägt, die Akzeptanz des Zuwanderns für Bürger durch Erhebung einer „Migranten-Steuer" bzw. Versteigerung der Einwanderungsvisa zu erhöhen. Auf die Frage: „Was könnten und sollten Regierungen tun, um den Globalisierungsprozess zu steuern?" antwortet Gary Becker: „Freien Güter- und Kapitalverkehr fördern und Immigration zulassen...".(Handelsblatt, 17. August 2006, S. 2: „Das Orakel von Lindau").

[279] Bemerkenswert an dem vorgenannten Beitrag sind die Leserkommentare von „weißen" Amerikanern. Sie sehen ihr Land, ihre Heimat, auch die der Schwarzen untergehen. Sie machen sich Gedanken über Auswanderung. Wohin? Nach Europa, insbesondere Deutschland und Österreich. Die Flucht der Weißen aus Kalifornien kommentieren wir unten.

dern. Die EU behindert den Agrarimport aus Afrika. Die Afrikaner fliehen aus ihren Ländern, weil sie dadurch in ihrer Heimat weniger Einkommen erzielen können. Beschränkungen des Handels bewirken Disharmonien zwischen *yin* (Kompetenzen bei gegebenen komparativen Vorteilen) und *yang* (Unternehmertum um Spezialisierungsvorteile zu erkennen und zu nutzen). In einem Handelsregime mit holländischer Krankheit erhöhen sich die geschilderten negativen Anreizwirkungen oder erhöhen den Auswanderungsdruck.

(c) Aus der *yin-yang*-Logik in Verbindung mit Sein und Nichtsein folgt kein Laissez faire für Immigration. Die Schwierigkeiten rühren aus evolutionären Ebenenproblemen (Abschnitt 3.6), Werteverschiedenheit[280] und unterschiedlichen Weltkonstruktionen. Amerikaner diskutieren freizügig über die Herausforderungen für ein Land, wenn Menschen unterschiedlicher Stufenzugehörigkeit sich zu arrangieren haben. Es gibt also „Farben"-Probleme (Abschnitt 3.6).[281] Bei einem Fortlaufen der Zuwanderungstrends und höheren Kinderzahlen in Zuwandererfamilien werden die einheimischen Holländer, Briten, Nordeuropäer Minderheiten in ihren Ländern sein. Zwei Drittel der Geburten in den Krankenhäusern von Los Angeles haben „illegalimmigrate" Mütter (Brimelow, 2006b). In den USA verlassen „Weiße" in Scharen Staaten wie Kalifornien um dem Zustrom der Lateinamerikaner zu entgehen.[282] Evolutorische Ebenenprob-

---

[280] Leitkultur-Divergenzen

[281] Sie auszuklammern hieße, Teile der Immigrationsdiskurse zu tabuisieren, vergleichbar der Ausblendung von IQ-Unterschieden in Entwicklungs- und Migrationsfragen. Wer US-Websites wie *parapundit* oder www.vdare.com/sailer besucht, muß sich ideologisch warm anziehen und möglichst versuchen, ein „Leersein" zu praktizieren. Wer seine Urteile schon mitbringt, kann gleich eine Dauerverbindung zum Rechtsanwalt schalten. Die einschlägigen deutschen Paragrafen würden Blogger wie die hier zitierten über Nacht einen Maulkorb umhängen. Zum Immigrationsproblem Mexico-USA vor dem Hintergrund steigender Einkommensungleichheit in den Vereinigten Staaten und stagnierender bis sinkender Realeinkommen der unteren Schichten lesen wir bei Randall Parker: „The higher IQ nations should wall themselves off from the lower IQ nations because the gap in per capita GDPs will only get wider in the future. I can't see this trend changing until genetic engineering provides the ability to enhance offspring intelligence. Even then the wealthier nations will embrace such technology more rapidly than the poorer nations. The problem this poses inside wealthier societies is that humans and other primates resent those who make more. A society with a wider IQ range is going to be a society with greater resentment in the lower classes. That's one of the biggest reasons why America's immigration policy is such a disaster. It is building up resentment." (Parapundit, 10. Juli, 2006: „Gap widening between economic classes"). Randall Parker schreibt solches nicht aus dem hohlen Bauch. Vergleiche seine Website Futurepundit.com, auf welcher er aktuelle wissenschaftliche und technologische Entwicklungen vorstellt, einschließlich solcher, die er als IQ enhancing durch genetic engineering bezeichnet. Zu deren Möglichkeiten siehe Kurzweil (2006). Die Verschmelzung von Bio- und Nanotechnologie mit künstlicher Intelligenz vor dem Hintergrund einer mehr als exponential wachsenden Wissensbasis wird die kognitive Leistung menschlicher Gehirne in wenigen Jahrzehnten in heute noch unvorstellbare Weise erhöhen. Die natur-biologisch oder „darwinistisch" evoluierten Gehirne transformieren in nano-biologische Intelligenz. Wie bei medizinischem Fortschritt werden daraus aber zunächst nur wenige Menschen und reiche Nationen Vorteile ziehen können. Die kognitiven - und möglicherweise auch emotionalen - IQ-Differenzen zwischen Menschen und Nationen weiten sich aus.

[282] Parapundit (7. Mai 2006): „Immigration driving people out of California". Mehr Amerikaner gehen aus Kalifornien in andere Bundesstaaten, als von anderen Bundesstaaten nach Kalifornien umsiedeln. Einwanderer verdrängen Einheimische (Siehe Diskussionsbeiträge in Parapundit, 16. August 2006: Steven Camarota on costs of immigrants). Malkin (2006): „Reconquista is real". Walters (2006) berichtet: „By pure happenstance, on the day that hundreds of thousands of people marched in the streets of California to demand rights for immigrants -- however those rights may be defined -- the state issued a new report on population growth that demonstrated anew that immigration accounts for virtually all of the state's human expansion. That growth, a more than 50 percent expansion since 1980, lies at the root of virtually all of California's pressing public policy issues, including traffic congestion, land use and water conflicts, air pollution, public

leme. Mit zunehmender Evolutionstiefe sinkt die Zahl der Kinder pro Familie. Subsistenzökonomische und patriarchalische Lebensmuster verdrängen evolutionstiefere Lebensweisen, zumindest quantitativ.

**Hochtechnologie durch Immigration:
Medicure
ein kanadisches Biotechunternehmen
indisch-internationalen Charakters**

INVESTIGATOR INFORMATION   medicure

Die Wissenschaft dieses Unternehmens der Biotechnologie, welches Produkte gegen Herzkrankheiten, Schlaganfall, Thrombose entwickelt (ein US-Markt von 70 Mrd. Dollar) ist in indischer Hand (drei Schlüsselpositionen sind mit Indern besetzt). Knowing-doing gap? Die Forscher und Entwickler des Unternehmens sind *gleichzeitig* in kanadischen und US-amerikanischen Universitäten tätig. Auch im Aufsichtsrat und wissenschaftlichen Advisory Board finden sich Wissenschaftler indischer Abstammung. Ein (nahezu) indisches Biotechunternehmen in Kanada. Allerdings sind auch Wissenschaftler aus China, Frankreich, Iran involviert.
Informationen: www.medicure. com[283]

(d) Ressourcenökonomisch gilt Zuwanderung als „Import" von Produktivkräften und damit Zunahme an Arbeitskraft (Humankapital). Es könnte auch durch Bevölkerungsrückgang entstehende Verwerfungen für die Sozialsysteme abmildern. [284] Wenn man aus diesen Gründen

---

school performance, health care access, college crowding and the state's chronic budget deficits. And the state's politicians have been extraordinarily lax in both acknowledging that fact and confronting the issues that it generates -- in fact most of the time acting as if the demographic facts didn't exist". Siehe auch Parapundit (13. Mai, 2006: „Environmentalists split on immigration driven population growth") zu einer Kommentierung aus der Sicht der Umweltbewegung und weiteren Literaturquellen.

[283] Naranjan S. Dhalla, Ph.D. Co-founder and Chief Scientific Officer. The principal inventor of Medicure's lead technology, Dr. Dhalla presently serves as Distinguished Professor and Director, Institute of Cardiovascular Sciences, St. Boniface General Hospital Research Centre, Faculty of Medicine, University of Manitoba. He is an internationally recognized cardiovascular researcher and recipient of approximately 60 honors and awards including: The Research Achievement Award of the Canadian Cardiovascular Society, the Medal of Honor from the Canadian Medical Association, The Upjohn Award of the Pharmacological Society of Canada, and two Honorary Doctorates and Honorary Professorships at several universities. A bust of his likeness is displayed in Winnipeg's Assiniboine Park celebrating his induction into the City's „Citizen's Hall of Fame"; and, additionally, Dr. Dhalla has recieved the Order of the Buffalo Hunt from the Province of Manitoba, and the Order of Canada, the highest citizen distinction awarded by the Government of Canada. Professionally, he has been actively promoting the scientific basis of cardiology for over 25 years. He has served in senior positions such as Secretary General (17 years) and President (3 years) of the International Society for Heart Research, Editor-in-Chief (11 years) of the international journal „Molecular and Cellular Biochemistry'", and is currently serving on the Editorial Boards of several other international journals. Since 1996, he has been serving as Executive Director of the highly esteemed International Academy of Cardiovascular Sciences. A prolific writer, Dr. Dhalla has published approximately 500 papers, over 350 abstracts, and edited/authored dozens of books in the area of heart research (Quelle: Website von Medicure).

[284] In den Dokumenten der Vereinten Nationen wird in dieser Logik argumentiert. Wer gegen Einwanderung argumentiert, hat anscheinend schlechte theoretische und empirische Karten in der Hand. „Einwan-

den Import von Arbeitskraft anstrebt, wird er wenig bringen, sofern nicht die Ursachen angepackt werden, die eine solche Migration in post-industrielle Gesellschaften bewirken. In Europa leben schon heute Millionen nicht arbeitender („überflüssiger") Einheimischer, die alle arbeiten würden, wenn sie dürften, könnten oder wollten. Wenn die Qualität unternehmerischer Energie (*yin*) in einem Land miserabel ist, hilft kein Import von Ressourcen (*yang*), auch nicht von Humankapital - ausgenommen die Auswechslung der politischen Klasse, um eine neue *yin-yang*-Harmonie zu erzielen.[285]

Entwicklungslogisch entwickelt sich eine Volkswirtschaft durch die Neukombination gegebener Ressourcen. Immigration von Menschen ist weder notwendig noch hinreichend für Entwicklung. Japan ist die „älteste" Nation auf der Welt. Die Überalterung einer Gesellschaft gilt als ein Kernargument für den Import „junger" Arbeitskraft. Nach einer UN-Studie benötigt Japan bis zum Jahr 2050 sogar 17 Millionen Zuwanderer um ein „demographisches Gleichgewicht wiederherzustellen" (zitiert in Taylor, 2003).[286]

---

derer sind ... nicht erwünscht, obwohl *alle* Analysen *klar* zeigen, dass die Bundesrepublik sie brauchen könnte. Eine gesteuerte Einwanderungspolitik könnte das viel diskutierte Problem der Überalterung der Gesellschaft lösen. ... Die sogenannten Illegalen stellen ein unsichtbares Heer von Billiglohnarbeitern, ohne die unter anderem im Pflegebereich, in der Landwirtschaft, in privaten Haushalten und auf dem Bau *gar nichts* mehr gehen würde ... und sie bekommen sowieso nur die Jobs, die *nachweislich* kein Deutscher oder EU-Ausländer will" (Naica-Loebell, 2006a; unsere Hervorhebung). Alles klar somit. Und die Amerikaner setzen Hearings (Parapundit, 16. August 2006) an, weil sie nicht klar sehen, wie sie mit etwas umgehen sollen, das sie „a pressing national problem" nennen (Hulse, 2006).

[285] Im freieren US-Kapitalismus sind kompetenzschwache Industrien die stärksten Lobbyisten für freie Immigration aus Lateinamerika. „Illegale" können sie ungestraft beschäftigen, die Mindestlöhne spielen keine Rolle. Sozialkosten der „illegals" werden auf die weißen und schwarzen Steuerbürger abgewälzt. Für die Industrie fast ein Free lunch, nicht aber für die US-Gesellschaft.

[286] Wir gehen der Frage des „Gleichgewichts" (nicht: Harmonie) hier nicht weiter nach und sagen nur, daß im Daoismus Gleichgewicht der Endpunkt des Laufs ist: Tod. Makaber genug: Mit der japanischen Rasse geht es demographisch bergab, sie praktiziert eine Kamikazelogik, für welche die Japaner (im 2. Weltkrieg) eine gewisse Berühmtheit erlangen. Sie werden älter und älter (21 Prozent sind über 65, Weltrekord) und sie schrumpfen als Volk (2005 erstmalig ein Rückgang der Bevölkerung). Und der Daoist sagt: Laß es laufen! Was stimmt hier nicht? Statt ein demographisches Gleichgewicht (ein cartesisches Theoriekonstrukt) durch Immigration anzustreben, machen Japaner ihren Müll selbst weg, pflegen ihre alten Menschen selbst, lernen ihnen mit Computer und Internet zurecht zu kommen. Wo soll das hinführen? Ins Ungleichgewicht? Nein! In die Autopoiese von Entwicklung und Evolution. Die Todeswut der Japaner kennt offensichtlich keine Grenzen. Während in Deutschland gilt: Früher Tod bringt die Rente ins Lot, scheint in Japan das Umgekehrte praktiziert zu werden. Nicht nur, daß die Japaner immer älter werden, bei relativ guter Gesundheit (die Okinawa-Japaner gelten in manchen Kreisen bereits als Wunderrasse); sie arbeiten auch länger. 22 Prozent der über 65-Jährigen arbeiten noch (33 Prozent der Männer und 14 Prozent der Frauen). Im Vergleich: 1.2 Prozent in Frankreich, 2.9 Prozent in Deutschland, 3.4 Prozent in Italien (MSN-Mainichi Daily News, 1. Juli, 2006). Die Logik ist klar: Selbstausbeutung, bis ins hohe Alter, ersetzt Immigration und frühen Tod. Laozi lacht. Wenn in wenigen Jahrzehnten die Lebenserwartung über 100 Jahre liegt, Menschen möglicherweise auf selbst-organisierte Unsterblichkeit sich evoluieren lernen (Kurzweil, 2006; Röpke, 2006), wird hierzulande ein neues Reformprojekt ausgerufen: Erhöhung des Rentenbeintrittsalters von 67 auf 68 Jahre. Der dafür zuständige Beirat im dafür zuständigen Ministerium äußert allerdings ernsthafte Bedenken. Nach seinen (gleichgewichtsanalytischen) Modellrechnungen kann es nicht funktionieren.

Wie geht Japan mit seiner „Vergreisung" um? Japan verweigert sich[287] der Einsicht von Inputlogik und internationaler Gemeinschaft und macht etwas ganz anderes: Es setzt auf Aktionsparameter der Entwicklung.[288] Diesem Weg folgen auch andere ostasiatische Gesellschaften, sich sämtlich durch überdurchschnittliche Wachstumsraten und rasche Verringerung der Massenarmut auszeichnend. Immigration ist weitgehend unbekannt. Schumpeterisch: Erfinden und innovieren. Die eigenen Ressourcen neu kombinieren. Und nicht zuletzt für Produkte, mit denen man alten Menschen hilft, im Alltag zurechtzukommen und (um) noch älter zu werden (Pahl, 2005). Manche dieser Produkte werden von alten Menschen, vergreist und kognitiv verarmt (Demenz) wie sie nun einmal sind, selbst entwickelt auf vermarktet (Sailer, 2004). Entwicklungs- und evolutionslogisch ist Altwerden kein ernsthaftes Problem - wenn man es nicht theoretisch (allokations- und inputlogisch) zu einem macht. Vielmehr entsteht ein neuer und sich dynamisch entfaltender Markt, der sich neukombinativ erschließen läßt.

Länder in Ost- und Südasien exportieren auch Humankapital, insbesondere nach Nordamerika. Seit Reformen die heimische Wirtschaft für wissenschaftliches und wirtschaftliches Unternehmertum attraktiv machen, dreht der Brain drain um. China und Indien machen Rückkehrern attraktive Angebote zur Heimkehr in die Heimat – was auch in Deutschland versucht wird. Die Asiaten kehren in Gesellschaften zurück, welche auf dem Weg einer *yin-yang*-Harmonisierung sind. Ein Deutscher kehrt in die gleiche Welt zurück, der er einst freiwillig den Rücken kehrte. Eine *wangwei*-stabilisierte *yin-yang*-Disharmonie mit *yin*-Dominanz. Man muß ihn also mit hedonistischen Angeboten und Insellösungen locken – und hat damit selten Erfolg bei Menschen mit beeindruckender unternehmerischer Funktionstiefe.

Migration hat daher immer auch eine „national"-ökonomische Ursache: mangelnde Innovationsdynamik in der eigenen Gesellschaft treibt Menschen in die Ferne. Die Gründe dafür sind vielfältig (Abschnitt 5.2).

Wir können, den Argumenten in (a) bis (d) folgend, die Pro-/Kontra-Lager zur Einwanderung (Zuwanderung, Migration) danach unterscheiden, ob sie evolutorische Argumente einbeziehen, so „populistisch" und „rassistisch" sie auch sein mögen, oder ob sie auf die inputlogischen Mobilitätswirkungen setzen.[289] Skeptiker und Gegner der Zuwanderung argumentieren „spiraldynamisch" und/oder „habgierig": die Kosten im Einwanderungsland, nicht zuletzt externalisierte oder nicht selbst von Zuwanderern getragene, überwiegen die Vorteile. [290]

---

[287] Aber nicht vollständig. Japaner scheinen die am längsten arbeitende Bevölkerung auf der Erde zu sein. Sie haben die höchste Lebenserwartung und sie arbeiten am längsten. Zur „Arbeitswut" der Japaner bis in höchste Alter hinein vergleiche die in Göbel (2006) angeführten Statistiken. 66 Prozent der Japaner sind im Ruhestand noch erwerbstätig, in Deutschland 35 und in Frankreich 16 Prozent. Das offizielle Renteneintrittsalter liegt in Japan unter 60 Jahre, das tatsächliche knapp unter 70.

[288] Japan ist die erfindungsreichste Region auf der Welt: „In 2002, the patent-to-GDP ratio of Japan (4.0 triadic patents per billion GDP) was more than double that of the United States (1.8) and the European Union (1.8). The number of triadic patents per million population for Japan (104) is far higher than that of the United States (64) and the European Union (36)." (OECD, Compendium of Patent Statistics 2005).

[289] Um es noch einmal zu betonen: Wir klammern die Frage von Menschenrechten und Asyl aus unseren Überlegungen aus. Trotz aller Problematik unterscheiden wir zwischen „Flüchtlingen" und „Migranten". Erstere genießen in Deutschland den Schutz von Artikel 16a, Absatz 1, Grundgesetz. Die Konvention der Vereinten Nationen über die Rechtsstellung von Flüchtlingen von 1951 zielt in die gleiche Richtung.

[290] Was nicht bedeuten muß, daß im Herkunftsland der Saldo positiv sei. Die USA-Debatte dieser Fragen kreist ständig darum, wer, beispielsweise in Mexiko (für die Philippinen würden wir Ähnliches behaupten), die eigentlichen „Profiteure" der Auswanderung in die USA sind. Die Gegner versuchen den Nachweis, die mexikanische Oberklasse, korrupt und moralisch dekadent, würde ihre Probleme nach Norden exportieren,

Die kritische Kombination: (a) Zuwanderung von Menschen mit geringeren Fähigkeiten, Wissen und Sozialkapital (geringerer Stufe in der Evolutionshierarchie); je größer die „Lücke" desto geringer die Chancen einer strukturellen Kopplung zwischen fremdem *wu* (*wu* als *yang*) und eigenem *wu* (*wu* als *yin*); (b) Starrheit und Unflexibilität insbesondere des Arbeitsmarktes und beim Aufbau einer unternehmerischen Existenz (Selbständigkeit). In den USA kein Problem, in Europa ein riesiges. In den USA spricht man daher kaum von „Diskriminierung", in Europa permanent. US-Firmen haben kein Problem mit der Beschäftigung von Schlecht-Qualifizierten. Der Lohn spiegelt die Leistung. Ob illegal oder nicht, wenn die Leistung stimmt, bekommt man einen Job. Wenn in Westeuropa jemand einen Job bekommt, aber dann keine Leistung bringt, kann das Unternehmen ihn kaum entlassen. Die französische Regierung wollte das ändern - und wird durch Straßenrevolten und Gewerkschaftsprotest zum Rückzug gezwungen (siehe die nachfolgenden Überlegungen). Wenn ein Unternehmer daher zurückhaltend oder gar abweh-

---

sie sei unfähig, den eigenen Landsleuten ein menschenwürdiges Zuhause und Arbeitsplätze zu schaffen, usw. Emigration also als Antwort der politischen Klasse und ökonomischer Rentseeker um die Reproduktion ihres unproduktiven Lebensstils zu ermöglichen. „Exit" ersetzt „voice" im Sinne von A.O. Hirschman. Die Rede von Präsident Bush zur Immigrationsfrage, von Gegnern als Lüge, Witz und Verharmlosung abgetan, löst im Nachbarland Irritationen der Führung aus, die aus ihrer autopoietischen Logik verständlich sind (vgl. Neuber, 2006 zur Antwort der politischen Führung Mexikos auf die Rede von „Jorge" W. Bush vom 15. Mai 2006). Randall Parker (Parapundit, 17. Mai, 2006: Mexicans fear political chaos), ein erklärter Immigrationsgegner, behauptet, evolutorischer Argumente einbeziehend, einen Rückimport von Korruption aus den USA: „Yankee dollars corrupt Mexico because the amounts of money Mexicans can make in illegal activities across the border are so much larger than what they can make legally within their country. They basically *do not have the culture, political system, and character* to handle the side effects of living next to such a wealthier society" (unsere Betonung). Mexiko „kolumbianisiert". Nach Öl und Überweisungen der US-Emigranten sind Einnahmen aus dem Drogenhandel die bedeutendste Quelle des „Wohlstands der (mexikanischen) Nation" (Adam Smith) in Mexiko (nach Quellen zitiert in Cantaloube, 2006, S. 43). Drogenhändler gehen weitgehend „ungestraft" ihrem Handwerk nach (Cantaloube). Der Heimatstaat von George Bush ist der entry point von Drogen aus Mexiko. 7000 Lastwagen, weitgehend nicht kontrolliert, passieren täglich die Grenze. Das „Erste Gesetz" von Friedman in Verbindung mit der „holländischen Krankheit" zeigt seine Wirkung. Regierungen kapitulieren vor „Gangstern" (Glüsing, 2006; Parapundit, 29. Mai 2006: „Gangs gaining more power in Latin America"), ein Modus des Arbitragekapitalismus. Die Latino-Gleichsetzung von Aggression mit Freiheit tragen Zuwanderer in den Norden Amerikas. „Our politics must follow that of the source countries, increasingly with each such cohort (von Emigranten)", urteilt John S. Bolton (Kommentar zu obigem Parapundit). Die Problemlage hat Hirschman vor Jahren bereits skizziert. Sie deckt einen beträchtlichen Teil der Immigrationsproblematik ab. Auswandern (exit) ist ein Ventil. Die Auswanderer, oft der unternehmerische und agile Teil der Bevölkerung, ist draußen, erlaubt der heimischen Elite, auf grundlegendes Umsteuern vermurkster Politik und Selbstbereicherung zu verzichten (Am Beispiel Mexikos: Wall, 2006; der Autor zeigt, daß Mexikaner das ganz ähnlich sehen. Schließen der Grenze Mexiko-USA: „It's fantastic, It's the best thing that could happen for migrants, and for Mexico"). Die Philippinen sind ein Musterbeispiel - und nahezu alle afrikanischen und arabischen Länder folgen diesem Muster. Exit (Immigration) ersetzt Reform (voice und vote/Demokratie). Die ökonomische Diskussion dieser Frage leidet an der üblichen ceteris-paribus-Logik (sprich: auf Eis legen kritischer Variablen) der verwendeten Modelle. Interessant sind die Fälle Indien und China, Länder mit erfolgreichen Reformprogrammen. Sie holen ihre emigrierten Landsleute zurück, *machen* eine Politik, damit sie zurückkommen, bieten unternehmerische Anreize für die Entfaltung unternehmerischer Energie (*yang*) in der Heimat. Daoistisch: Schaffen von *yin-yang*-Einklang (*yin*: Kompetenz; *yang*: Reform). Die Diskussion dieser Fragen leidet, wie schon angeführt, an politisch-korrekter, schon beinahe einer Zensur vergleichbarer Sprachregelung und Diskursführung, insbesondere in den Institutionen der internationalen Gemeinschaft (Vereinte Nationen, OECD, Weltbank).

rend mit Zuwanderern umgeht: Du diskriminierst, du bist ein Rassist, usw.[291] Wie läßt sich eine „echte" Diskriminierung von einer „spiraldynamischen" unterscheiden? Dazwischen liegen Kombinationen geringerer sozialer, wirtschaftlicher und politischer Dissonanz. Die Aufstände in Frankreich vom Herbst 2005 und Frühjahr 2006 (siehe hierzu unten) spiegeln eine Entwicklungshemmende Kombination dieser beiden Einflußgrößen.

Sie stabilisieren oder fördern notwendigerweise Fremdenfeindlichkeit und/oder Rassismus in einer Gesellschaft, die im Durchschnitt selbst noch im blau bis grünen Spektrum der Spiraldynamik operiert. Mit keinem Gesetz lassen sich *yin-yang*-Verwerfungen bekämpfen.

In den USA wird sehr offen darüber diskutiert, daß diejenigen US-amerikanische Staaten mit den höchsten lateinamerikanischen („hispanic") Einwanderungsquoten einen sinkenden Lebensstandard erwarten müssen.[292] Einige der Latinos kommen mit Visum, die meisten überqueren die Grenze „illegal". Die USA versuchen, die Immigration von Höher-Kompetenten durch ein Green Card-Quoten-System zu steuern, in dem die Einwanderung (und nach fünf Jahren, die US-Bürgerschaft) durch eine Lotterie entschieden wird.[293] Kanada verlangt von Zuwanderern den Nachweis eines Minimum-Standards an Qualifikation und kultureller Empathie.

Zahlen über das Ausmaß der Zuwanderung (jährlich 500,000 plus) und die Anzahl ihrer Nachkommen lösen Schockwellen aus, die zeigen, daß die Amerikaner (Weiß und Schwarz) in einigen Jahren eine Minderheit sind.

Randall Parker kommentiert Untersuchungen über die schulischen Leistungen von Latinos und Daten zur Bevölkerungsentwicklung in den USA:

> Die sich rasch erhöhenden Ausgaben für die Ausbildung von Hispanos in Amerika kaufen keine besser ausgebildete ethnische Gruppe. Die Hälfte der Latinos verläßt die Oberschule. Und im Durchschnitt wissen jene Hispanos, welche die Schule noch bis zur zwölften Stufe besuchen genauso viel wie weiße Kinder der achten Klasse. Der demo-

---

[291] Zu Fallstudien aus Frankreich siehe Wiegel (2006).
[292] Parapundit, 17. November, 2005: „America becoming dumb and dumber".
[293] Jährlich werden bis zu 65,000 Green Cards verlost. Ein Kommentar hierzu (Invisible Scientist, Para Pundit, 17.11.05): The green card visa lottery system mentioned above, gives 50,000 permanent residency visas (which get converted into full citizenship after 5 years) to random foreigners. The best way to change this system is to require that those foreigners who will register for this lottery must meet some minimum requirements (such as intelligence test scores that correspond to an IQ over 136, which would put them in the top 1 % of the society. Plus graduation from a good university program with high grades, and higher points for advanced degrees) just for the right to participate in the lottery. And the lottery should also be adjusted so that higher winning priorities are given for people with graduate degrees and higher IQ equivalent scores above the minimum 136. This would bring the best and the brightest people into the United States, which is absolutely vital for the survival of the United States. „Lindenen"ergänzt: „They should also get rid of the family reunification law that allows people to bring in large numbers of moron relatives." Wie die französische Diskussion zeigt, ist der Nachzug von Familienangehörigen ein Schlüssel zum Verständnis der dreiwöchigen Vorstadtrebellionen. Afrikaner lassen einen Harem von Frauen nachziehen, und setzen die erzeugten Kinder periodisch auf die Straße, weil ihre (vom Staat bereitgestellten) Sozialwohnungen keinen Freiraum für ungestörte Reproduktionsroutinen lassen. Seit 2001 hat der Kampf der amerikanischen Administration gegen den Terrorismus die Immigrationschancen via Green Cards erheblich beschränkt. Ein Bericht der National Foundation for American Policy trägt den Titel: „Legal Immigrants: Waiting Forever". Der Nachzug von Familienangehörigen kann bis zu 22 Jahre dauern. 3 Millionen stehen auf der Warteliste. Die Hightech-Industrie und amerikanische Hochschulen klagen über die Schwierigkeiten, qualifizierten Nachwuchs aus dem Ausland zu beschäftigen (Johnson, 2006).

graphische Trend in Amerika macht die Nation dümmer und dümmer. Mit dem Ausscheiden der weißen Babyboomers aus dem Arbeitsleben können wir erwarten, daß der amerikanische Lebensstandard aufgrund weniger qualifizierter Arbeitskraft stagnieren könnte. Wir schreiten die Kurve des IQ und des Wohlstands der Nationen hinunter. [294]

Man kann es auch so sehen: die korrupte politik-ökonomische Elite Lateinamerikas, arabischer Länder, Afrikas (*yin* im Nichtsein), unfähig Bedingungen für endogen-innovative Entwicklung zu schaffen - vergleichbar denen in Ostasien - exportiert ihr überflüssiges und überschüssiges, minimal qualifiziertes Humankapital nach Norden (*yang* im Nichtsein). Endogene *yin-yang*-Disharmonien werden ausgelagert. Die USA importieren andererseits die Disharmonien, mit den Folgen, die im Zitat von Parker angedeutet sind. Europa kämpft mit den gleichen Problemen.

- **Jugendarbeitslosigkeit**

> Wenn Menschen geboren werden, sind sie weich und schwach.
> Wenn sie tot sind, sind sie fest und steif.
> Wenn die zehntausend Dinge, Gräser und Hölzer entstehen,
> sind sie weich und zerbrechlich,
> Wenn sie tot sind, sind sie vertrocknet und ausgedörrt.
> Daher sind das Feste und Starre Anhänger des Todes,
> das Weiche und Schwache sind Anhänger des Lebens.
>
> *Dao De Jing*, 76. Kapitel, Übersetzung Gerstner
> siehe auch Laotse, 1996, S. 46

---

[294] Parapundit (11. Mai, 2006): „Some immigrants want less immigration". Knickerbocker (2006) gibt einen Überblick zur demographischen Entwicklung in den USA, die nunmehr auch politisch-progressive (spiraldynamisch „grüne") Umweltschützer auf den Plan ruft. Nach Schätzungen des nationalen Statistikamts der USA entfällt die Hälfte des Bevölkerungszuwachses auf Hispanics. Jedes zweite Kind unter fünf Jahren entstammt einer Minderheitenfamilie. In einigen Jahren (Jahrzehnten) ist die Minderheit die Mehrheit, ein Trend, den wir auch in europäischen Ländern beobachten. Unserer Meinung nach ist dies eine Frage der evolutorischen Ebene, auf dem die Zuwanderer im Vergleich zu den Einheimischen und zum anderen ein *yin-yang*- Harmonieproblem in der Familie (siehe unsere obige Diskussion).
Die harten Argumente gegen Immigration aus dem Süden (Mexiko) liefern Autoren wie Brimelow (2005, 2006a, b). Aus unserer Sicht ist sein Vielfaltskommentar interessant (Zhuangzi: „Vielfalt schafft Reichtum"). Er wendet sich gegen eine Erhöhung der „diversity of *race*" in den USA (was historisch gelaufen ist, ist andererseits gelaufen), fordert andererseits eine Vielfalt des Denkens (diversity of thought). Letzteres ist nach daoitischer Logik *yin* und/oder *yang* im Nichtsein. Diese ist auch ohne internationale Mobilität im Sinne einer dauerhaften Verlegung des Wohn/Arbeitssitzes einer Person/ethnischen Gruppe möglich. Mobilität (Import) von einfacher Arbeitskraft ist *yang* im Sein. Präsident George („Jorge") W. Bush hielt am 15. Mai 2006 eine Rede zur Immigration. In der deutschen Presse (wir lasen Spiegel Online) eine Anti-Immigrations-Rede, für amerikanische Kritiker ein Versuch von Vernebelung, Verdummung, Lügen sowieso (Parapundit, 15. Mai 2006: Bush tries new deception gambit on immigration; Parapundit 16. Mai, 2006: Reactions to Bush lies on immigration; dort reichhaltige Links). Bemerkenswert: zeitgleich in der *Welt* vom 16. Mai ein Beitrag des Soziologen Wolf Lepenies (2006), der George Bushs „ausnahmsweise ... liberale Haltung" im Immigrationskonflikt hervorhebt und anerkennt: „Am Ende werden davon [von der Immigration] die Einwanderer [die Latinos] wie ihr neues Mutterland [die USA] profitieren." (Aus dem Text von Lepenies läßt sich schließen, daß er Bushs Rede nicht kannte). „Wie konnte der Weg [*dao*] nur so verdunkelt werden, daß es nun ‚Wahr' und ‚Falsch' gibt? Wie konnte die Rede nur so verschleiert werden, daß es nun 'Recht' und ‚Unrecht' gibt?" (Zhuangzi, 2003, S. 49).

Wir schildern in der letzten unserer kleinen Fallstudien Probleme der Jugendarbeitslosigkeit vor dem Hintergrund französischer Erfahrungen. Mehrfach haben wir uns mit Lagen von Disharmonie zwischen *yin* und *yang* im Sein beschäftigt. Im *you* befinden sich zum Beispiel Anlagen wie Maschinen, Gebäude (*yin*), und Strom, Wasser, usw. – „Umlaufvermögen" - das *yang*. Ohne Nichtsein (*wu*) wie Technologie, Kenntnisse oder Erfahrung der Fachleute, kann das Sein alleine nichts bewirken. Wie wir sahen, ist diese Konstellation einer nicht wirksamen Interaktion von *yin* und *yang* im Nichtsein wie zwischen Sein und Nichtsein gerade in sog. Wissensgesellschaften eine große Herausforderung. Im Nichtsein werden viel Zeit und Ressourcen (Inputs) eingesetzt, um Wissen (*yang*) und „Humankapital" (*yin*) hervorzubringen.

Was wir über die Arbeitslosigkeit bei Jugendlichen zu berichten haben: ganz Ähnliches ließe sich über andere Altersgruppen vermerken, und gerade jene, deren Humankapital Staat und Arbeitsmarkt bereits abgeschrieben haben, sogenannte alte Menschen, viele von denen nach dem Kalender („chronologisch") alt sind, aber nicht körperlich und kognitiv.

In Frankreich machen 80 Prozent der Jugendlichen Abitur. Über die Hälfte dieser besucht dann die Universität. Eigentlich die Idealstrategie, welche uns EU, OECD und andere Forscher (Schleifer, 2006, DB, 2006) nahelegen. Wenn es hier Defizite gibt: ihr habt ein „Pisaproblem". Was die Franzosen auch haben. Die Kinder von Zuwanderern, die meisten auch noch Moslems, leben von staatlicher Unterstützung, weil niemand ihr Humankapital nachfragt. Diskriminierung, ein klassisches *yin*- Nichtseinproblem, leistet den Rest. Eigentlich auch kein Problem: Hast du fünf Kinder in Frankreich und noch zwei Frauen dazu, warum noch arbeiten? Die französischen Ureinwohner sind besser dran. Abitur plus Diplom. Aber auch sie will niemand haben. Die Arbeitslosigkeit unter den Jungakademikern liegt (mit 23 Prozent) deutlich über dem Landesdurchschnitt (10 Prozent). Wer sie einstellt, so glauben Unternehmer, wird sie nicht mehr los. Innovatoren und neue Unternehmen, die einzigen, welche nachhaltig Netto-Arbeitsplätze schaffen, müssen jedoch flexibel arbeiten können. Die Unsicherheit von Markt und Technologie läßt sich nicht durch starre Allokationsregeln (wie hohen Kündigungsschutz) beherrschen. Die französischen Reformen zielen deswegen auf Mittelstand und neue Unternehmen.

Auch die etablierten Konzerne fragen sich: Warum einen aufmüpfigen und unflexiblen Gallier einstellen, wenn ich den Produktionsprozeß nach Indien oder China oder die Ostländer der EU verlagern kann? Ihre Gewinne machen die französischen Konzerne ohnehin überwiegend im Ausland.[295] 76 Prozent der französischen Jugendlichen träumen davon, Beamter zu werden. Ohne *ziran* (das Ordnungsprinzip des *dao*: von selbst-so, spontan verlaufend) keine Nachfrage nach Arbeit. Bemüht sich der Staat den cartesianisch Humankapitalisierten durch „ultraliberale" Reformen die Berufsperspektiven zu verbessern, erntet er Protest, Gewalt, Zerstörung.[296] No risk, all fun.

„Die von der französischen Regierung vorgeschlagene Liberalisierung des Arbeitsmarktes für junge Leute bis zum Alter von 26 Jahren ist volkswirtschaftlich unsinnig" (Münchau, 2006b). Die Ursachen der Jugendarbeitslosigkeit sind vielmehr ein zu hoher Mindestlohn und keine „ver-

---

[295] Le Figaro zitiert Schätzungen, nach der die CAC 40-Unternehmen (entspricht den deutschen DAX-Firmen), 80 Prozent ihrer Gewinne im Ausland erzielen. Die Zeitung erwähnt auch, nicht ohne Schadenfreude, daß deutsche Konzerne Erweiterungsinvestitionen, die Arbeitsplätze schaffen, im Ausland tätigen und Arbeit freisetzende Rationalisierung im Inland vornehmen (Le Figaro, 13. Juni, 2006, S. 26: En Allemagne, les patrons débordent de projets). Arbeitsplätze *folgen* Erweiterungsinvestitionen. Dax-Unternehmen bauen in Deutschland Stellen ab und beschäftigen bereits mehr als die Hälfte ihrer Mitarbeiter im Ausland (Sommer, 2006). Lassen wir sie wenigstens weniger Steuern bezahlen.
[296] Die in diesem Abschnitt erwähnten Daten entnehmen wir Wiegel (2006) und von Uthmann (2006).

nünftigen Ausbildungssysteme" – „anders als in Deutschland" (Münchau). Wenn man hieran nichts ändert, bringt auch ein liberalisierter Kündigungsschutz wenig. Die Reform läuft ins Leere. Reformen sind nur Ersatz für überfällige Systemerneuerung. Was in Frankreich auf Widerstand stößt, ist ein „nahezu perfektes Beispiel ... dass sich das im alten Europa etablierte System der sozialen Marktwirtschaft nicht [mehr] reformieren läßt."

Der Präsident der Arbeitsgemeinschaft selbständiger Unternehmer in Deutschland, Patrick Adenauer, sieht, anders als Münchau und die Großunternehmen, das noch gültige Kündigungsschutzgesetz (in Deutschland) als einen „Irrläufer der Evolution" (Adenauer, 2006). „Arbeitsrecht macht arbeitslos und hält arbeitslos." Klarer läßt es sich nicht formulieren. Schutzrechte verkehren sich ins Gegenteil. Was schützen sie? Den bestehenden Arbeitsplatz. In einer dynamischen Wirtschaft kann so etwas selten funktionieren. *Ziran*-Blockade durch *wangwei*. Recht ist *yin* im Nichtsein (Abschnitt 5.2). Wenn es den spontanen Energiefluß im System blockiert, wird es Unrecht. Nicht alles, was aus den Parlamenten kommt und Richter und Gerichte absegnen, ist daher *dao*-konform. Was die *yin-yang*-Harmonie verletzt, ist daoistisch ein Unrecht. Es bewirkt Armut, zerstört Wohlstand und schafft „Kriminelle" (Laozi) und „Gefährder" (Wolfgang Schäuble).

Was macht der kleine/mittelständische Neuerer, dessen Produkte nicht ankommen? Wenn der Idealjob für junge Franzosen das Beamtensein ist, haben wir es offensichtlich mit Kompetenzproblemen zu tun. Herkömmliche Ausbildungssysteme bieten keine Antwort auf diese Herausforderungen. Wir sehen somit eine *yin-yang*-Disharmonie im Nichtsein welche die Umsetzung des in Schule und Universität vermittelten Wissens (auch wenn es praxisnahe sein mag, was in Frankreich kaum der Fall ist) erschwert (Wir erläutern dies ausführlicher im 6. Kapitel).

Was haben die jungen Menschen und die französischen Gewerkschaft gegen eine „Flexibilisierung" des Arbeitsmarktes? Eine „Mehrheit" der Franzosen glaubt, „daß sich sozialer Fortschritt und globaler Kapitalismus nicht vereinbaren lassen", vermutet der Soziologe Alain Touraine (2006). Ein „Verbrechen gegen die öffentliche Intelligenz" – sei das, was die Regierung betreibt.[297] Was sie betreibt, ist die Lockerung des Kündigungsschutzes für junge Menschen bis zum Alter von 26 Jahren, der sogenannte CPE (contrat première embauche; erstmaliger Arbeitsvertrag geregelt im „Ersteinstellungsgesetz"). Ohne Zweifel willkürlich. Warum gerade 26, fragen sich die jungen Leute. Diskriminierung. Wer 27 ist und einen Job hat, kann ruhig schlafen. Der marktliberale Beobachter: Euer Protest hat was für sich. *Jedermann* sollte mit einem flexiblen Arbeitsvertrag arbeiten dürfen. „(Die Franzosen) weisen die Logik des marktwirtschaftlichen Wettbewerbs zurück", interpretiert Alain Touraine (2006), die französische Rebellion gegen die Flexibilisierung des Arbeitsmarktes. „Die Bewegung war niemals eine Anti-CPE-Bewegung. Sie ist eine antikapitalistische Bewegung", bekundet einer ihrer Vertreter.[298]

---

[297] Cynthia Fleury (2006), Philosophin. Mit diesem Urteil ist sie in Frankreich nicht alleine. Die Philosophen in Frankreich fühlen sich durch das Politiksystem unaufhörlich perturbiert. Die Boches, dumm wie sie sind, haben viel härtere Reformen (Hartz I-IV) bereits hinter sich gebracht, und die Angelsachsen, haben ihre Arbeitsmärkte schon immer so geregelt, daß sie den „Lauf des Wassers" (dao) wenig behindern. Ist China ein Rätsel? An der Spitze der IQ-Tabelle (La Griffe du Lion, 2002; 2004), leistet sich dieses Land (konfuzianisch gleichgeschaltet und bewässerungsdiktatorisch gezähmt), eine Funktionsweise von Arbeitsmärkten, die in Frankreich eine Permarevolution bewirkte. Der Weinbau schlägt allemal die Reiswirtschaft. Hat Frau Fleury, bei Philosophen nicht ungewöhnlich, daß Gegenteil von dem geschrieben, was sie dachte? Zu amerikanischen Kommentaren siehe spätere Fußnoten.

[298] Zitiert in Le Monde, 18. April 2006, S. 2 („Le plus dur, c'est la fin"). Insiderberichte über das Scheitern des Reformvorhabens CPE von Villepin (siehe Roger, 2006), zeigen die Spannweite der zu versöhnenden Positionen. „Die Doktrin der GGT (Gewerkschaft) bleibt die des Marxismus". Über einen anderen Verhand-

„Sie sind alle dabei, von den Trotzkysten bis zu Anarchisten, mit Ideen, von denen man annahm, sie seien längst an die Steinzeit delegiert und die mit Lichtgeschwindigkeit zusammenschmelzen. Alle sind mehr oder weniger antisexistisch, antifaschistisch, gegen die Globalisierung, gegen die Vermarktung von Universitäten, für die Gleichheit der Rechte zwischen französischen und ausländischen Studenten, Verteidiger der Landstreicher und Illegalen. Und nicht notwendigerweise der Gewalt abgeneigt" (Cherchève, 2006, S. 31).

Auch dieses war/ist sie. Eine „Bewegung" war sie ohnehin nicht, eher ein spontan emergierendes Netzwerk vielfältiger Strömungen mit starken anarchistischen Elementen.

Die von Münchau vorgetragene Analyse ist aus daoistischer Logik unvollständig; die vorgeschlagenen Maßnahmen lösen die Schwierigkeiten nicht. „Bravo, bravo, bravo" beurteilt ein Kommentator in Le Monde (Le Bouchet, 2006) die „Reform" der Regierung. Wir stimmen zu. Allerdings nur mit *einem* Bravo. Das Nichtsein hängt durch. Die Disharmonie bleibt.

Die Flexibilisierung des Arbeitsmarktes ist Reformmuß Nr. 1, findet auch die große Mehrheit der deutschen Wirtschaftswissenschaftler. Die französische Regierung hat professionellen Zuspruch - um eine Rebellion auf der Straße zu ernten.

Abbildung 5.7.5: Was zu reformieren ist?

Bevorzugte Reformbaustellen
„Welche Reformen wären derzeit am dringlichsten?"
Antworten in %, Mehrfachnennungen möglich

Reform	%
Flexibilisierung am Arbeitsmarkt	60,4
Gesundheitsreform	43,3
Rentenreform	39,4
Senkung der Arbeitskosten	32,1
Reform der Pflegeversicherung	15,6
andere	11,5
keine Meinung	1,2

Quelle: Financial Times Deutschland, 11.5. 2006: Ökonomen-Umfrage Teil 2

In der Abbildung aufgelistete Antworten sind Mainstream, theoretische Diskurse geringer unternehmerischer Funktionstiefe (Routine, Arbitrage). Nicht falsch. Jedoch weder notwendig noch hinreichend, um die Herausforderungen des Arbeitsmarktes zu meistern. In der Wüste Kalahari gibt es keine Arbeitslosen. Totale Flexibilität. Auch eine Gesundheitsreform haben unsere kleinen Freunde dort nicht notwendig. Sie leben in der Steinzeit, überleben durch „Heilung" ihrer Medizinmänner.

---

lungspartner (FSU): „Sie begannen damit, uns eine Lektion in Vulgärmarxismus zu erteilen". Die Schüler- und Studentenvertreter zeigen gleichfalls vielfältige Positionen. Die Vertreterin der Confédération étudiante formuliert eine Position, die Flexibilität im Arbeitsmarkt in Verbindung mit Sicherheit zum Inhalt hat, usw. Die Konfrontation bleibt unauflösbar und Villepin wirft das Handtuch.

Der Schwerpunkt sog. Reformen liegt auf den Arbeitsmärkten und dem Sozialsystem, das heißt beim Faktor Arbeit. Da Arbeit als zu teuer gilt, müssen wir sie billiger machen. Da Arbeitszeit und Verfügbarkeit starr geregelt sind, müssen wir Flexibilität einführen. Billige Arbeit schließt auch die Zeit nach Ende der Arbeit ein (Rente, Pension) und die Qualität der Arbeit, insbesondere ihre Gesundheit. Beide werden über die Belastung aktiver Arbeit (Lohnnebenkosten) finanziert. Die Fehlsteuerung bei der Belohnung und Einsatz von Arbeit kostet den Unternehmen und dem Staat viel Geld, so daß es natürlich scheint, die Reformanstrengungen hier zu konzentrieren. Darf man sich wundern, wenn die durch Zwang/*wangwei* (Staat, Arbeitsmarktkartell) durchgesetzten Arbeitszeitverkürzungen die „neoliberale" Entwertung der Arbeitskraft und den Export von Arbeitskraft in Schwellenländer beschleunigen? Gewerkschaften entmachten sich selbst. Dies ist auch herrschende Sicht unter Ökonomen.

Unterbelichtet bleiben die Reformen auf den Märkten für Güter und Dienstleistungen. Entwicklung wird von neuen Gütern angetrieben, seien sie inkrementeller Natur (der Produktzyklus wird verlängert) oder basisinnovativer Natur (ein neuer Produktzyklus wird geschaffen).[299] Reformen auf den Arbeitsmärkten bringen wenig oder nichts (an Wohlstand), wenn die Innovationsleistung auf den Gütermärkten nicht stimmt.

Was bedeutet dies nun aus *yin-yang*-Sicht?

Legen wir die Gütermärkte für ein Jahrzehnt auf Eis. Das Ergebnis wäre eine Eiszeit in der Wohlstandsvermehrung. Legen wir die Arbeitsmärkte auf Eis, gelingt es aber, die Gütermärkte innovativ zu halten, das Ergebnis wäre einem Rennwagen vergleichbar, der ab und zu über eine holprige Straße fahren muß. Ohne Innovation auf den Gütermärkten ernten wir Kondratieffarmut, freie Arbeitsmärkte hin oder her.

Den Schwerpunkt der Betrachtung auf den Faktor Arbeit zu legen, bedeutet daoistisch zunächst eine Nichtsein-Orientierung, verbunden mit dem Versuch der Harmonisierung von *yin* und *yang*. Beschränken wir die unternehmerische Freiheit auf Gütermärkten in einer Routinewirtschaft („Zunftordnung"), leidet die *yin-yang* Harmonie im Sein auf der Güterseite. Ist auch das Nichtsein disharmoniert, wird in einer offenen Volkswirtschaft mit Konkurrenz zu Innovationsländern, Armut (Stagnation, Rückgang des Lebensstandards) unvermeidbar.

Dies ist im Kern die Situation von Ländern in Mitteleuropa (Frankreich, Italien, Deutschland). Arbeitsmärkte und Sozialsysteme werden gegen großen Widerstand Schritt für Schritt reformiert. Die reale Arbeitslosigkeit ist dadurch (bis 2006) nicht spürbar gesunken, die Staatsdefizite bleiben hoch. Wir brauchen noch mehr der gleichen Medizin, sagen uns Experten. Für sich genommen, ist dies das Modell einer Wirtschaft, in der sich Aasgeier, Heuschrecken (Arbitrageure) und „Wirte" (Routineunternehmer) wohl fühlen. Tiger (Unternehmer) bleiben ihr fern. Der Wohlstand stagniert, die Alterseinkünfte sinken, die Gesundheitsversorgung leidet, und bei schwachem Wachstum gleicht die Sanierung der Staatsfinanzen der Arbeit von Sisyphus, für den bewußten Geist eine sinnlose Beschäftigung, eine der härtesten Strafen. „Was wir beobachten, ist eine deflationäre Spirale in voller Entfaltung, mit Löhnen und Renten in realem Niedergang. Die deutsche Regierung hat daher das Rentenproblem gelöst in dem sie es in ein Deflationsproblem verwandelt hat" (Münchau, 2006a).

Dem Sein fehlt die Kopplung mit dem Nichtsein. Die „10 000 Dinge" vergreisen. Daoistische Reform beginnt und endet im Nichtsein. Ihr Schwerpunkt ist die Befreiung der Kräfte von Wertschöpfung: innovativem und evolutorischem Unternehmertum, *yang* im Nichtsein (Innovation) und *yin* im Nichtsein (Evolution). Auch drakonische Reformen des Seins, die Schaffung

---

[299] Siehe hierzu Kapitel 6 und 8.

von *yin-yang*-Harmonie im *you* (auf den Arbeitsmärkten und Sozialsystemen), vermögen Nichtsein- Disharmonien nicht auszugleichen.

Schreiben wir eine komplettere Nachfragefunktion nach Arbeit auf:

Nettonachfrage nach Arbeit = Funktion (*Lohnsatz, Flexibilität*; Innovationsleistung; Evolutionsdynamik).

Kursiv ist das herrschende ökonomische Paradigma. Auch ein vollständig flexibler Arbeitsmarkt und Löhne auf indischem Niveau retten nicht die Arbeitsplätze in der Schallplattenindustrie oder in der Schreibmaschinenproduktion. Was rettet sie? Neue Produkte und eine höhere Fähigkeit, solche zu entwickeln und zu verkaufen. Diese Aktionsparameter fehlen (weitgehend) in den „Reformen", welche Berater, Ökonomen, in struktureller Kopplung mit dem Politiksystem, durchzusetzen hoffen. Daß sie auf Widerstand stoßen, kann nicht wundern. Jeder Arbeiter spürt: das spielt sich auf meinem Rücken ab. Wenn ich auf Lohn, Gesundheit und Freizeit verzichte, finden sich Unternehmen, die bereit sind, mich einzustellen. Wir suchen ein Gleichgewicht bei *gegebenen* Angebots- und Nachfragekurven für Arbeit.

Wo ist das Neue, wo sind die expandierenden Märkte, wo sind die neuen Unternehmen, die nicht schon das verkaufen, was andere auch verkaufen. Nachholende Entwicklung läuft in Schwellenländern, nicht in post-industriellen Ökonomien.

Was tun?

(1) Flexibilisierung.

(2) Auch der „Mindestlohn" ist ein Problem, ausführlich diskutiert in der Fachliteratur. Es kommt jedoch auf die Begründung an. Insbesondere junge und alte Arbeitnehmer bringen noch nicht oder nicht mehr die Leistung, welche ein Unternehmen mit einem Lohnsatz vergüten könnte, der einen bescheidenen Lebensstandard zu sichern vermag. Schreibt der Staat einen Mindestlohn vor, sinkt die Nachfrage nach Arbeit. Ist das Einkommen außerhalb des Marktes (Transferleistungen) höher als der Marktpreis für Arbeit, haben Arbeitslose wenig Anreiz, Arbeit zu suchen.

(3) Ein zu hoher Mindestlohn beeinflußt auch unmittelbar, wie die Flexibilisierung des Arbeitsmarktes, die Innovations- und Evolutionsfunktion. Junge/neue Unternehmen können sich den (Mindest-)Lohn oft nicht leisten.[300] Bleiben Menschen in der Arbeitslosigkeit, erodiert ihre Kompetenz; psycho-soziale Faktoren (Depression, Entmutigung, soziale Ausgrenzung) zehren an der Arbeitsproduktivität. *yin* und *yang* im Nichtsein sind in extremer Disharmonie. Kommen spiraldynamische Ebenenkonflikte hinzu (Immigration), sind Protest, Aufstand und Rebellion eine *ziran*-logische Antwort.

(4) Ein eleganter Weg aus obigen Schwierigkeiten (neben Punkt 1 und 5) wäre die Subventionierung von Arbeitskraft. Wer Menschen beschäftigt, die im Markt ihren (bescheiden angesetzten) Lebensunterhalt nicht verdienen können, erhält einen Zuschuß. Als Beschäftigte vermögen sie ihr Humankapital zu erhalten und zu evolutionieren. Sie können in höher produktive Verwendungen aufsteigen. Der Mindestlohn macht sich selbst überflüssig. Eine reine Marktlösung ist nicht immer win-win. Die gering produktiven Arbeitsuchenden und im Niedriglohnsektor

---

[300] Bei einer Arbeitszeit von 35 Stunden pro Woche. Der Mindestlohn in Frankreich, SMIC genannt, beträgt gegenwärtig 1217 Euro pro Monat. Er wird periodisch an die Lohn- und Preisentwicklung angepaßt. Es gibt Überlegungen, den SMIC auf 1500 Euro anzuheben (Le Monde, Economie, 6. Juni 2006, S. IV: Faut-il augmenter le smic à 1500 Euros?)

Beschäftigten sehen es als win-loose. Eine Lohnsubvention macht aus „loose" einen beiderseitigen Vorteil, korrigiert somit Marktversagen.[301]

(5) Die Nachfrage nach Arbeit ist nicht nur (siehe obige Gleichung) eine Funktion von Lohn und Allokationsfreiheit. Die Förderung von Innovationsdynamik und unternehmerischer Selbstevolution (*yin* und *yang* im Nichtsein; siehe Abschnitt 5.2) ist daher unverzichtbar für eine dauerhafte Bewältigung der Verwerfungen in postindustriellen Gesellschaften bei Globalisierungsdruck durch sich stürmisch aufholende Ökonomien und schöpferisch zerstörerische Marktprozesse.[302]

Damit kommen wir zum daoistischen Kern des Problems: Unsere französischen Nachbarn leiden wie wir in Deutschland unter einer Disharmonie von *yin* und *yang* im Nichtsein *wu* und zwischen Sein und Nichtsein. Was im Nichtsein geschaffen ist, bleibt für das Sein ohne Anschluß. Was wir hier beobachten: es wird *yin*, oft auch das „falsche", erzeugt, aber zu wenig *yang*. Noch genauer: Lernen im Nichtsein vernachlässigt solches Wissen und solche Fähigkeiten, die das *yin* und *yang* aus dem *wu* in das Sein tragen könnten: unternehmerische Kompetenzen. Wir erzeugen viele „Tiger mit Schlangenschwanz", die chinesische Umschreibung eines Unternehmers mit wenig „Energie": Er gibt früh auf, scheitert an „Widerständen" (Schumpeter), produziert Wissen ohne es durchzusetzen. Ein zweiter Typus eines derartigen Tigers ist der Wissensgesellschaft eigentümlich: Jemand, der viel weiß aber wenig tut (durchsetzt) und sich aufgrund seines Wissens immer wieder in den eigenen Schwanz beißt und dem dies auch noch Spaß macht. Die Europäische Union spricht von einer „Lissabon-Strategie", andere nennen es eine „Schwanzbeißer-Wirtschaft", wieder andere eine „Wissensgesellschaft".

George W. Bush wird die Aussage zugeschrieben: „Die Franzosen haben kein Wort für *entrepreneur*". Die Aussage ging als Lachnummer durch die internationale Presse. Wer die französische liest, kann Bush zustimmen. Entrepreneur *ist* ein Fremdwort in Frankreich. Die Regierung erhofft sich Innovation nicht von „Unternehmern" (Schumpeter). Sie setzt, bis in die Gegenwart hinein, auf „nationale Champions".[303] Unternehmer ist der „*patron*", deutsch: „Arbeitgeber".

---

[301] Edmund Phelps (2006) hat im Anschluß an das französische Desaster vom Frühjahr 2006 Lohnsubvention als *die* Lösung der Verwerfungen gespaltener Arbeitsmärkte (Insider vs. Outsider) vorgeschlagen. Das Ifo-Institut hat einen Vorschlag unterbreitet, der in diese Richtung zielt. Ifo sagt: Es geht darum, weniger Sozialhilfe (Arbeitslosengeld II) für das Nichtstun zu bezahlen und dann frei werdende Gelder für Lohnsubventionen im Niedriglohnsektor zu verwenden. Wer Vollzeit arbeitet aber dabei nicht genug verdient, ist schutzwürdig, aber nicht derjenige, der nicht genug verdient, weil er nicht arbeitet, obwohl er arbeiten könnte. Zählt man Lohnsubvention und selbst verdientes Geld zusammen, werden die Empfänger von Sozialhilfe/ Arbeitslosengeld mehr verdienen als heute. Win-Win. Hans-Werner Sinn, Chef von Ifo: „Ich halte es für völlig verfehlt, hier vom Sozialabbau zu sprechen oder ähnliche Vokabeln zu verwenden, denn den Betroffenen wird es besser gehen."

[302] Trotz vielfältiger Anreizprobleme ist die deutsche „Ich-AG" eine der eher gelungenen Innovationen im Rahmen der Hartzreformen. Sie läßt sich, nahezu problemlos, weiterentwickeln und sowohl neoklassisch-allokativen wie schumpeterisch-daoistischen Kriterien genüge tun.

[303] Sophie Fay, Contre la désindustrialisation, M. Chirac plaide pour l'innovation, Le Monde, 21. Februar, 2004, S. 7. Eine von Präsident Chirac eingesetzte Kommission hat einen Bericht („Rapport Beffa") zur französischen Innovationsinitiative vorgelegt. Er folgt einem Weg, den wir nicht ablehnen, jedoch für unvollständig halten. Er geht, wie Chirac, Bezug nehmend auf Ms. Beffa sagt, den „japanischen Weg" - den die Japaner jedoch auf dem Weg sind, zu verlassen. Man will auf bestehende, große Unternehmen, setzen, „champions" fördern, möglichst in Zusammenarbeit mit Deutschland. Die Kommission hatte sogar ein deutsches Mitglied (den Aufsichtsratvorsitzenden von Thyssen-Krupp, Gerhard Cromme). Explizit zurückgewiesen wurde, was wir, der Schumpeterlogik folgend, und was die Franzosen den „amerikani-

Wie sein deutscher Kollege, gibt er keine Arbeit, baut Arbeitsplätze ab, macht die Arbeitskosten runter wie im Frühkapitalismus. Wer aufmuckt fliegt (wenn er keine Gewerkschaft hinter sich hat).

Es läßt sich noch anders sehen - jenseits der Flexibilisierungslogik des Ökonomen. Und andere praktizieren das Andere.[304] Einen Hinweis gibt Alain Touraine (2006): Die Politik hat die Menschen „überrumpelt", eine Entscheidung „im Eilverfahren", ohne Diskussion, in Aussetzung, der Diskursregeln jakobinisch strukturierter Gesellschaften. Diese Analyse wäre widersprüchlich. Wer gegen den „Kapitalismus" ist, ihn grundsätzlich ablehnt, den bringt auch ein Diskurs - eine „reforme negociée" - nicht weiter.[305] Möglicherweise hat die französische Regierung in

---

schen" Weg nennen: Förderung von Start-ups. Vgl. Jean-Louis Beffa, Pour une nouvelle politique industrielle, 15. Januar 2005, http://www.rapport-jeanlouisbeffa.com/pdf/RapportJean-LouisBeffa.pdf.
Die Kommission und die französische Regierung ziehen demgegenüber wie gesagt „une approche à la japonaise" vor (Sophie Fay, M. Chirac affiche sa „grande ambition industrielle" pour la France, Le Monde, 5. Jan. 2005). Kritik ließ nicht lange auf sich warten (Eric Le Boucher, La France, son industrie, ses champions: critiques du rapport Beffa, Le Monde, 22. 1.2005). Der Ökonom in der Kommission, Robert Boyer, weist die Vorbehalte gegenüber dem Japan-Ansatz zurück: Seit Colbert ist die Wirtschaft mit dem französischen Staat verheiratet. Frankreich hat immer versucht, Champions zu fördern. Das japanische Modell entspricht dem „génie francais". Voila. Die zeitgleich vom damaligen Bundeskanzler Gerhard Schröder installierte deutsche Innovationskommission, was sagt sie zur französischen Lösung, auch angesichts der Offerten der Franzosen, in Sachen Innovationspolitik gemeinsame Sache, möglichst auf europäischer Ebene, zu machen? Der Kanzler hatte immerhin bereits „hervorragende Vorhaben" identifizieren können, die es in gemeinsamer Industriepolitik umzusetzen gälte (Frankfurter Allgemeine Zeitung, 27. April, 2005, S. 15). Die vier industriepolitischen Projekte haben diejenigen selektiert, die maßgeblich den Rapport Beffa konzipierten: Ms Beffa und Gerhard Cromme. Siemens ist dabei, Alstom (die Siemens gern übernommen hätte, die Franzosen wollten nicht), France Telecom, Deutsche Telekom, allesamt Innovationspioniere. Der Innovationsbeirat der Kanzlerin folgt, von seiner Besetzung her zu schließen, dem Muster ihres Vorgängers.
Die USA hat, im Gegensatz zu Deutschland, eine dauerhafte Institution, die sich mit der Wettbewerbsfähigkeit der amerikanischen Volkswirtschaft beschäftigt, den „Council on Competitiveness". Im Dezember 2004 legte der Council einen „National Innovation Initiative Report" vor (http://www.compete.org/pdf/NII_Final_ Report.pdf). Die Botschaft: „Innovation will be the single most important factor in determining America's success through the 21st century." Die Japaner, voll dabei ihre Innovationspolitik umzusteuern, sind zumindest im Erstellen von Zukunftsvisionen unschlagbar. Ihr Ministry of International Trade and Industry (MITI) entwickelt als Dauerbeschäftigung Konzepte und Szenarien mit Schwerpunkt Innovation und Wettbewerbsfähigkeit. Über die Wirksamkeit dieses Tuns wird seit Jahrzehnten gestritten. Wir kommen unten im Hinblick auf sog. „Industriepolitik" darauf zurück. Deutschland: Man betrachte die jährlichen Gutachten des Sachverständigenrates zur Begutachtung der gesamtwirtschaftliche Entwicklung (SVR). Innovation ein Fremdwort. Um die Amerikaner zu paraphrasieren: „Innovation will be the single most irrelevant factor in determining Germany's success through the 21st century." Wir sprechen im Sinne Kants von Theorie und Praxis. Der Leser sei an die chinesische Geschichte vom Drachen-/Innovationsliebhaber erinnert.
[304] Siehe am Beispiel Dänemarks die Anmerkungen seines Ministerpräsidenten Rasmussen (2005) zur Harmonie von Wettbewerbsfähigkeit und sozialer Sicherheit (eine „Vision", die yin- und yang-Elemente im Nichtsein und Sein verbindet) und deswegen funktioniert. „Heute haben wir keine langen Kündigungsfristen. Aber wir haben ein hohes Arbeitslosengeld. Der Verlust des Arbeitsplatzes [yang] führt also nicht zum Verlust des Lebensunterhalts [yin]." Das Herauspicken einzelner Elemente des nordischen Modells bringt daher wenig, wenn die yin-yang-Harmonie im Sein und Nichtsein nicht stimmig ist.
[305] Der französische Ministerpräsident Dominique de Villepin hat in seinem Buch, Le cri de la gargouille (2002; sehr frei übersetzt: Das Plätschern des Wassers) die verschiedenen Wege einer Reform in Frankreich aufgezeigt. Reform durch Dialog? Wie? Der Soziologe schweigt. Hat das französische Parlament nicht die Autorität, Reformen zu „beschließen"? Anscheinend haben die Franzosen die falsche „freie Wahl" getroffen? Die Deutschen natürlich auch. Der Wählerwille wollte diese (oder jene) Koalition. Jeder konstruiert, was in seine

Antizipation dieser Vermutung auf ein „Eilverfahren" gesetzt, zudem weite Teile der Medien und Wissenschaft (Ökonomen) die Vorschläge in Ordnung fanden. In Deutschland schlucken Medien und Öffentlichkeit problemlos, wenn ein angestellter Manager (*nicht* selbständiger Unternehmer) das 400-fache eines Durchschnittslohns im gleichen Unternehmen verdient. So funktioniert der Markt. In Frankreich, Japan, China läuft das (noch) nicht. Wie wird ein solcher 400-facher Mehrwert erzeugt? Durch Routine? Arbitrage? Innovation? Evolution? Die jüngeren ethischen Verwerfungen[306] im Kapitalismus rühren (nicht ausschließlich, dennoch in hohem Maße) aus Arbitragedominanz, welche auch auf Persönlichkeitskomponenten fußt und spiraldynamisch fundiert ist.

Für einen im angelsächsischen Kapitalismus enkulturierten Beobachter wie Münchau ist Markt gleich Markt. Routine, Arbitrage, Innovation, Evolution – daß alle nach unterschiedlichen Gesetzen funktionieren könnten, eine unterschiedlich Wert- und Ethikbasis aufweisen, ist kein Thema. Für einen Soziologen wie Touraine und den journalistischen Beobachter existieren solche Unterschiede gleichfalls nicht. „Brunnenfrösche" (Zhuangzi). Blinde Flecke. Globalisierung dient als Peitsche, um dem arbeitenden oder in Rente geschickten Volk Opfer abzupressen, während eine Oligarchie aus Politik-, Wirtschafts- und Medienelite sich bereichert (der deutsche Energiemarkt liefert Beispiel über Beispiel). Dies die Analyse des Franzosen Kahn (2006a,b,c), der sich auch ein Schumpeterscher Daoist anschließen könnte. Die Oligarchie bedient sich der Lehrbuchargumente einer Ökonomie, in welcher die Schaffung von Reichtum und Arbeit durch Neukombination und selbstevolutionäre Kompetenzentfaltung nicht existiert. Daß in der Praxis der Operationsweise von Systemen diese Aktionsparameter nur ausgedünnt zum Einsatz kommen, die Harmonie von *yin* und *yang* im Sein und Nichtsein einer per Dekret (Frankreich) oder konzertierter Aktion (Deutschland) weicht, kann nicht überraschen. Kahn listet auf, was dabei herauskommt:

> Arbeitslosigkeit, prekäres Leben (précarité), Exklusion, schwaches Wachstum, Anstieg der Ungleichheit, ausufernde Defizite, ethnico-soziale Apartheid, Unsicherheit (von Einkommen und Arbeitsplatz), Gewalt, Tribalismus, Zusammenbruch der Moral, ein Jedermann-für-sich, Dschungel-Beziehungen, Dekulturation, Herrschaft der Geschmacklosigkeit, etc. (Kahn, 2006a).[307]

Wir nennen es, abstrakt, die abnehmenden Grenzerträge einer spiraldynamischen Stufe (blau-orange; Abschnitt 3.6). Warum sollen wir, der Kleine Mann, der junge Mensch, der seines Humankapitals beraubte Rentner und Pensionär, Unsicherheit und Niedriglohn/-einkommen hinnehmen, wenn sich eine „Oligarchie", auch auf unsere Kosten – Produktionskosten runter,

---

Logik paßt. Wie Reformen machen, wenn die „Leidenden" die Mehrheit ausmachen, und in Zukunft, ohne Reform, nur noch mehr leiden werden. Den Zustand höchsten Glücks durch eine Kombination von Marktwirtschaft und repräsentativer Demokratie zu verwirklichen (die herrschende Meinung), scheint eine historische Herausforderung, die bislang nur wenige Staaten meistern konnten, und niemand weiß so richtig, wie sie das geschafft haben. Die Glücksforscher zumindest erzählen uns, Glück, jenseits einer bestimmten, relativ bescheidenen Höhe des Wohlstandes durch mehr Reichtum zu erzeugen, gleiche einer Fata Morgana (Abschnitt 5.9).

[306] Worldcom, Enron, Mannesmann, Parmalat usf.

[307] Kahn ist Herausgeber der republikanisch-liberalen Wochenzeitschrift Marianne. In ihrer Nummer 486 vom 12. August 2006 berichtet Hervé Nathan (2006) über die „Privilegien" in der französischen Gesellschaft und vergleicht sie mit jenen, die zum Sturm auf die Bastille und zur französischen Revolution vom Sommer 1789 beitragen. Die modernen Privilegien, nicht alle, aber jene, welche die Wut der Unterprivilegierten schüren, hängen unmittelbar an der „Finanziariation des Kapitalismus" (Marianne) nach angelsächsischem Muster oder dem was wir Arbitragekapitalismus nennen.

Aktienkurs hoch, Managereinkommen hoch, Dividende hoch-, ein schönes Leben macht, sich bereichert – ohne Gegenleistung („enrichissement sans cause")? Vierhundert Jahre muß der Durchschnittsmensch arbeiten, vom Westfälischen Krieg bis heute, um das zu verdienen, was ein Spitzenmanager in einem Jahr nach Hause trägt. Die jungen Rebellen haben gute (moral-ethische) Gründe zu rebellieren. „Sie wollen keine Gesellschaft mehr mit tragen, in der Ungleichheit, Unsicherheit, Unmenschlichkeit und Immoralität ihren großen Sieg errungen haben" (Kahn, 2006b).

Tabelle 5.7.1: Jugendarbeitslosigkeit in Frankreich

	**Die Leiden Frankreichs**
Yin	*yang* Nichtsein/*wu*
Arbeitsmarktregulierung, Kündigungsschutz, Mindestlöhne behindern Einstellung junger Menschen und ihre „Kombination" mit materiellen Ressourcen.	Wissensvermittlung Fachwissen etc., normale Schul- und Universitätsausbildung kann ein *yin*- Defizit nicht ausgleichen.
Gegebene Fähigkeiten, insbesondere unternehmerische im Hinblick auf Selbst- und Fremdnachfrage nach Arbeit a) bei den Jugendlichen b) bei den Führern neuer/junger Unternehmen	Erzeugung neuer Angebots- und Nachfragefunktionen, eine Kernfunktion innovativen Unternehmertums (7. Und 8. Kapitel)
	*Yin-yang*- **Disharmonie**
	• Fähigkeitsprobleme der Jugendlichen bewirken geringe **Nachfrage** nach jungen Menschen • Selbstnachfrage nach Arbeit und Selbständigkeit leidet • Fremdnachfrage durch neue Unternehmen und bestehende Unternehmen bleibt bescheiden • Lohnsenkungen (*yang*) können Probleme bei *yin*-Faktoren nicht kompensieren • Knowing-doing-gap; die verfügbare Kompetenz („persönliche Intelligenz") ermöglicht keine Umsetzung des Fachwissens

Aus der Schumpeterschen Logik betrachtet, sind Oligarchien autopoietische Netzwerke vom „Typ-II", besetzt mit „Routine und unproduktiv-destruktiven Unternehmer(n), ... um die eigenen Interessen zu wahren, ihre Position zu festigen bzw. weiter zu stärken" (Aßmann, 2003, S. 246). Sie sind Kennzeichen innovations-stagnativer Regionen. Solche Regionen können „wachsen", durch Zufuhr von frischem Input. Sie entwickeln sich nicht endogen, neukombinativ-evolutorisch.[308] Dies sind Argumente, warum Menschen vehement protestieren, es sind keine Argumente gegen „Reformen". Frankreich hat sie genau so notwendig wie andere europäische Länder auch.

Yang (Globalisierungsdruck) überfordert Nichtsein-*yin* und Nichtsein-*yang*. Unserer Meinung nach ist Globalisierungsdruck *kein* Sein-*yang*. Ein Druck kann nicht materiell sein, daher kann er auch nicht Sein (*you*) sein. Druck ist relativ. Er ist eine Funktion von *yin* (Fähigkeiten) und *yang* (neues Wissen) im Nichtsein. Wie und wen überfordert Globalisierung? Sie überfordert jene Unternehmen, die Güter und Leistungen herstellen, die sich „über Preis" verkaufen müssen, die daher dem Niedrigpreiswettbewerb aus Schwellenländern ausgeliefert sind. Ihre Fähigkeiten (*yin*) und ihr angewendetes Wissen (*yang*) reichen nicht aus, um durch Innovation dem Globalisierungsdruck auszuweichen.

Im daoistischen Modell diskutieren wir diese Zusammenhänge in Verbindung mit *ziran*, den „Drei Schätzen des Laozi" (*de*) und aktivem Nicht-Tun (*wuwei*). Der Kapitalismus in der gegenwärtigen (spiraldynamisch blau bis grünen) Phase mag in der Tat für einige Menschen nicht mehr anschlußfähig sein. Folglich ist das, was wir jetzt haben, oder tun bzw. tun müssen (nach Ansicht von Entscheidungsträgern in Politik und Wirtschaft), auch in Richtung eines freien Globalkapitalismus nicht mehr „reformierbar" (Münchau).

In der obigen Tabelle haben wir diese Überlegungen in die daoistische Logik integriert. Es zeigt sich dann, daß einige Fragen offenbleiben. Ein niedriger Lohn (bei weiter bestehendem Kündigungsschutz) räumt nicht den Markt. Wer stellt jemand ein, wenn er ihn nicht entlassen kann? Wenn die Produkte gut laufen, danke. Wer in der Frühphase eines Technologie-/Produktzyklus wirtschaftet, muß flexibel neukombinieren können. Dies schließt Entlassung ein. Auch bessere Ausbildung (duales System wie in Deutschland) löst die Schwierigkeiten nicht. Die Nachfrageproblematik ist nur teilweise beantwortet. Nettoarbeitsplätze entstehen durch Selbstnachfrage (man macht sich selbständig) oder durch Innovatoren. Nur große Unternehmen (Renault; Michelin) können intern umschichten. Das hilft aber nicht viel für die Dynamik des Arbeitsmarktes. Große Firmen bauen überall, per Saldo Arbeitsplätze ab. Zum einen neukombinieren sie nur inkrementell, ihre Produktzyklus- und damit Arbeitsnachfragedynamik geht dem Ende entgegen. Sie sind auf dem Weg vom materiellen Sein ins Nichtsein, vermögen sich jedoch im Nichtsein kaum noch zu erneuern. Für sie ist Kündigungsschutz usw. daher auch keine zentrale Frage. Zudem verfügen sie über eine Arbitrageoption: Verlagerung an Standorte mit „Billiglöhnern". Daoistisch geht es um ein *yin*- Problem im Nichtsein. Sie ziehen den schleichenden

---

[308] „Typ-I-Netzwerke" sind Schumpeter-Netzwerke, auf die Erzeugung und Diffusion von Neukombinationen ausgerichtet. Die französische Elite (Mitglieder von ENA, Politechniques, und Kabinetten) bildet ein Netzwerk, dessen Mitglieder sich wechselseitig mit Privilegien ausstatten. In der Wirtschaft ist das bevorzugte Instrument die Aktienoption. Wie in Deutschland, setzen sich die Managerelite und die Unternehmensverbände für Senkungen der Unternehmenssteuern und Lohnkosten ein, Maßnahmen, die auf den Wert der gehaltenen Optionen durchschlagen. „Gestern waren es die Aristokraten, die keine Steuern bezahlten. Heute sind die neuen Aristokraten die (priviligierten) Nutzer der Aktienoptionen" (Nathan, 2006). In den USA laufen gleichzeitig Untersuchungen gegen zahlreiche Unternehmen, denen vorgeworfen wird, Aktienoptionen zu niedrigen Preisen rückzudatieren, um in den Genuß höherer Kapitalgewinne zu kommen.

Tod einer Radikalkur ihrer Kompetenzprofile vor.[309] Der große Aufschrei kommt nur,[310] wenn die jungen Tiger (*yang* im Nichtsein) ihnen die Profite abjagen– und sich um die Religion der „geistigen Eigentumsrechte" einen Teufel scheren. Die Missionierung (*yin*-Nichtsein) - „Entwicklungshilfe" – versucht, was sie kann. Die Ungehorsamen nehmen es mit, ihr *yang* im Nichtsein wird nicht berührt. Daher ist auch kein Anschluß an das Sein möglich.

Was macht der kleine/mittelständische Neuerer, dessen Produkte nicht ankommen? Auch der französische Ich-AG-Unternehmer, sich in die Routinewirtschaft eingründend, läuft in Probleme über Probleme. Die französischen Handwerker und Kleinunternehmer haben die Reformen der Regierung gestützt. Sie fühlen sich durch das gegenwärtige Regime des Arbeitsmarktes ausgebeutet. 2000 Seiten Arbeitsrecht, in einer Sprache, die nur Juristen und Philosophen verstehen. Die Unternehmer operieren soziologisch auf der gleichen Ebene wie ihre Arbeiter. Sie waren selbst Arbeiter. Sie fühlen sich ausgepreßt und schlecht behandelt von einigen jungen Menschen, die sie abzocken wollen, ihnen Ärger machen und alles wollen, bis auf arbeiten (Volle, 2006). Gerechtigkeit vor Gericht? Für sie ein Witz und Albtraum in einem. Die Unternehmerverbände haben anderes im Sinn. Das Ergebnis: Sie stellen zu Wenige ein, wegen des hohen Risikos, des Ärgers, der schlaflosen Nächte.[311] Die Medien drehen ihre autopoietischen Räder, die Politiker kämpfen um die Macht. Der *dao* des Marktes und die Harmonie von *yin* und *yang* auf dem Markt der Arbeit verflüchtigen sich.

Wenn der Idealjob für junge Franzosen der Staatsdienst ist, haben wir es offensichtlich mit Kompetenzproblemen zu tun. Herkömmliche Ausbildungssysteme bieten keine Antwort auf diese Herausforderungen. Universitäten gelten in Frankreich als „Fabriken zur Produktion von Arbeitslosen". Wir sehen somit eine *yin-yang*-Disharmonie im Nichtsein, welche die Umsetzung des in Schule und Universität vermittelten Wissens (auch wenn es praxisnahe sein mag, was in Frankreich kaum der Fall ist) erschwert. Die Gesellschaft ist in einer Selbstblockade gefangen. Der Frosch kommt nicht mehr aus dem Wasser. Münchau (2006) nennt das die Nichtreformierbarkeit des Systems der „sozialen Marktwirtschaft".

Wie dem auch sei. Am 10. April 2006 tritt der französische Ministerpräsident vor die Presse. Er zieht sein Reformvorhaben zurück. Die jungen Menschen bleiben das, für was sie gekämpft

---

[309] Ein US-amerikanischer Beobachter zu den Protesten in Frankreich: „Now this is what's going on. One or three million people, in a country with 10% general and 23% youth unemployment, protest that hiring of ‚young' workers (in French parlance, you're a young worker until you're 26) would be made easier by allowing employers to let go of deadwood under 26 within the first two years of employment. ‚You can't treat people like slaves. Giving all the power to the bosses is going too far' howled one Gregoire de Oliviera, ‚a 21-year-old student protesting in Paris' at a Reuters correspondent. Which is an interesting if involuntary testimony to the French mindset. Because slaves rarely were ‚let go', with or without explanation. In fact, the bane of slavery consisted in taking away people's freedoms, one of which was the freedom to leave employment. Slaveholders, to the contrary, did what they could to keep their uncompensate workforce in place, without accounting for productivity. Which is exactly what those educated students appear to be striking for. A world where there is no pressure to develop the maturity that comes with realizing one's place in the competitive global marketplace. A world where productivity and ambition count for nothing compared to maintaining the status quo. And in the global marketplace, what hiring entrepreneur wouldn't prefer to enjoy a sunny day in Bombay instead" (J. Christoph Amberger, A rainy day in Bombay, Dynamic Market Alert, 29.- 30. März, dma@taipangroup.com).

[310] Siehe die oben zitierten Vorschläge des BDI zum Umgang mit chinesischen Imitatoren.

[311] Über die Hälfte der in Frankreich neu geschaffenen Netto-Arbeitsplätze entfällt auf Unternehmen mit weniger als zwanzig Beschäftigten. Auf größere Unternehmen (500 Beschäftigte oder mehr) entfallen zehn Prozent. Sektoral ist es das Baugewerbe, in dem kleine Unternehmen dominieren, der französische Arbeitsplatzmotor (nach Schätzungen von Unedic, zitiert in Robequain, 2006).

haben: arbeitslos. Die Philosophen können sich einer neuen Baustelle im Politiktheater widmen. Als Nebenprodukt läßt Villepin gleich noch ein anderes Vorhaben verschwinden: das Verbot von Rauchen auf öffentlichen Plätzen. Wenigstens kann der Arbeitslose seinen Frust im Café den anderen ins Gesicht blasen. Und seine Kollegen im Kabinett sind bereits auf der Suche nach einem neuen Arbeitgeber: sie kündigen ihre Loyalität auf (Furbury, 2006). [312]

Resümee:

Das Gemeinsame der eben skizzierten Konstellationen von *yin*-Dominanz hat seinen Ausgangspunkt in Disharmonien zwischen *yin* und *yang* in einer Situation der Nicht-Stationarität im Nichtsein. Im Naturzustand von Spontan-Freiheit (*ziran*) und *wuwei* (aktives Nicht-Tun) würde sich im Zeitablauf eine Tendenz zur *yin-yang*-Harmonie durchsetzen. Faktisch ist die Harmonietendenz vielfach unterlaufen und gestört. Die kritischen Ausgleichsfaktoren sind dennoch im Hintergrund wirksam. Die fünf oben vorgestellten Konstellationen sind deswegen auch keine unheilbaren systemischen Krankheiten.

An welchen Stellen daoistisch anzusetzen wäre, können wir im Augenblick nur abstrakt erläutern, da wir hierzu die daoistischen Aktionsparameter *qi/heqi*, *wuwei* und *de* ausführlicher in unsere Überlegungen integrieren müßten. Ist die Systemsteuerung an *wuwei* ausgerichtet und verbessern die Menschen ihr *de*, können auch hochkomplexe Systeme mit *yin- yang-* Disharmonien entwicklungsfördernd und evolutionssteigernd umgehen.

Die grundlegende daoistische Politikempfehlung ist immer die gleiche:

(1) Harmonisiere *yin* und *yang* im Sein und Nichtsein.

(2) Integriere Sein und Nichtsein.

Jede Einseitigkeit, jedes Fixieren auf *yin oder yang*, Sein *oder* Nichtsein, bringt die Wirtschaft vom Weg, vom Lauf des *dao*, ab. Das kann schnell eintreten, kann Jahrzehnte anhalten, kann über ein Jahrtausend nicht wahrgenommen werden.

5.8 Gesellschaftliche Evolution und *yin-yang*-Disharmonie

Die systemische Gesellschaftstheorie (ausgehend von Niklas Luhmann) hat ausführlich dargelegt, wie gesellschaftliche Evolution mit einer „Ausdifferenzierung" der Gesellschaft einhergeht. Neue Teilsysteme entstehen: Wissenschaft, Wirtschaft, Politik, usw. Das Problem dabei ist: Diese Teilsysteme funktionieren nach ihrer eigenen Logik. Wir haben dies bereits bei der Unterscheidung der verschiedenen Teilsysteme in der Wirtschaft (Routine, Arbitrage, Innovation, Evolution) kennengelernt. Sie sind geschlossen für Inputs aus anderen Teilsystemen (wohl aber offen für Störungen oder Anregungen). Ein Routinesystem kann „Störungen" aus dem Innovationssystem nur durch Routinestrukturen verarbeiten, eine „adaptive Antwort" (Schumpeter) geben. Erziehung, Erziehung, Erziehung! Der Heilsbringer für Wirtschaftswachstum. Wie? Das Erziehungs-/ Ausbildungsytem operiert autonom. Die Franzosen wissen es. Universitäten als Fabriken für Arbeitslose. Natürlich: die falsche Erziehung! Was ist die richtige? Wer weiß es? Wie jedermann der beste Fußballtrainer ist, ist jedermann auch der beste Lehrer. Wie wird aus dem Output des Systems Erziehung, ein Input für die Wirtschaft? Niemals, wenn wir davon ausgehen (eine Theorie!), Systeme seien geschlossen. Nichts geht rein und raus. Der Daoist sagt: Evolution durch Ko-Evolution. Die am besten Qualifizierten laufen weg, gehen in die innere Emig-

---

[312] „Lieber Nicholas [Sarkozy], *äußert sich der Mininister für Kultur im Kabinett Chirac-Villepin,* „du kannst auf meine Energie [!] zählen, meinen Enthusiasmus und mein Engagement in den anstehenden Kämpfen." Von dreißig, stützen noch zehn den Ministerpräsidenten. Abschied hat keiner genommen. Geflogen ist auch keiner. Darf es wundern, wenn junge Franzosen dem Dienst im Staat soviel Achtung entgegenbringen?

ration, ihr Boß drangsaliert sie, die Kollegen mobben und Walmart verbietet auch noch, daß sie sich befreunden. Das „Humankapital" findet keinen Anschluß.

Systeme verarbeiten Störungen (Anregungen, Herausforderungen) immer mit den ihnen eigentümlichen Strukturen. Wissen aus der Wissenschaft kann deswegen nicht problemlos in die Wirtschaft transferiert werden (6. Kapitel). In den Systemen Familie und Erziehung erworbene Kompetenzen produzieren nicht automatisch Wertschöpfung in der Wirtschaft. Diese Spezialisierung der Teilsysteme können wir als Barrieren betrachten, welche spontanen Austausch und Kommunikation (*heqi*) von Wissen und Kompetenzen zwischen den Systemen erschweren. Mehr als wechselseitige „Störungen" (Luhmann: „Irritationen") sind nicht drin.

Geschlossene Systeme *funktionieren* inputlos. Sie leben aus sich selbst heraus. Wirtschaft ist ein solches, Politik, Wissenschaft, Religion oder die Person, das psychische System des Lesers auch.[313] Sie folgen ihren jeweils eigenen „Strukturen" und inneren Wirkungsmechanismen. Diese Systeme sind offen für Impulse, Herausforderungen, „Störungen". Was sie mit diesen tun, wie sie „Irritationen" verarbeiten, ist nicht Sache der „Inputs", sondern der internen Strukturen. Auch Märkte sind nicht-lineare, dynamische Systeme - es gibt keine direkte Beziehung zwischen Input und Output. Qualität ersetzt Menge.

    Eine Katze (Qualität) vor dem Loch hält die Mäuse (Quantität) in Schach.

Im Verlauf der Jahrhunderte beobachten wir einen Trend zu zunehmender Vielfalt und Komplexität. Ein Aspekt dieses Trends ist die Ausdifferenzierung von Systemen. Die Mechanismen dafür sind noch nicht total geklärt, auch nicht auf biologischer Ebene, obwohl wir dort mehr wissen. Das liegt vor allem daran, daß hier der Selbstbetrug und ähnliche Mechanismen nicht so eine große Rolle spielen wie bei menschlicher Evolution. Religion hat hier möglicherweise für Tausende von Jahren blockiert. Aber auch das ist noch offen.

Unsere bisherigen Überlegungen blieben auf das System Wirtschaft ausgerichtet. Vergleichbares ließe sich auch für die Gesellschaft und das Zusammenwirken ihrer Teilsysteme untersuchen. Zwischen diesen muß sich in der langen Frist eine Harmonie zwischen *yin* und *yang* herausbilden, oder die Gesellschaft stagniert, zermürbt in inneren Konflikten, wird ökonomisch, politisch oder militärisch an den Rand gedrängt. Die Teilsysteme müssen sich ausbalancieren, und sie tun es auch, wenn wir die Evolutionsgeschichte der Menschheit auf lange Sicht betrachten.

Die folgende Tabelle zeigt unsere Vermutungen zu den *yin*- und *yang*-Eigenschaften einiger Teilsysteme der Gesellschaft, wobei wir uns immer daran zu erinnern haben, daß in jedem dieser Systeme wiederum *yin*- und *yang*-Kräfte wirken. Alle Systeme haben *yin* und *yang*. Aber wie Frauen eine starke *yin*-Polarität aufweisen (im Gegensatz zu Männern), hat auch die Evolution der Gesellschaft ihre Spuren in stärker *yin*- bzw. stärker *yang*-dominierten Teilsystemen hinterlassen. Aus daoistischer Sicht ist das selbstverständlich. Wenn wir die Gesellschaft als ein System betrachten, müssen in ihr *yin*-Systeme und *yang*-Systeme wirken, und sie müssen, wenn die

---

[313] Wir folgen hier einer Sichtweise, die sich „Kybernetik der zweiten Ordnung" und autopoietische Systemtheorie nennt. Wir behaupten eine Affinität zwischen Daoismus und dieser systemischen Denkweise. Es scheint uns mehr als Zufall, daß Schlüsselarchitekten dieses Denkens in ihrer Lebenspraxis diesen östlichen Weisheitstraditionen zugeneigt sind. Niklas Luhmann bezeichnete sich als Buddhist, Francisco Varela war praktizierender Buddhist, Humberto Maturana, skeptisch gegenüber Buddhismus, eher dem Daoismus zugeneigt. Wir sehen auch eine große Affinität zwischen dem Begründer der modernen Entwicklungstheorie (Joseph Schumpeter, 1911/2006) und der systemischen Theorie sowie der daoistischen Weisheitslehre und Kosmologie. Peter Drucker betrachten wir in seinem Denken und Handeln als dem Daoismus verbunden. Damit sind die drei theoretischen Entwürfe, die wir in unserem Text integrieren, benannt.

Gesellschaft sich nicht selbst zerstört,[314] eine Wirkungsbalance zwischen sich erreichen. Regression oder Stagnation ist Ausdruck einer teilsystemischen Disharmonie.

Tabelle 5.8.1: yin-yang-Eigenschaften gesellschaftlicher Teilsysteme

Yin: Religion, Recht, Politik/Staat, Erziehung , Kultur
Yang: Wirtschaft, Politik, Wissenschaft, Medien, Sport

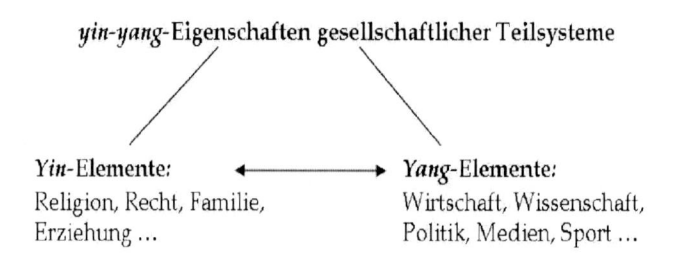

yin-yang-Eigenschaften gesellschaftlicher Teilsysteme

Yin-Elemente: ←————→ *Yang*-Elemente:
Religion, Recht, Familie,   Wirtschaft, Wissenschaft,
Erziehung ...   Politik, Medien, Sport ...

Herrschen in einer Gesellschaft einseitig *yin*- oder *yang*-Systeme, auch in einem noch frühen Stadium der Ausdifferenzierung, entfalten sich starke Kräfte, um diese Einseitigkeit zu überwinden: Die Gesellschaft differenziert und evolutioniert unter beträchtlichen Geburtswehen, die sich in Bürgerkriegen und Revolutionen zeigen. Aus der Sicht der Gesellschaft ist Religion ein *yin*-System, weil es über jene Eigenschaften verfügt,[315] die für *yin* eigentümlich sind (siehe Abschnitt 5.1.). Religion ist auf Beharrung ausgelegt. Freilich: Auch Religion kommt ohne *yang* nicht aus. *Yin* und *yang* verbinden sich harmonisch (was nicht heißt, frei von Konflikt). Bei Repression von *yang* nimmt Dogmatismus überhand, Disharmonien entstehen, Anregungen werden abgewürgt und mögen auf dem Scheiterhaufen enden, Menschen verlassen die Religion, gründen neue und nur „heilige Kriege" und Austrittsverbote sichern eine scheinbare Nachhaltigkeit.[316] In diesem Sinne gibt es auch eine *yin*-Dominanz im Nichtsein bei der Religion als *yin*-System: Alles, was in einer Religion nicht als „richtiger" und „wahrer" Glaube gilt, wird nicht akzeptiert. Religion in sich selbst ist kein *yin* oder *yang*. Religion lebt, wie andere Systeme der Gesellschaft auch, durch die Erhaltung der interaktiven Energien von *yin* und *yang*.

Dominiert in einer Gesellschaft ein *yin*-System,[317] etwa in einem „Gottesstaat", bleiben Sein und Nichtsein dem Glauben unterworfen und der *yang*-Pol der Gesellschaft kann sich nicht entfalten. Die *yang*-Systeme der Gesellschaft sind einem *yin*-Diktat unterworfen. Wissenschaft liegt am Boden, Wirtschaft bleibt der Routine und Arbitrage verhaftet, Medien leisten keine Information, Politik ist religiösem Dogma unterworfen. Andererseits bleiben im *yin*-Pol Religion, Recht, und Erziehung fusioniert. Islam als Einheit von Staat und Religion. Recht als Gesetz Gottes (Scharia). Disharmonien durchziehen die Gesellschaft. Die Freiheitskämpfer in Aceh im Norden Sumatras,

---

[314] Damit meinen wir: eine Gesellschaft geht den Weg von Stagnation oder Regression.
[315] Verfügen muß, wenn es seiner Funktion nachkommen will.
[316] Die Durchsetzung des Protestantismus in Europa bietet reichhaltige Belege. Tausende von Menschenleben hat dieser intrareligiöse Differenzierungsprozess gekostet. Im heutigen Islam beobachten wir Vergleichbares: Schiiten und Sunniten machen sich wechselseitig nieder (Irak) oder die eine Seite unterdrückt die andere (Saudi-Arabien). Der Allmachtsanspruch der Religion, Ausdruck einer nichtdifferenzierten Gesellschaft, macht alles noch schwieriger, weil Religion mit Politik und Wirtschaft verwoben ist.
[317] Sei dieses *yin-yang* harmonisch geregelt, oder *yin*-dominiert.

siegen gegen den indonesischen Staat, nur um festzustellen, daß die Religion über sie triumphiert: Rückkehr der Scharia, früher vom Zentralstaat in Schach gehalten.[318] Die Ausdifferenzierung auf dem Weg zurück: Regression der Evolution.[319]

In China sterben jedes Jahr Tausende von Bergarbeitern in Kohlegruben.[320] Es mangelt nicht an Recht. Wer setzt es durch? Wer hängt der Katze die Glocke um den Hals? Lokale Behörden sind an den Kohlegruben finanziell beteiligt. Sie wollen marginal operierende oder unsichere Gruben nicht schließen. Nach einem Unglück spielen sie das Spiel „asymmetrische Information": die Information bleibt auf der lokalen Ebene, Bestrafung und Sanktion von oben unterbindend.

In anderen Gesellschaften ersetzt Recht Innovation, ist Recht Aktionsparameter der Reproduktion der politischen Klasse, ein Instrument, um Unsicherheit und Komplexität zu beherrschen und Kompetenzdefizite auf andere abzuwälzen. Nichts was nicht geregelt würde (möglichst „bundeseinheitlich", europaweit, und im Idealfall weltweit). Recht folgt Glauben und Ethik - und Ethik normiert (explizite Ethik). Wer Probleme hat, geht zum Anwalt. Habgier ist Treiber des Rechtsstreits. Im Zivilrecht geht es um fast nichts anderes. Die Zähmung staatlichen Habenwollens durch das Steuerrecht ist eine Angelegenheit formaler Normen und nicht des Schutzes der Freiheit der Bürger gegen Habgier, Willkür und Eingriffe der Staatsgewalt. Wer seine Altersversorgung selbstverantwortlich regelt, wird vom Staat bestraft, expropriiert. In Deutschland hat das oberste Verfassungsorgan, dem Staat einen Freibrief ausgestellt, wie viel Geld er seinen Bürgern abnehmen darf.[321]

Kein Wunder:

> Daß die Leute hungern, liegt daran, daß die (Steuern) ihrer Oberen zu viel sind;
> deshalb hungern sie.
> Daß die Leute schwer zu regieren sind, liegt daran, daß ihre Oberen handeln (*you wei*);
> deshalb sind sie schwer zu regieren.
>
> (*Dao De Jing*, Kapitel 75, Gerstner, 2001, S. 366;
> Worte in Klammern von uns).

Bei uns hungern wenige. Aber arm sind viele. Und reich werden, bis zu einer Schwelle, in der sie ihre Grundbedürfnisse befriedigen, können auch immer weniger. Handeln der Oberen heißt, die Freiräume der Menschen stärker einzuschränken, sie zu kontrollieren, ihr Verhalten „gläsern" und transparent zu machen. Fische gedeihen nicht in klarem Wasser. Sollen sie auch nicht. Sie leben schließlich im Aquarium, der Staat will sie sehen, füttern und nach Belieben herausnetzen.

Spiraldynamisch betrachtet ist die Verrechtlichung ein Hinweis auf die abnehmenden Grenzerträge einer Ebene (insbesondere orange und grün; auf weniger tiefer liegenden Ebenen herrscht ein stärker faustrechtlicher Umgangston).

---

[318] Shariah not welcomed: GAM; Vast majority back Shariah: Poll http://www.infid.be/sno231-060817.html); Why Islam is the new Marx (http://www.infid.be/islam_new_marx.htm).

[319] Wie die Einführung demokratischer Mechanismen eine Entdifferenzierung von Gesellschaften bewirkt, ist eine Frage, deren Beantwortung wir gerne der Politikwissenschaft und den politischen sowie medialen Unternehmern von Demokratieexport-Unternehmen überlassen. Wir beobachten es im Mittleren Osten und in Indonesien.

[320] Auf 20,000 schätzt das China Labour Bulletin aus Hongkong die Zahl der Opfer im Jahr 2004.

[321] In einem Verfassungsgerichtsurteil aus dem Jahre 1995 wurde der Staat angehalten, seinen Bürgern nicht mehr als die Hälfte ihrer Einkommen durch Steuern zu entziehen (Halbteilungsgrundsatz). In einem Urteil des gleichen Gerichts aus dem Jahr 2006 wurde diese Norm verworfen.

Mit der Aussage: „Ich mache keine Geschäfte, und das Volk wird von selbst reich", umschreibt Laozi (Kapitel 57) diese Logik funktionaler Differenzierung. Der Herrscher, Bürokrat, Imam synergetisiert Geschäft („Zahlungen") mit politischer und religiöser Funktion - ökonomisches Potential bleibt ungenutzt und Sanktionen für Fehlleistungen werden aus dem Wirtschaftssystem ausgelagert und nach nicht-wirtschaftlichen Kriterien geregelt. Nur Spieler und Hasardeure wagen sich an das Neue. Routine ist Normalität, Arbitrage, Raubzüge und Expropriation sind Wege zu Reichtum. Wer investiert Kapital, um neue Nachfrage zu schaffen? Wer hat gar einen Antrieb, eine Vision, sich selbst neu zu machen (die Funktion des evolutorischen Unternehmers)? Unternehmer haben einen starken Ansporn, die Differenzierung voranzutreiben, Akteure anderer Teilsysteme aus ihren Entscheidungen heraus zuhalten. In bürgerlichen Revolutionen geht es um diese Abkopplung von politischer Macht und religiöser Wahrheit von der Wirtschaft. Oliver Cromwell besiegt die Eingriffswut und die Abzockermuster der englischen Krone.[322] Die Meiji-Restauration in Japan (im ausgehenden 19. Jahrhundert) bringt einen Differenzierungsschub und initiiert den japanischen Aufholprozeß.[323] Der Daoist Deng Xiaopeng leitet den chinesischen Modernisierungsschub ein, in dem er Leistungsentgelte von politischem Einfluß zu entkoppeln versucht: „Ob die Katze [politisch] schwarz oder weiß ist, ist unwichtig. Hauptsache, sie fängt Mäuse." Alle Reformen in China seit 1978 lassen sich in einem Satz zusammenfassen: Verringere Regierungseingriffe (*wangwei*) und weite die Herrschaft des Marktes (*ziran* durch *wuwei*) aus. In den westlichen Industrieländern geschah das Gegenteil. Aber wie wir aus berufener Hand wissen: China ist eine zentral gelenkte Wirtschaft, keine Marktwirtschaft.[324]

Können Menschen ein gering differenziert operierendes System verlassen, tun sie es (sie wandern aus oder betreiben interne Emigration). Der Ausdifferenzierungsdruck steigt umso stärker, je mehr gering differenzierte Gesellschaften in einer Umwelt hoher Komplexität überleben müssen, das heißt ihre Systemgrenzen gegen Komplexitätsdruck (das ist Ausdifferenzierungsdruck) verteidigen müssen. Solche Systeme haben keine Überlebenschance, keine. Sie gehen unter. Sie liquidieren sich selbst. Sie können machen, was sie wollen. Der einzige Ausweg ist der evolutionäre: interne Differenzierung, Zulassen einer Harmonie zwischen *yin* und *yang*. Diese mobilisiert Anreize für eine Evolution in die Tiefe.

> Frankreich ist auf diesem Weg bereits weit vorangeschritten, wie die Antwort auf die Frage zeigt, wie ein französischer Adventskranz aussieht:
> Ein Kreisverkehr mit vier brennenden Autos.

Diese Überlegungen sind auf die Gesellschaft als System bezogen. Sehen wir in die *yin*- und *yang*

---

[322] Oliver Cromwell (* 25. April 1599; † 3. September 1658) regierte als Lordprotektor England, Schottland und Irland während der kurzen republikanischen Periode der britischen Geschichte. Ursprünglich einfacher Abgeordneter des englischen Unterhauses, wurde Cromwell im Bürgerkrieg des Parlaments gegen König Karl I. erst zum Organisator, dann zum entscheidenden Feldherrn des Parlamentsheeres. Mit der von ihm betriebenen Hinrichtung Karls endeten alle Versuche der Stuarts, England in einen absolutistisch regierten Staat umzuwandeln. Quelle: Wikipedia.
[323] Meiji-Restauration bezeichnet den politischen Umbruch im Jahr 1868 und den Beginn einer neuen Regierungsform in Japan. Sie stand am Anfang einer Epoche rasanter Modernisierung und Verwestlichung der japanischen Gesellschaft, obwohl sie zunächst die Rückkehr zum alt-japanischen Kaisertum propagierte. Die Meiji-Restauration verdankt ihren Namen der neuen Ära-Bezeichnung Meiji, welche wörtlich übersetzt „leuchtende Herrschaft" bedeutet. Diese Bezeichnung war zugleich der Thronname des neuen Kaisers Mutsuhito (= Meiji-Tennō). Quelle: Wikipedia.
[324] Vgl. das oben nachgewiesene Zitat aus dem Munde der Leiterin der Deutschen Industrie- und Handelskammer in China.

-Systeme der Gesellschaft hinein, erkennt man Disharmonien: das Vorherrschen (die Dominanz) entweder von *yin*- oder *yang*-Elementen, d.h. Teilsystemen mit *yin*- oder *yang*-Charakter (Tabelle 5.8.1). Wenn in einer Gesellschaft eher *yin* (z.B. Religion) oder eher *yang* (wie Wirtschaft) das Sagen hat, läuft die Gesellschaft in Probleme. In den USA, unser erstes Beispiel, ist Politik (*yang*) der Wirtschaft (*yang*) untergeordnet, *yang* andererseits durch religiöse und rechtliche Elemente ausbalanciert. Die USA funktioniert als Gesellschaft also *relativ* harmonisch. Die *yang*-Dominanz in der chinesischen Gesellschaft (Politik, Wirtschaft, Wissenschaft) bewirkt Disharmonien, da der *yin*-Pol (Religion, Kultur) teilweise entkernt wurde (kommunistische Ideologie ist von den Menschen nicht als Ersatz akzeptiert). Die Rebalancierung betont *yin*-Elemente (Konfuzianismus; Aufbau eines Rechtsstaats). Wenn China implodieren sollte, dann nicht weil den Kondratieffs die ökonomische Luft ausginge, oder das Bankensystem an der Last fauler Kredite in die Knie geht, sondern weil die *yin-yang*-Disharmonie die Reproduktion eines *yang*- Regimes gefährdet.

In islamisch geprägten Ländern beobachten wir eine *yin*-Dominanz auf der Ebene der Gesellschaft. Einige muslimische Gesellschaften in Südostasien kommen damit einigermaßen zurecht, weil sie *yang*-Elemente (chinesisches und multinationales Unternehmertum) tolerieren. Die Gesellschaften des Vorderen Orients zeigen nicht diese Toleranz. Autonom operierende *yang*-Systeme (Politik, Medien, Wissenschaft) sind ausgegrenzt und Wirtschaft läuft auf Routine- und Arbitragebasis, also ausgedünntem *yang*. Sieht man in die *yin*- und *yang*-Systeme der Gesellschaft hinein (Wirtschaft, Recht usw.), erkennt man, sowohl in *yin*- wie in *yang*-Systemen, eine Dominanz von *yin*-Elementen. Die *yin*-Systeme sind *intern yin*-determiniert, die *yang*-Systeme gleichermaßen. Wir beobachten also nicht nur auf der Ebene der Gesellschaft Disharmonien, auch innerhalb der Teilsysteme.

Diese in Teilsystemen beobachtbare interne *yin*-Dominanz bewirkt eine Stabilisierung der Entdifferenzierung, operiert somit als Evolutionsbremse. Die islamischen Staaten illustrieren eindrücklich dieses Muster. Aus der Sicht evolutorischer Tiefe „involviert" das System oder das Individuum. Neue Möglichkeiten, vielfältigere, kreativere Antworten auf die Herausforderungen des Lebens, *yang* somit, das Schaffen neuen Seins aus dem Nichts, das Hervorbringen der „10 000 Dinge", bleiben ungenutzt, verboten, verbannt in einer undifferenzierten Welt subjektiv eingeschränkter Möglichkeiten. Der blasphemische Laptop für die Saudifrau im Hörsaal.

Importieren differenzierte Systeme mit relativer *yin-yang*-Harmonie Menschen aus nicht- differenzierten Gesellschaften mit *yin*-Dominanz, gibt es offensichtlich Schwierigkeiten, welche die herkömmlichen Integrationsstrategien überfordern. Der Weg wäre, eine solche interne Differenzierung der importierten (emigrierten) Parallelgesellschaft gekoppelt an evolutionäre Arbeit im Nichtsein. Diese stört jedoch zwangsläufig die Systemidentität auf psychischer und gesellschaftlicher Ebene (systemische schöpferische Zerstörung), trifft somit auf Widerstand, der sich oftmals (England, Niederlande, Frankreich) in Gewaltaktionen zeigt. Eine Integration von parallelgesellschaftlichen Ordnungen ist nur möglich, wenn die eine sich rückentwickelt oder die andere sich in die Tiefe entfaltet. Eine ausdifferenzierende Integration wird erschwert, wenn in Gesellschaften der tieferen Ebenen (orange, grün) der höheren Ebene (purpur bis blau) institutionelle Lösungen angeboten werden, welche die überlieferte *yin*-Dominanz stabilisieren. In Europa haben Zuwanderer aufgrund wohlfahrtsstaatlicher Leistungen und hoher Regulierungsdichte geringe Anreize und Chancen, *yang*-Aktivitäten (Wirtschaft, Wissenschaft) nachzugehen. Die Menschen ziehen subventioniertes Nichtstun der Eingliederung in die Wirtschaft vor. Ihre Natur-Freiheit (*ziran*) ist differenzierungs- und evolutionshemmend eingeschränkt. Aufgrund der geringen Anschlußfähigkeit haben Menschen aus gering-differenzierten Gesellschaften im wesentlichen nur die Option, sich durch wirtschaftliches Tun, oftmals selbst gestaltetes, d.h. durch Unternehmertum, zu entfalten. Dies ist der amerikanische Weg des „Tellerwäschers". In den USA ist dies auch heute noch die Regel. Die USA ist für *yang*-Immigranten so attraktiv geworden, daß die eingesessenen Amerikaner (Weiße *und* Schwarze) sich gegen die *yang*-Flut zur Wehr setzen.[325] In Europa, bei eingeschränkter unternehmerischer Freiheit und hohen Mindestlöhnen/Einkommen, sind die Anreize und Chancen für Unternehmertum beschränkt. Unternehmerisch-funktionstiefe Arbeit bleibt durch *yin*-importierte Meme und die Regulationsdichte (*yin*) der Einwandererstaaten diskriminiert. Die *yin*-dominante (importierte) Parallelgesellschaft stabilisiert sich auf niedriger evolutorischer Stufenleiter bei geringer interner Differenzierung.

5.9 Zur Zukunftsfähigkeit einer *wu*-orientierten Wirtschaft

> Läßt sich irgendwo unter dem Himmel höchste Freude erfahren? Gibt es eine Methode, die eigene Person am Leben zu erhalten? Wenn es das gibt, was sollte man dann tun, und worauf sollte man sich stützen? Was sollte man vermeiden, und worin sollte man ruhen? Wozu sollte man Zuflucht suchen, und was sollte man abtun? Was sollte man genießen und was verabscheuen?
>
> Zhuangzi, 1998, S. 250

In diesem Abschnitt wechseln wir die Perspektive. Wir haben mehrfach die zunehmende Bedeutung, qualitativ und quantitativ, von Nichtsein (Nichts/*wu*) im Entwicklungsprozeß moderner, postmoderner und postindustrialisierter Gesellschaften angesprochen. Wie wir im vierten Kapitel gezeigt haben, gibt es kein Nichtsein ohne Sein. Beide erzeugen einander. Darum geht es uns in diesem Abschnitt jedoch nicht. Wir fragen vielmehr, wie eine Gesellschaft arbeitet (nach daoistischem Muster „läuft"), in der Menschen immer mehr Gewicht auf ein *Wu*-Leben legen. *wu* haben wir als den „nicht-materiellen" Teil der menschlichen Welt verstanden. In einer *wu*-Welt kann es selbstverständlich immer noch Unausgeglichenheiten und Dissonanzen zwischen *yin* und *yang* geben.

Wie funktioniert demgegenüber eine Wirtschaft, in der *yin* und *yang* harmonisch miteinander verbunden sind, Persönlichkeit (*yin*) und Wissen (*yang*) im Nichtsein energetisch zusammenwirken? Vorausgesetzt haben wir, daß sowohl *yin* als auch *yang* im Nichtsein (*wu*) wirken. Was kann eine Harmonie von *yin* und *yang* hervorbringen, wenn Sein unbeachtet bleibt?[326] Ist Entwicklung dann überhaupt möglich? Man kann leicht erkennen: Diese Konstellation ist genau die entgegengesetzte, der Gegenpol der früher beschriebenen (*you*-Vorherrschaft).

In einer *wu*-Wirtschaft dominiert entweder *wu* als *yang*, oder *wu* als *yin*. Ersteres ließe sich, vereinfacht, als „Wissensgesellschaft" verstehen. Dominiert *wu* als *yin*, gibt es einen Knowing-doing-gap: verfügbares und sich weiter aufhäufendes Wissen wird wegen *yin*- *yang*- Disharmonien nicht angewendet (6. Kapitel). Dominiert *wu* als *yang*, operiert die Gesellschaft „affengeistig"; zu viel Unruhe und Bewegung ist im System. Das Neue und Veränderte (*yang*) wird unreflektiert in das Beständige (*yin*) eingepaßt. Darwinistisch: nicht selbst selektiert. Eine postmoderne Gesellschaft: Hipp-Hopp-Wirtschaft, Hipp-Hopp-Politik, medial perturbiert und explizit-diskursethisch durchreguliert.

Diese Probleme haben wir bereits diskutiert oder sie sind Gegenstand eines späteren Kapitels.

---

[325] Die Schwarzen leiden wirtschaftlich (Lohndruck) unter den „illegalen" Latinos. Auch schwarze Anwälte für die Menschenrechte sehen ihren Kampf gegen Armut, Diskriminierung und Unterbeschäftigung gefährdet (siehe Swarns, 2006 und zahlreiche Beiträge in Parapundit und Vdare. Com).

[326] Wir haben immer zu bedenken, daß es kein Nichtsein ohne ein Sein gibt. Wir untersuchen hier eine Wirtschaft, deren Funktionsweise am Nichtsein orientiert ist. Siehe unsere nachfolgenden Ausführungen.

Unsere Frage in diesem Abschnitt: Wie funktioniert eine Gesellschaft (Wirtschaft), und sie könnte durchaus unsere Zukunft beschreiben (spiraldynamisch betrachtet wird sie es), in der die Menschen ihr Leben im Nichtsein *harmonisch* leben möchten?

Es gilt mittlerweile als gesicherte Erkenntnis, daß mit zunehmendem materiellem Wohlstand (*you*-Reichtum) die Menschen nicht glücklicher werden, ihr Glücksgefühl sogar rückläufig ist.[327] Die nächste Zeichnung illustriert diese Vermutung.[328] Wie Laozi sagt:

>Glück hat nichts mit Reichtum und Ansehen zu tun,
>sondern ist eine Frage der Harmonie.
>Laotse, 1996, S. 38

>Die Reichen vergällen sich das Leben durch Arbeitswut.
>Sie häufen mehr Besitz an, als sie jemals gebrauchen können.
>Zhuangzi, 1998, S. 251

Jenseits eines bestimmten materiellen Reichtums, tendiert Glück/Zufriedenheit/ „Freude" dazu, rückläufig zu werden.[329] Orange (fünfte Ebene): Der reichste Mann – und zunehmend auch Frau – auf dem Friedhof.[330] Selbstverständlich gibt es andere Einflußgrößen der Zufriedenheit als

---

[327] Zum Forschungsstand vgl. Kahneman u.a. (2006); aus wirtschaftlicher Sicht: Easterlin (2003); siehe auch Naica-Loebell (2006b) mit weiteren Literaturhinweisen; Rötzer (2005) stellt eine Untersuchung vor, nach der „Glück" eine Folge (unsere Interpretation) der Harmonie der Dimensionen des Selbst ist (siehe Abschnitt 3.7), also eine Umkehrung der populär vermuteten Sicht: mehr Geld, Reichtum, Macht, Sex, etc. bewirkt mehr „Glück". Die Erkenntnisse der Forschung sehen wir in Einklang mit der daoistischen Vermutung und Lebenserfahrung. Nicht der Erfolg macht glücklich, sondern die Glücklichen erzeugen ihren Erfolg in Arbeit, Beziehungen und Gesundheit selbst. Wie? Beispielsweise durch positive Gefühle. Die daoistische Logik: Selbst-/Ko-Evolution ⇒ 4 L ⇒ Zufriedenheit/Glück ⇒ Erfolg. Diese Überlegungen, folgen wir den Erkenntnissen der sich exponental vermehrenden Glücksliteratur, weisen offenbar ein gravierendes Manko auf, wir ahnen es schon. Wo bleibt das Glücksgen? ER würfelt also doch. Pech gehabt. Gene übernehmen die Verantwortung. Die Zwillinge Jaroslaw und Lech Kaczynski: Niemals können sie glücklich sein. Zur neueren Glücksliteratur mit genetischem Einschlag vergleiche (wir nennen nur die Titel, alle erschienen 2006; Amazon/ Google helfen weiter): The secrets of happiness: three thousand years of searching for the good life; A brief history of happiness; The pursuit of happiness: a history from the Greeks to the present; Stumbling on happiness; The happiness hypothesis: putting ancient wisdom to the test of modern science. Was sagt der Psychologe, wenn er nicht „evolutionsbiologisch" begründet? „ ... andererseits zeigen Untersuchungen immer wieder, dass wesentliche Elemente des Glücklichseins ... nicht angeboren sind, sondern erworben werden" (Martens & Kuhl, 2005, S. 157).

[328] Parapundit (7. Mai, 2006): British becoming less happy. „Unser zusätzlicher Wohlstand (‚wealth') hat uns kein zusätzliches Wohlsein (‚well-being') beschert." Die Quelle der Untersuchung ist bei Parapundit verfügbar.

[329] Der amerikanische Ökonom Richard Easterlin (2003) setzt die Glücksschwelle für die USA bei einem Familieneinkommen pro Jahr von $ 40,000 an. Was darüber geht, hat mit der Befriedigung von grundlegenden Bedürfnissen (*basic needs*) nur noch wenig zu tun.

[330] Max Weber schildert den „Idealtypus des kapitalistischen Unternehmers" mit Worten, die gut beschreiben, was auch heute noch im Geist vieler Unternehmer sich vollzieht, andererseits in einer Logik, die entgegengesetzt der von uns angesprochenen ist: das Aufhäufen von Reichtümern aus hedonistischen Motiven. „Das aber ist es eben, was dem präkapitalistischen Menschen so unfaßlich und rätselhaft, so schmutzig und verächtlich erscheint. Daß jemand zum Zweck seiner Lebensarbeit ausschließlich den Gedanken machen könne, dereinst mit hohem materiellen Gewicht an Geld und Gut belastet ins Grab zu sinken, scheint ihm nur als Produkt perverser Triebe: der ‚aurisacra fames' erklärlich" (Weber, 1965, S. 60). Auch einem „*wu*"-Unternehmer können wir das rastlose Streben und Arbeiten, eingebunden in selbstevolutionäres

Reichtum und Einkommen. Wir betrachten hier lediglich den Zusammenhang zwischen den angegebenen Variablen.

Abbildung 5.9.1: Glück als Funktion materiellen Reichtums

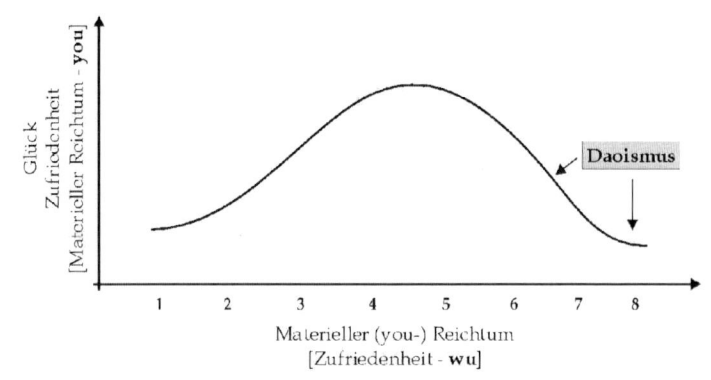

[Diagramm: Glockenkurve mit Y-Achse "Glück Zufriedenheit [Materieller Reichtum - *you*]" und X-Achse "Materieller (*you*-) Reichtum [Zufriedenheit - *wu*]" mit Werten 1 bis 8; Pfeil mit Beschriftung "Daoismus" zeigt auf den abfallenden Teil der Kurve]

Auf der Reichtumsachse haben wir die Ebenen der spiraldynamischen Evolution aufgetragen. Beginnend mit Stufe 5 (Orange) kehrt sich der Zusammenhang zwischen Glück und Reichtum ins Negative.

Der obige Zusammenhang ist noch deutlicher erkennbar, wenn wir die Bezeichnung der Achsen austauschen (siehe eckige Klammern): auf der Waagerechten steht „Zufriedenheit", auf der Senkrechten „materielles Haben". Wir könnten auch, mehr dazu unten, von Nichtsein/*wu* im Zusammenhang mit Glück/Zufriedenheit und von Sein/*you* in bezug auf materielles Haben sprechen.

Wenn wir die Zeichnung betrachten, stellen sich Fragen: Warum sollten Menschen auf den Ebenen 6ff. noch mehr Zeit und Mühe in Reichtumsakkumulation investieren, wenn für ihr Lebensglück so wenig herausspringt? Wie entwickelt sich eine Wirtschaft, welche Art von Gütern werden produziert und nachgefragt, wenn materielles Habenwollen für immer mehr Menschen keinen Lebensinhalt mehr verspricht? Was treibt die Wirtschaft an? In der Schumpeterlogik: Neukombinationen. In der Evolutionslogik: der Neue sein. Aber welche (neuen) Güter werden nachgefragt? Wächst die Wirtschaft überhaupt noch? (siehe hierzu Kapitel 8).

> Festhalten und füllen sind nicht so gut wie aufzuhören.
> Was man schlägt und schärft, kann nicht lange bewahrt werden.
> Eine Halle voller Gold und Jade kann niemand bewahren.
> Ist man arrogant wegen seines Reichtums und seiner (gesellschaftlichen) Wertschätzung,
> lädt man sich selbst Unheil auf.
> Sich zurückzuziehen, nachdem die Aufgaben erledigt sind, ist das Dao des Himmels.
> *Dao De Jing*, 9. Kapitel, Übersetzung Gerstner (2001), S. 59

Fortschreiten, nicht absprechen. Seine Motive sind dennoch völlig verschieden von denen des „präkapitalistischen Menschen". Der **post**- kapitalistische *wu*-Mensch transzendiert andererseits den Weberschen Idealtypus, ohne daß sich verhindern ließe, solange wir einen *ziran*-Kapitalismus zulassen, daß er, wie Warren Buffet, Reichtümer anhäuft, bei seinem Tode hinterläßt, allerdings: ohne daß dieses Akkumulieren Antrieb seines Tuns wäre. Jim Collins (2001, S. 17ff.) beschreibt, in erster Annäherung an unseren Typus, solches als „level 5 [bei uns: *level 7*] leadership"). Daß und wie MBAs in die Gegenrichtung „dressiert" werden, zeigt Henry Mintzberg (2005).

Die zitierte Aussage aus dem *Dao De Jing* macht deutlich: In der Daologik ist der Treiber die Evolution (durch Ko-Evolution). Wer festhält verliert. Der reichste Mann auf dem Friedhof ist die Negativ-Vision für ein erfülltes Leben. Sich zurückziehen, wenn die Aufgaben erledigt sind. Aber wie? Wie „weiß man, was genug ist"? Wie „weiß man aufzuhören"? (Laozi, 44. Kapitel). Die Wie-Frage beantwortet der selbst- und ko-evolutionäre Prozess. Habengüter sind Reflex von Habenbedürfnissen. Wer hiervon nicht wegkommt, bremst seine Selbstevolution aus. Man kann nicht „alt werden" und nicht „lange währen".

> Reputation oder man selbst, was steht einem näher?
> Sich selbst oder Wertsachen, was (schätzt man) mehr?
> (Reputation und Wertsachen) erhalten oder (sich selbst) verlieren,
> was ist problematischer?
> Deshalb, übermäßig (die Reputation) zu lieben, führt zwangsläufig dazu,
> in großem Maße zu verschwenden.
> Viel (an Wertsachen) anzuhäufen, führt zwangsläufig dazu,
> in großem Maße zu verlieren.
> Weiß man, was genug ist, erleidet man keine Schande.
> Weiß man aufzuhören, gerät man nicht in Gefahr.
> Man kann alt werden und lange währen.
>
> *Dao De Jing*, Kapitel 44, Übersetzung Gerstner (2001), S. 223[331]

Wu-orientierte Entwicklungsprozesse sind evolutionsgetriebene Verschiebungen von Durchsetzungs- und Selbstentfaltungsenergie innerhalb der Muster struktureller Kopplungen zwischen Wirtschaft und psychischen Systemen, letztere zunehmend „reguliert" durch Eigennormativität (implizite Ethik; daoistisch: *de*). Wir können nicht ausschließen, daß auf tieferen Ebenen der evolutorischen Holarchie die Systeme Politik wie Recht *de*-autopoiesieren, einfach gesagt: redundant evolutions-„überflüssig" werden. Teilweise sind sie es heute schon: Ihr Rückzug auf *wuwei* würde Evolutionsblockaden entfernen und nachhaltige Innovationsdynamik anregen. Die autopoietische Ko-Evolution geht über die Logik struktureller Kopplung hinaus, genauer: strukturelle Kopplung zieht sich aus der Ebene der Gesellschaft (Staat und Recht „sterben") auf das Innenleben psychischer Systeme und den interaktiven Energieströmen zwischen diesen zurück (siehe unsere Anmerkungen im Abschnitt zum *yin-yang*-Unternehmer). Innerhalb des holarchischen Unternehmersystems (RAIE) sowie innerhalb seiner Funktionssysteme, als psychische Einheiten oder „Personen", läuft demgegenüber strukturelle Kopplung auf Hochtouren: Selbstevolution durch Ko-Evolution der Einheiten der Person des Unternehmers.[332]

Kommen wir auf die Frage nach den Eigenschaften einer *wu*-orientierten Wirtschaft zurück. Wenn das materielle Sein vom Nichtsein überlagert (aber nicht abgelöst, auch nicht dominiert) ist, was reproduziert sich dann? Was für eine Wirtschaft liegt vor?

Eine erste Antwort bzw. Möglichkeit: Es ist eine Wirtschaft, die noch nicht (gegenwärtig) existiert, die aber auf „tieferen" Stufen der Evolution (Gelb ff.), einmal existieren könnte. Ein System,

---

[331] Übersetzung im Buch von Lin Yutang: „Ruhm oder das eigene Leben, welches von beiden liebt man mehr? Das eigene Leben oder materielle Güter, welches von beiden ist mehr wert? Verlust (des Selbst) oder Besitz (von Gütern), welches von beiden ist das größere Übel? Darum: Wer am meisten liebt, gibt am meisten aus. Wer viel aufhäuft, verliert viel. Dem Zufriedenen widerfährt keine Schande. Wer weiß, wann er aufhören soll, läuft keine Gefahr. Er kann lange überdauern."

[332] Siehe Abschnitt 3.7 zu den ganzheitlich zusammenwirkenden Komponenten und Dimensionen des personalen Selbst.

in dem Menschen immer mehr wissen und können, aber aus diesem Wissen und Können keine Neukombinationen für Habengüter machen. Vielleicht verkaufen Unternehmen diese Güter an weniger tiefe Gesellschaften. Die gelbe Gesellschaft und Wirtschaft selbst, zunehmend desinteressiert an materiellem Wohlstand, fragt diese weniger nach. Eine selbstgenügsame, bescheidene, ihre Energien der Förderung nicht-materieller „Habgier" sich widmende Wirtschaft (ausführlich das 8. Kapitel zur Evolution „evolutorischer" Bedürfnisse). Vielleicht eine „buddhistische Ökonomie", eine Wirtschaft von Asketen. Was sich hier abspielt ist reine Evolution: Ein Aufstieg in der Evolutionspyramide ohne substantielle, sogar rückläufige, Ausweitung der materiellen Basis. Evolutorisches Nichtsein ersetzt materielles Haben durch Kultivierung des Nichtseins. Wer „leer" ist, ist „voll". Ohne Haben-Wünsche zu kultivieren, ist der Mensch fähig, die Reichtümer von *ziran* und von *wuwei* zu entdecken und Erfüllung zu finden.[333] Koppeln sich Glück und Zufriedenheit auf den tieferen Ebenen der Evolutionshierarchie von der Erfüllung von Habenbedürfnissen ab? Dreht eine Wirtschaft, die das „mehr haben Wollen" und die Reichtumsmaximierung zu enkulturieren versucht, irgendwann durch, wie eine leere Schraube die nicht mehr greift, nichts mehr bewirkt, außer sich im Kreis zu drehen?

>Deshalb begehren Menschen des Einklangs (*shengren*), nicht zu begehren.
>Sie schätzen keine Wertsachen hoch, die schwer erhältlich sind.
>*Dao De Jing*, Kapitel 64, Gerstner, 2001, S. 320

Es geht Laozi beim „Begehren ohne Begehren" nicht um eine „Begierde nach der Begierdelosigkeit", genauso wie das Tun ohne Tun (*wuwei*) kein Nichtstun, oder das Atmen ohne zu Atmen kein „Nicht-mehr-Atmen" (=Tod) ist.[334]

>Ohne aus der Tür zu gehen, versteht man die Welt.
>Ohne aus dem Fenster zu blicken, sieht man das Dao des Himmels.
>Je weiter man hinausgeht, desto weniger versteht man.
>Deshalb gehen Menschen des Einklangs (*shengren*) nicht,
>doch sie verstehen.
>Sie sehen nicht, doch sie (können) benennen.
>Sie handeln nicht, doch sie vollenden.
>*Dao De Jing*, Kapitel 47, Gerstner, 2001, S. 243

Oh, ihr Kreuzfahrtschiffer, oh TUI, oh Club Mediteranée. Oh ihr Business Class Airlines. Ohne aus der Tür zu gehen, verstehen (und genießen) wir die Welt.[335]

Ein deutscher Daoist ergänzt: „Das Weglaßprinzip ist Grundvoraussetzung für den Erfolg. Verzicht, vor allem im Materiellen, gehört zum Menschsein von morgen" (Reinhold Messner).

---

[333] Aus Raumgründen erläutern wir nicht die Auswirkungen auf andere Funktionssysteme der Gesellschaft, wie Wissenschaft, Politik. Das Auftauchen der ersten *wuwei*-Politiker ist nur noch eine Frage der Zeit. Ihr Evolutionsvorteil ist immens. Und wenn er kommt, Ave Caesar, ...
[334] Vergleiche zu diesen Beispielen auch Wohlfart, 2001, S. 106.
[335] Heute schon sagen uns Beobachter, die Menschen aus Wirtschaft, Politik etc. zu beobachten pflegen: Der größte Teil der Geschäftsreisen sei eigentlich überflüssig, ersetzbar durch Telefon oder Videokonferenz. Wir haben es auch beobachtet, zitieren in diesem Fall aber nicht ungern Lucy Kellaway (2006), die ihren Beitrag nahezu Laozi-identisch betitelt: „Der beste Weg die Welt zu verändern – ohne deinen Schreibtisch zu verlassen": „At a guess I would say that 90 per cent of business trips could be cancelled with no damage to the business. People travel on business because it makes them feel important, because they are paranoid that something bad will happen if they do not and because they want air miles that enable them to fly even more."- „Ohne aus der Tür zu gehen versteht man die Welt."

Wirtschaften hört nicht auf, wird nicht „überwunden", auch ein Schlaraffenland ist nicht angesagt. Was produziert wird, sind zunehmend „Evolutionsgüter" (mehr im 7. Kapitel zu Angebot und Nachfrage). Innovatorische Energie fließt in Evolution und Ko- Evolution.

Zunächst möchten wir anhand von zwei Bezügen skizzieren, was eine *wu*-orientierte Wirtschaft nicht ist. Überwindung des Materiellen, was immer das bedeuten mag, ein großes Thema im Buddhismus, bedeutet nicht, die Menschen konsumierten weniger, weil sie auf Sättigungsgrenzen stoßen.[336] Diese Grenzen verschieben sich ständig nach außen, weil neue Güter bzw. neue Bedürfnisse den Konsumwunsch am Leben erhalten. Innovatoren halten die Konsumkultur am Leben (8. Kapitel). In einer *wu*-orientierten Wirtschaftsgesellschaft spielt sich etwas anderes ab: eine spiraldynamische oder evolutionsholarchische Mutation (Abschnitt 3.6). Andere Dinge rücken in das Zentrum des Lebens, auch der Wirtschaftsmenschen. Diese werden auch mehr nachgefragt, „konsumiert" und praktiziert und sind *relativ* unabhängig vom Einkommen der Menschen. Bill Gates (jährliches Einkommen, 20 Mio. Euro, Schätzung; Vermögen 15 Mrd.) kann - weil er reicher ist - nicht viel gesünder leben als ein 4000-Euro-pro-Monat-Mensch. Er kann nicht länger beten; er kann nicht länger Nordic Walking machen. Mehr Bücher lesen kann er auch nicht. Das einzige was er kann ist, sich Therapien und Therapeuten plus Gurus leisten, die es ihm erlauben, wenn er es möchte, länger und zufriedener zu leben, um die Dinge zu machen, die wir als Selbstevolution bezeichnen. Er kauft sich mehr Zeit, um Evolutionsgüter zu kaufen und konsumieren, sich selbst neu zu machen. Viele dieser Güter kann man allerdings nicht kaufen („Bete mal für mich!"; „Schwimme mal für mich!"). Zeit und Gesundheit sind also wichtig, um ein *wu*-Leben führen zu können.

Nur wenige Reiche tun so etwas. Sie vergeigen ihr Leben. Sie haben uns vielleicht, wie Bill Gates, Produkte und Werte vermacht, die uns im Leben helfen. Viel wichtiger wäre für uns, sie würden als Ko-Evolutionäre agieren. Sie haben Geld um alles auszuprobieren, sich die teuersten Therapien und Gurus zu leisten. Ihr Reichtum bekäme eine Fortschrittsfunktion für uns. Ökonomisch: Produktzyklen von Evolutionsgütern würden geboren. Im Zeitablauf können dann auch normale Menschen an diesen, billiger und besser werdenden Gütern partizipieren. „Fortschritt" vollzieht sich immer so. Er ist eine Angelegenheit vieler Klassen. Medizinisch-ganzheitlichen Fortschritt allen gleichzeitig bereitzustellen ist diffusionstheoretisch eine Unmöglichkeit. Wir können das Los entscheiden lassen, wer Zugang zu neuen Evolutionsgütern erhält[337], oder wir lassen die Menschen selbst entscheiden.

Wenn wir die nächste Abbildung studieren, müßten wir eigentlich schließen: An Zeit sich selbst zu evolutionieren, kann es dem Durchschnittsbürger (in Deutschland) nicht fehlen.

Niemand in Deutschland arbeitet im *Durchschnitt* mehr als 30 Stunden in der Woche. Wer älter als 60 Jahre ist, lebt schon im Zeitparadies. Die meisten Menschen sehen das selbstverständlich anders. Viele möchten gerne mehr arbeiten. Der liebe Staat und die Richterschaft zwingen sie jedoch in das Nichtarbeiten. Frühverrentung als *wangwei*. Jugendwahn als Reflex von Nullsummenlogik. Raub von Humankapital - und vorher schon von Finanzkapital, dessen Akku-

---

[336] Zur Sättigung im Konsum nennt die Wirtschaftstheorie zwei wesentliche Gründe: (1) Mit zunehmendem Einkommen sinkt die Einkommenselastizität; steigt das Einkommen, geben Menschen *relativ* weniger für Konsum aus. Die mengenmäßige Nachfrage nach Gütern steigt unterproportional. (2) Ein zweiter Zusammenhang beschäftigt sich mit dem Nutzen aus dem Verbrauch eines Gutes, wenn dessen Konsum zunimmt; hier gilt das Gesetz des abnehmenden Grenznutzens: mit zunehmender Menge des Konsums, geht der zusätzliche Nutzen (Grenznutzen) einer Einheit des konsumierten Gutes zurück.
[337] Wenn die Produktion durch den Staat finanziert wird.

mulation es ihnen ermöglichen könnte, Evolutions- oder *wu*-Güter zu erwerben.[338] Freiheitsberaubung bewirkt Evolutionsentzug. Der Staat entzieht ihnen jene Ressourcen, mit denen sie ihre viele Zeit für das verwenden könnten, was wir die Produktion von und die Nachfrage nach Evolutionsgütern nennen. Sie leben also in einem *wangwei*-Zeitregime. Mit Daoismus wäre ein solches nicht zu vereinbaren. Der Staat, so wie er heute funktioniert, fast überall auf der Welt, der *wangwei*-Staat also, ist der Evolutionskiller Nr. 1.

Abbildung 5.9.2: Zeitüberschuß und Arbeitslücke

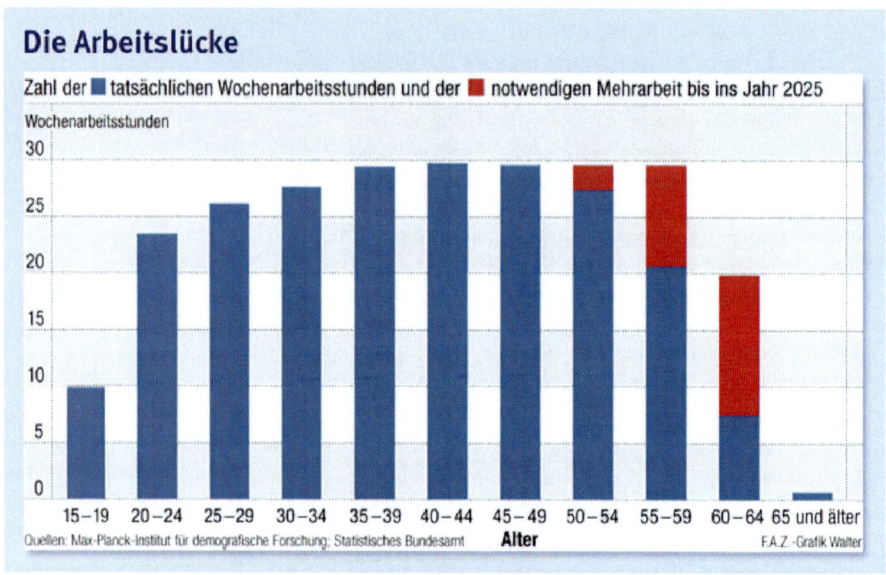

Quelle: Kaube, 2006.

Der wesentliche Aspekt ist aber: Diese Menschen, Bill Gates oder Joseph Ackermann eingeschlossen, leben auf Stufen der Evolutionspyramide, in der ein *wu*-orientiertes Leben (Stufen 6ff.) für sie, möglicherweise, wir wissen es nicht, noch keine Attraktion entfaltet.

In der Abbildung 5.9.3 haben wir mögliche Entwicklungswege einer solchen Wirtschaft illustriert. Andere Möglichkeiten existieren. Der entscheidende Punkt ist immer der Gleiche: Evolution marschiert durch, Entwicklung bleibt zurück. Gewollt, beabsichtigt. Kein Unfall oder Versagen. Eine Wirtschaft operiert im Nichtsein. Wir sind der Ansicht: es wird so kommen. Wann? Fragen wir Laozi oder Buddha, Jesus oder Imam Mahdi. Die Kräfte der Evolution tendieren in diese Richtung. Die unterschiedlichen Verläufe der Kurven hängen damit zusammen, daß nicht alle Menschen immer auf der gleichen (gelben oder tieferen) Stufe der Evolutionshierarchie leben, daß es Regressionen gibt, daß die Ebenen sich unterschiedlich schnell entfalten, stagnieren, auf Grenzen stoßen (siehe Abschnitt 3.6).

---

[338]Während wir diese Worte schreiben, erwägt die Bundesregierung die Einführung einer „Abgeltungssteuer" auf Kapitaleinkommen und -zuwachs. Daoistisch ist solches ein Verbrechen der politisch-juristischen Klasse. Die Lebenserwartung steigt - und sie könnte viel stärker zunehmen, wenn die Bürger über finanzielle Ressourcen verfügten, um mehr in selbstevolutionäre Praxis zu investieren. Hart formuliert: Euthanasie durch das Steuerrecht. Daoistisch ist solches eine ethische Legitimation für Rebellion. Arbeitsverbot plus finanzielle Entmündigung, ein Doppelschlag gegen Selbstevolution.

Abbildung 5.9.3: Die Zukunft einer *wu*-orientierten Ökonomie

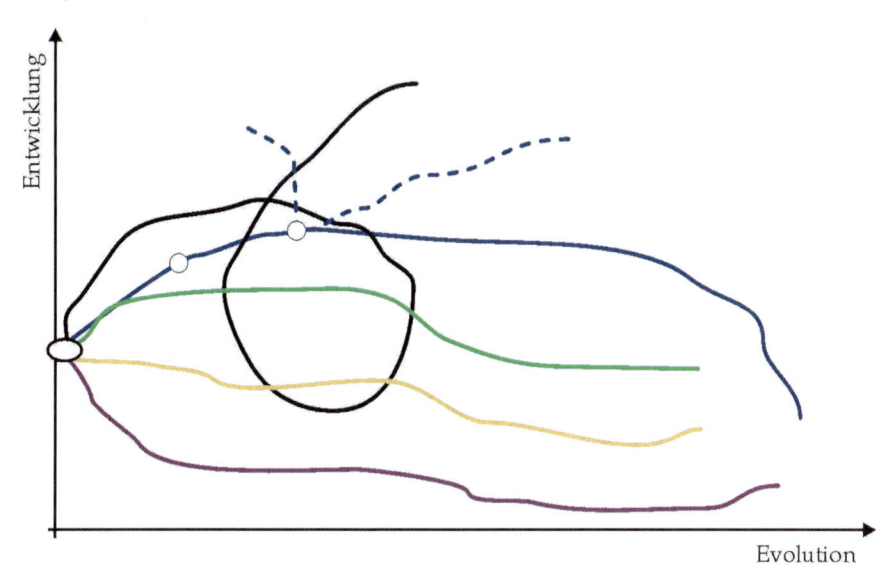

Die Kräfte der Evolution fördern die Entstehung von Vielfalt. Wohin die Evolution im Detail läuft, weiß niemand. Betrachten wir die schwarze Kurve in der Abbildung: die historische Entwicklung Chinas. Aufstieg, Stagnation, Rückfall, erneute *wu- you*-Harmonie. Zeitspanne: mehr als 1000 Jahre. Wer wagte vorherzusagen, wo wir uns in 1000 Jahren wiederfinden? Was wir heute wissen: die Kräfte der Evolution sind die gleichen, heute, früher, in der Zukunft. Der Daoismus bietet uns die Chance (die oben genannten Weisheitslehrer aber auch), diese Kräfte transparenter zu machen, sie zu kultivieren und damit die Möglichkeit, unsere Evolution selbst zu erzeugen. Der kleine Unterschied zwischen Human- und Nicht-Humanprimaten.

Die blaue Linie könnte beschreiben, was bisher *gelaufen* ist. Die Indikatoren von Evolution und Entwicklung zeigen in die gleiche Richtung. Wir befinden uns gegenwärtig zwischen den beiden weißen Punkten. Es könnte (zweiter weißer Punkt) eine *wu*-Wende eintreten. Könnte. Die Evolutionsdynamik verstärkt sich und Entwicklungsdynamik hält sich auf einem hohen Niveau. Die gestrichelte blaue Linie zeigt eine andere Zukunftskonstellation, die Fortsetzung des bisherigen Musters. Alle Kurven zeigen eine Stärkung der *wu*-Orientierung (ausgenommen der Entwicklungspfad Chinas). Wie das Beispiel Chinas zeigt (der Zusammenbruch des Römischen Reiches bietet das gleiche Schauspiel) lassen sich Regressionen nicht ausschließen, bei unserem gegenwärtigen Stand der Steuerungsfähigkeit komplexer Systeme auch nicht verhindern. Die Zuwanderung von Menschen aus evolutionsholarchisch weniger entwickelten Regionen kann Ähnliches bewirken (Abschnitt 5. 7).

Deswegen sind auch die Aktionsparameter des Daoismus so wichtig; sie setzen nicht auf positive Steuerung, sondern auf Nichteingreifen und Laufenlassen. Solange die Komplexität uns überfordert, scheint dieses die einzig rationale Evolutionsstrategie zu sein. Was wir ausschließen können, ist eine Zunahme von Entwicklungsdynamik bei evolutionärer Erosion (wie in der zweiten blaugestrichelte Kurve dargestellt). [339]

Die Gegenwart beschäftigt sich mit anderen Problemen. Mehr haben wollen schließlich alle. Nobelpreise werden in Geld ausgezahlt und Manager streiten sich vor Gericht um höhere Abfindungen. Gut ausgebildete Menschen, Männer wie Frauen, verzichten auf Kinder, die für ihre Konkurrenz um Macht, Reputation, Positionen, Geld, nur hinderlich wären. Alle wollen mehr Wachstum. Dennoch erfüllen sich die materiellen Wünsche der wenigsten, weil sie immer noch mehr haben wollen, als sie haben. Die Glücksforschung sagt: Die Befriedigung aus dem Mehr ist jenseits einer bestimmten Grenze illusionär. Haben Menschen mehr, so ziehen ihre Bedürfnisse nach und sie werden wieder unglücklich angesichts dessen, was sie mehr haben könnten und ihrer Beobachtung, was andere bereits mehr als sie selbst haben. Auch dies ist ein Nichtsein-Problem. Das Wollen ist da. Anscheinend laufen die Eigentümer der Nichtsein-Güter in Beschränkungen und Evolutionsbarrieren, die sie und die Wirtschaft darin hindern, das Nichtsein in Sein zu transformieren. Nichtsein-*yin* und Nichtsein-*yang* müssen Seins-Barrieren überwinden. Sonst bleibt *yin*-Kompetenz und *yang*-Wissen ökonomisch „tot" (nicht genutzt).

Noch einmal gefragt: Was kann hier für eine Wirtschaft vorliegen, die im Nichtsein angesiedelt ist, eine *yin-yang*-Harmonie erzeugt, offenbar aber nicht den Weg ins Haben- Sein (*you*) findet? *Yin* im Nichtsein könnten nur sich allmählich verändernde Dinge sein, wie Fähigkeiten, wie Institutionen, wie Kulturen, wie Erfahrungen. Das *yang* im Nichtsein ist vor allem das neue Wissen, das für die Wirtschaftssubjekte noch unbekannt ist. Das alte/bekannte Wissen ist *yin*-Nichtsein, weil es auch relativ konstant ist. Wenn wir sagen, jemand habe oder verfüge über Wissen, dann ist er mit dem Wissen schon vertraut. Er hat das Wissen für sich geschaffen. Beispielsweise benutzt ein Techniker seine Kenntnis/sein Wissen, das er erworben hat, d.h. ihm bekannt ist, um eine Maschine anzuschaffen. Aber um eine verbesserte Maschine bauen zu können, muß er neues Wissen erlernen. Die *yang*-Seite des Nichtseins nicht nur einmal, sondern ständig zu berücksichtigen, ist der größte Unterschied zwischen einem innovativen Unternehmer (der wenige Male sein Wissen für eine Neukombination nutzt) und einem evolutorischen Unternehmer (der dies immer tun kann, weil er seine Fähigkeiten steigert).

Bei *wu*-Orientierung harmonisieren die *yin-yang*-Komponenten im Nichtsein. Das Nichtsein findet auch Anschluß an das Sein, aber das materielle Sein bietet für evolutorisches Unternehmertum auf den tieferen evolutorischen Stufen nur eine geringe Anziehungskraft. Es dünnt aus, verschwindet aber nicht. Auch die Produktion und der Konsum evolutorischer Güter kommen nicht ohne Materielles aus, sei es nur kalorienreduzierte Biokost. Für eine Routinewirtschaft reicht eine Sein-*yin* & Nichtsein-*yang*-Harmonie aus, d.h. die bestehende Technologie, Erfahrungen, etc. in das Sein umzusetzen (zu produzieren und dann zu verkaufen). Für eine innovativ - evolutorische Wirtschaft müssen zwei Harmonien vorhanden sein: zuerst eine Nichtsein-*yin* & Nichtsein-*yang* -Harmonie und dann noch eine Sein-*yin* & Nichtsein-*yang*-Harmonie.

---

[339] Amerikanische Beobachter sagen voraus: das Schicksal der USA, überrannt von wenig gebildeten aber kinderfreudigen Latinos, der Wohlstand (pro Kopf) fällt und die Evolutionskraft erodiert. In Europa beginnt ein ähnliches Denken, Wurzeln zu schlagen (Heinsohn, 2006; Schirrmacher, 2006): Nicht-integrierbare Minderheiten aus dem islamisch-arabischen Raum und aus Schwarzafrika, auf niedrigeren Stufen der Evolution lebend, verdrängen über ihre höhere Kinderproduktion die einheimische, auf evolutorisch „tieferen" Ebenen lebende, Bevölkerung. Die Zugewanderten und zunehmend auch Seßhaften können, auch bei bescheidenem Beitrag zur Wirtschaftsleistung, immer noch gut leben, da sie sozialstaatliche Unterstützungsleistungen abgreifen und - wenn politisch integriert -, über den demokratischen Prozeß ihre Alimentation durch Bürger auf „tieferen" Ebenen sichern können. Wie im imperialen China scheint die politische Klasse eher unfähig, sich dieser Herausforderung schöpferisch zu stellen.

Bei *wu*-Orientierung beherrscht das Immaterielle die „Materie".

Nach unserer Theorie wird das Nichtsein in der wirtschaftlichen Entwicklung immer wichtiger. Die *yin-yang*-Harmonie bei *wu*-Orientierung ist nicht mehr die alte Harmonie wie vor Hunderten von Jahren, sondern eine Harmonie auf einer tieferen Ebene, die mehr Nichtsein braucht aber auch ein Sein haben muß. Wenn wir deswegen von „Nichtsein- Dominanz" sprechen, bedeutet das nicht, daß man zuviel Wert auf das Nichtsein legt, sondern das (a) das Sein vernachlässigt werden kann und (b) im Nichtsein bestimmte *yin*- und *yang*-Komponenten, die für die Anschlußfähigkeit des Nichtseins an das Sein „zuständig" sind, unterentwickelt bleiben können, weil man sie - mangels einer stärkeren Abkopplung von materiellen Ressourcen und Bedürfnissen - weniger benötigt.

Die nachfolgende Abbildung skizziert mehrere Konstellationen einer *wu*-Orientierung. Als erste sehen wir eine, in der eine *wu*/Nichtsein-Ökonomie abstürzt. Sie kann sich auch wissensökonomisch zurückentwickeln (gestrichelte rote Kurve): Wissen und Fähigkeiten gehen verloren. *wu* evoluiert zurück und die materielle Wirtschaft gleichfalls. Das Schicksal Chinas, des alten Roms und Griechenlands sowie islamischer Länder. Kontinentaleuropa zeigt deutliche Anzeichen eines solchen Weges.

Abbildung 5.9.4: Eine Wirtschaft mit Nichtsein-Orientierung

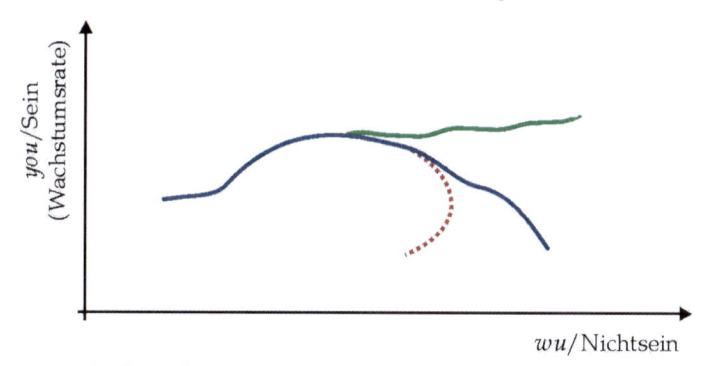

Rom sinkt von einer Weltmacht, auch wirtschaftlich, in wenigen Jahrhunderten auf Tauschhandel und Eisenzeit (in manchen Provinzen, wie in England) zurück. Den germanischen Stammeskönigen - den neuen Herrschen - fehlte es an Wissen, Können und Einsicht, eine komplexe Wirtschaft und eine hochentwickelte Kultur am Laufen zu halten. Zunächst wird *wu* noch von der Sein/*you*-Wirtschaft ressourcenökonomisch ernährt. Da das Nichtsein aber kein neues Sein hervorbringt, dünnt die Alimentationskraft aus. Auch Nichtsein leidet trotz (unterstellter) *yin-yang*-Harmonie.

Die anderen Möglichkeiten sind Zukunft. Die blaue Linie skizziert einen Weg weiteren spiraldynamischen Tieferwerdens bei zurückgehender materieller Basis. Es handelt sich um eine Wirtschaft, die noch nicht existiert, die aber, auf „tieferen" Stufen der Evolution (Gelb ff.), einmal existieren könnte.

Schließlich eine Wirtschaft, in welcher das materielle Sein auf einem bestimmten, hohen Niveau verharrt, Evolution sich - vielleicht auch deswegen -, immer tiefer entfaltet. Diese, wie auch die zweite Konstellation, dies scheint uns wichtig zu betonen, schließen immer auch Innovationsdynamik ein. Die Wirtschaft operiert zyklisch. Altes wird schöpferisch zerstört. Neue Güter und Industrien entstehen. Auch die Kondratieffs sterben nicht aus. Ein zunehmender Teil der Produktivkraft der Menschen fließt jedoch in die Produktion evolutorischer Güter. Die Wachstumsrate kann sinken oder gleich bleiben.

Menschen leben auf unterschiedlichen Stufen der Evolution. Und für viele Jahrzehnte werden nur wenige Menschen (gegenwärtig weniger als drei Prozent) auf einer Stufe der Spiraldynamik leben, die *yin-yang*-Harmonie im Nichtsein ermöglicht.

Wenn aber Sein und Nichtsein in ihrer Entstehung und weiteren Evolution voneinander abhängen (Laozi, 2.Kapitel), steht dann nicht ein Rückzug aus dem *you*-Leben im Widerspruch zum *dao*?

Betrachten wir die Antwort von Laozi.

> Deshalb verweilen Menschen des Einklangs [shengren: wird auch als der Weise oder der Heilige übersetzt.]) in Angelegenheiten des Nicht-Handelns *(wuwei).*
> Sie praktizieren ein Lehren des Nicht-Redens.
> Die "zehntausend Dinge" entstehen, doch sie kontrollieren sie nicht.
> Sie bringen hervor, doch besitzen nicht.
> Sie handeln, doch sie stützen sich nicht darauf.
> Sind ihre Aufgaben erledigt, verbleiben sie nicht darin.
> Nur, weil sie nicht darin verbleiben, deshalb vergehen sie nicht.
>
> *Dao De Jing,* Kapitel 2, Übersetzung Gerstner; chinesische Termini von uns eingefügt

Laozi fordert uns mit seinem 2. Kapitel auf, unsere Theorie komplexer zu bauen. Menschen des Einklangs *(shengren)* haben kein Problem mit *you*. Sie bringen die „zehntausend Dinge" mit auf die Welt, haften ihnen aber nicht an. Sie innovieren mit dem, was sie aus der *wu*-Welt mitbringen (Wissen, Fähigkeiten), gehen im *you*-Leben aber nicht auf. Es sind Unternehmer vom Typus eines „großen Daoisten": Sie gestalten ihr berufliches Leben nach daoistischen Prinzipien. [340]

Die kleinen Daoisten ziehen sich aus dem *you*-Leben zurück. Die mittleren Daoisten schaffen nicht den Brückenschlag zwischen *wu* und *you*. Die Menschen des Einklangs zwischen *wu* und *you* sind die Meister des daoistischen Universums. Mit ihrer Meisterschaft überwinden sie die Disharmonien zwischen *yin* und *yang* im Sein und Nichtsein. Bis dahin ist es ein langer, spiraldynamischer Weg. Solche Menschen gibt es schon heute. Wir kennen auch selbst welche. Sie operieren mit hoher Wirksamkeit im Verborgenen (man erkennt nicht, daß sie *shengren* sind). Sie praktizieren *wuwei* - und reden nicht. Ihre Wirkkraft des dao, *de,* ist hochentwickelt. Sie kultivieren die „Drei Schätze des Laozi".

---

[340] Der Ausdruck „große Daoisten" und die Unterscheidung zwischen großen, mittleren und kleinen Daoisten findet sich in vielen Büchern in China. Wer das zuerst gesagt hat, wissen wir nicht. Diejenigen, welche sie zitieren, schreiben entweder „man sagt" oder „im Altchina sagte man..."

6. Wissen und Tun: Knowing-doing-gap

> **6. Wissen und Tun: Knowing-doing-gap**
>
> 6.1 Disharmonie zwischen *yin* und *yang* im Nichtsein
>
> 6.2 Yin-Dominanz: Ursachen und Folgen
>
> 6.3 Wissenschaft und yin-Dominanz
>
> 6.4 Biotechnologie in der Wissensfalle

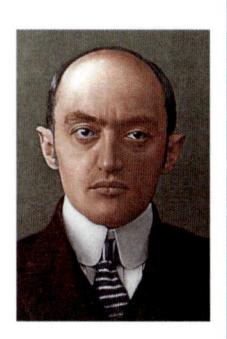

6.1 Disharmonie zwischen *yin* und *yang* im Nichtsein

An Freiheit fehlt es den Max-Planck-Forschern nicht: „Sie dürfen tun und lassen, was sie wollen." (Herbst, 2004). Dem Präsidenten der Gesellschaft, Peter Gruss, sind „Basisinnovationen" kein Fremdwort. Er setzt sich für ihr Lebendigwerden ein (Gruss, 2006). Seine These: Grundlagenforschung sichert den Wohlstand von morgen. Warum finden von den grundlegenden Ideen der Max-Planck-Forscher so wenige den Weg in die Anwendung? Warum, fragt der Beobachter (Herbst, 2004), „(bleibt) es hier zu Lande häufig bei guten Ideen, die es nicht bis zur Markreife schaffen." Peter Gruss: „Wir sind mit vielen Forschungsergebnissen nicht im Bewußtsein der Großindustrie und auch nicht in dem der mittelständischen Industrie präsent". Wie auch? Je grundlegender die Idee, desto geringer die „Präsenz". Bestehende Unternehmen, ob große, mittlere, oder kleine, sind nicht anschlußfähig an Radikalität und Disruptivität (Abschnitt 8.4). Der klassische Knowing-doing-gap. Und der klassische Ausweg: Selbsttun. „Der Wissende redet nicht" (Zhuangzi, 1998, S. 299), er handelt im aktiven Nicht-Tun, folglich „bleibt keine Handlung ungetan."[341]

Zu Recht verweist Gruss auf die geringe Risikobereitschaft von Finanziers. „Die Risikokapitalgeber investieren heute nicht mehr in Unternehmungen mit einem hohen Risiko." Wie wir sahen, und viele Untersuchungen zeigen (zusammenfassend und weiterführend zugleich: Siemon, 2006), sind Risikokapitalisten nicht die erste Adresse in der Frühphase der Innovationsfinanzierung. Wenn Finanzkapital ein Engpaß bei Max-Planck sein sollte, sind jene zu interessieren, die komparative Vorteile bei der Anschubfinanzierung haben: Angels und Staat. Letzterer stattet die Max-Planck-Gesellschaft mit einem Jahresbudget von 1.3 Mrd. Euro für Grundlagenforschung aus – ohne Kopplung an die Wertschöpfung.

> Die deutsche Seele ist gespalten. Auf der einen Seite wollen wir eine
> [unternehmerische !!!]
> Wissensgesellschaft sein, auf der anderen Seite sind wir risikoscheu.
> Das eine ist aber ohne das andere nicht zu haben.
>
> (Gruss, 2006)

---

[341] Siehe Abschnitt 3. 4 zum Handeln des Nicht-Handelns.

An deutschen Hochschulen sind 37 700 Professoren und insgesamt eine halbe Million Menschen beschäftigt, rund die Hälfte davon in nicht-wissenschaftlichen Bereichen (Ende des Jahres 2003). Bei einer Gründungsbereitschaft wie bei Fraunhofer wären (möglicherweise im Zeitraum eines Jahrzehnts) 15 000 Spinnoffs mit wissenschaftlichem Hintergrund entstanden. Eine den Max-Planck-Instituten vergleichbare Gründungsfreudigkeit hätte 1500 Unternehmen zum Markteintritt verholfen.

In Deutschland gründen ca. 2 Prozent der Erwachsenen jedes Jahr eine Unternehmung (in den USA mehr als 8 Prozent). Bei gleicher akademischer Gründungsbereitschaft wären dies 2500 Hochschul-Spinoffs pro Jahr. Im Zeitraum von 1996-2000 ermittelte das BMBF rund 7000 Gründungen (Kompetenz- und Verwertungsspinnoffs) aus Hochschulen – ein „Defizit" von 5000 Gründungen gegenüber dem Durchschnitt der Bevölkerung.

Der Global Entrepreneurship Monitor (GEM) schätzt die deutsche Gründungsbereitschaft (nicht das tatsächliche Gründungshandeln) auf 5 Prozent der erwachsenen Bevölkerung (18-65 Jahre). Legt man diese Meßlatte an, fällt das akademische Gründungsdefizit logischerweise noch höher aus.

Jedermann kann solche Zahlen nach seinen eigenen Kriterien bewerten. Wir sehen sie als Bestätigung unserer Vermutung einer Lücke zwischen Wissen und Tun, einer strukturellen Isolation zwischen Wissenschaft und Wirtschaft. Wir vermuten des Weiteren einen spezifisch ausgeprägten *Gap* im Bereich radikaler Innovation, also jenes basisinnovativen Typus, der Träger der langen Wellen ist. Und Basisinnovatoren sind (oder waren, in der Geschichte des Kapitalismus bis heute) niemals bestehende Unternehmen. Die Forschungskooperation zwischen Wirtschaft und Wissenschaft, über welche die strukturelle Kopplung sich überwiegend vollzieht, reicht also nicht aus, um Zukunftsdynamik zu schaffen. Ihr Zielraum sind erhaltende Neuerungen, Bestandteil der Optimierungskalküle von Unternehmen, vergleichbar der Verlagerung von Programmierungsaufgaben von SAP nach Indien. Die privat-kommerzielle Forschung innerhalb bestehender Unternehmen ist bei einer inkrementellen Weiterentwicklung ihrer Produkte im Prinzip auf Erkenntnisse der akademischen Grundlagenforschung nicht angewiesen. Daß Unternehmen damit ihr langfristiges Überleben riskieren, interessiert (sie) nicht, solange sie, wie der Frosch im sich erhitzenden Wassertopf, die schwachen Signale des Todes nicht wahrzunehmen vermögen. Der Kapitalismus der Wissensgesellschaft als Stoffwechsel mit den Toten. Ohne Gründungen von neuen Unternehmen mit basisinnovativem Potential fahren die Kondratieffzüge am Standort Deutschland vorbei.[342] Hilf dir selbst, dann hilft dir Kondratieff. Wie?

In der Antwort auf die *Wie-Fragen* liegt der Schlüssel für eine Innovationsoffensive. Es gibt viele Schlüssel. Welcher öffnet die Tür für „unsere intellektuelle und wirtschaftliche Zukunft"?

Unternehmer aus dem System Wissenschaft tragen das Wissen und ihre Qualifikation in die Wirtschaft. Je radikaler die Neuerung, desto stärker ist ihre Durchsetzung auf A(-kademisches) Unternehmertum angewiesen. A-Unternehmer sind – viel mehr als früher – die Pioniere der neuen langen Wellen. In ihnen verbindet sich die Funktion des Erfindens, der Schaffung neuen, in der Wissenschaft erzeugten Wissens mit der Funktion des Durchführens neuer Kombinationen. Die Diskussion dieser Zusammenhänge – der Kopplung zwischen Wissenschaft und Wirt-

---

[342] In diesem Zusammenhang möchten wir betonen, daß der Eintritt von akademischen Gründern in den Markt nicht mit radikalen Neuerungen zu *beginnen* hat. Dies wäre überlebensschädlich. Überleben kommt *vor* Revolution und schöpferischer Zerstörung (siehe das 8. Kapitel für eine ausführliche Darstellung). Auch Radikalität beginnt mit einem ersten Schritt (Laozi-Hypothese). Aus diesem Grund halten wir auch Wettbewerbe für Gründer, welche die Hochinnovation geschäftsplanökonomisch prämiieren, für problematisch.

schaft durch akademisches/ wissenschaftliches Unternehmertum - hat nach unserer Einschätzung zu Erkenntnissen geführt, die ein radikales Umsteuern der Wissenschafts- und Innovationspolitik nahelegen.[343]

Wenn sich ein System, national wie international, in einem Zustand befindet, in dem sich der Wissensstand kaum verändert und Wettbewerbsdynamik auf Routine und Arbitrage ausgelegt ist, kann die Wirtschaft damit problemlos fertig werden. Dies sind Situationen, wie sie vor der Industriellen Revolution auf der Welt vorherrschen. Ein China ab dem 14. Jahrhundert, die arabisch-islamische Welt für viele Jahrhunderte bis heute: die Dominanz des Nichtseins als *yin*. Reproduktion, oft dogmatisch von Glauben, Sitte, Lebensstil und Wissen („Die Erde ist flach"). Das Mittelalter, in dem ein Mensch pro Lebenszeit soviel an neuen Informationen (*yang*) erhält wie heute ein Leser der Frankfurter Allgemeine Zeitung an einem Tag, ist gelaufen. In der Welt heute: Neues Wissen (*yang*) wird in immer schnellerem Ausmaß pro Zeiteinheit hervorgebracht. Nichtsein als *yang* ist nicht das Problem. *Yang* als neues Wissen, als im Lernprozeß erworbenes Wissen, ist eher zuviel als zu wenig verfügbar. Die Entschleunigungsgurus arbeiten in diesem Feld.

Die Zunahme von Wissen bewirkt nicht, daß wir insgesamt mehr wüßten, sie besagt nur, daß wir mehr Wissen „haben". Dieses Mehrhaben verbindet sich mit größerer Unsicherheit. Schlüsselentscheidungen an den Grenzen des Wissens und der konventionellen Moral sind daher auch zunehmend der Verantwortung jedes Einzelnen überlassen. Die Steuerungsethik wandelt sich von explizit Soll in implizite Eigengesetzlichkeit (Laozi, Nietzsche). Mehrwissen heißt, daoistisch, meistens weniger zu wissen (auch was zu tun ist). Daoisten sind keine Propheten der Wissensgesellschaft, vielmehr, aus unserer Sicht, Vordenker einer unternehmerischen Gesellschaft spontanen Tuns.

Was wissen wir?
Wie wir wissen,
gibt es ein Wissen um das wir wissen,
ein Wissen des Nichtwissens und
ein Nichtwissen des Nichtwissens.

Neues Wissen erhöht Unsicherheit. Und diese zu beherrschen verlangt die Harmonisierung von *yang* mit einem sich nur langsam verändernden *yin*. Es sind *yin*-Probleme, die Systeme, personale, soziale, wissenschaftliche, religiöse, in Schwierigkeiten bringen. Die Herausforderung: Harmonisierung von *yang* und *yin* im Nichtsein *und* die Transformation von Nichtsein ins Sein.

---

[343] Zur Literatur (auszugsweise, weitere Literatur in späteren Abschnitten des Kapitels) vgl. die Untersuchungen von Zucker et al. (1998; kein Konflikt zwischen wissenschaftlicher Produktivität und akademischem Unternehmertum sondern das Gegenteil: Synergie, wechselseitige Befruchtung), Oliver (2004: Biotechnologie; Ergebnisse wie bei Zucker), Corolleur u.a. (2004: Biotechnologie in Frankreich), Jensen & Thursby (2001: ohne Beteiligung der Forscher keine Umsetzung von Patenten), Van Looy u.a. (2004: Synergie zwischen Wissenschaft und Wirtschaft durch akademisches Unternehmertum), Murray (2004: akademisches Unternehmertum und die Durchsetzung in der Wissenschaft erzeugter Ideen). In der grundlegenden Arbeit von Aßmann (2003) sind zahlreiche der von uns erläuterten Aspekte theoretisch durchleuchtet und regionalpolitisch aufbereitet: Eine kopernikanische Wende in der Regionalpolitik. Wie McKelvey (1996) für die Entstehung der amerikanischen Biotechnologie zeigt, gab es in den Universitäten beträchtlichen Widerstand gegen die wirtschaftliche Nutzung von Forschungserkenntnissen durch Fakultätsmitglieder. Ein Beispiel ist die Gründung von Genentech im Jahr 1976 (McKelvey, S. 102-104; auf Genentech gehen wir im Abschnitt 8.4 ausführlicher ein). Im Euroland haben die Diskussionen kaum begonnen. Japan ist in dieser Frage einige Schritte voraus und ostasiatische Staaten meilenweit.

Man weiß viel, versucht auch, viel zu wissen, *tut* aber wenig mit dem Wissen. Wir haben oben (Abschnitt 5.2) knapp erläutert, wie so etwas möglich ist. Generell aus einem Mangel an unternehmerischer Energie der im Können, Wollen oder Dürfen seine Quelle hat.

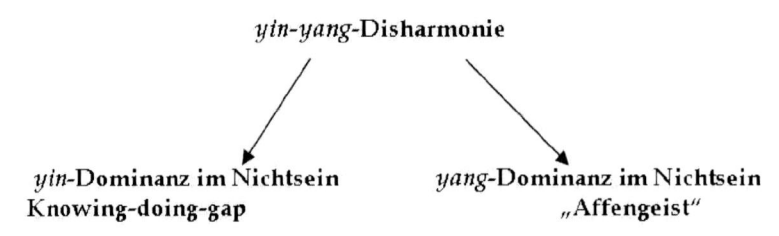

yin-yang-Disharmonie
/ \
yin-Dominanz im Nichtsein   *yang*-Dominanz im Nichtsein
Knowing-doing-gap   „Affengeist"

Nochmals Schumpeter zur Energie eines (innovativen) Unternehmers:

> So ist also die Energie das entscheidende Moment und nicht die „Einsicht" allein. Letztre ist viel häufiger, ohne daß sie zur einfachsten Tat führt. Auf die Disposition zum Handeln kommt es an. (Schumpeter 1911/2006, S. 164).

Energie und ihre Quellen (Abschnitt 5.2) sind zunächst *yin*-Faktoren. Bei *yin*-Dominanz hat *yin* im Nichtsein die Oberhand (Abschnitt 6.3): Jemand betrachtet es als seine Aufgabe, viel zu wissen, noch mehr zu wissen. Der idealtypische Wissenschaftler. Diese Aufgabe ist starr (Nichtsein als *yin*). Nichtsein als *yin* dominiert in ihrer selbstauferlegten oder zugewiesenen Rollenbeschreibung. Daher ist die Umsetzung von Wissen in der Wirtschaft ihrer Meinung (oder die ihrer politischen Herrscher) auch nicht ihre Aufgabe.

Ein anderer Typus von *yin-yang*-Dissonanz bei einem Wissensmenschen (Drucker: „Wissensarbeiter") ist derjenige, der viel Neues lernt und auch umsetzt, aber ohne vorher zu überlegen, ob das Neue (Nichtsein als *yang*) auch zu seinem *yin* (im Sein und Nichtsein) passt.

Der erste Fall durchzieht als Problemlage die moderne, hochdifferenzierte Gesellschaft. Da Wirtschaft immer stärker nicht nur von Wissen dominiert ist, dieses Wissen auch nicht in der Wirtschaft (oder anderen Funktionssystemen) selbst hervorgebracht wird, sondern im System der Wissenschaft, entstehen Kopplungsschwierigkeiten, die geradezu auf eine *yin-yang*-Disharmonie hinauszulaufen scheinen.

In diesem Kapitel beschäftigen wir uns mit den Herausforderungen, die sich aus einer *yin*-Dominanz im Nichtsein ergeben. Die zweite Möglichkeit („Affengeist") erläutern wir nicht systematisch, da sie für Gesellschaften an der Front des Wissens weniger bedeutsam ist. Für technologisch aufholende Gesellschaften wie China und Indien ist *yang*- Dominanz im Nichtsein demgegenüber eine ernst zunehmende Herausforderung.

Wir schreiben in diesem Kapitel auch nicht über Nichtsein-Dominanz (4. Kapitel), sondern über die Dominanz des Nichtseins als *yin* und (nur eingeschränkt als) *yang*.

Eine Lücke zwischen Wissen und Tun (Knowing-doing-gap) entsteht *immer*, wenn eine Disharmonie zwischen *yang* und *yin* bei yin-Dominanz im Nichtsein besteht. Es gibt kein *heqi* zwischen *yin* und *yang*, weil *yin* dominiert.[344]

Abbildung 6.1.1 zeigt das Wachstum wissenschaftlicher Publikationen seit 1700 (Quelle für die Abbildung und die folgenden Zahlen: Sparrow, 2001). Von der Wissens-/ Informationsbasis

---

[344] Auch wenn *yin* und *yang* relativ sind (Abschnitt 5.1). In einer bestimmten *yin-yang*-Beziehung bleibt *yin* immer ein *yin* und *yang* ist immer *yang*. Nur, in eine anderen *yin-yang*-Beziehung kann *yin* auch *yang* sein oder umgekehrt.

wird angenommen, sie verdopple sich alle 18 Monate. Die Datenbasis in den Biowissenschaften verdoppelt sich angeblich alle sechs bis neun Monate. Die Wachstumsrate des insgesamt produzierten Wissens impliziert, daß die Wissensbasis im Jahr 2020 um 10,000-mal größer ist als heute. Im Jahre 2020 würden wir quantitativ, am Veröffentlichungsoutput gemessen, über 300 Millionen mal mehr „Wissenschaft" verfügen als im Jahr 1700.

Abbildung 6.1.1: Zunahme des wissenschaftlichen Output 1700 – 2020, 1700 = 1

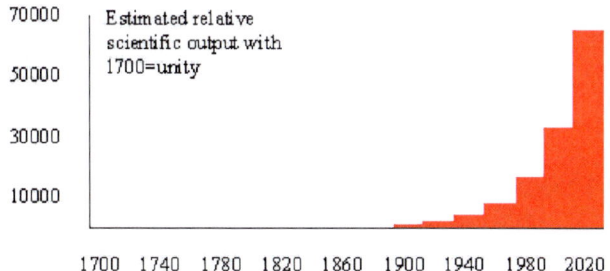

Wie wird aus dem exponentiellen Wachstum des wissenschaftlichen „Output" wirtschaftliche Wertschöpfung, wie sie sich beispielsweise im langfristigen Anstieg des Aktienindex eines Landes wie der USA zeigt? (Abbildung 6.1.2) Der Inputlogiker sagt zu Recht im Rahmen seines theoretischen Modells: Ohne Input kein Output. Wie aus dem Output der Wissenschaft (Wissen und Information) Wertschöpfung wird, ist eine grundsätzlich andere Frage. Und wir sagen: die Schlüsselfrage. Es geht hier um die Transformation einer Wissens- in eine unternehmerische Wissensgesellschaft. Die inputlogischen Modelle geben eine Antwort, die auch schnurstracks in den Knowing-doing-gap - oder wenn man schon drin steckt, nicht aus ihm heraus - führt.

Abbildung 6.1.2: Wertschöpfung 1800-2000

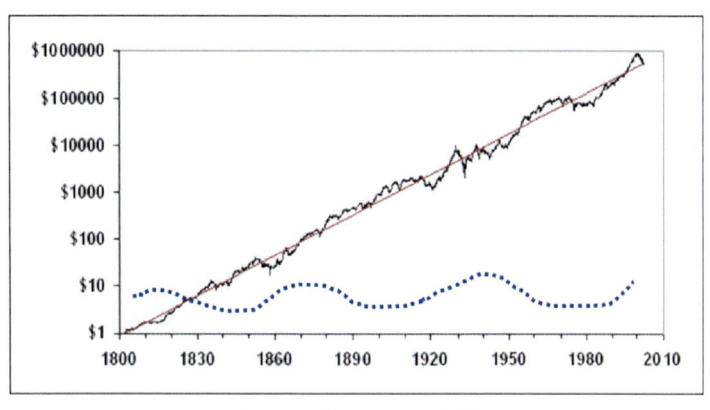

Quelle: Alexander, 2006

Die obige Abbildung 6.1.2 kennen wir schon. Die blaue Kurve (von uns eingefügt) illustriert die langfristige Stagnation der Wertschöpfung in einer Gesellschaft mit stagnierendem Wissen. Die Entwicklung des Aktienindex spiegelt die Tatsache, daß steigende Gewinne und damit steigende Aktienkurse langfristig die Innovationsleistung der Unternehmen und der Volkswirtschaft ausdrücken. Diese Sicht ist aber noch zu einfach. Das Wissen (*yang*) kann zunehmen und die wirtschaftliche Leistung dennoch stagnieren, wenn das Wissen nicht in neue Kombinationen integriert ist (Abschnitt 6.2). Umgekehrt: wir können Wertschöpfung in einer Volkswirtschaft erzeugen[345] ohne Neuerungen einzuführen. Radikal- innovative Unternehmer haben selten eine Reichtumsmotivation, insbesondere wenn sie vorhaben, ihr eigenes Unternehmen hoch zu ziehen (Amit u.a., 2001).[346] Hedonismus, finanzielles Mehr-Habenwollen, finden wir auf den Managementetagen der großen Unternehmen, und bei der Masse der kleinen und mittleren Firmen, die aber wenig für Innovationsdynamik und die Erzeugung von Wellen der Basisinnovation leisten. Wir haben also ein Auseinanderfallen von volkswirtschaftlicher Wertschöpfung und unternehmensbezogener Wertschöpfung. Die globalisierte Wirtschaft macht so etwas möglich. Große Konzerne lagern F&E in Schwellenländer aus, greifen dort die Wissens- und Innovationsrenten ab und steigern Gewinne. Beobachter sagen uns: Auch wenn Deutschland den Bach runter ginge oder für Jahre ein „Sanierungsfall" (Dr. Angela Merkel) bliebe, die Daxkonzerne können prächtig weiterleben. Ein Aspekt dieser Entwicklung ist das was H.W. Sinn als Basarökonomisierung bezeichnet.[347] Ob solches den „Standort" rettet, ist eine andere Frage.

> Um Weltmarktführer bleiben zu können, benötigen wir ständig das Zusammenspiel von Produktion mit Forschung und Entwicklung. ... In der Regel benötigen Sie ... die Nähe zur Produktion. *Man muß sich nur anschauen, in welchen Branchen Unternehmen im Ausland forschen* ... und Sie können davon ausgehen, dass ein Großteil der Produktion demnächst abgezogen wird.[348]

Das hier gemeinte „Zusammenspiel" ist in der Sprache des Daoismus die Harmonie zwischen *yin* (Produktion) und *yang* (Forschung und Entwicklung).

Möglicherweise nimmt Wissen nicht nur exponentiell zu; die Zunahme des Wissens kann sich selbst noch beschleunigen (Gesetz der exponentiellen Beschleunigung des Wissens). Der dieses behauptet und mit Daten belegt ist Ray Kurzweil, ein amerikanischer Forscher und Erfinder (siehe Kurzweil, 2001; 2003; 2006). Im Grunde ist diese Vermutung ein alter Hut.[349] Bergauf beschleunigen. Nicht nur, daß in jeder Dekade (Generation) mehr grundlegende Durchbrüche in wissenschaftlicher Erkenntnis erfolgen. Die Zunahme des Zuwachses an Wissen beschleunigt sich. Der Wissens*zuwachs* ist exponentiell. Es handelt sich also um mehr als exponentielles Wachstum (die Logik des Zinseszinses). Die *Rate* des Wandels erhöht sich.

---

[345] Genauer: der Reichtum jener steigt, die Eigentümer an Unternehmen sind, denen die Umsetzung des Wissens gelingt; die Aktienkurse dieser Unternehmen steigen dann auch.
[346] Bereits Schumpeter 1911/2006 hat dies vermutet. Die Theorie der Leistungsmotivation stützt diese Vermutung. Selbstverständlich zählt Geld und treiben „Zahlungen" (Niklas Luhmann) die Kommunikation in der Wirtschaft. Geld und Gewinn sind jedoch Indikatoren des Erfolges, nicht deren Antrieb.
[347] Am Beispiel von China gehen wir in anderen Veröffentlichungen ausführlicher auf diese Zusammenhänge ein. An dieser Stelle genüge der Hinweis auf Parapundit, 19. Februar, 2006 (Companies shifting research to China and India) und Barboza (2006).
[348] Jürgen Thumann, Präsident der Bundesverbandes der Deutschen Industrie, Handelsblatt, 19. Juni, 2006 (*Kursiv*: Frage Handelsblatt).
[349] Siehe etwa Wilson (2001, S. 252ff.: „Gesetz der Beschleunigung") mit zahlreichen Hinweisen. Wilson und die angeführten Autoren sprechen von „exponentiellen Beschleunigungen" (S. 255). Von einer ganz anderen theoretischen Tradition herkommend (autopoietische Systemtheorie, buddhistische Philosophie) beobachtet Francisco Varela (1990, S. 18): „Independently of a any valuation, we must see, that the process of change proceeds with an *increasing speed*. The creative interplay of research, technique, and the public creates energies for a change in human consciousness ... and has to be considered as one of the most interesting adventures with which we can become engaged in" (Varela, 1990, S. 18; unsere Hervorhebung). Kurzweil ist ein genialer Selbstvermarkter oder im Schumpeterschen Sinne „Durchsetzer" von neuen Ideen.

"Das gesamte 20. Jahrhundert ist gleichbedeutend mit 20 Jahren gegenwärtigen Fortschritts. Und wir machen weitere 20 Jahre Fortschritt in den nächsten 14 Jahren bei der heutigen Fortschrittsrate, gleichbedeutend dem gesamten 20. Jahrhundert, und danach schaffen wir es in sieben Jahren. Wegen der explosiven Kraft exponentiellen Wachstums, wird das 21. Jahrhundert äquivalent 20,000 Jahren Fortschritt mit der heutigen Fortschrittsrate sein. Das ist 1000-mal mehr als das 20. Jahrhundert." (Kurzweil, 2003).[350]

Offensichtlich unterstellt Kurzweil - und als Produzent und Durchsetzer von Wissen reflektiert dies seine persönliche Erfahrung - daß sich neues Wissen auch in wirtschaftlichem „Fortschritt" umsetzt.[351] Würde er dies nicht tun, wäre er mit seinem Gesetz bald am Ende, weil die Gesellschaft, um Wissen mit einer sich beschleunigenden Rate hervorzubringen, einen immer größeren Teil ihrer Ressourcen der Wissensproduktion widmen müßte. Woher kommen die Ressourcen, wenn das Wissen nicht jene zusätzliche Wertschöpfung hervorbringt, mit denen die Wissensproduktion sich vorantreiben ließe?

Mit oder ohne Kurzweil: Wir verfügen über einen riesigen, sich exponentiell ausweitenden Pool von Wissen (*yang* im Nichtsein). Wenn der Bestand an Wissen einmal exponentiell und schneller zu wachsen beginnt, erhöht sich einerseits das Entwicklungspotential für Nachzügler (siehe oben, Abschnitt 5.7: Nachholende Entwicklung), andererseits könnten Systeme in Schwierigkeiten kommen, die ihr Wissen (Nichtsein) nach Gesetzen von *yin*-Dominanz regeln und *yin-yang*-Interaktion in der Sein-Welt nicht tolerieren: Märkte abschotten, an Produktzyklen festhalten, Mitarbeiter den beschränkten Kenntnissen des Chefs unterwerfen und an der Umsetzung seiner engen Zielvorgaben arbeiten lassen, Wissensproduzenten aus der Wissenschaft daran hindern, ihr Wissen außerhalb des Wissenschaftssystems *selbst* durchzusetzen (*ohne* aus der Wissenschaft/Universität auszusteigen), usf., kurz gesagt: den energetischen Strom zwischen *yin* und *yang* im Nichtsein blockieren (Abschnitt 6.2).

6.2 *Yin*-Dominanz: Ursachen und Folgen

Das Wissen wächst so schnell, die anderen laufen so schnell (weg), daß aus einem Technologieführer nahezu über Nacht ein Abgeschlagener wird. In einer Generation vom Führerstand ins Armenhaus. In einer Dekade vom Marktstar zum Klienten des Insolvenzverwalters und Mitarbeiter des Museumsverwalters, vom Bergaufbeschleuniger zum Bergabbremser. Kondratieffarmut erzeugt durch Innovationsblockaden, gespeist aus *yin-yang*-Disharmonie vom Typ *yin*-Dominanz.

Wenn Wissen nicht den Weg in die neukombinative Durchsetzung findet, sprechen wir von einer Lücke zwischen Wissen und Tun (Knowing-doing-gap). Die Lücke entspringt *yin*-Dominanz-Problemen (Kompetenzen, Institutionen, Handlungsrechte, Abschnitt 5.2). *Yin* ist Selektionsinstanz für *yang*. Das System schafft es nicht (mehr), sich leer zu machen für das Neue, da es

---

[350] Zum Pro und Contra des Kurzweilschen „Gesetzes" siehe „The law of accelerating returns" in wikipedia.org/wiki/Law_of_accelerating_returns.
[351] Alternativ zur Zunahme einer sich beschleunigenden Zunahme von Wissen ersetzt er dann Wissen durch Innovation. Bei amerikanischen Autoren ist diese Sichtweise üblich. Sie argumentieren vor dem instiutionellen und personalen Hintergrund der amerikanischen Gesellschaft, in der die Lücke zwischen Wissen und Tun relativ gering ist. Zukunftsforscher wie Alvin Toffler (man vergleiche sein letztes Werk, Revolutionary wealth, 2006: „Knowledge is the key to creating a richer world") oder Schwartz (2006: „Wer eine Atmosphäre schafft, in der sich Wissen vermehren kann, der erzeugt Innovation") unterlaufen die Probleme. Peter Drucker, der „Erfinder" der Wissensgesellschaft, argumentiert demgegenüber nahe an der Problemlage, die bei uns im Mittelpunkt steht.

sein *yin* verteidigt, sich gegen das *yang* wehrt. Die Persönlichkeit des „Chefs" (*yin*-Nichtsein) blockiert die Umsetzung des Wissens.[352]

> Im Tragen von Ying und Po und dem Umfassen der Einheit
> kannst Du da ohne Abweichung sein?

[Nach dem Buch *Huangdi Neijing* gehört *ying* zum *yin* und *po* zum *yang*. Man könnte diesen Satz daher auch so verstehen: „Im Behalten der Harmonie von Yin und Yang und dem Umfassen von Yin und Yang in einer Einheit, kannst Du da ohne Abweichung sein?"]

> Im Konzentrieren des Qi zur Erlangung äußerster Weichheit
> kannst Du da (wie) ein Kleinkind sein?

Dao De Jing, Kapitel 10, Übersetzung Gerstner, 2001, S. 62, unsere Einfügung.

„Wie ein Kleinkind sein?" Sich freimachen können von den enkulturierten Pfadabhängigkeiten, erworben, andressiert, einstudiert, angelernt, aufgedrückt, in Erziehung, Ausbildung, im Beruf, im Streben nach oben, in der Erfüllung der Erwartungen von Chef und Kollege, in der Übernahme ethischer und moralischer Standards, usw. Das Kleinkind kennt so etwas nicht. Es ist flexibel und offen, spielt und lernt spontan, hat keine Probleme mit Umsetzung und Lücke zwischen Wissen und Tun. Was es weiß, tut es, was es tut, weiß es. Kurz vor seinem Tod erreicht ein Mensch den Gipfel von Wissen und Erfahrung. Die Lücke erreicht ihr Maximum - game over.

Früher sprach man einmal von einem „cultural lag" (Ogburn). Er existiert im Menschen selbst: seine Jetztkultur im Vergleich mit seiner Kindeskultur. Sie existiert als Disharmonie zwischen einem Teil der Kultur (Wissenschaft; Religion) und einem anderen Teil (Wirtschaft; Politik). Heute geht es um einen Knowing-doing-gap, gleichfalls eine kulturelle Lücke zwischen zwei Systemen, eine systemische Krankheit der Wissensgesellschaft. Disharmonie zwischen *yang* und *yin* und zwischen Sein und Nichtsein. Wir finden sie überall. Zwischen Teilsystemen der Gesellschaft (etwa Wissenschaft und Wirtschaft), zwischen Religion und Wissenschaft, innerhalb von Unternehmen und Organisationen. Universitäten werden nach starren Managementmethoden (Dominanz des Nichtseins als *yin*) gelenkt. Diese unbewegliche Methode oder Denkweise ist die Herrschaft des Nichtseins als *yin*.

> Eine Katze vor dem Loch,
> und zehntausend Mäuse wagen es nicht herauszukommen.
>
> Du You, in Sun Tsu, 1997, S. 132

---

[352] „Chefs" sind alle, Personen und Institutionen, die Macht über die Produktion und Anwendung von Wissen ausüben, die „Katzen" vor dem Loch der Mäuse, und die „Tiger" im Tal der Hirsche. Chef kann auch das Sein, was im Selbst des Menschen seine Freiheit und Unabhängigkeit blockiert. Es ist dann Teil einer internalisierten expliziten Ethik. In der Sprache der Psychoanalyse ließe sich explizite Ethik als „Über-Ich" (Freud) verstehen (Transaktionsanalyse: „Eltern-Ich"), da dem einzelnen Menschen bestimmte Werthaltungen, Moralvorstellungen und Normen von gesellschaftlichen Instanzen oder Autoritätspersonen aufgenötigt, ansozialisiert oder antrainiert werden (Die Vorstellungen der Administration Bush oder der deutsche Bundesregierung zur Forschung mit embryonalen Stammzellen). Implizite Ethik wäre vergleichbar mit dem Ego (Ich) - in der Psychoanlayse der bewußte Anteil der menschlichen Psyche - und dem Es (nicht-bewußte Anteile des Menschen; dies gilt vor allem für tugendethische Komponenten). Implizite Ethik ist als evolutionär variabel zu begreifen, beginnend mit den Lust- und Instinktprinzipien des Es, den Realitäts- und Rationalitätsprinzipien des Ich (Ichgebundensein, Ichbewußtsein) und einem transpersonalen, jenseits der Rationalität operierenden Selbst.

Die Mäuse organisieren eine Besprechung. Entschluß: Laßt uns der Katze ein Glöckchen um den Hals hängen. Dann *wissen* wir immer, wo sie ist, ob Gefahr besteht oder nicht. *Wer* hängt der Katze das Glöckchen um den Hals? Wissen ist schön und gut, tun etwas anderes. Der Knowing-doing-gap hält die Mäuse in Schach und die Volkswirtschaft im Tal der Innovation. Die Katze ist auch unser Wissen des Nicht-Wissens. Es hält uns davor zurück, das Wissen, über welches wir verfügen, auch zu nutzen. Es gibt immer tausend Gründe, nicht zu handeln. Wir sehen nicht, daß wir selbst eine Katze in uns haben, welche unsere Wissens-Mäuse in Schach hält.

Die den energetischen Strom zwischen *yin* und *yang* und damit den Von-selbst-so-Lauf (*ziran*) der Wirtschaft so erschwerenden Hindernisse sind nicht fiktiv und nicht gegeben. Sie wurden und werden im Prozess der gesellschaftlichen Evolution selbst erzeugt. Die systemische Gesellschaftstheorie (ausgehend von Niklas Luhmann) hat ausführlich dargelegt, wie gesellschaftliche Evolution einhergeht mit einer „Ausdifferenzierung" der Gesellschaft. Neue Teilsysteme entstehen: Wissenschaft, Wirtschaft, Politik, usw. Das Problem dabei ist: die Teilsysteme funktionieren nach ihrer eigenen Logik. Wir haben das bereits bei der Unterscheidung der verschiedenen Teilsysteme in der Wirtschaft (Routine, Arbitrage, Innovation, Evolution) kennengelernt. Sie sind geschlossen für Inputs aus anderen Teilsystemen (wohl aber offen für Störungen oder Anregungen). Sie verarbeiten diese Störungen aber immer mit den ihnen eigentümlichen Strukturen. Wissen aus der Wissenschaft (*yang* im Nichtsein: Wissen) kann deswegen nicht problemlos in die Wirtschaft transferiert werden. Die in den Systemen Familie und Erziehung erworbene Kompetenzen (*yin* im Nichtsein) produzieren nicht automatisch Wertschöpfung in der Wirtschaft. Diese Spezialisierung der Teilsysteme können wir als Barrieren betrachten, die den spontanen Austausch von Wissen und Kompetenzen, gebunden an den Strom von *qi* und *heqi*, zwischen den Systemen erschweren.

Die Wissenschaft produziert Wissen mit einer mindestens exponential ansteigenden Rate. Die Wirtschaft engagiert sich in Forschung und Entwicklung. Die Wissensgesellschaft steht in voller Blüte. Eine Dominanz von *yin* im Nichtsein ist Hinweis auf eine Disharmonie. *Yang* und *yin* im Nichtsein laufen miteinander nicht rund. Sie produzieren in ihrem Zusammenwirken Entwicklungs- und Evolutionsstörungen.

Was bedeutet aber *yin*-Dominanz in diesem Zusammenhang? Das bestehende *yin* im Nichtsein verhindert, erschwert, verlangsamt die Ausbreitung, Anwendung, Durchsetzung des Wissens (*yang*). Die unternehmerische Wissensgesellschaft wird auf eine Wissensgesellschaft zurückgefahren, oder eine Wissensgesellschaft kann sich nicht in eine unternehmerische Wissensgesellschaft weiterentwickeln, ein System, in dem *yin* und *yang* im Nichtsein harmonisieren.

In den Worten der systemischen Theorie: *yin*-Systeme (Religion, Recht, Erziehung, Ausbildung; Personen) dominieren *yang*-Systeme (Wirtschaft, Wissenschaft). Das bewegliche, energetische *yang* wird vom unbeweglichen, sich nur langsam oder gar nicht verändernden *yin* am Laufen gehindert. Viele Psychologen[353] sagen uns: Die Persönlichkeit des Menschen, wenn er erwachsen wird, ist weitgehend fixiert und unveränderlich. Soziobiologen („Evolutionspsychologen") gehen noch weiter: Die genetische Ausstattung bestimmt, was wir tun und wie wir denken, sogar ob wir glücklich sein dürfen. Der Entrepreneur bringt sein Handeln mit (*nature*), in seinen tieferen Kompetenzprofilen ist Unternehmertum nicht erlernbar (*nurture*). Lerne Buchhaltung, lerne Marketing (Lernen 1; Abschnitt 3.7), deine Persönlichkeit ist gegeben, lernen macht nicht dich, sondern den Psychologen und Guru reich.

---

[353] Nicht alle: Martens & Kuhl (2005).

Aber *yin* kann gleichsam übertreiben. Es schafft keinen Raum, in dem *yang* eintreten und sich entfalten könnte, zumindest nicht als Unternehmertum. Als Priester kommst du rein, als Wissenschaftler auch, auch für Polizisten ist Raum. Der funktionstiefe Unternehmer bleibt draußen vor der Tür. Die *yin*-Faktoren machen den Raum zu, weigern sich, die Türe aufzuschließen, oder tun es nur so wenig, daß Vieles des *yang* nicht eintreten kann. Die Folge ist, daß die *yang*-Veränderungen sich nicht entfalten können, brach liegen, und irgendwann den Antreibern im *yang* die Lust vergeht, neues *yang* hervorzubringen. Das System stagniert, sinkt in Routine ab. *Yin* und *yang* können sich dann vielleicht auch arrangieren.

Im Gleichgewicht des Ökonomen sind *yin* und *yang* perfekt harmonisiert. Entwicklung ist ausgeschaltet. Alle tun was sie wissen und alle wissen was sie tun. Dies funktioniert - im Modell - weil *yang* theoretisch eingefroren ist und sich bei *yin* nichts verändert. Es kann auch in der Wirklichkeit funktionieren, solange diese durch Stationarität (Statik) gekennzeichnet ist.

> Stets gleiches wirtschaftliches Handeln zu größtmöglicher Bedürfnisbefriedigung auf Grund gegebener Verhältnisse — das schildert dann unser Bild. Deshalb sprechen wir von einer ruhenden, passiven, von den Umständen bedingten, stationären, von einer statischen Wirtschaft. Der Ausdruck „statisch" ist nicht glücklich, ruft er doch die Vermutung einer tatsächlich durchaus nicht vorliegenden Anlehnung an die Mechanik wach. ... Die statische Wirtschaft „ruht" nicht, es läuft ja der Kreislauf des wirtschaftlichen Lebens ab; sie ist nicht schlechthin „passiv", sondern nur in einem bestimmten Sinn [keine Neukombinationen]
>
> Schumpeter, 1911/2006, S. 87f. , unsere Hervorhebung.

Schumpeter sieht richtig: Der „Kreislauf läuft", das *dao* ist nicht weg, das „wirtschaftliche Leben" reproduziert sich in Harmonie, die Wirtschaft atmet, nicht tief, aber immerhin reicht es zum Leben, eine Lücke zwischen Wissen und Tun besteht nicht.

Im Routinesystem spielt die Lücke daher keine Rolle. Bei Arbitrage eigentlich auch nicht. Arbitrage lebt zwar von Informationsunterschieden – der Eine weiß mehr als der Andere - die Wirtschaft findet aber schnell zurück in die „Statik", die *yin-yang*-Disharmonie korrigiert sich selbst.

Im Innovationssystem ändert sich alles grundlegend. Betrachten wir die Situation im fünften Kondratieff (Computer, Informationstechnik). Wir, in Kontinentaleuropa, verfügen über das notwendige Wissen, an vorderster Front mitzuspielen. Wir tun es nicht. Das Internet haben wir den Amerikanern geschenkt.[354] Große Teile der Biotechnologie gleichfalls (Abschnitt 6.4). Im Bereich Nano sind die Würfel noch nicht gefallen.

---

[354] In den 70er Jahren des 20. Jh. waren französische Forscher um Louis Pouzin den Amerikanern zumindest ebenbürtig, wenn nicht voraus, was das Wissen um Kommunikationssysteme auf Rechnerbasis anbelangt, die später als Internet bekannt wurden. Warum wurde nicht umgesetzt? Pouzin: „Ich bin unglücklicherweise auf eine Mauer" von Ablehnern gestoßen. Der damalige französische Präsident, Valéry Giscard d'Estaing - ausgleichende Gerechtigkeit: sein EU-Verfassungsentwurf fiel durch – urteilte, in den Worten von Pouzin: „Im Kern hat man uns gesagt: Meine Herren Forscher, ihr habt gute Arbeit gemacht, jetzt ist es an der Zeit, die Industrie dran zu lassen. Für die Verantwortlichen jener Zeit war klar, daß die Forschung in Informatik erledigt war." Zu dieser Information siehe den Bericht von Foucart (2006). Die Politik hat mit anderen Worten eine Lücke zwischen Wissen und Tun geschaffen. Was im einzelnen dahinterstand, wissen wir noch nicht. Die (französische) Industrie zu bitten, sich einer Radikalneuerung wie des Internet anzunehmen, ist natürlich ein industriepolitisch groteskes Fehlurteil erster Güte, den Bock zum Gärtner machen; andererseits, siehe unsere obigen Anmerkungen zur französischen (und deutschen) Industriepolitik, ein Vorgehen, vollständig im Rahmen der historisch aufgelaufenen und praktizierten *yin*-Logik.

Die Wissensbasis weitet sich ständig aus (*yang* im Nichtsein), auch bei uns, das meiste von dem neuen Wissen bleibt auf Halde. Diejenigen, die es im eigenen Unternehmen versuchen durchzusetzen, werden immer weniger. Und was sie wissen, wird von bestehenden Unternehmen abgegriffen (und dann oft stillgelegt) und/oder von den Priestern der Religion der heiligen Eigentumsrechte (Abmahnern, Rechtsanwälten, „Kämpfern gegen den unlauteren Wettbewerb") am Eintritt ins ökonomische Leben gehindert. Die Zahl der neu gegründeten Unternehmen, die sich der Durchsetzung von neuem Wissen widmen, sinkt in Deutschland (Niefert u.a., 2006). Warum dies so ist, ist eigentlich nicht rätselhaft. Daoistisch: *yin*- Dominanz. Was heißt das konkret? Wir zitieren aus einem Leitartikel von Wolf Lotter (2004) zur gesellschaftlichen Akzeptanz der Informationstechnologie (5. Kondratieff) in Deutschland:

> Zwar könnten, meint eine Mehrheit von 62 Prozent, Wachstum und neue Arbeitsplätze vor allem im Dienstleistungsbereich entstehen, und dabei seien Computer, Telekommunikation und Energiewirtschaft weit vielversprechendere Trümpfe bei einem nötigen Aufschwung als alte Industrien oder das Baugewerbe. Doch gleichzeitig bestätigt sich, so die Allensbach- Forscher, eine bereits Mitte der neunziger Jahre durchgeführte Umfrage, bei der sich die Deutschen als Weltmeister in Sachen Technikfeindlichkeit, insbesondere gegenüber Computern und neuen Medien, bewiesen.

Technikfeindlichkeit, Risikoabneigung, fehlende Wagnisbereitschaft (Mut) in Management und politischer Klasse, Neid, Angst und andere Negativemotionen, „gesellschaftliches Klima"[355] sind *yin*, der „schattige Aspekt der Erscheinungen" (Ritsema & Schneider, 2000, S. 947), das Bewahrende, Verfestigende, der Raum, in welchem sich *yang* ausbreitet.[356] Eine technikfeindliche Nation bietet wenig Raum für *yang*, für das Durchsetzen und Tun des Neuen. *Yang* ist beherrscht, begrenzt, entenergetisiert durch *yin*. Auf *yang* fällt der *yin*-Schatten. Es kann sich nicht entfalten, genauso wie eine Sonnenblume ohne die wärmenden Strahlen der Sonne nicht gedeiht. Von ihrer Wissensbasis her betrachtet kann die Sonnenblume nicht tun (wachsen, Früchte tragen), was sie tun könnte. Sie verkümmert.

Beispiel Zugang zu Finanzkapital, ein immer wieder genanntes Primärhinderniss für die Durchsetzung von Neuerungen. Venture Capital-Investoren in Deutschland sind – im Vergleich zu den USA – risikoavers (am Beispiel der Nanotechnologie: Festel, 2006). Da akademische Gründer kaum eigene Ressourcen mobilisieren können, ist dies ein ernsthaftes Handicap. Bootstrapping fällt aus. Akademische Unternehmer in Deutschland haben also mit größeren Schwierigkeiten zu kämpfen, um Finanzkapital zu mobilisieren. Während sich ihre amerikanischen Kollegen intensiver mit Produktentwicklung beschäftigen können, verbringen sie verhältnismäßig viel mehr Zeit damit, Geld zu suchen. Da jeder um diese Probleme weiß, ist die Innovationsbereitschaft entsprechend bescheiden. Akademiker gründen nicht aus Not. Das Wissenschaftssystem bietet ausreichend Anreize für ein interessantes Leben. Warum „kommerzialisieren" angesichts der vielfältigen Hindernisse und Widerstände?

Der fünfte Kondratieff im mittleren Europa dümpelt vor sich hin. Wir ernten einen Wachstumsabschlag gegenüber den USA und dem Fernen Osten. Samsung läuft Siemens weg und

---

[355] „Wir brauchen ein gesellschaftliches Klima, in dem Unternehmer sich nicht immer wieder Neid-Debatten ausgesetzt sehen, sondern als gesellschaftliche Vorbilder anerkannt werden" (Ludwig Georg Braun, Präsident des Deutschen Industrie- und Handelskammertags, angesichts der Vorstellung des DIHK-Gründerreports 2006 (siehe DIHK, 2006).
[356] Dies ist keine systematische Auflistung von *yin*-Faktoren (siehe dazu Abschnitt 5.2), sondern der aktuellen Diskussion in Deutschland entnommene Hinweise.

Siemens wirft das Handtuch in der Kommunikationstechnologie. Ergebnis: „Nokia und Siemens begeistern die Börse".[357]

Die Weltwirtschaft ist historisch durchdrungen von *yin*-dominanten Konstellationen. Für China ab dem 14. Jahrhundert ist die industrielle Revolution ein Rauschen. Heute hat allerdings China weniger ein Problem mit *yin*- als mit *yang*-Dominanz. Der „Affengeist" (alles machen und tun wollen, auch wenn das Neue sich nicht in *yin* einpassen läßt) und nicht die mitteleuropäische Risikoaversion („Nein Danke" zu einer Wirtschaft, die über Forschung und Neugierde zu neuen Kombinationen führen könnte) dominiert. Irgendwann springt auch der Mutlose auf den basisinnovativen Zug.[358] Herdenverhalten (*yin*) als ein Ausdruck von Risikoabneigung und mangelndem Mut zum Neuen und Abweichenden. Wenn die Herde anfängt zu galoppieren, erzeugt sie ihr eigenes Risiko, unter welchem sie den Mutlosen begräbt.

Verengen wir das Problem auf die Beziehungen zwischen Wissenschaft und Wirtschaft. Neukombinationen sind zunehmend auf in der Wissenschaft erzeugtes Wissen angewiesen. Der überwiegende Teil der Neugründungen von High-Tech-Unternehmen hat einen akademischen Hintergrund. Ob die Erzeugung des Wissens öffentlichen oder privatwirtschaftlichen Charakter hat, ist nebensächlich. Die Probleme sind die gleichen. Wie läßt sich nach wissenschaftlichen Kriterien der Wahrheit erzeugtes Wissen in Zahlungen (Geld) transformieren? Wie kommt das *yang*-Wissen der Wissenschaft in die Wirtschaft, das heißt, wie können Innovatoren das neue Wissen für Neukombinationen nutzen?

Das System Wissenschaft ist *yang*, Wirtschaft ist gleichfalls *yang* (Abschnitt 5.8). Die Herausforderung besteht darin, zwei *yang*-Systeme zu koppeln, die beide nach eigenen Mechanismen operieren. „The business of busines is business", sagt mit autopoietischer Erkenntnis der Präsident von General Motors, Alfred Sloan im Jahr 1923. Die Funktion der Wissenschaft ist Wissenschaft. Wie geht das zusammen? Ohne *yin* haben Wirtschaft noch Wissenschaft schon Probleme in sich selbst. Jetzt sollen sich beide auch noch harmonisch umarmen. Wenn Wirtschaft die Wissenschaft vergewaltigt, stirbt die Wissenschaft - und umkehrt. Es müßte also gelingen, die beiden Systeme mit *yin*-Elementen in ihnen selbst und mit *yin*-Systemen (Erziehung/Ausbildung; Recht) harmonisch zu koppeln (siehe den nächsten Abschnitt).

Die nachfolgende Abbildung zeigt drei Teilsysteme der Gesellschaft, zwei sind *yang* (Wissenschaft) und Wirtschaft, eines steht für *yin* (Ausbildung und Erziehung).[359] Die Wissenschaft läuft nicht in Probleme als Wissenschaft, sie vermag vielmehr ihr Wissen (rote Punkte) nicht in die Wirtschaft zu „transferieren", weil sie in sich und zwischen sich und dem *yang*-System Wirtschaft keine Harmonie herstellen kann. Die Wissenschaft ist *yin*-determiniert, unter anderem wegen des Einflusses der *yin*-Systeme (Erziehung, Recht, Religion, usw.). Auch wenn, dies ein noch zu diskutierendes Schlüsselproblem, auf der Ebene des Inkrementellen alles gut läuft. Was zählt, „in the long run, when we are all dead" (J.M. Keynes), und deswegen für die Politik (ein *yang*-System) auch nicht sonderlich interessant, ist die Durchsetzung von radikal Neuem in der Wirtschaft, fußend auf wissenschaftlicher Erkenntnis.

---

[357] Frankfurter Allgemeine Zeitung, 20. Juni 2006, S. 11.
[358] Ein Prinzip im Daoismus ist den mittleren Weg zu gehen, Extreme zu vermeiden. Aristoteles (384-322 v. Chr.) lehrte ganz Ähnliches. Das Vermeiden von Extremen gilt auch für Tugenden. Wenn wir von Mut sprechen, meinen wir nicht Tollkühnheit (Gegensatz Feigheit) oder hohe Risikoneigung. Ein Unternehmer ohne Vorsicht überlebt nicht. Risiken einzugehen ohne Vorsicht ist Tollkühnheit. Wer vorsichtig ist ohne Zivilcourage und Beherztheit ist ein Feigling.
[359] Zu dieser Charakterisierung vergleiche Abschnitt 5.8.

Abbildung 6.2.1: Die Lücke zwischen Wissen und Tun

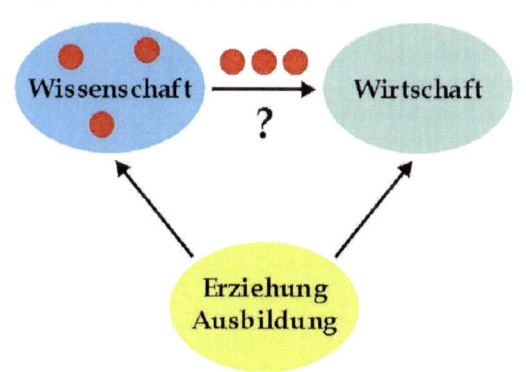

Wenn in den beiden Systemen *yin* das *yang* unterdrückt oder beherrscht (siehe obige Beispiele), erzeugen wir „totes Wissen". Sehen wir uns Großunternehmen oder bereits längere Zeit etablierte Unternehmen an, scheinen diese unfähig zu sein, *radikal* Neues hervorzubringen. Sie besitzen eine Kernkompetenz (*yin*), für inkrementelle Neuerungen oder Verbesserungsinnovationen.[360] Dieses *yin* beherrscht ihre Strategie und operatives Management. Das radikal neue *yang* (in Form von Wissen, Neukombinationen, Managementmethoden), ist nicht anschlußfähig. Kooperation und Wissenstransfer mit dem System Wissenschaft läuft somit, wenn überhaupt, nur auf einer inkrementellen Ebene. Für das radikal Neue müßte die Wissenschaft ihr *yang* in sich selbst mit *yin* harmonisieren und gleichzeitig mit solchen Elementen im System Wirtschaft (Innovatoren) harmonisch koppeln, deren Kernkompetenz (*yin*) in der Schaffung von Basisinnovationen liegt, und dies sind, in allen Gesellschaften, die bislang evoluiert sind, neue (junge) Unternehmen. Diese Prozesse sind faktisch nicht zu steuern oder nur in dem Sinne, daß die Steuerungseinheiten, die überwiegend in *yin*-Systemen wie Recht und früher Religion (heute Ethik) angesiedelt sind, ein *wuwei*-Regime struktureller Kopplung zwischen Wissenschaft und Wirtschaft ermöglichen oder tolerieren. Beispiele sind das Patentwesen, unternehmerische Freiheit für Mitglieder des Wissenschaftssystems, Vergütungsordnungen, Rückbau der Ethikregime von einer expliziten auf eine implizite Ethik, usf. (Konzept einer „unternehmerischen Universität"; Abschnitt 6.4). Die eben genannten Elemente sind sämtlich *yin*-Komponenten. Sind diese auf Beharrung ausgelegt, ernten wir *yin*-Dominanz und eine Lücke zwischen Wissen und Tun. Die *yang*-Systeme Wirtschaft und Wissenschaft müssen *yin*-Gewichte schultern, für die ihre *yang*-Kraft nicht ausreicht. Ein *yin*-Verzögerung (*yin*- lag) bewirkt *yin*-Dominanz und diese den Knowing-doing-gap. In einer Gesellschaft, welche über Wettbewerb mit anderen strukturell gekoppelt ist, bewirkt ein solcher *yin-lag*, sofern er eine Reihe von Jahren andauert, die Entkopplung von wissenschaftlichem und technischem Fortschritt. Mandarinismus, Afrikanisierung, ökonomisch eine Quasi-Stagnation. Da vor allem Innovatoren Netto-Arbeitsplätze schaffen, würde die Lücke auch bedeuten, Beschäftigung über Lohndruck und Stagnation - wenn nicht Rückgang - des Lebensstandards sichern zu müssen.

---

[360] Ausführlich dazu Kapitel 8. An dieser Stelle genügt der Hinweis auf die Untersuchung von Gittelman (2006) am Beispiel der Biotechnologie in den USA und Frankreich: große und etablierte Unternehmen bekommen radikale Neuerungen („high-performaning innovations") nicht auf die Reihe. „Unternehmerische Firmen" sind unverzichtbar. Diese Erkenntnis ist nicht neu (siehe Schumpeter 1911, zeitgenössische Autoren später), aber in Politik und Management (-Beratung) immer noch nicht ernst genommen.

6.3 Wissenschaft und *yin*-Dominanz

Das Nichtsein *wu* spielt in der wirtschaftlichen Entwicklung eine immer größere Rolle (Abschnitt 5.9). Disharmonien zwischen *yin* und *yang* im Nichtsein sind daher eine primäre Quelle von Einbußen an Entwicklungspotential. Gelingt es andererseits Gesellschaften, die Zirkulation von *qi* zu stimulieren und die interaktive Energie *heqi* zwischen *yin* und *yang* zu harmonisieren, wird ihre unternehmerische Vitalkraft ein relativ harmonisches Erschließen und Umsetzen neuen Wissens sicherstellen.

Die Basisinnovationen von heute sind Produkte der Wissenschaft. Wenn das Wissenschaftssystem und seine Akteure keinen Anschluß an die Wirtschaft finden - und dies ist wiederum eine Folge oder Frage spiraldynamischer Kompetenz (*yin*) - zieht Kondratieffarmut in das Haus der Gesellschaft ein, wie der Schimmelpilz in luftdicht abgeriegelte Räume.

Die Max-Planck-Gesellschaft macht gute Forschung. In die Wirtschaft kommen die Erkenntnisse kaum an (Schwägerl, 2006). Der Präsident der Gesellschaft, Peter Gruss, macht sich darüber keine Illusionen. Die Zahl der Ausgründungen von Firmen aus den Max-Planck-Instituten ist stark rückläufig. Im Jahr 2005 nur noch eine Gründung.[361] Die Nachfrage nach Forscherwissen aus dem deutschen Mittelstand ist minimal - was wiederum normal ist, da sich Wissen nur in Grenzen übertragen läßt. Würde Schumpeter reinkarniert, seine Situationsanalyse wäre kurz: Mangel an unternehmerischer Energie. Und dieser ist durch eine Konstellation bewirkt, die wir als Disharmonie zwischen *yin* und *yang* im Nichtsein beschreiben, insbesondere die einer *yin*-Dominanz.

Da neu gegründete Unternehmen die Treiber bei der Durchsetzung neuen Forschungswissens sind, ist ein Anstieg der Neugründungen ein Hinweis auf eine Verringerung der Lücke zwischen Wissen und Tun, wohingegen ein Rückgang ein Hinweis ist, daß wir nicht nur Wissen auf Halde produzieren, vielmehr die Innovations- und ihr folgend die Arbeitsplatzdynamik leidet.

Die strukturelle Kopplung zwischen Wissenschaft und Wirtschaft, wie man die Beziehungen zwischen zwei Systemen bezeichnet, trifft somit auf vielfältige Schwierigkeiten. Diese liegen im Wissen selbst. Wissen (auch aus der Wissenschaft) ist oftmals an die Person seines Besitzers gebunden und daher unabhängig von dieser nicht für andere verfügbar. Wissen ist dann „implizit" oder „still".[362] Die Person mit ihren *gegebenen* Fähigkeiten ist *yin*. Wenn *yin* nicht mit *yang* harmonisieren kann, der Forscher aufgrund seiner Fähigkeiten und gesellschaftsstruktureller Faktoren (Abschnitt 5.2) sein Wissen nicht in Wertschöpfung umzusetzen vermag, haben wir eine durch *yin*-Dominanz erzeugte Lücke zwischen Wissen und Tun.

Auch freieres, weniger an die Person des Schöpfers gebundenes Wissen, ist schwierig in die Wirtschaft zu transportieren. Selbst in Unternehmen bleibt das meiste, in Forschungs- und Entwicklungsabteilungen erzeugte Wissen, brach liegen. In der Pharmabranche trocknet die

---

[361] Zum akademischen Unternehmertum in der Max-Planck-Gesellschaft, insbesondere seiner Aus-/ Rückwirkungen auf wissenschaftliche Leistung, vgl. Buenstorf (2006). Wir gehen auf diesen Zusammenhang noch ausführlicher ein.

[362] Implizites Wissen oder Stilles Wissen (vom englischen tacit knowledge, zurückgehend auf Michael Polanyi) bezeichnet nicht formalisiertes Wissen, Kenntnisse, die nicht explizit formuliert (oder formulierbar) sind und sich möglicherweise auch nicht erklären, sondern nur zeigen lassen. Dieser Wissensbegriff ist auch im sog. Konstruktivismus vorherrschend. Dieser lehnt jeden Transfer von Wissen (und Information) ab. „Wissen ... (ist) etwas Persönliches und Privates, das nicht übertragen werden kann. Das, was man für übertragbar hält, nämlich *objektives Wissen*, muß immer durch den Hörer [Leser, usw.] geschaffen werden" (Maturana, 1998, S. 22). Zur Abgrenzung von explizitem von implizitem Wissen vergleiche den Überblick bei http://de.wikipedia.org/ wiki/Implizites_Wissen.

Produktpipeline aus (Abschnitt 8.4). Neue Produkte werden zugekauft, oft durch Aufkauf von Unternehmen, die in der Lage sind, die Lücke zwischen Wissen und Tun, die Probleme der *yin*-Dominanz, zu meistern. Die Konsequenz ist, daß die Unternehmen wenig Anreiz haben, die Lücke endogen zu überwinden. Arbitrage ersetzt endogene Innovation. Die Basisinnovation Biotechnologie kommt daher nur marginal ins Laufen (Abschnitt 6.4).

Zu den *yang*-Problemen kommen *yin*-Herausforderungen. Kompetenzen für die Erzeugung von „Wahrheit" (wissenschaftlichem Wissen) sind nicht die gleichen wie für die Durchsetzung von Wissen durch Neukombinationen. Weiterhin haben die Wissenseigentümer oftmals nicht das Recht, ihr Wissen außerhalb der Wissenschaft zu nutzen (Dienstrecht, Ethik, Vorschriften) und die Neukombinierer kein Recht das Wissen Dritter anzuwenden obwohl sie es gerne tun würden (Patente und andere Schutzrechte). Die nachholenden Entwickler, *yang*-dominiert, setzen sich großzügig darüber hinweg (Intellectual property right = The right to copy), was den Hegemons der ersten Welt um die Fortdauer ihrer Produktzyklen fürchten läßt und ihren Rechtsanwälten zu superior bezahlten Überstunden verhilft.

Dies alles sind *yin*-Probleme. Ihre Basis ändert sich nur langsam, falls überhaupt. Sie sind Produkte einer Evolution der Ausdifferenzierung und der jeweils erzeugten institutionellen Lösungen. Pfadabhängigkeiten, im politischen Prozeß stabilisiert, soweit das Auge reicht. Aus der Politik kommende Beschränkungen haben wir noch gar nicht berücksichtigt. Daoistisch gesprochen: Die Natur-Freiheit, die spontane Interaktion von *yin* und *yang* über die Sein-Nichtsein-Barriere hinweg ist vielfältig eingeschränkt.

Ohne (neues) Wissen (das *yang* im Nichtsein) müßte ein Unternehmer immer bei den Pfahlbauten (Schumpeter) anfangen, gleichgültig wie innovativ er ist. Ohne seine Persönlichkeit als Innovator *(yin* im Nichtsein), müßte er immer auf dem Niveau der Pfahlbauten bleiben, gleichgültig über wieviel neues Wissen er verfügt. Bei *yin*-Dominanz überlagern die Kompetenzprobleme von (potentiellen) Innovatoren[363] eine schöpferische Nutzung des Wissens.

Alle Dinge haben *yin* und *yang*. Existiert nur *yin* ohne *yang*, gibt es keine Entstehung (Abschnitt 5.1). Gibt es nur *yang* ohne *yin*, ist gleichfalls Entwicklung ausgeschlossen. Ohne das neue Wissen (*yang* im Nichtsein) und die Persönlichkeit (das *yin* im Nichtsein) - beide *Nichtsein-Komponenten* - sowie das Zusammenwirken *(heqi)* und die Harmonie der beiden, gibt es keine Innovation. Wissen ohne Persönlichkeit (Durchsetzungskompetenz) bleibt (wirtschaftlich) totes Wissen. Was Newton gesehen hat - wie die Äpfel vom Baum fallen - haben viele andere auch gesehen. Aber nur Newton hat die grundlegende Theorie (Gesetz der Schwerkraft) entdeckt, die das Phänomen erklären kann, und damit nicht nur für die Entwicklung der Physik ungeheuer viel beigetragen, sondern - in Verbindung mit unternehmerischem *yang* – zur Erschließung vollständig neuer Wertschöpfungsmöglichkeiten in der Wirtschaft. Hätte Newton sein Gesetz Menschen vor 10 000 Jahren via Zeitreise vorstellen können, wäre es für das praktische Leben der Menschen zu jener Zeit unerheblich geblieben - wahrscheinlich hätte man ihn als Ketzer hingerichtet oder als Idiot vertrieben. Das *yin* (die Kompetenzen, Moral, Kultur) der damaligen Menschen war nicht in der Lage, für Newtons Erkenntnisse Raum zu schaffen. Beinahe genauso, wie heutzutage bestimmte moralische und ethische Vorstellungen eine Regierung dazu veranlassen, Forschung und ihre praktische Anwendung, beispielsweise mit embryonalen Stammzellen, unter Strafe zu stellen. Man mag das für moralisch geboten halten, für gut oder schlecht, Kategorien, die der Daoist mit Skepsis betrachtet. Der Daoismus vertritt, wie wir oben mehrfach

---

[363] Der Innovationsforscher Erich Staudt sprach - er hatte Hochschulabsolventen im Sinn - von „hochqualifiziert aber inkompetent".

erläutert haben (und ausführlich im zweiten Band darstellen), eine moralische Relativitätstheorie. Wie auch immer: Die *yin*-Eigenschaft läßt sich nicht abschütteln.

Eine Republik von Gelehrten. Wissenserzeuger bringen unaufhörlich neues Wissen hervor. Ihre Persönlichkeiten (*yin*) machen sie zu idealen Schöpfern neuer Erkenntnis. Sie lassen es dabei. Ihre Kompetenzprofile sind nicht auf Umsetzen ausgerichtet.

Für die Durchsetzung erhaltender (inkrementeller) Neuerungen in den alten Kondratieffs reicht die normale und gut organisierte Kooperation zwischen Wirtschaft und Wissenschaft. Wir brauchen keine Humboldt-Automobil-AG. Gehen wir in die aktuellen und potenziellen Basisinnovationen, ändert sich die Lage dramatisch. Ohne Humboldt –XY- AG wird wenig laufen. Je radikaler die Neuerung, je umstrittener das in die Innovation eingebaute Wissen, desto mehr ist die Umsetzung des Wissens auf die unternehmerische Kraft des Forschers angewiesen.

Zitieren wir jemand, der es wissen muß, da er als Wissenschaftler selbst unternehmerisch engagiert war.

> Daß zwischen der *Theorie* und *Praxis* noch ein
> **Mittelglied der Verknüpfung**
> und des Übergangs von der einen zur anderen erfordert werde,
> die Theorie mag auch noch so **vollständig** sein, wie sie wolle,
> fällt in die Augen.
>
> Immanuel Kant [1798] 1959, S.69.

G. Gurdjieff bezeichnet die Konstellation des Vielwissens und Nichtanwendens als den „Weg des Yogis":

> Er weiß alles, aber er *kann* nichts tun.[364]

Eine bemerkenswerte Konstellation, gelegentlich in der Daoismus-Literatur auch als idealer Fluchtpunkt einer *Dao*-Gesellschaft (einer Gesellschaft, die den Prinzipien des *dao* folgt) konstruiert. Wir sehen das nicht so (Abschnitt 5.9). Laozi und Zhuangzi und der Daoismus im Allgemeinen haben wenig gegen Wissen an sich bzw. gegen Innovation. Zhuangzi hat mehrfach kreative Spontaneität als einen Aspekt des *dao* und *ziran* betont. Die Ressourcen sind verfügbar, das Wissen ist vorhanden, die schöpferische Umsetzung, vor lauter „Gestrüpp im Kopf" jedoch nicht.

> Nun hattet Ihr, mein Herr, einen Kürbis, der fünf Scheffel faßte. Warum habt Ihr nicht daran gedacht, ihn Euch als eine große Boje umzubinden, so daß Ihr damit auf Seen und Flüssen hättet herumschwimmen können, statt Euch den Kopf zu zerbrechen, daß er wegen der flachen Rundung keine Flüssigkeit halten könne? Das zeigt, mein Herr, daß Ihr noch lauter Gestrüpp im Kopf habt (Zhuangzi, 2003, S. 43).

Hochentwickelte Fähigkeiten sind verfügbar, anscheinend aber nicht diejenigen, welche die Durchsetzung von *yang*-Wissen leisten könnten. In der Arbeitsmarktforschung spricht man von einem Mißmatch zwischen dem, was jemand kann, weiß und für seine Arbeit mitbringt, und

---

[364] „Dies ist der Weg des Wissens, der Weg des Denkens. Der Yogi (entwickelt) seine Denkfähigkeit, aber Körper und Gefühle bleiben unentwickelt. Er weiß alles, kann aber nichts tun. Um etwas tun zu können, muß er die Meisterschaft über Körper und Gefühle gewinnen" (Gurdjieff, in: Ouspensky, 1999, S. 66). In daoistischer Sprache heißt diese „Meisterschaft" *qi, he qi* und *de*.

dem, was die Arbeit an Kompetenzen und Wissen verlangt. Der mit Wissen vollgepackte Akademiker. Der Alleswisser. Der Experte. Der Quotenkönig im RTL-Quiz. Der autistische Savant. Der Held der Wissensgesellschaft. Dennoch: als Unternehmer halbiert. Er bringt wenig in die Welt der Wertschöpfung hinüber, dorthin wo Nachfrager die letzten Entscheider über sein ökonomisches Schicksal sind. Superfachwissen „ohne visionäre Gaben, Inspiration und Überzeugungskraft" (Bennis und O'Toole, 2000, S. 96). Der Idealtypus der Wissensgesellschaft ein unternehmerischer *Misfit*?

Abbildung 6.3.1: Basisinnovationen und ihre wichtigsten Anwendungsfelder

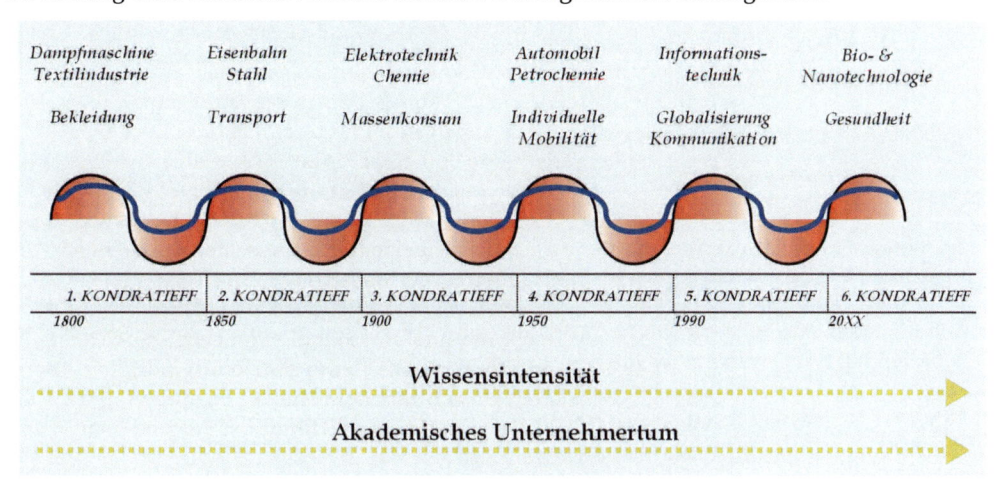

Dampfmaschine Textilindustrie	Eisenbahn Stahl	Elektrotechnik Chemie	Automobil Petrochemie	Informationstechnik	Bio- & Nanotechnologie
Bekleidung	Transport	Massenkonsum	Individuelle Mobilität	Globalisierung Kommunikation	Gesundheit
1. KONDRATIEFF	2. KONDRATIEFF	3. KONDRATIEFF	4. KONDRATIEFF	5. KONDRATIEFF	6. KONDRATIEFF
1800	1850	1900	1950	1990	20XX

Wissensintensität

Akademisches Unternehmertum

Betrachten wir in Abbildung 6.3.1 die sechs langen Wellen von der industriellen Revolution bis heute und die nähere Zukunft (6. Kondratieff). Die Entwicklung folgt der Zyklik von Laozi und Schumpeter. Die blaue Linie zeigt die Wellendynamik bei *yin-yang*-Disharmonien zwischen Wissenschaft, Wirtschaft und Politik. Die Innovationsleistung bleibt bescheiden - im Vergleich zum Potential. Volkswirtschaften wie die deutsche befinden sich an der Schwelle vom fünften zum sechsten Kondratieff. Andere Volkswirtschaften, abgekoppelt von der Innovationsdynamik, integrieren sich in die Weltwirtschaft mit älteren Kondratieffs. Wieder andere, wie China und Indien, verwirklichen gleichzeitig mehrere Basisinnovationen (Multi-Kondratieff). Und noch andere, wie die Ressourcenökonomien, leben - manchmal gut - von den Brosamen der Innovationsgesellschaften, die Nachfrage für ihre Produkte erzeugen.

Betrachten wir, idealtypisch, einen Wissenschaftler und einen Unternehmer (siehe nachfolgende Tabelle). Beide verbringen ihr Leben in vollständig verschieden organisierten Funktionssystemen. Ziehen sie ihre funktionale Rolle durch, ernten wir *yin*-Dominanz und die Lücke zwischen Wissen und Tun. Dies wird zu einem Problem, sowie der Unternehmer den Wissenschaftler für seinen Markterfolg braucht und der Wissenschaftler den Unternehmer, der ihn - auf welchen Umwegen auch immer - finanzieren muß. Im nächsten Abschnitt (6.4) zeigen wir, wie diese Herausforderung in einer Schlüsselbranche des sechsten Kondratieff gemeistert wird.

Jemand mag ein guter Fachmann und Wissenschaftler sein. Das heißt aber nicht, er sei auch in der Lage, seine Fachqualifikation und sein Fachwissen schöpferisch, als Unternehmer, zu nutzen. Fachwissen läßt sich für Routine und Innovation nutzen. Was beide unterscheidet ist nicht

Fachwissen an sich, sondern unternehmerische Persönlichkeit[365]. Auch der Fachmann setzt durch, aber er handelt deswegen nicht notwendig als innovativer Unternehmer.

Tabelle 6.3.1: Wissenschaftler und Unternehmer als Idealtypen

Wissenschaftler	Unternehmer
Anerkennung durch Weitergabe von Wissen	Markterfolg durch Schutz von Wissen
Wissen ein öffentliches Gut Wissen weitergeben	Wissen ein privates Gut Wissen schützen (geistige Eigentumsrechte)
Diffusion eigener Erkenntnisse fördern	Verhindern, daß andere Produkte/ Technologien übernehmen Angst vor Diffusion
Kunden unwichtig	Ohne Kunden kein Unternehmen und Zahlungen
Ökonomische Machbarkeit irrelevant	Wirtschaftliche Umsetzung unerläßlich

Ein Fachmann kann in einer Hierarchie leben, vielleicht sogar aufsteigen oder als Führungskraft berufen werden. Als Führer *seines* Unternehmens muß er Wissen mit unternehmerischem Können verbinden. Aus beidem resultiert unternehmerisches *Handeln - getting things done*, wie Schumpeter die unternehmerische Funktion definiert. Wir können die daoistische Skepsis gegenüber Wissen besser verstehen: das neue Wissen ist *yang* im Nichtsein, ohne *yin* (Persönlichkeit) im Nichtsein und später die Harmonie zwischen Sein und Nichtsein ist Wissen tot, disharmonisch, streift energielos durch Kopf, Unternehmen und die Wirtschaft. Es bewirkt nichts, außer sich in sich selbst zu spiegeln und zu ergötzen. „Gestrüpp im Kopf" (Zhuangzi).

Wir sehen auch hier wieder, wie unverzichtbar eine Harmonisierung von *yin* und *yang* wäre. Die daoistische Sichtweise erlaubt uns den Einblick in eine Konstellation, welche sowohl herrschende ökonomische Theorie (mit ihrer Logik der Inputakkumulation als Wachstumstreiber; Wissen ist *der* Input: Wissensgesellschaft) wie politische Praxis nicht wahrnimmt, da theoretisch „blindfleckig": Daß Wissen (*yang*) und die seiner Schaffung tragenden Fähigkeiten (*yin*) ökonomisch zunächst, für sich alleine, nichts als „Kanäle auf dem Mars" sind (Schumpeter) solange sie sich nicht wechselseitig energetisieren.

Wie wir oben schrieben: *yin* und *yang* müssen zusammenwirken, um etwas (Neues) zu schaffen. Innovationen „tragen das *yin* [Fähigkeit] auf dem Rücken und umfassen das *yang* [Wissen]"(Laozi, Kapitel 42). Ohne *yin* gibt es auch kein *yang*: Obwohl *yin* und *yang* sich gegenüberstehen, gibt es kein *yin*, wenn *yang* nicht mehr existiert und umgekehrt. Was immer wir als *yin* und *yang* verstehen.

Übergewicht von *yin* im Nichtsein bedeutet somit, ein dynamisches Ungleichgewicht zwischen dem, was jemand weiß und dem, was er will und kann. Da sich die Zunahme des Wissens selbst beschleunigt (Kurzweil's Law), kommen jene Unternehmen und Volkswirtschaften offensichtlich in Schwierigkeiten, die ihre *yin*-Elemente nicht schnell genug evolvieren können. In Wissenschaft und Wissensproduktion zu investieren, ohne parallel die Kompetenzevolution zu

---

[365] *Nicht*: Management Qualifikation, zumindest nicht jene, die man an Universitäten inklusive Business Schools erwirbt. Der MBA ist nicht unternehmertauglich, beobachtet neben anderen auch Mintzberg (2005, S. 154ff.).

befördern, züchtet die Lücke zwischen Wissen und Tun und ist letzten Endes eine brotlose Angelegenheit. Aus daoistischer Logik ist dies eine Selbstverständlichkeit: wer *yin* oder *yang* durchhängen läßt, verliert den WEG, stirbt den frühen Tod, oder systemisch, verliert die Kraft zu „autopoiesieren". Wir vermuten, daß bei Festhalten auf den bisherigen Ebenen der Evolution (orange bis grün), die Lücke zwischen Wissen und seiner Anwendung immer größer wird. Mit anderen Worten: Die Anreize sind hoch und werden stärker, über evolutorische Experimente auf tieferen Stufen der Evolution neue Wege zu erkunden. Dies ist die Phase, in der sich die postindustriellen Gesellschaften heute befinden. Es genügt nicht mehr, etwas Neues zu bringen. Evolution ist selbst das Neue, der evolutorische Unternehmer ist selber das Neue. Macht er sich nicht selbst neu, läuft er gegen zu viele Widerstände, Energiefresser, um das Neue, die Neukombinationen, auch durchzusetzen.

Wenn alle das Gleiche (nicht) tun und damit eine Lücke zwischen Wissen und Tun kultivieren, wären alle gleich unfähig. Und der internationale Wettbewerb würde niemand vom Tisch drängen. Man würde zwar Potential verschenken, möglicherweise auch in große Gefahren laufen. Aber alle würden so handeln. Dennoch wäre der Verzicht auf Evolution (im Sinne der *de-*Entwicklung) ein großes Risiko. Denn diejenigen Unternehmen und Gesellschaften, denen es gelänge, neue Wege (gelb und tiefer) zu erschließen, würden die Wirtschaft der Zukunft beherrschen (auch wenn sie das gar nicht anstreben; die Herrschaft fällt ihnen zu).

6.4 Biotechnologie in der Wissensfalle

In den vorherigen Abschnitten haben wir Systembarrieren kennengelernt, die den „Transfer" von Wissen und Ideen aus der Wissenschaft in das System Wirtschaft behindern. Lebt die Wirtschaft von neuem Wissen und wird dies zunehmend außerhalb der Wirtschaft erzeugt, ist die Entwicklungsleistung kritisch davon abhängig, ob und wie es gelingt, Systembarrieren zu überwinden, eine symbiotische strukturelle Kopplung zwischen *yang* (Wissen) und den „*yang*"-Produzenten auf der einen und *yin* (in den aufnehmenden, umsetzenden Systemen: Wirtschaft, Unternehmen) auf der anderen Seite zu erzeugen.[366]

Deutschland sei stark in der Biotechnologie, versicherte unser Kanzler. Wo sind die deutschen Amgens, Genentechs und Celgenes? Im Jahr 2002 beschäftigen die amerikanischen Biotechunternehmen 250.000 Mitarbeiter[367], die deutschen weniger als ein Zehntel davon, 6 Prozent; rund 15,000 Beschäftigte.[368] Amgen beschäftigt rund 13.000 Personen. Die Beschäftigung explodiert. In den vergangenen fünf Jahren hat sich die Anzahl der Forscher bei Genentech auf 800 verdoppelt. Bei Amgen werden heute dreimal so viele Forscher beschäftigt wie vor fünf Jahren.

Solche Zahlen erlauben eine grobe Schätzung des Knowing-doing-gaps zwischen Deutschland und den USA. Nehmen wir an, daß sich beide Länder auf der Wissenskurve, die den Stand der Forschung und Erkenntnis wiedergibt, eng beieinander befinden, die Forschungslücke also *relativ* klein ist. Wir wissen in Deutschland *relativ* nicht viel weniger als die Amerikaner (siehe Ab-

---

[366] Auch wenn Wirtschaft, vergleichsweise (Abschnitt 5.8), ein *yang*-System ist, hat Wirtschaft, wie jedes System, auch *yin*. Die Qualität und Eigenschaften des *yin* beeinflussen die Aufnahmefähigkeit intern und extern erzeugten Wissens (*yang*).

[367] www.massbiotech2010.org, exhibit 8 (The impact ... on employment and tax revenues). Die amerikanische Biotechnolgy Industry Organization schätzt die Zahl der Mitarbeiter im Jahr auf 188,000 (gegenüber rund 100,000 ein Jahrzehnt früher). Uns interessieren nicht die genauen Zahlen, sondern eine grobe Schätzung der Lücke zwischen Wissen und unternehmerischem Tun.

[368] Hoch geschätzt. Nach Ernst & Young (Biotechreport 2004) arbeiteten 2003 in Deutschland 11,500 Personen in rund 350 befragten Core-Biotech-Unternehmen. Im „Deutschen Biotechnologie-Report 2006" schätzt Ernst & Young die Zahl der Mitarbeiter im Jahr 2004 auf 9675 und im Jahr 2005 auf 9534 (Noack, 2006)

bildung 6.4.1).[369] Die Amerikaner wissen viel, was wir nicht wissen – und umgekehrt. Wir sind aber nicht weit von der Position auf der Wissenskurve entfernt, auf der sich die USA befinden. Wieviele Deutsche und Amerikaner mit Biowissen sind dagegen im innovativen „Tun" involviert? Die absolute Lücke ergibt sich aus dem Vergleich obiger Zahlen der Mitarbeiter, also Menschen, die aktiv im Innovationsprozeß engagiert sind, in der gesamten Wertschöpfungskette, von der Grundlagenforschung bis zum Verkauf. Das Zahlenverhältnis: 16 zu 1. Diese Rechnung nimmt keine Rücksicht auf die Größe beider Volkswirtschaften (BSP, Beschäftigungsvolumen). Wir haben 36 Mio. Erwerbstätige in Deutschland und 138 Mio. in den USA (jeweils 2003). In den USA arbeitet davon ein Fünftel Prozent in der Biobranche, in Deutschland 0,04 Prozent, ein Verhältnis von 4,4 zu 1. Die USA ist Deutschland somit um den Faktor 4,4 überlegen, bezogen auf die Beschäftigung. Der deutsche Knowing-Doing-Gap wäre somit ca. viermal so hoch wie in den USA. Beim Umsatz und der Wertschöpfung ergeben sich noch größere Unterschiede, da die deutsche Biotechindustrie sich noch weitgehend in der F&E-Phase befindet und entsprechend wenig Erlöse erzielt (Biotechreport von Ernst &Young).

Abbildung 6.4.1: Die Lücke zwischen Wissen und Tun

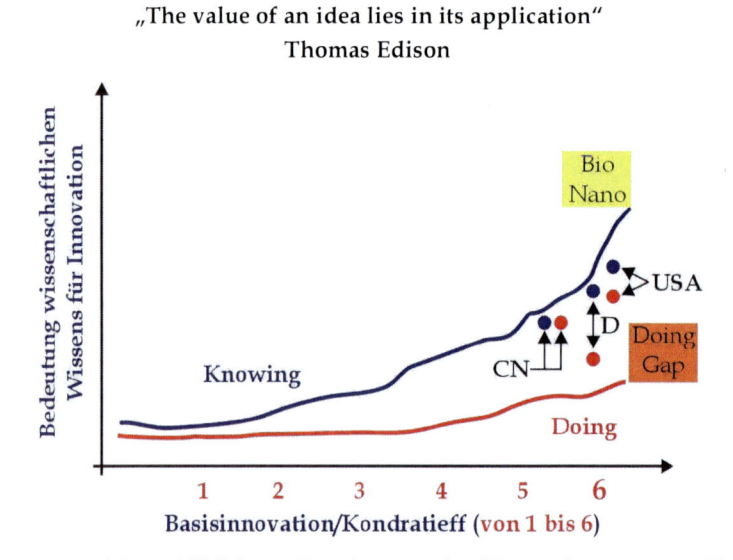

„The value of an idea lies in its application"
Thomas Edison

Anmerkung zur obigen Abbildung. Der Anstieg der Wissenskurve steigt (Gesetz von Kurzweil). Deutschland liegt im Biowissen nahe an den USA, die jedoch (rechtes Punktepaar) eine geringe Umsetzungslücke aufweist, im Vergleich zu Deutschland (D). Die beiden linken Kreise stehen für ein Land wie China (CN). Der rote Kreis liegt rechts vom blauen Wissenskreis: Chinesische Unternehmer tun mehr als sie wissen („Affengeist"). Die Deutschen tun weniger als sie wissen (*yin*-Dominanz). In den USA liegen beide Kreise nahe zusammen, ein Zeichen relativ hoher *yin-yang*-Harmonie.

---

[369] Da die USA über *absolut* mehr Forscher in der Bio- (oder Nano-)Technologie verfügen, ist absolut gesehen auch der Wissensstand höher. Die USA und Deutschland befinden sich jedoch beide relativ nahe an der Front des Wissens, verglichen beispielsweise mit einem typischen Entwicklungsland, aber auch peripheren Ländern der EU.

Amgen setzt mehr als 12 Mrd. Dollar im Jahr um, erzielt einen Reingewinn von 3.8 Mrd., gibt für Forschung und Entwicklung 2,5 Mrd. (2005) aus - und hat noch 5 Mrd. Cash auf der Bank liegen.[370] Die gesamte deutsche Biotech-Branche investierte 2002 1,09 Milliarden Euro (2003: 966 Mio.) in Forschung und Entwicklung und erwirtschaftet einen Umsatz von 960 Mio. (2003) und 832 Mio. im Jahr 2005. Allein mit dem Spitzenprodukt Epogen erzielt Amgen 2,4 Mrd. Dollar, und Genentechs Bestseller Rituxan erbringt mit 2 Mrd. das Doppelte des Umsatzes der deutschen Biotechindustrie. Der Umsatz von Amgen und Genentech zusammen beträgt 2005 16 Mrd. Euro, das 20-fache der gesamten deutschen Biotechindustrie. Der Knowing-doing-gap Unterschied ist also gewaltig. Bei der Beschäftigung, relativ gemessen, zwischen 4 und 5, beim Umsatz, absolut gerechnet, das 50-fache.[371] Wie kommt, trotz relativ kleinem Forschungsabstand eine solche riesige Diskrepanz in der Wertschöpfung zustande? Die Amerikaner arbeiten relativ *yin-yang*-harmonisch. In Deutschland, auf dem europäischen Kontinent, kultivieren wir eine *yin*-Dominanz. Ergebnis ist eine Innovations- oder Unternehmerlücke.

In Deutschland ist die Wissenslücke im Bereich Bio/Lifescience (das gleiche gilt für Nano)[372] im Vergleich zur USA geringer als die Tun- oder Innovationslücke. Wenn wir zurück hängen, dann weniger in der Forschung als in der Innovation. Der Schwerpunkt jeder Innovationsoffensive wäre die Durchsetzung der neuen Erkenntnisse. Noch mehr Ressourcen in die Forschung zu investieren (Inputlogik) bringt natürlich die Wissenschaft voran, aber leistet relativ (!) wenig für Innovation, Wertschöpfung und Arbeitsplätze. Wenn Forschung letzten Endes kein Selbstzweck ist, würde ein Euro, investiert in die Verringerung der Lücke, der deutschen Gesellschaft einen höheren Mehrwert (Nutzen) stiften als ein Euro investiert in das Wissenschaftssystem. Wenn das Wissen keinen Weg in die Anwendung findet, leidet auch die Wissenschaft: woher die Ressourcen nehmen, wenn nicht von der Wertschöpfung. Auch zu zahlende Steuern müssen erst einmal erwirtschaft werden.

Eine „Lücke" als Ausdruck nicht verwirklichter Innovation hat Auswirkungen auf vielfältig verknüpften Variablen. Beispielsweise Steuereinnahmen. So beläuft sich die aufaddierte Einkommensteuer der Biotechbeschäftigten im US-Staat Massachusetts, hochgerechnet für die Jahre 2003-2010 auf 2,4 Mrd. Dollar. Sollte die Branche ihr Potential noch stärker entfalten, stiegen die Steuereinnahmen auf 4,5 Mrd. (Massbiotech2010).

Wenn unsere Überlegungen stimmig sind, können wir schließen: Die *yin*-Dominanz in der US-amerikanischen Biotechbranche ist kleiner als in Deutschland, insbesondere, die *yin-yang*-Interaktion innerhalb der Unternehmen und zwischen Wissenschaft und Unternehmen ist weniger *yin*-lastig als hierzulande.

In basisinnovativen Unternehmen vom Typ Amgen oder Genentech oder Microsoft ist das traditionelle Modell einer Trennung von Innovation (Wirtschaft) und Erfindung/Erkenntnis

---

[370] Genentech: liqidie Mittel (free cash) 2.1, Umsatz 7.1, Reingewinn 1.4 (alles Mrd. Dollar, 2005).

[371] Im Gegensatz zur Beschäftigung ist es nicht ungerechtfertigt, die absoluten Zahlen als Indikatoren heranzuziehen. Biotech ist eine internationale Branche, sie verkauft ihre Produkte weltweit. Amgen und Genentech verkaufen auch in Deutschland. Den Umsatz der US-Biotechindustrie schätzen wir auf ca. 50 Mrd. Dollar im Jahr 2005. Ein Jahr davor 46 Mrd. (Quelle: Biotechnology Industry Organization, Biotechnology Industry Facts; www.bio.org)

[372] Deutschland ist mit den USA und Japan führend in der Nanoforschung. Die Umsetzung hängt zurück (Festel, 2006). Die Forscher haben Probleme, ihre aus wissenschaftlicher Erkenntnis gespeisten Ideen in bedürfnisgerechte Produkte umzuwandeln (siehe hierzu Abschnitt 8.3). Die Produktneuerungen bleiben daher inkrementeller Natur.

(Wissenschaft) endgültig ausgelaufen, oder besser überwunden. Microsoft verdient mehr als es vernünftigerweise ausgeben kann.[373]

Genentech ist ein hochprofitables Forschungsunternehmen („research company" nach eigener Selbstdarstellung). Seine Marktkapitalisierung beträgt 81 Mrd. Dollar (Juni 06). Die Firma beschäftigt 800 Wissenschaftler und 90 Postdocs (Bowe, 2006). Diese publizieren mehr als 200 wissenschaftliche Aufsätze pro Jahr. Jeder dieser Forscher kann *im Durchschnitt* ein Viertel seines Zeitbudgets für eigene Forschung einsetzen, inklusive Grundlagenforschung - losgelöst von den Forschungs- und Entwicklungsprogrammen des Unternehmens. Einige Forscher machen davon keinen Gebrauch. Andere arbeiten nur an eigenen Vorhaben (zu diesen Informationen: Warner, 2004). Die Postdocs bei Genentech sind verpflichtet, Forschung in Bereichen zu betreiben, die mit den bestehenden Produkten in keiner Beziehung stehen (Bowe, 2006).

Wo gibt es so etwas an einer deutschen Universität? Schlaraffenland. Wir behaupten: Bei Amgen und Genentech wird mindestens so viel Bio-Forschung betrieben, wie an allen deutschen Universitäten zusammen. Da eine wirksame strukturelle Kopplung zwischen Wissenschaft und Wirtschaft besteht, ist die „Lücke" zwischen Wissen und Tun relativ gering, folglich reproduziert sich auch die Forschungsleistung auf immer höherem materiellen Niveau: Umsatzerlöse und Bruttogewinne fließen ohne Umwege in die Forschung zurück – ohne Umwege über die Alimentation einer Klasse von Rentseekern in den politischen und wissenschaftlichen Systemen.

Tabelle 6.4.1: F&E Ausgaben (in Millionen US $) und Marktkapitalisierung von Amgen und Genentech

Jahr	Amgen	Genentech	Summe
2001	865	526	1391
2002	1,116	623	1739
2003	1,655	722	2377
2005	2445	1022	3467
Marktkapitalisierung (Juni 2006)	71 Mrd. $	81 Mrd. $	152 Mrd. $
Quelle: Geschäftsberichte; Yahoo Finance			

Die Ausgaben- und Innovationsdynamik der forschungsintensiven Unternehmen (siehe Tabelle) kann kein öffentliches Budget durchhalten. Der Wert der Aktien erhöhte sich seit 1986 bei Amgen um fast 15,000 Prozent, der Wert der Aktie von Genentech stieg im gleichen Zeitraum um 3000 Prozent (für Erst/Frühinvestoren waren die Vermögenszuwächse um ein Vielfaches höher).

---

[373] Seinen Aktionären zahlt das Unternehmen 75 Mrd. $ als Sonderdividende, verteilt über vier Jahre, das doppelte seines Umsatzes (Sämtliche französische Unternehmen, vertreten im CAC 40 (entspricht dem deutschen DAX), zahlten 2003 Dividenden im Umfang von 14,5 Mrd. €. Von der Dividende fließen drei Milliarden in eine Stiftung (Bill & Melinda Gates Foundation). Die Stiftung von Bill Gates ist mit mehr Geld ausgestattet als die Deutsche Forschungsgemeinschaft, die Almosen an deutsche Forscher verteilt (Le Monde, 22. Juli 2004, S. 8). Warren Buffet hat im Juni 2006 die Forschungs- und Innovationskasse der Stiftung um weitere 30 Mrd. Dollar angereichert, als er sein Privatvermögen, akkumuliert als Langfristinvestor, der Stiftung vermacht.

Lücken zwischen Wissen und Tun gibt es auch bei Amgen et al. Möglicherweise haben sie bereits eine innovationsoptimale Betriebsgröße überschritten. [374]

Kein Geld für die Forschung, erzählt uns die politische Klasse. Warum weigert sie sich, und verbietet den Universitäten, in die Produkte ihrer eigenen Forschung zu investieren? 10 Prozent Beteiligung an Amgen sind heute 7.6 Mrd. $ wert, zehn Prozent an Genentech 8.1 Mrd. Hat sich jemals ein deutscher Minister für Wissenschaft dafür interessiert, auf welchen Beteiligungswerten die Universitäten Cambridge und Oxford sitzen? Von wegen U$A. Und die Reichtumserzeugung beginnt erst, wenn wir Kurzweil Glauben schenken wollen: *law of accelerating change* - eine exponentielle Beschleunigung von Wissen und Innovation.

Mit dem obigen hängt zusammen, was man als die Spaltung der Forschung bezeichnen könnte. Die „offizielle" Forschung, die Forschung mit Unterstützung öffentlicher Ressourcen, unterliegt gravierenden Einschränkungen nicht nur im Hinblick auf die „Kommerzialisierung" ihrer Erkenntnisse. Die Beschränkungen treffen zunehmend auch die Felder und Methoden der Forschung. Große Bereiche der Forschungsfelder, die Grundlage der neuen Basisinnovationen liefern (Bio-/Nanoforschung) sind bereits durchreguliert und werden es in Zukunft noch stärker sein. Überall lauern schließlich die Josef Mengeles um ihr Unwesen zu treiben. Mittlerweile haben jedoch Wirtschaft, Finanzsystem und staatsunabhängige Förderer wie Stiftungen soviel Kapital angehäuft, daß sie unbeschränkt von Auflagen der öffentlich finanzierten Forschung neue Forschungsrichtungen fördern können. Es entsteht somit eine „freie Forschung" mit nur eingeschränkter Regierungskontrolle.

Der politisch-ethisch-moralisch beschränkte Staat ist dem Kurzweil-Gesetz nicht gewachsen. Er läuft hinterher. Die Akkumulationsdynamik ko-innovativer Prozesse, eingebettet in spiraldynamischer Evolution, läßt die Forschungssysteme anarchisieren. Die Lissabon- und vergleichbare Strategien versuchen etwas, was die Evolutionsdynamik *ziran*-ökonomisch selbst leistet, sofern man *ziran* zuläßt.

Herbert Hasenbein beschreibt diese Spaltung der Forschung:

> Die offizielle Forschung im Sinne der Regierung und der angeschlossenen Organe, sowie die ungebundene wissenschaftliche Entwicklung. Damit wird ein Zustand erreicht, der die regierungsamtliche Forschung zur Zweckforschung umfunktioniert, während die „freie Forschung" von den Geldern der Regierung und staatlicher Stellen unabhängig wird (Hasenbein, 2004).

Ein Unternehmen wie Geron, Pionier der Stammzellenforschung, wäre in Deutschland ein Fall für den Staatsanwalt.[375] Sogar Präsident G.W. Bush läßt das Unternehmen gewähren, solange es seine Forschung nicht aus Bundesmitteln finanziert. Geronmitarbeiter veröffentlichen ihre Erkenntnisse in anerkannten Fachzeitschriften. Verbietet der Staat diesen Weg, macht er sich selbst auf Dauer handlungsunfähig. Die Forscher und Unternehmen wandern dorthin, wo sie frei forschen und entwickeln können. Dieser Trend ist bereits in vollem Gang. Forscher setzen sich

---

[374] Natürlich weiß niemand, wo das Optimum liegt. Der Chef des Konkurrenten Biogen, drittgrößtes Biotechunternehmen, meint, die Großen wie Amgen seien nicht mehr innovativ genug. „Je größer eine Biotech-Firma wird, desto stärker richtet sie sich nach innen aus. Wir fragen uns alle, ob wir noch genügend Ideen haben" (James Mullen, zitiert in Kuchenbuch, 2005). Das sind vage Vermutungen. Ideen sind ohnehin nicht der Engpaß, vielmehr die Durchsetzung. Biogen will an Grundlagenforschung sparen und streicht Stellen. Biogen ist selbst das Konstrukt einer Fusion. Möglicherweise ist diese Geschichte das, was das Management prägte: Ideen- und Produktkauf.

[375] Was Geron macht, zeigt dieser Link: http://www.genengnews.com/news/bnitem.aspx?name=3153413

über den Atlantik ab, wenn sie nicht gleich großzügige Angebote aus ostasiatischen Ländern (Singapur) akzeptieren. Auch in föderalen Großstaaten wie den USA, möglicherweise auch im noch zentralistisch angelegten EU-Europa, wird sich eine Anarchisierung der Forschung und Entwicklung bemerkbar machen.

In den USA löst bereits die Ankündigung einer freiheitlicheren Forschungspraxis in einzelnen Bundesländern wie Kalifornien eine unternehmerische Migrationswelle aus, die andere Staaten zwingt, nachzuziehen (Ko-Innovation und Ko-Evolution). Ein Pionier der Stammzellen- und Klonforschung, Advanced Cell Technology, verlegte seine Stammzellenforschung nach Kalifornien, seit sich abzeichnete, daß ein Wählerentscheid (November 2004; Proposition 71 oder Stem Cell Research and Cures Initiative) sich für therapeutisches Klonen aussprechen könnte und zudem den Staat verpflichten würde, beträchtliche Haushaltsmittel für diese Technologie zur Verfügung zu stellen.[376] Nur wenige Wochen zuvor hatte der Nationale Ethikrat der Bundesregierung empfohlen, therapeutisches Klonen auch weiterhin zu verbieten, was die Regierung dann auch umgehend unterstützte. *Yin*-Dominanz.[377]

Die Ressourcenbasis des Staates erodiert. Da er Basisinnovationen verhindert, untergräbt er auch Wertschöpfung und Arbeitsplatzschaffung. Die alten Industrien werden hoch besteuert, um die Aufgaben des Staates finanzieren zu können. Die Altindustrien retten sich durch Produktionsverlagerung und Outsourcing. Dies ist der Weg des alten China. Ein halbes Jahrtausend Stagnation.

Im Jahr 1973 versetzten Herbert Boyer und Stanley Cohen die wissenschaftliche Welt in Erstaunen. Es war ihnen mit Hilfe einer revolutionären Technik gelungen, auf gezielte Weise in Gene einzugreifen und den Transfer von Genen von einem Organismus in einen anderen zu leisten. *Genetic engineering* war geboren. Drei Jahre später entsteht mit Unterstützung der beiden Wissenschaftler aus diesen Versuchen die Firma Genentech – im Übrigen gegen starken Widerstand ihrer Universitäten. Das Boyer-Cohen-Modell wurde in der Biotechnologie zum Standard. Die beiden Gründer-cum-Wissenschaftler zeigten eindrücklich: Spitzenforschung und Kommerzialisierung schließen sich wohlgemerkt, durch die gleiche Person, nicht aus. Wie Amgen, Genentech und andere Forschung und Innovation im gleichen Unternehmen durch die gleichen Personen leisten, verwirklicht sich *yin-yang*-Interaktion von Forschung und Anwendung, erzeugt vom identischen Individuum. Die ganze Problematik von Transfer und implizitem Wissen ist damit hinfällig. Geradezu trivial - aus alteuropäischer Sicht - die Erkenntnisse amerikanischer Forscher (Zucker et al., 1998): Unternehmerisches Engagement von Wissenschaftlern *fördert* die

---

[376] Advanced Cell Technology plans embryonic stem cell lab in California. Medical News Today, 1. Oct 2004. Und es ist diese Firma, die im August 2006 über einen Durchbruch in der Embryonenforschung berichtet: Die Gewinnung menschlicher embryonaler Stammzellen, ohne dabei werdendes menschliches Leben zu zerstören (Karberg, 2006; Pearson, 2006). „There is no rational reason left to oppose this research," sagte Dr. Robert Lanza, Vice president von Advanced Cell Technology und verantwortlicher Forscher für die Untersuchung. Nur wenige Tage nach dieser Meldung kommt eine Korrektur. Stammzellen mußten doch zerstört werden. Nature mußte nach der voreilig verbreiteten und ungeprüften Meldung klarstellen und Dr. Lanza und ACT müssen mit einem Reputationsverlust leben. Der Aktienkurs des Unternehmens, seit langem schon ein Zockerparadies, bricht ein. Die ganze Geschichte erinnert an den Fall des koreanischen Klonforschers Hwang Woo-suk, dessen Forschungen, veröffentlicht in einer "peer-reviewed" Spitzenzeitschrift, gefälscht sein sollen. Die wissenschaftliche Gemeinschaft verschärft die Ethikvorgaben, der Staat die Kontrollen und Laozi sagt: „Niemals der Erste sein".

[377] Im Juli 2006 blockiert Präsident George W. Bush ein Gesetz im Kongress durch sein Veto, welches dem Bundesstaat erlaubt hätte, Gelder für die Forschung mit embryonalen Stammzellen bereitzustellen. Die deutsche Bundesregierung versucht vergleichbares auf europäischer Ebene.

wissenschaftliche Forschung. Überragende Wissenschaftler sind nicht nur stärker kommerziell tätig als ihre weniger reputierten Kollegen; die Qualität ihrer wissenschaftlichen Leistung steigt mit unternehmerischem Tätigwerden.

Die Entwicklung der amerikanischen Biotechnologie-Industrie wird daher in überragender Weise auf Personen „with the ability *both to invent and to commercialize ... breakthroughs*" zurückgeführt (Zucker et al., 1998a, S. 302; 1998b, *Spitzenforscher* sind zunehmend unternehmerisch tätig; unsere Hervorhebung). Verhindern Vorschriften (*yin*) unternehmerisches Engagement, sinkt die Forschungsleistung von Wissenschaftlern und Universitäten (Zucker et al., 1998b)[378]. Unseres Erachtens beeinflußt die konkrete *yin-yang*-Interaktion die Leistung akademischer Unternehmer in positiver oder negativer Weise. Eine Untersuchung von Unternehmer-Forschern der Max-Planck-Gesellschaft kann die amerikanischen Ergebnisse nur teilweise bestätigen (Buenstorf, 2006). Auch hier wird eine Komplementarität zwischen akademischen Innovatoren und Forschung nicht ausgeschlossen. Je stärker eine *yin*-Dominanz ausgeprägt ist, desto eher lassen sich „negative" oder crowding-out Wirkungen (Unternehmertum verdrängt Forschung, insbesondere aus Gründen eines beschränkten Zeitbudgets) feststellen. Ein deutscher Wissenschaftler muß sehr viel mehr Energie, inklusive Zeit aufwenden, um Forschungsergebnisse zu „kommerzialisieren" (was mehr ist, als patentieren) als sein amerikanischer oder chinesischer Kollege. Die Aussage einer zurückgehenden Gründungsaktivität bei Max-Planck- Forschern läßt die Vermutung zu, daß die zunehmende Verfügbarkeit von Erfahrungen - insbesondere auch negativen - über den Aufwand der Durchsetzung von Neuerungen mit akademischem Hintergrund, eher abschreckend wirkt. Dies ist die Wirkung, die von *yin*- Dominanz zu erwarten ist.

Die oben angeführten Untersuchungen sind nur in Grenzen für eine empirisch harte Überprüfung unserer Überlegungen geeignet:

(1) Entwicklungsdynamik bleibt eher marginal angesprochen. Ein Unternehmen wie Genentech hat eine Generation von Wissenschaftlern gefördert und ausgebildet. Wie viele wissenschaftliche Erkenntnisse wurden durch die Initiative der beiden Gründer ermöglicht? Auch wenn beide sich ausschließlich dem Profit gewidmet hätten (was sie nicht taten), die Rückspeisung von cash flow in das Unternehmen schafft eine Forschungsdynamik, die alles an Wissensplus übertrifft, hätten die beiden dem crowding out widerstanden.

(2) Wenn in einem Land (Deutschland, Frankreich) anderes beobachtet wird, als in den USA, wie vergleichbar sind solche Erkenntnisse, wenn in einem Land *yin*-Dominanz herrscht, im anderen *yin* und *yang* relativ harmonisch interagieren?

(3) Die Radikalität des Neuen in Wissenschaft und/oder Wirtschaft. Das Radikale hat weder in Wirtschaft noch Wissenschaft Zuspruch. Hohe Veröffentlichungsanzahl und/oder solche Artikel, die viel zitiert werden (dies das Kriterium der oben genannten Publikationen), ist dann nicht mehr unbedingt eine Richtschnur für die Produktivität eines Wissenschaftlers. Das Paradigma und seine Überwacher gleichen der Katze, welche die kreativen Mäuse in Schach hält. Quantität ersetzt Qualität. Wie messen wir Qualität, insbesondere wenn wir sie in (1) und (2) einzubinden versuchen?

Die forschungsfundierten Unternehmungen vom *Typ* Amgen und Genentech[379] sind daher auch institutionelle Pioniere, Erfinder von Organisationen, welche die Probleme struktureller Kopp-

---

[378] Lowe & Gonzalez-Brambila (2005) bestätigen die Ergebnisse von Zucker, mit gewissen Einschränkungen je nach Forschungsgebiet/Fakultät.

[379] Diese beiden Unternehmen waren die Pioniere. Viele, nahezu alle US-Biotechunternehmen, folgen ihrem Beispiel. Deswegen sprechen wir von „Typus", nicht Einzelschicksal.

lung von Wissenschaft und Wirtschaft in sich selbst überwinden. Wo dieser Typus nicht entstehen und sich ausbreiten kann und darf, ist Entwicklung und Evolution blockiert. Und mit ihr eine schrittweise Afrikanisierung des Wissenschaftssystems: Abwanderung, Austrocknen der Ressourcenbasis.

Dies ist ein Grund, warum wir uns dem Gesetz der Zunahme des Wissens von Kurzweil anschließen. Es gilt für jene Systeme, welche die Operationsbedingungen für die Anwendung dieses Gesetzes schaffen. Ein Land wie Deutschland gehört nicht dazu. Und nach dem, was wir bisher zur „Innovationsoffensive" vernommen und von ihren Machern gehört haben, wird es noch länger so bleiben.

Wer kann überhaupt noch auf den Bio-/Nanozug aufspringen? Tigerökonomien - wie China. Wie schaffen sie, was wir noch nicht leisten können? Die deutsche Biotechindustrie ließe sich möglicherweise bereits heute im Bio-Netzwerk um Shanghai im Südosten Chinas unterbringen.[380] Dreihundert kleine bis mittlere Firmen sind dort in kurzer Zeit emporgewachsen. Viele ihrer Gründer und Wissenschaftler wurden an westlichen Universitäten und Forschungsstätten ausgebildet, auch in Deutschland, einem Land in dem zurzeit etwa zwanzigtausend chinesische Studenten studieren, forschen und arbeiten.[381] Knowing-doing-gap? Die ethische und regulative Eunuchisierung des Unternehmertums überlassen sie Ländern, die ihnen halfen, sich Spitzenwissen anzueignen. Patente und Schutzrechte interessieren die chinesischen Bio-Unternehmer weniger. *Intellectual property rights* sind eine westliche Erfindung um Imitatoren nieder zu halten. „Wir brauchen sie (noch) nicht." Ihre andere kulturelle Basis (dynamisierter Konfuzianismus), ihr anderes *yin,* erlaubt ihnen auch einen anderen Umgang mit Wissen, auch neuestem Forschungswissen, welches Wettbewerbsvorteile ermöglicht, ohne die Produzenten und Nutzer des Wissens normativ-rechtlichen Restriktionen zu unterwerfen. Ein Konzern wie Samsung, vom Nachholer zum Pionier im fünften Kondratieff aufgestiegen, nutzt auf Kernwerten des Konfuzianismus basierendes „Vertrauen" zu Mitarbeitern und Netzwerkpartnern, um Wissensvorteile zu schaffen und zu sichern (Peter, 2006). Daß solche Konzerne die nach alteuropäischen Modellen geführten Unternehmen wie Siemens abhängen, ist nur entwicklungslogisch.

Wie entstehen internationale Wettbewerbsvorteile in High-Tech-Industrien? Warten wir auf die Erkenntnisse des Innovationsbeirates des Kanzlers/der Kanzlerin zur Überwindung der *yin-* Herrschaft im Innovationssystem. In der Zwischenzeit hilft uns die Aussage eines Bochumer Lehrstuhlinhabers mit bio-unternehmerischen Ambitionen über die kognitive Lücke und Dissonanz. Zu den internationalen Expansionsplänen der im Westen geschulten Biote-

---

[380] Lucier (2004) schätzt den chinesischen Biotechmarkt auf ein Volumen von drei Mrd. Dollar (2004) und neun Mrd. im Jahr 2010. Er beschreibt ausführlich die technologische Fähigkeit chinesischer Unternehmen und Wissenschaftler und die Interaktionsdichte zwischen Wissenschaft, Politik und Unternehmen bei der Durchsetzung biotechnologischen Wissens. In wenigen Jahren könnte der BDI dankbar sein, wenn deutsche Unternehmen und Wissenschaftler Zugang zum Know How, Know Whom und Wissen haben, welches im Innovationssystem Chinas zirkuliert.
[381] Joachim Müller-Jung: Pendler, Promotionen, Plagiate. Frankfurter Allgemeine Zeitung, 12. Mai, 2004, S. N1.

chunternehmer in China weiß er zu sagen: „Wenn dies das Ergebnis unserer Zusammenarbeit ist, muß man schon sagen: So haben wir uns das nicht vorgestellt" (zitiert in Müller-Jung).

Die strukturelle Kopplung zwischen Wirtschaft und Wissenschaft wird bei uns durch Beamtenrecht, Bürokratie, Ethiker, Staatsanwalt, Risikoaversion, Technikfolgenabschätzer, Juristen, Berater und Zielvorgaben gesteuert – nur nicht durch die, die sie alleine leisten könnten (Quelle der Abbildung: Le Monde). *Yin*-Dominanz.

Universitäten verschenken Milliarden, weil sie ihr Wissen und die Träger ihrer Kompetenzen nicht in das Innovationssystem einbringen (dürfen, wollen, können). Und sie klagen und klagen. Und sie betteln bei ihren politischen Meistern um Almosen. Sie sitzen auf Säcken voller Geld, ohne es zu wissen oder zu nutzen. Sie verfügen über reichhaltige Ressourcen, aber weigern sich, sie neu zu kombinieren. Sie suchen ihr Heil in Ressourcenoptimierung und Controlling (d.h. Management statt Unternehmertum). Doing the wrong things right. Ergebnis: statische Effizienz, dynamische (schumpetersche) Ineffizienz.

Auswege: Wissenstransfer? Forget it, funktioniert nicht; dauert zu lange; schlechte Anreize/ hohe Transaktionskosten; überwindet nicht den Knowing-doing-gap. Wie kann Transfer funktionieren, wenn die Mitglieder des Wissenschaftssystems mehr wissen, als sie zu sagen und zu schreiben pflegen, ihr Wissen nicht kodifizierbar und nur als implizites verfügbar ist? Dazu kommen unternehmensinterne Barrieren. Was von außen kommt wird mit Skepsis betrachtet oder abgelehnt („Not-Invented-Here"-Syndrom). Die „Störung" - sei es Wissen, sei es eine Neuerung - erzeugt Unsicherheit, verletzt Selbstwertgefühle und stört eingespielte Routine in Teams und Abteilungen.[382]

Zumindest für implizites Wissen gilt, was Zhuangzi (1998, S. 299) schreibt:

> Der Wissende redet nicht
> wer redet, der weiß nicht.

Wie lassen sich dann ihr Wissen und die an sie gebundene Kompetenz unternehmerisch nutzen? Was nützt ein Patent ohne diejenigen, welche es anwenden (was oft und zunehmend öfter die gleichen Personen sind, die das Patentwissen erzeugten)? Die Erzeugung und das Veralten von Wissen erfolgt so schnell, daß eine kontinuierliche Anbindung der Wertschöpfer an Forschungszentren notwendig ist.[383] Wenn du Geld verdienen willst oder mußt, als Innovator, geh doch einfach, in der Uni hast du nichts zu suchen. Die Enkulturierung von *yin*-Dominanz. Produktion, Ausbreitung, Durchsetzung von Wissen ist zunehmend zeitlich parallelisiert: Entweder Durchsetzung heute – oder Friedhof des Wissens. Wissenstransfer ist an unternehmerisches Engagement gebunden. Jobrotation zwischen Forschung, Entwicklung, Produktion, Vermarktung ist Normalität in koreanischen und japanischen Unternehmen, sowie amerikanischen und chinesischen Universitäten und Forschungslabors. Ohne Durchsetzung bleiben Wissen tot und Humankapital verschwendet. Der Engpaß und der Schlüssel für Innovation ist nicht das Ange-

---

[382] Dies ist kein unumstößliches Schicksal, wenn auch alltägliche Praxis. Systeme, auch psychische, verteidigen ihre Grenzen. Die „Lösung" besteht somit darin, andere Grenzen zu ziehen. In Japan und Korea ist Jobrotation Normalität, damit ein permanentes Lernen neuen Wissens und Erwerb neuer Erfahrungen. Konzerne wie Samsung unterhalten und finanzieren Netzwerke mit externen Wissens- und Neuerungsproduzenten mit dem expliziten Ziel, Neues in die eigene Produktentwicklung zu integrieren. NIH wird auf den Kopf gestellt. Liefert der Externe nicht die Neuerung, weil er nicht hart genug arbeitet (nicht weil er Fehler macht) fliegt er aus dem Netzwerk (vgl. Peter, 2006 zum Innovationsmanagement bei Samsung). Unsicherheit wird durch Vertrauen reduziert und Toleranz von Fehlern akzeptiert.

[383] Vom ZEW (Niefert u.a., 2006, S. 31ff.) befragte Hightech-Unternehmen in Deutschland bestätigen dies eindrücklich.

bot (Inputlogik). Unternehmer fragen Wissen nach, ihr eigenes, fremdes; sie fragen Humankapital nach, erworben in langen Zeiten von Studium und Forschung. Viel des staatlich geförderten Wissens und Könnens in den Biowissenschaften liegt brach (aus wirtschaftlicher Sicht). Ohne die Nachfrage von Unternehmern dünnt die Kopplung zwischen Wissenschaft und Wirtschaft aus. Die Nachfrage ist eine Funktion unternehmerischer Energie (Abschnitt 5.2).

Angesichts der immer kürzeren Halbwertzeiten des Wissens ist die ständige Aktualisierung des Selbstwissens durch Einbindung in Forschung unverzichtbar geworden. Netzwerke? Ohne unternehmerische Dynamik gleichen sie Netzen mit so weiten Maschen, daß die unternehmerischen Fische das Weite suchen. Diesen Schluß hatte Kanzler Gerhard Schröder (PBUH) vor einiger Zeit selbst gezogen.[384] Erst eine Kombination von Humboldt *und* Schumpeter schafft die Grundlage für innovationspolitische Alternativen. Alles andere folgt dann fast von alleine. Unternehmen wie Amgen und Genentech (6. Kondratieff) oder Samsung (5. Kondratieff) integrieren *yin* und *yang* in ihren eigenen Grenzen und Netzwerken.

Das bedeutet nicht, Wissenschaft würde Geschäft. Beide funktionieren nach einer völlig unterschiedlichen Logik. Wenn Genentech die Kriterien wissenschaftlicher Forschung mißachten würde, wäre auch das Geschäft bald am Ende. Wertschöpfung, Erlöse, Gewinne werden jedoch von denen erzeugt, die auch das neue Wissen hervorbringen - aber in ihren jeweils unterschiedlichen Funktionen. Diese Form institutioneller Innovation überwindet die *yin*-Dominanz, welche das alteuropäische Modell mit seiner Zuweisung von Forschung und Innovation an unterschiedliche Organisationen heraufbeschwört. Die „Unternehmerische Universität" wäre eine andere institutionelle Antwort auf diese Herausforderung, weil auch sie *yin*-dominante Verwerfungen in sich überwinden könnte.[385]

Die nachfolgende Abbildung illustriert, was wir mit unternehmerischer Universität meinen. Was sie definitiv nicht ist, ist das, was wir in Deutschland darunter verstehen: die Ökonomisierung der Institutionen, die Wissenschaft, Forschung und Lehre betreiben. Diese läßt sich mit Humboldt + Schumpeter verbinden, ist aber nicht identisch einer unternehmerischer Universität.

---

[384] Interview mit Bundeskanzler Gerhard Schröder: Das Zusammenspiel der Partner aus Wissenschaft und Wirtschaft ist nicht effizient genug. Handelsblatt, 14.11. 2000, S. 8.

[385] Wir haben ein Dutzend Konzepte einer „unternehmerischen Universität" gezählt. Das von uns angesprochene Konzept wird in Deutschland (oder im Nachbarland Frankreich) nur marginal beachtet. Wir haben mehrfach erwähnt, daß Unternehmertum in sämtlichen Funktionssystemen einer Gesellschaft und allen Organisationsformen zu Hause ist, sein *muß*. Das gilt auch für Wissenschaft und Forschung. Unternehmertum kann sich daher selbstverständlich auf die Produktion wissenschaftlicher Leistung beziehen (siehe das nachfolgende Zitat). Wir meinen aber etwas anderes: Wirtschaftliche Umsetzung wissenschaftlicher Erkenntnis und Kompetenz primär (nicht ausschließlich) durch Mitglieder des Wissenschaftssystems selbst. Wissenschaftler spielen dann eine Doppelrolle (zeitverschoben oder parallel) als wissenschaftliche und wirtschaftliche Unternehmer (Humboldt + Schumpeter = unternehmerische Universität). Diesen Typus betrachten wir als einen Katalysator für die Emergenz und/oder Reproduktion einer unternehmerischen Wissensgesellschaft. Gute Forschung allein ist autopoietische Egozentrik. Schumpeter: „Kanäle auf dem Mars." Nunmehr die angesprochene Definition einer unternehmerischen Universität: „Das Unternehmensziel der unternehmerischen Universität ist Wissenschaftlichkeit, nicht etwa wirtschaftlicher Gewinn. Gute Forschung, gute Lehre, gute Administration." (Wolfgang A. Herrmann, Präsident der Technischen Universität München, Interview in: Spektrum der Wissenschaft, Juli 2006, Beilage TU München, S. 7). Was Präsident Herrmann konzipiert kann systemische Teilmenge einer unternehmerischen Universität im obigen Sinne sein, Humboldt+; aber eben nur dieses. Ein gut geführter wissenschaftlicher Konzern im Teilsystem Wissenschaft.

Abbildung 6.4.2: Die unternehmerische Universität = f (Humboldt, Schumpeter)

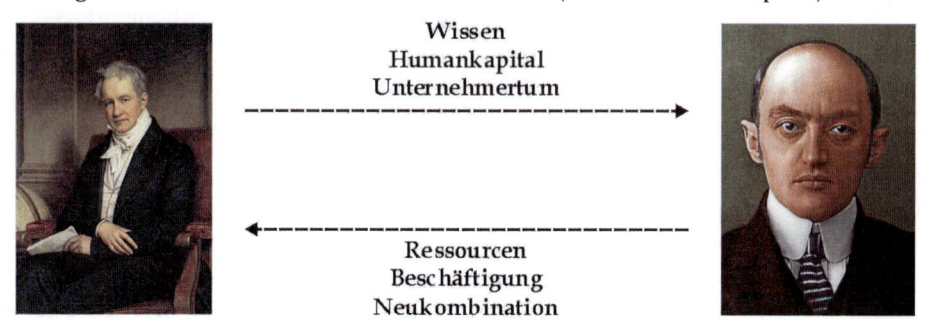

Wissen
Humankapital
Unternehmertum
---------------------------------->

<----------------------------------
Ressourcen
Beschäftigung
Neukombination

Wie die Abbildung 6.4.2 zeigt, stärkt die Transformation der Humboldtschen in die unternehmerische Universität die traditionellen (Humboldt-)Funktionen. Die Universität gewinnt an Autonomie und befreit sich aus den überwiegend ihre Funktion (Humboldt + Schumpeter) schädigenden Beziehungen mit dem politischen System (Staat, Bürokratie). Forschung erhält eine stärkere Ressourcenbasis, da Innovation sich mit Forschung positiv rückkoppelt. Falls die Universität (das Wissenschaftssystem) sich nicht in eine Schumpetersche Richtung weiterentwickelt und Unternehmertum in ihr funktionales Sein integriert, scheint das Ergebnis klar: sie wird desintegriert und verfallen, Morbidität und Tod sind ihr Schicksal. Die produktivsten Forscher wandern ab und die besten Studenten treten nicht ein. Der Knowing-doing-gap weitet sich aus, die Wissensbasis der Wirtschaft erodiert und Basisinnovationen emigrieren in die Länder des Nirwana (China, Indien). Der Aufstieg der unternehmerischen Wissensgesellschaft erfordert die Evolution einer neuen Komplex-Struktur harmonischer Interaktion zwischen Wissenschaft und Wirtschaft. Die Universität stirbt ohne unternehmerische Verknüpfung mit der Wirtschaft und die Wirtschaft stagniert ohne den wissenschaftlichen Unternehmer. Was emergiert ist eine symbiotische Ko-Evolution.

Was tun? Daoistisch gesehen bieten sich drei Ansatzpunkte, die wir noch ausführlicher erläutern:

- Aktives Nicht-Eingreifen in die Systemspontaneität (*wuwei*)
- Energiearbeit (*qi* und *he qi*)
- Steigerung der Wirkkraft unternehmerischen Tuns (*de*).

Resümee

Ein Daoist bemüht sich, was er weiß, für seinen Weg zu nutzen. Da er weiß, daß er (vieles) nicht weiß, geht sein Nichtwissen von alleine in seinen Weg ein. Zu wissen, gar zu entscheiden, ob etwas richtig oder falsch ist, überläßt er denen, die gut im Erfinden sind, den Architekten des KDG. Zu behaupten, etwas sei gut (und damit des Tuns würdig) oder schlecht (und damit verboten zu tun), überläßt er dem Gläubigen, im Idealfall dem gläubigen Ethiker. Er praktiziert die „Einheit in der Transformation" (Zhuangzi, 2003, S. 95).

> Durch Nichttun *(wuwei)* wird alles getan *(wubuwei)*.

Dies verlangt denen, die ihr Prestige, ihr Einkommen, ihre Stellung und ihre Macht von Tun ableiten, eine Menge ab. Der graduelle Rückbau von *wangwei* ist damit an persönliche Evolution gebunden. Und diese an Energiearbeit.

Wenn alles getan wird, was bleibt dann vom Knowing-doing-gap übrig? Wenig. Der Wissenschaftler folgt der Logik des *wuwei* wie der Mitarbeiter, wie der selbständig im Markt operierende Unternehmer. Alle handeln in einem Ausmaß von Freiheit, daß es ihnen ermöglicht, die selbst gewählten richtigen Dinge zu tun. Das Prinzip des *wuwei*, welches wir in diesem Buch nicht ausführlich darstellen (siehe einführend das 3. Kapitel) ist deswegen ein Aktionsparameter, der einem System hilft, die Harmonie zwischen *yin* und *yang* im Sein wie Nichtsein zu verwirklichen.

7. Angebot und Nachfrage bei Routine und Innovation

> ## 7. Angebot und Nachfrage bei Routine und Innovation
>
> Ein Tigerunternehmer (*yang*) im Kraftfeld der Evolution (*yin*)
>
> **7.1 Angebot, Nachfrage und Unternehmerfunktion in der *yin-yang*-Logik**
>
> **7.2 Angebot und Nachfrage im zyklischen Sein und Nichtsein**
>
> **7.3 Loslassen für das Neue**
>
> **7.4 Hindernisse auf dem Weg zur Innovation**

7.1 Angebot, Nachfrage und Unternehmerfunktion in der *yin-yang*-Logik

In diesem Kapitel versuchen wir, das Angebots/Nachfragedenken der Ökonomen mit der *you/wu-* und *yin/yang-* Logik des Daoismus und der Schumpeterscher Innovationsdynamik zu verbinden.

Das Herzstück der ökonomischen Beobachtung der Welt ist die Vorstellung von Angebot und Nachfrage. Das Angebot reflektiert die Wünsche, Hoffnungen, Visionen, technischen Produktionsmöglichkeiten und Kompetenzen der Produzenten eines Gutes, die Nachfrage die Bedürfnisse der Konsumenten. Wenn ein Hersteller Waren anbietet, aber dafür keine oder zu wenig Käufer findet, muß er neue Überlegungen anstellen, wie er Produkte erzeugt, für die er Nachfrage findet. „Es gibt nur eine gültige Definition von Geschäftszweck: einen Kunden zu kreieren" (Drucker, 1973, S. 61). Der Unternehmer wird dafür bezahlt, zu entdecken was wichtig für den Kunden ist: was will der Kunde kaufen, und wieviel will er dafür bezahlen.

In den Lehrbüchern und Vorlesungen der Ökonomie ist dieser Findungsprozeß weitgehend als abgeschlossen unterstellt. Angebot- und Nachfragekurven sind gegeben - und damit alle jene Faktoren, welche diese Funktionen bestimmen, insbesondere ihre Veränderung in der Zeit, und noch bedeutungsvoller - ihre ursprüngliche Konstruktion. *Wo* kommen die Kurven von Angebot und Nachfrage überhaupt her, *wie* sind sie erzeugt, *wer* erschafft sie, wie verändern sie sich mit dem Ablauf der Zeit und im Entwicklungsprozeß? Wir müssen also Autogenese und Ko-Genese von Angebot und Nachfrage in unsere Überlegungen integrieren.

Übernehmen Unternehmer das Modell gegebener Funktionen von Angebot und Nachfrage, und die meisten tun es, leben sie gefährlich. Denn es gibt auch Unternehmer, die es sich beim *heqi* mit ihren Kunden nicht so einfach machen. Sie bringen Produkte mit Preisen auf den Markt, die konventionelle Geschäftsmodelle zerstören können. Welche Einsichten bringt uns eine daoistische Sicht, Angebot und Nachfrage besser zu verstehen und Unternehmen mehr intelligente Möglichkeiten zu geben, den Geschäftszweck wirksamer zu erreichen?

Interaktive Energie fließt nicht nur zwischen Anbietern und Nachfragern, strömt auch zwischen den Nachfragern selbst, gelegentlich auch angeheizt durch die Produzenten. Um auf der Höhe der Zeit zu sein, um nicht als altmodisch dazustehen, um nicht ausgesondert zu werden, kaufen Menschen Güter, die auch andere schon gekauft haben. Man spricht dann von einem „Mitläufereffekt." Die Mobiltelefonfirmen verdienen gut daran und Handykinder ruinieren den Habensaldo ihrer Eltern bei den Banken.

Der Amerikaner Torsten Veblen (1857-1929) hat bei seinen Landsleuten die Neigung beobachtet, sich einem auffälligen und zugleich aufwendigem Konsum hinzugeben - quasi das Gegenstück zum Konsumverzicht der mit protestantischer Ethik ausgerüsteten Pionierunternehmer des Kapitalismus, die Max Weber untersucht hatte. Die Nachfrage nach einem Gut kann somit zunehmen, weil es - bei vergleichbarer Funktion der Güter – mehr anstelle von weniger kostet. Man spricht von einem Demonstrations- oder Prestige- oder Vebleneffekt.

Schließlich ist auf einen Snobeffekt zu verweisen, das Gegenteil der Mitläuferwirkung. Man will sich von der Masse absondern, strebt nach Exklusivität. [386] Ein Appartement in Dubai: Sonnenaufgang plus Sonnenuntergang plus Filipina. Der entscheidende Punkt bei diesen drei „Effekten": Nachfrageverhalten löst sich von der reinen Funktionalität eines Gutes, seinen inhärenten Qualitäten (Preis, Qualität). Das Verhalten ist von anderen Konsumenten, die das gleiche Gut kaufen und konsumieren, mitgesteuert. Es existiert also eine nicht-funktionale oder daoistische *heqi*-Nachfrage. Zwischen den Nachfragern fließen energetische Impulse. Wir können die funktionale Nachfrage als *yin*-Phänomen bezeichnen, die interaktional erzeugte Nachfrage als *yang*.[387] Die Einführung neuer Güter bzw. die Schaffung neuer Nachfragefunktionen, die wir in den nächsten Abschnitten erläutern, kann sich dieser drei Wirkungen bedienen: Konsumpioniere setzen Impulse für imitierende Nachfrager. Um dies genauer zu untersuchen, ist es notwendig, sich mit den verschiedenen Bedürfniskategorien zu beschäftigen (8. Kapitel).

---

[386] Einen Überblick zu diesen drei Effekten geben Fehl & Oberender (2004, S. 364ff.).

[387] Auch wenn wir, in *gegebenen* Märkten, siehe Tabelle 7.1.1, dem Konsumenten im Vergleich zum Anbieter, eine *yang*-Rolle zuweisen. Jedes System, auch das der Nachfrage, trägt *yin*- und *yang*-Elemente in sich (siehe Abschnitt 5.1). Die nicht-funktionale Nachfrage läßt sich ökonomisch als „externe Wirkung" verstehen (vergleiche hierzu die Diskussion der drei Effekte bei Leibenstein, 1976, S. 50ff.). Andere Nachfrager nehmen Einfluß auf meine Nutzenfunktion - in der Regel, ohne daß ich mir dessen bewußt werde, eine gute Sache für die Gestaltung eines entsprechenden Marketing-Mix seitens der Anbieter: heimliche Verführung.

In der vorherrschenden ökonomischen Sichtweise sind Reflexionsprozesse auf Seiten der Anbieter und Nachfrager ausgeschaltet oder ihr erfolgreicher Abschluß vorausgesetzt. Angebot und Nachfrage sind einfach „da", die Beziehungen zwischen Preis und Menge transparent, der Markt hat lediglich die Funktion, Angebot und Nachfrage auszugleichen. Im Gleichgewicht sind beide gleich.

Ein freier Markt, ein Markt mit „frei galoppierenden Pferden" (Zhuangzi), ein *ziran*-Markt, tendiert dazu, Angebot und Nachfrage auszugleichen. Ist das Angebot zu groß, drückt es auf den Markt, der Preis sinkt auf das Niveau, bei dem das Angebot so groß ist, daß die Nachfrager, bei gegebenen Bedürfnissen, bereit sind, das Angebot aufzunehmen. Das „Gesetz von Angebot und Nachfrage" gilt im Prinzip für alle Märkte, ist jedoch vielfach außer Kraft gesetzt: durch Marktteilnehmer selbst (Kartelle, Kollusion), durch politische Interventionen, durch Religion („Zinsverbot"), durch das Rechtssystem. Durch „Reformen" versucht man, beispielsweise auf den Arbeitsmärkten, den Kräften von Angebot und Nachfrage eine größere Wirkkraft zu geben. Die entsprechenden Reformen gelten dann als „angebotsorientiert". Die Anbieter/Eigentümer von Arbeitskraft/Humankapital erhalten Anreize, ihr Angebot zu verändern, die Anbieter von Gütern sind freier, ihre Nachfrage nach Arbeit oder anderen Produktionsfaktoren dem Diktat ökonomischer Vernunft zu unterwerfen. Es gibt andererseits sensitive Märkte - Gesundheit, Bildung, Energie - für welche die Logik von Angebot und Nachfrage teilweise oder gänzlich (politisch) außer Kraft gesetzt ist. Lassen wir dahingestellt, ob die Gründe in Gemeinwohlüberlegungen, Kollusion zwischen Politik und Wirtschaft, Lobbyismus, eingebettet in Strategien der Stimmenmaximierung um Macht ringender Politikunternehmer, liegen. Ob diese Märkte, ließe man sie frei „galoppieren" (Zhuangzi), überhaupt vernünftig funktionieren (was hier Vernunft ist, sei dahingestellt), in welchem Ausmaß sie zu regulieren sind, ob und wie sie sich reformieren lassen, ist in allen modernen Staaten Gegenstand langwieriger Diskussion, endloser wissenschaftlicher Dialoge und ethischer Diskurse. Politische Parteien werden abgestraft, wagen sie sich in die eine oder andere Richtung zu weit vor. Reformvorhaben werden durch die „Straße" gerächt oder durch die Wahlurne erledigt (Beispiel Frankreich und der Kündigungsschutz für junge Arbeitnehmer). Sind die Kräfte von Angebot und Nachfrage erst einmal gezähmt, die Mäuse von Angebot und Nachfrage unter Kontrolle der Politikkatzen oder im Ethikkäfig eingesperrt (Tiger existieren nicht in der Mainstreamwelt der Ökonomie, Bären und Bullen allerdings im Arbitragesystem), ist es schwierig, sie aus dem Käfig wieder zu befreien.

    Eine Katze vor dem Loch, und zehntausend Mäuse wagen es nicht herauszukommen.

            Du You, in: Sun Tsu, Kunst des Krieges, 1997, S. 132

Einzelhändler ziehen ihren Untergang der Liberalisierung der Öffnungszeiten ihrer Geschäfte vor. Handwerkermäuse und Hartz-IV-„Kriminelle" graben sich neue Fluchtwege (Schwarzarbeit), um den Krallen der Katze zu entgehen. Uniprofs lassen es lieber gleich ganz bleiben, ihr Wissen in Wertschöpfung umzusetzen.

Es fällt zunächst nicht schwer, Angebot und Nachfrage der Unterscheidung zwischen *yin* und *yang* zuzuordnen.

Einen Überblick gibt die nachfolgende Tabelle. Wichtig ist auch hier wiederum, die Funktionstiefe von Unternehmertum zu berücksichtigen. Für Routine gilt Anderes als für Arbitrage und Innovation. In der Tabelle beschränken wir uns auf Routine und Neuerung.

Die Tabelle zeigt unsere Sicht der Unterscheidung passiv/aktiv oder *yin-yang* im Hinblick auf Angebot und Nachfrage, wenn wir nach den Unternehmerfunktionen Routine und Innovation unterscheiden. Wie wir sehen, kehrt sich die *yin-yang*-Logik im Hinblick auf Angebot und Nachfrage je nach Unternehmerfunktion um.

Wir haben Arbitrage nicht in die Tabelle aufgenommen. Auch auf Arbitragemärkten existieren zweifellos Beziehungen zwischen Angebot und Nachfrage. Je nach dem, ob Arbitrage an Innovation gekoppelt ist oder in innovationslosen Systemen sich vollzieht, unterscheiden sich auch die *yin-yang*- Zuweisungen von Angebot und Nachfrage.

Tabelle 7.1.1: Angebot und Nachfrage

	Routine		Innovation	
	Nachfrage	Angebot	Nachfrage	Angebot
yin	Unternehmer in „dienender" Funktion Konsumentensouveränität	Anpassung des Angebots an Bedürfnisse bei gegebenen Fähigkeiten	Anbieter/ Unternehmer ist im Vergleich zum Nachfrager (= *yin*) aktives Element	Aufbau neuer Angebots- und Nachfragekurven Starker Anreiz für Selbstevolution und Ko-Evolution (Interaktion mit Nachfragern)
yang	Nachfrage(r) gestaltet, ist aktives Element Unternehmer passiv, operiert als Anpasser	Unternehmer paßt sich an Kunden an, Güter und Technologie verändern sich nur marginal, Preise sind gegeben oder außerhalb der Kontrolle des Anbieters	Nachfragefunktion von Unternehmer geschaffen „Erziehung" der Nachfrage	Angebot vom Unternehmer hervorgebracht
heqi (interaktive Energie)	*Heqi* sorgt für eine Reproduktion des Gleichgewichts. Setzt voraus, daß eine Harmonisierung von *yang* und *yin* im Innovationsmodus bereits vormals erfolgt ist.		*heqi*-gespeiste interaktive Energie stimmt neues Angebot und veränderte Bedürfnisse (Nachfrage) aufeinander ab	

Als Beispiel betrachten wir den Markt für Unternehmenskontrollrechte (Aufkäufe, Fusionen, buy outs, usw.). In der Mehrzahl der Fälle geht die Initiative zu Arbitragetransaktionen von Investmentbankern aus: sie schaffen ein Angebot an Chancen und bieten dies Unternehmen oder Investoren an.[388] Die Unternehmen entscheiden dann, beraten durch die Anbieter, ob sie sich auf eine Transaktion einlassen. Auch die Umsetzung der Transaktionen erfolgt durch Investmentbanken. Oft sind diese auch als Kapitalgeber engagiert, finanzieren also die Nachfrage

---

[388] In 80 Prozent der Fälle von Übernahmen und Fusionen sind Investmentbanken die Quelle der unternehmerischen Initiative für die Entdeckung von Arbitrage-Chancen, in den verbliebenen Fällen sind es die Unternehmen selbst, welche die Chancen entdecken (Malingre & Michel, 2006).

ähnlich der Kreditbank eines PKW-Herstellers. Der Arbitragemarkt für Kontrollrechte ist in extremer Weise intransparent, das heißt durch Informationsasymmetrien gekennzeichnet. Diese durchziehen den gesamten Prozess einschließlich der späteren Umsetzung des Vorhabens durch das Management der beteiligten Unternehmen. Irgendwann koppelt sich dann Arbitrage an Innovation oder Routine.

Arbitrage auf dem Markt für Mergers & Acquisitions ist somit, betrachten wir das Angebot an „opportunities" für das Ausnutzen von Bewertungsunterschieden, *yang*- bestimmt. Die Nachfrage nach M&A ist *yin*. Für viele Fälle, nicht alle. *Yin* und *yang* harmonisieren tendenziell, wenn Störungen aus dem Innovationssystem ausbleiben. Arbitrage trocknet dann aus, da Bewertungsunterschiede tendenziell erkannt (genutzt) sind und Arbitrage in Routine wechselt.

Im Routinemarkt (neoklassisches Modell) hat der Konsument das Sagen. Er bestimmt. Der Unternehmer hat zu folgen.

> Der Leiter oder selbständige Inhaber eines Betriebs hat nun gewiß am meisten zu entscheiden und am meisten Entschlüsse zu fassen. Aber auch ihm wurde das „was" und das „wie" gelehrt. Er kennt zunächst das „wie": Sowohl die technische Produktion wie alle in Betracht kommenden wirtschaftlichen Daten hat er gelernt. ... das „was" schreibt ihm Bedürfnis oder Nachfrage vor.
>
> Schumpeter, 1911/2006, S. 31

Der Unternehmer (das Angebot) ist *yin*, der Nachfrager/Konsument (die Nachfrage) ist *yang*. Im Innovationssystem kehren sich die Verhältnisse um. Der Unternehmer schafft das neue Sein aus dem Nichtsein (siehe 8. Kapitel). Er kreiert das neue Angebot durch seine Neukombinationen (*yang* im Nichtsein). Die Nachfrage entscheidet letzten Endes immer noch über den Erfolg der Neukombination, denn sie muß das Geld locker machen, die „Zahlungen" (Luhmann) mobilisieren, daß der Unternehmer zum Überleben braucht. Aber: *Im Vergleich* zum Unternehmer im Routinemarkt ist Nachfrage im Innovationssystem *yin*, ein *relativ* passives Element.[389] Der Unternehmer spürt die (oft unbewußten, nicht artikulierten) Bedürfnisse der Nachfrage auf und versucht sie durch neue Produkte zu befriedigen. Der Unternehmer entdeckt, was die Konsumenten wollen. Schumpeter formuliert noch drastischer, Unternehmer müssen neue Bedürfnisse den Kunden „anerziehen" (Schumpeter, 1961, S. 80f.).

Der Unternehmer als *yang*- Elementarkraft versucht vorhandene Bedürfnisse neu zu befriedigen oder neue Bedürfnisse beim Konsumenten zu schaffen. Innovation kann nicht auf eine gegebene Zahlungsbereitschaft der Konsumenten setzen, wie der Unternehmer im Routinekreislauf. Er muß die Zahlungsbereitschaft schaffen. Wie er das macht, schildern wir ausführlich im nächsten Abschnitt und im 8. Kapitel.

Unternehmer, sagt der Ökonom, sind „zwar die Leiter der Produktion, sie treiben an, ordnen an, lenken, befehlen. Der Markt *scheint* unter ihrer Führung zu stehen, denn nur das geschieht, was

---

[389] Wir verweisen auf unsere Überlegungen im Abschnitt 5.1: Es gibt keine reinen *yin*- oder *yang*-Systeme, nur *yin* oder *yang*. Bei Angebot und Nachfrage gilt das gleiche. Es geht um ein relatives Abwägen je nach unternehmerischer Funktion. Nachfrage hat zwei Dimensionen, die eine mit dem Charakter von *yin*, die andere von *yang*. Die relativ stabile Nachfrage - Ökonomen unterstellen fast durchgängig, die Bedürfnisse der Nachfrager seien „gegeben" - ist ein *yin*-Phänomen. Wie wir (Abschnitt 5.1) zu *yin* und *yang* erläutern: Alles, jedes „System", hat ein *yin und* ein *yang*. Das gilt gleichermaßen für Nachfrage und für Angebot. Wir zeigen hier, wie sich *yin*- und *yang* der Nachfrage je nach dem Teilsystem der Wirtschaft (Routine/Allokation im Vergleich zu Innovation/ Neukombination) anders darstellen, sozusagen ihre Identität wechseln.

die Unternehmer planen und ausführen" (Mises, 1940, S. 258, unsere Hervorhebung). Keineswegs bedeutet dies aber, der Unternehmer könne den Nachfragern seine Ideen aufdrücken. Über das Schicksal des Unternehmers entscheidet ausschließlich die Kaufbereitschaft der Verbraucher. „Sie machen den Unternehmer reich oder arm, sie machen kleine Unternehmer groß und drängen andere aus der Unternehmerstellung hinaus. Sie *zwingen* die Unternehmer zur Befolgung ihrer Befehle" (Mises, 1940, S. 259; unsere Betonung).

> Die Bedürfnisse sind zugleich der Grund und die Richtung des wirtschaftlichen Verhaltens des Wirtschaftssubjektes, sie stellen *die bewegende Kraft* [yang] desselben dar. Die Produktion folgt also den Bedürfnissen, sie wird von ihnen gleichsam nachgezogen (Schumpeter, 1911/2006, S. 16f.; unsere Hervorhebung). [390]

Der Ökonom spricht von Konsumentensouveränität. Alle Macht geht vom Kunden aus. *What you want is what you see.*[391] Der Unternehmer ist frei für die Knechtschaft. Der Routineunternehmer ist der Sklave des Konsumenten. Die Peitsche der Nachfrage hält ihn auf Trab, für seine Mühen abgespeist mit einem mageren Unternehmerlohn. In einer Neuauflage dieser Sichtweise sind Markttransparenz und Internet verbunden: Das Internet steigert die Markttransparenz und gestattet einem Käufer, sich mit anderen Verbrauchern Informationen austauschend zusammenzuschließen. Der Käufer diktiert Preise und Konditionen. Keine Frage: Die Nachfrage repräsentiert das *yang*-Element.

> *Der eigentliche Leiter ist der Konsument.* Derjenige, der die Wirtschaft leitet, führt nur aus, was Bedürfnis resp. Nachfrage und die gegebenen Mittel und Produktionsmethoden ihm vorschreiben. Die einzelnen Wirtschaftssubjekte haben einen Einfluß nur insofern als sie Konsumenten sind, nur insofern als sie eine Nachfrage entfalten (Schumpeter, 1911/2006, S. 32; unsere Betonung).

7.2 Angebot und Nachfrage im zyklischen Sein und Nichtsein

Nach unseren Definitionen im 4. Kapitel ist die *vorhandene* Nachfrage und das *gegebene* Angebot nicht unbedingt ein Sein (*you*). Unserer Meinung nach ist die *yin-yang*-Theorie wichtiger als die *you-wu*-Theorie für das Verstehen und die unternehmerische Gestaltung der Marktprozesse aus der Sicht von Angebot und Nachfrage. Das Angebot kann durchaus ein Nichtsein sein, wenn nämlich keine materiellen Ressourcen von Bedeutung sind, etwa bei einer Unternehmensberatung oder einer Dichterlesung. Wie wir früher gezeigt haben Kapitel (6. Kapitel: Knowing-doing-gap; Abschnitt 5.9: *wu*-Orientierung), nimmt zudem die Nichtseinqualität des Angebots im Entwicklungsprozeß zu.

Der Sinn der *you-wu*-Theorie für die Angebot-Nachfrage-Beziehung liegt darin, daß es heute eine immer stärkere Nachfrage nach immateriellen Angeboten (Service, Unternehmensberatung) gibt. Mit neuen Nichtsein/*wu*-Angeboten, können Firmen gutes Geld verdienen. Einige Unternehmen wie IBM wandeln sich zunehmend in Produzenten von *wu*-Gütern mit *yang*-Qualität.

---

[390] Wir zitieren hier ganz bewußt den Schumpeter aus dem Jahr 1911 und kein modernes Lehrbuch. Erstens weil auch in letzterem wenig neuere Erkenntnisse stehen, vor allem aber, weil Schumpeter, wie kein Ökonom nach ihm, die hier vertretene Sicht als untauglich und falsch für das Verstehen von Entwicklung und Evolution betrachtet. Er schildert hier die Logik des „ökonomischen Kreislaufs" oder der Kräfte, welche die Reproduktion des Gleichgewichts in Abwesenheit von Neukombinationen und die Schaffung neuer Bedürfnisse sicherstellen.

[391] Was der Nachfrager wünscht ist auch, was er in den Sortimenten der Anbieter „sieht". Alternativ: What you want is what you get. In beiden Fällen: Die Konsumenten steuern/bestimmen das Angebot.

IBM sieht hier größere Chancen als im traditionellen Computergeschäft und hat deswegen seine Produktion von PCs (für 1.25 Mrd. $) an die chinesische Computerfirma Lenovo verkauft.

In einer *Routinewirtschaft* gibt es eine Harmonie zwischen der vorhandenen Nachfrage (Nichtsein als *yang*) und den entsprechenden Angeboten (Sein als *yin*, wenn die Angebote materiell sind und Nichtsein als *yin*, wenn die Angebote immateriell sind). Beide bleiben *relativ* konstant. Daher benutzen wir andere Kriterien aus dem Eigenschaftspool von *yin* und *yang*, um zu erkennen, welches *yin* und welches *yang* ist.[392]

Weil Nachfrage existiert (*yang* bringt „Energie"; erzeugt Zahlungsbereitschaft), stellen Unternehmen Güter zur Bedürfnisbefriedigung her. *Yin* bietet „Raum" für den Konsum. Allerdings: diese Harmonie kann nicht langfristig halten. In einer Routinewirtschaft fehlt die Harmonie im Nichtsein. Die Nachfrage entwickelt sich weiter. Neue Bedürfnisse entstehen, teilweise spontan, teilweise als Begleitumstand der Selbstevolution (*wu*- Orientierung, Abschnitt 5.9), teilweise, im Sinne Schumpeters und des modernen Marketings, durch Einflußnahme der Anbieter (8. Kapitel). Aber die neu entstehende Nachfrage (*yang* im Nichtsein) kann mit der vorhandenen Nachfrage (*yin* im Nichtsein) nicht harmonisieren, weil die Routineunternehmer nur das machen, was sie immer gemacht haben und die neu entwickelte Nachfrage nicht berücksichtigen möchten/können. Dies verlangt eine Steigerung der unternehmerischen Funktionstiefe, einen Wechsel in die Innovationsfunktion.

Die Harmonie im Nichtsein ist für die Harmonie zwischen Nichtsein und Sein vergleichbar einer Wurzel für das Weiterleben eines Baums oder der Existenz einer Wasserquelle für das Fließen des Flusses. Ohne Quelle trocknet ein Fluß irgendwann aus. Ohne Wurzel kann ein Baum nicht wachsen. Ohne die Harmonie im Nichtsein wird die Harmonie zwischen Sein und Nichtsein irgendwann abbrechen.

Die Angebot-Nachfrage-Beziehung in einer Arbitragewirtschaft ist nicht notwendig für die Entwicklung einer Wirtschaft. Daher sprechen wir auch nicht darüber.

In einer *innovativen* Wirtschaft gibt es zwei Ausgewogenheiten: die Harmonie im Nichtsein, d.h. die Harmonie zwischen der vom Unternehmer neu-geschaffenen Nachfrage (*yang* im Nichtsein) und der vorhandenen (gegebenen) Nachfrage (*yin* im Nichtsein) sowie einen Einklang zwischen der Nachfrage (Nichtsein als *yang*) und dem Angebot (Sein als *yin*, wenn das Angebot materieller Natur ist und Nichtsein als *yin*, wenn das Angebot immateriell ist). Die potentiellen Bedürfnisse der Kunden werden durch das neue Angebot befriedigt, eventuell auch erst erzeugt.[393]

In einer *evolutorischen* Wirtschaft reichen die beiden Harmonien einer Innovationswirtschaft nicht aus. Ein innovativer Unternehmer beschäftigt sich, wenn er radikale Neuerungen anbietet, mit den potentiellen Kundenbedürfnissen und bietet die entsprechenden Güter an. Inkrementelle Neuerung kann auch auf gegebene Bedürfnisse abzielen (Übergang von Word 4 zu Word 5 zu Word 6). Alles was bisher diskutiert wurde - Routine, Innovation - kann sich bei *gegebenen* Fähigkeiten der Anbieter und Nachfrager abspielen. In einer evolutorischen Wirtschaft treten wir jedoch in eine andere Welt ein.

---

[392] Es ist daher auch überhaupt keine Frage, daß diese Bewertung/Einschätzung subjektiv, also von uns konstruiert ist, und im gleichen Sinne von Unternehmer und Konsument, wenn sie versuchen, die *yin-yang*-Logik auf Markttransaktionen anzuwenden, jeweils neu zu „erfinden". Wir sehen dies nicht als Nachteil. Sowie wir die kartesische Welt des Gleichgewichts und der Objektivität einer Weltkonstruktion mit säuberlicher Trennung von Subjekt und Objekt hinter uns lassen, regiert (vergleichbar der Quantenphysik) die Heisenbergsche (hier: daoistische) Unschärfebeziehung.

[393] Wie das möglich ist, zeigen wir im 8. Kapitel.

In einer evolutorischen Wirtschaft bieten die Unternehmer solche Güter an, die der Entwicklung der Innovations- und Evolutionsfähigkeiten der Kunden helfen können. Microsoft und SAP bieten Training für Endnutzer und Partner an, damit diese mit den neuen Eigenschaften der Software besser zurechtkommen. Daimler schickt (vielleicht demnächst) seine Mitarbeiter auf ein Training in *Qi-Gong* und Telekom läßt seine Mitarbeiter in *heqi* trainieren.

Mit einer Steigerung der Innovations-/Evolutionsfähigkeiten der Kunden wird neue Nachfrage induziert (*yang*) und der Raum (*yin*) weitet sich für neues Angebot. Damit kann sich eine Wirtschaft langfristig nachhaltig entwickeln. In einer innovativen Wirtschaft schaffen Unternehmer neues Angebot und oft auch neue Bedürfnisse - bei gegebenen Fähigkeiten (auch der Nachfrager). Die Innovationsmöglichkeiten sind daher *relativ* beschränkt. Was kann Microsoft Steinzeitmenschen an neuer Software verkaufen? Wenn Steinzeitmenschen zu Harvard-MBAs mutieren, eröffnet sich ein riesiges Feld neuer Angebotsmöglichkeiten.

In einer evolutionären Wirtschaft sind die Unternehmer aktive Anbieter in einem weit umfangreicheren Möglichkeitsraum. Daher benötigt eine evolutorische Wirtschaft drei Harmonien im Nichtsein und mehr *heqi*, als dies in einer Routine- und auch Innovationswirtschaft erforderlich wäre: (1) die Harmonie der Evolutionsfähigkeiten der Unternehmer (*yin* im Nichtsein) und den Kundenbedürfnissen (*yang* im Nichtsein)[394]; (2) die Harmonie zwischen den bereits verfügbaren (*yin* im Nichtsein) sowie neu zu entwickelnden Evolutionsfähigkeiten (*yang* im Nichtsein) und den vorhandenen Evolutionsfähigkeiten (*yin* im Nichtsein) der Kunden und (3) eine Harmonie der erweiterten Evolutionsfähigkeiten (*yang* im Nichtsein) der Unternehmer und ihren vorhandenen Evolutionsfähigkeiten (*yin* im Nichtsein).

Die Masse der Unternehmer, auch der innovativen, ist von der Entwicklung solcher Güter und der Schaffung dafür passender Bedürfnisse weit entfernt. In einer *wu*-orientierten Wirtschaft (Abschnitt 5.9) steht ein Solches jedoch im Mittelpunkt unternehmerischer Tätigkeit.

Durch die angebotenen Güter werden die Kundenbedürfnisse befriedigt. Die Kunden erwerben mit ihrer funktionalen und nicht-funktionalen Nachfrage einen „Nutzen". Aber als Unternehmer muß man immer noch das berücksichtigen, was noch nicht da ist: man muß die potentiellen Kundenbedürfnisse erkennen und nutzen. Seit der Entstehung der Menschen gibt es schon immer ein Bedürfnis nach Energie. Vor der industriellen Revolution wurde meistens die Kraft der Natur angewendet: Tierkraft, Wasserkraft, etc. Wären die damaligen Menschen mit den verfügbaren Angeboten zufrieden gewesen (sowohl Unternehmer wie Konsumenten), würden auch weiterhin die gleichen Güter hergestellt. Niemand würde auf die Idee kommen, eine Dampfmaschine zu erfinden. Selbst wenn jemand diese Idee hätte, Unternehmer und Kunden hätten geringes Interesse, diese zu verwirklichen. Die Wirklichkeit sieht anders aus. Die Kunden waren nicht zufrieden mit den Gütern, die sie bekommen konnten. Zumindest einige nicht. Die Lufthansa glaubte, ihre Kunden seien mit ihren Produkten zufrieden, kein Geschäftsreisender würde jemals auf einen Billigflieger umsteigen. Ryan Air und andere haben neue Produkte (Nachfrage) für ein altes Bedürfnis (Transport) entwickelt. Jetzt versucht Lufthansa das gleiche.

Gesellschaften im Markt für Mobiltelephonie befriedigen mittlerweile einen gut etablierten Markt mit bekannten Bedürfnissen. Aber auch auf diesem Markt können Neueinsteiger oder inkrementelle Produktneuerer bei etablierten Anbietern neues Kundenpotential erschließen. Wie Lufthansa sagte Telekom: geht nicht. Nun treten Billiganbieter mit transparenten Tarifen in den Markt ein und ziehen den etablierten Marktanteile ab: „Billig macht reich" (Müller, 2006).

---

[394] Daoistisch schließt dies Bedürfnisse aus, welche das Evolutionspotential der Nachfrager im gesamten Möglichkeitsraum „persönlicher Intelligenz" oder 4L (Abschnitt 3.7) schädigt, etwa Gesundheit oder Lernvermögen.

Viele Unternehmer machen das weiter, wie sie immer schon gemacht haben. Sie wollen nichts verändern, weil sie ohne Änderung anscheinend immer noch gutes Geld verdienen können oder weil sie ihren wirtschaftlichen Tod einer Veränderung ihrer Produktsortimente vorziehen. Das Verschlafen und Nichterkennen von Chancen in der Wirtschaft ist nicht nur weit verbreitet. Es ist normal. Tod folgt auf Geburt (Zhuangzi). Der Tod ist die Routine des Lebens. Der junge Schumpeter:

> Man lebt nur während eines Bruchteils des physischen Lebens. Der Künstler, der Gelehrte, der Politiker und auch unser Industriekapitän — sie alle haben nur eine relativ kurze Spanne Zeit zu wirklich schöpferischer Tätigkeit. Dann tritt eine eigentümliche Erschöpfung ein. Der Mann ist nicht mehr „er selbst". Er konzipiert nichts Neues mehr, sondern führt höchstens aus, was früher vorbereitet wurde. Der Schriftsteller „schreibt sich aus", der Maler wird schwächer, der Politiker führt seine Anhänger nicht mehr so sicher zum Siege und immer seltener hört man von neuen Taten unsrer wirtschaftlichen Führernatur: Das sind Vorboten des physischen Todes, unser Prinzip wird dadurch nicht berührt (Schumpeter, 1911/2006, S. 147).

Auch wer die Notwendigkeit für Veränderungen sieht, die Unzufriedenheit der Kunden spürt: Änderungen sind immer mit Risiko verbunden. Routineunternehmer gehen kein Risiko ein. Sie fühlen sich unter Bedenkenträgern wohl. No risk, all fun. Buschtrommelwirtschaft. Innovative Unternehmer versuchen sich an neuen Möglichkeiten. Sie bieten Nachfragern Neues an. Sie operieren im Nichtsein, machen Druck mit *yang* (neues Angebot), welches sie mit *yin* (alte Bedürfnis nach Kommunikation) versöhnen.

Für die Bedürfnisse nach Energie, Transport oder Nahrung gilt, was Laozi sagte:

> Lautlos und leer steht es alleine und ändert sich nicht.
> Es bewegt sich in Zyklen und ist nicht in Gefahr.
>
> (*Dao De Jing*, Kapitel 25, Gerstner, 2001, S. 144).

Es gilt jedoch auch: Das allgemeine Bedürfnis nach Energie (*yin*) ist nicht gleich der spezifischen Nachfrage (*yang*) nach Tierkraft, Wasserkraft, etc. Die Unternehmer, die andere Möglichkeiten zur Befriedigung der Energienachfrage suchen, konnten in zwei unterschiedliche Richtungen gehen. Eine Gruppe versuchte, wie man Tierkraft, Wasserkraft, etc. besser nutzen kann: Andere Zugtiere, andere Anlagen, usw. Inkrementelle Veränderungen. Auch hier entstehen neue Nachfragekurven, aber die Verwandtschaft (Komplementarität mit dem Bestehenden) ist noch sehr groß. Die andere Gruppe wußte: was die Leute brauchen, ist Energie und nicht unbedingt Tierkraft oder Wasser. James Watt, einer von ihnen, hat die Dampfmaschine erfunden und im Markt durchgesetzt. Andere haben die Dampfmaschine in der Wirtschaft durchgesetzt, weiter verbessert und in neuen Branchen (Textil, später Eisenbahn: zweiter Kondratieff) angewendet. Eine neue Epoche hat damit begonnen, welche die Kraft eines Kondratieff in sich hatte. Es war nicht die Befriedigung des Bedürfnisses nach Energie an sich (*yin* im Sein), vielmehr das Hervorbringen einer vollständig neuen Methode, Energie zu produzieren (*yang* im Nichtsein). Das gleiche Spiel wiederholt sich später mit der Elektrizität und könnte mit nanotechnologisch erzeugter Energie eine abermalige Revolution auslösen. Auch relativ gleich bleibende Bedürfnisse ermöglichen somit einer innovativen Wirtschaft, basisinnovative Neuerungen hervorzubringen, die dynamische Impulse für Jahrzehnte erzeugen können.

Diejenigen Unternehmer, die sich nicht verändern wollten und die lediglich im Rahmen des alten Zyklus inkrementelle Verbesserungen bewirkten, sind während der Industrierevolution „gestorben". Die anscheinende Sicherheit einer Geschäftslogik mit bescheidenen Veränderungen ist die größte Gefahr für das Überleben. Wer kein Risiko eingeht, riskiert das Megarisiko: „exit". Risiko mit Veränderungschancen ist die größte Sicherheit.[395]

<blockquote>
Umkehren ist die Bewegung des Dao.

(*Dao De Jing*, Kapitel 40, Gerstner, 2001, S. 218).

Es bewegt sich in Zyklen (Laozi).

Real ist nur der Zyklus (Schumpeter, 1961).
</blockquote>

Daher muß man sich vom Festhalten an einen Zyklus (Tierkraft, Wasserkraft etc.) befreien lernen. Man muß ihn loslassen können. Dieses ist harte evolutorische Arbeit. Aber nur so ist die Gefahr vermeidbar.

<blockquote>
Wer handelt, zerstört es.
Wer festhält, verliert es.
Deshalb sind Menschen des Einklangs ohne ein Handeln,
daher gibt es nichts Zerstörtes. Sie halten nicht fest, daher gibt es keinen Verlust.

(*Dao De Jing*, Kapitel 64, Gerstner, 2001, S. 320).

Die Myriaden [zehntausend Dinge] in ihrer Überfülle
werden alle erzeugt durch Nichthandeln [*wuwei*]

(Zhuangzi, 2003, S. 133).
</blockquote>

Was für Alle unter dem Himmel Recht und Unrecht ist, läßt sich nicht bestimmen. Und dennoch kann man im Nichthandeln Recht und Unrecht bestimmen. Die höchste Freude ist, die Person am Leben zu erhalten, und nur durch Nichthandeln kommen wir der Aufrechterhaltung höchster Freude nahe.

<blockquote>
(Zhuangzi, 2003, S. 133)
</blockquote>

Durch Nichthandeln, sagen Laozi und Zhuangzi, können wir als Unternehmer lange und als Unternehmen ewig leben. Wir vermeiden Verluste. Wir zerstören uns nicht selbst. Schöpferische Zerstörung (nach Schumpeter) wirkt, weil Unternehmen sich zerstören lassen. Und sie tun es, weil sie von dem, was sie haben, was sie machen und produzieren, nicht loslassen können. In einem innovations- und evolutionsdynamischen Markt ist die Nichtverfügbarkeit über diese Fähigkeiten - Nichtloslassen und Nichthandeln -, Ausdruck einer „eigentümlichen Erschöpfung" und „Vorbote des Todes" (Schumpeter). Jemand baut ein Unternehmen auf. Erfolgreich. Er kann nicht loslassen, entweder indem er das Unternehmen mit professionellen Managern anreichert oder und viel voraussetzungsreicher, indem er sich aus dem Unternehmen zurückzieht. Folge: Nachfolgeprobleme.

Für einen bestimmten Zeitraum können die Routineunternehmer, *als ehemalige Innovatoren*, also Festhalter und Bewahrer des Alten, und nicht die innovativen/evolutorischen Unternehmer, die

---

[395] Wir sagen nicht, der Unternehmer sei ein Liebhaber von Risiko. Beileibe nicht. Die Forschung zur Motivation unternehmerischen Handelns hat klargemacht, daß Unternehmer keine Risikoliebhaber sind. Sie bevorzugen ein kalkuliertes Risiko. Sie wählen, in der Sprache der Psychologie (siehe die Forschungen von McClelland, Atkinson, Heckhausen, Kuhl, Miner), Aufgaben/Herausforderungen eines eher „mittleren Schwierigkeitsgrades", Probleme, die nicht zu leicht (Unterforderung) und nicht zu schwer (Überforderung) sind. Sie suchen Probleme, bei denen sie erwarten, bei *vollem* Einsatz ihrer Fähigkeiten sie meistern zu können.

Größten und Stärksten in einer Branche sein. Die Politik folgt diesem Muster, muß ihr fast folgen, angesichts der Lobbykraft der etablierten Branchen. Das beschleunigt letzten Endes nur den Niedergang. Die große Reise, die mit dem „ersten Schritt" anfängt, beginnt dann eben nicht. Die neuen Zyklen rauschen vorbei, wie für Hunderte von Jahren in China, im heutigen Afrika oder in einer EU mit nationalen Champions.

Strategisches Managementdenken wie politische Ambitionslust und imperiale Herrschsucht kreisen um dieses Größte und Erste sein, die Größe erhalten, das Nicht-Loslassen-Können. Ein Global Player werden, ob bei Stahl oder Salz oder Kondomen. Wie? Durch M&A.

Hinter allem stand immer auch einmal das Kleine, mit dem ein System groß geworden ist, die Innovation, die überlegene Militärstrategie, der Aufstieg im Unternehmen, die Tellerwäscherkarriere. Der Rückblick auf Erfolgsmuster (yin im Nichtsein) macht Auge und Denken blind für das noch nicht sichtbare Neue (yang im Nichtsein), dem man den eigenen Erfolg verdankte, aber einmal groß geworden, nicht mehr zu reflektieren vermag. Festhalten. Die Ehe mit der Tradition ist eigentlich gelaufen. Man trennt sich nicht und geht gemeinsam in den Tod.

Bevor die Dampfmaschine zustande kommt, nehmen Routineunternehmer die beherrschende Stellung ein. Und sie vermögen lange zu herrschen, wenn es ihnen gelingt, sich mit anderen zu verbünden (Kollusion) oder mit Mitgliedern der politischen/religiösen Klasse zu kooperieren (die gegenwärtige Konstellation beispielsweise auf den Energiemärkten). Aber innovative/evolutorische Unternehmer treten in solche Allianzen des Sterbens nicht ein. In ihren Visionen und Träumen sehen sie eine andere Welt. Sie tun das Kleine, weil alles Neue im Kleinen beginnt, im ersten Schritt.

> Deshalb tun Menschen des Einklangs *(shengren)* nie Großes.
> Daher können sie Großes vollbringen.
>
> *(Dao De Jing*, Kapitel 63, Gerstner, 2001, S. 315).

Sie waren niemals die größten Unternehmer vor der Industrierevolution, aber sie haben „Großes" vollbracht. Innovation wurde möglich, weil sie an Evolution gekoppelt war. Durch die Umsetzung innovativer Ideen findet auch eine Selbstevolution der Wirtschaftssubjekte statt, nicht nur der Unternehmer, sondern auch der Kunden. Kein Unternehmer kann radikal Neues durchsetzen, wenn er nicht ständig dazulernt und den Hang zum Besserwissen überwindet. Das gilt in allen Teilsystemen der Gesellschaft. Aber nur in der Wirtschaft wird Nichtlernen und Besserwissen unmittelbar abgestraft, falls es nicht gelingt, eine kollusive strukturelle Kopplung mit dem Politik-, Religions- und Rechtssystem aufzubauen.

Max Webers Beobachtung, ausgesprochen in der „Protestantischen Ethik", bleibt unverändert gültig:

> Wer sich in seiner Lebensführung den Bedingungen kapitalistischen Erfolges nicht anpaßt, geht unter oder kommt nicht hoch.
>
> Max Weber, 1965, S. 61.

Branchen mit der wirksamsten Lobbytätigkeit sind deswegen solche, deren Tod bereits besiegelt zu sein scheint. Wenn die Gesellschaft durchatmet, des *wangwei* müde wird, vielleicht sogar rebelliert, ...

Es gibt keine endogene, in der Wirtschaft selbst operierende Instanz, die das Neue, findet es Anklang bei der Nachfrage, aufhalten kann. Kein Wählerwille ist zu deuten, kein Leser zu täuschen und kein etablierter Glaubenssatz metaphysich umzubiegen. Die „Soldaten des Todes" (Laozi) blockieren, in dem sie im Festhalten den Sinn des Seins *(you)* erkennen: Sei es ein

Imam, die Architekten eines Koalitionsvertrages oder die Berufungskommission, die das Alt-Bewährte, Aufgeschriebene, den Konsens (und nicht die Harmonie!) Fördernde und das „Festhalten" über das Schaffen neuer Möglichkeiten stellen.

Die spiraldynamische Entwicklung (Abschnitt 3.6) der Gesellschaft ist nur durch die Arbeit der innovativen und evolutorischen Unternehmer möglich, die den altgewordenen Zyklus loslassen können.

Die *yin-yang*-Logik beschreibt genau dieses. Ohne eine Harmonie zwischen *yin* und *yang* im *wu*/Nichtsein, ist zwar eine Harmonie zwischen Nichtsein als *yang* und Sein als *yin* möglich, aber nur in der Routinewirtschaft. Die Harmonie zwischen Nichtsein als *yang* und Sein als *yin* in der innovativen und evolutorischen Wirtschaft ist ohne die Harmonie zwischen *yin* und *yang* im *wu*/Nichtsein unvorstellbar. Vernachlässigen sie das *wu*/Nichtsein, vor allem das *yang* im *wu*/Nichtsein, produzieren sie weiter, wie sie es früher auch immer gemacht haben, wie es die meisten ihrer Konkurrenten immer noch tun. Ein „Preiskrieg", Abzocke, Täuschung und andere Marketingmixeinfälle sind unvermeidbar, wenn aus dem Nichtsein kein „Nachschub" an *yin* und *yang* mehr kommt.

Die Folge ist, daß dann auch die *yin-yang*-Harmonie im Sein leidet. Jedermann kennt solche Fälle. Die Mobilfunkbetreiber bewirtschaften den Markt mit undurchsichtigen Preisprofilen und nehmen Geld für Nichtleistung; Klingeltonproduzenten treiben Kinder in die Überschuldung, Leihwagenfirmen füllen die Tanks auf Kosten ihrer Kunden mit den höchstmöglichen Preisen für Benzin, Luftfahrtgesellschaften wechseln die Preise so oft wie Menschen ihre Unterwäsche – ein „sauberer" Preis existiert nur auf dem Papier. Banken machen Gebühren zu einem Träger ihrer Gewinndynamik, und was auf den Energiemärkten abgeht, kann jedermann seiner Energierechnung entnehmen.

7.3 Loslassen für das Neue

Aus dem Modus der Routine heraus in die Operationsweise der Neukombination hinein bedeutet, die alte Funktionsweise, in welcher der Unternehmer den Diktaten der Nachfrage folgt, zu verlassen. Für den Ökonomen bedeutet es, Modelle loszulassen, die den unternehmerischen Flachmann kultivieren.

> In einem kleinen Sack kann man nichts Großes aufbewahren; mit einem kurzen Seil kann man nicht aus einem tiefen [theoretischen] Brunnen schöpfen.

Diese Worte legt Zhuangzi (2003, S. 136) Konfuzius in den Mund, der dieser „aus alter Zeit" stammenden „Redewendung von Meister Guan ... in jeder Hinsicht" zustimmt. Und wir sehen keinen Grund, den großen Meistern nicht zu folgen. Für die Abweicher, denen es gelingt, Großes in einem kleinen Sack unterzubringen, vergibt schließlich eine Tochtergesellschaft der Schwedischen Akademie Nobelpreise in Wirtschaftswissenschaften.

Der Unternehmer innerhalb der Routinefunktion stirbt in einer Welt mit Innovationen. Die Nachfrager diktieren seinen Tod. Er ist Opfer ihrer Souveränität. Er kann nicht ausbrechen, neue Bedürfnisse und Nachfrageoptionen erschließen. Wie kann er das Altbewährte und Durchoptimierte, das scheinbar auch *yin-yang*-Harmonisierte loslassen? Nichthandeln im Routinemodus kann nicht sein Ding sein. Die Reproduktion des Bestehenden, des Optimierten desjenigen, was die Nachfrager ihm sagen, kaufen zu wünschen – das ist sein Ding. „Die wahre Freude", die Nichthandeln im Routinemodus ihm schenken könnte: „Die gewöhnlichen Leute" und ihre theoretischen Konstrukteure „finden das ziemlich abscheulich" (Zhuangzi, 2003, S. 133).

> Als Meister Lie einst auf Reisen war, rastete er am Straßenrand. Dort sah er einen hundert Jahre (modern: zwei Kondratieffs) alten Totenschädel. Er schob die Gräser auseinander, zeigte darauf und sagte: „Nur du und ich wissen, daß du niemals gestorben bist und nie gelebt hast. Bist du nun wirklich unglücklich? Bin ich wirklich unglücklich?"
>
> (Zhuangzi, 1998, S. 257).

> Als Meister Zhuang nach Chu unterwegs war, sah er (am Wegrand) einen Totenschädel. Meister Zhuang tippte... an den Totenschädel und fragte: „Ist es so weit mit dir gekommen, weil du in deiner Gier nach Leben nicht mehr vernünftig gehandelt hast? Oder kam es einfach so, weil deine Zeit abgelaufen war?"
>
> (Zhuangzi, 1998, S. 254)

Die Zeit läuft. Der Unternehmer bleibt seinem Handeln verhaftet. Eine Flucht in die Arbitrage verschafft ihm neuen Lebensatem, kann seinen Niedergang aber nur zeitweilig aufhalten. Er spielt mit der Nachfrage, nutzt die Chancen für Abzocke, kauft sich Marktanteile und hofft (mit Goldman Sachs[396]) auf den Segen der Synergie. Sein Spiel ist aus, wenn der Markt zur Transparenz gefunden hat. Die „zehntausend Dinge" sind längst entstanden. Ein weiterer Schritt in seine funktionale Tiefe ist unvermeidbar: selbst Neues tun. Auch dies ist zu Beginn nicht immer ein „sauberes" Geschäft - zur Freude der Ethiker des *wangwei*. Denn er muß seine Käufer davon überzeugen, etwas zu lieben (nachzufragen), was sie nicht kennen, was sie noch nicht wollen und Bedürfnisse befriedigen könnte, die sie noch nicht haben. Dies verlangt eine neue Tiefe im unternehmerischen Dasein: Ein Ritt auf dem Pferd (des Münchhausens) der Evolution, um sich von dem, was auch einmal alt und schwach wird zu befreien.

Die bittere Wahrheit:

> Für mich ist Nichhandeln [wuwei] die wahre Freude,
> aber die gewöhnlichen Leute finden das ziemlich abscheulich.
> Die Myriaden [zehntausend Dinge] in ihrer Überfülle
> werden alle erzeugt durch Nichthandeln
>
> (Zhuangzi, 2003, S. 133).

Aus der Logik der Funktionstiefe ist gut zu verstehen, was Zhuangzi hier sagt. Der „Wirt" muß nicht handeln, um die wahre Freude des Arbitrageurs zu genießen. Auch letzterer muß sich im „tun ohne zu tun" (*weiwuwei*) üben, oder er ist bald „nicht mehr als eine Handvoll Staub." Denn „Leben und Tod wechseln einander ab wie Tag und Nacht" (Zhuangzi, 2003, S. 135). Transfomiert der „findige Unternehmer" (Arbitrageur) in den Modus der Innovation, bleibt Nichthandeln immer noch unverzichtbar, sonst laufen die Kunden weg und ihre Zahlungen bleiben aus.

Tagtäglich zeigen uns Unternehmen, wie man so etwas macht. Wer mit dem fortfährt, was als Neukombination begann, muß den Staub seiner schöpferischen Zerstörung schlucken. Er reizt seinen Produktzyklus bis zum Ende aus, sei er inkrementell oder basisinnovativ. Die meisten Unternehmen tun es.[397]

---

[396] Dirk Schumacher von Goldman Sachs sieht in den neuen Finanzierungsmodellen mit stärkerem Einfluß des Kapitalmarktes („kapitalmarktbasierte Finanzierung" wie Private equity) einen Motor der Umstrukturierung und des Wachstums in Deutschland (Syre, 2006 zur Argumentation). Wie immer kann man alles anders sehen: „Investoren als Eigenkapitalräuber" (Döring, 2006).

[397] Dies zeigen Untersuchungen des Ifo-Instituts zum Innovationsverhalten der deutschen Industrie. Über 60 Prozent des Umsatzes wird in stagnierenden oder schrumpfenden Märkten erzeugt. Andere Forscher berichten ähnliche Ergebnisse.

Auf der evolutorischen Ebene muß ein Unternehmer das Nichthandeln erlernen und das Loslassen können, verzichten können auf das, was ihm Ruhm, Geld und Prestige einbrachte. Der evolutorische Unternehmer kultiviert die „Drei Schätze des Laozi". Er übt sich in Tugend (*de*). „Tugend ist das Kultivieren völliger Harmonie. Daß eine Person Tugend besitzt... erkennen wir daran, daß alle Dinge nicht auf sie verzichten möchten" (Zhuangzi, 2003, S. 88). Die Harmonie zwischen *yin* und *yang*, zwischen Angebot und Nachfrage zu verwirklichen, auf den verschiedenen Funktionsebenen seines Seins, ist die Aufgabe des Unternehmers. Was das „System" hervorbringt, die Myriaden oder 10 000 Dinge, erlischt ohne Harmonie, oft schon, bevor sie geboren wurden und in den ökonomischen Kreislauf von Angebot und Nachfrage eingetreten sind. Tut er dies, sucht er die Harmonie, lernt er leben ohne zu tun, die Harmonie zwischen *yin* und *yang*, zwischen dem was er hervorbringt und dem, was seine Kunden wünschen, zu erhalten.

> Er erkennt, daß die Evolution die Bestimmung der Dinge ist,
> und bleibt dadurch beim Essentiellen.
> Für ihn ist der Verlust eines Fußes
> wie das Abschütteln eines Klumpen Erde.
> (Zhuangzi, 1998, S. 108).

7.4 Hindernisse auf dem Weg zur Innovation

> Was den (Unternehmer) auszeichnet ist die Energie der Tat und nicht die des Gedankens.
> Schumpeter, 1911/2006, S. 545

> Das Weiche und Schwache besiegt das Harte und Starke.
> Fische darf man dem tiefen Wasser nicht entziehen.
> *Dao De Jing*, Kapitel 36, Gerstner (2001), S. 193

Daoismus (ähnlich hier dem Buddhismus) sagt, dass der Mensch die schöpferische Energie in sich trägt. Zweifach: Energie zirkuliert oder blockiert; Energie ist, auch wenn sie frei zirkuliert (im Körper, in *jedem* System), keine gegebene Menge, sie ist vermehrbar, die Zentralfunktion des evolutorischen Unternehmers: das Neue selbst sein (es nicht nur machen: Innovation). Selbst das Neue sein, geht - ohne Ausbrennen - nur durch Energiearbeit.

Wir haben oben vorgeschlagen, die Angebots- und Nachfrageproblematik mit den Einsichten der *yin-yang*-Theorie zu verknüpfen. In diesem Abschnitt, der zum 8. Kapitel überleitet, in dessen Mittelpunkt die Schaffung neuer Bedürfnisse im Rahmen basisinnovativer Geschäftskonzepte von Unternehmen steht, beschäftigen wir uns mit Schwierigkeiten und Blockaden, die Unternehmen daran hindern, aus dem historisch Aufgelaufenen, ihren vertrauten Pfaden, abzuweichen und etwas andere zu versuchen. Praktische (Nicht-)Energiearbeit.

Das daoistische Mega-Paradox:

> Gewinne die Welt durch Nichttun.
> Laozi, Kapitel 57, Übersetzung Lin Yutang

Wer am Alten festhält, geht unter. Nichttun (*wuwei*) ist der Weg zum Neuen. Wie?

Im Nichtsein (*wu*) ist das bekannte immaterielle Nichtsein *yin* (die vorhandene Technologie, Produkte) und das unbekannte/neue Nichtsein *yang* (die neue Technologie, die neuen Güter, die das Wirtschaftssubjekt zwar kennt, aber nicht anwendet).

Im Grunde ist die Disharmonie zwischen *yin* und *yang* im Innovationsprozeß eine unternehmerische Selbstblockade (Abschnitt 5.2). Der Unternehmer ist nicht bereit, sich auf einen neuen Weg zu machen. Er geht auf seinem ausgetretenen Pfad weiter. Neue Wege – Innovation und Evolution – sind selbst zu erkunden und zu-*Weg*-zu-bringen.

> Ein Weg kommt zustande, in dem er begangen wird.
> Zhuangzi, 2003, S. 51.

Alter Weg: geschaffen für Routine und Arbitrage. Die Verkehrspolizei steht am Rande und regelt alles. Schilder überall. Neue Verfahren unmöglich. Das ist bequem, verlangt weniger Energie, und verlaufen kann man sich auch nicht. Das Problem ist, daß man sich auch nicht verstecken kann. Alle sehen, wie jemand handelt. Die „Fische" der Innovation sind dem „Wasser" entzogen (Laozi). Jeder sieht sie, jeder greift ab, die Tiger aus Fernost machen reiche Beute. Eine Einladung zu schöpferischer Zerstörung. „Wer festhält, zerstört es." Ein gefundenes Fressen. Außer ich mache mich über die her, die mich schnappen könnten (Arbitrage) oder die sich von mir kaufen lassen.

> Fische darf man dem tiefen Wasser nicht entziehen.
> *Dao De Jing*, Kapitel 36, Gerstner (2001), S. 193

Die Grundzüge eines daoistischen Innovationsmanagements formuliert Laozi in Kapitel 63 und 64 des *Dao De Jing*.

> Man handle, ohne zu handeln. *(wei wuwei)*
> Man plane Schwieriges, wenn es (noch) einfach ist.
> Man tue Großes, wenn es (noch) winzig ist.
> Die schwierigen Angelegenheiten in der Welt entstehen zwangsläufig aus dem Einfachen.
> Die großen Angelegenheiten in der Welt entstehen zwangsläufig aus dem Winzigen.
> Deshalb tun Menschen des Einklangs *(shengren)* nie Großes.
> Daher können sie Großes vollbringen.
> *Dao De Jing*, Kapitel 63, Gerstner, S. 315

> Wenn etwas still und gesichert ist, ist es leicht zu (er)halten.
> Wenn es noch keine äußeren Anzeichen gibt, ist es einfach, (ein Problem) anzugehen.
> Man handle, wenn etwas noch nicht vorhanden ist.
> Ein Baum, den man mit beiden Armen umfasst,
> wächst aus (etwas, nicht größer als die) Spitze eines Haares.
> Ein neunstöckiger Turm fängt an mit einem Korb Erde.
> Ein Weg von tausend Meilen beginnt unter den Füßen.
> Wer handelt, zerstört es.
> Wer festhält, verliert es.
> Deshalb sind Menschen des Einklangs ohne ein Handeln *(wuwei)*,
> daher gibt es nichts Zerstörtes.
> Sie halten nicht fest, daher gibt es keinen Verlust.
> *Dao De Jing*, Kapitel 64, Gerstner, S. 320

Fehlt die Möglichkeit zum „Gehen", muß man warten, Geduld haben, es weiter versuchen, bis sich die Chance ergibt. Ohne Energie geht das aber nicht. Der Unternehmer muß sich auf etwas einlassen, auf ein Potenzial, ohne zu wissen, wohin der Weg führt. Der Weg ist als Potenzial da, aber nicht sichtbar, ausrechenbar, geschäftsplanökonomisch transparent. Emotionales und kognitives Gift für den Bedenkenträger. Wenn er es nicht schluckt, kommt er nicht auf den Weg. Potenzial bleibt Potenzial. In der Routinewirtschaft läßt sich damit auch leben. Aber sowie das System Wirtschaft in seiner Funktionstiefe evoluiert, also Innovation und Evolution als Alternativen verfügbar sind, hat derjenige, der im Routinesystem überleben will, keine dauerhafte Überlebenschance im Diesseits.

Der Weg auf dem man galoppieren kann, kommt durch das galoppieren zustande. Es ist keiner, der schon fertig ist. Man holt sein Auto aus der Garage und fährt los. Man macht sein Examen und steigt in der Siemenshierarchie nach oben. So was gibt es selbstverständlich auch. Es ist aber nicht der *dao*-kapitalistische Weg. Auch nicht der Weg, den jemand in der Zukunft ans Ziel bringen wird.

Unternehmen und Länder haben Schwierigkeiten, wenn sie einmal einen Weg erfolgreich gegangen sind, sich einen neuen Weg zu suchen, um aus der überlieferten *yin*-Dominanz im Sein oder Nichtsein auszubrechen. Das ist die primäre Ursache der oben geschilderten Schwierigkeiten. Wenn sie über reichhaltige Ressourcen verfügen, laufen sie zudem wie mit Bleischuhen. Und dann noch neue Wege gehen?

Von der Ressourcenausstattung bis zum Wissen ist alles verfügbar. Patentweltmeister (Schade, 2006). Man geht den alten Weg weiter. Das neue Wissen ist für den einen Vogelgezwitscher, für den anderen Lärm, für wieder andere überhaupt nicht zu hören. Für alle bleibt es unangewendet. *Yin*-Dominanz. Im Routinesystem bedeutet dies, daß man sich der Herrschaft der souveränen Konsumenten beugen muß. Sie zeigen den Weg. Und dieser führt, sowie sich die Morgenröte der Innovation am Firmament zeigt, ins Abseits, in die schöpferische Zerstörung. Die Sonne der Innovation blendet, statt Lebenskraft zu schenken. Eine Einbahnstraße ins ökonomische Jenseits.

Das daoistische Unternehmerkonzept hat in dem Weg, der erst durch die Bewegung des Gehens (Galoppierens) entsteht, seinen Ursprung. Laozi sagt: „Eine Reise von 1000 Meilen beginnt mit dem ersten Schritt." Die ständige Transformation der „zehntausend Dinge" geschieht nicht, wenn Unternehmer nicht auf den Weg kommen, sich nicht freimachen (loslassen, leer machen) vom alten Weg, vom ausgetretenen Pfad, vom Nichtsein ins Sein transformieren, und in diesem Veränderungsprozeß eine Harmonie von *yin* und *yang* jeweils im Sein und Nichtsein zwischen sich und ihren Kunden verwirklichen. Dies ist der daoistische Grund, warum Systeme sterben, warum, wie Zhuangzi (2003, S. 50) sagt, vom „Moment der Geburt" (dem Einschlagen eines neuen Weges) „der Tod beginnt".

Was man im modernen Management als Entwicklung eines neuen Geschäftsmodells bezeichnet, läßt sich problemlos in die daoistische Logik einfügen. Geschäftsmodell-Innovationen gleichen dem Suchen, dem Einschlagen und dem Gehen auf einem neuen Weg. Die disruptiven Innovatoren à la Ryanair, Aldibrüder oder Googlegründer, sind solche neuen Wege gegangen. Sie haben die *yin*-Dominanz der etablierten Airlines, Einzelhändler und Internetdienstleister überwunden.

Der Umstieg von Henry Ford auf die Fließbandproduktion im Automobilbau illustriert das Gleiche. Der Produktivitätsschub und Qualitätssprung war so gewaltig, daß Ford keine Schwierigkeiten hatte, die Löhne der Arbeiter mehr als zu verdoppeln - und mehr Arbeitskräfte zu beschäftigen. Kein Staat half ihm, seine „Lohnnebenkosten" zu senken. Er benötigte auch keine Hilfe, weil er mit einem anderen Geschäftsmodell operierte. Der Dax-Intrapreneur sieht das anders und macht die politische Klasse daran zu glauben, „nur" durch Senken von Löhnen und Steuern seien Wirtschaft und Arbeitsplätze noch zu retten. Peer („Ich") schluckt es und erfindet mit Roland („Die haben ja ihre Freibeträge") die Abgeltungssteuer.

T-Modell von Henry Ford, Edition 1911

Ökonomische Vernunft gilt somit immer nur ceteris paribus – sie ist abhängig von der unternehmerischen Funktionstiefe der Wirtschaft. Henry Ford wurde für verrückt erklärt, als er seinen Arbeitern über Nacht das Doppelte ($ 5 pro Tag) in ihre Lohntüte steckte. Ford: "Eine der besten Maßnahmen zur *Senkung* der Kosten, die wir je gemacht haben."[398] Der sich disharmonisch durchoptimierende Manager *glaubt*, alles im Griff zu haben. Einschließlich seiner Kunden. Kein Raum für Verbesserungen. *Yin*-Dominanz. Das unternehmerische Handeln von Ford folgt der japanischen Kaizen- Philosophie mit ihrer Grundannahme: Zum gegenwärtigen Zeitpunkt ist eine Tätigkeit niemals zufriedenstellend ausgeführt. *Immer* gibt es Verbesserungsmöglichkeiten. Kein Gleichgewicht, kein Maximum, kein Optimum.[399]

Das Beispiel Henry Fords zeigt die Relevanz der Theorie der Parallelwelten und die Notwendigkeit einer De-Ontologisierung der Wirklichkeit – eine andere Formulierung der Logik der Funktionstiefe. Was Henry Ford tut, läßt sich ganz unterschiedlich konstruieren, je nach theoretischer Brille. Der neoklassische Ökonom sagt: Ford zahlte „Effizienzlöhne" (ein höherer Lohn erhöht die Leistungsintensität) und kann deswegen trotz Lohnsteigerung die Lohnstückkosten senken.[400] Wie konnten die Hersteller von Postkutschen nicht auf eine solche Idee kommen? Warum bedurfte es eines Nobelpreisträgers? (Und warum zahlt uns, den Autoren, niemand

---

[398] Kevin Baker, Ford's paradox, The Industry Standard, September 25, 2000, http://findarticles.com/p/articles/mi_m0HWW/is_38_3/ai_66672624.

[399] Henry Fords große Leistung war die Revolutionierung der Fließbandproduktion gekoppelt an Qualitätsverbesserungen und Produktneuerungen. Diese Innovationen steigerten die Produktivität in seinen Fabriken auf dramatische Weise. Im Oktober 1913 braucht man 12 Stunden und 28 Minuten um ein Auto zusammenzubauen. Ein halbes Jahr später reichen eine Stunde und 33 Minuten. Der Preis des berühmten Modell T sinkt von 850 Dollar (1908) auf 290 Dollar (1924). Ford beherrschte die Automobilindustrie, der Marktanteil erreichte 42.4% im Jahr 1917 (McGraw & Tedlow, 1997). Die Stelle von Ford haben japanische Produzenten übernommen. Die US-Konzerne sind auf dem Weg ins Jenseits. Toyota arbeitet doppelt so produktiv wie VW (Schmid, 2006) und lehnt, wie andere japanische Unternehmen, die Shareholder-Value-Logik ab (Jacoby, 2006). Nach unserer Einschätzung ist die US-Automobilindustrie, wie früher die britische, im Niedergang. In einem stagnierenden Markt vermindert sich ihr Marktanteil um mehrere Prozentpunkte pro Jahr. Die Japaner bauen in Amerika Kapazitäten auf, die amerikanischen Hersteller ab. Henry Fords Neffe, als CEO berufen, führt die Firma auf dem Weg in die Insolvenz. Daimler war immerhin intelligent genug, Milliarden für einen US-Produzenten auszugeben, dessen Marktanteil schrumpft und schrumpft und von Honda überrundet wurde, während Toyota mittlerweile zur Nr. 2 im US-Markt, vor Ford, aufgestiegen ist. (Les Echos, 3. August, 2006, S. 15: Ford doublé par Toyota sur le marché américain en juillet). Die Familie Ford hält als Eigentümer an ihren Stimmrechten von 40% eisern fest. „Wer festhält verliert" (Laozi).

[400] Siehe Wolfgang Franz (2003, S. 321), Arbeitsmarktökonomik, 5. Auflage 2003, Berlin: Springer, S. 321 zu dieser Interpretation, die wir dem Nobelpreisträger Joseph Stiglitz verdanken.

solche Löhne und läßt zu, daß wir, uns selbst ausbeutend, Bücher schreiben?) Durch Lohnsteigerungen Produktivität und Absatz massiv erhöhen – nur, wohin mit dem unverkäuflichen Schrott?

Viele Start-ups (SAP ist ein Beispiel) entstehen, weil die etablierten Firmen kein neues Galoppieren zulassen wollen oder können. Unternehmen und Wirtschaftssysteme, denen die Energie für so etwas fehlt, die also mit Routine, Arbitrage oder bestenfalls inkrementeller Neuerung auf dem WEG sind, können sich nur Marscherleichterung verschaffen und sich von den sie verfolgenden Tigern und Bären absetzen, indem sie ihre Laufkosten (Löhne, Steuern) senken oder dorthin gehen, wo alles noch billiger ist.

Die Pflege von *yin-yang*-Disharmonien, das Festhalten am *yin* auf Kosten des Suchens von Einklang mit *yang* (materiell oder immateriell) ist also keine Kneippkur, aus welcher man gestärkt hervorginge. Auch kein meditatives Fasten im Zenkloster, von welchem man neue Einsichten gewinnen könnte. Es ist eher ein gutes Geschäft für Beratungsfirmen. Am Ende der durchoptimierten Wertschöpfungskette steht allerdings, unvermeidlicherweise, der Leichenbestatter.

Warum herrscht in vielen Industrieländern für Jahre nahezu Stagnation? Warum sind viele Firmen „gestorben", obwohl sie vorher großen Erfolg hatten? Warum dümpelt der Aktienkurs von vielen, auch bekannten Firmen (Daimler), über Jahre vor sich hin? Aus der daoistischen Sicht liegt einer der Gründe darin, daß in solchen Ländern/Firmen eine Dominanz der *yin*-Seite des Nichtseins existiert. Warum lernen sie nichts Neues? Warum verzichten sie auf weitere Entwicklung? Bei ihnen fehlt der dritte Schatz von Laozi: „Nie der Erste zu sein". Sie behaupten immerfort, offen für das Neue zu sein, obwohl die Praxis anders aussieht. Sie agieren eher wie fundamentalistische Mullahs. Nach ihrer Meinung haben sie schon hohe Innovationsfähigkeiten. Und ihre Führer beraten die Regierenden, wie man Innovation wirklich erzeugen kann.[401] Es fehlt ihnen nicht an Ressourcen (Geld). Daimler gibt pro Jahr fast sechs Milliarden Euro für Forschung und Entwicklung aus, Siemens fünf Milliarden (Schenkel, 2006). Dennoch: ein radikalinnovativer Stau mit Folgen für Absatz, Rendite, Aktienkurs, Beschäftigung, Steuerzahlungen. Der andere Grund ist, daß sie die Seins-Barriere nicht überwinden können. Sie haben wahrscheinlich viel gelernt, verfügen über Forschungsergebnisse, die sich sehen lassen können, setzen diese aber nicht um. Die Universität im eigenen Haus (DB University) leidet unter *yin*-Dominanz.

Für den „Tod" einer Firma kann nur die Führungsgruppe die Verantwortung übernehmen. Sie greift überall ein (*wangwei*), statt ihre Mitarbeiter galoppieren zu lassen. Anstelle einer Neukombination (organisches oder internes Wachstum) kaufen sie Wachstum über externe Expansion. Rechtfertigen läßt sich das allemal. Früher sagte man „Diversifikation", heute, im Zeitalter der Netze, sind Skalenwirkungen der Trend, den jeder CEO vom Berater abrufen kann. Im Sinn von Laozi und Schumpeter können sie keine Unternehmer bleiben, wenn sie den WEG (*dao*) verlassen. Sie sind immer noch die Führer ihrer Firmen, aber nur als Führer, nicht als Unternehmer. Die Wirkkraft des *dao*, *de* ist nicht quantitativ messbar. Man kann diesen Faktor weder in Geschäftsplänen noch in Bilanzen finden, obwohl er die entscheidende Rolle spielt. Er macht das aus, was der Führung Kraft gibt.

Die folgende Tabelle zeigt, daß mit zunehmender Funktionstiefe die Anforderungen an unternehmerischer Kompetenz und Energie zunehmen. *De* ist die reinste Verkörperung von (nichtmateriellem) Nichtsein. Unsichtbar wirkend, das Sein erzeugend.

---

[401] Ein Blick auf die Liste der Innovationsberater der deutschen Kanzler zeigt eindrücklich, wem die politische Elite Innovationskompetenz zuschreibt.

Tabelle 7.4.1: Unternehmerfunktion und Energie

Unternehmerfunktion	Erforderliches Niveau an Energie (qi), Kompetenz und *de*
Routine	Niedrig
Arbitrage	Höher als Routine, signifikant niedriger als Innovation
Innovation	Höher als Routine und Arbitrage
Evolution	Höher als Innovation (Das Neue selbst sein)

Dominiert jedoch, was historisch geworden ist, bleibt das, was zu erzeugen wäre, das neue *de*, die Wirkkraft zu evoluieren, in seiner funktionstiefen Ebene blockiert (siehe die folgende Abbildung). Innovation kann radikal Neues nicht umfassen. Führung ohne *de*-Kraft und *he-qi*-Kompetenz erzeugt innovative Magerkost. *Yin* bleibt was es war und neues *yang* vermag sich nicht mit ihm zu verbinden. Im Routinefall ist die Unternehmung beherrscht vom *yang* der Konsumenten, ein Sklave der Nachfrage.

Abbildung 7.4.1: *yin*-Dominanz

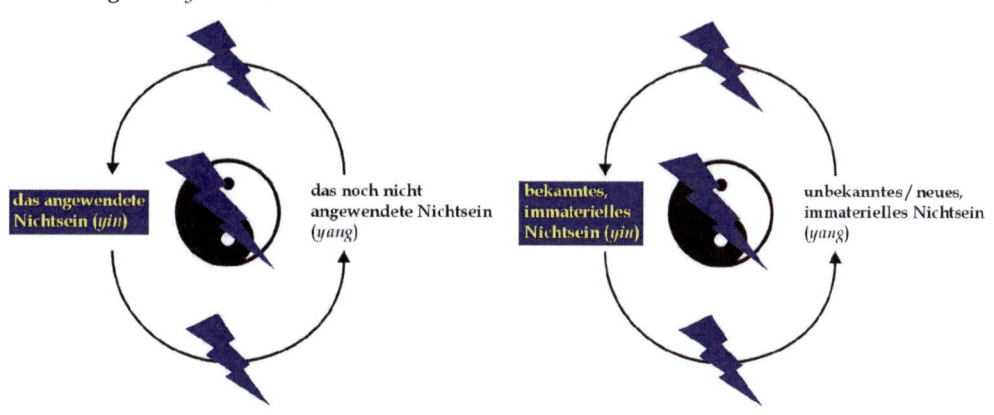

Herrscht *yin*-Dominanz in einem Land - sei sie kulturell geprägt, religiös verankert, politisch verordnet oder wissenschaftlich rationalisiert -, versuchen die Menschen, immer mehr Ressourcen zu bekommen und immer mehr ihrer gegebenen/vorhandenen Güter zu verkaufen. Existiert *yin*-Dominanz in einer Firma, versucht der Chef, immer mehr Produktionsfaktoren zu erhalten und immer mehr seiner Produkte zu verkaufen. Er kauft Umsatz und Gewinn, er schafft Renten durch Beschränkung der Konkurrenz. Er vernachlässigt die Bedürfnisse der Kunden, vor allem die neuen Bedürfnisse der Kunden werden nicht erschlossen (8. Kapitel). Als Nationen führen sie auch Krieg, um ihre Ziele zu erreichen: Zugang zu Ressourcen, Zugang zu Absatzmärkten. Koloniale, imperiale und globalökonomische Muster sind an dieser Logik orientiert. Ohne Nichtsein (insbesondere die Entfaltung von Innovationsfähigkeiten) büßt ein System mit einem Verlust nachhaltiger Entwicklung, selbst wenn es durch Kriege seine Ziele erreichen kann.[402] Nichtsein hat somit notwendigerweise auch eine evolutorische Dimension, es verlangt die Integration evolutorischen Unternehmertums in Theorie und Praxis, also eine unternehmerische Vertiefung der wirtschaftlichen Funktionskreisläufe.

Laozi und Zhuangzi unterstreichen diesen Zusammenhang immer wieder (siehe die obigen Zitate). Ein Beispiel: In China verkauften die Hersteller im Sommer wesentlich weniger Waschmaschinen als zu anderen Jahreszeiten. Die Hersteller von Waschmaschinen fanden das normal. Nur das Unternehmen Haier meinte, der geringe Verkauf bedeute nicht, daß Kundenbedürfnisse nicht vorhanden sind.[403] Vielmehr zeige dies nur, daß die Kunden keine geeigneten Waschmaschinen für den Sommer auf dem Markt kaufen konnten. Haier hat die Kundenbedürfnisse untersucht und neue Waschmaschinen entwickelt, die für Sommerwäsche geeignet waren. Mit diesen neuen Waschmaschinen konnte Haier einen großen Umsatz im Sommer erzielen, nicht nur in China, sondern auch in anderen asiatischen Ländern. Der CEO von Haier, Zhang Ruimin, beschrieb die Entwicklung von Haier: In seiner ersten Phase hat Haier, wie die anderen Produzenten, nur versucht, seine Standardprodukte, ggf. marginal verbessert, zu verkaufen (*you*-Dominanz; „Tonnenideologie" des Sozialismus). Haier hatte die Kundenbedürfnisse vernachlässigt. Dennoch hatte Haier am Anfang mit dieser Strategie großen Erfolg, weil die Nachfrage zunächst größer als das Angebot war. Im Laufe der Zeit bemerkte Haier, daß diese Strategie problematisch war. In der zweiten Phase hat dann Haier versucht, zuerst die Kundenbedürfnisse zu untersuchen und dann die dafür passenden Produkte herzustellen. Außerdem legte Haier mehr Wert auf das Management. Mit diesen Strategien ist Haier erfolgreich geworden. Haier erkannte allmählich die Wichtigkeit von Innovation und wandelte sich von einem *yin*-dominierten in ein *yin-yang*-harmonisches Unternehmen. In der dritten (jetzigen) Phase bemüht sich Haier, neue Kundenbedürfnisse zu erschließen, welche die Kunden selbst noch nicht kennen und die dafür passenden Produkte herzustellen (siehe 8. Kapitel zur Schaffung und Erschließung neuer Kundenbedürfnisse). Das Beispiel von Haier zeigt: eine Harmonie von *yin* und *yang* ist nicht gleich zu setzen mit Gleichgewicht, Routine, und einem Leben ohne Zerstörung und Vermögensverluste für andere. Haier nimmt anderen Firmen auch Marktanteile ab, zerstört Existenzen und Arbeitsplätze, „sichert (sein) Überleben, in dem (es) zerstört" (Laozi, 1996, S. 34).

Was ist die Quelle der Zerstörung? Ein innovativer Anbieter (Haier). Dieser Prozeß „schöpferischer Zerstörung" (Schumpeter) ist jedoch nur möglich, weil Haier sich selbst zerstört, sein altes Selbst zerstört. Erst dadurch gelingt es diesem Unternehmen, anderen Firmen Marktanteile abzunehmen, Arbeitsplätze bei Konkurrenten zu zerstören und neue Arbeitsplätze in eigenen Betrieben zu schaffen. Wenn eine Firma nicht mehr überleben kann, liegt es vor allem an ihr selbst und nicht an der Konkurrenz. Sie bleibt im Sein verankert oder hat Schwierigkeiten, *yin* und *yang* im Nichtsein in Einklang zu bringen. Sie ist nicht innovationsfähig. Sie hat sich selbst in Bedrängnis gebracht. Haier kann seine Konkurrenten zerstören, weil Haier zuerst sich selbst „zerstört", im eigenen Nichtsein erfolgreich gearbeitet hat.

Haiers Theorie ist folgende: Firmen auf den Markt sind wie Bälle auf einem Abhang. Haier ist einer der Bälle. Mit gutem Management kann eine Firma verhindern, weiter nach unten zu rutschen und sogar aus dem Markt zu verschwinden. Gutes Management ist eine notwendige, aber keine ausreichende Bedingung für die Entwicklung des Unternehmens. Nur mit Innovation, einer Kraft, die das Unternehmen nach oben ziehen kann, kann sich eine Firma nachhaltig ent-

---

[402] Nachhaltig im Sinne der Erhaltung der Innovationsdynamik. Dies schließt auf lange Sicht auch ökologische Nachhaltigkeit ein.

[403] Die chinesische Firma Haier ist im Marktsegment von Marken wie Miele oder Bosch-Siemens tätig.

wickeln. Was heißt innovative Fähigkeit? Woher kommt die vorherrschende *yin*-Dominanz im Sein und Nichtsein? Warum schaffen es Unternehmen nicht, neue Bedürfnisse zu erschließen und bestehende Bedürfnisse wirksamer zu befriedigen.

Abbildung 7.4.2: Geschäftsmodell von Haier

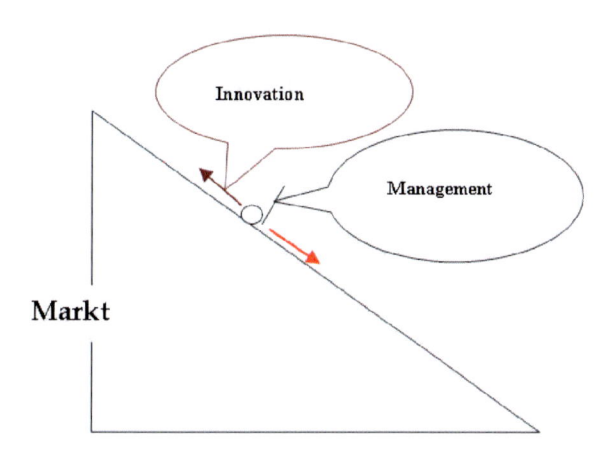

Betrachten wir ein Unternehmen wie Yahoo. Ein Blick auf den Aktienkurs bestätigt, daß hier irgendetwas schief läuft.

Abbildung 7.4.3: Entwicklung des Aktienkurses von Yahoo

Quelle: Investors Village

Sieht man sich auf den Message Boards im Internet um, ist die Meinung: Yahoo hört nicht zu, Yahoo macht Dinge, die an den Bedürfnissen der Kunden vorbeigehen, oft die übliche Verschlimmbesserung von Produkten, die wir in der Welt von Internet und Software finden. Die obige Graphik ist eigentlich ein Produkt von Yahoo. Mitte Juli 06 hat der Internetkonzern ein neues Format für Diskussionen von Investoren eingerichtet, das zu einer Massenflucht von Kunden führt. Danke Yahoo! Eine Mini-Firma wie Investor Village nimmt das Geschenk dankend an, installiert in Tagesfolge neue Server, kommuniziert permanent mit Nutzern, um den Service zu verbessern - und besitzt auch noch die Frechheit, einen Link zu Yahoo zu schalten, der jedem Kunden zeigt, wie der Etablierte sie abserviert.[404] Ein Messageboard nach dem anderen trocknet aus. Also: *heqi-* Probleme. Selbstverschuldet. Im Management von Yahoo muß es Leute geben, die ihren Mitarbeitern sagen: Hört bloß nicht auf unsere Kunden. Die sind blöd, arrogant, haben von Nichts eine Ahnung. Wir wissen besser, was ihre Bedürfnisse sind.

Betrachten wir innovatives Unternehmertum, rücken analytische Qualitäten, die Untersuchung der Zustände und Prozesse des Seins, eher in den Hintergrund - und damit auch eine analytische Orientierung der Ausbildungs-/Trainingsangebote für angehende Manager und Unternehmer. Erfahrene Unternehmensgründer sehen „Analytik" eher als Hindernis. Die empirische Forschung gibt ihnen Recht (Goebel, 1990; Miner, 1997; Mintzberg, 2005). Das Wissen und die Werkzeuge, die MBAs erwerben, sind wirksam, wenn eine Unternehmung bereits am Markt etabliert ist: Die Welt des Seins. Das Weitergehen auf einen schon oft begangenen Weg. Was bringen solche Fertigkeiten für eine neue Unternehmung und für die Schaffung des Neuen in einem bestehenden Unternehmen? Verengen sie die Wirklichkeitskonstruktion auf eine Weise, welche die Schaffung des Neuen ihres unternehmerischen Kerns beraubt? Auch der Chef von Haier hatte gegen ein Management des „die Dinge richtig tun" (Peter Drucker) zu kämpfen. Man kann auch lernen, und es dann auch tun, sich den Abhang richtig herunterzumanagen. Man macht die falschen Dinge richtig, leistet sich keine handwerklichen Fehler, kein Dienstvergehen, die manageriale Weste bleibt sauber. Schumpeter schreibt:

> Je genauer wir die natürliche und soziale Welt kennen lernen, je größer mit der Zeit und fortschreitender Rationalisierung der Bereich wird, innerhalb dessen die Dinge einfach ausgerechnet werden können, desto mehr tritt die Bedeutung gerade dieser Aufgabe zurück und muß deshalb die Bedeutung des Typus „Unternehmer" ebenso sinken (Schumpeter, 1964, S. 125).

Läßt sich alles ausrechnen, wären wir in einer Sein-Welt ohne echte Unsicherheit, der Kunde ein Opfer des Marketingmix und der schöpferische Unternehmer funktionslos, weil er, genauso wie Markt und Wettbewerb, nur in einer Welt unvollkommenen und verteilten Wissens einer Planwirtschaft überlegen ist. Die Vermutung, „einfaches, schnelles, verläßliches" Ausrechnen gehöre zum unternehmerischen Handwerk(szeug), wird gerade von Lehrern, Trainern und Experten in Sachen Unternehmertum ausgesprochen, die selbst keinen unternehmerischen Aufgaben im Sinne Schumpeters nachgehen.

> Gründliche Vorarbeit und Sachkenntnis, Weite des intellektuellen Verstehens, Talent zu logischer Zergliederung können unter Umständen zu Quellen von Mißerfolgen werden (Schumpeter, 1964, S. 125; zum psychischen Hintergrund Kuhl, 1999).

Die neuere Forschung zur Genesis von Visionen und Strategien (Bhide, Blaicher, Mintzberg, Ohmae, Prahalad) hat die Schumpeterschen Beobachtungen eindrücklich bestätigt.[405]

> Jene, die den WEG verlassen und auf Wissen vertrauen, schweben in Gefahr
> (Laotse, 1996, S. 91).

Schöpfung des Neuen im Gegensatz zur Optimierung des Bekannten kann nicht durch die Betätigung des Verstandes geschehen: „Schöpfung setzt erst ein, wenn der Verstand still geworden

---

[404] „Yahoo really missed the boat. It would have been so easy for them to put a few user-friendly features into their ‚new improved' message boards – instead of the useless garbage they dreamed up." (Message 1668, AOB, Investor Village Message Board, 12. August 2006)

[405] Prahalad (1997, S. 32): „Opportunities for innovative strategy don't emerge from ... analysis ...- they emerge from novel experiences that can create opportunities for novel insights."

ist" (Krishnamurti, o.J., S. 120) – Grundaussage aller Meditationslehren und bestätigt durch Erkenntnisse der psychologischen Forschung. Der Anschluß an das daoistische *wu* ist offensichtlich (Abschnitt 5.9).

Gibt es überhaupt Neukombinationen in einer Welt mit *yin*-Dominanz? Nur solche, die noch aus dem *yin*-Sein und *yin*-Nichtsein entstehen könnten, denn das Wissen und die Fähigkeiten bleiben unverändert (*yin*) oder finden nicht den Weg in die Anwendung. Nur kleine (marginale) oder inkrementelle Neuerungen können auftreten. Sie sichern jedoch nicht das langfristige Überleben von Unternehmen, Arbeitsplätzen und Wertschöpfung – es sei denn, wir machten die ganze Welt, mit der wir Güter austauschen, zu einer Welt mit *yin*-Dominanz.

Die Abbildung 7.4.4 zeigt eine solche Möglichkeit. Eine Barriere des Nicht-Seins (*yin*- Dominanz im *wu*) beschränkt die Möglichkeiten einer Flucht vor dem Niedergang.

Abbildung 7.4.4: Überleben bei *yin*-Dominanz

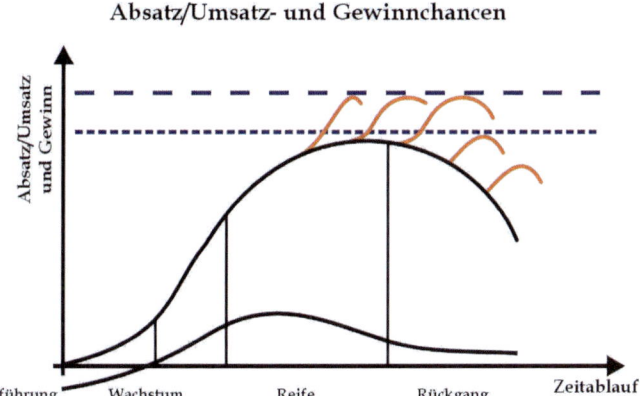

Schöpferische Zerstörung bleibt eine immerwährende Bedrohung. Gelingt es Unternehmen, Harmonie zu ihren Kunden zu schaffen, läßt sich auch in reifen Märkten überleben. Anstelle von Verteilungsschlachten mit Konkurrenten - Ergebnis: niedrigere Preise und Gewinne -, versucht ein Unternehmen harmonische Beziehungen zu Stammkunden aufzubauen. Eine solche adaptive Antwort verlangt andererseits einen Ausbruch, wenn auch nur einen „kleinen", aus dem im *yin*-Dominanz-Raum gegebenen (nicht-angewendeten) Wissen und konstanter Fähigkeiten. Harmonie bedeutet, immer das Gleiche, ihre konkrete Ausprägung ist allerdings sehr verschieden. Herkömmlicherweise dominieren auf reifen Märkten wettbewerbsorientierte Strategien. Man versucht - mangels Innovation - durch Preissenkung, ermöglicht durch kontinuierliche Optimierung der operativen Effizienz, sich im Markt zu halten. Eine andere Möglichkeit besteht darin, Konkurrenten aufzukaufen (take-over) oder mit ihnen zu fusionieren (Wir deuten dies als Arbitrage). Dies sind jedoch typische *yang*-Strategien im Arbitrage-Modus. Wegen *yin*- Dominanz bei Innovation und Evolution sucht das Unternehmen die *yang*-Flucht in die Arbitrage. Dies ist einfacher zu machen, als die Disharmonie zwischen *yin* und *yang* im Nichtsein zu überwinden. Mit solchen *yang*-Strategien kann ein Unternehmen eine schnelle quantitative Veränderung (externes Wachstum) bekommen und auch die Energie (Zahlungsströme übernommener Unternehmen und Vorteile aus der Fusion) erhalten. Energieraub. Energie im Markt heißt Zahlungsfähigkeit. Kauf von *cash* durch Aufkauf sichert für einige Zeit das Überleben. Aber ohne die Harmonie mit den *yin*-Elementen dieses Unternehmens, die dieser Veränderung und

Energie einen „Raum" zur Einbettung anbieten können, verschwinden das Wachstum und die Energie wieder. Das Unternehmen müßte einen erneuten *yang*-Angriff starten. Auslöschen der Konkurrenz. Bringen wir *yin*- Elemente in die Strategie, gewinnen Kunden einen höheren Rang. Es geht also um eine Balance (Harmonie) zwischen Kunden- und Wettbewerbsorientierung gerade in reifen Märkten.[406]

Unternehmen können intern und extern wachsen. Internes Wachstum ist langfristig nur möglich, wenn das Unternehmen eine *yin-yang*-Harmonie im Nichtsein verwirklicht. Sie muß aus eigener Kraft. Neukombinationen erschließen und ihr Kompetenzpotential zu verwirklichen suchen. Sie muß harmonische Beziehungen zu Kunden aufbauen und pflegen. So etwas ist schwer. Viele Unternehmen, insbesondere große, wählen externes Wachstum, weil sie auf innovativer und evolutionärer Funktionsebene *yin*-dominiert sind. In der Regel, dies zeigen zahlreiche Untersuchungen, handeln sie sich dadurch permanente *yin-yang*-Disharmonien ein. Das aufgekaufte Unternehmen läßt sich nicht oder nur schwierig integrieren. Die erwarteten Synergiewirkungen bleiben auf dem Papier, ganz ähnlich wie Supergeschäftspläne ohne Nichtsein (*wu*) Makulatur bleiben. Strategische Weisheit würde es in den meisten Fällen nahelegen, intern zu wachsen. Welches Management handelt schon weise? Vor allem ist es viel schwieriger, da es einen ziemlich radikalen internen Wandel in Richtung *yin-yang*-Harmonisierung verlangt. Erst will Merck Schering kaufen. Dann mischt sich Bayer ein und obsiegt. Die etablierten Pharmakonzerne haben alle Schwierigkeiten mit ihrer Pipeline neuer Produkte. Beobachtende Biotech-Unternehmen wie Amgen und Genentech wundert das nicht. Mit Verachtung sehen sie auf die bescheidene *heqi*-Kompetenz und -kultur der Pharmaunternehmen. Lieber zumachen als so etwas zu tolerieren (Bowe, 2006).

Wissen ist oftmals *en masse* verfügbar. Aber die Anwendung, der Knowing-doing-gap (6. Kapitel) ist der eigentliche Engpaß. Man kauft sich, hofft auf Synergien (=Abbau von Arbeitsplätzen).[407]

> Not macht erfinderisch. Nicht unbedingt im Forschungslabor bei der Suche nach neuen Pillen. Da bleiben die Probleme für Bayer, Merck und Schering ungelöst. Aber in den Köpfen der Konzernlenker, da bricht in schweren Zeiten *wahre Kreativität* durch (Kuchenbuch, 2006; unsere Hervorhebung).

Vermag Arbitragekreativität Innovation zu ersetzen? Kann Arbitrage (Aufkauf) *yin-yang*- Defizite im Nichtsein ersetzen? Letztendlich wird sich die „wahre Kreativität" als Selbsttäuschung erweisen.

Langfristig zahlt das Unternehmen einen hohen Preis, wenn es nicht gelingt, *yin* und *yang* zu harmonisieren. Ein Unternehmen wie Toyota setzt daher konsequent auf ein Wachstum aus eigener Kraft. Und mit dieser Strategie überholt es einen extern wachsenden Konkurrenten nach dem anderen. „Toyota auf dem Weg zur Weltspitze".[408] In einer Welt mit Seindominanz ist das kaum zu machen. Aber auch mit kleinen Innovationen und dauerhaften Verbesserungen (*kaizen*) läßt sich arbitragelos, in *yin-yang*-Harmonie, eine Weile überleben, wenn der Produktzyklus noch nicht ausgereizt ist oder die Wettbewerbsvorteile auf Konkurrenten aus nachholenden Ländern übergegangen sind.

---

[406] Hermut Kormann (2005) hat eine solche Strategie nachhaltiger Kundenbindung in Balance mit Wettbewerb und operativer Effizienz vorgestellt.

[407] Der Zusammenschluß von Bayer und Schering wird vermutlich 6000 Stellen bis 2008 kosten (Sommer, 2006).

[408] Frankfurter Allgemeine Zeitung, 5. November 2005, S. 17.

8. Innovationsdynamik im Daokapitalismus

> ### 8. Innovationsdynamik im Daokapitalismus
>
> **8.1 Die Schaffung neuer Nachfrage im Innovationssystem**
>
> **8.2 Von Nachfragedominanz zu Anbieterinitiative: zur Evolution neuer Bedürfnisse**
>
> **8.3 Die Evolution von Evolutionsgütern**
>
> **8.4 Innovationsdynamik und die Entstehung neuer Märkte**
>
> **8.5 Radikale und erhaltende Neuerungen im *yin-yang*-Raum**

8.1 Die Schaffung neuer Nachfrage im Innovationssystem

Der psychische Schlüssel für eine „soziale Geburt" der Innovation: Sich von seinem Ich zeitweise zu lösen, nicht die eigenen Vorstellungen und Wünsche in den anderen hinein zu projizieren, die Welt durch die Augen des anderen verstehen, Schritte der Empathie von der Idee zur Chance, daoistisch *heqi*.[409] Mit der Entwicklung und Kultivierung der Fähigkeit, sich in einen

---

[409] In welchem Umfang diese Fähigkeit bei Unternehmern verbreitet ist, wissen wir noch nicht hinreichend. Immerhin: John Miner (1997) hat einen reinen Typus emotionalen Unternehmertums (empathic super sales people) identifiziert. Für Eglau und andere (2000, S. 165f.) sind einer der „häufigsten Fehler vieler Unternehmensgründer", daß „sie sich nur schwer vorstellen (können), daß der ‚Markt' anders reagiert" als sie dachten. Von (amerikanischen) Spitzenunternehmern wissen wir, daß genau dieses - die emotional harmonisierte Kommunikation mit Kunden, Mitarbeitern, Marktpartnern - eines ihrer überragenden Merkmale ist (McFarland, 2005). Zur Verbreitung von Egozentrik im Topmanagement hat sich Schieffer (1998) kritisch geäußert. Ram Charan (2006) untersucht die Gründe des Nichtentscheidens in Organisationen (trotz blendender Analytik) und macht sie an Faktoren fest, die wir den daoistischen Aktionsparametern *heqi*, *de* und *wuwei* zuschreiben. Wenn wir die Schichten der Bevölkerung im Auge haben, aus denen zukünftige Unternehmer hervorgehen - Schüler, Studierende - beobachten Zeitgenossen unternehmerische ‚Defizite'. „Viele dieser Jugendlichen" schreibt ein Lehrer über die neue Schülergeneration, „sind oft unfähig, sich in andere hineinzuversetzen" (Kutschke, 1998, S. II). Unten führen wir eine empirische Forschung an, die sich mit dem Persönlichkeitsprofil der am schnellsten wachsenden US-amerikanischen Unternehmen („Inc. 500") beschäftigt.

andern zu versetzen, tritt ein radikaler Wandel der egozentrischen Perspektive eines Unternehmers ein. Der Routineunternehmer hat keine Probleme mit Egozentrik, ein egozentrischer Arbitrageur kann Reichtümer aufhäufen. Für einen Investor wird es ohne Einfühlungsvermögen (kognitiv, emotional) schon schwierig.[410] Für einen neu in den Markt eintretenden Routinegründer spielt empathische Fähigkeit eine bedeutendere Rolle.[411] Wer sind meine Kunden? Wie spreche ich sie an? Was sind die Vorzüge meines Angebots im Vergleich zu anderen bereits anbietenden Unternehmen. Wie verringere ich für den Nachfrager Unsicherheit und Kosten beim Kauf meines Produktes im Vergleich zu eingeführten Gütern? Empirische Untersuchungen zu Routinegründern veranschaulichen die „Defizite" der ökonomisch noch jungen Unternehmer.[412]

Die Abbildung 8.1.2 zeigt diesen Prozeß der Schaffung und Umsetzung unternehmerischer Ideen. Abbildung 8.1.1 skizziert die Grundvermutung: mit zunehmender Innovationsintensität steigen die Anforderungen an qi (Energie) und $heqi$.

Abbildung 8.1.1: Innovationsintensität und unternehmerische Energie

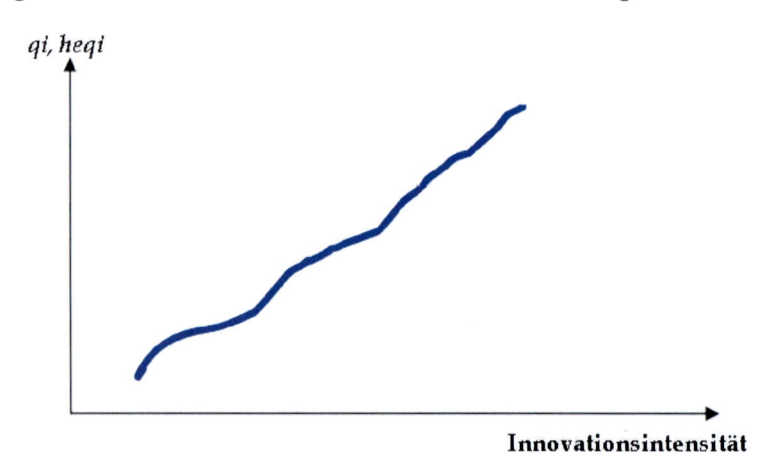

Die Anforderungen an die energetische Kraft (qi; Tatkraft) und die $heqi$-Kompetenz steigen kontinuierlich an. Wer diese Fähigkeiten nicht mitbringt, muß/kann sie erwerben. Was tut der,

---

[410] „Get into the mind of company's management [the consumer] if you want to be sucsessful", ist der Rat den Peter Lynch, eine der erfolgreichsten Investoren (er arbeitete für Fidelity) Anlegern mit auf den Weg gibt.

[411] Wesentliche Unterschiede zwischen menschlichen und nicht-menschlichen Primaten scheinen in menschlicher Empathiefähigkeit zu liegen, sagt uns Ethologe Frans de Waal (2006) in seinem Buch „Der Affe in uns". Und im GMS-Persönlichkeitsprofil scheinen unsere nicht-menschlichen Brüder und Schwestern nur die erste Komponente (Geld) für wenig beachtenswert zu halten.

[412] Vgl. DIHK (2006) zu Ich-AG-Gründern. Viele Gründer vermögen nicht nur ihre Produktidee nicht klar zu erläutern (Inhalt und Vorzüge des eigenen Angebots), sie haben auch Schwierigkeiten, ihre Idee aus der Sicht der Kunden verständlich zu machen. Daß die DIHK insbesondere auf „kaufmännische" Defizite abhebt, liegt auf der Hand. Dies sind jedoch Dinge, die jedermann selbst beseitigen kann, wenn er über unternehmerische Energie (qi) verfügt. Wir sprechen die $heqi$-Probleme an. Diese erfordern mehr als Lernen auf der ersten Ebene (Abschnitt 3.7). Selbst- und Ko-Evolution wird unverzichtbar. Auch dieses läßt sich machen, aber nur im Prinzip. Angebote seitens der Kammern und anderer Anbieter existieren kaum und werden auch nicht gefördert.

der nicht weiß, daß sein *qi* schwach und sein *heqi* unterentwickelt sind? Kein Geschäftsplan und keine kaufmännischen oder technischen Fertigkeiten können *qi* und *heqi* ersetzen - während das Umgekehrte durchaus möglich ist. Die schwachen Signale von Kunden, Lieferanten und Financiers unterlaufen sein Wahrnehmungsvermögen (Froschsyndrom).

Ein Innovator *muß* von Egozentrik zu Soziozentrik (*heqi*) mutieren. Das Selbstsystem des Innovators ist „tiefer" als das des Arbitrageurs und „Wirts" (Schumpeter). Es schließt sie ein und überwindet sie. Dies gilt neben der emotionalen Dimension auch für die anderen (für alle 4L-) Komponenten des unternehmerischen Selbst. Das heißt auch: Innovationen, insbesondere solche radikaler Natur, sind an die Evolution von Können gebunden. Es gilt daher nunmehr: Nichts in der Wirtschaft ergibt Sinn außer im Licht der Evolution. Der Egozentriker ist in der Wirtschaft ein Auslaufmodell, sich bestenfalls inkrementell-innovativ oder als Arbitrageur über Wasser haltend. Ohne Macht ist er auf verlorenem Posten. Der Einsatz von Macht dient deswegen oftmals als Innovationsersatz. Arbitrage (M&A) ist (auch) eine Funktion des Entwicklungsstandes des Selbstsystems der beteiligten Akteure. Wenn „zwei Drittel oder gar drei Viertel aller Übernahmen mehr oder weniger erfolglos sind" (Giersberg, 2006[413]) wäre zu fragen, wer zu wessen Vorteil derartige Transaktionen durchführt.[414] Der Neue im Markt *ist* machtlos. Eine Nr. 1 auf dem Radarschirm von niemand. Ein Grund, warum bestehende Unternehmen sich mit marginalen Veränderungen zufrieden fühlen (können/müssen), ist ihr Vermögen, andere, im Unternehmen und im Markt in ihrer Handlungsvielfalt auf die eigene Zielsetzung, arm an Empathie- und Kommunikation, einzuschränken. Die engen Oligopole der Großkonzerne operieren nahe an der Grenze zur Erpressung ihrer Stakeholder. Sie vermögen ihre „Chance... auch gegen Widerstreben durchzusetzen, gleichviel worauf diese Chance beruhe."[415] Bei radikalen Neuerungen funktioniert so etwas aber nicht (siehe später).

Abbildung 8.1.2: Von der Idee zur Innovation

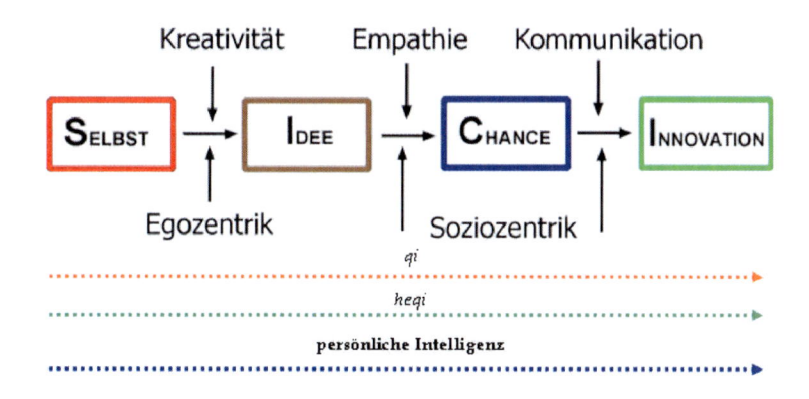

---

[413] Der Autor bezieht sich auf eine Untersuchung des Beratungsunternehmens Ernest & Young. Die zitierten Zahlen beziehen sich auf angelsächsische Studien. Für Deutschland muß nach dieser Untersuchung jede zweite Übernahme als gescheitert gelten. Entscheidende Wirkungen (auf die Innovations- und Evolutionskraft) sind nicht untersucht. Wir vermuten eine noch höhere Scheiternsquote.

[414] Wir sind darauf mehrfach eingegangen, zuletzt in Abschnitt 7.1 bei der Erläuterung des Zusammenspiels von Angebot und Nachfrage in einer Arbitragewirtschaft.

[415] Dies ist die bekannte Definition von Macht durch Max Weber (2005, S. 38) in seinem Hauptwerk Wirtschaft und Gesellschaft aus dem Jahr 1922.

Eine Idee an sich, so kreativ und groß sie sein mag, ist für den Unternehmer wertlos (wie Wissen im allgemeinen), solange die Idee nicht in eine *Opportunity*, eine Geschäftschance, umgesetzt ist. Jeff Bezos, CEO von Amazon.com, sagt:

> Ideen sind wichtig, aber sie sind relativ einfach. Was hart ist, ist diese Liste von hunderten von Ideen zu nehmen, einzuschätzen, und dann die Drei auszuwählen, die du tatsächlich machen wirst. Das ist intellektuell eins der meist herausfordernden Dinge, die täglich in einem Unternehmen passieren, das so schnell wächst (zitiert in: McFarland, 2005).

Große Ideen sind auch gefährlich - für solche Unternehmer, die an ihnen zu lange festhalten, ein Uraltthema im Daoismus. Was „zu lange" ist, weiß niemand. Es ist Sache eines wettbewerblichen Entdeckungsverfahrens. Das macht alles nur noch schlimmer. Denn ohne Reflexionskompetenz (Lernen 3; Abschnitt 3.5) sind negative Überraschungen unvermeidbar.[416] Das *dao* hat seine schützende Hand abgezogen. Jemand mit einer großen Idee verschafft sich ein Gefühl falscher Sicherheit. Er glaubt stärker und erfolgreicher zu sein, als er ist. Die große Idee ohne Selbstevolution seines Trägers/ Erfinders, kann sich als Killeridee entpuppen.

Auch bewußt gewordenes Wissen läßt sich nicht verwirklichen, wenn es dem unternehmerischen Selbst an Einfühlungsvermögen und an konkretem Mitgefühl mangelt. Er muß seine Idee mit etwas außerhalb seines Ich, mit dem *Anderen*, dem Kunden, dem Konsumenten, dem „Betroffenen" verknüpfen. Er muß sich in den anderen hineinversetzen, seine Idee aus der Sicht des anderen re-konstruieren. Es genügt nicht einzusehen, daß es auch andere Sichtweisen gibt, daß andere die Dinge anders sehen könnten. Der Unternehmer muß die Fähigkeit kultivieren, die Perspektive anderer tatsächlich in sich Selbst zu empfinden. Und das heißt, er muß sich von seinem Selbst loslösen und von seiner Idee leer machen können. Das Loslassen ist Voraussetzung für die Harmonie mit dem Kunden.

Die unternehmerischen Führer der am schnellsten wachsenden US-amerikanischen Unternehmen („Inc. 500") zeichnen sich in überragender Weise durch eine Eigenschaft aus: es gelingt ihnen „die Welt für sich zu gewinnen"(recruiting the world).

> Inc. 500 CEOs haben diese Fähigkeit nicht einfach nur, weil sie Ideen entwickeln und vermarkten können, ein Bereich in dem Inc. 500 CEOs ohnehin hohe Fähigkeiten innehaben. Der Schlüssel zu ihrem Erfolg, andere für sich zu gewinnen, ist ihre emotionale Ankopplung. Inc. 500 CEOs sind zu allererst Menschen die positive persönliche Beziehungen mit Menschen und Gruppen aufbauen.

> Diese Charakteristik wurde im Testergebnis entdeckt. TAIS[417] identifiziert den am meisten benutzen Kommunikationsstil einer Person. Und stellt dann fest, ob der Stil Ideen und intellektuelle Wettbewerbsfähigkeit, Unterstützung und Zuneigung oder Kritik und Ärger bevorzugt. Der durchschnittliche Inc. 500 CEO erzielte im Bereich Unterstützung

---

[416] Wir haben oben schon die Problematik sogenannter Wettbewerbs für Geschäftsideen und Pläne angesprochen. Wenn sie Finanzkapital bringen, schön, wenn sie die Ideenträger übermütig und besserwisserisch machen und ihr Ich stärken, sind sie Quellen des Mißerfolgs. Wir kennen keine Untersuchungen, welche die geschäftliche Entwicklung von Preisträgern über mehrere Jahre beobachtet hätten. Die Ergebnisse wären geeignet, unsere Vermutungen zu widerlegen - oder nicht.
[417] TAIS = Test of Attentional and Interpersonal Style. Die CEOs der Inc. 500 wurden über TAIS mit „normalen" Unternehmensführern und der Bevölkerung verglichen. Die Ergebnisse schildert McFarland. Was hier gemessen wird sind sog. „traits", situationsübergreifende, relativ stabile Persönlichkeitsdispositionen.

und Zuneigung höhere Ergebnisse als 82% der Gesamtbevölkerung - mehr als praktisch jede andere getestete Gruppe außer derer der höchst erfolgreichen Verkäufer.[418] Eine bedeutsame Abweichung vom stereotypen, dickköpfigen Unternehmer, wie er so oft in der Presse dargestellt wird. Trotzdem ist es diese Fähigkeit der Inc. 500 CEOs, bedeutsame persönliche Beziehungen aufzubauen -- sogar noch mehr als ihre Fähigkeit, Ideen an den Mann zu bringen -- die es ihnen ermöglicht, Menschen und Organisationen für ihr Unternehmen zu gewinnen (McFarland, 2005).

‚Als ich einmal etwas im Staate Chu zu erledigen hatte', sagte Konfutse, ‚sah ich einige junge Ferkel, wie sie bei ihrer toten Mutter zu saugen versuchten. Nach kurzer Zeit wandten sich alle von ihr ab und rannten eilig davon' (Zhuangzi, 2003, S. 88).

Die Kunden rennen weg, wenn der Unternehmer „tot" ist, keine interaktive Energie (Leben) zu erzeugen vermag.

Der Unternehmer muß lernen, sich die *potentiellen* Erfahrungsweisen eines anderen Menschen (Nachfrager) zu eigen machen. Welche Nutzenbilanz stellt ein indischer Bauer auf, dem ich mein Saatgut für den Anbau von Genreis verkaufen möchte? (Greenpeace ist, wie wir wissen, mit dieser Frage überfordert.)

Für den neu in den Markt eintretenden und noch mehr für den Innovator ist eine Evolution seiner Ich-Identität von Egozentrik zu Soziozentrik überlebenskritisch. Denn der andere, in dessen Haut er schlüpfen muß, ist auch derjenige, der über die Selektion seiner Chance entscheidet - falls sie es bis auf den Markt schaffen sollte. Er muß die Rationalität des Anderen verstehen, auch wenn er sie für irrational hält, an eine Wirklichkeit Anschluß gewinnen, die er aus seiner (egozentrischen) Sicht überhaupt nicht sieht. Der andere muß seiner Chance Kaufkraft widmen, oder sein unternehmerisches Spiel ist marktökonomisch zu Ende. Soziozentrik, empathische Fähigkeit ist deswegen eine unternehmerische Schlüsselkompetenz, zumindest für den innovativen Unternehmer, der sich nicht wie der Routinewirtschafter (und der marktmächtige Konzern) oder der aufholende Tiger auf eine bereits eingeführte, von den Kunden akzeptierte (oder mangels Alternativen nicht substituierbare) und regulativ (explizit-ethisch) akzeptierte Idee verlassen kann. Er kann sich auch nicht damit begnügen, das Ewiggleiche durch

...Marketing

---

[418] John Miner (1997) bezeichnet diese als „empathic supersales people", Menschen mit überragender „emotionaler Intelligenz."

...hochzujubeln und mit einem konkurrenzidentischen Produkt (Strom, Benzin, Waschmittel, Fruchtjoghurt usf.) noch einen Heterogenitätsvorteil aus dem Hut des Marktforschers zu zaubern: Mein *e-on* steht mir gut.[419]

Wie erschließt eine Biotechfirma neue Nachfrage? Die US-Firma Celgene verdient viel Geld mit einem Produkt, daß in Europa noch auf der Verbotsliste steht, weil es vor vielen Jahren - als Schlafmittel Contergan - für die Fehlbildung von Neugeborenen verantwortlich war.

Der CEO von Celgene, Sol Barer, äußert in einem Interview (Mai 2006) bei Bloomberg:

> Unser Fokus ist eine sehr große Firma zu schaffen, für unsere Aktionäre, für unsere Mitarbeiter, und am wichtigsten, für die Patienten draußen. Wir haben ein kritisches Bewußtsein über das, was ihre Bedürfnisse sind. Wir versetzen uns immer in die Situation der Patienten. Wir bringen keine kleinen therapeutischen Verbesserungen auf den Markt. Wir versuchen wirklich große Verbesserungen in der Therapie. Wir versuchen sehr stark durch Kommunikation zu wachsen. Und das wirkliche Ding: Wir stehen erst am Anfang von Celgene.[420]

Daß sich so etwas auszahlen kann - Empathie, Kommunikation (*heqi*), in Verbindung mit Innovation -, zeigt die Kursentwicklung der Aktie: 4000 Prozent in 10 Jahren. Da kann ja jeder kommen, sagt der Bioethiker: Verbot. Wir würden im Paradies leben, könnte es jeder. Welcher Kranke schluckt eine Pille, die so viel Unheil anrichten konnte? Wie erschließt man einen Markt mit dem Teufel im Bunde (so die Kritik der Kritiker)? Wie überzeugt man die Zulassungsbehörde FDA,[421] Ärzte und Patienten? Wie bringt man Nachfolgeprodukte auf den Markt, die radikale Verbesserungen in der Krebstherapie erlauben? Warum hat die deutsche Firma (Grünenthal AG, Hersteller von Contergan) und viele andere so etwas nicht versucht? Wo sind die Therapien der mit öffentlichen Geldern so stark geförderten Krebsforschung?

Betrachten wir die Bemühungen ausländischer Firmen, den koreanischen Markt zu erschließen. Coca Cola, Walmart, Carrefour, Google, Nokia, usf. Die creme de la creme der multinationalen Firmen scheitert (Song Jung-a, 2006). In Japan oft das gleiche Bild. In China ebenso. Volkswagen hat die Bedürfnisse männlicher Chinesen nicht beachtet und Modelle auf den Markt gebracht, die nach chinesischem Empfinden ein „weibliches" Design haben. Der Marktanteil von VW in China, einst 50 Prozent, ging auf 17 Prozent zurück (Hofbauer, 2006). Walmart scheitert auch in Deutschland - nachdem die Firma Verkaufsketten deutscher Distributoren via Arbitrage er-

---

[419] Die Moral eines solchen Tuns und der Marketingbranche unterliegt seit Vance Packards *"The hidden persuaders: What makes us buy, believe – and even vote – the way we do"* einem ethischen Generalverdacht. Zur Aktualität Asch, 2001 sowie http://free.freespeech.org. Zum ethischen Pro und Contra der Werbung siehe Waibl, 2001, S. 267ff.

[420] Das Transkript des Interviews ist in englischer Sprache verfügbar unter: http://ragingbull.lycos.com/mboard/boards.cgi?board=CELG&read=33430.

[421] Die FDA hatte Thalidomide („Contergan") bis Anfang 2006 nur für die Behandlung von Lepra zugelassen. Die Ärzte verschrieben es dennoch für eine zunehmende Zahl von Krebserkrankungen. Celgene hat in einem patentierten Verfahren sichergestellt, daß kritische Zielgruppen wie schwangere Frauen keinen Zugang zum Medikament erhalten. Die Firma kennt selbstverständlich die Wirkungsgeschichte. Auf der Homepage der Firma (www.celgene.com) ist zu lesen: „Thalidomide [Thalomid] was first introduced in the 1950s as a sedative and because it was deemed to be so safe, it was prescribed for nausea and insomnia in pregnant women. However, it was found to be the cause of severe birth defects in children whose mothers had taken the drug in their first trimester of pregnancy. This was a terrible tragedy, the suffering of which is still being felt today. As a consequence the drug was never approved for distribution in the United States."

worben hatte, um schneller Fuß zu fassen, anstelle peu à peu, durch internes Wachstum, sich mit der deutschen Konsumkultur vertraut zu machen. Die Antwort in allen Fällen: *heqi*. Die Unfähigkeit, sich auf die Bedürfnisse der heimischen Konsumenten einzustellen. Die Firmen haben ein Supermarketing, Top-MBAs arbeiten für sie. Gegen die koreanischen Firmen kommen sie nicht an. Sie steigen aus. Können sie sich nicht leer machen? Von was? Von den sogenannten globalen Standards des Marketings, nach denen alle Konsumenten auf der Welt auf gleiche Weise funktionieren. An keiner Business School lernt man so etwas. Hochschulen dressieren durch Lernen 1. Empathie lernen, in *heqi* sich bilden, verlangt den Aufstieg in die Tiefen des Lernens, den Erwerb von Kompetenzen und Reflexionsvermögens (Lernen 2 und 3; Abschnitt 3.5). Westliche Unternehmen verbrennen in China viel Geld, weil sie keinen Gleichklang im *heqi* mit chinesischen Nachfragern erzeugen können.

Im westlichen Kulturraum gut laufende, das heißt auf die Bedürfnisse dieser Nachfrager zugeschnittene Produkte, scheitern, wenn einheimische Konkurrenten Erzeugnisse hervorbringen, die funktional vielleicht gleichwertig aber bedürfnisadäquat konzipiert und vermarktet werden. Das Hauptproblem also: Produkte verkaufen zu wollen, ohne die Bedürfnisse koreanischer (japanischer, chinesischer) Konsumenten zu kennen bzw. sie wirklich ernst zu nehmen. Das kann man in Afrika, in Lateinamerika, im Mittleren Osten, oder am Nordpol machen, weil dort keine nennenswerte einheimische Konkurrenz existiert. Im Fernen Osten wie in Europa gilt Zhuangzi:

> [Der] Verlust eines Fußes [ist] wie das Abschütteln eines Klumpen Erde.
> (Zhuangzi, 1998, S. 108)

Der Fuß, dessen man nicht verlustig gehen will, sind nicht-angepaßte, bedürfnisdefizitäre Innovationen, auf die man aber nicht verzichten will oder kann. Hochmut spielt hierbei eine Rolle, Besserwissen und Reflexionsarmut (Lernen 3). Man trägt *yin-yang*-Disharmonien in eine Wirtschaft, in der Konkurrenten bereits harmonisch operieren oder rasch lernen, dies zu tun. Der BDI und die deutsche Kanzlerin: ihr beklaut uns. Ein Ministerpräsident: Ihr macht „Kohle" mit unserem Wissen. Unsere „Religion" verbietet so etwas. Gemach, gemach. Die christlichen Werte („göttliche Gesetzgebung") und die „Seele Europas" warten schon auf die konfuzianischen Sittenstrolche. Glaube kann Berge versetzen, aber nicht im Markt. Hier zählt *cash*, Zahlungen. Wer den Geldbeutel der Kunden zu öffnen versteht, verdient. Dies ist nicht nur eine Frage des technologischen Wissens. Und offensichtlich läßt sich dies schneller erwerben und meistern als *heqi*.

Selbstverständlich gilt dies auch umgekehrt: wenn kulturfremde Produzenten bei uns Fuß fassen wollen. Japanische und koreanische Konzerne versuchen deshalb, ihre Innovationen vor Ort, in Berlin oder London oder im Silicon Valley bedürfnisangepaßt zu entwickeln. Es geht hier nicht um Verlagerung („*outsourcing*") von Forschung und Entwicklung, also um das, was westliche Konzerne in Indien und China praktizieren. Auch wenn indische und chinesische Unternehmer technologisch gleichziehen (Abschnitt 5.7), ist es gegenwärtig eine offene Frage, ob sie die *heqi*-Qualität besitzen, dem Westmenschen und Japaner neue Güter schmackhaft zu machen.

Einer der beiden Autoren ist noch skeptisch, ob es China gelingen kann, wirklich radikale Neuerungen außerhalb des chinesischen Marktes durchzusetzen. Die Gründe sind die obigen. Die Eigenarten des chinesischen Kommunikationsverhaltens[422] machen es schwierig. Chinesische Unternehmen sind gezwungen, jenseits des Einstiegs in bestehende Märkte (nachholende Entwicklung) oder des Verkaufs inkrementeller Neuerungen, die auf die Befriedigung bestehender,

---

[422] Exemplarisch dargestellt in Gao & Ting-Toomey (1998); Randall Parker, Parts of brain used for Math differ for English, Chinese speakers, Futurepundit, 29. Juni, 2006.

von anderen bereits geschaffener Bedürfnisse zielen, wirklich neue Bedürfnisse zu schaffen, was bei radikalen Neuerungen nahezu unverzichtbar ist (Abschnitt 8.2).

Die moderne Unternehmertheorie behandelt diese Fragen unter dem Gesichtspunkt der Transformation einer „Idee" in eine „Chance" (Englisch: *opportunity*; siehe Abbildung 8.1.2). Der wesentliche Unterschied zwischen beiden ist das Bemühen des Produzenten, sich in die Welt des Nachfragers empathisch einzubringen, die Welt mit den Augen des Konsumenten zu sehen, den blinden Fleck der Anbieterperspektive zu vermeiden. Die eigenen Emotionen gilt es mit solche des Kunden zu harmonisieren. Der Unternehmer geht den Weg des Kunden, er nimmt ihn dabei (die Schumpeterlogik) an die Hand.

Wenn Opportunities strukturgekoppelte Ideen mit Kunden sind, impliziert dies selbstverständlich jenen Aspekt, der im Mittelpunkt der Überlegungen der später angeführten Autoren und Unternehmer steht. Chancen stehen und fallen mit ihrer Qualität, Werte (value) für den Kunden oder Nachfrager zu schaffen.

Schumpeter beschreibt außerordentlich klar (nicht unbedingt zutreffend) die Interaktionsproblematik von *yin* und *yang* bei der zyklischen Hervorbringung neuer Nachfragemuster. Das aktive Element sind „Unternehmer" (identisch Innovatoren). Konsumenten haben Bedürfnisse (*yin* im Nichtsein) (siehe Tabelle 7.1.1), sie vermögen sie jedoch nicht zu artikulieren. Eine neue, nachhaltige Nachfrage entsteht, wenn *yin* und *yang* sich harmonisieren.

> Die Tatsache, auf die wir uns berufen, ist natürlich allgemein bekannt. Eisenbahnen sind nicht gebaut worden, weil irgendwelche Verbraucher die Initiative ergriffen haben und eine wirksame Nachfrage nach Eisenbahnen unter Zurücksetzung von Postkutschen geschaffen haben. Ebenso wenig zeigten die Verbraucher von sich aus den Wunsch, elektrische Lampen oder kunstseidene Strümpfe zu besitzen, oder mit dem Auto oder Flugzeug zu reisen, Rundfunk zu hören oder Kaugummi zu kauen.
>
> Wenn jemand glaubt, daß Geschmacksveränderungen, die auf jeden Fall zu den offensichtlichsten Phänomenen der Wirtschaftsgeschichte gehören, sich regelmäßig aus der Initiative der Verbraucher [*yang*]... herleiten, und zwar derartig, daß diese Initiative einer der Hauptbewegungskräfte der wirtschaftlichen Entwicklung darstellt, muß er logischerweise die Gültigkeit unseres analytischen Schemas bestreiten.
>
> Es liegt offenbar kein Mangel an Realismus in dem Satz, daß die Mehrzahl von Veränderungen bei Gebrauchsgütern von seiten der Produzenten den Verbrauchern aufgezwungen wurde, die in den meisten Fällen Widerstand gegen die Veränderung leisteten und... erst erzogen werden mußten (Schumpeter, 1961, S. 80f.).

Im Zitat Schumpeters wird die vollständige Umkehrung der Rolle von Anbieter und Nachfrager, Produzent und Konsument im Vergleich zur zitierten Sichtweise von Mises in einem Routinemarkt deutlich. Wir befinden uns in einer anderen Welt. Anders gesagt: *yin* und *yang* sind nachfragetheoretisch in Parallelwelten angesiedelt (siehe nochmals Tabelle 7.1.1). Sie ist aber nicht so extrem, wie die folgenden Ausführungen zeigen werden. Offensichtlich steigt mit den tieferen unternehmerischen Funktionen die Chance einer gewissen Abkopplung vom Diktat des Marktes. Jobs und Wozniak, die Gründer von Apple: „Die meisten schöpferischen Unternehmer erfinden Bedürfnisse, von denen Konsumenten und Kunden niemals wußten, daß sie solche haben"(zitiert in Allen, 1995, S. 15). Gehen wir auf die evolutorische Stufe, die Schaffung evolutorischer Güter, wird dies noch deutlicher.

Aus der Sicht der Nachfrage können wir einen Markt in vier Felder aufteilen (siehe Abbildung 8.1.3; adaptiert nach Hamel und Prahalad, 1994). Der „Markt heute" ist der Routinemarkt, der *economic core* (Bruce Kirchhoff): innovationslos.[423] Er ist umlagert von noch nicht erschlossenen Opportunities. Ihre Erschließung verlangt Innovation. Sind die Kundenwünsche noch nicht artikuliert (die obigen Fälle von Schumpeter, weitere Beispiele unten), muß der Unternehmer empathische und kommunikative Kompetenzen mobilisieren, um den Nachfrager auf seine Seite zu bringen (zahlungsbereit zu machen).

Abbildung 8.1.3: Erschließung neuer Märkte

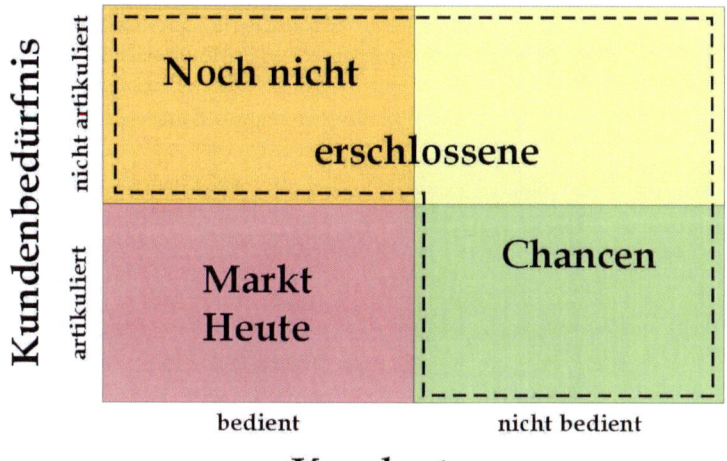

	bedient	nicht bedient
Kundenbedürfnis nicht artikuliert	Noch nicht erschlossene	
Kundenbedürfnis artikuliert	Markt Heute	Chancen

Kundentypen

Die Abbildung 8.1.3 erlaubt somit eine grobe Strukturierung des Problemfeldes auch im *yin-yang*-Kontext. Im Feld „Markt heute" sind die Kunden bedient und die Bedürfnisse der Nachfrager dem Unternehmer bekannt (Nachfragerdominanz, der Anbieter ist subordiniert). Beschränkt sich Wirtschaften auf dieses Feld, sind alle „happy": Anbieter maximieren ihren Gewinn (so mager er auch ausfällt; Innovationsrenten sind schließlich null) und Nachfrager ihren Nutzen. Sein & Nichtsein, *yin* & *yang* erreichen ihre Harmonien. Da Angebot gleich Nachfrage ist, muß sich niemand Sorgen machen, weder die Käufer, noch die Verkäufer.

Wie kommt die Wirtschaft aus der Box des Gleichgewichts heraus? Nicht ohne unternehmerische Initiative, welche neue Angebots-/Nachfragekurven schafft (siehe Tabelle in Abschnitt 7.1). Ein rational agierender, seinen Gewinn maximierender, wohl auch hedonistischer Unternehmer könnte sein Wissen (Nichtsein als *yang*) zunächst zur Entwicklung von Produkten verwenden, die auf artikulierte Kundenbedürfnisse zielen, vom Angebot jedoch noch nicht bedient sind. Ein Defizit von *yin*. In der *yin-yang*-Beziehung ist Wissen *yang* und die alten Produkte *yin*. Das Wis-

---

[423] Im ökonomischen Kern befindet sich die überwiegende Mehrheit der Unternehmen. Kirchhoff kennzeichnet diesen Bereich mit geringem Wachstum und bescheidener Innovation. Der Gegenpol sind Unternehmen mit hoher Innovationsleistung und starkem Wachstum. Kirchhoff versucht den empirischen Nachweis, daß die Schaffung von Arbeitsplätzen, netto betrachtet (Einstellung minus Entlassung) (1) bei Unternehmen im Kern fast null ist, (2) über 70 Prozent der Arbeitsplätze von Unternehmen mit mittlerer und hoher Innovationsrate geschaffen werden und (3) dieser Typ von Unternehmen primär neue oder junge Unternehmen sind. Die magische Relation läßt sich in zwei Zahlen zusammenfassen: 4 und 74. Vier Prozent der neuen Unternehmen schaffen 74 Prozent der neuen Arbeitsplätze. Kirchhoff versuchte mit seiner Arbeit, die Schumpetersche Theorie am Beispiel der USA empirisch zu fundieren (siehe Kirchhoff, 1994).

sen (*yang*) kann nicht ins Sein transformiert werden, weil die alte Verhaltensweise, das alte *angewendete* Wissen, etc. (*yin*) dominiert.

Wenn ein Unternehmer so handelt, operiert er im vierten Quadranten (artikuliert, noch nicht bedient). Er muß dazu aus dem heutigen Markt ausbrechen. Die Billigflieger, die Billigmarken der Mobilfunkanbieter oder die privaten Raumfahrtunternehmen, die Ausflüge in den Weltraum offerieren - zwar für viel Geld (20 Mio. Dollar) aber dennoch viel billiger, als es die staatlichen Raumfahrtkonzerne jemals (ohne Subvention) zustande brächten - operieren hier.

Kann oder will ein Unternehmer solches nicht – Aktivitäten in noch nicht-bedienten Märkten mit artikulierten Bedürfnissen aufzubauen -, läuft er Gefahr, von Unternehmen, die im vierten Feld tätig sind, schöpferisch zerstört zu werden. Andererseits ist die Chance, durch rasche Imitation dieses Schicksal zu umgehen, relativ hoch. Die Kundenbedürfnisse sind bekannt, gleichgültig ob sie auf Überlebens-, Haben- oder Evolutions-Güter zielen (diese Unterscheidung vertiefen wir im nächsten Abschnitt). Dieser Typus von Innovation läßt sich im Sinne von Christensen als „erhaltend" charakterisieren, er wendet sich an Nachfrager, deren Bedürfnisse der Unternehmer kennt („artikuliert"), die er jedoch mit verbesserten und/oder verbilligten Produkten zu beliefern vermag. Er erschließt damit neue Marktsegmente. Wenden sich mehr und mehr Kunden seinen Produkten zu, „disruptiert" (Christensen) oder zerstört (Schumpeter) er den alten Markt. Der Nanolack verdrängt den konventionellen Lack aus den Regalen von Baumärkten und von den Fließbändern der PKW-Hersteller. Der Eintritt in dieses Marktsegment ist *yin-yang*-logisch auch nur mit bescheidenen Disharmonien verbunden. Die *yang*-Initiative wird durch *yin* relativ schnell getestet und für anschlußfähig oder nicht befunden. Bleiben wir im Nanomarkt: Zahlreiche Unternehmen setzen nanotechnologische Verfahren in diesem Feld der Matrix ein. Der gegenwärtig erzielte Umsatz mit Nanoprodukten (weltweit circa 100 Mrd. Euro) wird nach unserer Beobachtung überwiegend im Segment „artikuliert - nicht bedient" erzielt.[424] Ökonomisch betrachtet auch vernünftig. Das Markt- und Technologierisiko ist relativ gering, die Innovationsvorteile lassen sich quantifizieren und sind daher mit Verfahren des modernen Managements zu beherrschen. Nanotechnologie ist daher auch anschlußfähig für bestehende Unternehmen. Zumindest können sie prüfen, ob Nano-Innovationen disruptiven Charakters sind, und dann entscheiden, ob sich Mitmachen, beobachtendes Abwarten, Nichts-Tun oder Nicht-Tun (*wuwei*) lohnt.

Der Eintritt in noch nicht erschlossene Märkte (in Abb. 8.1.3 Quadrant 3: nichtartikuliert & nichtbedient; und 4: artikuliert & nichtbedient) stellt offensichtlich größere Anforderungen. Wir gehen daher unten noch ausführlicher auf diese Innovationstypen ein.

Die Beispiele von Schumpeter aus dem obigen langen Zitat lassen sich leicht aktualisieren. Wer von uns hat Bedürfnisse nach Mobiltelefon, Faxmaschine, Heimkopierer, On-line-brokerage à la Schwab oder Consors, Autos mit Navigationssystem, Mindmapping, Neurolinguistischem Programmieren (NLP), Weltraumflug, verspürt oder geäußert? Kein Kunde hatte anscheinend das Bedürfnis, Nachrichten rund um die Uhr auf seinem TV zu sehen; keine der bestehenden Fernsehanstalten sah einen Markt für 24-Stunden-Nachrichten. Ein Unternehmer Namens Turner (CNN) schuf ihn, gefolgt von Murdoch (Fox News).[425] Kein Kunde sagte Sony, daß das Einzige,

---

[424] Zu Beispielen aus der chemischen Industrie siehe Geipel-Kern (2004); die über Ebay verkauften Nanoprodukte fallen ausschließlich in dieses Marktsegment.

[425] Die sog. „öffentlich-rechtlichen" Sendeanstalten, mit allen Sendelizenzen, Verfassungsauftrag und Zwangsrechten zum Zahlungseinzug ausgestattet, sind bis heute zur Imitation nur in Grenzen fähig. Auch eine ideale Konstellation von Property Rights führt - ohne innovatives Unternehmertum - zu Nichts außer einer Reproduktion der Routine: bediente Kunden und artikulierte Bedürfnisse.

was am Kassettenspieler nichts taugte, der Umstand war, über keinen direkten Zugang zum Ohr zu verfügen. Kein Autokäufer ging zu einem Autohändler von Chrysler, um seinen Wunsch nach einen Lieferwagen zu äußern, montiert auf einem PKW-Chassis und über umklappbare Sitze verfügend. Auch ausgefeilte Marktforschung und professionelles Marketing können bei innovativen Produkten nur in Grenzen etwas leisten - d. h. kreatives Unternehmertum ersetzen. Dies macht *heqi*-Innovatoren zu echten Schöpfern neuer Werte, in ihrem Handeln vergleichbar mit Künstlern und Schriftstellern. Was beide mit Unternehmern in der Wirtschaft verbindet, ist die Erzeugung von neuen Wertschöpfungsströmen aus dem Nichts, kraft ihrer Idee und Tat, ihrer Persönlichkeit, der kreativen Leistung, an die sich im Erfolgsfall eine wirtschaftliche anschließt. Der Roman „Die Buddenbrooks" von Thomas Mann hat sich weit mehr als vier Millionen Mal verkauft. Aus diesem Werk ist eine Kulturindustrie von beachtlichem Ausmaß geworden, geschrieben auf gut Glück von einem abgebrochenen Gymnasiasten.

Fast identisch mit den Aussagen von Schumpeter ist die Kernbotschaft von zwei Managementgurus:

> Kunden haben notorische Probleme mit Voraussicht. Wer lediglich die artikulierten Bedürfnisse der bereits bedienten Kunden befriedigt, überläßt weitsichtigen Wettbewerbern riesige Chancen.... Unternehmen, welche die Zukunft schaffen, machen mehr als die Kunden zufrieden zu stellen, sie verblüffen und überraschen sie unaufhörlich (Hamel und Prahalad, 1994, S. 67f.).

Neuen Wohlstand zu kreieren verlangt mehr als sich – das Modell der Kundensouveränität – an die Nachfrage des Marktes anzupassen (adaptive response) - sich am „Markt heute" zu orientieren (siehe obige Abbildung). Akio Morita, Gründer von Sony, bringt es auf den Punkt:

> Unser Plan ist die Öffentlichkeit mit neuen Produkten zu führen, nicht sie zu fragen, welche Produkte sie wünschen. Die Nachfrager wissen nicht was möglich ist, aber wir tun es. Anstelle von umfangreicher Marktforschung, verbessern wir unsere Überlegungen zu einem Produkt und zu seiner Verwendung. Wir versuchen einen Markt für unsere Produkte zu kreieren, in dem wir die Nachfrager (the public) erziehen und mit ihnen kommunizieren (zitiert in: Hamel und Prahalad, 1994).

What you see is what you want: Die Anbieter lassen den Kunden das Gut „sehen". Und dann wünschen sie auch, es zu kaufen.

Das „Auferzwingen" und „Anerziehen" (*yang* im Nichtsein) ist so eine Sache. Meistens geht es schief. Produktneuerungen scheitern, sind in der Regel Flops. Die Kehrseite des unternehmerischen Spiel-Raums gegenüber dem Verbraucher ist daher Scheitern. Wer die alten oder neu erweckten Bedürfnisse der Nachfrager nicht trifft, fliegt aus dem Markt:

Game over.

Herrmann Simon (2001) verlangt vom Unternehmer daher seine Geschäftsstrategie auch bedürfnisorientiert auszurichten: „Eine bedürfnisorientierte Geschäftsdefinition reduziert das Risiko, daß einem die Nachfrager weglaufen" - oder man als Gründungsunternehmer überhaupt keine Kunden zu Gesicht bekommt. Nun ist Bedürfnis nicht gleich Bedürfnis. Es gibt eine Hierarchie von Bedürfnissen. Nicht für den Routineunternehmer. Die Welt der Kunden ist für ihn transparent und unveränderlich. Er kann sich auch nicht irren. Der Innovator liegt demgegenüber in der Mehrzahl der Fälle schief. Zielt seine potentielle Neuerung auf das jeweils tiefste, am wenigsten befriedigten Bedürfnis in der Hierarchie, erhöht sich seine Erfolgswahrscheinlichkeit (Maos, 1996, Kapitel 10, S. 3). Basisinnovationen, ein Ausdruck der Zyklik wirtschaftlicher Entwicklung, befriedigen bislang vernachlässigte Bedürfnisse. Sie stimulieren umfangreiche private und öffentliche Investitionen, auch in die Infrastruktur (Verkehr: Eisenbahn, Automobil, Flugzeug; Kommunikation: Telegraph, Telefon, Internet). Innovation verlangt daher auch ganz andere Kompetenzprofile als Routine und Arbitrage. Eine egozentrische Konstruktion der Kundenwelt ist der Tod des Innovators. Immerhin hat der Innovator eine Lebenschance.

Die *Erzeugung* von Nachfrage, die Schaffung neuer Nachfragekurven ist daher, folgen wir diesen Überlegungen, Ergebnis von *yang*-Aktivitäten von Unternehmern. Menschen wollen essen, in unseren Breiten Getreideprodukte. In Asien ist ein Mahl ohne Reis keine akzeptable Speise. Die Nachfrage nach Brötchen, Vollkornbrot, Baguette, Müsli, wo kommt sie her, wer erzeugt sie? Wer ermöglicht den Konsumenten die Auswahl aus dem riesigen Sortiment von Nahrungsprodukten, mit denen sie ihre (relativ stabile *yin*-) Nachfrage zu befriedigen versuchen. Die Kundenbedürfnisse sind hier weitgehend artikuliert, aber immer noch nicht bedient (siehe obige Abbildung). Es gibt noch Chancen für eine inkrementelle Neuerung.

Was die Nachfrage betrifft, müssen wir daher etwas tiefer bohren als es die Verhältnisse in einer Routineökonomie erfordern.[426] Es gib Bedürfnisse, die die Nachfrager und Anbieter schon ken-

---

[426] Auch unter diesem Gesichtspunkt ist die Gleichgewichtstheorie, „leer und nichtssagend, soweit sie richtig ist, und falsch, soweit sie etwas sagt." Schumpeter (1911/2006, S. 471). Schumpeters anmaßende Frechheit gibt uns Gelegenheit zu einer fußnotenökonomischen Verortung theoretischer Paradigmen der Ökonomie aus der *yin/yang*- und *you/wu*-Logik. Wir wenden somit die daoistische „Theorie" auf die Theorieentwicklung der Ökonomie an, was im Hinblick auf ihren Beobachtungs- und Analysegegenstand und auf ihre Entwicklung selbst möglich ist. Betrachtet man Letzteres, ist die *yin-you*-Theorie, das herrschende ökonomische Lehrgebäude, vergleichbar einer Religion (der heute dominierende Islam), die sich als „perfekt" bezeichnet, fundamentalistisch glaubt, gewisse Ungereimtheiten und Lücken anerkennen mag, aber behauptet, für alles und jedes eine Antwort zu haben. Sie ist somit auch jihadistisch (imperialistisch) angelegt, überall neue Felder (Analysegegenstände) erschließend. Wie wir mehrfach an anderer Stelle darlegen, versucht die (neoklassisch orientierte) moderne Ökonomie, der Interaktionsanalyse innovations- und evolutionsoffener Systeme eine Gleichgewichtsanalyse als theoretisches Fundament voranzuschicken und Aussagen über die wirtschaftliche Welt aus Annahmen und Hypothesen abzuleiten, denen eine fiktive Welt vollkommener Gewißheit zugrunde liegt. Dieser Sicht entspricht, was wir im Abschnitt 3.5 als Lernen 0 und Reform 0 bezeichnen. No problem, denn wie Friedrich Nietzsche (Götzen-Dämmerung, Die vier großen Irrtümer, 5) sagt: „... irgendeine Erklärung ist besser als keine."

	Sein *you*	Nichtsein *wu*
Yin	Neoklassische Gleichgewichtstheorie **A**	Evolutorik **D**
Yang	Arbitragetheorie der „Austrian economics" (Mises, Hayek, Kirzner) **B**	Entwicklungstheorie (Schumpeter) **C**

Die Gegenstandsbereiche der Theorieentwürfe, nicht konkurrierend sondern vielmehr sich wechselseitig bereichernd, beschreibt die Tabelle. Das herrschende Paradigma ist auf *yin-you* ausgerichtet. Springen wir aus dem Gleichgewicht, vermag das „österreichische" Paradigma (**B**) Bewegungen im Ungleichgewicht theoretisch zu beobachten und in Grenzen zu modellieren (*yang-you*).
Es versteht sich von alleine, daß eine „gute" Theorie im Sinne von Kant (erklärungskräftig und praktisch) alle Polaritäten (*yin-yang*; Sein-Nichtsein) integrieren müßte. Nehmen wir als Indikator die Preisvergabe des Nobelkommittees, läßt sich für die Wirtschaftswissenschaften feststellen, daß fast alle im *yin*-Sein-Bereich angesiedelt sind. Die Tabelle liest man gegen den Uhrzeigersinn. B schließt A ein, C schließt B und A ein, D alles. Anders gesagt: B, C, D stehen für die Integration bislang blinder und neuer Welten in die alten. Sie bringen zusätzliche Gegenstände der Beobachtung in die theoretische Reflexion. Entfernen wir *yin* aus der Evolutorik, argumentieren wir entwicklungstheoretisch (die „Gene", Kompetenzen, sind „eingefroren"),

nen, die Grundlage einer relativ konstanten Nachfrage sind (*yin* im *wu*/Nichtsein), etwa die Nachfrage nach Getreideprodukten (artikulierte Kundenbedürfnisse). Der zweite Typ der Kundenbedürfnisse sind potentielle Bedürfnisse (*yang* im *wu*/Nichtsein), welche die Kunden nicht kennen, zumindest nicht gegenüber den Anbietern artikuliert haben. „Erziehung" (Schumpeter, Morita) ist notwendig. Ein Nürnberger Trichter hilft aber nicht. Wir sprechen von *heqi*-Erziehung (in Abschnitt 8.4 setzen wir die Diskussion dieser Frage fort).

Die Erzeugung konkreter Nachfrage für Produkte in noch nicht erschlossenen Märkten ist somit eine Sache von *yang*-Energie, oft vorangetrieben durch Unternehmen, manchmal, und zunehmend häufiger in Verbindung mit den Nachfragern selbst (*heqi*). Es gibt dann nicht mehr den reinen Produzenten, den reinen Konsumenten, sondern einen „Prosumenten", eine funktionale Kreuzung zwischen Angebot und Nachfrage; aus Daologik: die Harmonisierung von *yang* (Produzent) und *yin* (Nachfrage) im zeitlichen Ablauf des Innovationsprozesses.

Beides, die Interaktion von Hersteller und Nachfrager einer Leistung, kann zeitlich parallel oder in der Zeit versetzt erfolgen. Immer muß ein Unternehmer jedoch versuchen, eine neue Nachfrage für sein Produkt zu schaffen. Nachfrager alleine erschaffen nichts. Ein Unternehmen wirft etwas Neues auf den Markt. Die Konsumenten sagen „nein". Er muß jetzt seine unternehmerischen Hausaufgaben nachholen. Die Konsumenten schildern dem Unternehmer ihre Probleme. Kann er für sie Lösungen bereitstellen? Beide, Nachfrager und Anbieter, kommunizieren wechselseitig, bis die Innovation steht, zumindest Pioniernachfrager sich mit dem Neuen anfreunden.[427]

Nachfrage und Angebot können somit jeweils *yin* und *yang* im Sein und Nichtsein aufweisen. Man muß somit *genau hinschauen*, was im konkreten Fall vorliegt und Unternehmen müssen genau beobachten, wo eventuelle Disharmonien bestehen und einseitige Sein- oder Nichtseindominanz in ihren Marktaktivitäten vorliegen. Aus der Beobachtung von *yin-yang*- Disharmonien lassen sich dann auch „Marketing"-Überlegungen ableiten (Abschnitt 8.4).

Kennen die Anbieter potentielle Bedürfnisse früher als ihre Kunden und Konkurrenten und bieten Güter (*you*/Sein oder *wu*/Nichtsein) zur Befriedigung dieser Bedürfnisse an (die Güter müssen aber erst neu entwickelt werden, das heißt sie kommen aus dem Nichtsein!), vermögen sie damit nicht nur viel Geld zu verdienen, sondern vielleicht auch eine Tür zu einer neuen Epoche zu öffnen, Dampfmaschine, Automobil Computer, Internet, Nanobot.

> Daher, ist etwas vorhanden *(you)*, macht es dadurch Nützlichkeit;
> ist etwas nicht *(wu)* da, macht es dadurch Verwendbarkeit.
>
> *Dao De Jing*, Kapitel 11, Gerstner, 2001, S. 70

8.2 Von Nachfragerdominanz zu Anbieterinitiative: zur Evolution neuer Bedürfnisse

Es gibt Unternehmer, die zwar über *yang* verfügen (sie haben Kenntnisse über neue oder potentielle Bedürfnisse der Kunden), tun aber aus irgendeinem Grund wenig, d.h. das *yin* (ihre Ge-

---

usw. Im herrschenden Paradigma ist alles auf Eis gelegt, außer dem, was Gleichgewicht ermöglicht. Daß dieses Paradigma für die Politikagenden anschlußfähig ist, erklärt sich damit leicht.

[427] Wie das in der Praxis läuft, hat Simon in seiner klassischen Untersuchung über die „Hidden Champions" ausführlich dargelegt (siehe Simon, 1996.). Peter Drucker geht in seinen Schriften wiederholt auf die Probleme ein, welche Hersteller mit „irrationalen" Verhalten der Kunden haben. Vgl. beispielsweise Drucker (1997, S. 164ff.). Einen „Kunden zu kreieren ist der ultimative Zweck eines Geschäftes" (Drucker, 2001, S. 182). Drucker schlägt vier Möglichkeiten vor: Nutzen schaffen, Preispolitik, Anpassung an die soziale und wirtschaftliche Wirklichkeit des Kunden, dem Kunden einen „wahren Wert" liefern.

wohnheiten, Verhaltens- und Denkweisen, etc.) dominieren ihr Handeln. Sie vollziehen damit auch keine Umsetzung ins Sein. Sie bleiben so wie sie waren. Liegt der Grund darin, daß die Unternehmen diese Umsetzung zwar durchführen könnten, aber nicht wollen, so müssen sie irgendwann im Markt scheitern (außer sie schmieden Allianzen mit Gleichgesinnten: Wettbewerbsbeschränkung, oder mit Mitgliedern des Politiksystems). In Deutschland nennt man dies Korporatismus oder Deutschland AG: die Beeinflussung der Politik durch die etablierten Interessen der Wirtschaft.[428]

Nehmen wir an, in einer Wirtschaft bestünde eine Nachfrage-Dominanz, genauer, eine *wu*/Nichtsein-Dominanz in dem Sinne, daß die Wirtschaft ohne Angebot, d.h. *you*/Sein oder *wu*/Nichtsein (weil die Angebote auch Nichtsein sein können, wie bei industrienahen Dienstleistungen) arbeitet. Was nicht heißt, es würde nichts produziert: im Gegenteil. Die Produzenten sind funktionslos, d.h. es besteht keine Harmonie zwischen *you*/Sein und *wu*/Nichtsein. Was hätten wir dann? Ein Schlaraffenland, ein Konsumparadies, alles im Überfluß, einschließlich (laut Koran[429]) Jungfrauen für Kamikaze-Terroristen. Die Nachfrager konsumieren soviel und was sie wollen. Das Angebot kommt irgendwo her, wie Manna vom Himmel. Preise sind überflüssig.

Die umgekehrte Situation, Angebot-Dominanz, *you*/Sein-Dominanz hieße: alles wird vom Angebot bestimmt. Die Souveränität der Konsumenten ist aufgehoben. Der Nachfrager hat nachzufragen, was ihm vorgesetzt wird. Zuteilung der Güter. Zentral gelenkte Produktion. Vieles geht auf Halde, weil die Nachfrager es nicht wollen (Milchsee, Weinsee), anderes fehlt, weil die Entscheider an den Bedürfnissen der Nachfrage vorbei produzieren. Wer im Vereinigten Königreich Probleme mit dem Blinddarm hat: warten bis Arzt und Krankenhausbett zur Verfügung stehen. Bist du ein alter Mensch und lebst außerhalb der politischen und managerialen Klasse, dein Schicksal: Medizin mit *yin*-Dominanz entweder im Sein: Geld herrscht oder im Nichtsein, wenn eine bestimmte Denkweise den Ton angibt, auch im Namen des „medizinischen Fortschritts": zu alt, zu spät, zu gefährlich, was an neuen Therapien existiert. *Wangwei*- Medizin.[430] Deine Bedürfnisse befriedigst du durch Selbstproduktion, münchhausengleich. Oder man

---

[428] Wolfgang Münchau (2006b) hat dies anschaulich am Beispiel der Wirtschaftspolitik von Bundeskanzler Gerhard Schröder beschrieben. Für die USA könnten wir auf das Quasi-Diktat der Energiekonzerne auf die US-Politik unter Präsident Bush verweisen. Nur Beispiele eines durchlaufenden Musters.

[429] Was der Koran hier sagt, ist Sache der Interpretation oder Konstruktion. Der Koran ist auch unter Mosleme kein in Stein gemeißeltes, eindeutig auslegbares Wort Gottes, vielmehr für Interpretationen offen. Nahezu jede Sure läßt sich unterschiedlich deuten. Fatwas regeln die religiöse Korrektheit. Die angesprochene Stelle bezieht sich auf Interpretationen, nach denen der sofortige Eintritt des Paradieses jenen verheißen wird, die auf dem „Wege Gottes" (fi sabil Allah) getötet werden. Der Islam verbietet Selbstmord. Wie passen Selbstmordattentäter in diese Sicht? Märtyrertum im Kampf gegen die Feinde des Islam? Wie auch immer: es ist Praxis. Im Krieg gegen den Irak durchqueren Abertausende jugendliche Kämpfer des Iran die Minenfelder Husseins oder werden im Maschinengewehrfeuer niedergestreckt - im Glauben an den Eintritt ins Paradies. Überlebende nehmen heute in Irans Regierung und Bürokratie Spitzenstellungen ein.

[430] Kombiniert mit Alphamanagement in den Regulierungshierarchien (Mihm, 2006a; In FAZ net vom 4.9. heißt es zur Einleitung des Artikels von Andreas Mihm: „Die Volkskommissarin: Früher war ... Sie hatte damals ein Anliegen: Das waren die Schwachen. Doch die spielen heute keine Rolle mehr. Heute kämpft ... nur noch für den Erhalt ihrer Macht", über welche allerdings diejenigen, die als Kommunikationsagenten für die öffentliche Leistungsschau des Ministeriums arbeiten, die Erkenntnis gewonnen haben: „Machtpromotion ist keine Strategie auf Dauer" (Mihm, 2006b). Machtgewinn/erhalt/einsatz ist - dem grundgesetzlichen Auftrag der Gleichberechtigung und ausgleichender Gerechtigkeit wahrend - keine Angelegenheit von Männern allein. Bezug nehmend auf unsere Ausführungen zum Feminismus im Rahmen einer *yin-yang*-Logik (4. Kapitel) verweisen wir, nicht ohne ein undaoistisches Rechthabenwollen, auf die Domi-

setzt dich gleich, diskursethisch immer perfekt, wie einen alten Eskimo, auf eine Eisscholle und läßt dich deinem Tod entgegen frieren. „Dichtungsringe" des medizinalen Heimwerkers (siehe Kasten).

> **Es geht auch anders**
>
> Mitten in der Nacht ruft der Arzt den Klempner wegen eines Wasserrohrbruchs an. Der Klempner weigert sich mit einem Verweis auf die Uhrzeit vorbeizukommen. Der Arzt entgegnet: „Aber wenn es Ihnen nachts schlecht geht, erwarten Sie von mir auch, dass ich Ihnen sofort helfe." Daraufhin gibt der Klempner nach und macht sich auf den Weg. Beim Arzt im Keller steht das Wasser schon einen halben Meter hoch. Der Klempner wirft zwei Dichtungsringe hinein und meint: „Wenn es bis morgen nicht besser wird, rufen Sie wieder an."
>
> http://www.spiegel.de/panorama/0,1518,387340,00.html (7. Dezember 2005)

Beide Fälle spiegeln eine extreme Form von Disharmonie und sind gerade auch deswegen nicht uninteressant als Modell für Zukunftsvisionen mit Traumcharakter. Aus der *yin-yang*-Logik spricht wenig dafür, in die Spontaneität der Märkte und nicht-marktlicher Prozesse einzugreifen, also politisch zu steuern, zu überwachen (George Orwell) und zu regulieren, eine „unsichtbare" durch eine sichtbare „Hand" (Adam Smith) zu ersetzen.

Die Harmonie von *yin* und *yang* ist eingebunden in *wuwei* (Tun des Nicht-Tun; Abschnitt 3.4), überhaupt nur durch aktives Nichthandeln erzeugbar und Ausdruck von *ziran* (Von-Selbst-So; Natur-Freiheit), sie trägt somit „anarchische" Züge. Ausnahmen (Drogenkonsum) sind leicht zu konstruieren aber schwierig zu rechtfertigen. Der Eingriff folgt der Logik von Nicht-*de*, unterentwickelter Tugend des Eingreifers (Prestige, Macht, Status), im Politiksystem: „tax and spend".

All dies gilt für Routinesysteme, für homöostatische Regime der Allokation in Systemen von Routine und Arbitrage. Im Routinesystem sind Bedürfnisse, Güter, Angebots- und Nachfragekurven (-funktionen) gegeben. Eine Harmonie (Ausgleich von Angebot und Nachfrage), sich im Gleichgewichtspreis verwirklichend, ist unterstellt oder verwirklicht sich durch Marktkräfte. Finanzierung ist kein Problem: Zahlungseingang ist gleich Zahlungsausgang. Die Produktion „finanziert sich *von selbst*" so $\Rightarrow$ *ziran*.[431] Unternehmerische Kompetenzprobleme existieren nicht. *De* (die Wirkkraft des *dao*, über welche der Unternehmer verfügt) und *heqi* (seine kommunikative Energie) pendeln um ein Normalniveau, welches es erlaubt, den Kreislauf der Routine zu erhalten und Abweichungen vom Gleichgewicht handlungsenergetisch zu heilen. Eigenan-

---

nanz von *wangwei*-Memen in einem deutschen Ministerium, welches sich bemüht, unterstützt durch eine doppelprofessorale, rasputinsche Sach- und Ethikkompetenz, die Eintrittswahrscheinlichkeiten eines kurzen Lebens von Trägern deutscher Meme zu erhöhen, und dessen CEO, im Besitz der *yang*-Medaille „mächtigste Frau der Welt", damit auf altruistische Weise die Wiederkehr eines gewissen Imam Mahdi todesmutig beschleunigend, die Volksgesundheit auf einem Niveau hält, daß mit christlichen Werten, ausgerichtet auf ein Leben im Jenseits, kongenial harmonisiert, sowie - über die Verbreitung christlicher Werte - Imams Auftauchen beschleunigend, folglich, und sich der Logik schöpferischer Zerstörung unterwerfend, islamischen Memen zum Endsieg zu verhelfen, besteht doch die Aufgabe von Jesus, dem Freund, Consultant und Helfer Imams, nach islamischer Eschatologie, darin, das Christentum abzuschaffen.

[431] „Mit einem Ausdruck der Praxis könnte man sagen: die Produktion finanziert sich von selbst, für jeden weiteren produktiven Schritt, der ja nur eine Wiederholung vergangener produktiver Schritte ist, steht der Erlös von früheren produktiven Schritten schon zur Verfügung" (Schumpeter, 1993, S.208).

strengungen zur Steigerung der Fähigkeiten sind nutzlos und daher überflüssig. Über einer Routinewirtschaft liegt ermüdend Additives.

Schumpeter hat diese Konstellation einer perfekten *yin-yang*-Harmonie eindrücklich beschrieben:

> Das liegt nicht nur daran, daß ‚der stetige Kreislauf von Produktion und Konsumtion immer wieder gleichsam bei jeder Umdrehung jahraus jahrein – dieselbe (...) Situation schafft, die wesentlich dieselben Möglichkeiten darbietet und andere ausschließt, sondern auch daran, daß die Wirtschaftssubjekte mit wesentlich immer der gleichen, festgewordenen und sich nur langsam ändernden Mentalität, denselben Kenntnissen und Erfahrungen, derselben Weite des Gesichtskreises, denselben Produktionsmethoden, Geschäftsgewohnheiten, Geschmacksrichtungen und im Besitz derselben Beziehungen zu Kunden, Lieferanten, Konkurrenten an sich herantreten (Schumpeter, 1928, S. 482).

Laozi sieht es auch so. Starrheit, Unbiegsamkeit und Steifheit beherrschen das Leben. Alpha-Management. Der Tod wartet.

> Die Zähne sind härter als die Zunge,
> und trotzdem sind sie die ersten, die absterben.
> Härte und Stärke sind die Soldaten des Todes.
>
> Laotse, 1996, S. 46

Das daoistische Verständnis von Stärke scheint paradox. Der Weiche ist stark (Bei uns: Der Klügere gibt nach). „Sich an das Weichsein zu halten, heißt stark sein" (*Dao De Jing,* Kapitel 52, Bambustext; in gleicher Weise übersetzt Gerstner, 2001, S. 262).

Ein Wirbelsturm, sich aus dem Nichts (*wu*) des Innovationssystems auf den Weg machend - und das Spiel ist aus. Wenn die Kräfte des Sturmes erlahmen, läßt er ein Bild der Verwüstung („schöpferische Zerstörung") zurück. Vor dem Sturm die Frage der stationären „Wirte": Warum zurückkehren zum weichen und schwachen Nichtsein, wenn alles perfekt funktioniert? Haben wir nicht schon alles immer so gemacht?

> Wenn Menschen geboren werden, sind sie weich und schwach.
> Wenn sie tot sind, sind sie fest und steif. Wenn die zehntausend Dinge
> Gräser und Hölzer [Güter, Leistungen, Technologien] entstehen,
> sind sie weich und zerbrechlich. Wenn sie tot sind, sind sie vertrocknet und ausgedörrt.
> Daher sind das Feste und Starre Anhänger des Todes,
> das Weiche und Schwache sind Anhänger des Lebens
>
> (*Dao De Jing,* 76. Kapitel, Übersetzung Gerstner, S.371).

„Was soll das?" fragt sich das cartesianisch durchtrainierte Gehirn des Ökonomen? „Was bringt das mehr, als ich nicht schon wußte?" Eine erste Antwort: Im ökonomischen Modell verwandeln sich der Anbieter und Nachfrager, der Angestellte und Arbeiter, in jene Reiz-Reaktionsmaschinen, die ein Cartesianer als Tiere beschreibt, ein Marktforscher als Konsumenten und ein Ökonom als Wirtschaftsmenschen (J. M. Keynes: „economic *animals*").

Zweite Antwort: Auf der Ebene der Heiztemperaturregelung (statische Homöostase; erste Kybernetik) ist der theoretische Unterschied in der Tat bescheiden. Wenn der Preis nicht stimmig ist (Angebot und Nachfrage sich nicht ausgleichen; z.B. Arbeitslosigkeit), sagen beide: mache den Preis stimmig, gib die Preisbildung frei (daoistisch: lasse *ziran*-Preise zu). Die Hintergrundtheorien sind jedoch gänzlich verschieden. Auch der Brunnenfrosch hat seine Zeit. Er weiß aber nicht um sein Schicksal. Die Standardlogik kennt kein Nichtsein (*wu*). Es taucht bestenfalls als Input „Humankapital" auf. Wenn die Arbeitsagenturen solches erzeugen: Ressourcenverschwendung; wenn die gleichen Agenturen gar Menschen auf den unternehmerischen Weg bringen („Ich-AG"): ein Wahnsinn, was hier an Mitnahme-Effekten läuft. Da die Agenturen vielleicht noch nicht „doing the right things" (Drucker) perfekt betreiben können - im Unterschied von: Die richtigen Dinge tun, was auch falsche sein können - weil ihr Überbau nicht die „richtigen Dinge tut", oder weil sie noch lernen müssen, wie man es besser macht, gilt das nicht als Problem. Das Problem ist, daß der Preis der Arbeit (bei gegebener Ausstattung mit „Humankapital") zu hoch oder „falsch" ist.[432]

Die abstrakte daoistische Antwort: Auch ohne ein wechselseitig sich erzeugendes Sein und Nichtsein, eingebettet in die *yin-yang*-Dynamik, bekommen wir die Arbeitslosigkeit weg („getting the prices right"). Wir arbeiten auf der Ebene der „Tiere". Lassen wir sie also galoppieren. Verhungern („Armut") eingeschlossen. Die *yin-yang*-Probleme liegen auf dem einfachsten möglichen Niveau des Nichtsein-Seins. „Alle Bedürfnisse sind schon da", lassen wir sie uns befriedigen. „Alle Güter sind schon da", lassen wir sie uns optimal herstellen.

Die „zehntausend Dinge" sind längst geboren, es geht nur noch darum, sie ökonomisch optimal zu verwalten, die Aufgabe der „Wirte" (wie Schumpeter Routine-Unternehmer bezeichnet), der von der Katze (unsichtbare Hand) beherrschten „Mäuse" und der vom Tiger (Markt) gelenkten „Hirsche". Wirte, Mäuse und Hirsche wagen es nicht, sich an die Katzen und Tiger heranzumachen. Sie dürfen es auch nicht, weil man es ihnen - theoretisch – verboten hat. Ohne Eintritt ins neue Nichtsein – Austritt aus der Welt des Routineseins, bleiben sie, wo und was sie sind: economic animals. *You*/Sein und *wu*/Nichtsein wirken durch die polarisierenden Kräfte von *yin* und *yang* zusammen, um sie, wie in der Gegenwart so auch in der Zukunft, sein-optimal reproduzieren zu lassen und die Marktgleichgewichte zu erhalten. Neue *wu*-Herausforderungen existieren nicht, außer der Erhaltung eines gesunden ökonomischen Lebens.

Was können die Konsumenten machen, was können sie ändern? Wie bekommen sie Kaugummi, nicht wissend was es ist und wie er schmeckt, in das Regal, wenn sie ihr ganzes Leben doch nur Lakritze kauen? Für die Befriedigung ihrer alten, gegebenen Bedürfnisse wird optimal gesorgt.

Samstag, 16.05 Uhr. Sie kommen zu spät, 5 Minuten, um eine Zeitung zu kaufen. Der Kiosk ist geschlossen. Der Mann im Kiosk werkelt hinter den Glasscheiben seines Verkaufsstandes. Sie klopfen an die Scheibe. Er sieht Sie an. Macht seine Routine weiter, ohne auf Sie zu achten. Sie klopfen wieder. Sogar ein Blick ist nunmehr zuviel. Sie klopfen noch einmal. Die Faust schnellt hoch: „Wenn *du* nicht sofort verschwindest, rufe ich die Polizei." Der Kunde ist König: Das einzige was stört, ist der Kunde. Das Produkt ist da, der Kunde auch - jetzt brauchen wir nur noch das Marketing.

„Ihr müßt uns eigentlich dankbar sein", sagt der Sino-Unternehmer, die Euro-Märkte mit DVD-Maschinen überschwemmend, produziert im Takt des 24-Stunden-Fließbands.

Und damit wird die Sache komplizierter. Nachholende Entwicklung kombiniert mit einem cartesianisch laufenden Markt, verlangt, die theoretischen Brunnenfrösche einer Mutation zu unterwerfen und die Kiosk-Wirte in die neue *wu*-Welt zu transportieren. Das neue Nichtsein muß explizit in die Modellwelt und Seinwelt einziehen. Die *yin-yang*-Dynamik fängt dann an, jenseits der Routine ein entwicklungsökonomisches Leben zu entfalten. Reize und Reaktionen greifen nicht mehr, um *neuen* Wohlstand zu erzeugen. Für Arbeitsplätze reicht es immer noch, denn der WEG nach Harbin und Kalkutta, zum 1-Euro-Job, gleicht einer Autobahn (Hartz V ff.).

---

[432] Siehe unsere früheren Überlegungen am Beispiel Frankreichs zur Subventionierung von Arbeitskraft.

Im Innovationssystem, wenn Menschen und Dinge noch „weich, schwach, zerbrechlich" sind, geht es verwickelter zu. Der primäre Unruhestifter ist das neue Gut, meistens aber nicht immer, gekoppelt an veränderte Bedürfnisse. Je radikaler und disruptiver die Produktneuerungen, desto turbulenter auch das Wirken der *yin*- und *yang*-Variablen, desto größer die anfängliche Unordnung und Disharmonie zwischen *yin* und *yang* (Abschnitt 8.4).

> Das Weiche und Schwache besiegt das Harte und Starke.
> Fische darf man dem tiefen Wasser nicht entziehen.
> Die nützlichen/scharfen Geräte eines Landes darf man nicht verwenden,
> um Menschen zu leiten.
>
> *Dao De Jing*, Kapitel 36, Übersetzung Gerstner, 2001, S. 197.

Was heißt es, die „Fische" (Neukombinationen) dem „tiefen Wasser entziehen"? Theoretisch: sie der dünnen Luft der theoretischen Gleichgewichtsmechanik aussetzen; ontologisch: sie dem Nichtsein der Tiefe des Lebens entwöhnen; *yin-yang*-dynamisch: sie der Polarität ihrer Reproduktion als unternehmerische Fische (Innovatoren) entziehen und sie dort ansiedeln, wo der Dualismus der Brunnenfische herrscht: das heißt, sie evolutionär zurückstufen.

Da sie weich und schwach sind, besiegen sie das Harte und Starke (das Routinesein). DOS war ein Softwareschwächling, von Bill Gates für eine „Handvoll Dollar" (Sergio Leone) erworben. Die Mutter von Bill, unter Einsatz ihres *heqi*, fädelt den Deal mit IBM ein.[433] *Yin* und *yang* in Vollendung. Nixdorf geht hopps, Digital Equipment wirft das Handtuch und Wagner Computer zockt das Finanzamt ab, stirbt trotzdem.

Die Angebotskurven neuer Güter sind nicht existent (ausführlicher siehe nächster Abschnitt). Die Unternehmen operieren in der Experimentierphase der Herstellung und der Einführungsphase der Vermarktung des neuen Gutes. Angebot ist noch im Nichtsein oder im frühen Sein. Unternehmer müssen mit hoher technologischer, marktlicher und regulativer Unsicherheit leben.

Abbildung 8.2.1: Anteil von Bedürfniskategorien am Gesamtkonsum

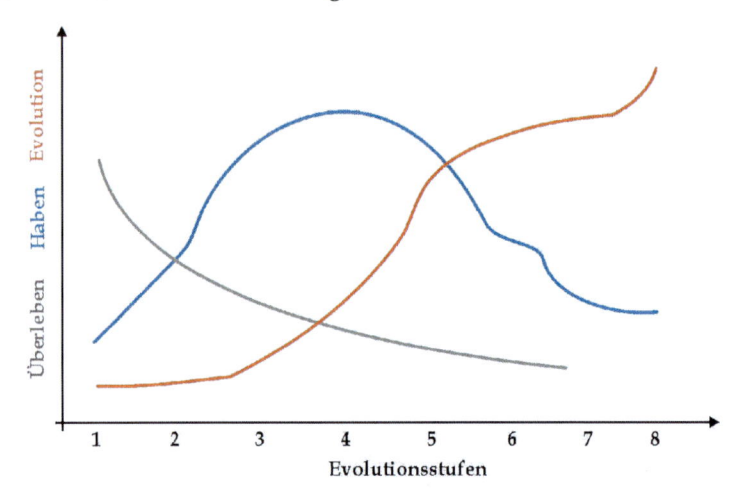

---

[433] Den Aufstieg von Bill Gates und Microsoft schildert in allen Details Rivlin (1999).

Die Abbildung 8.2.1 beschreibt die Evolution von Bedürfnissen im theoretischen Rahmen der Evolutionsholarchie. Überall gilt, in Anlehnung an René Descartes: Ich konsumiere, also bin ich.[434] Ohne Nachfrage (Nichtsein als *yang*) ist die produzierende Ökonomie tot und mit ihr die Menschen. Interessant im innovationsökonomischen Modell ist die Initiierung von Nachfrage (Nichtsein als *yang*) durch *yin-yang*-Dynamik, die wiederum ihren Ursprung im Nichtsein hat.

> Die „zehntausend Dinge" in der Welt werden aus dem Sein (*you*) geboren,
> das Sein (*you*) wird aus dem Nichtsein (*wu*) geboren.
>
> *Dao De Jing*, Kapitel 40, unsere Übersetzung

Aus der leeren Offenheit des Nichtseins (eine Seite des *dao*), vor allem *yang* im Nichtsein, ergibt sich die Erneuerung und Veränderung des Angebots, welche durch unternehmerische Initiative (die Drucker-Schumpeter-Hypothese) die Nachfrage auf der Basis der Bedürfnisse („Motive") der Käufer schafft. Die Nachfrage wird, wie Ernst Heuss (1965, S. 30ff.) formuliert, durch Unternehmer „entzündet". Die Nachfrage muß vom Unternehmer „produziert" werden. „Auf die Produktkreation *folgt* die Marktkreation" (Heuss, 1965, S. 30; unsere Betonung).

Wir können zwischen drei Bedürfniskategorien und damit durch Unternehmertum erschließbaren Nachfragepotentialen unterscheiden (siehe obige Abbildung): Überlebensbedürfnisse, Habenbedürfnisse (Besitz, Prestige, Status), Evolutionsbedürfnisse.[435] Mit dem Aufstieg in der Evolutionspyramide (x-Achse) verändert sich ihre wirtschaftliche Bedeutung (grob gemessen als Anteil am Gesamtkonsum). Die Kurven umreißen das allgemeine Muster. Auf der waagerechten Achse erkennen wir die zunehmende Evolutionstiefe. Mit dem Aufstieg in der Evolutionshierarchie steigt der Anteil von Evolutionsgütern am Gesamtkonsum.[436] Mehr Geld und Zeit fließen in selbst-evolutionäres Handeln auf der zweiten und dritten Lern- und Evolutionsebene. Das Interessante bei der Kategorie von Evolutionsgütern: Für sie existieren keine Sättigungsgrenzen. Evolution ist ein in seiner Tiefe offener Prozeß (Abschnitt 3.6).

> Die Grenze des Grenzenlosen ist die Grenzenlosigkeit des Begrenzten.
>
> (Zhuangzi, zitiert in Lin Yutang, 2000, S. 113)

Für Unternehmertum erschließt sich ein unermeßliches Feld für Neukombinationen. Das gegenwärtig Begrenzte ist für den innovativ-evolutionären Unternehmer das Grenzenlose. Wo die Bedürfnisse endlich sind, sind die Grenzen der endlichen Bedürfnisse. Auf jeder Ebene, bemühen sich Unternehmen um eine Neukonstruktion der Bedürfnishierarchie. Der Wunsch Überlebensbedürfnisse zu befriedigen, stirbt auch auf höheren Stufen nicht aus; zudem sind Unternehmer unablässig bemüht, die Sättigungsgrenzen bei Überlebens- und Habengütern hinauszuschieben.

---

[434] „Ich denke, also bin ich" (Cogito, ergo sum).

[435] In der Marketingliteratur finden sich, oftmals auf die Bedürfnispyramide des Psychologen Abraham Maslow (1908-1970) Bezug nehmend, vergleichbare, jedoch theoretisch anders hergeleitete Kategorisierungen. Maslow unterscheidet: Existenzbedürfnisse, Sicherheitsbedürfnisse, Geselligkeitsbedürfnisse, Wertschätzungsbedürfnisse, Bedürfnisse nach Selbstverwirklichung. „Diese griffige Einteilung kann Nachfrage nicht nur erklären, sondern auch beeinflussen helfen" (Kuhlmann, 2004, S. 88). Wichtiger für unsere Überlegungen ist die Verknüpfung der Bedürfnisse oder Konsummotive, wie sie im Marketing genannt werden, mit dem Evolutionsgeschehen.

[436] Bei exakter Darstellung addieren sich die drei Kurven in der Senkrechten zu 100 auf. In unserer Abbildung ist dies nicht der Fall, da wir lediglich das Verlaufsmuster der Bedürfnisentwicklung in Abhängigkeit von der Evolutionstiefe darstellen wollen.

Ferner ist zu beachten, daß die Abfolge Überleben-Haben-Evolution keine evolutionäre Einbahnstraße ist (Abschnitt 3.6): Ein Rückfall ist niemals ausgeschlossen, für eine Volkswirtschaft wie für eine Person. Die Wirtschaft des Römischen Reichs oder der Song-Dynastie lief in Stagnation und Entwicklungsfallen. Viele Menschen wurden in einen Zustand der Armut durchgereicht. In den U$A geht der „Aufschwung" an vielen Menschen vorbei. 47 Millionen Amerikaner leben ohne Krankenversicherung. Die Anzahl der Armen steigt von 24 Millionen/11 Prozent (1974) auf 37 Mio./12.6 Prozent im Jahr 2005.[437] Die Jugend und die Alten leben in prekären Verhältnissen.[438] Wer einmal arm ist und es bleibt, hängt weitgehend auf der Ebene der Überlebensbedürfnisse fest. Viele Menschen fallen auch von der Wohlstandstreppe herunter. Verschuldung (nicht selten durch einen das Einkommen überstrapazierenden Habenkonsum), Beziehungskonflikte, Unfälle, Marktturbulenzen wie Arbeitslosigkeit. „Leben in der Hölle: Millionen Deutsche sind bankrott."[439] Durchgereicht auf Überlebensbedürfnisse.

Evolutionsgüter haben auch unangenehme Eigenschaften. Wenn zwei Primaten sich auf eine *yin-yang*-Beziehung einlassen, operieren sie, während ihres Lebens, mutationssicher. Bei uns Menschen ist das potenziell anders. Damit kommt die Ordnung der abendländisch-christlichen Werte und Moralvorstellungen genau so wie der „perfekte" Islam in Schwierigkeiten. Wenn Menschen in die Tiefe evolvieren und die Höhe offen für Regression ist, ist ihre moralisch-normative Verkettung eine „Sünde" wider die Evolution. So wie Innovationsgüter die alten Märkte ausheben, zerstören und überwinden, so transformieren Produktion und „Konsum" evolutionärer Güter die aufgelaufenen und hergebrachten Vorstellungen von Lebenskompetenz in allen Bereichen integralen Lebens (wir bezeichnen sie als „4L"; Abschnitt 3.7).

Haben-Güter dominieren das Nachfrageverhalten bis in relativ tiefe Stufen der Evolutionspyramide. Die Arbitrage-Elite und Teile der ranghohen Managerklasse leben in einer Habenkultur. 147.000 Dollar für Uhren, 117.000 für Kleidung, oder 248.000 für Juwelen, pro Jahr.[440] Woher nehmen, wenn nicht stehlen, fragt Karl Marx. Wir sehen es gelassen. Zufriedenheit ist keine Funktion von Geld (jenseits eines Zehntels dessen, was ein Jetsetter pro Jahr für Uhren ausgibt) und Haben. Der Konsum*zuwachs* bei Überlebens- und Habengütern geht zurück, erreicht ein Plateau und sinkt ab den Stufen 6ff.

8.3 Die Evolution von Evolutionsgütern

Die Zukunft des daoistischen Kapitalismus ist eingebettet in eine der Evolution von Evolution: der Evolution von Evolutionsgütern, die Bedürfnisse der Evolution befriedigen. Wir vermuten (siehe Abschnitt 5.9) eine sich selbst organisierende Umsteuerung der Wirtschaft auf einen Weg der *wu*-Orientierung. Verfügbare Daten lassen diese Transformation bereits deutlich erkennen.

Erstmalig seit Beginn des modernen ökonomischen Wachstums in der industriellen Revolution, übernehmen Evolutionsgüter die Schrittmacherrolle im Entwicklungsprozeß. Evolutionsgüter sind Produkte und Dienstleistungen, die Menschen in ihrem ganzheitlichen Lernen[441] unterstützen: Von einem Leitfaden für die Gestaltung von Websites, einer CD-Rom über die Geheimnisse der Körpersprache bis zu einem Kurs in Tai-chi. Der „Gesundheitsmarkt" im weiten

---

[437] Die Daten, basierend auf Erhebungen des Statistikamtes der Vereinigten Staaten, entnehmen wir der Frankfurter Allgemeinen Zeitung, 31. August 2006, S. 13: „Der Aufschwung hilft den Armen in Amerika kaum".
[438] Parapundit, 5. September 2006: „Younger Workers Making Less."
[439] Schlagzeile, Süddeutsche Zeitung, 2. September 2006, S. 1.
[440] Zum Ausgabeverhalten des sog. Jetset vgl. Kostigen (2006) und www.hannahgrove.com mit den dort aufgeführten „white papers".
[441] Siehe unsere Skizzierung der Lernebenen im 3. Kapitel.

Sinne (Entfaltung der geistigen, körperlichen, sozialen und seelischen Fähigkeiten des Menschen) ist nicht nur als Kostenfaktor wahrzunehmen. Die bewußte Förderung der Selbstevolution der Menschen durch Evolutionsgüter produzierende Unternehmer zielt auf den Kern der Eigendynamik von Entwicklungsgesellschaften, eine Entwicklung, die weiterreichende Wirkungen auslösen könnte, als die Entschlüsselung des genetischen Codes für die Beeinflussung organischer Systeme. Evolutorische Güter[442] und Innovationsgüter (Schumpetergüter) sind Komplementärprodukte. Sie fördern sich wechselseitig in ihrer Entstehung.

Der Anteil von Evolutionsgütern an der Wertschöpfung entwickelt sich im Zeitablauf überproportional. Die Ausgaben für „higher education" in den USA steigen von 0.6% des Volkseinkommens im Jahre 1930 auf 2.9% im Jahr 1996 (Clotfelter, 1999, S. 4). Insgesamt beläuft sich der Markt für ‚evolutorische' Produkte - Wissen, Ausbildung, Training, Erziehung, usw. - 1997 auf $ 665 Mrd. - 7.3% des amerikanischen Bruttoinlandsproduktes (die zweitgrößte Komponente des Sozialprodukts).[443] Die Investmentbank Merrill Lynch schätzt das Finanzvolumen des internationalen Bildungsmarktes auf gegenwärtig 2,200 Mrd. Dollar pro Jahr (Wolz, 2006).

In den Ländern der OECD erreichen die Ausgaben für Erziehung bereits heute 6.1% des Volkseinkommens, für Gesundheit 9.9%. Die Einkommenselastizitäten für Erziehungs- und Gesundheitsgüter erreichen Spitzenwerte[444] (siehe folgende Tabelle).

Die Tabelle 8.3.1 informiert über das Ausgabeverhalten französischer Haushalte. Sie läßt grobe Vermutungen im Hinblick auf die oben vorgestellten Bedürfniskategorien zu. Einschränkung: Der gesamte Staatskonsum, finanziert durch Steuern, ist ausgeschlossen. Viele der von uns als Evolutionsgüter bezeichneten Leistungen werden vom Staat oder dem Staat zugeordneten

---

[442] Fogel (1999) erfindet eine Kategorie „spiritueller" Güter und Vermögenswerte, um grundlegenden Veränderungen in der Zeitallokation und in den Nachfragemustern von Menschen in postindustriellen Gesellschaften Rechnung zu tragen. Er kommt damit unserer Kategorie evolutorischer Güter nahe, wenn er Kategorien wie „vision of opportunity" und „work ethic" (S. 13) anspricht. Evolutorische Güter lassen sich entsprechend unseren Unterscheidungen (siehe 3. Kapitel) in den vier Dimensionen Kognition, Körper, Emotion und Seele bestimmen. Wir können dann zwischen kognitiven, körperlichen, emotionalen und spirituellen Gütern, Vermögenswerten (Fähigkeiten), Investitionen usw. unterscheiden.

[443] In der US-Trainingsindustrie tummeln sich 53.000 Anbieter. Unglücklicherweise, so berichtet Martin (1998, S. 88), von dem unsere Informationen stammen, „the public considers much of this spending wasted". „Gewisse Kritiker", formuliert Goorhuis (1996) zurückhaltend, „kommen zum Schluß, daß das Bildungssystem... seine eigene Veränderung" selbst verhindert. „Wenn wir beispielsweise fragen, welcher Anteil der Lernenden wirklich versteht, was sie lernen, dann scheitert nicht nur eine Minorität, sondern fast alle unsere Studenten. Auch jene mit guten Abschlüssen interessieren sich gar nicht wirklich dafür, was sie gelernt haben." Woran das liegt, können wir hier nicht untersuchen. Wir vermuten, daß Bildung, Lernen, Erziehung, bis heute, in den spiraldynamischen Stufen inklusive Nr. 6 („grün"), als Mittel zur Befriedigung von Haben- und Überlebensbedürfnissen funktionalisiert sind. QiGong als Fitmacher für die Karriere. Die „Rendite" von Investitionen in die Selbstevolution ist Gegenstand vieler Untersuchungen. Auf das ganze Leben gerechnet, zahlt sich Bildung mit einer Rendite von 12 Prozent durchaus aus, hat die Deutsche Bank errechnet (Wolz, 2006). Wir erkennen hier auch die Bemühungen, Finanzprodukte wie Studienkredite anschlußfähig zu machen. In einer Entwicklungsgesellschaft rechnet sich das für den Bildungsnachfrager nur, wenn Innovation und Evolution sich koppeln. „Einmal im Job, bilden sich deutsche Angestellte nur selten weiter" (Oppel, 2006). Und 75 Prozent der kleinen und mittelständischen Unternehmen investieren überhaupt nicht in die Weiterbildung. Innovation (*yang*) treibt Evolution (*yin*) und Evolution schafft Raum (*yin*) für Innovation. In der Schumpeterschen Logik schaffen Innovatoren die Nachfrage nach Humankapital. Wenn Unternehmen nicht innovieren, warum sollten sie sich für Weiterbildung interessieren?

[444] Die Einkommenselastizität mißt die Abhängigkeit der Konsumnachfrage von der Einkommensentwicklung. Wenn bei Gesundheitsgütern die Einkommenselastizität 1.6 ist, bedeutet dies: Steigt das Einkommen um 1%, erhöht sich die Nachfrage nach Gesundheitsgütern um 1.6%.

311

Körperschaften bereitgestellt. Dies gilt insbesondere für Gesundheitswesen und Erziehung. Die Tabelle sagt nur, wofür die Franzosen ihr Nettoeinkommen ausgeben. Ein weiterer zu bedenkender Faktor: In den einzelnen Kategorien des Verbrauchs können sich alle drei unterschiedenen Bedürfniskategorien verbergen. Auch ein Restaurantbesuch vermag evolutorische Bedürfnisse zu befriedigen. Trotz dieser Einschränkungen ziehen wir folgenden Schluß: Das Ausgabeverhalten der Franzosen ist überwältigend auf die Befriedigung von Überlebens- und Habenbedürfnissen ausgerichtet. Wenn wir Freizeit und Kultur, Gesundheit, Ausbildung und ein Drittel „anderer Güter und Leistungen" der Evolutionskategorie zurechnen, machen diese rund 17 Prozent der Ausgaben privater Haushalte aus. Im Zehnjahresvergleich (1995-2005) sind die Konsumanteile von Evolutionsgütern zudem sämtlich gestiegen.

Tabelle 8.3.1: Ausgabeverhalten französischer Haushalte

Anteile am Gesamtkonsum, 2005, in Prozent	
Kategorien	**Anteil in %** (in Klammern Veränderung gegenüber 1995)
Wohnung, Heizung, Beleuchtung	24.7 (1.6)
Transport	14.9 (0.1)
Nahrung und Getränke (ohne Alkohol)	13.9 (-1.2)
Freizeit und Kultur	9.3 (0.6)
Hotel, Cafe, Restaurant	6.2 (0.2)
Möbel	5.8 (-0.4)
Kleidung und Schuhe	4.9 (-1.0)
Gesundheit	3.5 (0.1)
Alkoholische Getränke und Tabak	3.1 (-0.3)
Kommunikation	2.8 (0.9)
Ausbildung/Erziehung	0.7 (0.1)
Andere Güter und Dienstleistungen	11.2 (-0.9)
Quelle: Insee, Insee Première, no. 1096, August 2006: La consommation soutient toujours la croissance en 2005	

Man erkennt, welch gewaltiges Wirksamkeitspotential zu erschließen ist. Der Markt für Evolutionsgüter scheint unermeßlich, wenn wir an die Marktsegmente denken, die zu explorieren wären: Nicht nur „Geist", auch Körper, Emotion und Seele harren wertschöpferisch-unternehmerischer Initiative.[445] Jede dieser Dimensionen des Selbst ist quasi ein Zielseg-

---

[445] Zur Erschließung des spirituellen Marktes in den USA durch professionelles Unternehmertum vergleiche die Hinweise in Finn (1998). Der Markt für Produkte von Esoterik und Wahrsagen beläuft sich in Frankreich nach Erkenntnissen des französischen Wirtschafts- und Finanzministeriums auf 20 Mrd. Franc (Marianne, 09.08.1999, S. 58). Einen Überblick über den USA-Markt mit zahlreichen Hinweisen auf neu in den evolutorischen Markt eintretende Anbieter innovativer Produkte bietet Melcher (1999). „Spiritualität ist unser Wachstumsmarkt", äußert Manuel Herder vom gleichnamigen Verlag (Frankfurter Allgemeine Zeitung, 21.2.2001, S. 26).

ment für evolutionäre Güter herstellendes Unternehmertum - und dieses (siehe Abschnitte 3.6 und 5.9) ist die Zukunftshoffnung wenn nicht der Lebensretter des Kapitalismus. Im Westen beobachten wir einen triumphalen Erfolg populärer Spiritualität. Die große Entdeckung der frühen siebziger Jahre war, daß es Märkte gibt, die in der Innenwelt von Menschen liegen, im Spirituellen und Privaten.

Die für Veränderungsprozesse erforderlichen Verfahren, Methoden und Anregungen befinden sich in rascher, um nicht zu sagen, explosiver Entwicklung. Eine arbeitsteilige Förderung der Evolutionsfunktion setzt sich zunehmend durch. Adam Smith (Der Wohlstand der Nationen) hat mit seiner Behauptung, Arbeitsteilung hänge vom Umfang des Marktes ab, die grundlegende Einsicht formuliert. Der Umfang des Marktes, gemessen an der Kaufkraft der Nachfrager, ist wiederum selbst von unternehmerischem Handeln und damit Fähigkeiten abhängig. Nach Marx und Engels besteht die „historische Mission" des „Kapitalismus" darin, die „Produktivkräfte" zu entfalten. Kondratieff hat beobachtet, daß mit jeder Basisinnovation neue Kompetenzprofile entstehen, bzw. ihre Durchsetzung des Erwerbs neuartiger Fähigkeiten bedarf.

Einen Überblick über die Dynamik kapitalistischer Entwicklung auf der Grundlage von Basisinnovationen oder Kondratieffs gibt die folgende Tabelle. Die Kondratieffs 6 und 7 sind Kompetenzkondratieffs im obigen Sinn.

Tabelle 8.3.2: Die zyklische Dynamik kapitalistischer Entwicklung

Kondratieff	Basisinnovation	Quellen der Entwicklung
1-4	Dampfmaschine, Automobil, Chemie	Arbeit, Kapital, Natur
5	Information	Humankapital, Wissen, Natur (Wissensgesellschaft)
6,7 (21. Jahrhundert.)	Bio-psycho-soziale Gesundheit Evolutorische und natürliche Güter	Unternehmerisches Wissen (*unternehmerische* Wissensgesellschaft)
8	Selbstevolution auf höheren Ebenen des Bewußtseins	*Inputlose* Entwicklung Selbsterzeugte Energie

Mit zunehmendem Wohlstand geben Menschen einen wachsenden Anteil ihres Einkommens für evolutorische Güter aus (siehe Tabelle 8.3.4). Evolutorische Güter zeichnen sich durch eine überdurchschnittlich hohe Einkommenselastizität aus - mit entsprechendem Potential für die Entdeckung und Durchsetzung von Geschäftschancen. Den gewaltigen Veränderungen der Konsumstruktur geht ein Wandel des Zeitverhaltens parallel. Wenn ein Durchschnittsmensch in der westlichen Welt im Jahre 1880 noch vier Fünftel seines Zeitbudgets für den Erwerb seines Lebensunterhalts einsetzt, verbringt er heute 59 Prozent seiner Zeit mit Dingen, die ihm „Spaß" machen (Freizeit- und Spaßgesellschaft). Robert Fogel (1999, S. 6) sagt für das Jahr 2040 einen „Freizeitanteil" („Doing what we like") von 75 Prozent voraus. Die Schaffung und Befriedigung von Evolutionsbedürfnissen - eingebettet, wie wir vermuten (Abschnitt 5.9) in eine zunehmende *wu*/ Nichtsein-Orientierung der Wirtschaft - sind die Treiber wirtschaftlicher Dynamik im Daokapitalismus.

Tabelle 8.3.4: Langfristige Konsumtrends und die implizierten Einkommenselastizitäten

Konsumkategorie	Konsumanteil 1875	Konsumanteil 1995	Einkommens-Elastizität
Nahrung	49	5	0.2
Kleidung	12	2	0.3
Wohnung	14	5	0.7
Gesundheit	1	9	1.6
Erziehung	1	5	1.6
Freizeit	18	67	1.4
Andere	6	7	1.1

Quelle: Fogel, 1999, Tabelle 4

Dies sind Tendenzaussagen. Der amerikanische Besitzkapitalismus funktioniert anders als der schwedische Wohlfahrtskapitalismus. Daß die Amerikaner ihre Rechtsanwälte so hassen, liegt daran, daß Habenkapitalismus à la U$A ohne aufwendigen Schutz des Eigentums nicht auskommen kann. Ein starker Wunsch Mehr zu haben, motiviert zu Diebstahl (auch zwischen Nationen) und der Rechtsstaat ist eine evolutionslogische Folge des Erwerbs von Habengütern und ihres ungestörten Genusses.

Wenn Laozi und der Daoismus Regelskeptizismus offen ansprechen und Explizitethik zurückweisen, folgt dies nicht aus ihrer Gleichgültigkeit gegenüber dem Eigentum anderer. Sie vermuten, daß auf höheren Stufen der Evolution, und bereits bevor die „wahren Menschen (*shengren*)" sich verstärkt bemerkbar machen, der Nutzenzuwachs aus dem Konsum von Habengütern (je zusätzlich konsumierter Einheit) geringer wird. Der Aufstieg von Evolutionsgütern ist nur möglich, weil die Menschen ihre Bedürfnisse verändern und diese aus ihrem veränderten Nichtsein evoluieren.

Beispiel: Menschen leben immer länger. Die Todesgrenze schiebt sich hinaus, einige meinen, bis zur Unsterblichkeit. Was läßt die Menschen am Leben festhalten? Halten sie überhaupt fest oder leben sie einfach (weiter). Welche Bedürfnisse und Wünsche treiben sie an? Überleben? Haben? Evolution? Wohl eine Mischung von allem. Dürfen wir – normativ, ethisch – in ihre Wahl eingreifen? Verpflichten uns die monotheistischen Religionen auf ein *wangwei*-Leben? Dürfen wir Menschen und den sie Betreuenden und Helfenden vorschreiben, wie sie deren Leben und Tod gestalten sollen? Der Beginn des Lebens eines Menschen ist relativ unreguliert, für die meisten Menschen ein Spontanprodukt ihrer Erzeuger. Beim Tod kehrt sich alles um. Menschen haben viel Zeit, unendlich viel, sich darauf vorzubereiten. Manche haben ganz spezifische Vorstellungen darüber, was ein würdiger Abschied vom Leben bedeutet. Die Deliberationen der Philosophen und Ethiker darüber nehmen kein Ende. Hat irgendjemand ein Recht, zu entscheiden, wie jemand sterben soll? Da die Menschen älter werden, und immer mehrere Ältere hochreflektive Menschen sind, erfaßt die Freiheit zunehmend auch den Umgang mit sich selbst im Antlitz des Todes. *Wuwei* anstelle von *wangwei*, implizite anstelle von expliziter Ethik. Neue Märkte entstehen, Märkte für einen würdigen Tod, für ein *volles* Leben, für Lebensverlängerung in Harmonie. Diese Märkte entstehen nicht nur, sie wachsen nicht nur, sie explodieren – wenn wir sie nicht ihrer Freiheit berauben.

Betrachten wir die Befriedigung von Habenbedürfnissen durch Daimler-Chrysler. Umsatz 2005 rund 150 Mrd. Euro. Wenn es uns gelingt, Krebs halbwegs zu „besiegen", beläuft sich die dadurch erzeugte Wohlfahrt, in einem halben Jahrhundert, und nur in den USA, auf 50.000 Mrd. (Dollar), das 250-fache des heutigen Umsatzes von Daimler-Chrysler. Wenn wir Kreislaufleiden und Schlaganfall und radikale Therapien der Lebensverlängerung einbeziehen (Nanoreparatur von Zellen usf.), schätzen wir die Wohlfahrtsgewinne auf insgesamt 200.000 Mrd. Dollar (nur USA), das Zehnfache der gesamten Wertschöpfung der USA im Jahr 2005 und das Dreifache des Bruttosozialproduktes der USA im Jahre 2020 (Schätzung).[446] Und das ist nur der Anfang in den Eintritt der Evolutionsbedürfnisse, resultierend aus dem Wunsch vieler Menschen nach psycho-sozialer Gesundheit und Lebensverlängerung.

Die *American Academy of Neurology* schätzt die gesamten Kosten des Schlaganfalls in den USA von 2005 bis 2050, in Dollar von 2005, konservativ auf 2,200 Milliarden.[447] Die wesentliche Quelle von Schlaganfällen sind wohlbekannt: Diabetis, Herzkrankheiten, Übergewicht. Zivilisationskrankheiten. Was verursacht sie? Konsum von Überlebens- und Habengütern/-bedürfnissen dieser beiden Kategorien, interaktiv und oft unbewußt, teilweise genetisch beeinflußt, zusammenwirkend. Je mehr eine Gesellschaft altert, desto mehr Ressourcen muß sie aufwenden, um diese, im Prinzip vermeidbaren und mit dem Alter akkumulierenden Krankheiten zu heilen. Und desto mehr Ressourcen stehen nicht zur Verfügung, weil Menschen, die eigentlich länger/mehr arbeiten könnten (oder müßten, um die Sozialsysteme zu stabilisieren), krankheitsbedingt nicht arbeiten oder sterben. Die Habenökonomie (Stufen blau bis grün) stirbt buchstäblich eines qualvollen Todes - in vollem Nichtbewußtsein, Froschschicksal. Behandlung: medizinische/pharmazeutische Innovationen plus Kostenexplosion. Daoistische Heilung: Den ganzen Menschen gesund halten/machen, nicht einen Teil des Körpers kurieren ohne die ganze Person von Krankheiten zu heilen (Abschnitt 5.7). Jene Menschen und Gesellschaften denen es gelingt, Evolutionsbedürfnisse zu stärken und einen Prozeß der „Selbstbegabung" (Nietzsche) oder Selbstevolution durch Ko-Evolution zu durchlaufen, stehen unendlich viel besser da. „Und wer gegen das Tao ist, geht jung zugrunde" (*Dao De Jing*, Kapitel 30, Übersetzung von Lin Yutang 2000, S. 123)

Die Verlängerung des Lebens ist das wertvollste Produkt, welches uns Unternehmertum bereitstellt: die Produktion und Erhaltung von Leben. Wer in diesen Prozeß interveniert, zerstört Leben und erntet Rebellion. Die mit der Wissenschaft strukturgekoppelte Wirtschaft revolutioniert die Bedürfnisstruktur und schafft mit ihr neue Harmonien zwischen *yin* und *yang* in bislang verschlossenen (und politisch-ethisch gedeckelten) Lebensräumen. Was die Entscheidungsträger uns vorführen, ist auch Leben, Überleben, festhalten an Macht und Nicht-Loslassen-Können von der eigenen Wichtigkeit. Sie opfern Leben, auch ihr eigenes, für Habengüter. In einer daoistischen Wirtschaft wird es niemand mehr wagen wollen, Evolutionsgüter anderer Menschen gegen seine Habgier einzutauschen.

> Das Sein entsteht aus dem Nichtsein.
>
> (*Dao De Jing*, Kapitel 40, unsere Übersetzung)

---

[446] Dies sind unsere Schätzungen basierend auf Murphy & Topel (2006) und Futurepundit, www.futurepundit.com, 26. April 2006.

[447] Futurepundit, 16. August 2006: „Cost of stroke victims argues for faster research." Weitere Quellenangaben in Futurepundit.

Was ist *yin* und was ist *yang*? Gibt es eine *yin-yang*-Harmonie der Lebensverlängerung, des Sterbens, im Tod?

> Wer das Dao nicht verliert, das er bekommt, kann dauerndes Leben erhalten.
> Wer weiß, was Sterben bedeutet, aber nicht auf den Willen des Lebens verzichtet,
> kann lang leben.
>
> (*Dao De Jing*, Kapitel 33, unsere Übersetzung)

Das Auftreten von *yin-yang*-Disharmonien ist Normalität. Ändern sich die Bedürfnisse (Nichtsein- *yang*), ändert sich die Nachfrage (Sein/Nichtsein-*yin*). Anderseits sehen wir auch, wie *yin* auf das *yang* wirkt. Zunächst eröffnet sich nur ein weißer Punkt (*yang*) im schwarzen *yin*-Feld (Abschnitt 5.1) als neue Absatzchancen für Innovatoren mit neuen Angeboten von Evolutionsgütern. Andere Unternehmer werden nicht zögern, die anfangs noch kleinen Märkte auszuweiten.

Die Disharmonie zeigt nicht nur Risiken an sondern stellt auch Entwicklungschancen bereit. Gibt es keine Disharmonie, bleibt alles perfekt eingerichtet, der Höhepunkt, den es zu erhalten gilt, ist erreicht, Chancen zur Entwicklung werden nicht wahrgenommen. Leider ist das eine Selbsttäuschung eines Systems, der Einstieg in den Abstieg.

> (Denn) die Dinge altern, wenn sie ihren Höhepunkt erreicht haben.
> Und wer gegen das Tao ist, geht jung zugrunde,
>
> (*Dao De Jing*, Kapitel 30, Übersetzung Lin Yutang, 2000, S. 123)

Ändern sich die Bedürfnisse (*yang*) einer Person, ändert sich auch ihre Nachfrage (*yin*). Die neuen Bedürfnisse sind das *yang* des Nichtseins. Gibt es nur eine temporäre Änderung der Bedürfnisse und der Nachfrage, so daß die neue Nachfrage (*yang*) nicht relativ konstant bleiben kann und folglich keine Umsetzung des *yang* des Nichtseins (der neuen Nachfrage) im *yin* des Nichtseins (bekannte und relativ konstante Nachfrage) erfolgt, werden entweder keine, oder nur wenige neue Güter hergestellt, um die neuen Bedürfnisse zu befriedigen.[448]

Ohne neue Güter werden neue Bedürfnisse und die ihnen entsprechende Nachfrage (Nichtsein als *yang*) nicht angesprochen. Obwohl der Absatz der Innovatoren mit ihrem Angebot neuer Evolutionsgüter im Vergleich zur Routine am Anfang relativ gering ist, haben sie viel größere Absatzchancen, weil ihre Güter Kundenbedürfnisse befriedigen können, die ihre Kunden vielleicht selbst noch gar nicht kennen. Die zunächst noch winzigen Märkte expandieren in der Zeit, wie Ernst Heuss sagt, von der Entzündung zur Explosion zum Massenmarkt. Evolutorische Güter sind hier keine Ausnahme.

Andererseits können Firmen lange und gut von Überlebens- und Haben-Gütern leben (Coca Cola, McDonalds). Einige schaffen sogar den Aufstieg in die Evolutionskategorie. Die meisten sterben und verbrühen im heißen Wasser der schwachen Signale oder werden Opfer einer anderen tierischen Leidenschaft: Management auf Krokodilsbasis (Warten bis einem das Wasser bis zum Hals steht, dann das Maul weit aufreißen; ausführlich Abschnitt 8.3 und 8.4).

Die Selbstevolution der Nachfrager bewirkt eine allmähliche Harmonisierung der Angebots- und Nachfragekonstellation auf den Märkten. Beispielsweise weicht die Selbstausbeutung/-zer-

---

[448] Bei genauer Betrachtung gibt es hier zwei *yin-yang*-Beziehungen: Bedürfnisse (*yang*) und die Nachfrage (*yin*) bilden eine *yin-yang*-Beziehung; ändern sich die Bedürfnisse (*yang*), ändert sich auch die Nachfrage (*yin*). Die zweite *yin-yang*-Beziehung ist die Nachfrage selbst: die neue Nachfrage (*yang*) und die bekannte und relativ konstante Nachfrage (*yin*) bzw. die durch Innovationen erzeugte Nachfrage (*yang*) und die im Routinekreislauf verfügbare Nachfrage (*yin*).

störung des Körpers durch Übergewicht (Zuckerkonsum etc.), graduell, mit dem Aufstieg in der Evolutionshierarchie, einer wirksameren Beherrschung, wenn nicht Transzendenz biologischer Bedürfnisse: *yang* und *yin* kooperieren harmonischer bei Nachfrage und Konsum von Überlebensgütern.

Die Komplexität der Bedürfnisevolution verdeutlichen wir am Beispiel der Finanzindustrie, der Produktion von Finanzprodukten, die so alt ist wie das älteste Gewerbe der Welt. Wir sehen auch, daß Innovation alle Bedürfniskategorien einschließt, auch wenn wir behaupten, evolutionshierarchisch, Innovationen welche auf Evolutionsgüter zielen, hätten einen höheren Entwicklungswert (nicht moralischen Wert).

Ein Kleinbauer besorgt sich einen Kredit, um bis zur nächsten Ernte zu überleben. Für viele ein Traum, nur realisierbar, wenn er es in Kauf nimmt, seinen Grund und Boden dem Geldverleiher im Falle der Mißernte auszuhändigen. In diesem Markt der Überlebensbedürfnisse ist eine neue Branche entstanden. Der Boom sogenannter Mikrofinanzierung hat vollständig neue Marktsegmente erschlossen, die von konventionellen Anbietern übersehen wurden. Mittlerweile hat die Erste Welt Anschluß an die Dritte Welt gewonnen: auch in „reichen" Ländern gibt es Menschen ohne Zugang zu Kredit; und kein geringerer als der französische Präsident Jacques Chirac, der weiß was Geld bedeutet und wie man Zugang zu ihm bekommt, hat ein Gesetzesvorhaben auf den Weg gebracht, die „Ausgeschlossenen" an den finanziellen Kreislauf anzuschließen (Gurrey & Michel, 2006). Der Eintritt in *Microfinance* kommt fast immer von neuen Unternehmern, und sogar von solchen, die vom Bankgeschäft bisher keine große Ahnung hatten. Der Banker sagt: so etwas kann nicht gelingen. Es funktioniert dennoch, sogar auf Profitbasis, weil die neuen Unternehmen vieles anders machen. Eintritt ins Nichtsein. *Yin* (Kompetenzen) und *yang* (Wissen) schaffen neue Produkte. Der Markt ist potentiell vorhanden. Geldverleiher gibt es immer schon. Sie operieren im Sein, kennen die Bedürfnisse ihrer Kunden (*yin* oder *yang*) und verfügen über das entsprechende Angebot. Der Markt ist bedient (*yang*), die Kundenbedürfnisse sind artikuliert.

Nun stoßen Mikrofinanzierer in diesen Markt. Diese innovativen Kreditproduzenten von Kleinstkrediten sind oder waren keine Banker. Sie sind Startups ohne Bankerfahrungen. Sie denken und handeln deswegen ohne die unvermeidlichen Scheuklappen jener, die in einem bestimmten Geschäft groß geworden sind und die Welt nur aus den aufgelaufenen Pfadabhängigkeiten ihrer Erfahrungsgeschichte verstehen und verändern vermögen. Sie wirken schöpferisch zerstörend für die etablierten Produzenten mit ihren traditionellen Kunden. Sie liefern aber auch Finanzprodukte an Kunden, die ihre Bedürfnisse bislang nicht artikuliert haben. Die Bedürfnisse sind längst vorhanden (*yin*). Weckt sie niemand auf, bleiben sie unbefriedigt. Sie mutieren nicht in *yang*, sie bleiben Potenzial, ohne wirtschaftliche Kraft. Die Grameenbank in Bangladesh, eine Pionierunternehmung in der Bereitstellung von Kleinstkrediten, und ihre zahlreichen Imitatoren, haben sich viele Feinde geschaffen (aber auch Freunde in der Finanzwelt[449]). Die traditionellen Geldverleiher und die moslemischen Ehemänner der Frauen, die zusehen müssen, wie ein neuer Typ von Kredit ihre Frauen emanzipiert und aus der Unterdrückung befreit. Der Minikredit befriedigt somit die Überlebensbedürfnisse von Frauen und ihren Familien. Er befriedigt auch *Habenbedürfnisse*, vom Fahrrad bis zum Mobiltelefon (gleichfalls von Grameen geliefert). Auch die *Evolution* kommt nicht zu kurz. Frauen haben die Chance, und sie nutzen sie, von Quasi-Haustieren mit Ernährungs- und Kinderzeugungsfunktion in Kleinun-

---

[449] Wenn Geld zu machen ist, sind auch Spekulanten und Investoren auf dem Sprung. Hegdefonds und Fondsgesellschaften versuchen Geld für ihre Anleger zu verdienen, in dem sie in Mikrofinanz-Institute investieren (Dreher, 2006). Wir hoffen, sie haben die Literatur gut studiert.

ternehmer zu mutieren, sogar mehr: sich Freiheiten für ein Leben in größerer Autonomie zu erwerben, in der Evolutionsspirale in die Tiefe zu „mutieren". Die Unternehmen für Mikrokredit schaffen somit – über die Einführung neuer Finanzprodukte - eine neue Harmonie zwischen *yin* und *yang* im Sein auf einer höheren evolutorischen Stufenleiter, bewirken somit Evolution in die Tiefe.

Betrachten wir ein anderes Produkt der Finanzbranche: Kreditkarten. Welches Bedürfnis befriedigt Plastikgeld? Was auf der Hand liegt: Haben. Ihr Nutzen ist ein abgeleiteter; abgeleitet aus dem Konsum von Erzeugnissen, die eine Kreditkarte zu besitzen und zu konsumieren erlaubt. Der Erwerb einer Karte ist heute auch Menschen möglich, die gewisse Schwierigkeiten haben, ihren Habensdrang zu disziplinieren. Die Qualität des *yin* im Nichtsein beeinflußt, ihr Verhalten im Nichtsein. Die Probleme kennen wir: Überschuldung, sogar Eintritt in ein Leben als „Kartensklave". „Mein Monatsgehalt ist 1,500 US Dollar, aber die Bank verlangt, daß ich jeden Monat 2,100 US $ an sie bezahle. Mein Leben ist zu einem Alptraum geworden" (Frau Chen aus Taiwan).[450] Der Aufstieg von Konfuzius zu Descartes: Ich konsumiere, also bin ich. Unter dem Habendrang leidet Selbstevolution. Auf Konsumträume reduzierte Lebensvisionen. Die mit Plastikgeld verstärkte Konsumkultur läuft irgendwann in Schwierigkeiten, bei Konsumenten sowie habgierigen Banken,[451] selbst auf den Evolutionsstufen (blau bis grün) mit enkulturierten Habenbedürfnissen. Wir schließen nicht aus, daß Kreditkarten auch Evolutionsbedürfnisse befriedigen können (etwa beim Kauf unseres Buches über Amazon), vor allem aber beschleunigen sie die Entstehung einer neuen Evolutionsstufe, da sie die Habenkultur (blau, orange, grün) an ihre Grenze führen und überwinden helfen. (Ein einfacher Rat für Kartensklaven: Laß die Karte zu Hause, wenn du einkaufen gehst).

Die nachfolgende Abbildung zeigt uns das Kreditverhalten privater Haushalte in einer Konsumgesellschaft (God's own country): Schulden in Prozent des Volkseinkommens (auf der Senkrechten). Nahezu siebzig Prozent der amerikanischen Wertschöpfung ist konsumgespeist. Die Schulden der Konsumenten übertreffen das Volkseinkommen (national income). Die Schulden steigen stärker als das Sozialprodukt. Wie bekannt ist, konsumieren die amerikanischen Bürger mehr als ihr Einkommen ausmacht: Ihre Sparrate ist negativ. Irgendwann geht so etwas schief. Die Habenbedürfnisse werden leiden und immer mehr Amerikaner werden auf die Befriedigung von Überlebensbedürfnissen zurückgeworfen.

Was macht Amerikaner so konsumgeil – zum Wohle von Walmart und seiner chinesischen Lieferanten? Selbstversklavung durch Ausleben von Habenbedürfnissen? Die Glücksschwelle für US-Bürger wird bei einem Familieneinkommen (vier Personen) von 40,000 Dollar pro Jahr ge-

---

[450] Wir entnehmen diese Aussage dem Bericht von Hille (2006) über die Schwierigkeiten der Kreditkartenbranche in Ostasien.

[451] Die Zinssätze für Kreditkartenkredite sind so beachtlich, daß manche Beobachter eine gewisse, und wirklich nur gewisse, Sympathie für islamische Fundamentalisten entwickeln, für welche Zinsen ein Produkt des Satans sind. Daß die Kreditkartenindustrie in den U$A auf den Weg zum „Großen Satan" kam, ist somit auch geklärt. Alles ist selbstkonstruierte Wirklichkeit. Aus dem amerikanischen Ministerium zur Heimatverteidigung wird immerhin berichtet, daß Kreditkartenverweigerer gewisse, und wiederum nur gewisse, Chancen haben, in die Liste der Terrorismusverdächtigen, auf der bereits über 300 000 Menschen eingebucht sind, aufgenommen zu werden. Wir geben diese Information mit allen notwendigen *disclaimers* an den Leser weiter. Was allgemein bekannt ist (Hodges, 2006): 42 Prozent der Amerikaner zahlen ihre Kreditkartenschulden überhaupt nicht oder nur teilweise zurück (Jahr 2004). Was dies terrorismuslogisch und bankpolitisch impliziert, mag der Leser selbst erkunden. Mastercard, mit dem auch einer der Autoren seine Habenbedürfnisse befriedigt, hat immerhin noch, im Juni 2006, ihr Börsendebüt geschafft.

sehen.[452] Man kann nun so viele Bedürfnisse haben, wie man will. Ohne Geld bleibt auch der Konsument im Regen stehen.

Abbildung 8.3.1: Eine Gesellschaft von Konsumsklaven(haltern?)

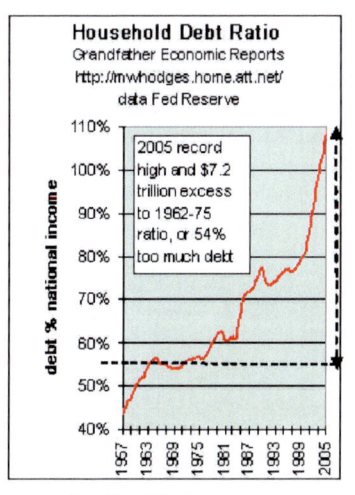

Quelle: Hodges, 2006

Schumpeter (1964, S. 148) schreibt:

> Jemand kann nur Unternehmer werden, indem er vorher Schuldner wird. Sein *erstes Bedürfnis* ist ein Kreditbedürfnis. Ehe er irgendwelcher Güter bedarf, bedarf er der Kaufkraft.

Er behauptet das für Unternehmer. Für Konsumenten im modernen Kapitalismus gilt das Gleiche. Auch sie brauchen Kaufkraft. Mit Kredit können sie ihre Kaufkraftgrenze hinausschieben. Kredit wird zum Treiber des Konsums, insbesondere zur Befriedigung von Habenbedürfnissen. Die Ausweitung von Kredit ist wiederum eine Folge zahlreicher Innovationen in der Finanzindustrie. Die Bedürfnisse selbst unterliegen einem ständigen Prozeß der Evolution, angetrieben durch neue Produkte. Letzten Endes sind es also Neukombinationen (*yang* im Nichtsein), welche die Konsumneigung hochhalten. Bei gegebenem *yin* (Konsumhaltungen), führt dies zu Disharmonien, welche eine Wirtschaft nicht ewig tolerieren kann. Yin und yang suchen eine neue Harmonie. *Wuwei*- Konsum. „Nichthandeln" wird „die wahre Freude" (Zhuangzi, 2003, S. 133).

Daoistisch gesehen: die Harmonie von *yin-yang* ist gestört. Sie läßt sich nur in Grenzen durch Eingriffe (Begrenzung der Kreditzinsen; Christentum im Mittelalter; Islam heute) zügeln. Entgegen der Vorstellung der Konsumentensouveränität vermag Habenkonsum die Nachfrager dauerhaft zu schädigen und evolutorisch zurück zu entwickeln. „Das Sein gebiert das Nichtsein" (Laozi) - irgendwann. Die Produktkomplexität von Finanzinnovationen wie der Kreditkarte läuft den Erfahrungen vieler Konsumenten voraus. Die Akkumulation von Schulden durch die Zinseszinsmechanik haben sie nie kennengelernt. Erziehung ist gefordert. In England wird vorgeschlagen, „finanzielle Fähigkeit" als Teil der Schulmathematik zu lehren.[453] Erzie-

---

[452] Nach Untersuchungen des Ökonomen Richard Easterlin (2003).
[453] The Financial Times, 1. April, 2006, S. 6: „Schooling punters".

hung und Lernen sind *yin* im Nichtsein. Sie erlauben, mit Habenbedürfnissen besser umzugehen. *Yin*-Arbeit im *wu* kann mehr leisten: eine Abkehr von der Habenkultur. Ob sie sich durchsetzt, ist auch ein *yang*-Problem im Nichtsein. Eine Familie muß sich selbst, auch ihre Kinder, in der Förderung von Evolutionsbedürfnissen erziehen. Die Rückkehr von Descartes zu Konfuzius und dann zu Laozi.

Wir erkennen an diesen Beispielen: Produktinnovationen sind die eigentlichen Störenfriede im Markt. Sie bringen alles, insbesondere Faktor- und Gütermärkte, durcheinander, und (zer-)stören die statische *yin-yang*- Harmonie. Sie schaffen neue Bedürfnisse, sie schaffen neue Märkte, somit neue Nachfrage- und Angebotskurven, und heben die alten Gleichgewichte auch auf den Faktormärkten auf. Stirbt mit dem Gleichgewicht auch die *yin-yang*-Harmonie? Zitieren wir zunächst Schumpeter zur Gleichgewichtsfrage im Entwicklungsprozeß:

> Die Entwicklung ist in ihrem innersten Wesen nach eine Störung des bestehenden statischen Gleichgewichts *ohne jede Tendenz*, diesem oder überhaupt irgendeinem anderen Gleichgewichtszustand wieder zuzustreben. ... Sie strebt aus dem Gleichgewichte heraus (Schumpeter, 1911/2006, S. 489).

Demgegenüber

> (beschreiben) die rein ökonomischen Gesetze [der herrschenden Ökonomie, Neoklassik] ein bestimmtes Verhalten der Wirtschaftssubjekte, dessen Ziel Herbeiführung eines (...) Gleichgewichts und Wiederherstellung eines solchen Zustandes nach jeder Störung ist. (a.a.O., S. 470).

Da „Entwicklung immer weitere Entwicklung (erzeugt)" (a.a.O, S. 189) und - eingebettet in Wellenbewegungen -, von einem *Nicht*gleichgewicht zum anderen eilt, ist im Entwicklungsprozeß auch die *yin-yang*-Harmonie, wie wir sie für die Routinewirtschaft beschrieben haben, ein für alle mal zerstört. Es besteht, wenn wir uns der Schumpeterschen Argumentation anschließen, auch keine Möglichkeit, eine solche wieder zurückzugewinnen (Außer wir zerstören den Mechanismus der Entwicklung, schütten gleichsam Diesel in einen Benzinmotor). Sein und Nichtsein erzeugen einander, zyklisch, unaufhörlich. Es gibt kein Gleichgewicht jenseits der Konstruktion des Theoretikers. Gleichgewichtige Stabilität, auch Stillstand, sind Ruhephasen im unaufhörlichen Wandel des Lebensraums von Menschen.

> **Gibt es ein Gleichgewicht im Entwicklungsprozeß?**
>
> Dies ist umstritten, auch bei Schumpeter selbst (1911, 6. Kapitel: Das Wesen der Wirtschaftskrisen), der sich sein Gehirn an der Frage zermartert, ob eine Welle zum Gleichgewicht zurückkehren muß, damit eine neue Welle beginnen kann oder nicht. Seine Aussagen in Schumpeter 1911 sind widersprüchlich, in der zweiten Auflage (ab 1926) legt er sich auf das Gleichgewicht fest und erntet gleichgewichtsökonomischen Hohn und Spott. Wenn wir Entwicklungsdynamik (daoistisch) in einen Evolutionsprozeß einbinden, gibt es kein Gleichgewicht mehr. Stillstand ja, Zerstörung ja, Niedergang ja, Tod ja, aber Gleichgewicht, auch ein „dynamisches", niemals.

Wenn die Leute den Tod [das Gleichgewicht] nicht (mehr) fürchten,
wie kann man sie dann (noch) mit dem Tod verängstigen?
Wenn man die Leute beständig den Tod fürchten lässt und die Abweichler,
wenn man sie fasst, tötet, wer wagt es dann (noch abzuweichen)?

(*Dao De Jing*, Kapitel 74, Gerstner 2001, S. 363).

Zhuangzi läßt Konfuzius belehren (wie Schumpeter seine Kollegen zu belehren hoffte):

> Denn der Wechsel, der in allem vor sich geht, ist stetig und endlos. Warum sollte man sich dadurch beunruhigen lassen? Wer das Tao kennt, wird das verstehen (Zhuangzi, zitiert in Lin Yutang, 2000, S. 220).

Immerhin, Konfuzius zeigt theoretische Reue:

> Auf dem Gebiet des Tao bin ich ganz wie eine Mücke. Wenn der Meister meine Dunkelheit nicht erleuchtet hätte, wäre ich mir des großen Weltplanes nicht bewußt geworden. (So läßt Zhuangzi, zitiert Lin Yutang, S. 221 ihn sprechen).

Die Vertreibung aus dem Paradies von Gleichgewicht, optimaler Allokation, von Ausgleich von Angebot und Nachfrage, ist endgültig und unwiderruflich, „Allokationsethik"[454] eingeschlossen. Wie und wo zeigen sich *yin* und *yang*, angebots- und nachfragetheoretisch, im Entwicklungsprozeß? Die daoistische Antwort liegt in einer Integration des Nichtseins in das Seinmodell eines (tendenziellen) Gleichgewichts. Tun wir dieses, ändern sich auch die politischen Reformoptionen (Angebots-/ Nachfragepolitik).

Das Neue auszuschließen hat, wie Friedrich Nietzsche - hier als Daoist argumentierend - in der Götzen-Dämmerung anmerkt, seine guten und auch psychischen Gründe.[455] Wir können diese Gründe auch als Einführung von inkrementeller Neuerung - volkswirtschaftlich, betrieblich, persönlich – in das Management oder als Angst vor dem Nichts verstehen, die Angst vor dem Wechsel eines Paradigmas.

> Etwas Unbekanntes auf etwas Bekanntes zurückführen, erleichtert, beruhigt, befriedigt, gibt außerdem ein Gefühl von Macht. Mit dem Unbekannten (daoistisch: Nichtsein) ist die Gefahr, die Unruhe, die Sorge gegeben, - der erste Instinkt geht dahin, diese peinlichen Zustände *wegzuschaffen*. Erster Grundsatz: irgendeine Erklärung ist besser als keine Erklärung. Weil es sich im Grunde nur um ein Loswerdenwollen drückender Vorstellungen handelt, nimmt man es nicht gerade streng mit den Mitteln, sie loszuwerden ... Das Neue, das Unerlebte, das Fremde wird als Ursache ausgeschlossen. Es wird also nicht nur eine Art von Erklärungen als Ursache gesucht, sondern eine ausgesuchte und *bevorzugte* Art von Erklärungen, die bei denen am schnellsten, am häufigsten das Gefühl des Fremden, Neuen, Unerlebten weggeschafft worden ist- die *gewöhnlichsten* Erklärungen (Nietzsche, Götzen-Dämmerung, Die vier großen Irrtümer, 5).

---

[454] Allokationsethik: Intensivmedizin oder Altenpflege; was hat angesichts leerer Kassen Vorrang? (Kinder oder Karriere? Was hat angesichts stagnierender Haushaltseinkommen Vorrang? Usf.) Medizin und Politik sind solchen Fragen bislang aus dem Weg gegangen (aber nicht die Ökonomen, zumindest nicht seit Adam Smith und die Daoisten, seit Urbeginn), was aber nicht bedeutet, dass es keine Antworten gäbe. Für die Behandlung des Problems der Rationierung medizinischer Ressourcen, welches es in Deutschland offiziell nicht gibt, unterhält das Land sogar einen außerplanmäßigen Lehrstuhl: Weyma Lübbe, Professorin für Philosophie, lehrt in Leipzig Allokationsethik, also die Moral der Verteilung knapper Mittel. Eine Umverteilung von der Medizin zur Pflege würde Leben retten. Wer soll gerettet werden, wenn nicht alle überleben können? Möglicherweise lassen sich klare Gedanken zu einer solchen Frage am besten in sicherem Abstand von Dialysegeräten und Pflegestationen fassen, im Bewusstsein, wie Weyma Lübbe einmal schrieb, „dass ein Aufsatz in der Zeitschrift Philosophy noch niemanden umgebracht hat" (http://www.zeit.de/2004/29/Pflegenotstand).

[455] Zu komparativen Fragen bezüglich Nietzsche und Daoismus siehe die Überlegungen von Günter Wohlfart (2001, S. 179ff.).

Die Neukombination beginnt im Nichtsein des *yin*, des Dunklen, Weichen, Weiblichen, Empfangenden, im Schatten des mächtigen Baums des Seins. „Im Öffnen und Schließen der Tore des Himmels, kannst du da ohne das Weibliche [*yin*] sein?" (Laozi, 10. Kapitel). Die daoistischen „Tore des Himmels" verstehen wir in unserem Kontext als die Tore des Neuerungssystems, die durch das Weibliche (*yin*) aufzuschließen sind.[456] Im gleichen Kapitel heißt es (vor dem eben angeführten Satz): „Im Konzentrieren des *qi* [Lebensenergie] zur Erlangung äußerster Weisheit, kannst Du da (wie) ein Kleinkind sein?" Innovationslogisch: Der Unternehmer konzentriert seine Handlungsenergie in einer Weise, wie es ein Kind tut. Er handelt spontan-natürlich, intuitiv, er denkt nicht an Probleme und Widerstände.[457] Wenn er Nichtsein-*yang* mit Sein-*yin* oder Nichtsein-*yin* verbinden möchte, also die neukombinative Idee im Markt verwirklichen will, handelt er wie ein Kind.

Innovationen beginnen im Nichtsein, mit dem, was der Unternehmer träumt, mit seiner Persönlichkeit visioniert. Und nicht mit Bedürfnissen nach Geld und Reichtum. Der inkrementelle Innovator im bestehenden Unternehmen mag an materiellen Reichtum und Mehr-Geld-Haben-Wollen denken. Für den radikalen Innovator ist Reichtum eine Nebensache (Amit u.a., 2001 zeigen dies für technologie-orientierte Unternehmensgründer).[458] Dies unterscheidet ihn grundlegend vom Nichttununternehmer und wohl auch Manager. Letztere zerstören durch ihre Habgier[459] dasjenige, was in ihren Unternehmen an Innovationsgeist und Wagniskultur überleben kann. Daß sie in Arbitrage flüchten (müssen), in geldmotiviertes Dealmaking, ist zumindest motivationslogisch nachvollziehbar. Wenn wir somit in der Unternehmerklasse nach Menschen suchen, die eher auf den tieferen Ebenen der Evolutionshierarchie operieren (Abschnitt 3.6), sind dies erstens Innovatoren, zweitens Gründerinnovatoren, drittens radikale Neukombinierer. Sie sind auch, in der Wirtschaft, Pioniere einer *wu*- Orientierung (Abschnitt 7.9).

Innovationen beginnen im Nichtsein: Die neuen Kombinationsmöglichkeiten von Ressourcen sind für einen innovativen Unternehmer zuerst unbekannt, d.h. ein *yang* im Nichtsein. Sobald er eine dieser Möglichkeiten kennt und auch umsetzen möchte, ist eine Harmonie zwischen dem *yang* im Nichtsein und *yin* im Nichtsein (der Kenntnissen/Wissen, die er schon hat, und seiner

---

[456] „Im Öffnen und Schließen der Tore des Himmels, kannst Du da ohne das Weibliche [*yin*] sein?" (Laozi, 10. Kapitel). „Tore des Himmels" ist ein Punkt auf dem Kopf, der wichtig für den Austausch der Ernährung, Energie zwischen dem Körper und der Umwelt ist, weil nach der Theorie der traditionellen chinesischen Medizin die Haut auch „atmen" und von ihrer Umwelt auch Energie aufnehmen kann. Kombinieren wir diese Sicht mit dem Leben im Alltag: Wenn wir mit anderen kommunizieren (Austausch mit der Umwelt), können wir dann immer den Platz des „Weiblichen" (*ci*) einnehmen, d.h. nie der Erste sein? *Ci* (weiblich) ist nicht identisch mit „nie der erste zu sein", steht aber in enger Beziehung dazu. „Nie der Erste zu sein" ist der dritte Schatz von Laozi (Tugend des Nicht-Konkurrieren, erfolgreich sein durch Nicht-Konkurrenz). Wir erläutern dies ausführlicher in einer späteren Schrift.

[457] Die zeitgenössische neurokognitive Forschung unterstützt diese altdaoistische „Verehrung" des kleinen Kindes, das wie gute Forscher denkt und emotioniert (Futurepundit, 31. März 2006: „Pre-schoolers think like scientists"). Danach scheint in Schule und Hochschule ein Prozeß der Zerstörung dieser Fähigkeiten einzusetzen, denen sich nur wenige widersetzen können (oder solche, die Montessori- oder vergleichbare Schulen besuchen), oftmals „schlechte" Schüler und Studierende, das Gegenstück zu den High-Potentials und kognitiven Eliten, die gute Noten mitbringen (Lernen 1), auf den anderen Lernebenen (2 und 3) aber durchhängen können.

[458] Die Autoren ziehen zwei Schlußfolgerungen aus ihrer Untersuchung: „1) not all entpreneurs found a business for personal wealth reasons, and 2) one need not be motivated by personal wealth attainment to be a successful entrepreneur" (Amit u.a.,.2001, S. 120).

[459] Nach Mintzberg (2005, 6 Kapitel) auch im MBA-Studium antrainierte Habgier.

Persönlichkeit) erreicht. Erst durch eine Harmonie von seinem Nichtsein und Sein (materielle Ressourcen, Produktionsfaktoren, etc.) kann er seine Vision verwirklichen und damit neue Güter auf den Markt bringen.[460]

> Die ‚zehntausend Dinge' in der Welt werden aus dem Sein (*you*) geboren,
> das Sein (*you*) wird aus dem Nichtsein (*wu*) geboren.
>
> *Dao De Jing*, Kapitel 40, unsere Übersetzung

Ob der Unternehmer sich Mohammed nennt oder Werner Siemens, der Anfang ist der gleiche. Das Nichtsein schafft das Sein. Das Leersein verfügt über ein unbegrenztes schöpferisches Potential.[461]

> Das Dao ist ein Hohlgefäß; und sein Gebrauch ist unerschöpflich!
>
> *Dao De Jing*, Kapitel 4, Übersetzung Lin Yutang

> Das Dao ist leer. Aber wenn man es verwendet,
> ist sein Gebrauch unerschöpflich.
>
> *Dao De Jing*, Kapitel 4, unsere Übersetzung

In Form eines Sein als *yin* läßt es alles (die „zehntausend Dinge") entstehen. „Die ‚zehntausend Dinge' tragen das *yin* auf dem Rücken und umfassen das *yang*" (Laozi, Kapitel 42). Und eben auch das, was wir als Angebot und Nachfrage bezeichnen. Irgendwann wird das Sein vom Nichtsein wieder aufgenommen: Angebot und Nachfrage löschen sich aus und geben Raum für das aus dem Nichtsein erneut Entstehende.

Damit tritt Nichtsein als *yang* wiederum ins Spiel, und damit, in dynamischer *yin-yang*- Interaktion, das ökonomische Leben, welches sich später als Angebot und Nachfrage herauskristallisiert. Der Schatten alterniert mit der Helle des Tages: der Unternehmer kommuniziert seine Idee mit Menschen, die ihn finanzieren, mit Mitarbeitern, die sich aktiv an der Durchsetzung beteiligen, mit anderen Menschen, die ihm ausreden wollen, was er tun will, und mit wieder anderen, die seine Ideen mit Widerstand konfrontieren: Regulierer, Diskursethiker, Konkurrenten, die in allem Schlimmes wittern, was sich auf den Weg vom Nichtsein ins Sein machen könnte. Die „männliche" Härte des ökonomischen Lebens (*yang*). Aber noch immer ist von Angebot und Nachfrage nichts zu sehen und zu spüren.

8.4 Innovationsdynamik und die Entstehung neuer Märkte

Wir haben gesehen, wie in der homöostatischen Routinewirtschaft, Angebot und Nachfrage, determiniert durch die Nachfrager, ihr Gleichgewicht bei gegebenen Bedürfnissen finden. In einem homöo-dynamischen Innovationssystem sind die Verhältnisse komplizierter. Die Beziehung dreht sich um. Angebot (Nichtsein als *yang*) bzw. Anbieter schaffen sich ihre eigene Nachfrage (*yin*), auf den Güter- und Faktormärkten. Nahezu münchhausengleich.

Wie geschieht das? (1) Durch Schaffung von Kaufkraft für die Nachfrager; (2) durch Schaffung und Mitgestaltung der Bedürfnisse, für die von ihnen angebotenen Güter und Dienstleistungen im gesamten Spektrum der Bedürfnisse (Überleben, Haben, Evolution).

Wir möchten hier von einem dynamisierten Sayschen Theorem sprechen. Das Saysche Theorem/Gesetz steht für die Auffassung des klassischen Liberalismus, Märkte tendierten zu einem

---

[460] Daß er dazu auch eine Nachfragefunktion aus dem „Nichts" schaffen muß, zeigen wir unten.
[461] Das daoistische/buddhistische Leersein („Nichts") ist daher nicht mit dem Nichts der abendländischen Philosophie zu verwechseln (4. Kapitel).

gesamtwirtschaftlichen Gleichgewicht. Es ist nach Jean Baptiste Say (1767-1832) benannt. Jedes zusätzliche Angebot, behauptet der französische Nationalökonom, entfache zugleich Nachfrage, so daß es niemals zu einer allgemeinen Verstopfung der Absatzwege kommen könne. Warum? Während des Produktionsprozesses wird Nachfrage entfaltet: nach Arbeitsleistungen (Löhne), Maschinen (Erlöse für die entsprechenden Produzenten), Rohstoffen (Zahlungen für die Produzenten) Grund und Boden (Erlöse bzw. Renten) oder Geldkapital (Zinsen). Jedes zusätzlich produzierte Produkt entfaltet zusätzliche Nachfrage. Natürlich kann ein Unternehmer nicht dadurch die Nachfrage für *sein* Produkt schaffen (dazu braucht es der Bedürfniskreation und auf bestehenden Märkten des Marketing), aber alle Produzenten zusammen leisten sich wechselseitig einen altruistischen Dienst der Nachfrageschaffung.

Außerhalb des Gleichgewichts, im Innovationssystem, ist zu fragen: Wo kommt das Angebot überhaupt her, wer kreiert es, wie entstehen *neue* Angebotskurven? Die Schumpetersche Antwort: Durch die Tätigkeit innovativer Unternehmer/ Unternehmen, welche, in Zusammenarbeit mit den Nachfragern (Schumpeter „Erziehung"),[462] auf bestehende oder neue Bedürfnisse zielend, neue Produkte schaffen, die dann, in dynamischen Interaktionsprozessen (*heqi*) auch zum Aufbau neuer Nachfrage führen (können). Die zweite Frage ist: Wer kreiert die Nachfrage, die Bedürfnisse, die „Motive" zu kaufen, wie es in der Marketingwissenschaft heißt?[463]

Wir konzentrieren uns auf Gütermärkte. Unsere Argumente passen, modifiziert, genauso auf die Märkte für Produktionsfaktoren und Investitionsgüter. In Europa haben sich die Angebotsbedingungen auch auf den Arbeitsmärkten ständig verbessert. Die Arbeitslosigkeit bleibt hoch. Die Standardantwort: die Reformen reichen nicht aus. Vielleicht. Es gibt aber auch andere Antworten. Die Massenkaufkraft ist zu gering (Bofinger, 2005; Hankel, 1984). Die Bedürfnisse sind überreichlich vorhanden, aber mangels Kaufkraft entsteht daraus kein Bedarf und folglich keine Nachfrage auf den Märkten. Die empirischen Daten vertragen sich mit allen Theorieentwürfen und Reformkonzepten. Peter Bofinger hat die angebotsorientierten Reformkonzepte einer kritischen Würdigung unterzogen. Er konstatiert ein Paradox von Reform: Trotz angebotsorientierter Impulse bleibt die Arbeitslosigkeit hoch. Aus der Logik von Daoismus und Schumpeter gibt es keinen Konflikt mit einer Sichtweise, die auf Kaufkraftdynamik (Nachfrageimpulse) setzt.

Schumpeter wendet die Logik der Nachfrageschaffung mittels Angebotskreation auch auf Faktormärkte an. Dies erlaubt ihm eine neuartige Sicht der Beschäftigungsproblematik. Innovation erzeugt Nachfrage nach Produktionsfaktoren. Ein Innovationsmultiplikator verfügt über zwei Dimensionen: eine Keynesianische (Ausgabewirkungen: Der Unternehmer kauft Ressourcen, manchmal mit Kredit, die bei den Empfängern der Einnahmen neue Ausgaben bewirken, usw.). Eine Schumpetersche: Innovationen führen zu neuen Innovationen bei Wettbewerbern und Imitatoren, die wiederum neue Innovationen induzieren (Ko-Innovation; auch Ko-Evolution). In ihrer Folge entstehen neue Ausgabeströme (Investitionen) und Arbeitsplätze. Innovationsbasierte Multiplikatorwirkungen integrieren daher in sich *yin*- und *yang*-Effekte.

Zur Produktion neuer Güter benötigen die Unternehmen Produktivkräfte (Arbeit, Kapital). Produzieren Unternehmen alte Güter mit neuen Technologien, sinken die Produktionskosten für ein Gut. Herrscht Wettbewerb auf den Gütermärkten, sinken auch die Preise und die Realeinkommen (die Kaufkraft) der Nachfrager steigen. Angebot und Nachfrage harmonisieren. Es gilt auch bei Prozessinnovationen das Saysche Theorem: Das Angebot schafft sich seine eigene Nachfrage. Da die Produktion wegen erhöhter Nachfrage steigt, erhöht sich auch die Nachfrage

---

[462] Ein Unterfall des daoistischen Basistheorems: Evolution durch Ko-Evolution.
[463] Im Marketing sind Bedürfnisse oftmals durch Kaufmotive ersetzt. „Bedürfnis siehe Motiv, Motivation (Käuferpsychol.)", lesen wir im Stichwortverzeichnis eines Lehrbuches „Grundlagen des Marketings".

nach Produktionsfaktoren (insbesondere Arbeitskraft), so daß die Freisetzung von Faktoren (insbesondere Arbeitskraft) durch neue Technologien, zumindest *teilweise* kompensiert wird. Auch hier stellt sich *tendenziell* eine *yin- yang*-Harmonie ein.[464] Die Märkte können wir ihrem Eigenschicksal überlassen. Ist *ziran* first-best?

Zurückkehrend zur Güterseite: Im homöo-evolutorischen System erfolgt ein Komplexitätssprung im Vergleich zum Gleichgewichtssystem. Das System und ihre Elemente transformieren und transzendieren und wir finden *yin-yang*-Einklang und Disharmonie, wie oben gezeigt, auf drei Ebenen der Funktionshierarchie von Unternehmersystemen.

Angebot und Nachfrage sind nicht mehr einfach „da"; sie werden durch unternehmerische Initiative geschaffen. Der Unternehmer fragt Produktionsfaktoren nach, um seine Idee durchzusetzen. Die Schaffung von zusätzlichen Arbeitsplätzen folgt nicht primär den Preissignalen auf dem Arbeitsmarkt, sondern der Innovationskraft der neuen Idee. Mit dem Markteintritt und der Ausweitung der Produktion steigt die Nachfrage nach Arbeit (Humankapital in ihrer vielfältigen Ausgestaltung: Qualifikation, Ausbildung, Erfahrung, Umschulung, Weiterbildung, etc.). Die Nachfragefunktion ist also abgeleitet aus dem im Nichtsein erzeugten Potenzial der *yin*-Elemente.

Auf den Gütermärkten wird die Nachfrage durch unternehmerische Initiative entzündet.[465] Auch wenn man von einer „Unersättlichkeit menschlicher Bedürfnisse" ausgeht und die Grundbedürfnisse des Menschen als teils biologisch bedingt, teils soziokulturell erworben unterstellt, läßt sich aus diesen Vermutungen noch keine Nachfrage nach konkreten Produkten ableiten. Schließlich arbeiten Manager, Professoren und Berater in der Marketingbranche unermüdlich daran, den Konsumenten vom Verbrauch bestimmter Güter zu überzeugen. Trotz Marketingraffinesse laufen die Märkte, Industrien, ganze Volkswirtschaften in die Stagnation. Marketing, auch im Dialog mit dem Kunden, als „Diskurs" inszeniert, endet als Nullsummenspiel. Es gleicht einer Melkmaschine. Wie kommt frische Milch in das Euter?

Die Produktion und Vermarktung neuer Produkte spielen bei der Entstehung und der Steigerung der Nachfrage eine Schlüsselrolle, weil alte Güter, auch mit hochentwickelter Marketingkompetenz, früher oder später in eine Sättigungsgrenze laufen. Die Einführung neuer Güter ist für die Erhaltung wirtschaftlicher Dynamik unverzichtbar. Kein Konsument hat, wie Schumpeter sagt, ein Bedürfnis nach Kaugummi oder Seidenstrümpfen (oder Spazierengehen im Weltraum). Keiner wollte sich einen Walkman auf die Ohren setzen (wie vielfältige Marktuntersuchungen zeigen), bis Sony tatsächlich eine Maschine auf den Markt bringt und die Nachfrage „entzündet". Die Bedürfnisse nach neuen Gütern müssen dem Konsumenten „anerzogen" werden (Schumpeter), oder weniger brutal ausgedrückt: der Hersteller muß die Konsumenten von der Nützlichkeit der neuen Güter zur Befriedigung bereits existierender oder neu zu weckender Bedürfnisse erst noch überzeugen. Die Nachfrager warten nicht auf Nanopartikel. Sie verstehen nicht einmal, was für chemische Tierchen das sind.

---

[464] „Tendenziell" ist eine wichtige Einschränkung. John M. Keynes hat die Logik von J.B. Say verworfen. Wenn Geld ein „Schleier" ist, nur die Rolle von Recheneinheit und Tauschmittels spielt - die Annahme in Klassik, Neoklassik - verschwindet es (die in der Produktion gezahlten Einkommen) nicht irgendwo im Kreislauf. Wenn Geld auch als Wertaufbewahrer und Geldvermögensspeicher dient, was es normalerweise auch tut, können Überangebot oder Unternachfrage entstehen (Hankel, 1984, S. 26f.). Tendenziell läuft die Wirtschaft dann immer noch auf ein Gleichgewicht zu, aber nur tendenziell. Unfälle sind nicht mehr auszuschließen. Die Schumpeterlogik unterläuft das Gleichgewichtsdenken noch weiter. Teilweise wird Say auf den Kopf gestellt. Ob damit *ziran* in Gefahr gerät, gilt zu erläutern.

[465] Ernst Heuss (1965) hat diesen Prozeß der Entzündung der Nachfrage theoretisch ausführlich durchleuchtet. Die Nachfrageseite des Wachstums erläutert Ulrich Witt (2002).

Bei der Befragung von Kunden wird in der Regel nichts Besonderes für zukünftige Produkte herauskommen. Meist fehlen dem Käufer der Ehrgeiz und das Genie, an völlig neue Lösungen zu denken. Deswegen ist es wichtig, daß die *schwachen Signale* von Außenseitern nicht überhört werden. Sie sind besonders zukunftsträchtig, weil sie ausgefallene Ideen sein können, denen zunächst wenig Bedeutung beigemessen wird. (Wildemann, 2006, unsere Hervorhebung).

Hören der „schwachen Signale". Wie hört man das, was noch schweigt, noch keine Stimme hat? Für den Daoisten ist das ziemlich klar. Loslassen, Leermachen. *De.* Die gelbe (siebte Ebene) in der Evolutionsholarchie. Wir vermuten: die Dominanz neuer Unternehmen, ihre so oft zufällige, nur im nachhinein (Aha-Wirkung) erkennbare wirtschaftliche Potenz, ihre faktisch nur in Grenzen durch Intervention erzeugbare Machbarkeit, hängt mit den Einflüssen von *de* und *heqi* zusammen. Zynisch gesagt: wenn die Frösche im heißen Wasser das Sagen haben (Ebenen bis inklusive 6), sind schwache Signale nicht existent. Der Unternehmer/Manager[466] kann sie nicht wahrnehmen, in sich erzeugen, sein Vermögen dazu erfordert Kompetenzen, die im bestehenden Unternehmen nicht gefragt und nachgefragt werden, die auch oft die neuen Unternehmer nicht haben müssen, wenn sie sich dem Diktat des Zufallserfolgs beugen. Bei neuen Gütern ist diese Fähigkeit ganz wesentlich eine Frage der Kommunikationsfähigkeit des Unternehmers (seines *heqi*). Siebzig Prozent aller neuen Produkte sind Fehlschläge, nicht zuletzt eine Folge unzureichender Kommunikationsfähigkeit.[467]

Wie auch immer: ob durch Zufall oder Kompetenz, es ist unternehmerisches Handeln, welches die Nachfragefunktion aufbaut. Das dies immer in einem Interaktionsprozeß zwischen Hersteller und Nachfrager geschieht, ist offensichtlich und trivial. Neues Angebot und neue Nachfrage verbinden sich im Idealfall harmonisch. „Die Kapitalisten verkaufen uns das Seil mit dem wir sie aufhängen." (Vladimir Ilyich Lenin[468]).

Wie kommt die Nachfrage nach einem neuen Gut zustande? Unternehmer müssen Pionierverbraucher für ihre Neuheit interessieren. Gelingt dies, unter anderem durch Vermittlung von Exklusivität und Snobappeal des neuen Produktes (Veblen- und Snobeffekt), kann sich die Nachfrage „entzünden" (Heuss). Wenn das Produkt für Mitläufer interessant wird (durch Marketing interessant gemacht werden kann), weitet sich der Markt aus. Pioniere und ihr Konsumverhalten werden imitiert. Der Markt kann in eine Phase der „Explosion" (Heuss) übergehen.[469] Die Nachfrage ist zunächst immer noch klein, sie wächst aber rasch, überdurchschnittlich. Sie schafft damit auch Raum (*yin*) für neue Anbieter (Imitatoren auf der Angebotsseite). Die „Präferenz- und Nachfragestruktur (ist daher) keine gegebene Größe ..., sondern ... verändert sich im Zeitablauf durch die *Interaktion* der Wirtschaftssubjekte" (Fehl & Oberender, 2004, S. 419; unsere Betonung). Die Schaffung eines Massenmarktes leisten – aufgrund unterschiedlicher Kompetenzprofile und -anforderungen – dann oftmals nicht die Pioniere auf der Angebotsseite. Hier liegen vielmehr die absoluten und komparativen Vorteile der bestehenden Anbieter (Markides & Geroski, 2005, S. 65ff.), die ihrerseits von Konkurrenten bedroht sind, aus den sich

---

[466] Das Gleiche gilt für Funktionsträger in anderen Funktionssystemen der Gesellschaft.
[467] „Neue Produkte sind zu 70 Prozent Flops" (Frankfurter Allgemeine Zeitung, 24. 4. 2006, S. 22).
[468] Die genaue Herkunft dieses Zitats zu ermitteln, war uns nicht möglich. Es wird auch Karl Marx zugeschrieben.
[469] Diese Sichtweise prägt bis heute die Marketingliteratur, in der von „influentials", Imitatoren, sozialen Multiplikatoren, sozialer Ansteckung usf. gesprochen wird. Zu einem Überblick und neueren Entwicklungen siehe Wharton (2006) und die dort angeführten Verweise.

neu-industrialisierenden Wirtschaften stammend (siehe Abschnitt 5.7 zur nachholenden Entwicklung).

Die Übersicht zeigt, zurückgreifend auf oben geschilderte Interaktionswirkungen im Nachfrageverhalten, wie neue Nachfrage entstehen kann.[470]

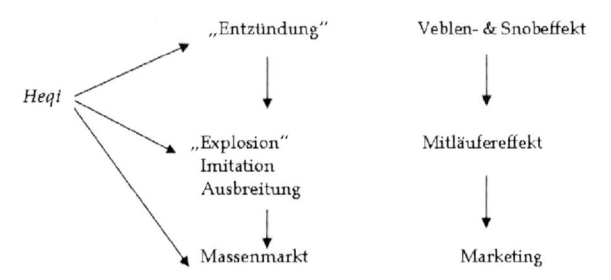

```
                    „Entzündung"        Veblen- & Snobeffekt
                         ↓                       ↓
        Heqi
                    „Explosion"          Mitläufereffekt
                     Imitation
                    Ausbreitung
                         ↓                       ↓
                    Massenmarkt              Marketing
```

Daoistisch heißt dies: *yin* und *yang* sind interaktive Energien, sie erzeugen sich wechselseitig, sie operieren auf der Angebots- und Nachfrageseite nicht isoliert, sondern verknüpft. Weder Konsument nach Produzent sind im Markt allein überlebensfähig, nur der „Prosument", die *yin*- und *yang*-Energie erzeugend und harmonisierend. Veblen-, Snob- und Mitläuferwirkungen wirken energetisch zwischen Nachfragern. Ihre Kraft hängt jedoch auch von der energetischen Dynamik der Angebotsseite ab. Ein Produktflop bedeutet verschwendete Energie auf Anbieter- und Nachfrageseite. *Yin* und *yang* kommen nicht aus den Startlöchern. Durch die Einführung neuer Güter verändert sich auch die Bedürfnisstruktur: neue Bedürfnisse entstehen, alte differenzieren sich. Jede Industrie zeigt dieses Bild und jeder Kondratieff folgt diesem Muster. Die Fotoindustrie schafft neue Bedürfnisse, die jedoch, durch Einführung neuer Produktvarianten, ständig differenzieren und die Industrie am Leben halten. Stellen sich Anbieter nicht rechtzeitig um, werden sie ausgelöscht (Voigtländer, Rollei, Agfa).

Manche Märkte evolvieren in Massenmärkte. Aus der Markttheorie (Heuss, 1965; 1972) wissen wir: solche Märkte sind anfällig für eine Oligopolisierung: nur wenige Anbieter beherrschen dann den Markt. Oftmals entsteht die Herrschaft der Wenigen aus Arbitragetransaktionen: Aufkauf von Konkurrenten oder Unternehmenszusammenschlüsse. Betriebswirtschaftlich eine Konsolidierung. Die Neigung zur Oligopolisierung (wenige Anbieter) und Kartellierung ist hoch: Kollusion und Monopolisierung ersetzen Innovation.[471] Wenn Märkte nicht durch Innovatoren durcheinandergewirbelt werden, laufen sie den Produktzyklus bis zum Ende durch – unterbrochen durch erhaltende Neuerungen. Märkte entwickeln sich in Massenmärkte.

Unternehmensteile, die nicht in die Logik des Oligopols passen – also in einem Markt möglichst Nr. 1 oder 2 zu sein - werden Investmentbanken zum Verkauf angeboten. Der Erste zu sein in einem bestehenden Markt trägt daher ökonomische Früchte. Es lassen sich höhere Renditen erzielen als auf Wettbewerbsmärkten. Nationale Champions sind daher oft auch Champions der Gewinnmaximierung.

---

[470] Diese Überlegungen fußen auf Ernst Heuss (1965) und Fehl & Oberender (2004, S. 368-9).
[471] Oligopolywatch.com kommentiert die Problemfelder auf Oligopolmärkten in großem Detail.

8.5 Radikale und erhaltende Neuerungen im *yin-yang*-Raum

Für die bisher erläuterten Zusammenhänge wird es nun wichtig, zwischen Neuerungen inkrementeller (erhaltender[472]) und radikaler Natur zu unterscheiden.

Die Nachfrage nach Skiwachs und ihre speisenden Bedürfnisse sind gegeben. Das Nanowachs trifft auf Konkurrenzprodukte, die es – weil besser und / oder billiger – Schritt für Schritt aus dem Feld schlagen kann: Inkrementelle Neuerungen im Rahmen einer basisinnovativen (Nano-)Welle. Biotechnologisch verändertes Saatgut kann sich relativ leicht in das *yin* und *yang* des Seins integrieren. Wenn europäische Nachfrager keinen Genmais mögen, bleibt der Markt in Europa ein toter Sein-Markt. Die Unternehmer müßten viel Geld und *heqi* in die Schaffung einer neuen Nachfragekurve (Nichtsein- *yang*) investieren.

Ein letztes Beispiel: Die ersten Automobile (4. Kondratieff) waren kaum mehr als Pferdekutschen mit Motor. Der Motor ersetzt das Pferd. Die Nachfrage nach maschinellen „Pferden" liegt nahe am etablierten Markt. Sie läßt sich einfach ansprechen und ist in einen vorhandenen Markt integrierbar. Auch eine basisinnovative Reise von vielen Jahren beginnt „mit einem ersten Schritt" (Laozi). Daß Unternehmer auf diese Weise agieren, ist vernünftig und *zirangemäß*. Wenn sie so handeln, wissen sie in der Regel nicht, welche Entfaltungsmöglichkeiten die grundlegende Neuerung für die Zukunft bereithält. Die Entstehung einer langen Welle ist daher einerseits Folge rationalen Handelns von Wirtschaftsakteuren, andererseits zum großen Teil ein unbeabsichtigtes Ergebnis unternehmerischen Handelns.

Die Welle selbst ist ein Produkt der *yin-yang*-Harmonie im Nichtsein. Daß sie Anschluß findet an das Sein, an die Käufer, folgt aus der Kopplung des Angebots, oftmals *heqi*-„manipuliert", mit den Bedürfnissen der Käufer. Die Nachfrage ist latent vorhanden, die Nachfragekurve muß dennoch auch für inkrementelle Neuerungen (Skiwachs auf Nanobasis) vom Unternehmer durch *heqi* erzeugt werden. Verglichen mit dem Aufbau einer Nachfragekurve für Nanorobots zur Zellreparatur eine bescheidene unternehmerische Herausforderung. Nanorobots zielen auf noch nicht existierende Märkte. Die Harmonieanforderungen im Nichtsein und Sein sind entsprechend gewaltig.

Die Harmonie ist im Entwicklungsprozeß allerdings nicht vorausgesetzt, sie muß erzeugt werden und ist auch permanent gefährdet, insbesondere durch die Einführung neuer Produkte („schöpferische Zerstörung") - *yang* in Vollendung (aus dem Nichtsein entstehendes neues Sein oder neues Nichtsein) - oder von Gütern mit günstigerem Preis/Leistungs Profil („Geiz ist geil.").

Welche Wirkungen löst somit die Durchsetzung von Neuerungen aus? Schumpeter selbst thematisiert zwei Wirkungen:

(1) Die innovierenden Unternehmen treten in Konkurrenz zu den alten Unternehmen, erhöhen die Nachfrage nach Produktionsfaktoren und damit die Kosten für die alten Unternehmen. Wenn sich Arbitrageure an diesen Entwicklungstrend hängen, erhalten wir Preissignale und Preismultiplikatoren, welche die Preise weit über die durch real-physische Angebots- und Nachfrageverhältnisse hinaus treiben können.[473] Illustration: Der innovationserzeugte China-

---

[472] Erhaltend meint einen Produkt/Technologiezyklus (am Leben) erhaltend, durch eine Abfolge von inkrementellen, marginalen Neuerungen (aus der Sicht des Zyklus).
[473] Wir haben oben mehrfach die Auswirkungen von Spekulation auf die Preise am Beispiel von Energie erläutert. Mit welcher Gelassenheit, gar Gleichgültigkeit, vielleicht Schicksalsergebenheit die Verbraucher von Rohstoffen den Spekulationsaufschlag hinnehmen, ist für einen ökonomischen Beobachter, der nicht unbedingt an die Wahrheit und Gerechtigkeit des reinen Marktes glaubt, immer wieder erstaunlich. Die Investmentbank Merrill Lynch hat errechnet, daß börsengehandelte Rohstoffe Ende April 2006 einen spe-

und Indienboom und seine Auswirkung auf die Rohstoffpreise. Dies ist *yang*, welches auf andere Märkte überspringt, auch Wirkungen des Nichtseins als *yang* mobilisierend. Steigende Kosten/Preise für Rohstoffe lösen Anstrengungen zu technischem Fortschritt aus, um sie einzusparen oder teure Ressourcen zu ersetzen (Öl aus Sand, Biodiesel, Photovoltaik usf.). Adaptive Reaktionen des Seins (*yin*) lösen schöpferische Nichtsein (*yang*)-Antworten aus. Wir beobachten somit eine sich in der Zeit vollziehende Abfolge von *yin-yang*-Interaktionen, eingebettet in eine Sein-/Nichtsein-Welt, die insgesamt eine homöodynamische Harmonie im Innovationssystem bewirken. Gleichgewichte existieren nicht mehr. Auch keine Tendenzen zum Gleichgewicht.

> Entwicklung und Gleichgewicht schließen einander aus
> (Schumpeter, 1911/2006, S. 489).

(2) Neuerungen, oftmals eingebettet in neue Unternehmen, drücken die Erträge (Gewinne) und Erlöse (Umsätze) der alten Unternehmen, da sie gleiche Güter billiger herstellen oder neue Güter mit verbessertem Funktionsprofil anbieten, die in Konkurrenz zu alten stehen (Substitutionswettbewerb) oder neue Bedürfnisse befriedigen und Kaufkraft von der Befriedigung alter Konsumgewohnheiten abziehen. Dies wird als Prozess schöpferischer Zerstörung bezeichnet. Natürlich können sich die alten Unternehmen über die in (1) geschilderten Prozesse oder durch Einführung eigener Innovationen zur Wehr setzen. Auch in dieser Wirkungskette beobachten wir die Abfolge eines Zusammenspiels von *yin* & *yang*, Sein & Nichtsein, eingebettet in zyklische Abläufe und sich selbst ständig reproduzierend.

Zusammengenommen bewirken (1) und (2) eine (autopoietische) Reproduktion/ Erhaltung des zyklisch operierenden Innovationssystems durch Ko-Innovation.

Die nächste Abbildung 8.5.1 zeigt die Vielfalt innovativer Angebotsimpulse. Je disruptiver eine Neuerung, desto stärker muß sie aus dem Nichtsein, der Zeit und Raum lassenden Offenheit des *dao*, entspringen, und desto mehr *yang*-Elemente wird sie verkörpern.

Erhaltende/inkrementelle Neuerungen (eine neue Golfversion) werden durch die hergestellten neuen Güter (Golf) realisiert. Was nicht ausschließt, daß sie harmonisch Angebot und Nachfrage verknüpfen. Harmonie bedeutet nicht Freisein von Enttäuschungen für Anbieter und Nachfrager. Es handelt sich um eine prozessual herzustellende Harmonie, die notwendig adaptive und schöpferische Antworten von Produzent und Konsument verlangt. Der neue Golf war manchen Konsumenten zu teuer, hat traditionelle Käuferschichten abgeschreckt, weil ihre Kaufkraft, durch wirtschaftliche Stagnation, sinkende Realeinkommen und Zahlungen an den Staat geschwächt, die erhaltende (inkrementelle) Neuerung zu teuer machte. Dies trifft auch andere Hersteller. Ein Konkurrent (Renault) hat darauf mit disruptiver Innovation geantwortet (Modell „Logan"). Die Produktion eines „Billigautos" versucht die *yin-yang*-Disharmonie zu überwinden, erschließt aber auch neue Käuferschichten, die bisher ihre Haben-Bedürfnisse nicht befriedigen konnten.

Zur Einschätzung des wirtschaftlichen Potenzials eines Neuerungskomplexes (wie beispielsweise der Nanotechnologie; obige Abbildung) sind grundlegende Unterscheidungen zwischen

---

kulativen Aufschlag von etwa 50 Prozent aufweisen (Frankfurter Allgemeine Zeitung, 20.5. 2006, S. 21). Und diese sind oftmals, Öl und Gas, Antwort auf Störungen aus anderen Teilsystemen der Gesellschaft. Der Ölmarkt beispielsweise ist immens beeinflußt durch die nationale und internationale Politik der Bush-Administration, ihre Fehleinschätzungen, ihr fundamentalistisches Glaubenssystem, ihr Vermögen, andere Länder (Großbritannien, Deutschland) kollateralschädlich via *heqi*-Interaktionen einzubinden.

verschiedenen Typen von Innovation und damit Typen von Angebotsstrukturen zu treffen und diese in die Wellendynamik zu integrieren.

Abbildung 8.5.1: Disruptive Innovation

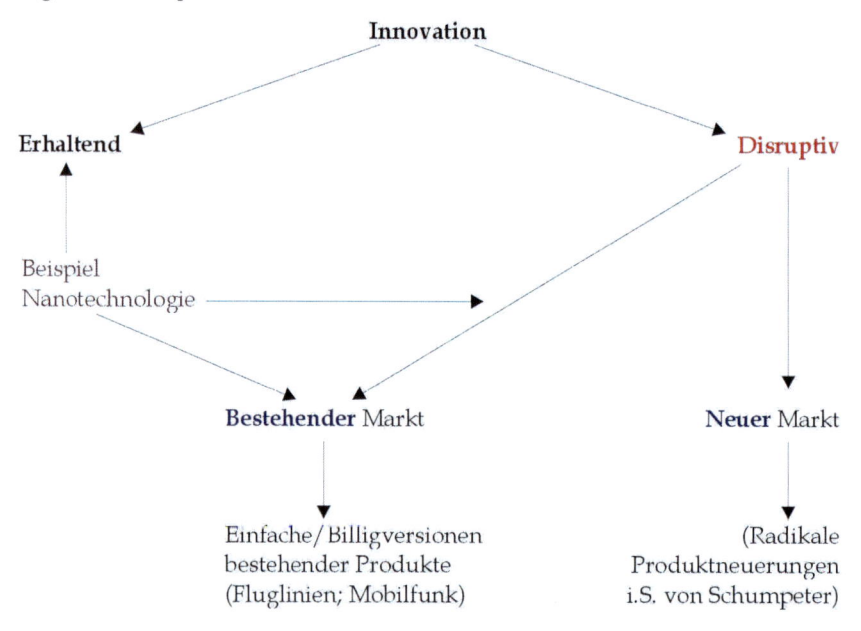

```
                        Innovation
                       /          \
             Erhaltend              Disruptiv

       Beispiel
       Nanotechnologie ─────────►

              ▼        ▼              ▼
         Bestehender Markt        Neuer Markt
                │                      │
                ▼                      ▼
         Einfache/Billigversionen   (Radikale
         bestehender Produkte       Produktneuerungen
         (Fluglinien; Mobilfunk)    i.S. von Schumpeter)
```

Schumpeter/Kondratieff folgend läßt sich zwischen inkrementeller und radikaler Neuerung unterscheiden (die Kriterien für diese Unterscheidung stellen wir hier nicht vor). Basisinnovationen sind radikal. Sie liegen den Kondratieffzyklen zugrunde und bewirken grundlegende Veränderungen wirtschaftlicher und gesellschaftlicher Paradigmen. Sie entstehen aus dem Nichtsein des *dao*; sie sind die Treiber des Zyklus. Sie bewirken grundlegende Veränderungen eines wirtschaftlichen und gesellschaftlichen Paradigmas.

Daoistisch gesehen, entstehen radikale Neuerungen aus dem Nichtsein. Werden sie durchgesetzt, können die Kunden ihre (alten, oftmals veränderten oder neuen) Bedürfnisse mit den neuen Gütern befriedigen. Angebot (*yang*) und Nachfrage (*yin*) harmonisieren miteinander.[474] Mit den neuen Gütern aus einer Basisinnovation können auch andere Innovationen auf unterschiedlichen Gebieten, vormaligen Basisinnovationen, sich weiterentwickeln. Nanolack verbessert die Qualität von PKWs. Neue Software hilft dem Autofahrer, sich auf der Straße besser zu orientieren sowie der Elektronik seines Autos (manchmal), besser zu funktionieren. Aus dem neuen Sein entsteht das neue Nichtsein. Aus dem neuen Nichtsein kommt wieder neues Sein zustande. Eine ko-innovative Entwicklung.

Inkrementelle Neuerungen sind auf Basisinnovationen „aufgesetzt": sie verbessern und verändern bestehende Technologien und Produkte („besser, schneller, billiger"). Das Automobil oder der Computer sind Basisinnovationen. Neue Produkte oder neue Komponenten innerhalb des

---

[474] Hier ist wiederum zu beachten (siehe Abschnitt 7.1): Im Innovationssystem verkehrt sich die *yin-yang*-Logik im Vergleich zur Routinewirtschaft, welche den standardökonomischen Überlegungen als Grundlage dient.

Automobil/Computerzyklus sind inkrementellen Charakters. Kondratieffs „interagieren" auch miteinander. Nano hilft dem Auto und dem integrierten Schaltkreis, Software genauso. Dies bietet Chancen und Risiken. Verbindet sich eine Softwarefirma mit dem Automobilzyklus, läuft sie in Gefahren, falls die Automobildynamik einknickt und es ihr nicht gelingt, sich vom Auto zu lösen – „leer zu machen". [475]

Die Produzenten aus den alten Kondratieffs (Automobil, Chemie, usf.; daoistisch *yin*) stehen in engen wirtschaftlichen Beziehungen zu den Unternehmen in einem noch jungen Kondratieff (*yang*). Sie kaufen die noch jungen Schumpeter/Kondratieff-Produkte (sind also Nachfrager nach „Kondratieffgütern"; fachökonomisch handelt es sich um Rückwärtskopplungen aus der Sicht der Automobil- oder chemischen Industrie und Vorwärtskopplungen aus der Sicht der neuen Industrien[476]. Kopplungswirkungen zwischen Basisinnovationen sind *yin-yang*-Erscheinungen. Das *yang* des Neuen energetisiert das etablierte *yin*, welches wiederum das *yang* aufnimmt, ihm also einen Neuen Raum (Nachfrage) bietet. So fördert die Automobilindustrie über ihre Nachfrage und eigene Innovationstätigkeit (neue Modelle usf.) die Entfaltung einer *neuen* langen Welle (Computer, Elektronik, Datenverarbeitung; Nanoprodukte wie neue Materialien).

Die Basisinnovation Informationstechnik (5. Kondratieff) löst weltweit Produktivitätsschübe aus. Diese folgen – so interpretieren wir die empirischen Belege (siehe Überblick und Diskussion bei Fernald & Ramnath, 2004) – unserer bekannten Gleichung:

Innovation = f (Innovation).

Innovationsinduzierte Steigerungen der Produktivität können in den Industrien entstehen, die Innovationen produzieren, beispielsweise Computer oder Software. Outsourcing und Jobverlagerung arbeiten mit diesem Modell.[477] Software, Hardware und Mobiltelefone lassen sich in „Billiglohnländern" anscheinend billiger (und zunehmend auch produktiver) produzieren als in postindustriellen Ökonomien. Aber auch gesetzt den extremen Fall, sämtliche Innovationsgüter eines Kondratieff würden in Schwellenländern produziert, wäre dies nicht notwendig ein volkswirtschaftlicher Nachteil, wenn die Nutzung/Anwendung dieser Güter (Soft- und Hardware, Kommunikationstechnologie) Innovationen bei Anwendern, Verbrauchern, Investoren oder Nachfragern induziert. Und diese *user-innovations* scheinen für den größeren Teil der Wertschöpfungs- und Produktivitätsdynamik der jeweiligen Basisinnovationen verantwortlich zu sein. Der Einzel- und Großhandel, die Finanzindustrie, Transportgewerbe („Toll-Collect"), Luftfahrt (was wäre das Ryan-Air-Modell ohne Internet?) rekombinieren mit Innovationen des 5. Kondratieff.

Die Unternehmen aus den neuen langen Wellen verkaufen daher ihre Produkte nicht ausschließlich an sich selbst. Sie verkaufen primär an die alten Industrien und an innovationsfreu-

---

[475] Der wirtschaftliche Abstieg von Regionen ist mit solchen Prozessen (Inter-Kondratieff-Dynamik) eng verknüpft. Beispiel: das Ruhrgebiet in Verbindung mit dem zweiten und dritten Kondratieff. Auch wenn es einer Region gelingt, in einem neuen Kondratieff Fuß zu fassen, ist dies keine Garantie für nachhaltige Entwicklung, wenn die neue Basisinnovation in den Abwärtsstrudel der auslaufenden Kondratieffdynamik einer Altwelle gerät. Theorie? „Ein Problem für die wirtschaftliche Entwicklung in Baden-Württemberg ist die große Abhängigkeit der neuen Software-Firmen oder Konstruktionsbüros von den alten, im Land traditionell starken Industrien: dem Maschinen- und Fahrzeugbau" (Soldt, 2006).
[476] Der mit Albert O. Hirschman vertraute Leser wird feststellen, daß wir die Verflechtungsidee von Hirschman nutzen. Hirschman spricht von Rückwärtskopplungen (die neue Industrie kauft von der alten Industrie) und Vorwärtskopplungen (die neue Industrie verkauft an die Weiterverarbeiter ihrer Erzeugnisse).
[477] „IT-Branche: 70.000 deutsche Jobs in nur einem Jahr verloren" (Spiegel Online – 23. März 2004)

dige Konsumenten. Sie tragen durch ihre Innovationen dazu bei, die alten Industrien international wettbewerbsfähig zu erhalten. Das ist der wesentliche Grund, daß in Deutschland die Automobilindustrie nach wie vor der weitaus größte Exporteur ist. Die Wachstums*dynamik* spielt sich – das wird dann oft übersehen – allerdings überproportional in den *neuen* Industrien ab. Nur diese wachsen überdurchschnittlich und oft auf Kosten der alten „Zulieferer". Die Schaffung von Nettoarbeitsplätzen geht fast ausschließlich auf ihr Konto, und auf die Unternehmen, die ihre Produkte für die „alten" Kondratieffs aufbereiten (Dienstleistungen) während die Automobilindustrie, die Chemiebranche, und so fort, *bestenfalls* die Anzahl der inländischen Arbeitsplätze erhält.

Dennoch haben wir es bei dieser Inter-Kondratieff-Verflechtung mit einem nahezu idealtypischen Prozeß der *yin-yang*-Harmonisierung zu tun. Das neue *yang-wu* verbindet sich mit dem alten *yin- wu/you*. Müßten die alten Industrien ohne die Beiträge der späteren Basisinnovationen auskommen, ihr Schicksal wäre, im internationalen Kontext, längst besiegelt. Die *yin-yang*- Dynamik ermöglicht andererseits, die alten Zyklen zu verlängern. Die neue Basisinnovation „ernährt" den alten Kondratieff, ermöglicht ihm, das basisinnovativ Neue in eigene inkrementelle Neuerung einzubinden. Der Aufwand an Management und Ressourcen, auch für Forschung und Entwicklung, ist gewaltig (siehe die Zahlen zu F&E in der Automobilindustrie). Pionierunternehmer harmonisieren auf diese Weise mit den inkrementell-erhaltenden Managern, die ihrem Schicksal als „Verwalter des Todes" (Laozi) dennoch nicht entgehen können. Jeder Zyklus stirbt - als Zyklus.

Damit die alten Industrien konkurrenzfähig bleiben, zumindest so lange, bis die neuen erwachsen sind, bleiben sie auf die Innovationsleistungen neuer Unternehmen aus den jüngeren Kondratieffs angewiesen. Ein PKW ohne ausgefeilte Elektronik ist heute ein chancenloses Produkt. In wenigen Jahren wird man das gleiche für die Integration von Nanoprodukten in alte Kondratieffgüter sagen können. Folgen wir dieser Sichtweise, hat das, was der Mainstreamökonom und andere Fachleute uns vorschlagen, um die Wirtschaft auf Wachstumskurs zu bringen, eine eher zweitrangige Bedeutung. Auch superflexible Arbeitsmärkte und Lohnzurückhaltung machen die Eisenbahn nicht wieder zu einer Wachstumslokomotive. Und wenn die Stahlindustrie hierzulande floriert, dann nur deswegen, weil anderswo, etwa in China, Innovationen laufen und damit zusätzliche Nachfrage, sich global über die Märkte ausbreitend, auch den heimischen Produzenten eine Sonderkonjunktur beschert. Routinelogische Politik bringt nur etwas im Rahmen eines entwicklungslogischen Politikparadigmas, welches „spontan aus dem System selbst" (Schumpeter) eruptierende Impulse der Neukombination fördert. Alles andere wäre die Optimierung des technologischen Rückstandes und in einer internationaler Perspektive, das Ausliefern des Produktzyklus an chinesische und indische Imitatoren.[478]

Wir können noch eine weitere *yin-yang*-Interaktion im Inter-Kondratieff-Geschehen beobachten. Selbstverständlich verkaufen die alten Industrien ihre Produkte auch an Unternehmen einer neuen Welle. Da diese aber am Anfang quantitativ von bescheidener Bedeutung ist (Laozi: „Eine Reise von tausend Meilen beginnt mit einem ersten Schritt"), bleibt die Inter-Kondratieff-Verflechtung über sog. *Rückwärts*koppelungen zunächst bescheiden. Alte Industrien verkaufen überwiegend an alte Industrien und junge Industrien an alte. Die Kondratieffdynamik kommt primär zustande, wenn alte Industrien als Käufer (Verwender) der Produkte der neuen Indust-

---

[478] Auch Indien ist längst über einen Entwicklungszustand hinaus, in welchem Produktionsverlagerung und Entwicklung mit Anwendungsbezug in Informations- und Kommunikationstechnologie als Wachstumstreiber gelten könnte (siehe Bradsher, 2006) und unsere Überlegungen im 6. Kapitel.

rien auftreten (Elektronik, Nanoprodukte im Auto). Im Sinne von Hirschman entspricht diese interindustrielle Verflechtung einer *Vorwärts*kopplung (aus der Sicht der neuen Industrie).

Folgen wir dieser Betrachtungsweise, erkennen wir einen grundlegenden Unterschied zwischen Multikondratieffregionen wie China und Indien und Ländern, in denen sich Basisinnovationen in zeitlicher Abfolge verwirklichen, also die traditionellen Industrieländer einschließlich Japans. In ersteren verwirklichen sich gleichzeitig mehrere Basisinnovationen. Die Industrien schaffen sich damit wechselseitig Nachfrage in viel stärkerem Ausmaß als in Ländern mit historisch bereits von neuen Basisinnovationen überlagerten Alt-Kondratieffs. Dies ist der wesentliche Grund für die historisch ungewöhnlich hohe Wachstumsdynamik in diesen Schwellenländern.[479] Allen Unkenrufen zum Trotz wachsen diese Länder weiter und weiter, sie schlucken institutionelle Verwerfungen, leben mit vermurksten Eigentumsrechten, scheren sich wenig um Menschenrechte, machen fast alles falsch, was der Westberater und Mainstreamökonom ihnen als Ratschlag anempfiehlt. Und sie glauben sogar, daß es so noch viele Jahre weitergehen könnte - was auch wir auf der Grundlage der hier vorgestellten theoretischen Basis behaupten.[480] Japan hat das bereits vorgemacht. Japan hatte jedoch (anno 1900) nur knappe drei Kondratieffs nachzuholen. Den Schwellenländern von heute haben wir fünf geschenkt.[481] Dies erzeugt eine Dynamik, falls diese Länder halbwegs auf *yin-yang*-Harmonie achten, die ihre Wirtschaften in einem Jahr das an neuer Wertschöpfung hervorbringen läßt, was die Altindustrieländer nicht in einer Dekade erreichen.

Die Automobilindustrie in China/Indien (4. Kondratieff) steht am Beginn ihres Lebenszyklus. Die Expansionsrate ist hoch, möglicherweise noch zunehmend (der Wendepunkt des Produktzyklus noch nicht erreicht). Die Industrien dieser Basisinnovation entfalten daher Nachfrage nach „alten" Kondratieffgütern (Stahl, Energie) und gleichzeitig kaufen sie Produkte aus „späteren" Basisinnovationen (fünfter Kondratieff: Computer, Software, usw.; beginnend: sechster Kondratieff: Bio, Nano, Neuro), die sich bei ihnen jedoch zeitgleich entfalten. Die Basisinnovationen stimulieren sich daher wechselseitig oder schaffen sich wechselseitig Nachfrage.[482]

Demgegenüber erlauben die Produkte der neuen Kondratieffs in alten Industrieländern zwar die Stagnationsphase zu verlängern bzw. den Niedergang hinauszuschieben, im Vergleich zu Multikondratieffwirtschaften bleibt die Entwicklungsdynamik der historischen langen Wellen jedoch bescheiden. Totgesagte leben länger (weil sie über die Medizin aus jüngeren Kondratieffs verfügen), aber nicht in ewigem Frühling.

Die Überlegungen zu Rückwärts- und Vorwärtskopplungen zwischen Unternehmen verschiedener Kondratieffs läßt sich in einer Funktion zusammenfassen:

Innovation = f (Innovation)

---

[479] Vgl. zur basisinnovativen Gleichzeitigkeit im Multikondratieff am Beispiel Chinas P.T. Magazin (2006).
[480] Der chinesische Ministerpräsident Wen Jiabao: „Wir sind in einer Position, die andauerndes und ziemlich schnelles Wachstum der chinesischen Wirtschaft für eine beträchtliche Zeit erlaubt" (zitiert in McGregor, „China asks for more time to combat piracy", The Financial Times, 6. September 2006, S. 3).
[481] Daß einige Regionen (arabische Länder, Afrika, Teile Südamerikas) auch Geschenke in Form von Wissen, Erfahrungen, existierenden Märkten (alles *yin* im Nichtsein) nicht zu würdigen vermögen, liegt an ihrer Geringschätzung von *yang-wu*, das heißt der Disharmonisierung ihrer Gesellschaften. Dies ist kein Grund zur Sorge. GWB et al. und die Entwicklungshilfe richten es.
[482] Wir können somit das oben bereits angesprochene und modifizierte Gesetz von J.B. Say (Angebot schafft seine eigene Nachfrage) auf basisinnovative Industrien aus verschiedenen Wellen übertragen.

„Entwicklung erzeugt immer weitere Entwicklung", erkennt Schumpeter (1911, S. 189). Die Zyklen-Verflechtung ist einer der Mechanismen, der diese autopoietische Reproduktion der Entwicklung leistet.

Wir erkennen aber auch, welche Bedeutung eine anhaltende Innovations- und Evolutionsleistung in den traditionellen Sektoren hat. Sind die Unternehmen in den alten Kondratieffs innovationsmüde, bieten sie den Innovatoren in den neuen Kondratieffs nur bescheidene Absatzchancen und umgekehrt: Verpassen Unternehmer den Sprung auf eine neue Welle, erschweren sie gleichzeitig die Innovationsdynamik der alten Unternehmen. Ein PKW-Hersteller kann schwerlich durch Rückgriff auf Produkte bereits gelaufener Kondratieffs (etwa Dampfmaschinen) sich im Markt halten. Er benötigt modernste Elektronik, neue Materialien, hochspezifische Software, usf., Produkte von Unternehmen aus Wellen jüngerer Basisinnovationen.

Anders formuliert: Wenn ein Land wie Deutschland in 100 Jahren noch über eine wettbewerbsfähige Automobilindustrie verfügen will, kommt es nicht darum herum, massiv in die Forschung, Entwicklung und Anwendung von heute noch jungen Innovationsfeldern zu investieren. Auch die Altindustrien müssen hier mitziehen, nicht zuletzt, um aufnahmefähig für Neukombinationen der neuen basisinnovativen Industrien zu bleiben. Sie müßten mit anderen Worten ihre *yin*-Kompetenz erhalten, um sich mit neuem *yang* harmonisieren zu können. Angesichts der beträchtlichen Investitionen anderer Länder bedeutet dies eine signifikante Steigerung der F&E-Budgets *beispielsweise* für Nanoforschung/-technologie oder Neurotechnologie. Schon heute läßt sich daher sagen: ohne eine hochentwickelte Nano/usw.-industrie ist Deutschland als Standort für Automobil-, Chemie- und Pharmaindustrie chancenlos. Investitionen in Wissenschaft und F&E reichen jedoch nicht: Für sich genommen erzeugen sie einen Knowing-doing-gap (6. Kapitel). *Yin-yang*-disharmonisierte Forschung und Entwicklung ist ein Geschenk für die Teilgruppe der „internationalen Gemeinschaft", die sich Schwellenländer nennt. Deutschland rühmt sich als Patent - und Exportweltmeister. Wir sind auch führend in einer akkumulierten Wissensdislokation. Trotz des zunehmenden Wissensanstiegs (Abschnitt 6.1) wächst die deutsche Wirtschaft seit dreißig Jahren immer langsamer.[483] Was wir wissen: China klaut unser Wissen und Know-how (BDI usw.). Was wir auch wissen: Die Mutation chinesischen Unternehmertums von einer Lachnummer zum Terminator.

Zurückkommend auf die Kondratiefflogik finden wir das Argument „Wir können doch importieren, was wir nicht haben" richtig und falsch. Man kann nicht alles selbst produzieren. Die Erhaltung alter und die Entstehung neuer Industrien geschehen jedoch in einem regionalen Kontext wechselseitiger Anregung (Daimler-Bosch). Auch und gerade Interkondratieff-Innovationen sind auf regionale Nähe angewiesen. Die Netzwerk- und Clusterforschung hat dies eindrücklich dokumentiert (siehe Aßmann, 2003 für eine exzellente Diskussion dieser Frage). Wenn eine neue Welle nicht an innovativer Kraft gewinnt, leiden damit automatisch die durch Kopplungen in regionalen Netzen produzierenden Unternehmen aus alten langen Wellen. In diesem Sinne ist ein Innovationsimport bestenfalls *second-best*. Der heimischen Wirtschaft eine Basisinnovation über Importe schmackhaft zu machen, heißt, ihr innovative Energie zu rauben.

Diese innovationstheoretischen Unterscheidungen (Intra- und Interkondratieffs; inkrementell und basisinnovativ) sind zu verknüpfen mit einer markt- und geschäftsstrategischen Differenzierung: Sind Neuerungen erhaltend (sustaining) oder disruptiv? Der Personal Computer ist eine disruptive Neuerung. Hersteller von Minicomputern (Digital Equipment, Nixdorf) wurden

---

[483] Nach Berechnungen des Statistischen Bundesamtes: Durchschnitt des realen Wachstums 1971-1979: 3.1 Prozent, 2000-2006: 1.1 Prozent. Zwischen diesen beiden Perioden geht die Wachstumsrate kontinuierlich zurück.

eliminiert. Disruptive Innovation schaffen neue und zerstören bestehende Produktlinien. Nicht alle disruptiven Neuerungen sind Basisinnovationen (Beispiel: Zerstörung des Rechenschiebers durch den Kalkulator), aber alle Basisinnovationen sind disruptiv.[484]

Disruptive Neuerungen sind nicht nur grundlegende technologische Durchbrüche, sondern auch die Verschmelzung von bestehenden und neuen Technologien und Methoden, die vollständig neue Produkte und Dienstleistungen ermöglichen.

Kombinieren wir beide Unterscheidungen, ergibt sich die bereits vorgestellte vierfeldrige Innovationsmatrix (Abbildung 8.1.3).

Hier müßten nun kompliziertere Überlegungen anschließen: Wie setzen sich radikale und inkrementelle Neuerungen durch? Welche Geschäftsstrategien sind bei den einzelnen Kombinationsmöglichkeiten vorzunehmen? Verlangt die Durchsetzung disruptiver Neuerungen auch neue Geschäftsmodelle oder strategische Innovationen?

Disruptive Neuerungen überrumpeln und/oder überfordern bestehende Unternehmen (Schumpeter, Christensen, Debus, Markides & Gerosky). Nicht diese, sondern *neue* Unternehmen sind Pioniere von disruptiven Innovationen. Die Produzenten von Rechenschiebern sind untergegangen. Warum waren sie nicht in der Lage, auf die drohende Konkurrenz (elektronische Rechner) schöpferisch zu antworten – und dies, obwohl deren Durchsetzung wiederum mehr als ein Jahrzehnt in Anspruch nahm, somit nicht der Faktor historische Zeit, vielmehr die Wahrnehmung der Herausforderung und die interne Organisation in bestehenden Unternehmen die kritischen Problemfelder ausmachen (Froschsyndrom; schwache Signale)? Ein britischer Beobachter deutscher Mittelstandsunternehmen: „Ein Teil des Problems mit vielen Managern im Mittelstand ist, daß sie sehr fixiert in ihrer Art sind, Probleme wahrzunehmen und zu lösen. Diese Leute sind nicht bereit zuzuhören, was ihre Mitarbeiter sagen. Sie wollen nicht evoluieren und Risiken übernehmen" (zitiert in Jenkins, 2006). *Heqi* und seine Freunde.

Im deutschen Mittelstand beobachten wir einen Rückgang der Innovationsdynamik - und parallel die Schaffung neuer Arbeitsplätze. Imitation dominiert vor eigenständiger Neukombination.[485] Wie die großen müssen daher auch die kleinen und mittleren Unternehmen auf Senkung

---

[484] Die Unterscheidung zwischen inkrementell und radikal ist geläufig, reicht aber möglicherweise nicht für unsere Zwecke. Das wäre im Einzelnen noch zu untersuchen. Wir schieben zwischen beide einen weiteren Typus. Zu einer ausführlichen Charakterisierung von „erhaltenden" (sustaining) und disruptiven (radikalen) Innovationen siehe Christensen (1997). Der disruptive Typus enthält zwei, von Christensen nicht exakt unterschiedene Varianten: (1) Neue Anbieter unterlaufen bestehende Anbieter, in dem sie für bestimmte, von den alten Produzenten bereits bediente, Käufergruppen Güter mit einem wesentlich attraktiveren Preis-Leistungsverhältnis anbieten (Ryan Air vs. Lufthansa; Amazon vs. stationäre Buchhändler). (2) Neue Anbieter kreieren radikal neue Güter/Technologien (PC vs. Schreibmaschine oder Minicomputer). Man kann diese Unterscheidungen typologisch betrachten. Eine dynamische Interpretation im Rahmen eines Innovationszyklus ist dadurch nicht ausgeschlossen. Von der radikalen zur erhaltenden zur inkrementellen Innovation. Betrachten wir diese Unterscheidungen konstruktivistisch, ist klar, daß die Zuweisung einer Innovation zu einem der Typen subjektiv ist, abhängig vom jeweiligen Beobachter in seiner Rolle als Nutzer, Produzent, Wissenschaftler, Regulierer, usf. Was Greenpeace verrückt macht (eine Gentomate), ist für einen Verbraucher in Surabaya unterhalb der Aufmerksamkeitsschwelle und für den Hersteller (Monsanto) eine marginale Produktdiversifizierung in der Reifephase des Lebenszyklus. Internetbuchhandel à la Amazon mag ein radikales Geschäftsmodell sein. Für stationäre Buchhändler ist die Einrichtung einer Homepage mit Bestellfunktion inkrementell.

[485] Vgl. Frankfurter Allgemeine Zeitung (7. Juli 2006, S. 12: „Imitation statt Innovation"), bezug nehmend auf eine Untersuchung der KfW Bankengruppe über Innovationen im Mittelstand. Siehe auch Aschhoff u.a. (2006) zum Innovationsverhalten in der deutschen Wirtschaft.

der Kosten setzen, um sich im Markt zu halten und um neue Arbeitsplätze zu schaffen. Das läuft auf stagnierenden Lebensstandard hinaus. Innovation erzeugt Arbeit, auch im Mittelstand. [486]

Die radikale Neuerung zerstört die *yin-yang*-Harmonie im Nichtsein und Sein. Welche Unternehmung will die Harmonie in der Organisation, mit ihren Kunden und Stakeholdern aufs Spiel setzen? Die erwirtschafteten Vorteile fließen doch aus diesem Abgestimmtsein. Umsatz, Cash flow, Arbeitsplätze, alles ist mit dem bestehenden Sein verknüpft. Die normale Antwort ist daher adaptiv. Nicht das Neue tun (*wuwei*) - was *heqi, de*, emotionale Intelligenz verlangt -, sondern das Neue nicht Tun. Das ist bequem, macht keinen Ärger. Wenn man dennoch untergeht, und man geht unter, hat persönlich keiner einen Fehler gemacht. Wer mit dem Neuen schiefliegt, setzt seine Karriere aufs Spiel. Daher: Das radikal Neue ist nichts für bestehende Unternehmen mit etabliertem Produktsortiment, seien sie klein oder groß. Der Weg vom Sein ins Nichtsein ist, auch wenn die Unternehmung dabei untergeht, immer der Weg des kleineren Risikos für diejenigen, die den alten Weg kennen und gehen. Es existieren somit unterschiedliche Kompetenzprofile zwischen der Umsetzung radikaler und inkrementeller Neuerung.[487]

Diese Unterscheidungen spielen in der Gestaltung von Innovations- und Technologiepolitik, wie sie Wissenschaft und Politik konzipieren, fast keine Rolle. Es dominiert die inputlogische Forderung nach mehr Ressourcen für Forschung und Innovation, manchmal auch eine tatsächliche Ressourcenumwidmung.[488] Wenn Inputlogik etwas hervorbringt, dann aus Gründen, die sie selbst weder theoretisch noch umsetzungspraktisch reflektiert. Blinde Evolution, innovationslogisch nahezu alchemistisch und vordaoistisch.

Das radikal Neue ist disruptiv und zerstört die *yin-yang*-Harmonie in vier Feldern:

(1) Neue Märkte sind disruptiv für die Unternehmen selbst. Auch wenn das Neue auf ganz andere Märkte zielen sollte (Daimlers Einstieg in die Produktion von Nanorobotern für den Gesundheitsmarkt), bedeutet es – bei gegebenen Ressourcen und Fähigkeiten der Unternehmung – das Bestehende, Guteingespielte, das laufende Geschäft, zu vernachlässigen. Wenn das Neue sogar das Etablierte gefährden sollte, also Kannibalisierungsgefahr besteht, sind die Anreize das Neue zu wagen, noch bescheidener.

(2) Die neuen Märkte beginnen im Null. Laozis Reise von tausend Meilen. Die Umsätze sind zunächst bescheiden, das Risiko des Fehlschlags hoch. Disharmonien so weit das Management- und Beraterauge reicht. Was soll ein Umsatz von einer Million mit dem Neuen für einen 100-Mrd.-Konzern an Vorteilen bringen?

(3) Die gegebenen Fähigkeiten, denen das bestehende Unternehmen seinen Markterfolg, seine *yin-yang*-Harmonik verdankt, passen nicht mehr zum erforderlichen *yang*. „Schuster bleib bei deinen Leisten". Die Managementlehre spricht von einer Konzentration auf die „Kernkompetenzen" eines Unternehmens. Das technologische und marktschaffende Durchdrücken von Radikalität erfordert Fähigkeiten, welche die normalen Abläufe von Forschung,

---

[486] Produktneuerungen (3.33), Prozeßneuerungen (2.21), Imitation (1.71) und keine Neuerung (0.45). So sieht das Beschäftigungswachstum, in Prozent, in Abhängigkeit von der Innovationsintensität aus (Quelle: siehe vorangehende Anmerkung).

[487] Christensen, Markides & Geroski, gelegentlich auch akademische Vertreter des Innovationsmanagements (Wildemann, 2006) betonen solches immer wieder.

[488] Vergleiche die Programme der EU, der Bundesrepublik der Großen Koalition, Frankreichs. Dies ist eine Kontinuität in der deutschen Forschungs- und Technologiepolitik. Zu neueren Vorhaben siehe BMBF (2006). Hier wird (S. 14ff.) die Unterstützung bei „Gründung und Wachstum von Technologieunternehmen" gefordert und gefördert. Bisherige Initiativen haben wenig bewirkt, die Anzahl der neu gegründeten Technologieunternehmen ist rückläufig (Niefert u.a. 2006). Die Gründe hierfür sind nur partiell reflektiert.

Entwicklung und Marketing im bestehenden Unternehmen überfordern. Man macht das, was man bisher gut gemacht hat, weiter gut. Diese Fähigkeiten, organisatorisch, strategisch, personalmäßig, passen nicht zu den Anforderungen zur Durchsetzung von Radikalität. Wenn das Neue auch noch neue Kompetenzen erfordert, das Neue also mit Evolutorik sich verbünden müßte, sagt der rational kalkulierende Entscheider und Berater: „Hände weg!".

(4) Der Umstand einer Disruptivität des Neuen bedeutet, daß radikal neue Märkte nicht durch die Nachfrage von Kunden geschaffen werden. Die „Erziehung" der Kunden steht noch bevor. Radikale Neuerungen fordern die Konsumgewohnheiten der Nachfrage heraus, sie implizieren auch Risiko, oftmals noch verstärkt durch Negativkommentare von Risikofolgenabschätzern und Ethikkommissionen. Der Kunde ist konservativ. Wie auf der Angebotsseite, sind nur wenige Nachfrager bereit, sich als Konsumpioniere zur Verfügung zu stellen (siehe den vorigen Abschnitt). Die ersten Nutzer von Telefonen galten nicht umsonst als „Verrückte". Wer heute seinen Körper tieffrieren läßt, in der Hoffnung in einem Jahrhundert bei entsprechendem medizinischem Fortschritt eine lebensverlängernde Reise für mehrere Jahrhunderte anzutreten, trifft das gleiche Schicksal (und die Wut der Enterbten). Welch eine Freude: Ein zu neuem Leben erweckter Leonardo da Vinci.[489]

Die nachfolgende Tabelle 8.5.1 zeigt, was auf einen Innovator *yin-yang*-logisch zukommt, wenn er Neuerungen an Kunden verkaufen will, die eine „konservative" Einstellung haben. Jeder Nachfrager ist konservativ: Er vergleicht das Neue mit dem Alten, Vertrauten. Er wägt das neue mit dem alten Preis-Leistungsverhältnis ab. Das Neue ist unbekannt, je radikal-disruptiver, desto höher die Unsicherheit. Warum das aufgeben, was funktioniert: „Never change a winning team." – „Da weiß man, was man hat." Kosten der Umstellung, ökonomische, kommen dazu, viel wichtiger, für den konservativen Nachfrager: psychische Kosten. Hier funktioniert die Logik des Homo-oeconomicus nicht (mehr). Verluste werden kritischer eingeschätzt als Gewinne.[490] Zwei Prozent auf dem Sparbuch, acht Prozent mit einem BRIC-Fonds. Bei Verlust wähle ich das Sparbuch. Mit BRICs könnte ich baden gehen, 20 Prozent Absturz sind immer drin. Verlustaversion hält mich davon ab, eine Alternative zu wählen, bei der ich mich im Hinblick auf Ertrag, langfristigen Nutzen und Bedürfnisbefriedigung besser stelle. Rational-ökonomisch sähe die Rechnung anders aus. Ich schätze die Nettogewinne/-verluste für jede Alternative, diskontiere sie auf die Gegenwart ab und wähle, was mir einen höheren Ertrag bringt (sagen wir: Zeithorizont 10 oder 15 Jahre). Die theoretische Antwort ist klar, die Wirklichkeit sieht anders aus. Das Sparbuch triumphiert, obwohl der Anleger drauf zahlt. Verluste wiegen schwerer als Gewinne. Verluste sind wie ein Anker, der das Gewinnschiff daran hindert, auszulaufen.[491] Ähnliche Mechanismen halten Ehen zusammen und Gläubige bei ihrer Überzeugung. Dies ist auch die

---

[489] Die US-Firma Alcor ist ein Spezialist für das „Tieffrieren" von Menschen (cryonics). Ein Beitrag im East Valley Tribune (Kalifornien) informiert: „Because of the increase in clientele, Alcor, a nonprofit organization, has recently had to expand the ‚patient bay' that now holds 28 [vitrified] bodies and 46 heads. The patients range from a 21-year-old woman who died of a mysterious illness to a 99-year-old man who died of old age. They will remain in longterm storage until the thawing process is perfected and cures are found for old age, cancer and other diseases, Jones said. While the odds of reanimation are questionable, Jones said amazing medical advancements such as cloning and stem cell research are making the possibility of cryonics not so far-fetched. ... Science fiction is becoming science fact on a daily basis. Why is it such a stretch for this to be along that path?" (http://www.eastvalleytribune.com/index.php?sty=68980)

[490] Dies folgt der Theorie von Tversky und Kahneman, die wir hier nur andeuten wollen. *Yin-yang*-Denken und die neuere kognitive Ökonomie ergänzen sich auf diesem Feld.

[491] Die Kognitionsforscher Tversky und Kahneman sprechen von „Ankereffekten" (anchoring). Der Anker ist *yin*, die Bewegung(senergie) ist *yang*.

Logik der politischen Klasse im Hinblick auf das, was sie den Wählern zutraut und dem, was sie an der Macht hält. Nur keine Experimente. Verläßlichkeit. Die „Rente ist sicher" usw. Wenn viel schiefgelaufen ist (Weimarer Republik) kehrt sich die Betrachtung von Gewinnen und Verlusten um. Im Verlustbereich sind die Menschen risikofreudiger. Wer mit dem Rücken zur Wand steht, riskiert alles. „Gefährder" leben gefährlich.

Für den normalen Nachfrager gilt daher: Die Vorteile des Neuen müssen nicht nur die Kosten des alten Produktes, dessen Konsum einzuschränken oder aufzugeben ist, kompensieren, sie müssen es überkompensieren.

Wer Neuerungen einführen will, *erkannte schon Niccolo Machiavelli* (1469- 1527) hat alle zu Feinden, die aus der alten Ordnung Nutzen ziehen, und hat nur lausche Verteidiger an all denen, die von der neuen Ordnung Vorteile hätten.

Dies ist im Kern das oben Gesagte, die psycho-soziale und zeitliche Dissoziation zwischen Verlusten und Vorteilen im Neuerungsprozeß. Der ärgste Feind ist das Selbst.

Bringen wir diese Überlegungen in die *yin-yang*-Logik bezüglich Innovationen ein. Das Traditionale ist eingespielt, *yin* und *yang* sind harmonisiert.

Das Yin und das Yang wirken aufeinander ein, beeinflussen und *halten einander*.
Daraus entstehen Sympathien und Antipathien, Erwählungen und Vorlieben

(Zhuangzi, zitiert in Lin Yutang, 2000, S. 112; unsere Betonung).

Tabelle 8.5.1: *yin-yang*-Interaktionen im Innovationsprozeß

hoch ↑ *yin* (Nachfrager) Grad des erforderlichen Wandels bzw. alte vs. Neue Bedürfnisse ↓ Niedrig	Fehlschläge (???) Geringe Produktverbunden mit hohen Verhaltensveränderungen	Geduldspiel Hohe Verhaltensänderungen bei hoher Innovationsintensität **Basisinnovationen**
	Leichte Verkäufe Marginale Innovation Wenig Änderungen des Verhaltens der Nachfrager	Supergeschäft (???) Hohe Innovation bei geringer Veränderung des Verhaltens
	yang (Anbieter) niedrig ← Innovationsgrad → hoch	

Das Neue stört, disharmonisiert. Je geringer die Disharmonie, desto eher wird das Neue übernommen, das heißt in das bestehende *yin* aufgenommen. Diese Aufnahmefähigkeit ist eine zentrale Eigenschaft von *yin* (Abschnitt 5.1).

Bei (*yin*-)erhaltenden Neuerungen müssen die Vorteile der Innovation daher die Nachteile überkompensieren, aber in einem relativ bescheidenen Rahmen. Radikale Neuerungen verlangen demgegenüber oftmals einen neuen Bedürfnisaufbau, bei dem das alte vollständig verschwindet (Postkutsche versus Eisenbahn, Schreibmaschine versus PC). Die Überkompensation, ökonomisch, psychisch, ethisch-moralisch, muß deswegen beträchtlich sein. Der Normalverbraucher sagt „Nein". Der Pionier muß her, um die Nachfrage zu entzünden. In der Logik von Kondratieff handelt es sich im ersten Fall um Intra-Kondratieff-, im zweiten Fall um Inter-Kondratieff-Neuerungen oder Basisinnovationen. Daß die ersten Autos als verbesserte Pferdefuhrwerke daherkamen, macht innovationslogisch somit Sinn. Die Disharmonie zwischen *yin* und *yang* bleibt zunächst auch bei einer Basisinnovation relativ bescheiden.

Was zeigt uns Tabelle 8.5.2? Ist *yin* ausgeprägt, dominieren somit die alten Bedürfnisse, haben Innovatoren schlechte Karten. Auch inkrementelle Neuerungen können scheitern, wenn sie vom Kunden große Umstellungen verlangen aber wenig Neues bieten. Wenn neue Bedürfnisse mit radikal- disruptiver Innovation einhergehen, müssen Unternehmen sich auf eine längere Phase der Produkteinführung einstellen. Die „Erziehung" (Schumpeter) der Nachfrager wird erforderlich. Ohne *heqi* läuft hier gar nichts. Kunden sind früh in den Neuerungsprozeß zu integrieren um *yin-yang*-Disharmonien entgegenzuwirken. Konsument und Produzent verbinden sich zum *Prosument*.

Die interessanten Konstellationen sind das dritte (Geduldsspiel) und vierte Feld (Supergeschäft), bei denen aus der *yin-yang*-Perspektive hohe Grade von Disharmonie herrschen. Zunächst ein hoher Innovationsgrad (*yang*) der mit den gegebenen Bedürfnissen und Neigungen der Konsumenten (*yin*) wie die Faust auf das Auge paßt (viertes Feld). Läuft so etwas? Gibt es Beispiele? Google macht ein Riesengeschäft. Basisinnovativ schwimmt Google auf der Internetwelle, die längst vor Google an Kraft gewann. Für den Kunden sind nicht viele Änderungen im Verhalten erforderlich, die Googleneuerungen sind *nicht* disruptiv und basisinnovativ. Also eher leichte Verkäufe in einem innovativen Markt in der Wachstumsphase einer langen Welle (Erstes Feld: Leichte Verkäufe). Es ist keine Frage: Der Internetmarkt ist im Vergleich zur Kommunikation über Druckmedien hochinnovativ. Aber innerhalb der Basisinnovation Internet macht Google keine revolutionären Dinge, das *yang* paßt somit gut zum *yin*, die Harmonie zwischen neuem Angebot und bestehenden Bedürfnisse ist groß.

Toyota und Honda kombinieren den herkömmlichen Benzinmotor mit Elektroantrieb. Der Verkauf läuft gut. *Yin-yang*-Harmonie im ersten Feld. Oder im vierten? Eine objektive Abgrenzung ist schwierig vorzunehmen (deswegen die Fragezeichen im vierten Quadranten). Deutsche und französische Hersteller halten (genauer: hielten) Toyotas Neuerung für eine Schnapsidee. Vielfältige unternehmensinterne Widerstände sind zu überwinden. Diese liegen weniger auf der technischen als geschäftsstrategischen Ebene. Wissen, Ideen und Technologien sind verfügbar, die Umsetzung scheitert. Vom Innovationsmanagement her gesehen, erfordert die Toyota-Honda-Neuerung einen hohen Innovationsaufwand, von der Kundenseite (*yin*) ist es eine Neuerung geringer Radikalität. Die Umstellung der Kunden auf die neuen Motoren verlangt geringe Anpassungskosten (psychisch und materiell).

Als die ersten Onlineauktionäre und -lieferanten auftauchen, war dies für viele Konsumenten eine Strapazierung ihres gegebenen *yin*. Ein völlig neues Vertriebs- und Vermarktungssystem. Viele Konsumenten weigern sich noch heute, sich diesem zu öffnen. Zahllose Anbieter überleben nicht. Konventionelle Anbieter wie stationäre Buchhändler: So etwas funktioniert niemals. In der *yin-yang*-Logik eine Diskrepanz. Amazon hat für viele Jahre Verluste eingefahren und wurde x-mal für tot erklärt. Das gleiche Bild bei Ebay und andere Überlebenden. Alle haben viel Geld in die Erziehung (Schulung usw.) ihrer Kunden und Mitarbeiter investiert. Ebay macht sich immer noch viel Mühe damit, Händler zu trainieren – auch ethisch.

Da Nachfrager potentielle Verluste psychologisch höher bewerten als Gewinne, genügt es nicht, daß ein Produkt einfach besser ist. Die potentiellen Vorteile müssen die Verluste um ein Vielfaches übertreffen, bevor Konsumenten es übernehmen. Das braucht Zeit und die Bereitschaft zum frühen Konsum von Pionierkonsumenten, die über andere psychische Profile verfügen als der im Durchschnitt konservative Nachfrager. Basisinnovationen setzen sich daher nur langsam durch (Drittes Feld). Die *yin-yang*-Disharmonie zu Beginn des Produktzyklus erschwert eine schnelle Übernahme. Viele Unternehmer überleben diese Phase daher nicht, können deswegen die Vorteile, die sich aus einer allmählichen Harmonisierung ergeben, nicht mehr ausschöpfen.

In einem Satz: Die radikale Neuerung ist sowohl für bestehende Produzenten wie Konsumenten disruptiv, d.h. harmoniestörend. Wir müssen zuerst eine Disharmonie zwischen *yin* und *yang* erzeugen können, wollen und dürfen (Abschnitt 5.2) bevor die Radikalität ihre „Reise von tausend Meilen" (Laozi) beginnen und das Hervorbringen einer neue Welle leisten kann. Ein Daokapitalismus, wie wir ihn hier vorstellen, ist deswegen, wir haben es mehrfach betont, kein System ohne Konflikte, *per se* harmonieträchtig. Harmonie ist prozessual. Die *yin-yang*-Energetik wirkt harmonisch, ist aber nicht harmonisch, sondern vielmehr - in vielerlei Hinsicht - das bestehende Sein zerstörend.[492]

Werfen wir einen Blick auf den zweiten Quadranten (Fehlschläge). Auch hierbei Fragezeichen. Diese Kombination ist nur schwierig vorstellbar. Fast kaum veränderte Produkte verlangen hohe Umstellungen bei den Nachfragern. Wer sich als Unternehmer so etwas ausdenkt, bestraft sich selbst.

Alle diese Punkte sind nun überhaupt nicht neu.[493] In daoistischer Logik läuft das Obige auf eine zunächst radikale *yin-yang*-Disruptivität im Nichtsein hinaus, ein *yin-wu*-Problem, angebunden an ein *yang-wu*-Defizit: Disharmonien in der Nichtseinwelt übertragen sich auf das Sein, auch wenn dort, aus der Sicht der Unternehmen, alles gut läuft (*yin- yang* Harmonie im Sein). Es ist ein Gefesseltsein in zunehmender Routine und damit der Weg des Frosches und des Krokodils. Kaltblüterunternehmertum.

Die Hersteller von Postkutschen, Schreibmaschinen usw. wurden ausgelöscht. Auch inkrementell-disruptive Neuerungen setzen bestehenden Unternehmen gehörig zu, können diese auslöschen und werden (siehe die obigen Punkte) meistens von neuen Anbietern durchgesetzt (Beispiel: low-cost-Fluglinien wie Northwest Airlines, Ryan Air, Easy Jet und jetzt viele andere).

Ein anderes Beispiel ist der Aufstieg von Mini-Stahlwerken in den USA. Bemerkenswert ist auch in diesem Fall, daß die Manager der bestehenden, integrierten Stahlfirmen durchaus über das Wissen (Nichtsein) verfügten, die neue Technologie durchzusetzen, aber nicht bereit waren, das Wissen anzuwenden, d.h. neue Kombination (Harmonie) zwischen Nichtsein und Sein zustande zu bringen.[494] (In obiger Tabelle ordnen wir diesen Fall dem vierten Quadranten zu). Hier han-

---

[492] Wir verweisen noch einmal auf die spiraldynamische Charakteristik des Daoismus aus dem Abschnitt 3.6.

[493] Vergleiche unsere Hinweise auf die Überlegungen von Schumpeter, Christensen und Markides & Geroski und den von letzteren Autoren genannten Literaturquellen. Peter Drucker, oft nahe an Schumpeter argumentierend, kommt gelegentlich zu ähnlichen Schlüssen. Zur Anwendung der Erkenntnisse der kogntiven Psychologie (Tversky & Kahnenman) auf das Konsumverhalten siehe Gourville (2006). Uns geht es jedoch nicht um neue Erkenntnisse für das Management von Innovationen, sondern um den Hinweis auf eine gedankliche Nachbarschaft wenn nicht mehr, zwischen daoistischer Logik und ökonomischer Entwicklunslogik.

[494] Peter Drucker (1986, S. 69f.) schreibt zum Schicksal jener, welche die Unternehmensleitungen der integrierten Stahlwerke von den Vorzügen der disruptiven Stahltechnologie zu überzeugen versuchten: „Die Unternehmensleitung lehnte den Vorschlag entrüstet ab. Im übrigen wurden sämtliche Mitarbeiter, die sich mit diesem Vorschlag identifiziert hatten, innerhalb weniger Jahre zu ‚Ex- Mitarbeitern'. ‚Die integrierte Stahlerzeugung ist die einzig richtige', argumentierte die Führungsspitze...Zehn Jahre später waren die Mini-Stahlwerke [gegründet auch von entlassenen Mitarbeitern] die einzigen Bestandteile der amerikanischen Stahlindustrie, die immer noch gesund waren, Wachstum ausweisen und florierten." Die integrierten

delt es sich zunächst um eine Disharmonie zwischen *yin*-Fähigkeiten und *yang*-Wissen im Nichtsein auf der Anbieterseite. Dadurch kann es natürlich auch keine Harmonie zwischen Sein und Nichtsein geben. Wer sich vom alten Sein nicht lösen kann, geht mit ihm unter. Er *muß* Innovation durch Lobbyismus und Kollusion ersetzen, wenn er weiterleben will. Die Übernahme von disruptiven Neuerungen ist somit keine Frage eines Managements von Wissen, vielmehr *unternehmerischen* Durchsetzens neuer Kombinationen in einer *bestehenden* Organisation, also ein klassischer Knowing-doing-gap (6. Kapitel). *Wie* man in bestehenden Unternehmen disruptive Neuerungen durchsetzen kann, wissen wir noch nicht. Die Managementforschung hat noch keine brauchbaren Konzepte und „Rezepte" entwickelt (Christensen, 1999, 2003; Debus, 2002). Wissens- und Innovationsmanagement sind bei disruptiven Neuerungen überfordert und auf das Management von erhaltenden Neuerungen ausgerichtet.[495] Keine Art von Management und keine Art von Wirtschaftspolitik bietet langfristige Hilfe, geschweige denn Rettung. Selbstkannibalisierung ist zunächst ein Ausweg - aber schwierig zu verwirklichen.

Das Tückische an inkrementell-disruptiven Neuerungen aus daoistischer Sicht ist ihre Eigenschaft, die Illusion zu nähren, ein Unternehmen, eine Region, eine Volkswirtschaft, würde die zyklische Dynamik von Sein und Nichtsein aufheben und damit überleben können. Seit disruptive Inkrementalität sich international ausbreitet (sog. nachholende Entwicklung; siehe Abschnitt 5.7), ist der selbsttäuschende Charakter dieser Vermutung offenkundig. Daß die bestehenden Unternehmen mit allen verfügbaren Mitteln verhindern wollen, daß ihr technologisches Wissen, welches ihnen ein Überleben auf bestehenden Märkten erlaubt (nicht garantiert), an aufholende Konkurrenten übergeht (bzw. von diesen „gestohlen" wird), ist offenkundig. Ihren Niedergang, ceteris paribus, können sie damit nicht verhindern. Es gibt kein Beispiel aus der Geschichte, das dies belegt – es sein denn, ein Wirtschaftsraum schottet sich ab (China ab dem 14. Jahrhundert.). Damit würden wir jedoch die ökonomische Welt von Neuerung und zyklischer Entwicklung, die im Mittelpunkt unserer Überlegungen steht, verlassen.

Die Automobilindustrie unternimmt viel, um die Basisinnovation Automobil mit inkrementellen Neuerungen am Leben zu erhalten. Die Innovationsintensität ist hoch. Daimler (4. Kondratieff) gibt ein Mehrfaches für Forschung und Entwicklung aus, als die gesamte Bio- und Nanoindustrie (6. Kondratieff) zusammen.[496] Umfragen bestätigen: die Automobilindustrie ist

---

Stahlerzeuger waren Meister der Optimierung („doing things right"; die falschen Dinge wurden richtig gemacht). Ein sich überholendes Geschäftsmodell zu optimieren, kann nicht die Zukunft eines Unternehmens sicherstellen. „Immer vernichtet, wer ein Schöpfer sein will" (Nietzsche). Wer kein Schöpfer sein will, geht dennoch unter, wenn die anderen neue Dinge schaffen. Die etablierten Konzerne versuchen bis heute, die amerikanische Regierung zu überzeugen, durch Protektion die Preise auf dem heimischen Markt so hoch zu halten, daß sie der inländischen und ausländischen Konkurrenz standhalten können. Präsident G.W. Bush hatte ihrem Drängen nachgegeben, mußte allerdings auf Anweisung der WTO im November 2003, die Protektionsmaßnahmen zurücknehmen.

[495] Siehe hierzu neben den Arbeiten von Debus und Christensen auch Markides & Geroski.

[496] F&E-Aufwand von DaimlerChrysler 5,6 Mrd. Euro, Ford Motor 5,4 Mrd., Toyota 5,4, General Motors 4,7, usw. (Schenkel, 2006, S. 29). Wir skizzierten oben Innovationspionier Henry Ford. Sein Enkel Bill Ford, heute Chairman und CEO von Ford Motor, wirft 2006 das Handtuch: „Das Geschäftsmodell, das uns für Jahrzehnte diente, ist nicht mehr länger haltbar um unsere Profitabilität zu erhalten." (Zitiert in Financial Times, 4. September 2006: „Ford looks for outside help to revitalize ailing business.") Im insgesamt stagnierenden US-Markt wird Ford durchgereicht. Man sucht externe Hilfe. Der Renault-Chef soll es richten, der auf wundersame Weise Nissan gerettet haben soll - aber in seinen Rettungsbemühungen seinen eigenen Konzern – Renault - vernachlässigt. All dies zeigt, daß inputlogische Faktoren (insbesondere F&E) eine ausgediente Basisinnovation nicht retten können. Das Zentrum für Europäische Wirtschaftsforschung ZEW hat

- intrakondratieff-logisch - hochinnovativ (Aschhoff u.a. 2006) In den reichen Ländern stagniert dennoch der Absatz, Arbeitsplätze gehen permanent verloren (auch bei den Zulieferfirmen). Die US-Produzenten scheinen im freien Fall, trotz immenser F&E-Investitionen. Im Hintergrund lauern die *low-cost*-Hersteller aus den Schwellenländern, zunächst Lachnummern für das Management der etablierten Konzerne, nunmehr mit disruptiv-inkrementellen Neuerungen Schritt für Schritt die Märkte der reichen Nationen in den bereits existierenden Kondratieffs (radikal-disruptiven Neuerungen) aufrollend. Die Automobilkonzerne entwickeln Neuerungen für einen weitgehend gesättigten Markt, einen Markt ohne basisinnovative Dynamik auf der Angebots- wie Nachfrageseite. Bleibt eine Volkswirtschaft auf Alt-Kondratieffs hängen, sagt die Innovationstheorie und die daoistische Lehre: Das Spiel ist gelaufen, game over. Tendenzielle Stagnation.[497]

Abbildung 8.5.2: Neuerungen in einem stagnierenden Markt

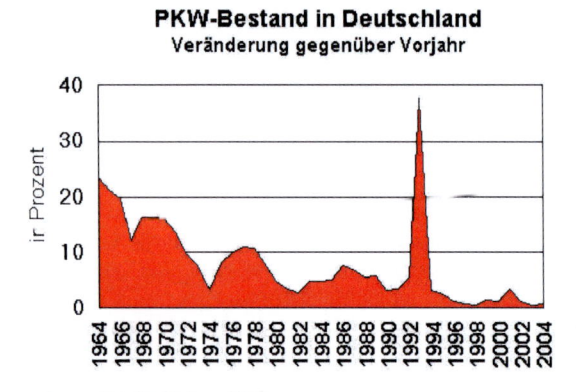

PKW-Bestand in Deutschland
Veränderung gegenüber Vorjahr

eigene Grafik Daten: KBA

Quelle: Stein (2006b)

Die Selbsttäuschung besteht darin, man könnte durch fortlaufende Neuerungen (Elektronik, Antriebe), den Niedergang, das Auslaufen des zyklischen Seins, aufhalten. Die Angst vor dem Eintritt ins Nichts (*wu*), der Horror vor dem Loslassen und der Leere, vom Tun des Nicht-Tun (*wuwei*). Was wir für die Automobilindustrie skizzieren, gilt für jede „gelaufene" Basisneuerung. In der Pharmaindustrie der molekular-chemischen Grundlage trocknet die Pipeline neuer Produkte aus. Und was alt ist, wird von Generikaherstellern disruptiv ausgeschlachtet, sobald die Patentrechte auslaufen. Was tun? Wie überleben? Man innoviert inkrementell, vermag den Niedergang aber nicht aufzuhalten. Für radikale Neuerungen sind bestehende große Unternehmen

---

die „Innovationskraft" einzelner Branchen in Deutschland untersucht. Ergebnis: Die Automobilindustrie steht auf Platz eins (Aschhoff u.a., 2006).

[497] Siehe für den Automobilmarkt in entwickelten Volkswirtschaften Christoph Stein (2006b). Vor zwei Jahrzehnten hatte der Zukunftsforscher Hermann Kahn (1982) für Deutschland vor den Folgen einer zunehmenden Marktsättigung bei etablierten Produkten gewarnt. Aus den Befragungen des Ifo-Instituts für Wirtschaftsforschung in München zum Innovationsverhalten der deutschen Industrie wissen wir, daß nahezu 70 % des Absatzes für reife oder sich rückbildende Märkte produziert wird. Wie wir bei unseren Überlegungen zur internationalen Wettbewerbsfähigkeit (komparative Kosten) bereits sahen: international konkurrenzfähig sein kann auch ein Nichtinnovator. Weltmeisterschaft im Export ist vereinbar mit Stagnation von Wohlstand und Realeinkommen.

nicht ausgerüstet. Man wählt die Arbitrageoption (kauft sich wechselseitig auf oder übernimmt; Bayer/Schering; Sanofi/Aventis). Die radikal-innovative Lösung erfolgt gleichermaßen über Arbitrage. Wie Knop (2006) beobachtet:

> Die Forschungspipeline in der Biotechnologie ist gut gefüllt - zum Wohle der deutschen Pharma-Unternehmen. Diese sparen nämlich zunehmend in der Forschung und kaufen sich die Grundlagen für neue Produkte zu.

Biotechunternehmen wie Amgen und Genentech schauen voller Verachtung auf „big pharma". Zweitrangige Wissenschaft, interne *heqi*-Probleme, usw. (Bowe, 2006).

Abbildung 8.5.3: Biotech-Übernahmen in Deutschland

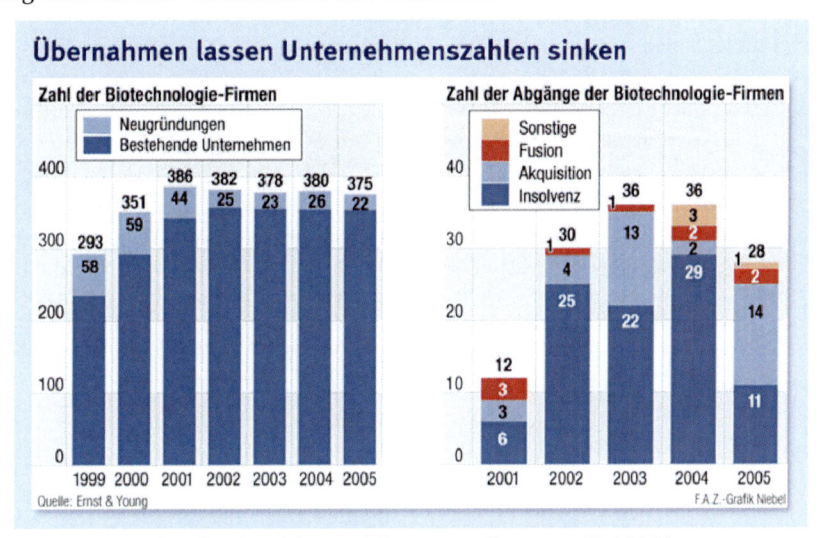

Quelle, Frankfurter Allgemeine Zeitung, 17.6.2006
(Biotechnologiefonds enttäuschen Anleger)

Werden die Nachholer aus den Schwellenländern nicht auch diese Technologie beherrschen und zu geringeren Produktionskosten einzusetzen lernen? Niemand lernt aus der Geschichte, wenn er an die Erhaltung „seiner" Wellendynamik glaubt. Ein hochwirksames Innovationsmanagement und Controlling könnte dem einen oder anderen Produzenten eine Verschnaufpause sichern (auf Kosten der anderen Hersteller). Aber *yang*- Strategien, wie man diesen Weg nennen könnte, setzen das Laozi-Schumpeter-Gesetz nicht außer Kraft.

Gibt es eine „Rettung"? Die daoistische Antwort: Das Auslaufen des Zyklus hinnehmen, wie der Surfer das Ende der Welle. *Wuwei* (aktives Nicht-Tun) praktizieren, *de* (Wirkkraft des *dao*) kultivieren, *heqi* verbessern, um wirksam das eigene Können (*yin* im Nichtsein) und neues Wissen (*yang* im Nichtsein) mit der Exploration von neuer Nachfrage zu verbinden. *Yin* (im Sein und Nichtsein) mit *yang* (Nichtsein) in das Handeln integrieren.

Was wir hier schildern, wird durch die Allmählichkeit der sich vollziehenden Vorgänge verstärkt. Sie unterlaufen die strategischen Fühlbarkeitsschwellen des Managements: Das sterbende-Frosch-Syndrom. Aus einem an Zynismus schwerlich zu überbietenden Kommentar zum Niedergang von General Motors:

Das gewaltige Ausmaß und die langsame Geschwindigkeit von GMs Niedergang macht das Management blind für die Tiefe der Krise, verdunkelt aber auch potentielle Lösungen - insbesondere diejenigen, welche das amerikanische Insolvenzsystem eröffnet (Roberts, 2005).

Kann die Wirtschaftspolitik helfen?

Die US-Regierung hat versucht, die eigene Automobilproduktion vor den Billigimporten der Japaner zu schützen, als letztere noch Aufholer waren, wie heute China. Berater, Manager und die Besser-Wissenden verkündeten: Japaner sind Kopierkatzen, keine kreativen Innovatoren; Keine Gefahr. Toyota ist heute Nr. 2 in den USA, Honda hat Chrysler überholt. Fast das gleiche sagt man heute über China. Der BDI schlägt schon Alarm und versucht die Leiter wegzustoßen, auf dem die chinesischen Unternehmen emporklettern könnten. Know-how-Diebstahl. Historische Normalität, genauso wie das Scheitern solcher Versuche.

Ergebnis: Die japanischen Konzerne rüsten technologisch hoch und entwickeln Modelle genau in denjenigen Marktsegmenten, in denen Ford, GM, Chrysler glaubten, über Wettbewerbsvorteile zu verfügen. Auch diese sind nun (zusammen mit den Managern, Beratern und Gurus) ins potenziell schöpferische Nichtsein verschwunden.

Das Gleiche geschah früher auf dem Textilmarkt, dem Pionierkondratieff der industriellen Revolution. Die Anwendung von Dampfmaschinen in der Textilindustrie trägt den ersten Kondratieffzyklus. Die Leistung der Spinnräder erhöhte sich um das Mehrfache. Die EU und die USA schützen sich heute gegen den Import von chinesischer Billigware. Übermorgen importieren wir aus China und anderen Schwellenländern jene Produkte, in denen wir heute noch glauben, besonders gut zu sein. Natürlich können wir wieder lernen, anderes zu exportieren. Der komparative Vorteil stirbt ja nicht aus. Was aber kann eine Volkswirtschaft exportieren, die eher stillsteht und deren Produktzyklen von ihrem Ende her immer stärker aufgerollt werden. Nur wenig Hoffnung gibt uns Huxley:

> Daß Menschen aus der Geschichte nicht lernen,
> ist die wichtigste Lektion, welche die Geschichte uns lehrt.
>
> Aldous Huxley

An welchen Universitäten, in welchem MBA-Programm lernt man Disruption? Und disruptiv wollen die Absolventen auch nicht tätig sein, sonst würden sie nicht in die „Industrie" gehen, sondern ihr eigenes Unternehmen hochziehen. Ihr universitäres Wissen ist ausgerichtet auf die Problemfälle inkrementellen Managements. Darüber hinaus gibt es wenig, was man gegenwärtig an Universitäten lernen könnte (Debus, 2002; Mintzberg, 2005). Eingebunden in den inkrementell-erhaltenden Neuerungsprozess werden sie - kein Paradoxon, sondern normal-natürlich - den Untergang ihrer Unternehmen befördern und beschleunigen. Supermanagement ist augenlos für Disruption und untauglich für disruptives, basisinnovatives Management. Niemand lehrt dem Managementnachwuchs zu rebellieren. Ohne Rebellion, die Schnittstelle einer *wu-you*-Transformation, gibt es keine Kreativität und kein radikal Neues. Keine Milliardenprogramme für Eliteuniversitäten oder 10%-ige F&E-Anteile am Sozialprodukt würden weiterhelfen. Rebellion verlangt Toleranz gegenüber dem, der Neues hervorbringt und den Status quo in Frage stellt; sei er Künstler, Forscher, Erfinder oder Durchsetzer in der Wirtschaft.

Vereinfachend:

> **Inkremental-erhaltende** Neuerungen → bestehende Unternehmen
> **Disruptive** Neuerungen → neue Unternehmen

Alle *radikalen* Innovationen wurden – so haben Christensen (1997; 2003) und vor ihm Schumpeter (1911/2006; 1961) beobachtet; Markides & Geroski (2005) betrachten deren Erkenntnisse als ein neues Paradigma des Innovationsmanagements -, von *neuen* Unternehmen im Markt eingeführt. Bestehende Unternehmen haben systematische Nachteile bei der Durchsetzung von radikalen Innovationen.[498] Hierfür gibt es so viele Beispiele, daß man sagen könnte: zeige mir einen Fall, der dagegen spricht. Viele und große Unternehmen sind Sein-fixiert und *yin*-dominiert. Ohne Nichtsein-Reflektion und *yin-yang*-Harmonie gehen sie unter.

Zusammengefaßt: Radikale Neuerungen sind nicht kalkulierbar und unterlaufen damit die in bestehenden Unternehmen angewendeten Rentabilitätskalküle; Unternehmen scheuen sich, ihre eigenen Produkte und Technologien zu „kannibalisieren"; bestehende Unternehmen sind auf ihre aktuellen und konservativen Kunden und damit die bestehenden Märkte fixiert; der Beitrag radikaler Neuerungen zu Gewinn und Umsatz ist zunächst inkrementell (Laozi-Hypothese), somit für bestehende Unternehmen geschäftlich uninteressant; radikale Neuerungen verlangen sehr oft neue Qualifikationsprofile, sind damit an die bestehenden nicht anschlußfähig; radikale Neuerungen erfordern unternehmerische Kompetenzen, die in bestehenden Unternehmen nicht verfügbar oder intern bereits emigriert sind. Ein Paradox: Bestehende Unternehmen scheitern nicht, weil ihr Innovationsmanagement nichts taugt, ihr Controlling versagt, usw. Gerade, dies zeigen die Untersuchungen von Christensen sehr deutlich: Anhand der Logik von Management gute und professionelle Unternehmen scheitern, sind nicht in der Lage, disruptive Neuerungen schöpferisch zu bewältigen. Wir vermuten: diese Zusammenhänge gelten auch für Regionen bzw. Standorte, die ja ökonomisch von Unternehmen getragen werden. Was Christensen/Debus und uns unterscheidet: Christensen behauptet, bestehende Unternehmen könnten durch radikale interne organisatorische Neuerungen Anschlußfähigkeit an neues Geschäft herstellen. Debus glaubt, eine solche Organisationsform konzipiert zu haben. Wir sind der Ansicht, die Widerstände und Herausforderungen solches zu leisten sind so gewaltig, daß der Weg des geringeren Widerstandes[499] und einer höheren regionalen, wie volkswirtschaftlichen Effektivität, die Neugründung von Unternehmen und die Förderung von *Start-ups* wäre. Wenn wir es mit radikal-disruptiven Neuerungen zu tun haben, war die Neugründung historisch der einzige Träger solcher Innovationen. Und regionale Dynamik, zeigt Aßmann (2003), lebt gleichfalls, sogar überwiegend, von neuen Unternehmen.

Ein weiteres Beispiel: die Entwicklung und Einführung des Fotokopierers. Der Erfinder Chester Carlson war mit seinen Patenten bei 27 Unternehmen vorstellig geworden. Alle sagten nein. IBM beauftragte die Unternehmensberatung Arthur D. Little mit einer Marktforschung. Die Unternehmensberater kamen zu dem Schluß, höchstens 5000 Kopierer ließen sich verkaufen. IBM sagte nein. Kein Einzelfall: Der Desktop wurde von Herstellern von Minicomputern wie Digital Equipment und Nixdorf als unverkaufbar betrachtet. Selbstverständlich gab es (noch) keine Nachfragekurve, mit der man hätte kalkulieren können. Die typisch-normale *yin-yang*-Disharmonie, die sich durch keinen bislang bekannten Marketingmix überwinden läßt.

Eine Grunderkenntnis der Innovationsforschung: Kunden sind konservativ, bestehende Unternehmen sind mit ihren Kunden „verheiratet"; bestehende/große Firmen stehen im Bann ihrer Marktforschung, die sich auf neue Märkte nicht anwenden läßt. Wer will aus der Komfortzone

---

[498] Siehe die Überlegungen von Clayton Christensen (1997), Christian Debus (2002), Röpke (2002a).
[499] Daoistisch: Bambusstrategie. Dem Sturm keinen Widerstand leisten, sich flach legen, dann wieder aufrichten.

(*yin-yang*-Harmonie) ausbrechen? Carlson liierte sich mit der nahezu bankrotten und kleinen Firma Haloid Company. Daraus entstand Xerox und der Siegeszug des Fotokopierers.[500]

Was bedeutet das alles für die Schaffung neuer Nachfrage(kurven)?

(1) Neue, nicht-artikulierte Nachfrage zu schaffen, ist weniger Sache von bestehenden, mit dem Sein liierten Unternehmen. Wo kommt die neue Nachfrage her? Sie fällt nicht vom Himmel. Sie wird geschaffen von Unternehmern (Heuss, Schumpeter). Vielleicht sind die Bedürfnisse schon vorhanden. Bedürfnisse speisen nur eine potentielle Nachfrage. Für sich genommen, als *yin* alleine, sind sie energielos. Ohne *yang* bleiben sie Potential, Raum für Chancen, die niemals geboren werden könnten. Eine Amazonenökonomie. Ist der Produktzyklus geboren, so ist seine Verlängerung an der Schaffung prozessualer Harmonie zwischen *yin* und *yang* gebunden.

(2) Ist Erzeugung und Durchsetzung von Neuem immer oder notwendig zerstörerisch? Liegt die Essenz kreativen Unternehmertums im Tod des Alten? Über die Todesfrage haben wir bereits oben gesprochen. Sie ist auch im Daoismus ein Dauerthema. Man könnte der Ansicht sein, daß Innovationen dann keine destruktive Natur aufweisen, wenn sie vollständig neue Bedürfnisse befriedigen. Aus dem Nichtsein erwächst das Neue. Durch die Kraft der Harmonie zwischen *yin* und *yang* im Nichtsein erwächst das neue Nichtsein.

(3) Angebot und Nachfrage harmonisieren dynamisch (7. Kapitel).

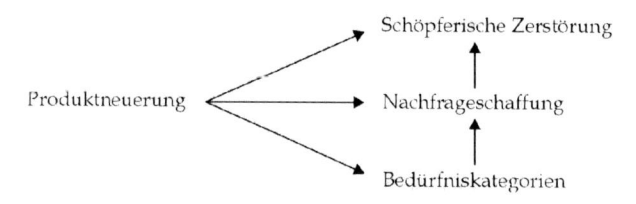

```
                                    ──► Schöpferische Zerstörung
                                   
           Produktneuerung ◄───────► Nachfrageschaffung
                                           ▲
                                    ──►    │
                                    Bedürfniskategorien
```

In allen Bedürfniskategorien (Überleben, Haben, Evolution) laufen Prozesse schöpferischer Zerstörung und die Schaffung neuer Märkte (Wünsche) parallel.

Flugzeuge haben nicht notwendig die Nachfrage nach Automobilen verringert, können aber solches durchaus bewirken. Die Eisenbahn und traditionelle Fluggesellschaften sehen Passagiere auf Billigfluglinien umsteigen. Selbstkannibalisierung schützt vor dem Aussterben. Die Bahn versucht es, Fluggesellschaften beginnen damit.[501] Wer diesen Prozeß überlebt, bleibt offen. Was sicher ist: Wer nicht mitmacht, verläßt das Sein, er stirbt.

Ryan Air und andere erschließen andererseits ganz neue Nachfragepotentiale, die von konventionellen Anbietern nicht erschlossen werden konnten. Diese betreffen alle Bedürfniskategorien. Engländer leisten sich eine Wochenendreise um die französische Küche zu genießen (Überleben), kaufen Häuser in der Mittelmeerregion (Haben) und besuchen eine Papstaudienz (Evolution?). Hätten sie doch nur eine vergleichbare monetäre Nachfrage für britische Produkte (Fish & Chips etc.) entfaltet (weigert sich doch bereits der französische Präsident, trotz Transportkosten von Null seinen britischen Kollegen zu besuchen, weil er die englische Küche für eine Katastrophe hält). Billigflieger erlauben Finnen und Schweden, Alkohol in den baltischen Republiken zu tanken und damit die Geschäfte der Ostsee-Fähren - ein Nebenprodukt der Befriedigung ihrer Überlebensbedürfnisse - zu zerstören (von Lucius, 2005).

---

[500] Zur Geschichte von Xerox und der Ablehnung disruptiver/radikaler Technologien durch bestehende Unternehmen siehe Heuer (2001).
[501] „Die Deutsche Lufthansa greift die Billigfluglinien an" (Frankfurter Allgemeine Zeitung, 24. März, 2006, S. 17).

Wir beobachten an diesem Beispiel auch die Prozesse funktionaler Holarchie im Unternehmertum

$$\text{Innovation} \Rightarrow \text{Arbitrage} \Rightarrow \text{Routine} \Rightarrow \text{Tod oder Eintritt ins Nichtsein}$$

Andererseits bietet jede Neuerung Chancen, eine persönliche *yin-yang*-Harmonie zu entdecken, allerdings auch Disharmonien zu erzeugen oder zu verstärken, die im Ernstfall ein Ausscheiden aus dem irdischen Kreislauf bewirken.

Schlußfolgerung: Die daoistische „Theorie" stellt uns ein System von Hypothesen und Konzepten bereit, die - bis zu diesem Punkt unserer Überlegungen - wenig unberücksichtigt lassen, was wir im herrschenden ökonomischen Paradigma vorfinden oder von einem theoretischen „Heiden" (nicht Ketzer) wie Schumpeter vorgestellt wird.

Mit Hilfe der nächsten Abbildung fassen wir unsere Überlegungen zusammen.

Abbildung 8.5.4: Absatz/Umsatz- und Gewinnzyklen

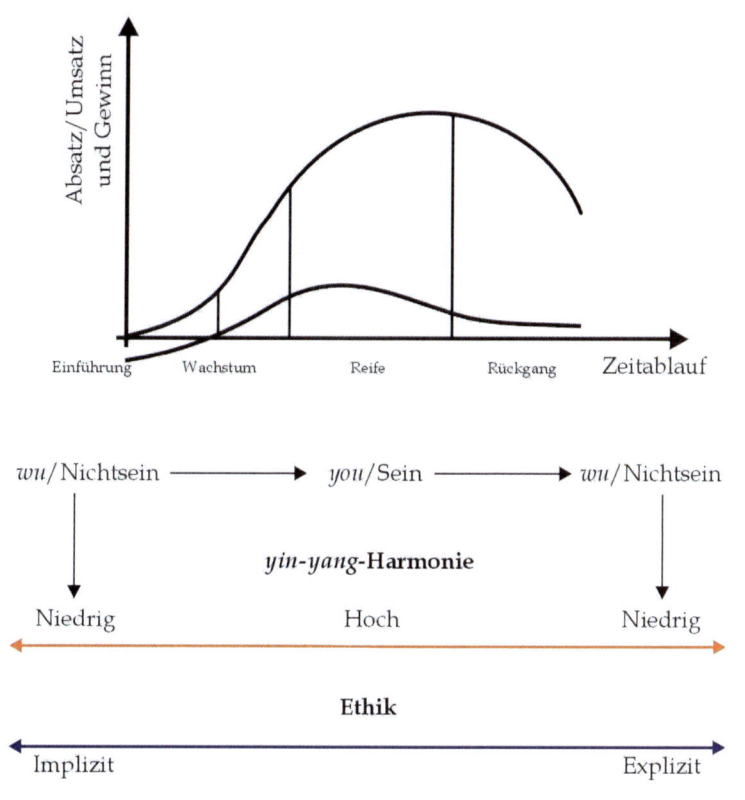

[Diagramm: Kurve mit Achsen Absatz/Umsatz und Gewinn (y) und Zeitablauf (x), Phasen: Einführung, Wachstum, Reife, Rückgang]

wu/Nichtsein ⟶ *you*/Sein ⟶ *wu*/Nichtsein

yin-yang-Harmonie

Niedrig — Hoch — Niedrig

Ethik

Implizit ⟷ Explizit

Was folgt daraus für eine Volkswirtschaft wie der deutschen?

Unternehmen sind verurteilt zu lernen, Disharmonien in Verbindung mit Nichtsein nicht nur zu tolerieren. Sie müssen dieses durch aktives Nicht-Tun (*wuwei*) bewirken. Da Unternehmen auf ko-innovative und ko-evolutive Störungen anderer Teilsysteme (Politik, Wissenschaft) angewiesen sind, gilt diese Folgerung auch für diese Systeme. Für die Politik ist das ein schwieriges Geschäft, ohne Vision und intelligentes *wuwei*, fast nicht zu bewerkstelligen. Daß China nach dem wirtschaftlichen Aufstieg während der Song-Dynastie in Stagnation driftet, wäre nach der obigen Logik (auch) durch die zunehmende ethische und politpraktische Vorherrschaft eines harmoniesüchtigen Konfuzianismus zu erklären. Am Anfang steht die Disharmonie. Und diese gilt es zu erdulden, wenn nicht kulturell zu bejahen. Toleranz ist jedoch (Abschnitt 3.6) erst auf höheren Stufen der Evolution ein Überlebenswert, und erst ab der gelben (daoistischen) Stufe ein dominanter.

Auf den nicht-toleranten Stufen der Pyramide des Lebens tätige Unternehmer, tragen somit immer auch ein ethisches Risiko – mit Folgen für Markterfolg, Karriere, Einkommen, Ansehen. In dieser Logik möchten wir verstehen, was Schumpeter über den Zwang aussagt, den ein Unternehmer auf seine Umwelt ausübt. „Fortschritt" wird vom Unternehmer „erzwungen". Dies muß nicht, kann aber durchaus, *wangwei* sein. *Wangwei* führt dazu, die Möglichkeiten der Nachfrager einzuschränken. Mit Gewalt: Die EU verbietet den Verkauf von Vitamin E und bedient sich des Rechtssystems, das Oktroi durchzusetzen. Oder heimlich: Zucker im Frühstücksmüsli. Die Hersteller wissen genau, daß *fast food* ungesund ist. Sie zwingen die Kunden zwar nicht, machen aber Werbung, die Kunden zum Besuch ihrer Verkaufsstellen verleitet (die genetisch erzeugte Vorliebe für das Süße nutzend). Wenn es um gute Dinge geht, zum Beispiel etwas, was heilsam für Gesundheit ist oder Bildung fördert, aber für die Kunden noch unbekannt ist, machen Unternehmer zwar auch Werbung. Sie „erziehen" ihre Kunden. Erziehung, durch Unternehmer, die Eltern, die Schule, den Priester, kann neue Möglichkeiten erschließen. Wie kann man sich ohne Lernen, neue Möglichkeiten der Nachfrage bzw. des Konsums neuer Güter erschließen?

> Der Fortschritt (wird) ohne und selbst gegen den Willen der hedonischen Majorität erzwungen. ... Auch heute wird die Volkswirtschaft von einer Minorität in neue Bahnen hineingezwungen, und in diesem Zwang liegt auch heute die unmittelbare Ursache der Entwicklung für die weitaus größte Zahl der Menschen. Dieselbe würde sonst sicher mehr oder weniger an dem Bestehenden festhalten. ... Die Menge will ... nicht etwa ... neue Kombinationen durchsetzen, sondern gerade solche verhindern... (Schumpeter, 1911/2006), S. 188f.)[502]

Sein und Nichtsein erzeugen einander.

> Ein *yin*, ein *yang*, das ist das *dao*. Ein *wu*, ein *you*, das ist das *dao*. [503]

---

[502] Ein mögliches Mißverständnis sei gleich ausgeräumt. Was der Unternehmer erzwingt, ist die adaptive oder kreative Anpassung an von ihm herbeigeführte Änderungen der Daten. Er zwingt die Marktteilnehmer nicht, seinen Vorstellungen zu folgen, er beraubt sie nicht ihrer Freiheit. Er operiert im Rahmen einer Freiheit, alles das zu tun, was er tun kann, ohne die Freiheit eines anderen zu beschneiden.

[503] Das Zitat stammt von Wohlfart (2001), S. 63. Durch Sein (*you*) und Nichtsein (*wu*) kann man das *Dao* kennen. Das findet sich in vielen daoistischen Büchern. Niemand weiß, wer es zuerst gesagt hat. Es befindet sich nicht direkt im *Dao De Jing*. Im Kapitel 1 *Dao De Jing*: „Daher, betrachtet man das Nichtsein, kann man das *miao* (Feinheit) vom Nichtsein (oder *Dao*) kennen. Betrachtet man das Sein, kann man die offenbare, unterschiedliche Gestaltungen vom Sein (oder *Dao*) kennen." (Unsere Übersetzung). Man sagt nur: „Ein *yin* und ein *yang*, das ist das *Dao*." Aber „ein" bedeutet nicht „1". Hier wird gesagt, daß - daoistsch gesehen - alle Dinge auf der Welt ihr *yin* und *yang* haben. Wie Kapitel 42 des *Dao De Jing* sagt: „Die ‚zehntausend Dinge' tragen das Yin auf dem Rücken und umfassen das Yang."

Wie auch obige Abbildung zeigt: Das aus dem *dao* entstehende Nichtsein und Sein kennzeichnen ein in Zukunft Entstehendes, aus welchem ein Vergehendes zyklisch hervorwächst. In diesen Prozeß des „Ineinander-übergehens" bzw. „Werdens" (Wohlfart, 2001, S. 68) sind innovatorische und evolutorische Impulse eingebunden, welche den Zyklus am Leben erhalten (können, nicht müssen).

Der Einstieg in den Zyklus sowie das Aussteigen aus ihm, die Rückkehr ins Nichtsein (Nichts, *wu*), der Verlust des Geldes oder der „Zahlung" (Luhmann), das heißt der Tod der Nachfrage, sind eingebunden in die *de*-Qualität des Unternehmers (Unternehmens). Geht er den normalen Weg, so geht er den Weg des Sterbens, er wird ein Opfer der schöpferischen Zerstörung oder von Eingriffen aus anderen Teilsystemen (Religion, Politik als Produzenten expliziter Ethik und Regulation), die er mit seiner *heqi*-Qualität nicht abwehren kann. Sein unternehmerisches Immunsystem leidet unter Überstress, die Kunden wandern ab, seine Nachfragekurve löst sich auf im Nichts. Mit *heqi* verabschiedet sich auch die Zahlung. Mit *de* verabschiedet sich sein Sein (*you*). Die ethischen Regimes sind eingebunden in den Verlauf des Geschehens, der Bewegungslogik daoistischer Systeme.

Im Nichtsein des Zyklus, am Beginn des Innovationsgeschehens, in der Phase, in der Angebot und Nachfrage sich neu schaffen, ist der ethische Unternehmer zunächst einmal der moralisch (= explizit ethisch) allein gelassene. Er operiert im moralischen Nichtsein. Für viele ist solches Alleinsein schmerzlich, nicht toleranzfähig, für andere indiskutabel, sie lassen es sein, folglich produzieren sie kein Innovations-Sein, sie bleiben dort, wo Moral und Vorschrift das Sagen haben, wo die Zahlung stimmt, wo Angebot und Nachfrage feste Größen sind, wo operative Effizienz herrscht, wo man sich darauf beschränken kann, die „Dinge richtig zu tun" (Peter Drucker), auch wenn sich herausstellt - und es wird sich herausstellen, wenn die daoistisch schumpeterschen Bewegungsgesetze gültig sind -, daß er die falschen Dinge richtig tut.

In dieser Situation scheint es nur eine Alternative zu geben: Ausstieg (Rückkehr in die Routinewirtschaft) oder Mobilisierung und Stärkung ethischer Kompetenz. Das schmerzliche Alleinsein ist daher zugleich schön und befriedigend, weil es auf selbstevolutionäre Entfaltung sowie ihre intrinsische Belohnungen und Freuden verweist und weil diese Entfaltung, in ihrem Gelingen, das Alleinsein überwindet. Der Unternehmer als Durchsetzer des Neuen kommuniziert/interagiert notwendig mit anderen, und schafft damit auch – ungewollt - Nachfrage nach seinem ethischen Können (ethisches *heqi*).

Diesen Schmerz, die mangelnde Entlastung durch eine vorgegebene ethische Lösung, zu tragen, ist für den schöpferischen Unternehmer unverzichtbarer Teil seines funktionalen Seins, geboren aus dem Nichtsein. Er muß als Innovator neue Wege gehen. Er ist der ethische Minenhund. Er trägt ein ethisches Risiko – mit Folgen für Markterfolg, Karriere, Einkommen, Ansehen. Da der Unternehmer seiner eigenen, impliziten Ethik, seinen eigenen Gesetzen folgt, also „geschlossen" operiert, kann er umweltoffen sein. Die ständige Transformation der „10 000 Dinge" (Laozi, Zhuangzi) gelingt, weil der Weg, den der Unternehmer geht, sein eigener ist.

Seine Eigenstruktur schafft eine neue ethische Angebots/Nachfragefunktion. Jede Neukombination ist ethisch gleichsam durchflutet. Ihre Ausbreitung trägt damit auch die ethischen Tugendgene mit in die Welt hinaus. Stirbt sie, zeigt das auch, daß die ethische Qualität nicht genügend Zuspruch fand.

Dünnen Toleranz und *wuwei* aus, vermag sich *de* nicht zu entfalten, wird das Unternehmen und die Volkswirtschaft an das Ende des Zyklus durchgereicht, in eine Konstellation, in welcher jener Zustand herrscht, dem man sich anfangs verweigerte: Kunden laufen weg, Nachfrage verflüchtigt sich, weil das Angebot die Bedürfnisse der Käufer nicht mehr reflektiert. „Mißwirtschaft": „Die Menschen sind nicht mehr imstande, die natürlichen Instinkte ihres Lebens zu erfüllen" (Zhuangzi, Lin Yutang, 2000, S. 223). Ökonomisch: Der Grenznutzen zusätzlichen Konsums geht zurück, tendiert gegen Null und Konkurrenzprodukte höherer Bedürfnisattraktivität sind im Markt verfügbar. Ressourcen werden freigesetzt bzw. in Routinesysteme abgeschoben. Das Unternehmen stirbt, der Cluster/die Region, in welchem das Unternehmen angesiedelt ist, verliert an endogener Dynamik (Ruhr-Syndrom). Aggregieren wir diese Tendenzen, folgt für die Volkswirtschaft ein geringeres Wachstum, das auch negativ sein kann, was aber nicht „entwicklungslos" heißt. Auch in schwach wachsenden Ökonomien sind Neukombinationen zu beobachten und werden Kompetenzen aufgebaut. Die Kräfte des Niedergangs in den Reife- und Rückgangsphasen (über-)kompensieren jedoch die Innovationsdynamik.

9. Der Herr des Nordmeeres

Was der Leser mit unseren Überlegungen nun anfängt, ist seine Sache. Wenn er nichts damit tut, konnten wir ihn von Nichts überzeugen. Die Einheit von Wissen und Tun, das Auflösen von Disharmonien zwischen *yin* und *yang*, Sein und Nichtsein, ist Kern der daoistischen Konstruktion der Welt. Mancher wird versuchen, Daoismus in eine cartesische Weltbeobachtung und Interventionspolitik zu integrieren. Kein Problem. Er verschenkt nur dadurch Komplexität, Vielfalt und Autopoiesis. Wahrscheinlich ist dies auch gar nicht vermeidbar. Man kann die Welt nur so konstruieren und verstehen, wie es der eigenen Ebene des Seins und der Eigenkomplexität entspricht. Ohne Einlassen auf andere Erfahrung, ohne Loslassen von den eigenen Konstruktionen gelingt keine Evolution. Festhalten ist nicht gegen Evolution stabilisierbar.

Der Herr des Nordmeeres sagte:

> Man kann mit dem Frosch auf dem Grund seines Brunnens nicht über den Ozean sprechen, denn er sitzt fest in seinem kleinen Reich. Man kann mit einer Sommermücke nicht über das Eis sprechen, denn sie ist auf ihre eigene Jahreszeit beschränkt. Man kann mit einem Intellektuellen voller verschrobener Ansichten nicht über den WEG [*dao*] sprechen, denn er ist ein Gefangener seiner Doktrinen. Nun hast du dich hinausgewagt über deine Gestade, um einen Blick zu werfen auf den großen Ozean, und hast deine eigene Ähnlichkeit erkannt: Deshalb [konnten wir]dir von der Großen Ordnung erzählen (Zhuangzi, 1998, S. 236).

Die daoistische Ökonomie ist eine solche, in der sowohl im Sein wie im Nichtsein *yin* und *yang* sich harmonisch entfalten und zusammenwirken. Wie das möglich ist, versuchten wir zu zeigen. *yin-yang*-Harmonie ist kein Automatismus. Keine unsichtbare Hand interveniert. Kein Gott steht uns bei. Reines Selbsttun. Durch Nichttun! Und dieses Nichttun ist harte Arbeit.

Unsere alte Geschichte: Jemand hat eine Idee, neues Wissen, sieht eine Chance; möchte neukombinieren; sucht Ressourcen; woher nehmen? Finanzkapital. Wie erschließen: warten auf den Staat, warten auf die Bank? ⇒ Warten auf Godot. Eine Vorlesung Gründungsmanagement besuchen? Warten auf die Wiedergeburt.

Was tun? Die drei Gebote des Daoismus

(1) Interveniere niemals in komplexe Systeme (*wuwei*).
(2) Beschränke niemals die Innovationsdynamik eines Systems (praktiziere das *ziran* der Innovation).
(3) Fördere (ohne 1 zu verletzen) die Evolution von Systemen (durch *de, qi, heqi*): Evolution durch Ko-Evolution oder evolutionstiefe Selbstbegabung.

Literaturverzeichnis

Adenauer, Patrick (2006): Irrläufer der Evolution, Die Welt, 23. März 2006, S. 9.

Aderents.com (2005): Major religions of the world ranked by number of adherents, unter: http://www.adherents.com/Religions_By_Adherents.html.

Akademie für Führungskräfte der Wirtschaft (1998): Manager haben keine Zeit für innovative Ideen, Bad Harzburg: Akademie.

Akademie für Führungskräfte der Wirtschaft (2001): „Beziehungs-Weise..." Führung und Unternehmenskultur, Bad Harzburg: Akademie.

Alexander, Michael A. (2006): Stock cycles: part I. Introduction, unter: http://www.21stcenturyalert.com/page/scy/intro/part1.html.

Allison, Kevin (2006): Concern about stock options casts a shadow over Silicon Valley, in: The Financial Times, 25. Mai 2006, S. 16.

Alon, Ilan & **Chase**, Gregory (2005): Religious freedom and economic prosperity, in: The Cato Journal, Vol. 25, No. 2, S. 399-406.

Amit, Raphael u.a. (2001): Does money matter? Wealth attainment as the motive for initiating growth-oriented technology ventures, in: Journal of Business Venturing, Vol. 16, S. 199-143.

Andrew, J. P. & **Sirkin**, H. L. (2003): Innovating for cash, in: Harvard Business Review, September 2003, S. 76-83.

Arenius, P. & **Minniti**, M. (2005): Perceptual variables and nascent entrepreneurship, in: Small Business Economics, Vol. 24, Issue 3, S. 233-247.

Asch, Felix (2001): Der Marktforscher: Strom schmeckt nach nichts, in: Spiegel Online, 24. August 2001, unter: http://www.spiegel.de/wirtschaft/0,1518,151806,00.html.

Aschhoff, B. u.a. (2006): Innovationsverhalten der deutschen Wirtschaft. Indikatorenbericht zur Innovationserhebung 2005, Mannheim: Zentrum für Europäische Wirtschaftsforschung GmbH.

Ashby, W. R. (1974): Einführung in die Kybernetik, Frankfurt a. M.: Suhrkamp.

Aßmann, Jörg (2003): Innovationslogik und regionales Wirtschaftswachstum: Theorie und Empirie autopoietischer Innovationsdynamik, Marburg: Mafex (BOD).

Atlas, Riva D. & **Glater**, Jonathan D. (2005): Mystery at Refco: How Could Such a Huge Debt Stay Hidden? In: The New York Times, 24. Oktober 2005.

Auclair, Philippe (2006): Grande-Bretagne. Endettez-vous! Marianne, Nr. 486, 12. August 2006, S. 40.

Audretsch, D. B. & **Thurik**, A. R. (2001): Capitalism and democracy in the 21st century: from the managed to the entrepreneurial economy, in: Mueller, D. C. & Canter, U. (Hrsg.): Capitalism and democracy in the 21st century: proceedings of the international Joseph A. Schumpeter society conference, Vienna 1998 "Capitalism and socialism in the 21st century", Heidelberg, S. 23-40.

Augello, Massimo M. (1990): Joseph Alois Schumpeter: A Referrence Guide, Berlin et.al: Springer.

Autry, James A. & **Mitchell**, Stephen (2001): Illusion der Kontrolle. Das Tao Te King für Führungskräfte, Münsingen: Fischer.

Bachmann, Ronald (2005): Labour Market Dynamics in Germany: Hirings, Separations, and Job-to-Job Transitions over the Business Cycle, SFB 649 (Economic Risk) Discussion Paper 2005-045.

Backofen, Rudolf (1975): Laotse. Tao Te King. Text und Einführung, 2. Auflage, Engelberg und München: Drei Eichen.

Baecker, D. (1989): Ranulph Glanville und der Thermostat: zum Verständnis von Kybernetik und Konfusion, in: Merkur, Deutsche Zeitschrift für Europäisches Denken, Heft 6, Jg. 43, S. 513-524.

Barboza, David (2006): Some assembly needed: China as Asia Factory, in: The New York Times, 9. Februar 2006.

Bateson, Gregory (1984): Geist und Natur: eine notwendige Einheit, Frankfurt am Main.

Baumol, William J. (1990): Entrepreneurship: productive, unproductive and destructive, in: Journal of Political Economy, Band 98, Nr. 5, S. 893-921.

Bauwens, Michel (2005): A critique of Wilber and Beck's SD-Integral, unter: http://www.kheper.net/topics/Wilber/SDi_critique.html

Beck, Don Edward (2001): Sustainable cultures, sustainable planet. A values system perspective on constructive dialogue and cooperative action, unter: http://members.ams.chello.nl/f.visser3/ wilber/ framened.html

Becker, Jörg (2006): Ich bin mein eigener Boss, in: Frankfurter Allgemeine Zeitung, 17. Juli 2006, S. 34.

Béky, Gellért (1972): Die Welt des Tao, Freiburg & München: Alber.

Bennis, Warren & **O'toole**, James (2000): Der neue Firmenchef - hoffentlich ist er der Richtige, in: Harvard Business Manager, Nr. 6 (2000), S. 95-106.

Berthold, Norbert (2005): Eine neue Beschäftigungspolitik, in: Frankfurter Allgemeine Zeitung, 17. September 2005, S. 15.

Bhide, A. V. (2000): The origin and evolution of new businesses. Oxford: Oxford University Press.

Bils, Mark & **Klenow**, Peter J. (2000): Does schooling cause growth? In: American Economic Review, Vol 90, December, S. 1160- 1183.

Binswanger, Hans Christoph (1997): Chinesische Ökonomik. Fünf ordnungspolitische Denkrichtungen in der chinesischen Ökonomik und ihre europäischen Parallelen, Walter Adolf Jöhr-Vorlesung 1997 an der Universität St. Gallen, unter: http://www.fgn.unisg.ch/org/fgn/web.nsf/SysWebRessources/Joehr_1997_Binswanger/$FILE/binsw.pdf.

Birch, D. L. (1979): The Job Generation Process, Cambridge, Ma: MIT Program On Neighbourhood and Regional Change.

Birg, Herwig (2006): Unser Verschwinden würde gar nicht auffallen, in: Frankfurter Allgemeine Zeitung, 28. Juni 2006, S. 43.

Blanchard, Olivier (2005): European unemployment: the evolution of facts and ideas, unter: http://economistsview.typepad.com/economistsview/2005/11/blanchard_europ.html.

Blankertz, Stefan (2002): Gestalt begreifen, 2. Auflage, Wuppertal: Peter Hammer.

BMBF (2006): Die Hightech-Strategie für Deutschland, Bundesministerium für Bildung und Forschung.

Bofinger, Peter (2005): Eine andere Meinung, in: Sachverständigenrat zur Begutachtung der gesamtwirtschaftlichen Entwicklung, 3. Kapitel, Abschnitt VI, Wiesbaden: Statistisches Bundesamt.

Bollmann, P. (1990): Technischer Fortschritt und wirtschaftlicher Wandel: eine Gegenüberstellung neoklassischer und evolutorischer Innovationsforschung, Heidelberg: Physica.

Bowe, Christopher (2006): Growing pains: why 'big biotech' fears becoming a victim of its own success, in: The Financial Times, 21. Juli 2006, S. 9.

Bradsher, Keith (2006): A younger India is flexing its industrial brawn, in: The New York Times, 1. September 2006.

Braunberger, Gerald (2006): Warum geht die Wirtschaft mal rauf und mal runter, in: Frankfurter Allgemeine Sonntagszeitung, 18. Juni 2006, S. 60.

Brenner, T. (2001): Simulation the Evolution of Localized Industrial Clusters – An Identification of the Basic Mechanisms, in: Journal of Artificial Societies and Social Simulation, Vol. 4, No. 3.

Brenner, T. (2002): A Behavioral Learning Approach to the Dynamics of Prices, in: Computational Economics, Vol. 19, No. 1, S. 67-94.

Brimelow, Peter (2005): Mexian wave, in: VDARe.com, 9. Juni 2005, unter: http://www.vdare.com/pb/050609_mexican_wave.htm.

Brimelow, Peter (2006a): „Diappearing borders" - Brimelow Q&A at Vanderbilt U., in: VDARe.com, 11. Mai 2006, unter: http://www.vdare.com/pb/060511_vanderbilt_questions.htm.

Brimelow, Peter (2006b): America's immigration policy - Hitler's revenge? In: VDARe.com, 22. August 2006, unter: http://www.vdare.com/pb/060822_immigration.htm.

Broder, Henryk M. (2006b): „Wir kapitulieren", in: Der Spiegel (33/2006), 14. August 2006.

Broder, John M. (2006a): America finds it is becoming an immigrant labor economy, in: The New York Times/Le Monde, 15. April, S. 5.

Brown-Humes, Christopher (2006): Doubles partner goes solo, in: The Financial Times, 30. Mai 2006, S. 16.

Bruckner, Werner (2006): Innovation sucht Unternehmergeist, in: Frankfurter Allgemeine Zeitung, 26. April 2006, unter: http://www.faz.net/s/Rub0E9EEF84AC1E4A389A8DC6C23161FE44/Doc~E8FD4B8C10F874CFABFA9D12C9A8E096A~ATpl~Ecommon~Scontent.html.

Brunner, Reinhard (2002): Adler und Buddha. Was Adler letztlich lehrte! In: Brunner, R. (Hrsg.): Die Suche nach dem Sinn des Lebens. Transpersonale Aspekte der Individualpsychologie, München und Basel: Ernst Reinhardt, S. 48-66.

Bruno, S. F. & **Stutzer**, A. (2002): What can Economists learn from happiness Research? In: Journal of economic literature, Band 40, 2002, S. 402-435.

Buenstorf, Guido (2006): Is academic entrepreneurship good or bad for science? Empirical evidence from the Max Planck Society, unter: http://ideas.repec.org/p/esi/evopap/2006-17.html.

Burneko, Guy (2004): Ecohumanism: the spontaneities of the earth, *ziran*, and K=2, in: Journal of Chinese Philosophy, Vol. 31, June, S. 183-194.

Busse, Nicola Beelitz von (2005): Innovationen in der Unternehmenspraxis, Wiesbaden: Deutscher Universitätsverlag.

Cantong Qi (1997): Das Dao der Unsterblichkeit. Übersetzt und kommentiert von Richard Bertschinger, Frankfurt am Main: Wolfgang Krüger.

Chan, Alan (2001): Laozi, in: Stanford Encyclopedia of Philosophy, unter: http://plato.stanford.edu/entries/laozi/.

Charan, Ram (2006): Conquering a culture of indecision, in: Harvard Business Review, Januar, S. 108-117.

Cheng, Chun-Ying (2004): Dimensions of the Dao and onto-ethics in light of the DDJ, in: Journal of Chinese Philosophy, Vol. 31, No. 2, Juni 2004, 143-182.

Cherchève, Perrine (2006): Mais qui sont ces nouveaux anars? In: Marianne, Nr. 467, 1. April 2006, S. 30-31.

Chia, Mantak (2000): Tao Yin, München: Ansata.

Chia, Mantak und **Chia** Maneewan (1993): Awaken healing light of the Tao, Huntington: Healing Tao Books.

Chossudovsky, Michel (2006): „America's war on terrorism", 2. Auflage, Ottowa: Center for Research on Globalization.

Christensen, Clayton M. (1997): The Innovator's Dilemma, Boston: Harvard University Press.

Christensen, Clayton M. (2000): The Innovator's Dilemma, New York: Harper Business.

Christensen, Clayton M. & Raynor, Michael E. (2003): The Innovator's Dilemma. Creating and Sustaining Successful Growth, Boston: Harvard Business School Press.

Chuang-tse (1990): Reden und Gleichnisse des Tschuang-tse, ausgewählt von Martin Buber, Frankfurt a.M.: Insel.

Chuang-tse (1996): Die Welt, hrsg. von Karl Albert und Hua Xue, eingeleitet und kommentiert von Karl Albert, Dettelbach: J. H. Röll.

Chung, Young-lob (1989): The impact of Chinese culture on Korea's development, in: Tai, Hung-chao (Hrsg.): Confucianism and economic development: an oriental alternative?, Waschington D. C., S. 149-165.

Ciompi, Luc (1997): Die emotionalen Grundlagen des Denkens. Entwurf einer fraktalen Affektlogik, Göttingen: Vandenhoeck.

Cleary, Thomas (Hrsg.) (1996): Die drei Schätze des Dao, Frankfurt am Main: Fischer.

Cliff, Jeniffer E., Jennings, P. Devereaux & Greenwood, Royston (2005): New to the game and questioning the rules: the experiences and beliefs of founders who start imitative versus innovative firms, in: Journal of Business Venturing, Vol. 21, Issue 4, S. 633-663.

Clotfelder, Charles T. (1999): The familiar but curious economics of higher education, in: Journal of Economic Perspectives, Vol. 13, Winter, S. 3-12.

Cochran, Gregory, Hardy, Jason & Harpending, Henry (2005): Natural history of Ashkenazi intelligence, http://homepage.mac.com/harpend/.Public/AshkenaziIQ.jbiosocsci.pdf.

Collins, J. & Porras, J. (1994): Built to last; Successful habits of visionary companies, New York: Harper Business.

Collins, Jim (2001a): Good to great. Why some companies make the leap... and others don't, New York: Harper Business.

Collins, Jim (2001b): Good to great, in: Fast Company Magazine, Issue 51, October 2001, unter: www.fastcompany.com/online/51/goodtogreat.html.

Corbière, C. de (2007): Internet: les Allemands veulent rattraper leur retard, in: Le Figaro, Economie, 1. Januar 2007, S. 18.

Corolleur, Catherine D. F. u.a. (2004): Turning scientific experience and technological human capital into economic capital: the experience of biotech start-ups in France, in: Research Policy, No. 33, Vol. 4, S. 631-642.

Cowan, Chris & Todorovic, Natasha (2005): Spiral dynamics and the E-C theory of Dr. Clare W. Graves, unter: www.spiraldynamics.org/learning.html.

Cunningham, D. J. (1992): Assessing Constructions and Constructing Assessment: A Dialogue, in: Duffy, T. M. & Jonassen, D.H.: Constructivism and the Technology of Instruction: A Conversation, Hillsdale, 1992, S. 36.

Dallmann, N. & Seiler, M. (Hrsg.) (2006): Innovation und Reform, Stuttgart: Lucius und Lucius.

Debus, Christian (2002): Routine und Innovation. Management langfristigen Wachstums etablierter Unternehmen, Marburg: Mafex (BOD).

Der Standard (2006): Knuspern, knabbern, Körner kauen, in: Der Standard (Wien), 21. Mai 2006, http://derstandard.at/?url=/?id=2453623.

Deutschmann, Christoph (2006): Finanzmarkt-Kapitalismus und Wachstumskrise, in: Windolf, Paul (Hrsg.): Finanzmarkt-Kapitalismus, Köln: VS Verlag für Sozialwissenschaften, S. 58-84.

Diedrich, Peter (2006): Israelis kommen, in: Frankfurter Allgemeine Zeitung, 13. Januar 2006, S. 39.

Diensberg, C. (1999): Entrepreneurship – Positionsbestimmung der Wirtschaftspädagogik, in: Braun, G. & Diensberg, C. (Hrsg.): Unternehmertum: eine Herausforderung für die Zukunft, Rostock, S. 51-89.

DIHK (2006): Existenzgründung in Zeiten von Hartz IV - DIHK- Gründerreport 2006, Berlin: Deutscher Industrie- und Handelskammertag.

Doherty, Patrick (2006): China and India change the game, in: TomPaine.common sense, 13. Januar 2006, unter: http://www.tompaine.com/print/china_and_india_change_the_game.php

Dold, E. & Gentsch, P. (2000): Innovationsmanagement: Handbuch für mittelständische Unternehmen, Neuwied und Krifel: Hermann Luchterhand.

Döring, Claus (2006): Wenn Investoren sich als Eigenkapitalräuber entpuppen, in: Börsenzeitung, 26. August 2006, S. 8.

Dosi, G. (1988): Sources, Procedures and Microeconomic Effects of Innovation, in: Journal of Economic Literature, Vol. 26, S. 1120-1171.

Doubrawa, Erhard & **Blankertz**, Stefan (2000): Einladung zur Gestalttherapie, Wuppertal: Hammer.

Dreher, Malte (2006): Mikrokredite: Kleines Geld, große Wirkung, in: Spiegel Online, 25. Juli 2006, unter: http://www.spiegel.de/wirtschaft/0,1518,428291,00.html

Drucker, Peter (1973): Management. Tasks, responsibilities, practices, New York: Harper & Row.

Drucker, Peter (1985): Managing in turbulent times, New York: Harper Colophon Books.

Drucker, Peter (1986): Innovations-Management für Wirtschaft und Politik, 3. Auflage, Düsseldorf: Econ.

Drucker, Peter (1994): Innovation and entrepreneurship, überarbeitete Neuausgabe, Amsterdam: Elsevier.

Drucker, Peter (1997): Sinnvoll wirtschaften. Notwendigkeit und Kunst, die Zukunft zu meistern, München: Econ.

Drucker, Peter (1998): Beyond capitalism, in: New Perspectives Quarterly, Vol. 15, No. 2, (Spring), S. 4-12.

Drucker, Peter (2001): The essential Drucker, New York: Collins Business.

Drucker, Peter (2004): The daily Drucker, New York: Harper Business.

Ducourtieux, Céecile (2006): Par la publicité et la loi, la France se mobilise contre la contrefacon, in: Le Monde, 10. April 2006, S. 12.

Dullien, Sebastian (2006): Fetisch Lohnnebenkosten, in: Financial Times Deutschland, 21. Juli 2006.

Dyer, Geoff (2006): Hangzhou has designs on Armani as luxury labels take off, in: The Financial Times, 20. März 2006, S. 4.

Easterlin, Richard (2003): Explaining happiness, in: Proceedings of the National Academy of Sciences of the United States of America (PNAD), Vol. 100, No.19, 16. September, S. 11176-11183.

Eberle, Matthias & **Fasse**, Markus (2006): Himmlische Sphären, in: Handelsblatt, 4. Juli 2006, S. 10.

Eberstadt, Nicholas (2006): Die Bevölkerung von China, Rußland und Indien altert dramatisch, in: Frankfurter Allgemeine Zeitung, 24. Mai 2006, S. 38-39.

Eglau, Hans Otto u.a. (2000): Durchstarten zur Spitze, Frankfurt am Main: Campus.

Ehrensberger, S. (2005): Boston Consulting Group, zu Erkenntnissen aus der Umfrage „innovation 2005", in: Frankfurter Allgemeine Zeitung, 30. 05. 2005, S. 22.

Ellenrieder, Kathleen (2006): Emotionales Kraftgefühl, in: Frankfurter Allgemeine Zeitung, 18. Juli 2006, S. 8.

Elvin, M. (1973): The pattern of the Chinese past, Stanford.

Eßler, S. (1993): Innvationswettbewerb. Determinanten und Unternehmerverhalten, Frankfurt am Main: Peter Lang.

FAZ (2006a): Wer bekommt wann wieviel? In: Frankfurter Allgemeine Zeitung, 11. Februar 2006, S. 10.

Fehl, Ulrich & **Oberender**, Peter (2004): Grundlagen der Mikroökonomie, 9. Auflage, Müchen: Vahlen.

Fehr, Benedikt & **Schäfer**, Daniel (2006): Übernahmen: Investmentbanken im Goldrausch, in: Frankfurter Allgemeine Zeitung, 16. März 2006.

Feldstein, M. (2006): Immigration no way to fund an ageing population, in: The Financial Times, 13. Dezember 2006, S. 12.

Fernald, John G. & **Rammath**, Shanthi (2004): The acceleration in U.S. total factor productivity after 1995: The role of information technology, in: Economic Perspectives (Federal Reserve Bank of Chicago), First Quarter, 2004, S. 52-64.

Festel, Gunter (2006):Kommerzialisierungschancen der Nanotechnologie in Deutschland, in: VentureCapital Magazin, Sonderausgabe Tech-Guide 2006, Juli, S. 76-78.

Finsterbusch, Stephan (2006): Der Staat hat die Hoheit über die Gesundheit, in: Frankfurter Allgemeine Zeitung, 5. Juli 2006, S. 12.

Fisher, Daniel (2006): Guilty, but not over, in: Forbes.com, 25. Mai 2006, unter: http://www.forbes.com/energy/2007/05/22/guilty-lay-skilling-cz_df_0525enronguilty.html.

Fleury, Cynthia (2006): Le CPE, c'est l'arbitraire legalise, in: Le Monde 2, 8. April 2006, S. 28-31.

Foerster, Heinz von (1993): Kybernetik der Kybernetik, in: Foerster, H. von (Hrsg.): KybernEthik, Berlin, S. 84-91.

Foerster, H. von (1996): Erkenntnistheorien und Selbstorganisation, in: Schmidt, S. J. (Hrsg.): Der Diskurs des Radikalen Konstruktivismus, 7. Auflage, Frankfurt am Main, S. 133-158.

Foerster, H. von (1997a): Prinzipien der Selbstorganisation im sozialen und betriebswirtschaftlichen Bereich, in: Foerster, H. von (Hrsg.): Wissen und Gewissen: Versuch einer Brücke, Frankfurt am Main, S. 233-268.

Foerster, H. von (1997b): Zukunft der Wahrnehmung: Wahrnehmung der Zukunft, in: Foerster, H. von (Hrsg.): Wissen und Gewissen: Versuch einer Brücke, Frankfurt am Main, S. 194-210.

Foerster, H. von (1997c): Mit den Augen der anderen, in: Foerster, H. von (Hrsg.): Wissen und Gewissen: Versuch einer Brücke, Frankfurt am Main, S. 350-363.

Foerster, H. von (1997d): Epistemologie der Kommunikation, in: Foerster, H. von (Hrsg.): Wissen und Gewissen: Versuch einer Brücke, Frankfurt am Main, S. 269-281.

Foerster, H. von (1997e): Gegenstände: greifbare Symbole für (Eigen-)ver- halten, in: Foerster, H. von (Hrsg.): Wissen und Gewissen: Versuch einer Brücke, Frankfurt am Main, S. 103-115.

Foerster, H. von (1997f): Entdecken oder Erfinden: wie lässt sich das Verstehen verstehen, in: Foerster, H. von et al. (Hrsg.): Einführung in den Konstruktivismus, 3. Auflage, München, S. 41-88.

Foerster, H. von (1997g):Der Anfang von Himmel und Erde hat keinen Namen: eine Selbsterschaffung in 7 Tagen, Wien.

Foerster, H. von (1997h): Über das Konstruieren von Wirklichkeit, in: Foerster, H. von (Hrsg.): Wissen und Gewissen: Versuch einer Brücke, Frankfurt am Main, S. 25-49.

Foerster, H. von (1997i): Gedanken und Bemerkungen über Kognition, in: Foerster, H. von (Hrsg.): Wissen und Gewissen: Versuch einer Brücke, Frankfurt am Main, S. 77-102.

Foerster, H. von (1997j): Bemerkung zu einer Epistemonogie des Lebendigen, in: Foerster, H. von (Hrsg.): Wissen und Gewissen: Versuch einer Brücke, Frankfurt am Main, S. 116-133.

Foerster, H. von (1997k): Über selbst-organisierende Systeme und ihre Umwelten, in: Foerster, H. von (Hrsg.): Wissen und Gewissen: Versuch einer Brücke, Frankfurt am Main, S. 211-232.

Foerster, Heinz von (2001): In jedem Augenblick kann ich entscheiden, wer ich bin, in: Pörksen, Berhard (Hrsg.): Abschied vom Absoluten. Gespräche zum Konstruktivismus, Heidelberg, Carl-Auer-System, S. 19-45.

Foerster, Heinz von (2002) mit **Bröcker**, Monika: Teil der Welt. Fraktale einer Ethik. Ein Drama in drei Akten, Heidelberg: Carl-Auer-Systeme.

Fogel, Robert (1999): Catching up with the economy, in: American Economic Review, Vol. 89, March, S. 1-21.

Foster, J. (2000): Competitive selection, self-organization and Joseph A. Schumpeter, in: Journal of Evolutionary Economics, Vol. 10, No. 3, Januar 2000, S. 311-328.

Foucart, Stéphane (2006): L'homme qui n'a pas inventé Internet, in: Le Monde, 5. August 2006, S. 11.

Frantzis, B. K. (1998a): The Empty Vesssel interview, unter: www.energyarts.com/hires/indexed.html.

Frantzis, B. K. (1998b): Relaxing into your being. The water method of Taoist meditation, Vol. 1, Berkeley: North Atlantic Books.

Freeman, Richard B. (2006): People flows in globalization, in: Journal of Economic Perspectives, Vol. 20, No. 2, Spring.

Freier, Axel (2007): Multi-Kondratieff-Zyklen in der chinesischen Wirtschaftsgeschichte. Eine holistische Theorie über die innovativ-iterative Evolution, die Entwicklungsfähigkeit und die Autopoiese volkswirtschaftlicher Systeme, Marburg: Mafex.

French, Howard W. (2006): Chinese authorities come down hard on spreading protests, in: International Herald Tribune, 18. Januar 2006, unter: http://www.iht.com/articles/2006/01/18/news/china.php.

Frenzel, K. & **Müller**, M. & **Sottong**, H. (2000): Das Unternehmen im Kopf: Schlüssel zum erfolgreichen Change-Management, München: Hauser.

Friedman, Thomas L. (2006): The First law of petropolitics, in: Foreign Policy, May/June 2006, S. 28-36.

Fritz, K.-W. (2006): Ehe als reales Himmelfahrtskommando, in: Die Welt, 23. März 2006.

Fröhlich, Gerhard (2006): Unethische Autorenschaften in den Wissenschaften, in: Telepolis, 13. März 2006, unter: http://www.heise.de/tp/r4/artikel/22/22197/1.html.

Fuchs, Peter (1999): Intervention und Erfahrung, Frankfurt am Main: Suhrkamp.

Fuhs, Michael (2006): Schwingen und Schwappen, in: Financial Times Deutschland, 12. März 2006

Furbury, Pierre-Alain (2006): Présidentielle: les ralliements à Sarkozy se sont multipliés ces derniers temps, in: Les Echos, 1. August 2006, S. 3.

Gahlen, B. (1972): Der Informationsgehalt der neoklassischen Wachstumstheorie für die Wirtschaftspolitik, Tübingen: Mohr.

Gallo, Carmine (2006a): How to wow 'em like Steve Jobs, in: Business Week Online, 6. April 2006, unter: www.businessweek.com/smallbiz/content/apr2006/sb20060406_865110.htm.

Gallo, Carmine (2006b): Starbuck's secret ingredient, in: Business Week Online, 5. Mai 2006, unter: http://www.businessweek.com/smallbiz/content/may2006/sb20060505_893499.htm?campaign_id=rss_to pStories.

Gannon, Mary C. & **Nuttal**, Frank G. (2006): Control of blood glucose in type 2 diabetes without weight loss by modification of diet composition, in: Nutrition and Metabolism, 2006, 3:16, http://www.nutritionandmetabolism.com/content/pdf/1743-7075-3-16.pdf

Gao, Ge & **Ting-Toomey**, Stella (1998): Communicating effecitively with the Chinese, London: Sage.

Gassmann, M. (2006): Die Liberalisierung des Energiemarktes läuft ins Leere, in: Financial Times Deutschland, 31.08.2006.

Gehring, Petra (2006): Was ist Biomacht? Vom zweifelhaften Mehrwert des Lebens, Frankfurt am Main: Campus.

Geipel-Kern, Anke (2004): Die Nanomacher, in: Technology Review, Juni 2004, S. 58-63.

Geldsetzer, L. (2000): Dao De Jing. Eine philosophische Übersetzung von L. Geldsetzer, Lehrmaterialien aus dem Philosophischen Institut, Forschungsabteilung für Wissenschaftstheorie der HHU Düsseldorf.

Gerstner, Ansgar (2001): Eine Synopse und kommentierte Übersetzung des Buches Laozi sowie eine Auswertung seiner gesellschaftskritischen Grundhaltung auf der Grundlage der Textausgabe Wang-Biş, der beiden Mawangdui-Seidentexte und unter Berücksichtigung der drei Guodian-Bambustexte, Dissertation d. Fachbereichs Sinologie, Universitätsbibliothek Trier.

Giersberg, Georg (2006): Nichts für Checklistenberater, in: Frankfurter Allgemeine Zeitung, 6. September, S. 24.

Girardot, N. J. (1983): Myth and Meaning in Early Taoism: The theme of chaos *(hundun)*, Berkeley: University of California Press.

Gittelman, Michelle (2006): National institutions, public-private knowledge flows, and innovation performance: A comparative study of the biotechnology industry in the US and France, in: Research Policy, Vol. 35, Issue 7, September 2006, S. 1052-1068.

Glaserfeld, E. (1996): Siegener Gespräche über Radikalen Konstruktivismus, in: Schmidt, S. J. (Hrsg.): Der Diskurs des Radikalen Konstruktivismus, Tübingen und Basel.

Glassman, Bernard & **Fields**, Rick (1997): Anweisungen für den Koch. Lebensentwurf eines Zen-Meisters, Hamburg: Hoffmann und Campe.

Glüsing, Jens (2006): Violence in Latin America. The mafia's shadow kingdom, in: Spiegel Online, 22. Mai 2006, unter: http://service.spiegel.de/cache/international/spiegel/0,1518,417450,00.html.

Göbel, Heike (2006): Warum ist mit 67 Jahren schon Schluß? In: Frankfurter Allgemeine Sonntagszeitung, 20. August 2006, S. 50.

Goebel, Peter (1990): Erfolgreiche Jungunternehmer, München: Moderne Verlagsgesellschaft.

Goleman, D. (1996): Emotionale Intelligenz, München.

Goorhuis, Henk (1996): Universitäre Weiterbildung im „neuen Kapitalismus", unter: http://paedpsych.jk. uni-linz.ac.at:4711/LEHRTEXTE/Goorhuis96.html.

Gourville, John T. (2006): Eager sellers and stony buyers: understanding the psychology of new-product adoption, in: Harvard Business Review, June 2006, S. 98-107.

Grande, Carlos (2006): Fear holds back investment, says WPP, in: The Financial Times, 19. August 2006, S. 9.

Grant, Jeremy (2006): New chapter in questionable corporate behaviour unfolds, in: The Financial Times, 27. Mai 2006, S. 8.
Graves, C. W. (1981a): Summary statement: The emergent, cyclical, double-helix model of the adult biopsychological systems, Handout prepared by Chris Cowan for his presentation in Boston, Mass., May 20, 1981.
Graves, C. W. (1981b): The emergent, cyclical, double-helix model of the adult human biopsychosocial systems, mimeo.
Graves, Clare W. (1981): Summary statement: The emergent, cyclical, double-helix model of the adult biopsychological systems, Bosten, 20. Mai. Manuskript.
Graves, Clare W. (1981): The emergent, cyclical, double-helix model of the adult human biopsychosocial systems, mimeo.
Greschner, J. (1996): Lernfähigkeit von Unternehmen. Frankfurt am Main, Peter Lang.
Gruss, Peter (2006): „Wir brauchen eine Übergangskapitalisierung für die Frühphase", in: Venture Capital Magazin, Juli, S. 6-8.
Gurrey, Béatrice & **Michel**, Anne (2006): Pour lutter contre l'exclusion, Jacques Chirac mise sur le microcrédit, in: Le Monde, 4. Februar, S. 13.
Guzzardi, Joe (2006a): Joe Guzzardi's promise: „I'll never never give up!", in: Vdare.com, 24. März 2006, unter: http://www.vdare.com/guzzardi/060324_gloves_off.htm.
Guzzardi, Joe (2006b): View from Lodi, CA: Gains from unchecked illegal immigration, in: Vdare.com, 31. März 2006, unter: www. vdare.com/guzzardi/060331_vfl.htm.

Hamel, Gary & **Prahalad**, C.K. (1994): Seeing the future first, in: Fortune, 5. August 1994, S. 65-68.
Händeler, Erik (2004): Die neuen Knappheiten in der Wirtschaft der Informationsgesellschaft. Babylonische Sprachverwirrung der Kondratieff-Ökonomen, in: Telepolis, 20.6.2004, unter: http://www. heise .de tp/r4/artikel/17/17642/1.html.
Handelsblatt (2006): Deutschland, deine Zukunft, in: Handelsblatt, 3. April 2006, S. 6-7.
Hankel, Wilhelm (1984): Gegenkurs. Von der Schuldenkrise zur Vollbeschäftigung, Berlin: Siedler.
Hardes, H.-D., **Krol**, G.-J., **Rahmeyer**, F. & **Schmid**, A. (1993): Volkswirtschaftslehre, Frnakfurt am Main: Peter Lang.
Harris, Gardiner (2005): New drug points up problems in developing cancer drugs, in: The New York Times, 20. Dezember 2005.
Harris, Ray (2006): Die vielen Gesichter des Islams. Orthodox, gemäßigt und progressiv, unter: www.integralword.net/de/harris23_de/html.
Harris, Ray (2006): What's all this fuss about cartoons? Unter: http://www.integralworld. net/index.html?harris21.html.
Hasenbein, Herbert (2004): Was macht „Biotechnologie" unbeliebt? In: Telepolis, 21. Juni 2006, unter: http://www.heise.de/bin/tp/issue/r4/dl-artikel2.cgi?artikelnr=17683&mode=print.
Hayek, F.A. (1945): The use of knowledge in society, in: American Economic Review, Vol. 35, S. 519-530.
Hayek, F.A. (1971): Die Verfassung der Freiheit, Tübingen: Mohr-Siebeck.
Heilmann, Dirk (2006): BA-Stewardessen sollen bis 65 arbeiten, in: Handelsblatt, 24. März 2006, S. 26.
Heinsohn, Gunnar (2006): Finis Germaniae? Reflexionen über demografische Ursachen von Revolutionen, Kriegen und politischen Niederlagen, unter: www.zeit.de/feuilleton/kursbuch_162/ 1_heinsohn.
Heiny, Lukas (2006): Markt in Fesseln, in: Financial Times Deutschland, 16. März 2006.
Herbst, Christian (2004): Max-Planck-Gesellschaft: Lockruf der Wissenschaft, in: Financial Times Deutschland, 18. Oktober 2006.
Herman, Eva (2006): Die Emanzipation – ein Irrtum? Plädoyer für die weibliche Entfaltung in der Familie, in: Cicero Magazin für politische Kultur, Mai, S. 114-117.
Herr, Joachim (2006): Kein Platz mehr für die Kommunikationstechnik, in: Frankfurter Allgemeine Zeitung, 20. Juni 2006, S. 11.
Heuer, Steffan (2001): Die Einfalt der Vervielfältiger, in: Brand eins, Nr.2 (2001).

Heuss, Ernst (1965): Allgemeine Markttheorie, Tübingen: Mohr-Siebeck.

Heuss, Ernst (1972): Das Oligopol, in: Wirtschaftswissenschaftliches Studium, 1. Jg., S. 53ff.

Hildebrandt-Woeckel, Sabine (2006): „Handyverbote bringen gar nichts", in: Frankfurter Allgemeine Zeitung, 1. Juli 2006, S. 27.

Hille, Kathrin (2006): Card slaves drive lending crisis to new heights, in: The Financial Times, 15. März 2006, S. 18.

Hinterhuber, Hans H. (1990): Wettbewerbsstrategie, 2. Auflage, Berlin, New York: Walter de Gruyter.

Hinterhuber, Hans H. (1996): Strategische Unternehmensführung, 6. Auflage, Berlin, New York: Walter de Gruyter.

Hirschman, A. O. (1958): The strategy of economic development, New Haven: Yale University Press.

Hodges, Michael (2006): America's total debt report, updated March 2006, unter: http://mwhodges.home.att.net/nat-debt/debt-nat-b.htm.

Hofbauer, Andreas (2006): Volkswagen kämpft um chinesische Kunden, in: Handelsblatt, 23. Juni 2006, S. 19.

Hoffmann, Catherine & **Hank**, Rainer (2006): Die Kinder von Mohammed und Coca Cola, in: Frankfurter Allgemeine Sonntagszeitung, 12. Februar 2006.

Höll, Kathleen (o.J.): Der philosophische Anarchismus als Quelle der Gestalttherapie, unter: www.gestalttherapie.at/anarchismus.htm.

Hollinger, P. (2006): France sets free its „gazelles", in: Financial Times, 19.10. 2006, S. 11.

Horn, Karen (2006): Der Unternehmer, das unbekannte Wesen, in: Frankfurter Allgemeine Zeitung, 23. Mai 2006, S. 13.

Hoyos, Carola (2006): Oil spike gives BP room to return up to $65bn, in: The Financial Times, 8. Februar 2006, S. 1.

Hsu, David H. & **Lim**, Kwanghui (2005): Knowledge bridging by biotechnology start-ups, draft, Mai 2005, unter: http://www.rhsmith.umd.edu/seminars/Papers/Hsu%20and%20Lim,%20Knowledge%20Bridging,%205-13-05.pdf.

Huang, P. (1996): Lao Zi - The Book and the Man, Helsinki: Finnish Oriental Society.

Hullmann, A. (2001): Internationaler Wissenstransfer und technischer Wandel. Bedeutung, Einflussfaktoren und Ausblick auf technologiepolitische Implikationen am Beispiel der Nanotechnologie in Deutschland, Heidelberg: Physica-Verlag.

Hulse, Carl (2006): House adds hearings on immigration, in: The New York Times, 21. Juni 2006.

Jacoby, Sanford M. (2006): Der Toyota-Weg zum Wohlstand, in: Le Monde diplomatique, Deutsche Ausgabe, 12. Mai 2006.

James, William (1979): Die Vielfalt religiöser Erfahrung. Eine Studie über die menschliche Natur (Original: The varieties of religious experience. 1901/02), Olten: Walter Olten.

Jenkins, Patrick (2006): Germany's innovative streak, in: The Financial Times, 28. März, S. 11.

Jensen, R. & **Thursby**, M. (2001): Proofs and prototypes for sale, in: American Economic Review, Vol. 91, Issue 1, S. 240-259.

Joffe, Josef (2006): Falsches Kalkül, in: Die Zeit, 27. Juli 2006, S. 5.

Johnson, Jeff (2004): Power from moving water, in: Chemical & Engineering News, Vol. 82, No. 40, S. 23-30.

Johnson, Jenny (2006): Congress warned on green card backlog, in: The Financial Times, 23. Mai 2006, S. 6.

Joshi, M. M. (1998): Die Bedeutung von Wissenschaft und Spiritualität für den Weltfrieden, unter: http://www.here-now4u.de/die_bedeutung_von_wissenschaft.htm.

Jullien, F. (2000): Die chinesischen Wege der Wirksamkeit, unter: http://members.eunet.at/hans68/CHinPhilWege.htm.

Jullien, Francois (1999): Über die Wirksamkeit. Berlin: Merve.

Jullien, Stanislas (1996): Lao-Tseu. Tao te king ou livre de la voie et de la vertue, Editions Mille Et Une Nuits.

Jung, Carl Gustav (1986): Einleitung, in: Richard Wilhem und C.G. Jung, Geheimnis der Goldenen Blüte, Köln: Diederichs, S. 10-65.

Kahn, Herman (unter Mitarbeit von Redepenning, Michael) (1982) . Die Zukunft Deutschlands. Niedergang oder neuer Aufstieg der Bundesrepublik, Edition Dräger-Stiftung: Poller.
Kahn, Jean-Francois (2006a): La révolution qu'il faut faire, Marianne, No. 467, 1. April, S. 18-21.
Kahn, Jean-Francois (2006b): Le putsch institutionel, Marianne, No. 468, 8. April, S. 3.
Kahn, Jean-Francois (2006c): Travail, ordre et sécurité repassent à gauche, Marianne, 10. Juni, S. 13-18.
Kahneman, Daniel u.a. (2006): Would you be happier if you were richer? A focusing illusion, in: Science, Vol. 312, No. 5782, S. 1908-1910.
Kaltenmark, M. (1996): Lao-tzu und der Taoismus, übersetzt von Porkert, M., Frankfurt am Main, Leipzig.
Kaltenmark, Max (1981): Lao-tzu und der Taoismus. Frankfurt am Main: Suhrkamp.
Kanfer, F. H. u.a. (2000): Selbstmanagement-Therapie. Ein Lehrbuch für die klinische Praxis, 3. Auflage, Berlin: Springer.
Kant, I. (1968): Kritik der reinen Vernunft, Theorie-Werkausgabe, Band 4, Frankfurt am Main.
Kant, Immanuel (1959): Über den Gemeinspruch: Das mag in der Theorie richtig sein, taugt aber nicht für die Praxis (1798), in: Kleinere Schriften zur Geschichtsphilosophie, Ethik und Politik. Hamburg: Felix Meiner, S. 67-113.
Kant, Immanuel (1974): Schriften zur Geschichtsphilosophie, Stuttgart: Reclam.
Karberg, Sascha (2006): Embryofreundliche Stammzellen, in: Financial Times Deutschland, 24. August 2006.
Kaube, Jürgen (2006): Die Arbeitszeitbombe. Wer die Älteren stillegt, legt die Gesellschaft lahm, in: Frankfurter Allgemeine Zeitung, 3. Mai 2006, S. 39.
Kay, J. (1999): Money from Knowledge, in: Science and Public Affairs, April, 1999, S. 12-13.
Kelek, Necla (2006): Sie haben das Leid anderer zugelassen! In: Die Zeit, Nr. 7, 9. Februar 2006.
Kellaway, Lucy (2006): The best way to change the world – without leaving your desk, in: The Financial Times, 24. Juli 2006, S. 6.
Kerber, W. (Hrsg.) (2004): Studien zur Evolutorischen Ökonomik, Berlin: Duncker & Humblot.
Kesting, P. (1997): Zwischen Neoklassik und Historismus: Das ökonomische Werk Joseph A. Schumpeters aus methodologischer und theoriegeschichtlicher Perspektive, Marburg: Metropolis-Verlag.
Kesting, P. (2003): Schumpeters Theorie der Innovation und der wirtschaftlichen Entwicklung, in: Wirtschaftsstudium, Heft 1, S. 34-38.
Kharari-El, Khaleb (2006): Sufis and the struggle within Islam, part 1, guerilla news network, 13. Juli 2006, http://www.gnn.tv/articles/2412/Sufism_and_the_Struggle_Within_Islam_Part_I.
Kirchhoff, B. (1996): Self-Employment and Dynamic Capitalism, in: Journal of Labor Research, Nr. 4, 1996, S. 627-643.
Kirchhoff, Bruce (1994): Entrepreneurship and dynamic capitalism, Westport, CT: Greenwood Publishing, Quorum Books.
Kirkland, Russel (1997): Varieties of Taoism in ancient China: a preliminary comparison of themes in the Nei Yeh and other Taoist classics, unter: http://kirkland.myweb.uga.edu/rk/pdf/pubs/VARIETIES.pdf.
Kirzner, Israel M. (1978): Wettbewerb und Unternehmertum, Tübingen: Mohr.
Kirzner, I. M. (1979): Perception, Opportunity, and Profit, Chicago et. al.: University of Chicago Press.
Kirzner, I. M. (1984): Die Krise aus österreichischer Sicht, in: Bell, Daniel & Kristoll, Irving (Hrsg.): Die Krise in der Wirtschaftstheorie, Berlin, Heidelberg: Springer, S. 140-153.
Kiwit, D. & **Voigt**, S. (1995): Überlegungen zum institutionellen Wandel unter Berücksichtigung des Verständisses interner und externer Institutionen, in: ORDO, Band 46, 1995, S.117-148.
Kling, Arnold (2006): Sane mutiny: the coming populist revolt, in: TSC Daily, 22. August 2006, unter: http://www.tcsdaily.com/article.aspx?id=082206E.
Knack, S. (1996): Low trust, slow growth, in: The Financial Times, 26.06.1996, S. 12.
Knickerbocker, Brad (2006): For environmentalists, a growing split over immigration, The Christian Science Monitor, 12. Mai 2006, unter: http://www.csmonitor.com/2006/0512/p01s04-ussc.html.
Knop, Carsten (2006): Biotechnologie. Kurze Glücksgefühle, in: Frankfurter Allgemeine Zeitung, 1. April 2006, S. V46.
Knyge, James (2006): China tightens its steely grip, in: The Financial Times, 18. März 2006, S. W1-2.

Köhler, Andreas & **Kopetsch**, Thomas (2006): Der medizinische Fortschritt wirkt zwangsläufig ausgabensteigernd, in: Frankfurter Allgemeine Zeitung, 21. März 2006 S. 14.

Kohn, Livia (1999): God of the Dao. Lord Lao in history and myth, Michigan monographs in Chinese Studies, Vol. 84, University of Michigan Press.

Kondratieff, N. (1926): Die langen Wellen der Konjunktur, in: Lederer, E. (Hrsg.), Archiv für Sozialwissenschaften und Sozialpolitik, 56. Band, Tübingen, 1926.

Konfutse (1989): Gespräche (Lun Yu), München.

Kormann, Hermut (2005): Nachhaltige Kundenbindung. Gegen den Mythos nur wettbewerbsorientierter Strategien, Frankfurt am Main: VDMA.

Kostigen, Thomas (2006): The Jet Set's shopping list unmasked, in: Marketwatch, 31. August 2006, unter: http://biz.yahoo.com/special/luxury083106_article1.html.

Kreft, Steven F. & **Sobel**, Russel S. (2005): Public policy, entrepreneurship, and economic freedom, in: The Cato Journal, Vol. 25, No. 3, S. 595-616.

Kreikebaum, Hartmut (1996): Grundlagen der Wirtschaftsethik, Stuttgart : Schäfer-Poeschel.

Krishnamurti, J. (o.J.): Autorität und Erziehung, 5. Auflage, Bern: Humata.

Kristof, Nicholas D. (2006): At 12, a girl serves as the sole parent of two, in: The New York Times/Le Monde, 10. Juni 2006, S. 2.

Krugman, Paul (2006): A test of American character, in: The New York Times/Le Monde, 3. Juni 2006, S. 2.

Kuchenbuch, Peter (2005): Führende Biotech-Firmen fürchten Innovationskrise, in: Financial Times Deutschland, 10. November 2006.

Kuchenbuch, Peter (2006): Überraschende Kreativität der Pharma-Branche, in: Financial Times Deutschland, 24. März 2006, unter http://www.ftd.de/meinung/kommentare/59614.html.

Kuhlmann, Christian (2004): Grundlagen des Marketing, München: Vahlen.

Kühne, G. (1991): Lange Wellen der wirtschaftlichen Entwicklung: theoretische Erklärungsansätze und Verbindungslinien zur Geschichte der Wirtschaftstheorie und Wirtschaftspolitik, Göttingen: Oberdieck.

Kurz, Heinz D. (2005): Joseph A. Schumpeter. Ein Sozialökonom zwischen Marx und Walras, Marburg: Metropolis.

Kurzweil, Ray (2001): The law of accelerating returns, unter http://www.kurzweilai.net/articles/art0134.html.

Kurzweil, Ray (2003): The future of life, unter: http://www.kurzweilai.net/meme/frame.html?main=/articles/art0554.html.

Kurzweil, Ray (2006): Reinventing humanity: The future of machine-human intelligence, in: The Futurist, März-April, S. 39-46.

La Griffe du Lion (2002): The smart fraction theory of IQ and the wealth of nations, unter: www.lagriffeducation.f2s.com/sft.htm.

La Griffe du Lion (2004): Smart fraction theory II: why Asians lag, in: La Griffe du Lion, Vol. 6, No. 2, May 2004, unter: http://www.lagriffedulion.f2s.com/sft2.htm.

Lacetera, Nicola (2005): Multiple tensions and academic entrepreneurship, American Academic Association, Annual Meeting, December.

Lamm, Richard (2005): The high cost of cheap labor, in: FrontPageMagazine.com, 5. April 2005, unter: http://www.frontpagemag.com/Articles/Printable.asp?ID=17606.

Lang, Hans-Jürgen (2002): Philosophischer Taoismus und Individualpsychologie, in: Reinhard Brunner, Hrsg., Die Suche nach dem Sinn des Lebens. Transpersonale Aspekte der Individualpsychologie, München und Basel: Ernst Reinhardt, S. 67-94.

Laotse (1996): Also sprach Laotse. Die Fortführung des Tao Te King. Aufgezeichnet von Laotse Schüler Wen-tzu, 2. Auflage, Wien: Otto Wilhem Barth.

Latouche, Serge (2005): Nachdenken über ökologische Utopien, in: Le Monde Diplomatique, deutsche Ausgabe, 11. November 2005.

Law, Jacky (2006): Big Pharma: How modern medicine is damaging your health and what you can do about it, Carroll & Graf.
Le Boucher, Eric (2005): Passe ta maîtrise d'abord, in: Le Monde, 1. Januar 2005, S. 2.
Le Boucher, Eric (2006): La possibilité des réformes, in: Le Monde, 20. März 2005, S. 2.
Le Figaro (2005): Les couts salariaux derapent en France, 31. Dezember 2005, S. 21.
Leaf, Clifton (2006): Deadly caution. How our national obsession with drug safety is killing people - and what we can do about it, in: Fortune, 20. Februar 2006.
Lee Sun Chen Org (1999): Lao Tzu. Tao te ching translation based on his taoism. iuniverserse.com.
Lee, Irwin (2004): Daoist Alchemy in the West: The Esoteric Paradigms, in: Esoterica, Vo. VI, S. 31-51, unter: http://www.esoteric.msu.edu/VolumeVI/Dao.htm.
Lee, Yen-Hui (2001): Gelassenheit und Wu-Wei: Nähe und Ferne zwischen dem späten Heidegger und dem Taoismus, Dissertation, Universität Freiburg, Philosophische Fakultät, unter: http://www.freidok.uni-freiburg.de/volltexte/441.
Legler, Harald u.a. (2005): Forschungs- und Entwicklungsaktivitäten der deutschen Wirtschaft im vergangenen Vierteljahrhundert, Studien zum deutschen Innovationssystem, Nr. 2-2006, Stifterverband für die Deutsche Wissenschaft, November 2005.
Leibenstein, Harvey (1976): Beyond economic man. A new foundation of microeonomics, Cambridge Mass. & London: Harvard University Press.
Leipold, Helmut (2000): Informale und formale Institutionen: Typologische und kulturspezifische Relationen, in: Volkswirtschaftliche Beiträge, Nr. 11, Marburg.
Leipold, H. (2001): Kulturspezifische Zusammenhänge zwischen gesellschaftlicher Regelteilung und wirtschaftlicher Arbeitsteilung, in: Volkswirtschaftliche Beiträge, Nr. 11, Marburg.
Leipold, H. (2003): Kulturelle Determinanten der wirtschaftlichen Entwicklung, in: Volkswirtschaftliche Beiträge, Nr. 16, Marburg.
Lepenies, Wolf (2006): Moderne Kosmopoliten, in: Die Welt, 16. Mai 2006.
Leser, Eric (2005): Au Texas, la nouvelle ruée vers l'ors noir, in: Le Monde, 9. September 2005, S. 14.
Lieh Tzu (1912): From the Lieh Tzu translated by Lionel Giles in 1912, unter: http://oaks.nvg.org/ys1ra7.html.
Lin Yutang (2000): Die Weisheit des Laotse, 15. Auflage, Frankfurt am Main: Fischer.
Lipton, Eric (2006): "Breathtaking"waste and fraud in hurricane aid, in: The New York Times, 27. Juni 2006.
Liu Xiaogan (1998): Naturalness (Tzu-jan), the core value in Taoism: Its ancient meaning and its significance today, in: Livia Kohn & Michael LaFargue, Hrsg., Lao-tzu and the Tao-te-ching, Albany, NY: State University of New York Press, S. 211-230.
Locke, Edwin A. (2000): The prime movers: Traits of great wealth creators, New York: Amacom.
Lohr, Steve (2006): Outsourcing is climbing skills ladder, in: The New York Times, 16. Februar 2006.
Longman, Phillip (2006a): The return of patriarchy, in: Foreign Policy, März, http://www.new america.net/index.cfm?pg=article&DocID=2912.
Longman, Phillip (2006b): Richtung Taliban oder Richtung Feminismus, Interview mit Kirsten Esch, Telepolis, 3. Mai 2006, unter: http://www.heise.de/tp/r4/artikel/22/22583/1.html.
Longman, Phillip (2006c): „Die gehen Elche jagen", Spiegel, Nr. 19, 29. April 2006.
Lotter, Wolf (2004): Dick und Doof, in: brand eins, Nr. 5.
Lovelock, James (2006a): The Earth is about to catch a morbid fever that may last as long as 100,000 years, in: The Independent, 18. Januar 2006, unter: http://comment.independent.co.uk/commentators/ article338830.ece.
Lovelock, James (2006b): „Das ist doch grüner Unsinn", in: Die Welt, 23. März 2006, S. 10.
Lowe, Robert A. & **Gonzalez-Brambila**, Claudia (2005): Faculty entrepreneurs and research productivity: a first look, unter: mgt.gatech.edu/news_room/news/2004/reer/files/ lowe.pdf.
Löwenstein, Richard (2007): Religious entrepreneurship and societal evolution. Imam Mahdi as social innovator, spiritual transformer and competence creator, in Vorbereitung, Marburg: Mafex (BOD).
Lowenstein, Roger (2006): The immigration equation, in: The New York Times, 9. Juli 2006.

Lucas, Robert E. (1988): On the Mechanics of Economic Development, in: Journal of Monetary Economics, Vol. 22, Heft 1, 1988, S. 3-42.

Lucier, Greg (2004): China as an emergent regional and technology power. Implications for US economic and security interests, US-China Economic and Security Review Commission, 12.- 13. Februar, unter: http://www.uscc.gov/hearings/2004hearings/written_testimonies/04_02_12wrts/lucier.htm.

Lucius, Robert von (2005): Fährenkrise auf der Ostsee. Die finnische Silja Line wird versteigert/Preiskampf und Billigflieger, in: Frankfurter Allgemeine Zeitung, 26. November 2005.

Lucks, Kai. (2005): Transatlantische Unternehmensfusionen - Wertvernichtung oder Wertschaffung bei deutsch-amerikanischen M&A, in: Börsen-Zeitung, 17. Dezember 2005, S. 4.

Luhmann, Niklas (1971): Systemtheoretische Argumentationen. Eine Entgegnung auf Jürgen Habermas, in: Habermas, J. & Luhmann, N. (Hrsg.): Theorie der Gesellschaft oder Sozialtechnologie – was leitet die Systemforschung? Frankfurt am Main: Suhrkamp, S. 354-388.

Luhmann, N. (1972): Rechtssoziologie, Reinbeck/Hamburg: Rowohlt.

Luhmann, N. (1987): Soziale Systeme: Grundriss einer allgemeinen Theorie, Frankfurt am Main.

Luhmann, N. (1995a): Die operative Geschlossenheit psychischer und sozialer Systeme, in: Luhmann, N. (Hrsg.): Soziologische Aufklärung 6: die Soziologie und der Mensch, Opladen, S. 25-36.

Luhmann, N. (1995b): Was ist Kommunikation, in: Luhmann, N. (Hrsg.): Soziologische Aufklärung 6: die Soziologie und der Mensch, Opladen, S. 113- 124.

Luhmann, N. (1995c):Sich im Undurchschaubaren bewegen: zur Veränderungsdynamik hochentwickelter Gesellschaften, in: Grossermann, R., Krainz, E. E. & Oswald, M. (Hrsg.): Veränderung in Organisationen: Management und Beratung, Wiesbaden, S. 9-18.

Luhmann, N. (1995d): Die Kunst der Gesellschaft, Frankfurt am Main.

Luhmann, N. (1999): Die Wirtschaft der Gesellschaft, 3. Auflage, Frankfurt am Main.

Luhmann, N. (2000): Organisation und Entscheidung, Wiesbaden: Opladen.

Luhmann, Niklas (1997): Die Gesellschaft der Gesellschaft, Frankfurt am Main: Suhrkamp.

Lutteroth, Johanna (2006): Familienunternehmen erleben Renaissance, in: Financial Times Deutschland, 17. März 2006, unter: http://www.ftd.de/karriere_management/management/56162.html.

Lutz, C. (1992): Grundzüge des systemisch-evolutionären Weltbilds, in: Königswieser, Roswita & Lutz, Christian (Hrsg.): Das systemisch-evolutionäre Management: Der neue Horizont für Unternehmer, 2. Auflage, Wien: Orac, S. 311-321.

Lynn, S. (1988): Das 18. Kamal oder die Welt als Erfindung. Zum Konstruktivismus Heinz von Foersters, München, S. 56.

Mackintosh, James (2006): Toyota strives to steer back towards quality, in: The Financial Times, 13. Juli 2006, S. 17.

Maddison, A. (2001): The World Economy: A Millennial Perspective, Organization for Economie Cooperation and Development, OECD.

Main, Douglas M. (2006): Experts at AAAS briefing mull the outer limits of the human lifespan, in: Advanced Science Serving society, 18. Februar 2006, unter: http://www.aaas.org/news/releases/2006/0218ageing.shtml.

Malik, F. & **Probst**, G. J. B. (1981): Evolutionäres Management, in: Die Unternehmung, Nr. 2, 1981, S. 121-140.

Malingre, Virgine & **Michel**, Anne (2006): Très chères banques d'affaires, in: Le Monde, 1. Juli 2006, S. 3.

Malkin, Michelle (2006): Reconquista is real, in: Vdcare.com, 2. Mai 2006, unter: http://www.vdare.com/malkin/060502_reconquista.htm.

Manji, Irshad (2006): Armageddon? Great, bring it on, in: Times Online, 1. Mai 2006, unter: http://www.timesonline.co.uk/article/0,,6-2159211,00.

Markides, Constantinos C. & **Geroski**, Paul A. (2005): Fast second, San Francisco: Jossey-Bass.

Martens, Jens Uwe & **Kuhl**, Julius (2005): Die Kunst der Selbstmotivierung, 2. Auflage, Stuttgart: Kohlhammer.

Martin, Justin (1998): Lifelong learning spells earnings, in: Fortune, 6. Juni 1988, S. 87-89.

Mashelkar, Raghunath A. (2005): India's R&D: Reaching for the top, in: Science, Vol. 307, No. 5714, S. 1415-1417.

Maturana, Humberto (1994): Matristische und patriarchale Konversationen, in: Maturana, Humberto & Verden-Zöller, Gerda (1994): Liebe und Spiel. Die vergessenen Grundlagen des Menschseins, 2. Auflage, Heidelberg: Auer, S. 20-87.

Maturana, H. & **Varela**, Francisco & **Uribe**, Ricardo (1991): Autopiesis: The Organization of Living Systems, its Characterization and a Model, in: Klir, George J. (Hrsg.): Facets of Systems Science, New York, 1991.

Maturana, H. & **Varela**, F. (1980): Autopoiesis and cognition: the realization of the living, Boston: Reidel.

Maturana, H. & **Verden-Zöller**, Gerda (1994): Liebe und Spiel: die vergessenen Wurzeln des menschlichen Erkennens, Bern, München, Wien.

Maturana, H. (1985a): Erkennen: die Organisation und Verkörperung von Wirklichkeit: ausgewählte Arbeiten zur biologischen Epistemologie, 2. Auflage, Braunschweig, Wiesbaden.

Maturana, H. (1985b): Biologie der Sozialität, in: Delfin, Nr. 5, S. 6-14.

Maturana, H. (1996a): Kognition, in: Schmidt, S. J. (Hrsg.): Der Diskus des radikalen Konstruktivismus, 7. Auflage, Frankfurt am Main, S.89-118.

Maturana, H. (1996b): Was ist erkennen? München, Zürich: Piper.

Maturana, H. (2001): Das Erkennen des Erkennens verpflichtet, in: Pörksen, Bernhard (Hrsg.): Abschied vom Absoluten; Gespräche zum Konstruktivismus, Heidelberg, Carl-Auer-Systeme, S. 70-111.

Maturana, Humberto & **Varela**, Francisco (1987): Der Baum der Erkenntnis, Bern & München: Scherz.

Maturana, Humberto (1998): Biologie der Realität, Frankfurt am Main: Suhrkamp.

McFarland, Keith (2005): What makes them tick, unter: http://www.inc.com/resources/inc500/2005/articles/20051001/tick.html (deutsche Übersetzung bei www.mafex.de).

McGraw, Thomas K. & **Tedlow**, Richard S. (1997): Henry Ford, Alfred Sloan, and the three phases of marketing, Kapitel 8 in: McGraw, Thomas K. (Hrsg.): Creating modern capitalism: how entrepreneurs, companies, and countries triumphed in three industrial revolutions, Harvard University Press.

McKelvey, Maureen D. (1996): Evolutionary innovation: The business of biotechnology, Oxford University Press.

Meindt, Ernst G. (2006): Energiequellen? In: Telepolis, 29. April 2006, unter: http://www.heise.de/tp/foren/go.shtml?read=1&msg_id=10337966&forum_id=96917.

Mendonca, M & **Kanungo**, R. N. (1998): Ethical entrepreneurship: challenges and rewards, in: Kanungo, R. N. (Hrsg.): Entrepreneurship and innovation: models for development, Neu Delhi, Thousand Oaks, London, S. 200-212.

Metzger, Wolfgang (1962): Schöpferische Freiheit, Frankfurt am Main: Waldemar Kramer.

Metzger, Wolfgang (1974): Can the subject create his world? Unter: http://gestalttheory.net/archive/subworld.html.

Meyerhoff, Jeff (2003): Holarchy, unter: www.integralworld.net/meyerhoff-ba-1c.html.

Mihm, Andreas (2006a): Hausinterne Revolte, in: Frankfurter Allgemeine Zeitung, 1. September 2006, S. 3.

Mihm, Andreas (2006b): Machtpromotion ist keine Strategie auf Dauer, in: Frankfurter Allgemeine Zeitung, 5. September 2006, S. 13.

Miner, John (1997): A psychological typology of successfull entrepreneurs, Westport: Greenwood.

Mintzberg, Henry (2005): Manager statt MBAs. Eine kritische Analyse, Frankfurt & New York: Campus.

Mises, Ludwig von (1940): Nationalökonomie: Theorie des Handelns und Wirtschaftens, 1. Auflage, Genf 1940, unveränderter Nachdruck 1980, München: Philosophia.

Möller, Hans-Georg (2001): In der Mitte des Kreises. Daoistisches Denken, Frankfurt am Main & Leipzig: Insel.

Morris, C. R. & **Ferguson**, C. H. (1998): Mit proprietärer Architektur zum Sieg in den Technologiekriegen, in: Brown, J. S. & Oetinger, B. von (Hrsg.): Ergebnis Innovation: die Welt mit anderen Augen sehen, Müchen, Wien.

Moss, Simon A. u.a. (2006): The relationship between personality and leadership preferences, in: Current Research in Social Psychology, Vol. 11, No. 6., April 29, 2006.

Mouawad, Jad & **Timmons**, Heather (2006): Trading Frenzy Adding to Rise in Price of Oil, in: The New York Times, 29. April 2006.

Moynihan, Ray & **Cassels**, Alan (2006): Selling sickness. How the world's biggest pharmaceutical companies are turning us all into their patients, New York & London: Nation Books, Allen & Unwin.

Mrusek, Konrad & **Müller**, Reinhard (2006): China und das geistige Eigentum, in: Frankfurter Allgemeine Zeitung, 22. Februar 2006, S. 2.

Müller, Volker (2006): Billig macht reich, in: Financial Times Deutschland, 15. Mai 2006.

Müller-Jung, Joachim (2004): Pendler, Promotionen, Plagiate, in: Frankfurter Allgemeine Zeitung, 12. Mai 2006, S. N1.

Münchau, Wolfgang (2006b): Auf die Barrikaden, in: Financial Times Deutschland, 22. März 2006.

Münchau, Wolfgang (2006c): How welfare reform can cause protectionism, in: The Financial Times, 13. März 2006, S. 11.

Münchau, Wolfgang (2006c): Reformen jetzt? In: Financial Times Deutschland, 29.März 2006.

Münchau, Wolfgang (2006d): Hoppla, wo ist der Aufschwung? In: Financial Times Deutschland, 17. Mai 2006.

Murphy, Kevin M. & **Topel**, Robert H. (2006): The Value of Health and Longevity, in: Journal of Political Economy, No. 114, S. 871-904.

Murray, Charles (2005): The inequality taboo, Commentary, September, unter: http://www.commentarymagazine.com/production/files/murray0905.html.

Murray, Fiona (2004): The role of academic inventors in entrepreneurial firms: sharing the laboratory life, in: Research Policy, Vol. 33, S. 643-659.

Musharbash, Yassin (2006): Britische Studie: Angriff auf Iran würde Tausende Tote bedeuten, in: Spiegel Online, 15. Februar 2006, unter: http://www.spiegel.de/politik/ausland/0,1518,401066,00.html.

Naica-Loebell, Andrea (2006): Rente mit 85 Jahren, in: Telepolis, 2. März 2006, unter: http://www.heise.de/tp/r4/artikel/22/22155/1.html.

Naica-Loebell, Andrea (2006a): Festungsmauern gegen Einwanderer, in: Telepolis, 20. Juni 2006, http://www.heise.de/tp/r4/artikel/22/22933/1.html.

Naica-Loebell, Andrea (2006b): Lieber reich und gesund als arm und krank? In: Telepolis, 1. Juli 2006, unter: http://www.heise.de/tp/r4/artikel/23/23003/1.html.

Naïm, Mouna (2006): Condolezza Rice essuie un échec dans sa strategie d'isolement du Hamas, in: Le Monde, 25. Februar 2006, S. 4.

Nathan, Hervé (2006): Les privilèges: on dit tout, chiche! In: Marianne, Nr. 486, 12. August 2006, S. 46-56.

Needham, Joseph (1988): Wissenschaft und Zivilisation in China, Band. 1, Frankfurt am Main: Suhrkamp.

Needham, J. (1977): Wissenschaftlicher Universalismus. Über Bedeutung und Besonderheit der chinesischen Wissenschaft, Frankfurt am Main: Suhrkamp.

Nefiodow, Leo A. (2000): Der sechste Kondratieff: Wege zur Produktivität und Vollbeschäftigung im Zeitalter der Information, 4. Auflage, St. Augustin: Rhein-Sieg.

Nelson, Richard R. & **Winter**, Sidney G. (1982): An evolutionary theory of economic change, Cambridge: Belknap

Neuber, Harald (2006): Die Grenztruppen kommen, in: Telepolis, 19. Mai 2006, unter: http://www.heise.de/tp/r4/artikel/22/22697/1.html.

Neumann, M. (2002): Neoklassik, in: Issing, Otmar (Hrsg.): Geschichte der Nationalökonomie, 4 Auflage, München: Vahlen.

Niefert, Michaela u.a. (2006): Hightech-Gründungen in Deutschland: Trends und Entwicklungsperspektiven, Mannheim: ZEW.

Nietzsche, Friedrich (1967): Werke, zwei Bände, hrsg. von Karl Schlechta, München: Carl Hanser.

Nietzsche, F. (1996): Die nachgelassenen Fragmente. Eine Auswahl. Herausgegeben von Günter Wohlfart, Stuttgart: Philipp Reclam jun.

Nimmo, Kurt (2006): Iran attack: Turning America into a Straussian totalitarian state, uruknet. Info, 13. Februar, http://www.uruknet.info/?p=m20604&l=i&size=1&hd=0.
Niosi, Jorge & **Banik**, Marc (2005): The evolution and performance of biotechnology regional systems of innovation, in: Cambridge Journal of Economics, Vol. 29, No. 3, S. 343-357.
Noack, Hans-Christoph (2006): Biotechnologie: „Zurück in die Zukunft", in: Frankfurter Allgemeine Zeitung, 6. April 2006, S. 18.
Nonaka, Ikujiro & **Takeuchi**, Hiro (1995): The Knowledge-Creating Company, New York: Oxford University Press.
Nonaka, I. (1991): The Knowledge-Creating Company, in: Harvard Business Review, Vol. 69, November, S. 96-104.
North, Douglas C. (1988): Theorie des institutionellen Wandels: Eine neue Sicht der Wirtschaftsgeschichte, Tübingen: Mohr.
North, D. C. (1992): Institutionen, institutioneller Wandel und Wirtschaftsleistung. Tübingen: Mohr Siebeck.

Oliver, Amalya L. (2004): Biotechnology entrepreneurial scientists and their collaborations, in: Research Policy, Vol. 33, Issue 4, Mai, S. 583-597.
Oppel, Kai (2006): Ausgelernt? - Denkste! In: Financial Times Deutschland, unter: http://www.ftd.de/karriere_management/karriere/74985.html?mode=print.
Osterloh, Margit & **Frey**, Bruno S. (2000): Motivation, Knowledge Transfer, and Organizational Form, in: Organization Science, Vol. 11, Issue 5,September-October 2000, S. 538-543.
Ostrom, E. (1986): An agenda for the study of institutions, in: Public Choice, Vol. 48, 1986, S. 3-25.
Ots, Thomas (1999): Annäherungen an die traditionelle chinesische Medizin, 3. Auflage, Berlin: Dietrich Reimer.
Ouspensky, Peter D. (1999): Auf der Suche nach dem Wunderbaren: Perspektiven der Welterfahrung und der Selbstkenntnis, 10. Auflage, Bern: Otto Wilhelm Barth.

Pache, Timo (2006): Dossier NRW drängt Unis zum Kassemachen, in: Financial Times Deutschland, 20. Juni 2006.
Pahl, Carola (2005): E-Mail von Oma, in: Technology Review, 11/2005, unter: http://www.heise.de/tr/artikel/mail/65320.
Pape, Robert (2005): Dying to win. The strategic logic of suicide terrorism, New York: Random House.
Parapundit (Randell Parker): www.parapundit.com.
Parrish, Geov (2006a): The next war? In: Working For Change.com, 15. Februar 2006, unter: http://www.workingforchange.com/article.cfm?ItemID=20367.
Parrish, Ge. (2006b): Iran: what to do? In: Working For Change.com, 17. Februar 2006, unter: http://www.workingforchange.com/printitem.cfm?itemid=20376-.
Pascha, Werner & **Storz**, Cornelia (2005): Wirkung und Wandel von Institutionen: Das Beispiel Ostasien, Stuttgart, Lucius & Lucius.
Paul, Gregor S. (1990): Aspects of Confucianism: a study of the relatioship between rationality and hunmaneness, Frankfurt am Main et al..
Pearson, Helen (2006): Early embryos can yield stell cells ... and survive, in: Nature, No. 442, 24. August 2006, S. 858.
Penzkofer, H. (2003): Innovationsaktivität in der deutschen Industrie 2001/2002: Leichter Rückgang auf hohem Niveau, in: ifo Schnelldienst, 56. Jhrg., Nr. 2, 2003, S. 24-29.
Peter, Daniel-Willi (2006): Innovationen im Hoch-Technologiesektor: ein internationaler Vergleich, Diplomarbeit, Fachbereich Wirtschaftswissenschaften, Universität Marburg.
Peters, Thomas J. (2002): Der Innovationskreis: ohne Wandel kein Wachstum – wer abbaut, verliert, 4. Auflage, Düsseldorf: Econ.
Pfeffer, Jeffrey & **Sutton**, Robert I. (1999): The Knowing-Doing Gap - How Smart Companies Turn Knowledge into Action, Harvard Business School Press.

Phelps, Edmund (2006): Comment récupérer les exclus du travail, in: Le Monde 2006, 13. Mai, S. 23.
Piller, Tobias (2006): Übernahmen in der Energiebranche bringen kaum Synergieeffekte, Interview mit Franco Tatò, in: Frankfurter Allgemeine Zeitung, 21. März 2006, S. 13.
Pohl, Karl-Heinz (2003): Play-thing of the times: critical review of the reception of Daoism in the West, in: Journal of Chinese Philosophy, Vol. 30, Issue 3-4, S. 469-486.
Pompey, Fabienne (2006): La vendetta des „prives" en Afrique du Sud, in: Le Monde, 6. Juni 2006, S. 29.
Psotta, Michael (2006): Die neuen Alten bei der BASF. Wie der Chemiekonzern mit der Alterung seiner Belegschaft umgeht, in: Frankfurter Allgemeine Zeitung, 25. März 2006, S. 56.
Purcell, Jonathan Q. (2005): Obesity, Medscape, unter: http://www.medscape.com/viewarticle/501298.

Quack, Engelbert (1998): Der Weg von der Forschung ins eigene Unternehmen: Wissenschaftler als Existenzgründer, in: Spektrum der Wissenschaft, Ausgabe Juli, 1998, S. 42-48.
Quiret, Matthieu (2006): L'homme, cet animal qui s'ignore, in: Les Echos, 2. August 2006, S. 7.

Rasmussen, Poul Nyrup (2005): Wie ich die Arbeitslosigkeit besiegte, in: Die Zeit, 25. August. 2006.
Rassidakis, Peter (2001): Wege der Selbstevolution. Marburg, Mafex.
Rattan, Suresh I. S. (2001): Applying hormesis in aging research and therapy, in: Human and Experimental Toxicology, Vol. 20, Vol. 6, S. 281-285.
Reents, Heino (2006): Familienindex hängt den Dax ab, in: Financial Times Deutschland, 27. März 2006, unter: http://www.ftd.de/boersen_maerkte/geldanlage/58918.html.
Reichheld, Fred & **Allen**, James (2006): How companies can end the cycle of customer abuse, in: The Financial Times, 23. März 2006, S. 11.
Reinhardt, Rüdiger (1993): Das Modell Organisationaler Lernfähigkeit und die Gestaltung Lernfähiger Organisationen, Frankfurt am Main: Peter Lang.
Rioufol, Ivan (2006): Haro sur le discours unique, in: Le Figaro, 6. Januar 2006, S. 19.
Ritsema, Rudolf & **Schneider**, Hansjakob (2000): Yi Jing (I Ging). Das Buch der Wandlungen. Die einzige vollständige Ausgabe der altchinesischen Orakeltexte mit Konkordanz, Frankfurt am Main: Zweitausendeins.
Ritter, Werner H. & **Wolf**, Bernhard, Hrsg. (2006): Heilung - Energie – Geist, Göttingen: Vandenhoeck & Ruprecht.
Rivlin, Gary (1999): The plot to get Bill Gates, New York: Three Rivers Press.
Robequain, Lucie (2006): Plus de la moitié des emplois créés dans les entreprises de moins de 20 salariés, in: Les Echos, 2. August 2006, S. 3.
Roberts, Dan (2005): Bankruptcy could open a new chapter for General Motors, in: The Financial Times, 27. November 2006, S. 7.
Robinet, Isabelle (1999): The diverse interpretations of the Laozi, in: Csikzentmihalyi, Mark & Ivanhoe, Philip J. (Hrsg.): Religious and philosophical aspects of the Laozi, Albany: State University of New York Press, S. 127-160.
Robinet, I. (1995): Geschichte des Toaismus, München: Diederichs.
Roche, Marc (2006): Shocking: MDM au secours des pauvres de Londres, in: Le Monde, 2. Januar, S. 23.
Rodrik, Dani (2005): Why we learn nothing from regressing economic growth on policies, unter: http://ksghome.harvard.edu/ ~drodrik/papers.html.
Rodrik, D. (2006): What's so special about China's exports? Unter: http://ksghome.harvard.edu/~drodrik/papers.html
Roger, Patrick (2006): Trois jours pour tuer le CPE, in: Le Monde, 19. April 2006, S. 3.
Romer, P. M. (1983): Dynamic competitive equilibria with externalities, increasing returns, and unbounded growth, Chicago.
Röpke, Jochen & **Xia**, Ying (2007): Reisen in die Zukunft des Kapitalimus, Band 2 (in Vorbereitung), Marburg: Mafex.

Röpke, Jochen & **Xia**, Ying (2007): Development and innovation in China. Applying Daoist-Schumpeterian theory to modern Chinese economic development (in Vorbereitung. Marburg: Mafex).

Röpke, Jochen (2002a): Der lernende Unternehmer. Zur Evolution und Konstruktion unternehmerischer Kompetenz, Marburg: Mafex (BOD).

Röpke, Jochen (2006): Innovationsdynamik und Lebensverlängerung - Ein Entdeckungsverfahren zur Überwindung des Todes, in: Dallmann, Nicolas & Seiler, Marc (Hrsg.): Innovation und Reform, Stuttgart: Lucius, S. 21-64.

Röpke, Jochen (2007): Imam Mahdi: The challenge of longevity and evolutionary entrepreneurship, based on the paper prepared for the fifth conference of reviewing existing dimensions of Imam Mahdi titled as "Mahdaviat in the Present Time", September 17th, 2005, Tehran, Working Paper unter: http://www.wiwi.uni-marburg.de/Lehrstuehle/VWL/WITHEO3/documents/imam.pdf.

Rose, Flemming (2006): Why I published those cartoons, in: Washingtonpost.com, 19. Februar 2006, unter: http://www.washingtonpost.com/wp-dyn/content/article/2006/02/17/AR2006021702499_pf.html.

Rosenberg, Nathan, **Landau**, Ralph & **Mowery**, David (1992): Technology and the Wealth of nations, Stanford.

Rößler, Hans-Christian (2006): Die große Wanderung, in: Frankfurter Allgemeine Zeitung, 14. Juli 2006, S. 5.

Roth, Gerhard (1996): Erkenntnis und Realität: Das reale Gehirn uns seine Wirklichkeit, in: Schmidt, Siegfried J. (Hrsg.): Der Diskurs des Radikalen Konstruktivismus, Tübingen und Basel, 1996, S. 229 ff.

Roth, G. (2001): Fühlen, Denken, Handeln, Frankfurt a.M.: Suhrkamp.

Roth, Wolf-Dieter (2006a): „Die Rache Gaias": Liegt der Planet bereits im Fieber? In: Telepolis, 18. Januar 2006, unter: http://www.heise.de/tp/r4/artikel/21/21809/1.html.

Roth, Wolf-Dieter (2006b): Warum Terroristen töten, in: Telepolis, 26. Februar 2006, unter: http://www.heise.de/tp/r4/artikel/22/22140/1.html.

Rötzer, Florian (2005): Erfolg hat, wer glücklich ist, in: Telepolis, 19. Dezember 2005, unter: http://www.heise.de/tp/r4/artikel/21/21611/1.html.

Rubenstein, Edwin S. (2006): The employment bus: immigrants drive, blacks sit in the Back, in: Vdare.com, 22. Juni 2006, unter: http://www.vdare.com/rubenstein/060622_nd.htm.

Ruland, Franz (2006): Was im Rentensystem kürzbar war, ist gekürzt worden, in: Frankfurter Allgemeine Zeitung, 3. April 2006, S. 15.

Rushton, J. Philippe (2006): Winters are good for your genes: Lynn book finds world average of IQ 90, declining from North to South, in: Vdare.com, 22. März 2006, unter: http://www.vdare.com/rushton/060322_iq.htm.

Sachverständigenrat zur Begutachtung der gesamtwirtschaftlichen Entwicklung (2005): Jahresgutachten 2005/06: Die Chance nutzen - Reformen mutig voranbringen, Wiesbaden: Statistisches Bundesamt.

Sailer, Steve (2002): A few thoughts on IQ and the the wealth of nations, in: Vdare.com, 14. April 2002, unter: www.vdare.com/sailer/wealth_of-nations.htm.

Sailer, S. (2004): Japanese substitute inventiveness for immigration; NYT shocked, in: Vdare.com, 21. März 2004, unter: www.vdare.com/Sailer/japanese_robots.htm.

Sailer, S. (2005): IQ and disease: the curious case of the Ashkenazi jews, in: Vdare.com, 5. Juni 2005, unter: http://www.vdare.com/asp/printPage.asp?url=http://www.vdare.com/sailer/050605_iq.htm..

Sailer, S. (2006a): The Economist on evolution: survival of the unfit to print, in: Vdare.com, 1. Januar 2006, unter: http://www.vdare.com/sailer/060101_economist.htm.

Sailer, S. (2006b): Four immigration myths and credulous media, in: Vdare.com, 2. April 2006, unter: http://www.vdare.com/sailer/060402_immigration.htm.

Sailer, S. (2006c): The return of patriarchy? In: Vdare.com, 5. März 2006, unter: http://www.vdare.com/sailer/060305_patriarchy.htm.

Sailer, S. (2006d): Lynn's race differences in intelligence: PC won't make them go away, in: Vdare.com, 23. April 2006, unter: http://www.vdare.com/sailer/060423_lynn.htm.

Sailer, S. (2006e): Economists on immigration: what's the matter? In: Vdare.com, 2. Juli 2006, unter: http://www.vdare.com/sailer/060702_economists.htm.

Sailer, S. (2006f): George Borjas vs. David Card's unworldly philosophy, in: Vdare.com, 7. Juli 2006, unter: http://www.vdare.com/sailer/060707_borjas.htm.
Sailer, S. (2006g): The one word grand strategy for Westerners and Muslims: "Disconnect", in: Vdare.com, 13. August 2006, unter: http://www.vdare.com/sailer/060813_disconnect.htm.
Saxenian, AnnaLee (1999): Silicon Valley's new immigrant entrepreneurs, San Francisco: Public Policy Institute of California.
Saxenian, A. L./**Hsu** Jinn-Yuh (2001): The Silicon Valley – Hsinchu connection: Technical communities and industrial upgrading, in: Industrial and Corporate Change, Vol. 10, No. 4, S. 893-920.
Schade, Jürgen (2006): Deutschland ist führende Patentnation Europas, in: Venture Capital Magazin, Juli 2006, S. 22-25.
Schaick, Carel van (2006): Orang-Utans: Klug dank Kultur, in: Spektrum der Wissenschaft, Juli 2006, S. 26-33.
Schenkel, Roland (2006): Investitionen in Forschung und Entwicklung, in: Venture Capital Magazin, Juli 2006, S.28-30.
Scherff, Dirk (2006): Die Dividenden brechen alle Rekorde, in: Frankfurter Allgemeine Sonntagszeitung, 26. Februar 2006, S. 46.
Schieffer, Alexander (1998): Führungspersönlichkeit; Struktur, Wirkung und Entwicklung erfolgreicher Top-Führungskräfte, Wiesbaden: Gabler.
Schiemenz, Bernd (1982): Betriebskybernetik: Aspekte des betrieblichen Managements, Stuttgart: Poeschel.
Schipper, Kristofer (1996): The Taoist body, Selangor/Malaysia: Pelanduk.
Schirrmacher, Frank (2006): Muslime in Deutschland. Vorbereitungsgesellschaft, in: Frankfurter Allgemeine Zeitung, Nr. 37, 13. Februar 2006, S. 37.
Schmidt, Arthur P. & **Rössler**, Otto E. (2004).: Wissen contra Armut. Zur Evolution des Weltwohlstandes, unter: http://www.heise.de/tp/r4/artikel/2/2628/1.html.
Schmidt, Boris (2006): Toyota doppelt so produktiv wie VW, in: Frankfurter Allgemeine Zeitung, 15. Juli 2006, S. 49.
Schmidt, Wolfgang G. A. (1995): Handbuch der chinesischen Heilkunst, Berlin: Verlag Gesundheit.
Schmitz, P. M. (2001): Wende zum Guten? Die geplante Reform der Agrarpolitik führt nicht zu einer umweltfreundlicheren und artgerechteren Landwirtschaft, in: Frankfurter Allgemeine Zeitung, 23. Mai 2001, S. 14.
Schneider, Dietram (1988): Zur Entstehung innovativer Unternehmen: eine ökonomisch-theoretische Perspektive, München: VVF.
Schöfbänker, Georg (2006): Frühling am Hindukusch, in: Telepolis, 27. März 2006, unter: http://www.heise.de/tp/r4/artikel/22/22318/1.html.
Schohl, Frank (1992): Renditeunterschiede und Schumpetersche Entwicklung: eine empirische Untersuchung, Berlin: Duncker und Humblot.
Scholz, Werner (1986): Taoismus und Hypnose - der Weg Milton H. Erickson's. Augsburg: AV-Verlag.
Schröder, B. (2002): Die Regenmacher, in: Telepolis, 20. August 2002, unter: http://www.heise.de/tp/r4/artikel/13/13115/1.html.
Schröder, Miriam (2006): Macht gefährdet Gesundheit, in: Spiegel Online, 31. März 2006, unter: http://www.spiegel.de/panorama/0,1518,408923,00.html.
Schumpeter, Joseph A. (1931): Bemerkungen über die gegenwärtige Lage, Bonn 20. Juli 1931, unter: www.schumpeter.info/Edition-Lage.htm.
Schumpeter, J. A. (1911/2006): Theorie der wirtschaftlichen Entwicklung, Nachdruck der 1. Auflage von 1912, Berlin: Duncker& Humblot.
Schumpeter, J. A. (1918): Die Krise des Steuerstaats, Graz & Leipzig, 1918; neu aufgelegt in: Hickel, Rudolf (Hrsg., 1976): Rudolf Goldscheid, Joseph Schumpeter. Die Finanzkrise des Steuerstaats. Beiträge zur politischen Ökonomie der Staatsfinanzen, Frankfurt am Main: Suhrkamp, 329-379.
Schumpeter, J. A. (1928): Der Unternehmer, in: Handwörterbuch der Staatswissenschaften, 4. Aufl., Band 8, Jena: Gustav Fischer, S.476-487.

Schumpeter, J. A. (1934): Theory of economic development, Cambridge, Mass.: Harvard University Press.
Schumpeter, J. A. (1950): Kapitalismus, Sozialismus und Demokratie, Tübingen und Basel: Francke.
Schumpeter, J. A. (1961): Konjunkturzyklen, Göttingen: Vandenhoeck.
Schumpeter, J. A. (1964): Theorie der wirtschaftlichen Entwicklung, 6. Auflage, Berlin: Duncker & Humblot.
Schumpeter, J. A. (1987): Beiträge zur Sozialökonomik, Wien: Böhlau.
Schumpeter, J. A. (1993): Aufsätze zur Tagespolitik, herausgegeben und kommentiert von Christian Seidl, Tübingen: Mohr.
Schwägerl, Christian (2006): Neuheitsschonfrist. Ein Gespräch mit dem Max-Planck-Präsidenten Peter Gruss, in: Frankfurter Allgemeine Zeitung, 15. Februar 2006, S. 38.
Schwartz, Peter (2006): Ihr Europäer seid zu pessimistisch, in: Manager-Magazin, August 2006, S. 92-93.
Schwartz, Tony (1996): Was wirklich zählt: auf der Suche nach der Weisheit und Lebenssinn heute, München: Knaur.
Schwarzer, Alice (2006): Ihrem Mut verdanken wir alles, in: Frankfurter Allgemeine Zeitung, 11. Februar 2006, S. 40.
Schwehm, Marc O. (2007): Entrepreneurship im internationalen Vergleich: Erfassung, Beobachtung und Erklärung, Marburg: Mafex (BOD).
Seidensticker, Franz-Josef (2006): Eine einzige Frage für profitables Wachstum, in: Frankfurter Allgemeine Zeitung, 27. März 2006, S. 24.
Seith, Anne (2006): Hoch die Barrikaden, in: Spiegel Online, 3. März 2006, unter: http://www.spiegel.de/wirtschaft/0,1518,403942,00.html.
Seyfart, Jörg (2005): Innovation und Unternehmertum in der VR. China. Marburg: Mafex, Berlin: Pro BUSINESS.
Shea, Nina (2006): This is a Saudi textbook. (After the intolerance was removed.), in: Washingtonpost. com, 21. Mai 2006, unter: http://www.washingtonpost.com/wp-dyn/content/article/2006/05/19/AR20060 51901769_pf.html.
Sheth, Jagdish & **Sisodia**, Rajendra (2005): Why good companies fail, in: European Business Forum, EBF Issue 22.
Shirahama, Mitsuo (1996): Die Chi-Energie im Sinne von C.G. Jung. Heilung durch Lebenskraft, 2. Auflage, München: Drei Eichen.
Siemon, Cord (2006): Unternehmertum in der Finanzwirtschaft: ein evolutionsökonomischer Beitrag zur Theorie der Finanzintermediation, Marburg: Mafex (BOD).
Simon, Fritz B. (1992): Radikale Marktwirtschaft. Grundlagen des systemischen Managements, Heidelberg: Carl-Auer- Systeme.
Simon, Hermann (1991): Simon für Manager. Düsseldorf: Econ.
Simon, H. (2001): Geschäftsdefinitionen - Teil I; Strategie International, Folge 4, in: Frankfurter Allgemeine Zeitung, 26. Mai 2001, S. 68,
Simon, H. (1996): Die heimlichen Gewinner. Die Erfolgsstrategien unbekannter Weltmarktführer, Frankfurt am Main: Campus.
Sivin, Nathan (1999a): Taoism and Science, in: Medicine, philosophy and religion in ancient China, Variorum, 1995, modified version, unter: http://ccat.sas.upenn.edu/~nsivin/7tao.html.
Sivin, N. (1999b): State, cosmos, and body in the last three centuries B.C., unter: http://ccat.sas.upenn.edu/~nsivin/micro.html.
Sivin, N. & **Lloyd**, Goeffrey E. R. (2002): Why wasn't Chinese science about nature? With a discussion of concepts of nature in ancient Greece and comparisions, unter: http://ccat.sas.upenn.edu/~nsivin/ wayword.html.
Slabbert, Jos (2001a): Faith in Mind: How to Live in Harmony with the Tao, unter: www.taoism.net/ theway/faith.htm.
Slabbert, J. (2001b): Tao Te Ching: How to deal with suffering, unter: http://www.taoism.net/ theway/suffer.htm.

Smith, Andrew P. (2002a): Over the rainbow. Civilizations, spiral dynamics, and the emergence of a global holon, unter: http://www.geocities.com/andybalik/rainbow.html.
Smith, A. P. (2002b): The stage-skipping problem: How did our ancestors realize higher consciousness, unter: http://members.ams.chello.nl/f.visser3/wilber/smith15.html.
Smith, A. P. (2006): Holarchic sense and holarchic nonsens, www.integralworld.net/smith23.html.
Smyth, Gareth (2006): Iranians driven to distraction by rising costs of fuel imports, in: The Financial Times, 12. Juli 2006, S. 3.
Soldt, Rüdiger (2006): Motor Wissen, in: Frankfurter Allgemeine Zeitung, 16. August 2006, S. 10.
Söllner, Fritz (2001): Die Geschichte des ökonomischen Denkens, Berlin (u.a.): Springer.
Solow, Robert M. (1956): A Contribution to the Theory of Economic Growth, in: The Quarterly Journal of Economics, Vol. 70, No. 1, Feb., 1956, S. 65-94.
Sommer, Ulf (2006): Konzerne bauen in Deutschland ab, in: Handelsblatt, 18. Juli 2006, S. 1.
Song, Jung-a (2006): Big boys reel from Korean culture shock, in: The Financial Times, 26. Mai, S. 20.
Sorg, Mario (2006): Auf die Experten vor Ort wird selten gehört, in: Handelsblatt, 26. Mai 2006, S. 22.
Sparrow, Oliver (2001): Scenarios for 2020, www.chforum.org/scenario.
Staemmler, Frank-M. (2000): Zum Verständnis regressiver Prozesse in der Gestalttherapie, in: Gestaltkritik, Heft 1-2000, unter: http://www.gestaltkritik.de/staemmler_regressive_prozesse.html.
Staudt, Erich & **Kriegesmann**, Bernd & **Muschik**, C. (2002): Systemkompetenz und Innovation, in: Staudt, E. et al. (Hrsg.): Kompetenzentwicklung und Innovation: die Rolle der Kompetenz bei Organisations-, Unternehmens- und Regionalentwicklung, Münster et al., S. 71-125.
Steenbarger, Brett N. (2006): The greatest emotional problem facing traders, in: Trading Markets Research, 26. Mai 2006, unter: http://biz.yahoo.com/tm/060526/14355.html.
Stein, Christoph (2006a): Imperialismus als Farce, in: Telepolis, 1. April 2006, unter: http://www.heise.de/tp/r4/artikel/22/22370/1.html.
Stein, C. (2006b): Satt und depressiv, in: Telepolis, 30. Mai 2006, unter: http://www.heise.de/tp/r4/artikel/22/22729/1.html.
Stiller, Olaf (2005): Innovationsdynamik in der zweiten industriellen Revolution – Die Basisinnovation Nanotechnologie, Marburg: Mafex (BOD).
Strong, Michael (2006): Forget the World Bank, try Wal-Mart, in: TCS Daily, 22. August 2006, unter: http://www.tcsdaily.com/article.aspx?id=082206D.
Sun Tsu (1997): Wahrhaft siegt, wer nicht kämpft. Die Kunst der richtigen Strategie, 4. Auflage, Freiburg: Bauer.
Swarns, Rachel L. (2006): Growing unease for some blacks on immigration, in: The New York Times, 4. Mai 2006.
Syre, Rita (2006): Deutschland AG. Schöpferische Zerstörung, in: manager-magazin.de, 23. August 2006, unter: http://www.manager-magazin.de/unternehmen/artikel/0,2828,433243,00.html.

Tavernise, Sabrina (2006): Iraq power shift widens a gulf between sects, in: The New York Times, 18. Februar 2006.
Taylor, Jared (2003): The New York Times says Japan needs immigrants. The Japanese politely disagree, in: Vdare.com, 29. Oktober 2003, unter: www.vdare.com/taylor/japan.htm.
Terkessidis, Mark & **Karakasoglu**, Yasemin (2006): Gerechtigkeit für die Muslime! In: Die Zeit online, unter: http://www.zeit.de/2006/06/Petition.
Thiel, Reinhold E. (1999): Neue Ansätze zur Entwicklungstheorie, Bonn.
Tidelski, O. (2002): Ökonomische Theorien des Innovation, in: Wirtschaftswissenschaftliches Studium, Heft 11, S. 659-663.
Touraine, Alain (2006): Abkehr vom Kapitalismus, Interview mit Michaela Wiegel, in: Frankfurter Allgemeine Zeitung, 28. März 2006, unter: http://www.faz.net/s/RubDDBDABB9457A437BAA85A49C26FB23A0/Doc~E20CD1CC742754314A71F36F46E6EA3E3~ATpl~Ecommon~Scontent.html.
Tribe, Laurence (2006): Der absolute Präsident, in: Frankfurter Allgemeine Zeitung, 31. März 2006, S. 50.

Trimondi, Victor & **Trimondi**, Victoria (2006): Krieg der Religionen. Politik, Glaube und Terror im Zeichen der Apokalypse, München: Wilhem Fink.
Tsunetomo, Yamamoto (o.J.): Hagakure. Der Weg des Samurai, Libri Books on Demand.
Tsun-Tung Chang (1982): Metaphysik, Erkenntnis und Praktische Philosophie im Chuang-Tzu, Frankfurt a. M.: Klostermann.
Tworkow, Helen (2000): Wird der Buddhismus Amerika überleben? In: Was ist Erleuchtung, Ausgabe 3, unter: http://www.wie.org/de/j3/tworkov.asp.

Urbina, Ian (2006): When a car becomes a home, troubles lurk, in: Le Monde/New York Times, 15. April 2006, S. 7.
Uthmann, Jörg von (2006): Blinde Staatsgläubigkeit, in: Die Welt, 20. März 2006, S. 7.

Van Eeckhout, Laetitia & **Ridet**, Philippe (2006): Nikolas Sarkozy veut "choisir" les immigrés et durcir le regroupement familial, in: Le Monde, 4. Januar 2006, S. 9.
Van Looy, Bart u.a. (2004): Combining entrepreneurial and scientific performance in academia: toward a compounded and reciprocal Matthew-effect? In: Research Policy, Vol. 33, Issue 3 (April), S. 425-441.
Varela, Francisco (1987): Autonomie und Autopoiese, in: Schmidt, S. J. (Hrsg.): Der Diskurs des Radikalen Konstruktivismus, 7. Auflage, Frankfurt am Main, 1987, S. 130.
Varela, F. (1975): A calculus for self-reference. In: International Journal of General Systems, Band 2, Nr. 1, S. 5-24.
Varela, F. (1990): Kognitionswissenschaft – Kognitionstechnik. Frankfurt am Main: Suhrkamp.
Varela, F. (1994): Ethisches Können, Frankfurt a. M.: Campus.
Vivekananda, Swami (1995): Raja-Yoga. Der Pfad der vollkommenen Beherrschung aller seelischen Vorgänge. 3. Auflage, Freiburg: Bauer.
Volle, Michel (2006): L'angoisse du petit patron face à l'embauche, in: Le Monde, 14. April 2006, S. 22.

Waal, Frans de (2006): Le singe en nous, Paris: Editions Fayard.
Wade, Nicholas (2006): The twists and turns of history, and of DNAa, in: The New York Times, 12. März 2006.
Waibl, Elmar (2001): Praktische Wirtschaftsethik, Insbruck: Studienverlag.
Walker, Wolfgang (1996): Abenteuer Kommunikation. Bateson, Perls, Erickson und die Anfänge des Neurolinguistischen Programmierens (NLP), Stuttgart: Klett-Cotta.
Wall, Allan (2006): How to help Mexico - close the border! In: Vdare.com, 10. August 2006, unter: www.vdare.com/awall/060810_memo.htm.
Walter, Franz (2006): Soziale Spaltung in Deutschland. Fusel oder Premier cru, in: Spiegel Online, 7. Mai 2006, unter: www.spiegel.de/politik/debatte/0.1518,41888,00.html.
Walter, Norbert (2004): Die zehn Gebote für die Einwanderung, in: Deutsche Bank Research, 25. März 2004, unter: http://www.dbresearch.com/servlet/reweb2.ReWEB?rwkey=u21795469.
Walters, Dan (2006): Population overload? Immigration a permanent part of California's future, in: Contra Costa Times, 7. Mai 2006, unter: http://www.contracostatimes.com/mld/cctimes/news/ opinion/ 14522670.htm.
Warner, Susan (2004): Genentech builds a blockbuster-free road to billions, in: The Scientist, Vol. 18, Issue 11, 7. Juni 2004.
Watts, Alan (1983): Der Lauf des Wassers, Frankfurt a. M: Suhrkamp.
Weber, Max (1991): Die Wirtschaftsethik der Weltreligionen: Konfuzianismus und Taoismus, Tübingen.
Weber, M. (1965): Die protestantische Ethik. Eine Aufsatzsammlung, München und Hamburg: Siebenstern.
Weber, M. (2005): Wirtschaft und Gesellschaft, Melzer: Neu-Isenburg.
Weber, M. (2006): Religion und Gesellschaft, Frankfurt am Main: Zweitausendeins.
Weggel, Oskar (1997): Alltag in China: Neuerungsansätze und Tradition, Hamburg.

Weik, Elke (1997): Innovaiton, aber wie? Einige Gedanken zur Verwendung des Begriffs in der BWL, in Heideloff, Frank/Radel, Tobias (Hrsg.): Organisation von Innovation: Strukturen, Prozesse, Interventionen, München, 1997, S. 41-50.

Weiland, Severin (2006): Die Rückkehr des 30-jährigen Konflikts, in: Spiegel-Online, 3. April 2006, unter: http://www.spiegel.de/politik/deutschland/0,1518,409510,00.html.

Westermann, G. (1997): Technischer Fortschritt und ökonomische Theorie, Die Sparkasse, Nr. 5, S. 212-216, unter: http://gwestermann.hs-harz.de/publikationen/SPKVTEFO.htm.

Wetzel, Daniel (2006): Wenn die Sonne Geld verbrennt, in: Die Welt, 24. März 2006, S. 12.

Wiegel, Michaela (2006a): Die Macht der Gymnasiasten, in: Frankfurter Allgemeine Zeitung, 20. März 2006, S. 2.

Wiegel, M. (2006b): Möglichst gütliche Einigungen. Frankreichs Antidiskrimierungsrecht, in: Frankfurter Allgemeine Zeitung, 4. Mai 2006, S. 6.

Wiener, Norbert (1948): Cybernetics: or Control and Communication in the animal and the machine, New York.

Wiesman, Gerrit (2006): SAP's quiet achiever makes a big noise, in: The Financial Times, 17. Juli 2006, S. 8.

Wilber, Ken (2000): Eine kurze Geschichte des Kosmos, Frankfurt a. M.: Fischer.

Wilber, K. (2001): Integrale Psychologie: Geist, Bewußtsein, Psychologie, Therapie, Freiamt: Arbor.

Wildemann, Horst (2006): Innovation allein ist nicht genug, in: Frankfurter Allgemeine Zeitung, 22. Mai 2006, S. 22.

Wilson, Robert Anton (2001): Cosmic Trigger, 8. Auflage, Reinbek: Rowohlt.

Winkelhage, Johannes (2006): 125 Jahre Telefonbuch. Vom Buch der 99 Narren zum Milliardengeschäft, in: Frankfurter Allgemeine Zeitung, 12. Mai 2006, S. 14.

Witt, Ulrich (2002): How evolutionary theory is Schumpeter's theory of economic development, in: Industry and Innovation, Vol. 9, Nos. 1&2, S. 7-22.

Wohlfart, Günter (2001): Der Philosophische Daoismus, Köln: Edition chora.

Wohlfart, G. (2002): Zhuangzi, Freiburg: Herder.

Wohlfart, G. (2003): „Einleitung" zu Zhuangzi (2003), Stuttgart: Reclam, S. 9-36.

Wolf, Martin (2006): Taxation can give the earth a chance, in: The Financial Times, 19. Juli 2006, S. 15.

Wolz, Nicolas (2006): Die Ware Bildung, in: Frankfurter Allgemeine Zeitung, 20. Mai 2006, S. 55.

Zahn, E. & **Forschiani**, S. (1998): Innovation, Wachstum, Ertragskraft – Wege zur nachhaltigen Unternehmensentwicklung, Stuttgart: Schäffer-Poeschel.

Zaun, Harald (2006): Zwischen ewiger Unendlichkeit und unendlicher Ewigkeit, in: Telepolis, 24. Mai 2006, unter: http://www.heise.de/tp/r4/artikel/22/22685/1.html.

Zhongy, Liu (o.J.): Formation of the Daoist theory of universal evolution and the Christian concept of the creation of god, unter: http://www.eng.taoism.org.hk/daoist-beliefs/cosmogony/pg2-2-1-1.asp.

Zhu, Yaping (1997): Die taoistische Kultur und die Wissenschaft, www.dao-institut.de/dao/taoismus/taoismus.htm.

Zhuangzi (1998): Zhuangzi. Das klassische Buch daoistischer Weisheit, hrsg. von Maier, Victor H., Frankfurt a. M.: Krüger.

Zhuangzi (2003): Auswahl, Einleitung und Anmerkungen von Günter Wohlfart, Stuttgart: Reclam.

Zirkler, Michael (2001): Lernen, Wirklichkeit, Konstruktivismus, unter: http://www.sub.uni-hamburg.de/opus/volltexte/2001/514/pdf/dissertation.pdf.

Zucker, Lynne G. u.a. (1998a): Intellectual human capital and the birth of of U.S. biotechnology enterprises, in: American Economic Review, Vol. 88, Issue 1 (March), S. 290-306.

Zucker, L. G. & Darby, Michael R. (1998b): Entrepreneurs, star scientists, and biotechnology, in: National Bureau of Economic Research - Reporter, Fall 1998, S. 1-5, unter: http://www.nber.org/reporter/fall98/zucker-darby_fall98.html.

Bisher erschienene Publikationen des Marburger Förderzentrums für Existenzgründer aus der Universität

Band 1: Rassidakis, Peter (2001): Wege der Selbstevolution
ISBN 3-8311-1763-2

Band 2: Koch, Joachim (2001): Die Gründungswelle in der israelischen Hochtechnologie; From milk and honey to technology and money
ISBN 3-8311-2985-1

Band 3: Röpke, Jochen (2002): Der lernende Unternehmer; Zur Evolution und Konstruktion unternehmerischer Kompetenz
ISBN 3-8311-3722-6

Band 4: Debus, Christian (2002): Routine und Innovation; Management langfristigen Wachstums etablierter Unternehmungen
ISBN 3-8311-4099-5

Band 5: Aßmann, Jörg (2003): Innovationslogik und regionales Wirschaftswachstum; Zur Theorie und Empirie autopoietischer Innovationsdynamik
ISBN: 3-8334-0426-4

Band 6: Köster, Ilona (2004): Steuerbarkeit gesamtwirtschaftlicher Entwicklung aus systemtheoretischer Sicht
ISBN: 3-8334-0947-9

Band 7: Siemon, Cord (2006): Unternehmertum in der Finanzwirtschaft; Ein evolutionsökonomischer Beitrag zur Theorie der Finanzintermediation
ISBN 3-8334-3394-9

Band 8: Seyfart, Jörg (2005): Innovation und Unternehmertum in der VR China
ISBN 3-938262-96-6

Band 9: Müller, Martin (2005): Kultur und ökonomische Entwicklung; Eine empirische Untersuchung kultureller Umwelt und unternehmerischer Fähigkeiten in der indonesischen Provinz Papua (West-Neuguinea)
ISBN: 3-89703-656-8

Band 11: Stiller, Olaf (2005): Innovationsdynamik in der zweiten industriellen Revolution; Die Basisinnovation Nanotechnologie
ISBN: 3-8334-3846-0

Band 10: Röpke, Jochen; Ying, Xia: Reisen in die Zukunft des Kapitalismus; Grundzüge einer daoistischen Kinetik wirtschaftlicher Entwicklung
ISBN: 978-3-8334-6680-9

Band 12: Freier, Axel (2007): Multi-Kondratieff-Zyklen in der chinesischen Wirtschaftsgeschichte; Eine holistische Theorie über die innovatorisch-iterative Evolution, die Entwicklungsfähigkeit und die Autopoiese volkswirtschaftlicher Systeme
ISBN: 978-3-8334-9421-5

Band 14: Marc Oliver Schwehm (2007): Entrepreneurship im internationalen Vergleich: Erfassung, Beobachtung und Erklärung; Eine konzeptionelle Analyse aus der Sicht von Deutschland unter besonderer Berücksichtigung des Global Entrepreneurship Monitor
ISBN: 978-3-8334-9944-9

In Vorbereitung befindliche Publikationen des Marburger Förderzentrums für Existenzgründer aus der Universität

Band 13: Siemon Cord; Dietz, Oliver: Geschäftsplan und Gründungserfolg

www.mafex.de